utb 5701

Eine Arbeitsgemeinschaft der Verlage

Brill | Schöningh – Fink · Paderborn
Brill | Vandenhoeck & Ruprecht · Göttingen – Böhlau Verlag · Wien · Köln
Verlag Barbara Budrich · Opladen · Toronto
facultas · Wien
Haupt Verlag · Bern
Verlag Julius Klinkhardt · Bad Heilbrunn
Mohr Siebeck · Tübingen
Narr Francke Attempto Verlag – expert verlag · Tübingen
Ernst Reinhardt Verlag · München
transcript Verlag · Bielefeld
Verlag Eugen Ulmer · Stuttgart
UVK Verlag · München
Waxmann · Münster · New York
wbv Publikation · Bielefeld
Wochenschau Verlag · Frankfurt am Main

Wege zur Rechtsgeschichte

Ulrike Babusiaux
Hans-Peter Haferkamp
Sibylle Hofer
Peter Oestmann
Johannes Platschek
Tilman Repgen
Adrian Schmidt-Recla
Andreas Thier
Jan Thiessen

Thorsten Keiser / Peter Oestmann /
Thomas Pierson (Hg.)

Wege zur Rechtsgeschichte: Die rechtshistorische Exegese

Quelleninterpretation
in Hausarbeiten und Klausuren

BÖHLAU VERLAG WIEN KÖLN

Thorsten Keiser ist Professor für Bürgerliches Recht und Rechtsgeschichte an der JLU Gießen. Peter Oestmann hat den Lehrstuhl für Bürgerliches Recht und Deutsche Rechtsgeschichte an der WWU Münster. Thomas Pierson betreut am Lehrstuhl von Professor Keiser sein DFG-Projekt zum Thema „Lohngerechtigkeit in der europäischen Rechtsgeschichte".

Bibliografische Information der Deutschen Bibliothek:

Die Deutsche Nationalbibliothek verzeichnet diese Publikation in der Deutschen Nationalbibliografie; detaillierte bibliografische Daten sind im Internet über https://dnb.de abrufbar.

Online-Angebote oder elektronische Ausgaben sind erhältlich unter www.utb.de.

Umschlagabbildung:
Dublin, Trinity College, Bibliothek: Innenansicht: Long Room.
Foto 1995 (©) akg-images / Michael Teller

© 2022 Böhlau, Lindenstraße 14, D-50674 Köln, ein Imprint der Brill-Gruppe (Koninklijke Brill NV, Leiden, Niederlande; Brill USA Inc., Boston MA, USA; Brill Asia Pte Ltd, Singapore; Brill Deutschland GmbH, Paderborn, Deutschland; Brill Österreich GmbH, Wien, Österreich)
Koninklijke Brill NV umfasst die Imprints Brill, Brill Nijhoff, Brill Hotei, Brill Schöningh, Brill Fink, Brill mentis, Vandenhoeck & Ruprecht, Böhlau und V&R unipress.
Alle Rechte vorbehalten. Das Werk und seine Teile sind urheberrechtlich geschützt. Jede Verwertung in anderen als den gesetzlich zugelassenen Fällen bedarf der vorherigen schriftlichen Einwilligung des Verlages.

Einbandgestaltung: Atelier Reichert, Stuttgart
Satz: büro mn, Bielefeld
Druck und Bindung: GrafikMediaProduktionsmanagement GmbH, Köln
Printed in the EU

Vandenhoeck & Ruprecht Verlage | www.vandenhoeck-ruprecht-verlage.com

UTB-Band-Nr. 5701 | ISBN 978-3-8252-5701-9 | eISBN 978-3-8385-5701-4

Joachim Rückert gewidmet,
dem Freund rechtshistorischer Exegesen

Joachim Rückert

Rechtsgeschichte kann bunt sein. Manchmal zeigt sie denselben Gegenstand in verschiedenen Farben. Das macht den Reiz und die große Freude des Faches aus: quellengestützte Wahrheit, verpackt in sprachliche Schönheit. Dann berühren sich Recht, Geschichte und Kunst.

Inhaltsverzeichnis

Vorwort 11

1 Einführung 13
   1.1 Begriff und Geschichte der Exegese 13
   1.2 Konzeption und Ergebnisse des Bandes 17
   1.3 Hinweise für studentische Exegesen 25
   1.4 Klausur, Hausarbeit, Referat, Seminararbeit:
       vielfältige Prüfungsformen 32

2 Normengeschichte 37
   2.1 Der untreue Geldbote: Pomponius D. 46,3,17
       Gregor Albers 37
   2.2 Zwei Probleme aus dem römischen Recht des Schiedsverfahrens
       Wolfgang Ernst 57
   2.3 ‚Pacta sunt servanda' und Naturalerfüllung in der mittelalterlichen
       Kanonistik. Schuldnerschutz und Gläubigerinteresse
       Maximiliane Kriechbaum 71
   2.4 Das Recht als Schneeball – Die menschliche Freiheit
       in der Lectura des Nicolaus de Tudeschis
       David von Mayenburg 98
   2.5 Die Rachinburgen in der Lex Salica
       Peter Oestmann 116
   2.6 Sachsenspiegel, Landrecht III 45 mit Glosse: Vom Wert des Menschen
       Bernd Kannowski 135
   2.7 Todesstrafe für Bigamie.
       Eine Strafverschärfung im lübischen Recht nach 1284
       Albrecht Cordes 153
   2.8 Vergütungsgefahr im Werkvertragsrecht des Sächsischen BGB
       Frank L. Schäfer 164
   2.9 Die Frankfurter Grundrechte – Wegbereiter der Demokratie
       Sonja Breustedt/Alexander Krey 181

Inhaltsverzeichnis

    2.10 Die „menschenwürdige Existenz" im Grundrechtskatalog des Grundgesetzes von 1920 der Estnischen Republik
Marju Luts-Sootak/Hesi Siimets-Gross 204

    2.11 Recht auf Empfangen eines Urteils
Kenichi Moriya 227

3 Praxisgeschichte 245

    3.1 TCL 1, 157: Rechtsstreit um eine Doppelhaushälfte in altbabylonischer Zeit
Guido Pfeifer 245

    3.2 P.Col. III 54 – vom Vertrag zur Klage
Nadine Grotkamp 262

    3.3 Römische Kautelarpraxis zur Kreditsicherung. Eine Exegese zur sog. formula Baetica
Ulrike Babusiaux/Elena Koch 280

    3.4 Autoritäten im Recht – Islamische Justizforschung
Nahed Samour 306

    3.5 Der Gottesfrieden von Le Puy (ca. 976 AD)
Stefan Vogenauer 323

    3.6 Herrschafts- oder Gesellschaftsvertrag? Die Wahlkapitulation des Hermann von Lobdeburg von 1225
Thomas Pierson 350

    3.7 Die Frankfurter Messeprivilegien von 1240 und 1330
Ralf Seinecke 368

    3.8 „Lass rynnen, lass rynnen": Ein Selbstmordfall am Chiemsee im Jahr 1521 – Gerichtsverfassung, Geisterfurcht und „Volksgeist" in Bayern um 1500
Hans-Georg Hermann 388

    3.9 Straßenterror und Wirtschaftskriminalität
Jan Thiessen 408

4 Wissenschaftsgeschichte 417

    4.1 Es geht immer um die Wurst! Daniel Freses „Veritas, Iustitia und Confessio" (1578)
Mathias Schmoeckel 417

4.2	Das Gutachten der Vorkommission für ein Bürgerliches Gesetzbuch für das Deutsche Reich vom 15. April 1874 *Tilman Repgen*	432
4.3	Jherings Brief an Bismarck vom 15. September 1888 *Hans-Peter Haferkamp*	446
4.4	Anita Augspurgs „Die Frau in der Advokatenrobe" (1904). Der Kampf der Frauen um Zugang zu den juristischen Berufen – eine europäisch-verflochtene Geschichte *Lena Foljanty*	463
4.5	Franz Schlegelberger: Abschied vom BGB (1937) *Sibylle Hofer*	477
4.6	Exegese zu einem Auszug aus Karl Larenz' Aufsatz „Wandlung des Vertragsbegriffs" von 1935 *Thorsten Keiser*	496

5 **Klausuraufgabe** 517
  Die Verpflichtungskraft des Eides: drei Schlaglichter
  Susanne Lepsius 517

Literaturverzeichnis 535

Register 547

Vorwort

Die Interpretation von Quellen gehört zu dem methodischen Kern aller historischen Wissenschaften und damit auch zum Kern der Rechtsgeschichte. Das gilt nicht nur für die Forschung, sondern in besonderer Weise auch für das Studium. Die Prüfungsleistung an zahlreichen Universitäten besteht in einer sog. Exegese, einer Quelleninterpretation. Traditionell handelt es sich dabei um studentische Hausarbeiten. Heute sind die Quellen häufig in Abschlussklausuren eingebaut. Auch im Rahmen von Seminaren geht es immer wieder um die Auseinandersetzung mit älteren oder neueren Texten. In vielfacher Weise hat man es also mit demselben Problem zu tun. Quellen sind nur dann interessant, wenn sie auf Fragen antworten, die wir ihnen stellen. Aber wie weiß man, welche Fragen wichtig sind? Die Antwort darauf muss jede Generation neu finden. So entstehen Forschungsparadigmen.

Bis in die 1970er Jahre gab es verbreitete und feste Vorstellungen, wie rechtshistorische Exegesen auszusehen haben. Damals erschienen auch einige Anleitungsbücher, teilweise mit Musterexegesen, u. a. von Dilcher, Schlosser/Sturm/Weber und Hattenhauer. Aber die Anforderungen an solche studentischen Arbeiten haben sich seitdem deutlich geändert. Es gibt keine Standardisierung mehr, viele früher vorgegebene Bestandteile einer Exegese erscheinen heute fraglich oder manchmal geradezu schädlich, etwa der zwanghafte Gegenwartsvergleich oder eine formale Exegese, ohne dass die jeweilige Quelle dafür viel hergibt. Doch einen Leitfaden, ein Anleitungsbuch oder eine Sammlung von Beispielsexegesen suchen Studierende vergeblich. Es gibt sie nämlich nicht, sieht man von ganz wenigen fortgeschleppten und methodisch altbackenen Handreichungen ab. Diese Lücke will unser Lehrwerk schließen.

Wir danken den über 20 Kolleginnen und Kollegen, die aus ihrer je verschiedenen Perspektive und Lehrerfahrung Quellenexegesen zu unserem Unternehmen beigesteuert haben. Im Gegensatz zu älteren Anleitungsbüchern verzichten wir bewusst auf Gliederungsvorgaben und haben auch die Fußnotenapparate nicht angeglichen. Eine verbindliche Musterexegese, wie sie bis in die 1970er Jahre vermittelt wurde, kann es heute nämlich nicht mehr geben. Der Band bietet deshalb verschiedene Möglichkeiten an, wie man mit Quellen arbeiten kann.

Erste Überlegungen zu diesem Buch entstanden unter einem Nussbaum im Garten von Joachim Rückert in Seulberg. Wir wollten ihm keine Festschrift schenken, aber zum 75. Geburtstag doch einen Strauß von Lieblingsquellen überreichen. Das haben wir am 16. August 2020 getan. In freundschaftlicher Verbundenheit widmen wir Joachim Rückert nun auch diese Druckfassung des Bandes.

Wir danken den Mitwirkenden an den „Wegen zur Rechtsgeschichte" für die Aufnahme in die Lehrbuchreihe und dem Böhlau Verlag mit Dorothee Rheker-Wunsch für die wie immer angenehme verlegerische Zusammenarbeit. Auf Rückmeldungen von studentischer Seite freuen wir uns ganz besonders. Schreiben Sie uns gern, was Ihnen an diesem Buch gefällt oder was wir verbessern sollten.

Für wertvolle Mitarbeit bei Redaktion und Register danken wir Aileen Rasche, Aylin Kocaefe und Julian Otto (Lehrstuhl Keiser) und den Hilfskräften des Lehrstuhls Oestmann, insbesondere Mika Dahmer.

Gießen und Münster	Thomas Pierson (T.Pierson@gmx.de)
im Juni 2022	Peter Oestmann (oestmann@uni-muenster.de)
	Thorsten Keiser (thorsten.keiser@recht.uni-giessen.de)

1 Einführung

1.1 Begriff und Geschichte der Exegese

Exegese im Sinne dieses Buches bedeutet die Interpretation eines rechtshistorischen Quellentextes. Der Begriff kann für eine wissenschaftliche Textgattung stehen (sämtliche der hier versammelten Beiträge gehören dazu), aber auch für eine bestimmte Methode der rechtshistorischen Auslegung. Ziel einer Auslegung ist es grundsätzlich, den Sinn einer Erklärung zu erfassen.[1] Im Jurastudium wird man mit dieser Anforderung ständig konfrontiert. Man ist es gewohnt, Gesetze, Willenserklärungen oder prozessuale Anträge auszulegen, und muss ein bestimmtes methodisches Instrumentarium erlernen, das den jeweiligen Anforderungen entspricht. Die rechtshistorische Exegese unterscheidet sich davon jedoch in einem grundlegenden Aspekt. Ihr Ziel ist nicht Rechtsanwendung, bezogen auf eine aktuelle Falllösung, sondern wissenschaftliche Erkenntnis vergangenen Rechts. Mit einer Exegese versucht man also nicht herauszufinden, was aktuell rechtmäßig oder unrechtmäßig ist. Sie dient vielmehr der Erweiterung unseres Wissens über das Recht der Vergangenheit. Der Weg zu solchen Erkenntnissen ist daher auch nicht an den Prinzipien der aktuellen Rechtsordnung orientiert, deren Verfassungswertungen die maßgeblichen Kriterien für die Anwendung geltenden Rechts bilden.[2] Die Exegese ist Teil einer für verschiedene wissenschaftliche Disziplinen relevanten Lehre vom Verstehen, einer sog. „Hermeneutik".[3] Das bedeu-

---

1 Franz Reimer, Juristische Methodenlehre, 2. Aufl. Baden-Baden 2020, 120.
2 Grundregeln einer Methodenlehre mit praktischem Anspruch finden sich bei Joachim Rückert/Ralf Seinecke, Zwölf Methodenregeln für den Ernstfall, in: dieselben (Hrsg.), Methodik des Zivilrechts – von Savigny bis Teubner, 2. Aufl. Baden-Baden 2012, 23–35.
3 Klassisch, aber kritisch zu lesen: Emilio Betti, Die Hermeneutik als allgemeine Methode der Geisteswissenschaften, 2. Aufl. Tübingen 1972, 5 ff. Die allgemeine Hermeneutik geht zurück auf den Theologen und Philosophen Friedrich Schleiermacher und für die Jurisprudenz auf Friedrich Carl von Savigny, siehe Joachim Rückert, Savignys Hermeneutik – Kernstück einer Jurisprudenz ohne Pathologie, in: Theorie der Interpretation vom Humanismus bis zur Romantik – Rechtswissenschaft, Philosophie, Theologie. Beiträge zu einem interdisziplinären Symposium in Tübingen 29. September bis 1. Oktober 1999, hg. von Jan Schröder, Stuttgart 2001, 287–327 (= Contubernium, Bd. 58).

tet jedoch nicht, dass Exegesen keine für die Gegenwart relevanten Informationen liefern können. Indem sie Wissen über Vergangenheit vermitteln, zeigen sie alternative Lösungen von Rechtsproblemen oder Haltungen zu normativen Gestaltungen auf. Somit führt die Exegese zu einem Schatz an juristischer Erfahrung, welcher vor allem rechtspolitische Orientierung geben kann oder bei der Einschätzung von Folgen praktischer Auslegungsergebnisse wertvoll ist. Die Trennung zwischen geschichtswissenschaftlicher und praktisch-dogmatischer Methode war nicht immer so deutlich wie heute. Im aktuellen Rechtssystem werden unter dem Eindruck der Kodifikationsidee Gesetze nicht zuletzt in Büchern verfasst, deren Urheber dann als historischer Gesetzgeber identifizierbar ist. Zu ihrer Auslegung muss unter anderem der Wille dieses Gesetzgebers ermittelt werden. Geboten ist dazu eine konkrete Analyse der im Gesetzgebungsverfahren zutage tretenden Motive. Ihre Erkenntnis erfordert ebenfalls historische Methoden, die zwar Gemeinsamkeiten mit der Exegese aufweisen, mit ihr aber nicht übereinstimmen. Die rechtshistorische Exegese ist also etwas anderes als eine historische Auslegung.

Die Ordnung des Rechtsstoffs in Kodifikationen und festen Normhierarchien ist nur eine Möglichkeit zur Gestaltung einer Rechtsordnung. Denkbar ist auch, dass Normen sich aus einem überlieferten Materialfundus historischer Schriften ergeben, die nach gewissen Kriterien einem bestimmten kulturellen Kontext zugewiesen werden. So kann etwa eine Rechtsordnung nach „römischem Recht" organisiert werden. Ihre Legitimationsgrundlage wäre dann nicht der Willensentschluss eines bestimmten Gesetzgebers, sondern der Verweis auf eine bestimmte historische Kultur, deren juristische Rationalität man als überzeitlich und auf die Gegenwart übertragbar ansieht. Vergangene Normativität muss in diesem Fall also irgendwie historisch erkannt werden, mit Mitteln einer Exegese. Vor 1900 galt für viele praktische Probleme römisches Recht. Um dessen Textgrundlagen zu verstehen, gab es praktische Methoden der historischen Auslegung, die sich von heutigen Exegesen unterscheiden.[4]

Das heute so wichtige Bewusstsein einer Unterscheidung zwischen einer praktischen und einer wissenschaftlichen Auslegung historischen Rechts ist vor allem im 16. Jahrhundert entstanden. Entscheidende Impulse gingen hierbei von einer Bewegung aus, die man humanistische Jurisprudenz nennt. Für den Humanismus als Epoche ist charakteristisch, dass man damals die Vergangenheit als mit wissenschaftlichen Mitteln analysierbare Geschichte erkannte. Für die Juristen eröffnete sich damit eine neue

---

4 Daher sind auch aus dem 19. Jahrhundert stammende Anleitungsbücher für römisch-rechtliche Exegesen heute nur eingeschränkt brauchbar. Siehe dazu Uwe Wesel, Die Hausarbeit in der Digestenexegese, 3. Aufl. München 1989, 23.

Sichtweise auf das Recht, die ihm eine zeitliche Dimension verlieh. Im Mittelalter betrachtete man das Recht vornehmlich als „ratio", also als überzeitliche Vernunft oder Wahrheit.[5] Mit der humanistischen Jurisprudenz wurde eine Analyse des Rechts als Produkt einer bestimmten historischen Situation möglich. „Interpretatio" wurde zur geisteswissenschaftlichen Übersetzungsleistung, die praktische oder wissenschaftlich-erklärende Funktionen haben konnte.[6] Für die heutige Exegese sind hiervon sicherlich Impulse ausgegangen, auch weil der Humanismus die Etablierung einer von der Rechtsdogmatik unterscheidbaren Rechtswissenschaft insgesamt entscheidend mitprägte.

Weitere Anregungen für die spezifische, auf juristisch-historisches Textverstehen gerichtete Hermeneutik kamen aus dem Bereich der Theologie, die gerade im 18. und 19. Jahrhundert erkenntnistheoretische Leistungen vollbrachte, die von anderen Disziplinen wie Philosophie oder Geschichte wahrgenommen wurden.[7] Die Theologie ist auch der Bereich, wo sich der Begriff der Exegese, verstanden als wissenschaftliche Methode, herausbildete.[8] Im geistigen Klima des 19. Jahrhunderts fielen solche Erkenntnisse auch bei Juristen auf fruchtbaren Boden. Vor allem Friedrich Carl von Savigny (1779–1861) entwickelte eine eigene, komplexe Methode historischer Rechtswissenschaft, bei der er die Erkenntnisse seiner Zeit zur Text-Hermeneutik verwertete.[9] Anders als heute war das Attribut des Historischen hier aber mit bestimmten Wertungen und Zielen verbunden, vor allem mit dem Ausgangspunkt im geltenden Recht und der Annahme einer inneren, notwendigen Entwicklung. Dieser Ausgangspunkt unterscheidet sich vom Erkenntnisinteresse der modernen Exegese.

Im 19. Jahrhundert begann sich die Exegese mit den wissenschaftlichen Disziplinen des Rechts auszudifferenzieren. Wie man im Zuge der Aufteilung der sog. „Historischen Rechtsschule" begann, Germanistik und Romanistik (also die Wissenschaft des deutschen und des römischen Rechts) prinzipiell voneinander abzugrenzen, unterschied

---

5 Klassisch zur „Textexegese" der Schule von Bologna Franz Wieacker, Privatrechtsgeschichte der Neuzeit, 2. Aufl. Göttingen 1967, 54 f. mit möglicherweise zu stark vereinfachenden Wertungen. Aus der neueren Literatur siehe Manlio Bellomo, Europäische Rechtseinheit. Grundlagen und System des Jus Commune, München 2005, 131 ff.

6 So in Bezug auf die Gesetzesauslegung Jan Schröder, Zur Geschichte der historischen Gesetzesauslegung, in: Jörn Eckert (Hrsg.), Der praktische Nutzen der Rechtsgeschichte, Hans Hattenhauer zum 8. September 2001, Heidelberg 2003, 481–495 (484 f.).

7 Claus v. Bormann, Art. „Hermeneutik I", in: Theologische Realenzyklopädie, Berlin-New York 1986, 117 ff.

8 Wolfang Schenk, Art. „Hermeneutik III", ebenda, 144 ff.

9 Joachim Rückert, Methode und Zivilrecht beim Klassiker Savigny (1779–1861), in: Rückert/Seinecke (a. a. O.), 35–72 (45 ff., 56).

man zwischen römisch-rechtlicher und deutschrechtlicher Exegese. Hinzu kam eine eigene Form der „kanonistischen Exegese". Für die jeweiligen Formen wurden hierbei eigene Anleitungsmuster entwickelt, welche typische Arbeitsweisen und wissenschaftliche Grundannahmen der einzelnen Disziplinen reflektierten. Im Prinzip hat sich diese Dreiteilung bis heute erhalten.[10] Am profiliertesten im juristischen Studienplan ist davon die Digestenexegese,[11] vielleicht auch, weil sie am ehesten propädeutische Funktionen für das geltende Recht entfalten kann. Deutschrechtliche Exegesen sind oft Bestandteile von Leistungsnachweisen im rechtshistorischen Grundlagenschein, auch wenn teilweise nicht explizit darauf verwiesen wird oder die Aufgabenstellungen nicht unter dem Stichwort „Exegese" laufen.[12] Explizit kanonistische Exegesen als eigene Gattung findet man im Jurastudium kaum noch.

Rechtsgeschichte ist eine dynamische Wissenschaft. Ihre Methode ist daher vielfältigen Wandlungen unterworfen. „Hermeneutik", mit der die Exegese fest verbunden ist, steht anscheinend nicht mehr im Zentrum der Überlegungen zum analytischen Instrumentarium des Fachs.[13] Problematisch erscheint heute auch die aus dem 19. Jahrhundert überlieferte Dreiteilung in Germanistik, Romanistik und Kanonistik. Mit ihr lässt sich die heutige Komplexität der Rechtsgeschichte nicht mehr abbilden. Jede Quelle einer der drei Gattungen und damit auch einer Wissenschaftsdisziplin zuzuordnen, entspricht daher nicht mehr den Anforderungen moderner Rechtsgeschichte, die neue, auch internationale Wege beschreitet. Auch eine Quelle aus dem Bereich der Juristischen Zeitgeschichte (also der jüngsten Rechtsgeschichte des 20. Jahrhunderts) passt in keine der drei älteren Schubladen. Für die Exegese entsteht damit das Bedürfnis nach einer Neuausrichtung. Unser Studienbuch möchte dazu einen Beitrag leisten. Bewusst soll dabei aber nicht eine Art gemeinsamer Nenner aus den überlieferten Formen der Exegese gebildet werden, um zu einer neuen Kanonisierung zu gelangen. Statt um die Erarbeitung eines verbindlichen Kriterienkatalogs geht es uns

---

10 Einen Überblick bietet das didaktische Werk von Hans Schlosser/Fritz Sturm/Hermann Weber, Die rechtsgeschichtliche Exegese, 2. Aufl. München 1993.
11 Dazu zuletzt Christoph Becker, Kurzanleitung zur Quellenexegese im Römischen Recht, 8. Aufl. Berlin 2014 [jetzt 9. A. 2019].
12 Näher dazu Gerhard Dilcher, Der rechtsgeschichtliche Grundlagenschein, München 1979. Einen guten Überblick über mögliche Prüfungsformen rechtsgeschichtlicher Textinterpretation vermitteln Marcel Senn/Andreas Thier, Rechtsgeschichte III, Textinterpretationen, Zürich 2005. Auch wenn das Wort nicht vorkommt, geht es hier im Kern um prüfungsrelevante Exegesen.
13 Das zeigt deutlich ein Vergleich der Art. „Methode der Rechtsgeschichte" im Handwörterbuch für Rechtsgeschichte von Franz Wieacker, HRG III, Berlin 1984, Sp. 518–526 und Michael Stolleis, HRG III, 2. Aufl. Berlin 2016, Sp. 1475–1483.

um etwas anderes. Das Buch will bewusst einen Eindruck von der Vielfalt der Zugriffe und Interessen bei der Arbeit an rechtshistorischen Quellen vermitteln. Die Elemente der Exegese sind von der jeweiligen Fragestellung abhängig, die höchst unterschiedlich sein kann, auch in Bezug auf die einzelne Quelle.

In der Summe dienen die vorliegenden Beiträge jedoch einem gemeinsamen Zweck. Dieser besteht in der Demonstration verschiedener Instrumente für die Vermittlung normativer Erkenntnisse, Erklärungen oder Gestaltungen der Vergangenheit. Das Bild von Hermes, dem Götterboten, von dem der Begriff „Hermeneutik" abgeleitet ist, trifft hier vollständig zu. Sprachgebundene Vergangenheit muss vermittelt werden, weil man ihre Aussagen heute nicht mehr versteht, wie bei einer chiffrierten Botschaft. Exegeten sind Interpreten, die Vergangenheit zum Klingen bringen wie Musiker einen Notentext. Sie machen ihn für zeitgenössische Verständnismaßstäbe erst wahrnehmbar. Damit erfüllt die Exegese eine zentrale kulturelle Aufgabe. Für jede fortschrittliche Gesellschaft war und ist es unerlässlich, sich das Wissen der Vergangenheit zu eigen zu machen. Das gilt insbesondere für die Rechtsordnung. Darüber hinaus schult die Exegese die Fähigkeit zu Analyse und Verständnis, unabhängig von den prinzipiellen Kategorien des geltenden Rechts. Sie ist damit ein entscheidender Beitrag zur geisteswissenschaftlichen Prägung des Jurastudiums.

1.2 Konzeption und Ergebnisse des Bandes

1.2.1 Musterexegesen oder Exegesensammlung?

Die Vermittlung rechtshistorischer Methodik und insbesondere der Exegese wurde vor längerer Zeit verstärkt zum Gegenstand didaktischer und teilweise kritischer Beiträge. Diese ältere Anleitungsliteratur empfand vor dem Hintergrund der Studienreformen der 1970er Jahre die enge Konzentration auf eine philologisch-historisch-systematische Textinterpretation als dem Wissenschaftsverständnis des 19. Jahrhunderts verhaftet und nicht auf neuzeitliche Rechtstexte „voll anwendbar", auch weil sie die Fragen einer modernen Rechtsgeschichte nach geistes- und sozialgeschichtlichen Verbindungen und Hintergründen nicht vollständig erfasse[14]. Der Versuch, die Perspektiven der rechtswissenschaftlichen Ausbildung interdisziplinär um insbesondere sozialwissenschaftliche

---

14 Dilcher 10.

Komponenten zu erweitern, wirkte auch auf die Rechtsgeschichte. Methodisch änderte das dennoch zunächst nicht viel. Der Abdruck von Musterexegesen zu Urteilen oder rechtswissenschaftlichen Texten wurde für verzichtbar gehalten, weil die Arbeitsformen bei unterschiedlichen Arten von Quellen „nicht grundsätzlich verschieden" seien[15]. Vielmehr gestatte die Fachtradition der Exegese mit ihrem „sehr feste[n] Gegenstand und Bearbeitungsregeln" „festere Arbeitsanleitungen"[16].

Diese Fachtradition hat sich mittlerweile verändert, ja in gewisser Weise sogar verflüssigt. Während die frühere Betonung der Sachsenspiegelexegese, begrifflich als Synonym für deutschrechtliche Exegesen insgesamt verwendet, zu einer Vernachlässigung zahlreicher Rechtsquellengattungen im universitären Unterricht führte, erkannte man zugleich an, dass die Eigenarten des nationalen Rechts auch eigene methodische Prinzipien erforderten[17]. „Kultureller Kontext und Gegenstand bestimmen die Methode"[18]. Wenn die untersuchten Kontexte und Gegenstände sich erweitern, muss also auch der methodische Zugriff breiter werden. Genau dies ist die Ausgangsidee des vorliegenden Buches. Die Vielfalt möglicher Themen und Zugänge zur Rechtsgeschichte lässt sich heute nicht mehr ohne weiteres in einer oder einigen wenigen Musterexegesen zusammenfassen. Die verschiedenen Beiträge des Bandes verdeutlichen dies schon bei traditionellen Gegenständen. Das Schiedsverfahrensrecht kann etwa dazu anregen, Instrumente der ökonomischen Analyse des Rechts in Form der Spieltheorie heranzuziehen. Basiert ein rechtswissenschaftlicher Text wie der von Larenz stark auf philosophischen Vorverständnissen, müssen solche Linien, in diesem Fall zu Hegel, freigelegt werden usw.

Zu berücksichtigen sind nicht nur die jeweiligen Inhalte, sondern auch die äußere Form des Untersuchungsgegenstands. Man muss sich mit den Methoden und Instrumenten der historischen Hilfswissenschaften vertraut machen[19], denn sie liefern wichtige Erkenntnisse. Beispiele im vorliegenden Band sind etwa Inschriften, für die

---

15 Dilcher 79.
16 Dilcher 4.
17 Hans Schlosser, Die deutschrechtliche Exegese, in: Hans Schlosser/Fritz Sturm/Hermann Weber, Die rechtsgeschichtliche Exegese, 2. Aufl. München 1993, 75–109, 77 ff.; a. A. offenbar Fritz Sturm, Die Digestenexegese, in: Hans Schlosser/Fritz Sturm/Hermann Weber, Die rechtsgeschichtliche Exegese, 2. Aufl. München 1993, 1–74, 2: kein Methodenwandel, nur anderer Gegenstand (zur neueren Rechtsgeschichte und den Kodifikationen).
18 Hans Hattenhauer, Die deutschrechtliche Exegese. Eine Anleitung für Studenten, Karlsruhe 1975, 9.
19 Hilfswissenschaft meint grundsätzlich eine wissenschaftliche Disziplin, die von einer anderen Disziplin als Hilfe herangezogen wird. Es gibt klassische historische Hilfswissenschaften

Konzeption und Ergebnisse des Bandes

man Kenntnisse in der Epigraphik benötigt, oder Papyri, für die die Papyrologie eine eigene Spezialdisziplin darstellt. Eine Bildinterpretation wiederum stützt sich auf die Grundlagen der Ikonologie nach Erwin Panofsky.

Die Herausgeber haben den Autorinnen und Autoren keine inhaltlichen oder methodischen Vorgaben gemacht[20]. Der Band will genau deshalb einen signifikanten Teil der thematischen und methodischen Vielfalt der heutigen Rechtsgeschichte einfangen und daraus resultierend einen realistischen Eindruck der Unterrichts- und möglichen Prüfungspraxis liefern. Das Buch enthält eine Reihe originaler Prüfungsaufgaben oder im Unterricht von den Autoren besonders gerne verwendeter Quellen. Die Beiträger sind in der rechtshistorischen Lehre aktiv, wenn auch nicht alle an Fakultäten im deutschsprachigen Raum. Die immer schon vorhandene Interdisziplinarität und Internationalität der Rechtsgeschichte wird auf diese Weise weiter ausgebaut[21]. Diese Ausrichtung des Fachs bedingt, dass auch studentische Exegesen internationales Schrifttum (dazu Beitrag Oestmann) und nichtjuristische Texte einbeziehen müssen – im Jurastudium trotz aller Europäisierung durchaus ungewohnt.

Die hier versammelten Exegesen variieren in ihren Zugängen und Methoden erheblich und lassen sich in ihrer thematischen Vielfalt nicht mehr durch eine Aufteilung in romanistische, deutschrechtliche und kanonistische Exegese oder in eine Trennung nach Epochen auflösen. Die methodischen Unterschiede erklären sich mit den jeweiligen Anforderungen der Quelle, aber auch den persönlichen Schwerpunktsetzungen der Autoren. Der Band gliedert daher anders und geht von grundsätzlich gemeinsamen methodischen Anforderungen bestimmter Quellengattungen aus.

(z. B. Sphragistik/Siegelkunde, Heraldik/Wappenkunde) prinzipiell ist der Begriff aber offen zu verstehen und hängt vom jeweiligen Erkenntnisinteresse ab.

20 In einigen Fällen wurden ungefähre Wünsche geäußert, um wichtige, aber mit dem Risiko einer verbleibenden Leerstelle behaftete Themenfelder abzudecken, z. B. die kanonistische Exegese – zur Marginalisierung der kanonistischen Exegese im Studium schon Hermann Weber, Die Exegese aus der kirchlichen Rechtsgeschichte, in: Hans Schlosser/Fritz Sturm/Hermann Weber, Die rechtsgeschichtliche Exegese, 2. Aufl. München 1993, 111–155, 111 f.

21 Leider kamen nicht alle hierzu eingeworbenen Beiträge zustande. Der neuere Fokus auf die iberoamerikanische Rechtsgeschichte sollte mit einem Beitrag zum aktuell wieder wichtigen Thema Recht und Kapitalismus – hier im Lateinamerika des 20. Jh. – gewürdigt werden. Dieser kam jedoch wegen Covid-19 in Brasilien nicht zustande. Auch eine Common-Law-Exegese entfiel.

1.2.2 Zugänge

Mit welchen Texten man sich beschäftigt, hängt angesichts der prinzipiell unendlichen Zahl möglicher Quellen vorrangig vom Erkenntnisinteresse ab, innerhalb des Studiums natürlich auch ganz handfest von der Aufgabenstellung des jeweiligen Prüfers bzw. Seminarleiters. Die Erkenntnisinteressen und damit auch die Methoden aber variieren[22]. Dass unterschiedliche Fachdisziplinen unterschiedliche Fragen an die Texte stellen, ist unmittelbar einsichtig (siehe Beispiel Rechtshistoriker/Wirtschaftshistoriker bei Seinecke). Aber auch innerhalb einer Fachdisziplin wird das Ergebnis der Exegese maßgeblich von den Fragen bestimmt, die man an den Text stellt (Pfeifer, Pierson)[23]. Hinsichtlich des Erkenntnisinteresses lassen sich für die Rechtsgeschichte mindestens drei Blickwinkel auf die Vergangenheit unterscheiden[24], deren Fragen bestimmte Quellenmassen in den Vordergrund stellen und deren Bearbeitung vergleichbare Probleme aufwirft.

Die Normengeschichte beschäftigt sich vorrangig mit Rechtsnormen in Form von Gesetzen und anderen abstrakt-generellen Quellen, geht als Dogmengeschichte aber natürlich darüber hinaus und kann ebenso juristische Problemlösungen bei verschiedenen Autoren untersuchen[25]. Die Geschichte der Rechtspraxis fragt nach der tatsächlichen Gerichts-, Vertrags- und Urkundenpraxis und ihrer Durchsetzung und hat es dadurch mit sehr viel heterogenerem Quellenmaterial zu tun. Rechtsgeschichte wird hier mehr als anderswo zur historischen Sozialwissenschaft[26]. Die dritte Perspektive ist die der Wissenschaftsgeschichte, die sich für Denktraditionen und Stilrichtungen interessiert. Sofern man keine übergreifenden Darstellungen anstrebt, ist das literarische Genre oft die Werkbiographie, in der die Untersuchung eines wissenschaftlichen Werkes intensiv mit der biographischen Erforschung des Autors und seines intellektuellen Umfelds verknüpft ist[27]. Solche schubladenhafte Zuordnungen sind aber nicht

---

22 Siehe als Beispiel einerseits Peter Oestmann, Normengeschichte, Wissenschaftsgeschichte und Praxisgeschichte. Drei Blickwinkel auf das Recht der Vergangenheit. Max Planck Institute für European Legal History Research Paper Series No. 2014–06, andererseits Arndt Kiehnle, Das Öffentliche im Privaten. Was war und ist am öffentlichen Glauben im Privatrecht öffentlich?, Baden-Baden 2020, 120–127.
23 Dazu auch Senn/Thier, 1 m. w. N.
24 Oestmann a. a. O.
25 Näher Oestmann 3.
26 Oestmann 5.
27 Oestmann 4 f.

in allen Fällen eindeutig, weil die Erkenntnisinteressen selbstverständlich nicht unverbunden nebeneinander stehen und viele Quellentexte für verschiedene Perspektiven von Interesse sind. David von Mayenburgs Exegese zu einer Kommentierung des kirchenrechtlichen Liber extra, der Lectura des Nicolaus de Tudeschis, etwa untersucht einerseits ein juristisches Freiheitsproblem, nämlich die dingliche Bindung der Bauern, exemplifiziert aber andererseits die scholastische Methode und kennzeichnet das Anwachsen der römisch-kanonischen Rechtsmassen als ein „Recht als Schneeball".

Manches passt ohnehin nicht ohne weiteres in diese komplexitätsreduzierende Aufteilung, die keinen Vollständigkeitsanspruch behauptet. Unter dem Gesichtspunkt des methodischen Zusammenhangs stellt der Band verschiedene Beiträge zusammen, in denen einerseits werkbiographische Zusammenhänge, andererseits Veränderungen der Methoden und Arbeitsgrundlagen von Juristen im Vordergrund stehen. Quellen können dabei nicht nur auf irgendeinem Medium überlieferte Texte sein. Mathias Schmoeckels Interpretation von Daniel Freses „Veritas, Iustitia und Confessio" aus dem Jahr 1578 veranschaulicht, dass die zu entschlüsselnden Denktraditionen und Symbole auch in allegorischer Bilddarstellung Ausdruck fanden. Bildquellen sind nicht erst seit dem „iconic turn" vielfach Gegenstand des rechtshistorischen Unterrichts und prinzipiell auch für die Prüfungspraxis geeignet[28].

Auch andere Beiträge exemplifizieren en passant, wie Trends der Geschichtswissenschaft selbstverständlich von der Rechtsgeschichte rezipiert und in die eigenen Diskurse integriert werden. Die histoire croisé-Diskussion und ihre Kritik an der älteren Forschung zu Vergleichs-, Rezeptions- und Transferuntersuchungen findet sich etwa im Werk von Lena Foljanty wieder, die hier die sog. Verflechtungsgeschichte auch in ihren Beitragstitel aufnimmt. Interessant im Zusammenhang transnationaler Verflechtungen ist das estnische Beispiel, in dem die Zeitgenossen zum Verständnis der estnischen Verfassung notgedrungen Kommentare zur Weimarer Reichsverfassung heranzogen (Luts-Sootak/Siimets-Gross).

---

28 In Hausarbeiten sollte nicht übersehen werden, dass seit 2008 mit «Signa Ivris. Beiträge zur Rechtsikonographie, Rechtsarchäologie und rechtlichen Volkskunde» eine einschlägige Zeitschrift existiert, in der z. B. auch schon ein Band zur Ikonographie von Aequitas und Justitia in Antike und Früher Neuzeit erschienen ist. Ergiebig auch die Bände von Otto Rudolf Kissel, Die Justitia, Reflexionen über ein Symbol und seine Darstellung in der bildenden Kunst, 2. Aufl. München 1997 und Wolfgang Pleister/Wolfgang Schild, Recht und Gerechtigkeit im Spiegel der europäischen Kunst (Hgg.), Köln 1988.

Die hier versammelten Musterexegesen spiegeln ebenso das gewachsene Interesse an der Materialität der überlieferten Quellen. Das Gemälde im Lüneburger Rathaus lässt sich sinnvoll nur kontextualisieren, indem der ursprüngliche, hier zugleich gegenwärtige Ausstellungsort mit seiner Bau-, Architektur- und Nutzungsgeschichte einbezogen wird. Die Überlieferungsgeschichte spielt seit je her eine erhebliche Rolle für die Auslegung, schon weil sich Parallelüberlieferungen häufig voneinander unterscheiden. Überlieferungsvergleiche sind daher besonders spannend (Cordes, Kriechbaum). Ist der Überlieferungszusammenhang abgeschnitten, kann auch dies thematisiert werden (Vogenauer).

Besonders eindrücklich zeigt die Exegese von Albrecht Cordes, wie die älteren Bearbeitungen des handschriftlichen Quellenmaterials den Untersuchungsgegenstand verformen und jeder Bearbeitungsschritt Informationen eliminiert. Damit wird die Auseinandersetzung mit dem Original erforderlich, die bei den älteren Quellen nur mit entsprechenden hilfswissenschaftlichen Methoden und Instrumenten möglich ist. Die Untersuchung anderer Medien der Überlieferung, etwa Ausgrabungsfunden in Form von Ton- oder Bronzetafeln oder Papyri, fordert jeweils eigene Kenntnisse (s. o.).

1.2.3 Themenfelder

Die Normengeschichte stellt auch in diesem Band den größten Block. Dies entspricht ihrem Gewicht im Studium, das wohl daraus resultiert, dass hier die größten Schnittmengen mit der Arbeitsweise und Methodik der universitären Lehre im geltenden Recht bestehen, was zugleich zusätzliche didaktische Vorteile in der Juristenausbildung verspricht (s. o.). Auch deshalb ist die klassische Digestenexegese mit zwei Beiträgen vertreten. Gregor Albers spricht dies in seinem Beitrag zu einem schulmäßigen Zivilrechtsfall über einen untreuen Geldboten offen an: die Digestenexegese als von der Fessel des geltenden Rechts befreite Schule des juristischen Denkens. Ähnlich heben andere die Förderung gedanklicher Flexibilität hervor, da in unbekannten Rechtssituationen ganz verschiedene Aspekte gewürdigt und auch konkurrierende Lösungsansätze zugelassen oder integriert werden müssen (Praxisquelle bei Babusiaux/Koch). Mit zwei Problemen aus dem römischen Schiedsverfahrensrecht knüpft die Digestenexegese von Wolfgang Ernst an das in jüngerer Zeit noch einmal gestiegene Interesse an gerichtlicher und außergerichtlicher Konfliktlösung an.

Der Fokus auf Verfahren und Verfahrensbeteiligte durchzieht viele Beiträge. Ein klassisches Thema wählt Peter Oestmann mit der Analyse der unklaren Rolle der Rachinburgen in der Lex Salica. Andere Beiträge beschäftigen sich mit dem Gerichtspersonal im frühislamischen Recht, der bayerischen Gerichtsverfassung um 1500, einer allegorischen Gerichtsszene im Lüneburger Rathaus nach der Reformation, dem europäisch verflochtenen Kampf der Frauen um den Zugang zum Anwaltsberuf, der Einführung von Sondergerichten in der Spätphase der Weimarer Republik oder einer verfassungsrechtlichen Garantie auf das „Recht auf Empfangen eines Urteils" in Japan. Viele dieser Quellen haben dann die Rolle der Verfahrensbeteiligten und Kompetenzfragen zum Gegenstand (siehe Oestmann, Samour, Hermann).

Maximiliane Kriechbaum behandelt mit Pacta sunt servanda und Naturalerfüllung zentrale schuldrechtliche Fragen anhand zweier Stellen des Liber extra aus dem Corpus Iuris Canonici und unterstreicht damit die methodische Nähe von Digesten- und Kirchenrechtsexegese[29]. Die Fragestellungen werden verbreitert, wenn man nicht die Kirchenrechtssammlung selbst, sondern ihre gelehrte Bearbeitung in Form der Kommentarliteratur zum Gegenstand der Exegese macht (Kommentar zum Liber extra in der Quelle von v. Mayenburg). Die Quellengattungen Rechtsbuch und Glosse verknüpft Bernd Kannowski, indem er mit dem „Wert des Menschen" sowohl die Wergeldbestimmungen des Sachsenspiegels als auch die dazugehörige Stelle in der Buch'schen Glosse exegetisch untersucht. In einer dritten Exegese beschäftigt sich Albrecht Cordes, nach Lex salica und Sachsenspiegel, ebenfalls mit einer zentralen Quellenmasse des einheimischen Rechts, nämlich dem mittelalterlichen Stadtrecht. Durch den Vergleich zweier Codices erläutert er eine Strafverschärfung im lübischen Recht, nämlich die Androhung der Todesstrafe für Bigamie.

Gleich drei Exegesen nehmen die neuere Verfassungsgeschichte zu ihrem Gegenstand und konzentrieren sich dabei jeweils auf die Grundrechtsthematik. Sonja Breustedt und Alexander Krey untersuchen die Rolle der Frankfurter Nationalversammlung und insbesondere ihres Grundrechtskatalogs als Wegbereiter der Demokratie. Marju Luts-Sootak und Hesi Siimets-Gross wählen mit dem Grundgesetz der Estnischen Republik von 1920 einen in Deutschland weitgehend unbekannten Gegenstand und konzentrieren sich auf die Garantie einer menschenwürdigen Existenz. Kenichi Moriyas intensive Untersuchung eines Rechts auf Empfangen eines Urteils in der japanischen Nachkriegsverfassung führt schließlich aus dem europäischen Kontext heraus und unterstreicht sowohl die entscheidende Bedeutung des Entstehungskontexts wie auch vertiefter philologischer Kenntnisse zum Verständnis einer Norm, weil die Zeitgenossen Sprachspiele und Bedeutungsnuancen innerhalb eines Wortfelds nutzten, um über semantische Zweideutigkeiten Interessen durchzusetzen.

---

29 Nicht zufällig wurde für die kirchenrechtliche Exegese die Übernahme des Aufbaus der Digestenexegese vorgeschlagen, Weber 115.

Die modernen privatrechtlichen Kodifikationen sind an vielen Universitäten häufiger Gegenstand rechtshistorischer Prüfungsaufgaben. Frank L. Schäfer untersucht mit der Vergütungsgefahr im Werkvertragsrecht ein schuldrechtliches Kernthema in einer wichtigen, aber nicht ganz so oft im Unterricht behandelten Kodifikation, dem Sächsischen BGB von 1863/65. Nach der Reichsgründung 1871 wurde die Schaffung einer einheitlichen Privatrechtskodifikation zum Fixpunkt der Privatrechtsgesetzgebung. Mit dem Gutachten der Vorkommission für ein Bürgerliches Gesetzbuch für das Deutsche Reich (1874) rückt Tilman Repgen das Problem in seiner ganzen rechtspolitischen Dimension in den Vordergrund. Dass die Reichseinheit als politische Zäsur Umwälzungen auch in der juristischen Methodik verursachen konnte, zeigt Hans-Peter Haferkamp mit seiner Interpretation des berühmten Briefs Rudolf von Jherings an Otto von Bismarck vom 15. September 1888. Den nationalsozialistischen Angriffen auf das kodifizierte Privatrecht widmen sich gleich zwei Textinterpretationen. Sibylle Hofer befasst sich mit Franz Schlegelbergers rechtspolitischem „Abschied vom BGB", während Thorsten Keiser die stärker rechtsphilosophisch grundierte Vertragskonzeption in der „Wandlung des Vertragsbegriffs" von Karl Larenz herausarbeitet.

Dass die Antike Rechtsgeschichte auch im akademischen Unterricht gewinnbringend über die Grenzen des römischen Rechts hinausblicken kann, zeigen die Exegesen von Guido Pfeifer, dessen Analyse eines Rechtsstreits um eine Doppelhaushälfte in altbabylonische Zeit zurückführt, und Nadine Grotkamp, deren Quelle einen Pachtfall im hellenistischen Ägypten vom Vertragsschluss bis zur Klageschrift nachzeichnet. Auf die Rechtspraxis fokussiert ist auch die Exegese der sog. Formula Baetica von Ulrike Babusiaux und Elena Koch, welche die Kautelarpraxis zur Kreditsicherung in der römischen Provinz Hispania Baetica zum Gegenstand hat.

Nicht selten bereiten erzählende Quellen Jurastudenten gewisse Schwierigkeiten, weil sie sich von bekannten Textgattungen wie Normen, Urteilen oder rechtsdogmatischen Untersuchungen unterscheiden. Stefan Vogenauer legt seine eigene Erstsemesterhausarbeit über eine Klosterchronik zum Gottesfrieden von Le Puy vor und gibt damit auch Einblick in die Korrekturpraxis sowie die Weiterentwicklung eines Forschungsstands. Einen für die rechtshistorische Exegese im Studium ungewöhnlichen Gegenstand, die islamische Justizforschung, erschließt Nahed Samour, die in ihrer Quellenanalyse frühislamische Richterchroniken im Hinblick auf Autoritäten untersucht. Zu den erzählenden Quellen gehört schließlich das Amtsbuch, das Hans-Georg Herrmann zu einem Selbstmordfall in Bayern im Jahr 1521 auswertet und dort neben der Gerichtsverfassung auch Geisterfurcht und „Volksgeist" in den Blick nimmt.

Thomas Piersons Exegese der Wahlkapitulation des Hermann von Lobdeburg führt zurück in den kirchlichen Rechtsbereich und untersucht eine Quellengattung, die für die ältere Verfassungsgeschichte zentral ist, aber durch den Zuschnitt der rechtshistorischen Fächer im Unterricht durch die Trennung von Verfassungsgeschichte der Neuzeit und Rechtsgeschichte (dann oft ohne Verfassungsgeschichte) nicht selten übersehen wird. Ralf Seinecke nimmt wirtschaftsrechtshistorische Fragen zum Marktgeschehen zum Anlass, sich mit den Frankfurter Messeprivilegien zu beschäftigen. Rechtsmethodische Fragen zu Rechtsqualität, Autorschaft und Veröffentlichungsweg wirft schließlich die Quellengattung einer „Regierungsverlautbarung" auf, die Jan Thiessen im Kontext von Straßenterror und Wirtschaftskriminalität zur Einführung von Sondergerichten in der Spätphase der Weimarer Republik untersucht.

Die besondere Bedeutung, die Eide zu verschiedenen Zeiten in der Rechtspraxis besaßen (dazu auch Pfeifer, Pierson, Vogenauer), spiegelt sich schließlich in einer diachronen Originalklausuraufgabe von Susanne Lepsius, die das Erkenntnispotential angeleiteter Fragestellungen in der Prüfungspraxis unterstreicht, indem insbesondere die Funktionen des Eides in Quellen aus ganz unterschiedlichen Epochen, von den Schlechtheimer Täufern aus der Reformationszeit bis hin zum nationalsozialistischen Eid auf den Führer, vergleichend analysiert werden.

1.3 Hinweise für studentische Exegesen

Der Band liefert keine Anleitung, wie eine Exegese aufzubauen und zu schreiben ist. Dies erschiene im Hinblick auf die sehr unterschiedlichen Zugänge der Beiträge vermessen. Vielmehr waren die Autoren eingeladen, für ihre Quellenexegese sinnvolle didaktische Hinweise in Vorbemerkungen oder Fußnoten in ihre Texte zu integrieren. Mehrere Exegesen machen davon Gebrauch. Die älteren Leitfäden, welche die verschiedenen Arbeitsschritte der Exegese anhand ihres Aufbaumusters erläutern und auf häufige Fehler hinweisen, sind zwar weiterhin brauchbar. Sie spiegeln aber oft Einheitlichkeit vor oder erheben die Vorstellung des jeweiligen Verfassers zur Norm, obwohl doch die heutige universitäre Praxis rechtshistorischer Quellenbearbeitungen ganz bunt aussieht.

Die Unterschiedlichkeit der vorliegenden Quellenbearbeitungen mag aus studentischer Perspektive verwirren. Gewisse Friktionen ergeben sich aus den Grenzen der Exegese als Literaturgattung, weil einerseits die Quelle induktiv zum Sprechen gebracht, also möglichst alles aus ihr heraus entwickelt werden soll, andererseits aber eine umfassende Auseinandersetzung mit dem Forschungsstand erwartet wird (dazu

Vogenauer). Auf der anderen Seite bestehen erhebliche Gemeinsamkeiten, die ebenfalls aus den mit der Textform Exegese verbundenen Zwängen resultieren: Wenn die Erkenntnisse aus der Quelle entwickelt werden sollen, muss diese – zumindest im Grundsatz – am Anfang stehen. Ehe die Aussagen analysiert werden können, muss eine Basis an Textverständnis geschaffen werden. Vergleiche setzen voraus, dass der Ausgangsgegenstand hinreichend analysiert ist usw.

Man wird bei genauer Lektüre der Beiträge auch Kontroversen finden. Diese sind für die studentische Zielgruppe des Bandes zu explizieren und soweit möglich zu erklären, um Verunsicherung zu vermeiden. Sie sind aber nicht mit dem binären Wissenschaftscode als wahr/falsch zu etikettieren, sondern abhängig von Präferenzen und Zweckmäßigkeitserwägungen. Unterschiedliche Ansätze und Meinungen sind grundsätzlich auszuhalten. Prüflinge sollten sich über die jeweilige Fakultäts- oder Prüferpraxis informieren (z. B. über die Erwünschtheit eines Gegenwartsvergleichs). Darüber hinaus ergeben sich auch aus dem Bearbeitungsformat wesentliche Unterschiede. Dabei ist nicht nur an den Unterschied zwischen Klausur und Hausarbeit zu denken, auch im Rahmen der Hausarbeit kann der Bearbeitungszeitraum extrem variieren und damit auch die Möglichkeiten der Literaturbeschaffung etc.

1.3.1 Bearbeitungshinweise der Prüfer

Bearbeitungshinweise sind natürlich immer zu beachten und werden es tatsächlich viel zu häufig nicht. In rechtshistorischen Prüfungsaufgaben gibt es Besonderheiten.

Auch bei Abdruck eines Quellenauszugs soll in einer Hausarbeit grundsätzlich der ganze Text berücksichtigt werden (Hofer). Das mag selbstverständlich klingen, ist es aber nicht, wenn man bedenkt, dass das Jurastudium sonst nicht mit Originalquellen, sondern mit konstruierten, in sich abgeschlossen Sachverhalten konfrontiert. Genaueres gibt im Zweifel der Bearbeitervermerk vor.

Bei langen Quellen stößt man schnell an Umfangsgrenzen der Bearbeitung. In Hausarbeiten finden sich zwischen Umfangsvorgaben von 10–35 Seiten in der Praxis zwar alle möglichen Angaben. Dass allerdings gar keine Umfangsbegrenzung vorgenommen wird, scheint aber nur noch selten vorzukommen. Hier kann es notwendig sein, sich auf bestimmte Schwerpunkte zu konzentrieren und diese herauszuheben (z. B. der Ansatz bei Breustedt/Krey). Die gewünschten Schwerpunkte lassen sich ggf. am mit der Quelle ausgegebenen Oberthema ablesen, im Übrigen natürlich durch den abgedruckten Quellenauszug. Die gegenüber dem Gutachtenstil in einer juristischen Falllösung größere Freiheit in Sprache und Stilmittel kann dazu genutzt werden,

Unproblematisches abzukürzen[30] (pointiert, aber vielleicht für studentische Arbeiten überspitzt, der „Stakkatostil" bei Seinecke).

Einer gewissen Veränderung unterliegt die typische Prüfungsaufgabenstellung. Ähnlich wie die allgemeine Falllösungsaufgabe „Wie ist die Rechtslage?", kann ganz allgemein die Anfertigung einer Exegese verlangt werden. In Reinform fehlen jegliche weitere Angaben, so dass auch Autor und Entstehungszeit erst ermittelt werden müssen[31]. Diese Form kommt zwar weiterhin vor, ist aber wohl nicht mehr die gebräuchlichste Aufgabenstellung. Heute sind gewisse Erleichterungen und im Hinblick auf die Umfangsbegrenzung Fokussierungen üblich geworden. Schon Dilcher skizzierte in den 1970er Jahren die Kompromisslinie, der im Ergebnis heute viele rechtshistorische Aufgabenstellungen folgen[32], nämlich eine durch ein Oberthema und/oder den Quellentext ergänzende Fragestellung gelenkte Prüfung (siehe z. B. Cordes, Hofer, Lepsius). Durch die Formulierung „insbesondere" kann die Aufgabenstellung geforderte Schwerpunkte hervorheben. Sie impliziert zugleich, dass diese Hervorhebung nicht abschließend gemeint ist.

1.3.2 Fremdsprachige Quellen und Übersetzungen

Bei manchen Quellen ist die Beifügung einer Übersetzung im Bearbeitervermerk selbstverständlich, weil eine Kenntnis der Quellensprache schlicht nicht erwartet werden kann (z. B. altbabylonische oder frühislamische Quellen). Für andere galt das lange nicht. In den vergangenen Jahrzehnten hat es sich durchgesetzt, lateinischen Quellen Übersetzungen beizufügen[33]. Das Fehlen eines Übersetzungsvorschlags soll die Zusatzaufgabe andeuten, etwaige bereits publizierte Übersetzungen aufzufinden, weil sonst auch in der Hausarbeit ein solcher Vorschlag „gewiss" beigefügt würde[34]. Dies entschärft insoweit die Frage, wie ein Text zu übersetzen ist. Forderte man früher teilweise noch eine Übersetzung des lateinischen Originals in moderne Juristensprache

---

30 Studenten wird dies an die Verwendung von Urteilsstil vs. Gutachtenstil erinnern.
31 Eine ganze Reihe solcher Beispielaufgaben findet sich bei Senn/Thier.
32 Dilcher 11, ähnlich auch Becker, 5.
33 Siehe exemplarisch schon 1993 Schlosser 82 als gegenwärtig überwiegende Praxis, anders noch in der Vorauflage 1972 (88); siehe hier z. B. v. Mayenburg.
34 Christoph Becker, 8. Aufl. 2014 [jetzt 9. A. 2019], 6. Dass zwei Originalaufgabenstellungen im vorliegenden Band eine Übersetzungsleistung verlangten, indiziert nichts anderes, da diese Aufgabenstellungen vor einer Generation bzw. an einem anderen Fachbereich gestellt wurden.

und empfahl nur „ängstlichen Gemütern" eine zusätzliche Beigabe in Schuldeutsch[35], lehnt man das in dieser Eindeutigkeit heute wohl einheitlich ab, weil es zu sinnverzerrenden Anachronismen einlädt und damit das Auslegungsergebnis verfälscht. Die Verwendung moderner Begrifflichkeiten kann schon bei der Bestimmung einer Quellengattung problematisch werden. Bei dem Versuch, einerseits Problem und Lösung rechtswissenschaftlich verstehbar zu machen, andererseits die Gefahr zu umgehen, „die Quelle mit einem juristischen Verständnis anzureichern, dem der Informationsgehalt des Textes gar nicht entspricht", sind nur Annäherungen möglich (vermittelnd Pfeifer).

Für die deutschrechtliche Exegese scheint die Frage nach Übersetzungen hingegen weniger geklärt. Die Einschätzungen der beteiligten Autoren variieren. Teilweise wird eine Übersetzungshilfe und letztlich Übertragung eines frühneuhochdeutschen Textes auch in Hausarbeiten zumindest im konkreten Fall für erforderlich gehalten (Hermann). Teilweise weist man darauf hin, dass in Prüfungsarbeiten eine Übersetzung jedenfalls zum Bestandteil der Bearbeitung gehöre, auch wenn publizierte Übersetzungen verwendet und übernommen werden können (Oestmann). Vorgegebene Übersetzungen sind nicht unkritisch abzuschreiben, es handelt sich immer um zeit- und verständnisgebundene Übertragungen, die als Übersetzungsvorschläge zu verstehen sind[36]. Die Kennzeichnung als Übersetzungsvorschlag weist nicht nur auf Grenzen eines jeden Übersetzungsversuchs, sondern auch auf die Möglichkeit und ggf. Pflicht hin, sich mit diesem als Bearbeiter kritisch auseinanderzusetzen. Konsequent bleibt auch bei einem mitgelieferten Übersetzungsvorschlag Gegenstand der Aufgabe das Original (Cordes[37]). Das Übersetzungsproblem durch Paraphrase unter Verzicht auf eine vollständige Übersetzung zu lösen (Seinecke), ist in Prüfungsarbeiten nicht ohne Abstimmung mit dem jeweiligen Prüfer zu empfehlen.

Freilich schneiden eingeschränkte Sprachkenntnisse einen wichtigen Teil der Exegese ab. Dass prinzipiell auch studentische Arbeiten intensive philologische Auslegungsleistungen erbringen können, zeigt der Beitrag von Vogenauer. Einen textkritischen Apparat wird wohl kaum ein Prüfling selbst erstellen können, auch wenn ältere Anleitungsbücher eine solche Beigabe verlangten. Bei bekannteren Quellen kann ein solcher jedoch ggf. in der Forschungsliteratur gefunden werden (Beispiel Grotkamp). Eine Beigabe wird dann sinnvoll, wenn man ihn tatsächlich für die Auslegung nutzt.

---

35 Sturm 5; dazu im gleichen Band ablehnend schon Schlosser 83 und Weber 118 f.
36 Hattenhauer 19. So gekennzeichnet z. B. bei Cordes und Pierson.
37 In dieser strengen Perspektive besteht die Pflicht, auch die Transkription am Original nachzuvollziehen. Dazu müssen natürlich die tatsächlichen Möglichkeiten gegeben sein.

Überlegt man darüber hinaus noch die Typizität gewisser Wortverwendungen (Ernst), erfordert dies eine breite Quellenkenntnis auch vergleichbarer Texte. Der Beitrag von Thiessen unterstreicht, dass Überlegungen zu Wortwahl und sprachlichen Besonderheiten auch in zeithistorischen Quellen in modernem Hochdeutsch angestellt werden können.

Ferner kann die Übersetzungsgeschichte interessieren (Seinecke), indem sie auf die Zeitgebundenheit des jeweiligen Quellenverständnisses aufmerksam macht. Schließlich finden sich auch in zeitgenössischen Übersetzungen Unterschiede (Beispiel Luts-Sootak/Siimets-Gross). Möglichkeiten der Bearbeitung sind insoweit auch durch den Bekanntheitsgrad der Quelle vorbestimmt. Einerseits ist z. B. der Sachsenspiegel als erstes Prosawerk in mittelniederdeutscher Sprache sprachwissenschaftlich umfassend untersucht, andererseits kann eine Quelle vorgegeben sein, zu der noch nie etwas publiziert wurde (Schmoeckel). Unbekannte Zusammenhänge erfordern dann ggf. eine tiefergehende Erläuterung des historischen Kontexts (z. B. Estnische Verfassung).

1.3.3 Stellung der Quelle im Text und andere Aufbaufragen

Ältere Anleitungen liefern ausgefeilte Aufbauvorschläge mit mehreren Gliederungsebenen, die dann im Rahmen einer oder mehrerer Musterexegesen abgearbeitet werden. Das war schon damals potentiell missverständlich, weil es kaum einmal als starres Schema gedacht, nicht selten aber so verstanden wurde[38]. Die für zweckmäßig erachteten Schemata unterscheiden sich ohnehin selbst im relativ einheitlichen Fall der Digestenexegese[39]. Vielmehr konstatierten auch ältere Anleitungen, dass „völlige Freiheit in der Wahl des jeweils am geeignetsten erscheinenden Aufbaus" bestehe[40]. Eindrücklich formulierte Hattenhauer: „Für alle Exegesen gilt, dass aus der Technik eine Kunst werden kann und soll. Zur Technik wie zur Kunst gehört die Bereitschaft zur Durchbrechung der Form"[41].

Abweichend von älteren Musterexegesen führt dies im vorliegenden Band häufig zur Einbettung von Quelle und Übersetzung z. B. nach einer Einleitung, die auch in

---

38 Ähnlich Becker, 4; Wesel 13. Darauf weist für Hattenhauer auch Vogenauer hin: eher hilfreiche Checkliste.
39 Zur Stellung der Inscriptio im Aufbau vor oder nach der Übersetzung siehe Becker (2) einerseits, Sturm (3) und Wesel (13) andererseits.
40 Schlosser 81.
41 Hattenhauer 12; vgl. Friedrich Schiller: «Der Meister kann die Form zerbrechen».

den historischen Kontext einführt. Ein solcherart bewusst gewählter Aufbau (siehe z. B. Oestmann, Kriechbaum) verleiht der Darstellung nicht nur Eleganz, sondern kann insbesondere im Rahmen einer Exegese mit Fragestellung oder Oberthema von vornherein auf das zu untersuchende Problem hinführen, die Darstellung straffen und so bei Umfangsbegrenzung zu mehr Tiefe führen. Noch einen Schritt weiter geht man, wenn man die jeweils entscheidenden Passagen der Quelle an verschiedenen Stellen des Textes einflicht (Repgen, Samour). Das kann insbesondere dann sinnvoll sein, wenn eine sehr lange Quelle ohnehin nicht voll abgedruckt werden kann und auch nicht nur ein Auszug zu bearbeiten ist.

Darüber hinaus kann man Verständnis zeigen, indem man zwar die Grundstruktur der Gliederungsschemata beibehält, aber die schematischen Punkte durch inhaltlich aussagekräftige Überschriften ergänzt (z. B. Keiser). Des Weiteren sollte sich der Aufbau an den inhaltlichen Schwerpunkten bzw. der Fragestellung orientieren. Geht es etwa um die Einordnung der Lösung eines relativ klar bestimmbaren Regelungsproblems, kann im Rahmen einer historisch-vergleichenden Darstellung ein insgesamt weitgehend chronologischer Aufbau besonders sinnvoll sein (siehe Schäfer).

Ob sich Überlegungen zur rechtstatsächlichen Relevanz anbieten, hängt von der Quelle ab. In vielen Fällen wird man sich auch im Hinblick auf die Forschungslage und begrenzte Überlieferungen (vorsichtig daher Cordes) mit eher abstrakten Darlegungen begnügen müssen. Aber auch dann können Rechtsfolge- und Wirkungsanalysen instruktiv sein (Kriechbaum). In anderen Fällen liegen zahlreiche Vergleichsbefunde bis hin zur Untersuchung serieller Quellen vor, so dass man zu gesicherten Aussagen gelangt (Hermann). Das Verständnis erleichtert die Beigabe von Karten, Stammbäumen etc. als Anhang (Beispiele bei Hermann, Vogenauer).

1.3.4 Gegenwartsvergleich

Der früher selbstverständliche Gegenwartsvergleich, der oft am Ende einer Exegese stehen sollte, ist nicht mehr überall obligatorisch[42]. Im Bereich der Digestenexegese wurde der Gegenwartsvergleich besonders stark gemacht und erscheint auch vielfach sinnvoll (Beispiel Albers). In der Vergangenheit überspannte man die Anforderungen jedoch bisweilen. Der gleiche Fall sollte nicht nur nach geltendem Recht gelöst und mit der Lösung der römischen Juristen verglichen werden, sondern der Sachverhalt

---

42 Kritisch schon Dilcher 11; a. A. aber z. B. Senn/Thier 2, 4 f.

sollte auch, falls eine vergleichbare Problemlage im geltenden Recht nicht existierte, vom Prüfling so „umzugestalten" sein, dass aus ihm ein „modernes Lebensverhältnis" mit ähnlicher Problematik entstand[43]. Abweichungen in den verglichenen Lösungen waren zu „begründen und zu werten"[44].

Einige Beiträge diskutieren den Gegenwartsvergleich als Prüfungsanforderung kritisch, andere setzen ihn stillschweigend voraus oder lassen ihn entfallen. Teilweise bieten sich gleich mehrere Anknüpfungspunkte an. Kannowski erinnert an die Trennung von Zivilrecht und Strafrecht, die Funktion der Geldstrafe und den Gleichheitsgrundsatz. Eine Schwierigkeit ergibt sich daraus, dass Umfangsgrenzen zu Oberflächlichkeit führen, die der jeweiligen Problematik nicht gerecht werden (dazu Vogenauer). In einigen Fällen besteht sogar die Gefahr, dass der Gegenwartsvergleich das Auslegungsergebnis verfälscht (Oestmann).

Verschiedene Gesichtspunkte sind hier zu berücksichtigen: Sofern ein Gegenwartsvergleich nicht ohnehin verlangt wird, hängt die Entscheidung im Wesentlichen von Untersuchungsgegenstand und Quelle sowie der Funktion des Vergleichs ab. Jenseits des rechtsdogmatischen Vergleichs zivilrechtlicher oder strafrechtlicher Kernprobleme kann der Gegenwartsbezug auch als Folie und Kontrast zu heutigen Diskussionen wirken (z. B. Recht auf einen selbstbestimmten Tod bei Hermann, Koalitionsvereinbarungen bei Pierson).

Verzichtet man auf einen Gegenwartsvergleich am Ende, wird ein anderer Schlussteil erforderlich, der sich vielleicht nicht nur auf eine Zusammenfassung der Ergebnisse beschränken will. Verschiedene Beiträge setzen auf einen historischen Ausblick (z. B. Keiser), Schlussteile können aber sehr unterschiedlich gestaltet werden. Anstelle oder neben einen Gegenwartsvergleich kann beispielsweise eine ein tiefergehendes Verständnis bezeugende methodische Reflexion (Oestmann) oder aber eine substantiierte Grundsatzkritik an hergebrachten Forschungsparadigmen (Orientalismuskritik bei Samour) trctcn.

---

43 Sturm 14 f.
44 Uwe Wesel, 12.

1.4 Klausur, Hausarbeit, Referat, Seminararbeit: vielfältige Prüfungsformen

Rechtsgeschichtliche Prüfungen zeigen im Universitätsalltag eine enorme Spannweite. Anders als bei den Kernfächern im geltenden Recht mit ihren Falllösungen in Klausuren und Hausarbeiten bewähren sich bei den Grundlagenfächern weiterhin verschiedene Formen von Leistungsnachweisen. Es gibt Hochschulen, die in ihrem Studienplan rechtshistorische Quellenexegesen als eigenes Fach mit zwei Semesterwochenstunden und Hausarbeit vorsehen, teilweise im Grundstudium[45], teilweise im Schwerpunktbereich im 5. Studiensemester[46]. Die Exegese kann hierbei zur Vorbereitung einer Studienarbeit dienen[47]. Einige Studienordnungen geben fortgeschrittenen Studierenden die Möglichkeit, zwischen der Anfertigung einer Exegese und einer rechtshistorischen Seminararbeit zu wählen[48]. Die Universität Linz bietet sogar eine Arbeitsgemeinschaft „Falllösung Romanistische Grundlagen der Europäischen Zivilrechtsdogmatik" an und nennt als Beurteilungskriterium eine Klausur, als Lernmethode die Exegese[49]. In

---

45 Universität Augsburg, Studienprogramm für den Studiengang Rechtswissenschaften, Fassung vom 22. Juni 2016, Übersicht zum 3. Semester in: https://assets.uni-augsburg.de/media/filer_public/ec/5c/ec5c328c-2438-4380-8a9c-f9fb83dceff9/jura_studienprogramm_mit_ects_160622.pdf (besucht am 3. August 2020).

46 Universität Erlangen-Nürnberg, Studienplan des Fachbereichs Rechtswissenschaft, in: https://www.jura.rw.fau.de/files/2015/08/Jan_2017-Studienplan-Wintersemester-4-1.pdf, 11: Übung zur Rechtsgeschichtlichen Exegese (besucht am 3. August 2020); Universität Tübingen, Juristische Fakultät, in: https://uni-tuebingen.de/index.php?eID=tx_securedownloads&p=173379&u=0&g=0&t=1596562013&hash=a8360e88662ec80185bc2731de10178c4c2fd986&file=/fileadmin/Uni_Tuebingen/Fakultaeten/Jura/Dokumente/Pr%C3%BCfungsamt/Informationsmaterial/Studienplan_SPB_ab_WS_2019_20.pdf: Schwerpunktbereich 3 a: Exegese zum römischen Privatrecht (ab 4. Semester); Schwerpunktbereich 3 b: Exegese zur Neuere Rechtsgeschichte und Juristischen Zeitgeschichte (ab 4. Semester).

47 Universität Hannover, Juristische Fakultät, in: https://www.jura.uni-hannover.de/de/sp1/: Lehrveranstaltung im Schwerpunkt 1 (besucht am 3. August 2020).

48 Universität Heidelberg, Juristische Fakultät, in: https://jura.urz.uni-heidelberg.de/mat/materialien/uni_hd_jura_material_15685.pdf: Schwerpunktbereich 1, Studienplan mit Hinweis auf „Digestenexegese, Gemein- oder deutschrechtliche Exegese, historische Rechtssprache und Quellenkunde zur europäischen Rechtsgeschichte" (besucht am 3. August 2020); Universität Mainz, Fachbereich Rechts- und Wirtschaftswissenschaften, in: https://studienbuero.rewi.uni-mainz.de/jura/schwerpunktstudium/: Fächergruppe 1 d) (besucht am 3. August 2020).

49 Universität Linz, Rechtswissenschaftliche Fakultät, https://studienhandbuch.jku.at/104789: Kurs 101RGEZFRGA16 (besucht am 3. August 2020).

Frankfurt am Main gibt es Arbeitsgemeinschaften und propädeutische Übungen zur Begleitung der Grundlagenvorlesungen.

Die Exegese als Handwerkszeug zur Quelleninterpretation ist aber auch dort gefragt, wo die Studienordnungen sie nicht ausdrücklich ausweisen. Auch Semesterabschlussklausuren begnügen sich oftmals nicht damit, einfach nur Wissen abzufragen. Vielerorts enthalten Klausuren einen oder mehrere Quellentexte, an die sich dann Fragen anschließen. Für die Bewertung solcher Klausuren kommt es entscheidend darauf an, in welchem Maße es den Bearbeitern gelingt, Informationen aus der Quelle in die Beantwortung der Aufgaben einzubinden. Je quellennäher die Antworten sind, um so besser fällt gewöhnlicherweise die Note aus. In der Klausur ist üblicherweise der Zugriff auf weiterführende Literatur versperrt, falls es sich nicht um eine sog. open book-Klausur handelt, wie sie in jüngster Zeit zunehmend anzutreffen sind. Dennoch erlauben der Quellentext und die Bearbeitervermerke zumeist eine eingehende Interpretation. In Einzelfällen, etwa in Zürich, erhalten die Bearbeiter Quellentexte ohne jeden weiteren Hinweis und müssen dann selbst versuchen, den Text quellenkundlich einzuordnen[50].

Im Grundsatz dasselbe gilt in methodischer Hinsicht auch für rechtshistorische Seminararbeiten. Im Gegensatz zu Studienhausarbeiten bearbeitet jeder Seminarteilnehmer ein eigenes Thema, doch der Zugang zur Geschichte bleibt gleich. Die Seminararbeit kann durchaus in der Exegese einer einzelnen Quelle bestehen. Das dürfte aber eher die Ausnahme sein. Verbreiteter sind Themenarbeiten, und genau hier liegt eine Gefahr. Wer sich etwa mit dem Rechtsstatus von Sklaven im alten Rom, Hexenprozessen in Lippe oder der Weimarer Reichsverfassung beschäftigt, findet zu diesem Gegenstand ohne übergroße Mühe Massen an Literatur. Gerade schwächere Bearbeiter entscheiden sich dann häufig dafür, in ihrer Seminararbeit das vorhandene Schrifttum mehr oder weniger vollständig zusammenzufassen. Aber das ist lediglich eine Nacherzählung und keine eigene studentische wissenschaftliche Leistung. Es kommt vielmehr darauf an, auch bei Themenarbeiten immer einzelne Fragen so zu vertiefen, dass in der schriftlichen Ausarbeitung eine Auseinandersetzung mit zeitgenössischen Quellen erfolgen kann. Oftmals wird es sich hierbei um mehrere Quellen oder Quellenauszüge handeln. Je nach zulässigem Umfang hat sich die Exegese dann auf die für das eigene Thema maßgeblichen Gesichtspunkte zu beschränken. Aber die Grenzlinie zwischen durchschnittlichen und überdurchschnittlichen Seminararbeiten hängt gerade genau davon ab, in welchem Maße die Einbindung von Quellen gelingt.

---

50 Beispiele hierfür bei Thier/Senn.

Über die Schwierigkeiten, die einzelne Quellen aufwerfen, soll man nicht einfach hinwegschreiben. Probleme zu erkennen und deutlich zu benennen, ist ein entscheidendes Qualitätskriterium, in der Rechtsgeschichte genauso wie in den Prüfungen des geltenden Rechts. Wer die Technik der Exegese beherrscht, verfügt über das nötige Handwerkszeug der analytischen Verarbeitung von Texten. Derartige Seminararbeiten können der Sache nach an einigen Hochschulen zugleich die wissenschaftlichen Abschlussarbeiten des Schwerpunktstudiums bilden, etwa in Münster. An anderen Fakultäten mag eine gesonderte Hausarbeit hinzutreten. Methodisch ändert sich hierbei an der Quellenexegese nichts.

Die exegetische Methode hat zudem ihren Platz in Seminarvorträgen und mündlichen Prüfungen. In mündlichen Prüfungen kommt es darauf an, ob der jeweilige Prüfer einfach Sachwissen abfragt oder Quellentexte ausgibt und darüber ins Gespräch kommen will. Im Seminarvortrag ist es jedoch unerlässlich, die eigenen Aussagen immer wieder sorgfältig an Quellen zu belegen. Hierbei ist das geänderte Zielpublikum zu berücksichtigen. Die Seminararbeit verfasst man tatsächlich für einen oder zwei Prüfer, die sich in der Materie insgesamt gut auskennen. Der Seminarvortrag dagegen richtet sich zusätzlich an eine Gruppe von Kommilitonen. Hierauf ist besonders bei der Quelleninterpretation zu achten. Gewere, Anefang, Malstatt, forideklinatorische Exzeptionen, onus probandi, sozialistische Gesetzlichkeit – der Bearbeiter wird nach vielen Wochen eigener Beschäftigung mit dem Thema inzwischen wissen, worum es sich dabei handelt. Aber das Publikum, dem er oder sie die Quellen vorstellt, besitzt genau dieses Vorwissen nicht. Für den Vortrag sind daher die Ergebnisse der Hausarbeit zu vereinfachen oder ausführlicher zu erklären.

Ein Missverständnis gilt es von vornherein auszuräumen. Es gibt keine feste Unterscheidung zwischen historischen Quellen und Sekundärliteratur. Die Abgrenzung hängt vielmehr ganz von der jeweiligen Fragestellung ab. Wer etwas über das römische Recht erfahren möchte, mag sich etwa in den alten Lehrwerken des 19. Jahrhunderts belesen. Dann benutzt er oder sie diese Bücher als (ggf. veraltete) Sekundärliteratur. Wer dagegen über Juristen des 19. Jahrhunderts und ihre Lehrwerke arbeitet, stößt auf genau dieselben Bücher, muss sie dann aber als Quellen behandeln. In einem Fall ist also die exegetische Methode im Hauptteil der Arbeit, im anderen Fall lediglich ein Beleg in einer Fußnote angebracht. Einmal sind die Bücher aus dem 19. Jahrhundert selbst mit der exegetischen Methode aufzuarbeiten, einmal sind sie nicht ihrerseits Gegenstand der Analyse, sondern Quelle historischer Information. Unsicherheiten hierüber entstehen erfahrungsgemäß oft bei Einführungsreferaten in größere Seminarthemen. Hier bieten Seminarteilnehmer nicht selten einen Überblick über wichtige Gegenstände und Forschungsperspektiven. Damit es sich hierbei jedoch nicht lediglich um

Aufzählungen handelt, sollte man in diesem Fall das eigene Thema als zeithistorisch-wissenschaftsgeschichtliche Untersuchung ansehen und die neuere historische bzw. rechtshistorische Literatur als Quelle behandeln. Dann erkennt man beispielsweise, was Heinrich Mitteis in verfassungsgeschichtlichem Zusammenhang unter einem Personenverbandsstaat verstand[51] oder welche ideologischen Vorannahmen im Werk von Otto Brunner enthalten sind[52]. Solche Einführungsthemen sind also keineswegs quellenfern. Die Leistung der Bearbeiter besteht nur darin, aussagekräftige Stellen der Forschungsliteratur als Quellen zu erkennen und ihrerseits exegetisch auszulegen.

Die hier versammelten Beispielsexegesen zeigen eine bewusst große Bandbreite im Schwierigkeitsgrad, in der Leserführung und in der didaktischen Anleitung. Sie führen vor Augen, wie andere Rechtshistoriker Quellen interpretieren, allesamt Autoren mit eigener Prüfungserfahrung. Das kann und soll Anregungen geben und die Angst vor der Auseinandersetzung mit historischen Texten nehmen. Rechtsgeschichte ist notwendig für ein wissenschaftliches Studium, hilfreich beim Verständnis des geltenden Rechts und macht vor allem aber auch eines: Freude. Insofern versteht sich dieser Exegeseband auch als Einladung. Lesen Sie sich an der bunten Vielfalt möglicher Themen fest, lassen Sie sich überraschen, wie perspektivenreich und unterschiedlich die Fragen sein können, die man an die geschichtliche Überlieferung richtet. Die Begeisterung für die Quellen, die sich in dem Strauß an Exegesen zeigt, soll auf diese Weise auch auf die studentischen Benutzer des Lehrwerks überspringen. Schon vor über 200 Jahren wusste der Göttinger Jurist Gustav Hugo von den Schwierigkeiten des Jurastudiums: Wer „ein Bedürfnis nach Wissenschaften fühlt, der muß etwas haben, was ihn mit seinem Brotstudium aussöhnt"[53]. In einem wissenschaftlichen Studium des Rechts geht es nicht nur um Rechtsinhalte, sondern auch um das Woher, Warum und Wohin. Für diese unverzichtbare Erweiterung des Horizonts stehen die Grundlagenfächer und damit auch die Rechtsgeschichte in ihrer ganzen Breite.

---

51 Hierzu Johannes Liebrecht, Die junge Rechtsgeschichte. Kategorienwandel in der rechtshistorischen Germanistik der Zwischenkriegszeit (Beiträge zur Rechtsgeschichte des 20. Jahrhunderts), Tübingen 2018, 131.
52 Dazu u. a. Gadi Algazi, Herrengewalt und Gewalt der Herren im späten Mittelalter. Herrschaft, Gegenseitigkeit und Sprachgebrauch (Historische Studien 17), Frankfurt/New York 1996.
53 Gustav Hugo, Lehrbuch der Geschichte des Römischen Rechts, 3. Auflage Berlin 1806, § 17, 17 (4. Aufl. 1810, § 17, 22; 5. Aufl. 1815, § 22, 23). Für den Hinweis auf dieses Zitat danken wir Joachim Rückert.

2 Normengeschichte

2.1 Der untreue Geldbote: Pomponius D. 46,3,17
Gregor Albers

Der Fall könnte heute in einer Übung für Bürgerliches Recht laufen: Ein Bote unterschlägt das gesendete Geld, um es dem Empfänger im eigenen Namen zu zahlen. Wie ist die Rechtslage? Wir würden die Situation kaum anders analysieren als römische Juristen vor zweitausend Jahren. Wie beim Vergleich moderner Rechtsordnungen kann man beobachten, dass sich manche Wertungen um Nuancen verschieben, gleichbleibende sich auf unterschiedlichen Wegen Bahn brechen. Daher lässt dieses Beispiel vielleicht die doppelte Funktion der Digestenexegese erahnen: Sie kann Einführung in historisches Arbeiten und zugleich Schule des juristischen Denkens sein, indem sie es von der Fessel des geltenden Rechts befreit.*

2.1.1 Die Quelle: Pomponius D. 46,3,17 (19 *ad Sabinum*)

Idem [Pomponius]
libro nono decimo ad Sabinum
Cassius ait, si cui pecuniam dedi, ut eam creditori meo solveret, si suo nomine dederit, neutrum liberari, me, quia non meo nomine data sit, illum quia alienam dederit: ceterum mandati eum teneri.
Sed si creditor eos nummos sine dolo malo consumpsisset, is, qui suo nomine eos solvisset, liberatur, ne, si aliter observaretur, creditor in lucro versaretur.
Derselbe [Pomponius]
im 19. Buch zu Sabinus
Cassius sagt, wenn ich jemandem Geld gegeben habe, damit er es meinem Gläubiger zahlt, er es [aber] in seinem [eigenen] Namen gegeben habe, werde keiner von

---

* Bei Katharina Drees bedanke ich mich für hilfreiche Anregungen und Unterstützung bei der Recherche.

uns beiden befreit: ich nicht, weil es nicht in meinem Namen gegeben sei, er nicht, weil er fremdes [Geld] gegeben habe. Im Übrigen haftet er wegen Auftrags.
Aber wenn der Gläubiger diese Münzen ohne Arglist verbraucht hat, so wird der, welcher sie in seinem [eigenen] Namen gezahlt hatte, befreit, damit nicht, wenn es anders gehalten würde, dem Gläubiger dadurch ein Vorteil zufiele.

2.1.2 Überlieferung, Textschichten und Kontexte

Wie das „D." in der Überschrift anzeigt, steht der Text in den Digesten, dem 533 nach Christus von Kaiser Justinian in Byzanz verkündeten Gesetzbuch. Es bestand aus Zitaten der Werke römischer Juristen, die damals schon bis zu fünf Jahrhunderte tot waren. Sie hatten auf Latein geschrieben, während man in Byzanz Griechisch sprach. Den Kaiser störte das nicht; ihm kam es gerade darauf an, an die ruhmreiche Tradition des alten Roms anzuknüpfen. Er ließ die Auszüge auswählen, zeitgemäß verändern, vereinheitlichen und neu zusammenstellen; behielt aber den Charakter der Ursprungstexte im Wesentlichen bei.[1]

Dem so entstandenen Gesetz war eine lange Wirkung beschieden. Seine Wiederentdeckung im Bologna des 12. Jahrhunderts markiert die Geburtsstunde der Universitäten; und bis zum Inkrafttreten der Nationalgesetzbücher studierte man in ganz Europa das weltliche Recht anhand der Digesten[2] – mehr noch als an den übrigen Teilen des justinianischen *Corpus Iuris Civilis*.[3] Die modernen Textausgaben gehen auf

---

1   Zur Entstehung der Digesten vgl. etwa Wolfgang Kunkel/Martin Schermaier, Römische Rechtsgeschichte, 14. Aufl. Köln Weimar Wien 2005, § 113 insb. 212 f., 215–218, oder Bastian Zahn, Einführung in die Quellen des römischen Rechts, JA 2015, 448–458 (450 f.).

2   Zur Bedeutung des römischen Rechts für die Geschichte Europas vgl. Paul Koschaker, Europa und das römische Recht, München 1947; insb. für die Wirkung auf das moderne Zivilrecht vgl. Max Kaser, Der römische Anteil am deutschen bürgerlichen Recht, JuS 1967, 337–344; Rolf Knütel, Römisches Recht und deutsches Bürgerliches Recht, in: Walter Ludwig (Hrsg.), Die Antike in der europäischen Gegenwart, Göttingen 1993, 43–70 (auch in ders., Ausgewählte Schriften, Heidelberg 2021, 899–926); für die europäische Zukunft ders., Rechtseinheit in Europa und römisches Recht, ZEuP 1994, 244–276 (= Ausgewählte Schriften 928–960); Reinhard Zimmermann, Europa und das römische Recht, AcP 202 (2002) 243–316.

3   Zum *Corpus Iuris Civilis* gehören neben den Digesten ein kaiserlich verordnetes Anfängerlehrbuch (die Institutionen), eine Sammlung noch geltender kaiserlicher Erlasse (der *Codex*) und neue Gesetze Justinians (die Novellen). Die Bezeichnung stammt von Dionysius Gothofredus, der 1583 unter diesem Titel eine erste Gesamtedition des justinianischen Gesetzeswerks

Theodor Mommsen zurück, der durch Vergleich dutzender mittelalterlicher Handschriften den wahrscheinlichen Ursprungstext rekonstruiert hat.[4] Wir dürfen annehmen, dass der vorliegende Text die Kanzlei in Konstantinopel so verlassen hat, wie er hier abgedruckt ist.[5] Aber von wem stammt er inhaltlich?

Es gab früher die Vorstellung, die Juristen der klassischen Zeit seien durch ihr Handwerk in einem Maße geprägt worden, dass sie alle gleich gedacht und geschrieben hätten.[6] Stieß man in den Quellen auf sprachliche oder gar inhaltliche Unterschiede, war man schnell dabei, einen Eingriff der justinianischen Gesetzgebungskommission zu vermuten; eine Interpolation. Heute ist man eher geneigt, unterschiedliche Stile und Auffassungen anzunehmen,[7] und interessiert sich gerade für die besondere Prägung, die ein Text dadurch erhalten hat, dass sein Autor über einen bestimmten Fundus von Wissen und Techniken verfügte, den er darin verarbeitet hat.

Bei dem vorliegenden Text handelt es sich nach der Überschrift (*inscriptio*) um einen Auszug aus dem Kommentar des Pomponius zu Sabinus (daher „Pomponius …

---

herausbrachte. Sie spielt auf das *Corpus Iuris Canonici* an, die Sammlung verbindlicher Texte des Kirchenrechts.

4 Über die Ausgaben und moderne Übersetzungen vgl. Kunkel/Schermaier, Römische Rechtsgeschichte, 306–308; Zahn JA 2015, 448–458, 452 (beide Fn. 1). Bei den noch nicht neu übersetzten Texten hilft Carl Eduard Otto/Bruno Schilling/Carl Friedrich Ferdinand Sintenis (Hrsg.), Das Corpus Juris Civilis in's Deutsche übersetzt, Bände 1–4, Leipzig 1830–1832.

5 Wer sich nicht auf andere verlassen will, erhält Hinweise zur eigenständigen Ermittlung des justinianischen Digestentextes bei Fritz Schulz, Einführung in das Studium der Digesten, Tübingen 1916, 1–17, muss aber beachten, dass wir Interpolationen heute viel zögerlicher annehmen (gleich Fn. 7).

6 Berühmt ist das Urteil Friedrich Carl von Savignys, man könne in den Schriften der römischen Juristen klassischer Zeit „weit weniger Individualität finden, als in irgend einer anderen Literatur" und diese Juristen daher als „fungible Personen" bezeichnen: Vom Beruf unserer Zeit für Gesetzgebung und Rechtswissenschaft, Heidelberg 1814, 28 f. und 157 (zitiert nach: Thibaut und Savigny. Ihre programmatischen Schriften, 2. Aufl. hgg. von Hans Hattenhauer, München 2002, dort 73 f. und 125; übereinstimmend die kritische Ausgabe von Hidetake Akamatsu und Joachim Rückert, in: Politik und Neuere Legislationen, Frankfurt am Main 2000, 215–304); im Kern zustimmend Fritz Schulz, Prinzipien des römischen Rechts, Berlin 1934, 72 f.

7 Zur Abkehr von der „Interpolationenjagd" vgl. knapp Kunkel/Schermaier, Römische Rechtsgeschichte, 218–221; Zahn JA 2015, 448–458, 451 f. (beide Fn. 1). Maßgeblich sind Max Kaser, Zur Methodologie der römischen Rechtsquellenforschung, Wien 1972; Rolf Knütel, „Nicht leichter, aber um so reizvoller" – Zum methodologischen Vermächtnis Max Kasers, ZRG RA 115 (1998) 33–65.

ad Sabinum"). Pomponius lebte im zweiten Jahrhundert nach Christus,[8] Masurius Sabinus zu Beginn des ersten Jahrhunderts. Auch wenn uns von ihm weitaus weniger Texte überliefert sind, ist Sabinus viel berühmter. Er gilt neben dem etwas jüngeren Cassius, der sein Schüler gewesen ist, als Begründer einer der beiden großen Rechtsschulen des Prinzipats – der Sabinianer oder Cassianer.[9] Seine Berühmtheit hängt eng zusammen mit der Berühmtheit der von ihm geschriebenen „Drei Bücher über das Zivilrecht" (*Iuris civilis libri III*), des vielleicht ältesten juristischen Lehrbuchs.[10] Obwohl kurz und inhaltlich offenbar unvollständig[11], wurde es etwa zweihundert Jahre lang respektvoll verwendet. Das lässt sich daran ablesen, dass andere Juristen umfangreiche Kommentare *ad Sabinum* verfassten. Später verlor das Werk allerdings an Bedeutung und war zur Zeit Justinians bereits verschollen.[12]

Der wohl älteste Sabinuskommentar war der des Pomponius.[13] Er bestand aus 35 Büchern, aus denen in den Digesten etwa 800 Auszüge überliefert sind.[14] Wenn man all diese Ausschnitte zusammenlegt,[15] fällt es schwer, in der Gesamtmasse Ursprungstext und Kommentar auseinanderzuhalten. In unserem Auszug wird Cassius, der Schü-

---

8 Zu Pomponius vgl. Wolfgang Kunkel, Herkunft und soziale Stellung der römischen Juristen, 2. Aufl. Graz Wien Köln 1967, 170 f.; Detlef Liebs, Sex. Pomponius, in: Reinhart Herzog/Peter Lebrecht Schmidt (Hrsg.), Handbuch der lateinischen Literatur der Antike, Band 4, München 1997, § 422.

9 Wie sich im Urteil der Nachwelt die relative Bedeutung vom persönlich glänzenden Cassius auf den durch seine Schriften überzeugenden Sabinus verschoben hat, zeigt Martin Avenarius, Sabinus und Cassius. Die Konstituierung der sabinianischen Schultradition in der Retrospektive und ihre vermuteten „Gründer" im Wandel der Wahrnehmung, in: Karlheinz Muscheler (Hrsg.), Römische Jurisprudenz – Dogmatik, Überlieferung, Rezeption. Festschrift für Detlef Liebs zum 75. Geburtstag, Berlin 2011, 33–55. Vgl. zu den beiden Juristen und ihrer Schule im Übrigen Kunkel, Herkunft und soziale Stellung (Fn. 8), 119 f., 130 f., 341 f.

10 So jdfs. Fritz Schulz, Geschichte der römischen Rechtswissenschaft, Weimar 1961, 186.

11 Zur Struktur Schulz, Römische Rechtswissenschaft (Fn. 10) 186–189.

12 Vgl. Schulz, Römische Rechtswissenschaft (Fn. 10) 187 unter Hinweis auf das Zeugnis der westgotischen *interpretatio* zum Zitiergesetz (C. Th. 1,4,3); diese ist abgedruckt bei Gustav Haenel (Hrsg.), Lex Romana Visigothorum, Leipzig 1849 (Nachdruck Aalen 1962), 20 f. Zum Zitiergesetz, zum Codex Theodosianus und zu dessen *interpretatio* vgl. Kunkel/Schermaier, Römische Rechtsgeschichte, 202–205; zum *Codex Theodosianus* auch Zahn JA 2015, 448–458, 457 f. (beide Fn. 1).

13 Dazu Schulz, Römische Rechtswissenschaft (Fn. 10) 262 f.; Liebs, HLL (Fn. 8), § 422.7.

14 Das zeigt ein Blick in Otto Lenel, Palingenesia Iuris Civilis I-II, Leipzig 1889 (unveränderter Abdruck Graz 1960), II Sp. 86–148.

15 Diese Arbeit hat Lenel für uns erledigt; vgl. soeben Fn. 14.

ler des Sabinus, ausdrücklich zitiert (*Cassius ait…*). Stammt dieses Zitat schon von Sabinus oder erst von Pomponius? Zwar nimmt man üblicherweise an, dass es sich bei dem Sabinuskommentar des Pomponius – wie bei den juristischen Kommentaren der Antike „regelmäßig, vielleicht sogar stets" – um einen sogenannten „lemmatischen" Kommentar handelte: „Die einzelnen Textstücke, die der Kommentar erläutert [Lemmata, G. A.], werden entweder vollständig oder mit ihren Anfangsworten mitgeteilt und dann der Kommentar angeschlossen".[16] Aber nur vereinzelte Passagen lassen sich klar Sabinus zuordnen.[17] Weil der Kommentar mit 35 Büchern viel länger war als der Ursprungstext mit 3 Büchern, wird das meiste von Pomponius stammen. Jedenfalls ist unwahrscheinlich, dass Sabinus seine eher knappe Darstellung dadurch verlängerte, dass er ausführlich den eigenen Schüler zitierte. Cassius hat sein Buch über das *Ius civile* ohnehin wahrscheinlich später geschrieben als Sabinus das seinige.[18] Vermutlich haben wir es also bei unserem Auszug mit einem Text zu tun, der gar nichts von Sabinus enthält, sondern insgesamt von Pomponius stammt. Den ersten Teil bildet das Cassiuszitat: *Cassius ait… neutrum liberari… eum teneri*. Dann endet die indirekte Rede, im zweiten Teil entscheidet offenbar Pomponius selbst: *liberatur*.[19]

Justinians Kompilatoren sortierten den Text in den Titel D. 46,3 ein, der die Überschrift *De solutionibus et liberationibus* trägt, sich also mit Erfüllungsvorgängen und anderen Arten der Befreiung von Schuldnern befasst. Das passt, geht es doch um die Frage, ob durch die Zahlung des untreuen Boten eine Schuld getilgt wird. Bei Pomponius entstammte der Text allerdings ursprünglich einem Abschnitt des Kommentars, der vor allem Probleme des Diebstahls (*furtum*) behandelte. Das zeigt ein Vergleich mit den anderen Texten des 19. Buchs[20] (daher „19 ad Sabinum").

---

16   Schulz, Römische Rechtswissenschaft (Fn. 10) 225. Für einen Überblick über relativierende Tendenzen in der jüngeren Literatur vgl. Gregor Albers, Perpetuatio obligationis. Leistungspflicht trotz Unmöglichkeit im klassischen Recht, Wien Köln Weimar 2019, 14–16.
17   Für Beispiele vgl. Schulz, Römische Rechtswissenschaft (Fn. 10) 263, dessen Ton optimistischer ist.
18   Vgl. zum Verhältnis der beiden Werke Avenarius, Sabinus und Cassius (Fn. 9) 47–55.
19   Eine entsprechende Aufteilung auch bei Ulrich Manthe, Die libri ex Cassio des Iavolenus Priscus, Berlin 1982, 49.
20   Zusammengestellt bei Lenel, Palingenesia (Fn. 14), II Sp. 126–128. Die Struktur der verschiedenen Sabinuskommentare entsprechen einander; auch das Lehrbuch des Sabinus wird also an der entsprechenden Stelle vom *furtum* gehandelt haben. Zu seiner vermutlichen Gliederung vgl. oben Fn. 11.

2.1.3 Auslegung

2.1.3.1 Schuldbefreiung und dingliche Rechtslage

Die kompakte, jeder überflüssigen Einzelheit entbehrende Darstellung weist den Fall als einen Schulfall aus, den Cassius entweder frei erfunden oder aus einem realen Vorfall durch Abstraktion entwickelt hat: Jemand soll dem Gläubiger eines anderen Geld überbringen. Zufällig schuldet auch der Bote dem Empfänger Geld, daher händigt er die Summe in eigenem Namen aus. Die Pointe des Falles besteht für Cassius darin, dass durch diese Zahlung keiner der beiden Schuldner frei wird – weder der Absender, der in der ersten Person spricht und darum Ego heißt, noch der Überbringer.

2.1.3.1.1 Vor dem Verbrauch

Als Grund dafür, dass Ego nicht frei wird, gibt Cassius an, dass das Geld nicht in dessen Namen übergeben wurde. Es ist typisch für die Argumentation der klassischen Juristen, dass das Argument auf tatsächlicher Ebene bleibt. Warum dieser Umstand die rechtliche Beurteilung beeinflusst, muss sich der Leser selber denken. Als Grundsatz steht im Raum, dass eine Schuld durch eine Zuwendung nur erfüllt werden kann, wenn für den Gläubiger erkennbar wird, dass es sich um eine Leistung des Schuldners handelt – oder jedenfalls dann nicht, wenn es sich dem äußeren Anschein nach um die Leistung eines anderen handelt. Indem der Grundsatz unausgesprochen bleibt, bleibt die Argumentation insgesamt flexibel und auf den konkreten Fall bezogen. Insbesondere vermeidet der Jurist die Behauptung, es gebe eine Regel, die man so oder so perfekt formulieren und dann ausnahmslos anwenden könnte.[21]

---

21 Die Arbeitsweise der römischen Juristen fasziniert, weil sie zum produktiven Vergleich mit der Gegenwart anregt. Sie ist daher ein vielbehandeltes und umstrittenes Thema. Vgl. insb. Savigny, Vom Beruf (oben Fn. 6) 28–33 (73–75); Schulz, Prinzipien (oben Fn. 6), insb. 4–12, 27–44, 125–127; Theodor Viehweg, Topik und Jurisprudenz, München 1953, § 4 (46–61); Max Kaser, Zur Methode der römischen Rechtsfindung, Göttingen 1962; Okko Behrends, Institutionelles und prinzipielles Denken im römischen Privatrecht, ZRG RA 95 (1978) 187–231; ders., Von der Freirechtsbewegung zum konkreten Ordnungs-und Gestaltungsdenken, in: Ralf Dreier/Wolfgang Sellert (Hrsg.), Recht und Justiz im »Dritten Reich«, Frankfurt am Main 1989, 34–80 (45–50); Franz Wieacker, Römische Rechtsgeschichte, Zweiter Abschnitt, aus dem Nachlass hgg. von Joseph Georg Wolf, München 2006, § 46; Rolf Knütel, Betrachtungen zur Rechtsfindung der römischen Juristen, in: José L. Linares, Tomàs de Matagut,

Dass auch der Bote nicht frei wird, begründet Cassius damit, dass dieser „fremdes Geld" übergeben hat. Es geht um das Eigentum an den Münzen. Offenbar wird nicht frei, wer seine Schulden mit Münzen bezahlt, die einem anderem gehören. Man könnte vielleicht auf die Idee kommen, dahinter stecke die Absicht, die Unterschlagung zu bestrafen. Dass dies nicht der wahre Grund ist, zeigt die Abwandlung des Falles durch Pomponius: Alles soll sich anders verhalten, wenn der Gläubiger die Münzen gutgläubig verbraucht. Bei Sachen, die einem gehören, kommt es auf guten Glauben nicht an. Der Gläubiger wird also gar nicht Eigentümer der Münzen. Und in der Tat wissen wir auch aus anderen Quellen, dass die Römer keinen gutgläubigen Erwerb kannten. Wer fremde Sachen übereignete, verschaffte dem Empfänger kein Eigentum: *nemo plus iuris ad alium transferre potest quam ipse habet*[22] – und das galt auch für Geldmünzen.[23] Wird der Gläubiger nicht Eigentümer der Münzen, so erhält er noch nichts; darum kann die Schuld des Boten ebenso wenig erlöschen wie die des Ego.

Encarnació Ricart, Victoria Sansón (Hrsg.), Liber amicorum Juan Miquel, Barcelona 2006, 523–555 (= Ausgewählte Schriften [Fn. 2] 537–569); auch Joachim Rückert, Denktraditionen, Schulbildungen und Arbeitsweisen in der ‚Rechtswissenschaft' – gestern und heute, in: Eric Hilgendorf/Helmuth Schulze-Fielitz (Hrsg.), Selbstreflexion der Rechtswissenschaft, Tübingen 2015, 13–51.

22 Ulpian D. 50,17,54 (46 *ad edictum*) (Übersetzung: Niemand kann einem anderen mehr von einem Recht übertragen, als er selbst hat). Vgl. auch Ulpian D. 41,1,20 pr. (29 *ad Sabinum*): *Traditio nihil amplius transferre debet vel potest ad eum qui accipit, quam est apud eum qui tradit. si igitur quis dominium in fundo habuit, id tradendo transfert, si non habuit, ad eum qui accipit nihil transfert* (Übersetzung: Eine Übergabe darf oder [besser gesagt] kann dem, der empfängt, nicht mehr übertragen, als bei dem ist, der übergibt. Wenn also jemand Eigentum an einem Grundstück gehabt hat, überträgt er dieses durch die Übergabe, wenn er es nicht gehabt hat, überträgt er dem, der empfängt, nichts).

23 Anders Max Kaser für den – hier nicht gegebenen – Fall, dass der *Zahlende* gutgläubig war; vgl. Das Geld im römischen Sachenrecht, Tijdschrift voor Rechtsgeschiedenis 29 (1961) 169–229; ders., Zur Frage einer condictio aus gutgläubigem Erwerb oder gutgläubiger Leistung im römischen Recht, in: FS Wilhelm Felgenträger, Göttingen 1969, 277–294 (280 f.); noch ders., Das Römische Privatrecht, Erster Abschnitt: Das altrömische, das vorklassische und klassische Recht, 2. Aufl. München 1971, § 102 III 5: „Wer gutgläubig fremdes Geld verbraucht, d. h. ausgibt, macht den Erwerber zum Eigentümer". Dagegen aber überzeugend Andreas Wacke, Zahlung mit fremdem Geld. Zum Begriff des pecuniam consumere, Bulletino dell'Istituto di Diritto Romano 79 (1976) 49–144; Sven Erik Wunner, Rechtsfolgen der Konsumtion fremder Sachen, in: Gedächtnisschrift für Wolfgang Kunkel, Frankfurt am Main 1984, 583–610.

Die Münzen gehören also weiterhin Ego. Wir müssen uns einen Beutel vorstellen, den Ego dem Boten übergeben hatte; gut zugebunden, vielleicht sogar versiegelt mit dem Siegel eines Münzprüfers (*nummularius*). Solange dieser Beutel noch abgesondert in der Kasse des Gläubigers steht, kann Ego ihn mit der Eigentumsklage (*rei vindicatio*) herausfordern. Auch wenn der Gläubiger – wie das regelmäßig geschehen sein wird – die Münzen zählt, aber dann wieder gesondert aufbewahrt, bleiben sie der Vindikation ausgesetzt.[24] Allerdings könnte er sich vermutlich mit einer Einrede verteidigen, weil Ego ihm zwar nicht genau diesen Geldbeutel, aber einen entsprechenden Betrag nach wie vor schuldet:[25] Noch heute leitet man aus Treu und Glauben das Verbot her, etwas einzufordern, was man sogleich zurückgewähren müsste, und zitiert dafür den lateinischen Grundsatz *dolo agit qui petit quod statim redditurus est*. Umgekehrt steht solch eine Arglisteinrede *(exceptio doli)* dem Ego zu, wenn der Gläubiger ihn aus der Schuld in Anspruch nimmt, ohne zugleich die Rückgabe des bereits erhaltenen Beutels anzubieten. Das justinianische Recht hat vielleicht auch für solche Fälle eine automatische Verrechnung anerkannt.[26]

2.1.3.1.2 Der Verbrauch

Das Geld kann aber nicht immer im Beutel bleiben, sondern muss irgendwann wieder bewegt werden. Dies ist die Situation, die Pomponius interessiert.

In der romanistischen Literatur wurde heftig darüber diskutiert, was es bedeutet, Geld zu „verbrauchen" (*pecuniam consumere*) – bekanntlich kann man es ja nicht essen. Der Ausdruck wird in den Quellen gerade mit Blick auf Münzen gebraucht, die zunächst einem anderen gehören, und bezeichnet den Vorgang, aufgrund des-

---

24 Vgl. zu den Praktiken der Bezahlung im alten Rom und dem Umstand, dass die zu vindizierenden Münzen noch abgesondert vorhanden sind, als Erfordernis der Vindikation Wacke, Zahlung mit fremdem Geld (Fn. 23) 91–109.

25 Vgl. dazu auch den unten besprochenen Parallelfall Javolen D. 39,5,25, wo sogar die Vindikation eines in falschem Namen gegebenen Geschenks abgewehrt werden kann.

26 Justinian hat die Aufrechnung in allen Fällen von der Erhebung einer Einrede unabhängig gemacht und auch auf dingliche Klagen erstreckt; vgl. C. 4,31,14 (zum Codex unten Fn. 45). Zur Aufrechnung vgl. Max Kaser/Rolf Knütel/Sebastian Lohsse, Römisches Privatrecht. Ein Studienbuch, 22. Auflage München 2021, § 64 III. – Auch im modernen deutschen Recht gestattet die Literatur eine Aufrechnung, wenn sich ein dinglicher Anspruch auf Geld und ein Zahlungsanspruch gegenüberstehen; vgl. Staudinger/Gursky (2016) § 387 Rn. 68.

sen der Eigentümer sie nicht mehr herausverlangen kann – was dann irgendwelche schuldrechtlichen Folgen auslöst. Verbrauch liegt also vor, wenn der Besitzer Münzen so verwendet, dass der Eigentümer sein Eigentum verliert. Bloßes Ausgeben fremden Geldes wird keinen Verbrauch dargestellt haben, solange es bei dem Dritten immer noch identifizierbar blieb.[27] Wurden die Münzen bei dem Dritten allerdings mit anderen Münzen vermengt, so erwarb der Dritte aufgrund der Vermengung. Das zeigt D. 46,3,78; ein Text, der ebenfalls auf Cassius zurückgeht. Er stammt aus dem gegen Ende des ersten Jahrhunderts von Javolen zu dessen Werk verfassten Kommentar:[28]

Iavolenus
libro undecimo ex Cassio
Si alieni nummi inscio vel invito domino soluti sunt, manent eius cuius fuerunt: si mixti essent, ita ut discerni non possent, eius fieri qui accepit in libris Gaii scriptum est, ita ut actio domino cum eo, qui dedisset, furti competeret.
Javolen
im 11. Buch aus Cassius
Wenn Münzen eines anderen ohne oder gegen den Willen des Eigentümers gezahlt werden, bleiben sie im Eigentum dessen, dem sie gehört haben.
Dass sie [aber], wenn sie so vermengt seien, dass sie nicht mehr unterschieden werden könnten, in das Eigentum dessen übergingen, der sie erhalten habe, steht in den Büchern des Gaius [Cassius] geschrieben, sodass dem [früheren] Eigentümer gegen denjenigen, der die Münzen gezahlt hätte, [nur noch] die Diebstahlsklage zustehe.

Die Diebstahlsklage wird uns weiter unten beschäftigen. An dieser Stelle ist nur wichtig, wie der von Javolen mit seinem Rufnamen Gaius bezeichnete Cassius die Eigentumslage sah: Vermengte Münzen (*nummi mixti*) gehören demjenigen, der sie unter

---

27 Anders Kaser, der bei gutgläubiger Zahlung Eigentumserwerb des Empfängers annahm (vgl. oben Fn. 23) und gerade diesen Vorgang als Konsumtion ansah.
28 Zu Javolen vgl. Kunkel, Herkunft und soziale Stellung (Fn. 8) 138–140; insb. Manthe, Die libri ex Cassio (oben Fn. 19) 16–31. Das Fragment gehörte zu einem Abschnitt, der dem Edikttitel über die Klage auf Zahlung eines bestimmten Geldbetrages gewidmet ist; vgl. die Einordnung des von Lenel, Palingenesia (Fn. 14), I Sp. 283 als fr. 49 bezeichneten Textes bei Manthe 310. In den Digesten steht es – wie unser Ausgangstext – im Titel über die Erfüllung.

seine eigenen Münzen gemengt hat.²⁹ Es entsteht insbesondere auch kein anteiliges Miteigentum an der Gesamtmenge.³⁰

Spätestens mit der Vermischung beim Dritten hat also der ursprüngliche Empfänger die Münzen verbraucht. Die Römer sprachen aber auch dann von einem Verbrauch, wenn der Empfänger die Münzen nicht ausgibt, sondern selbst mit eigenen anderen Münzen vermengt und dadurch Eigentum daran erwirbt.³¹ Es ist davon auszugehen, dass Konsumtion pragmatisch immer dann angenommen wurde, wenn die Vindikation faktisch ausscheidet, weil die Münzen nicht mehr identifiziert werden können.³²

2.1.3.1.3 Nach dem Verbrauch

Auch im vorliegenden Fall wird entscheidend sein, dass der Gläubiger den Wert der Münzen vereinnahmt – ob er sie mit eigenen Münzen vermengt oder sie ausgibt, um damit Waren oder Dienstleistungen zu entgelten, ein Geschenk zu machen oder eigene Schulden zu bezahlen. Sobald feststeht, dass die Dritten ihm die Fremdheit des Geldes nicht mehr vorhalten werden, hat er den geschuldeten Betrag erlangt. Jetzt kann eine Schuld in dieser Höhe getilgt sein – damit dem Gläubiger kein unverdienter Vorteil

---

29 Im vorliegenden Fall ist der Zahlende bösgläubig; sonst könnte er nicht mit der Diebstahlsklage belangt werden. Die Bösgläubigkeit hält Manthe, Die libri ex Cassio (oben Fn. 19) 47 f., für entscheidend, weil die fremden Münzen sonst – darin folgt er Kaser (oben Fn. 23) – erfolgreich hätten übereignet werden können. Für ebenso entscheidend hält Manthe die Gutgläubigkeit des Vermengenden (für die spricht, dass gegen ihn keine Diebstahlsklage gewährt wird), weil ein Bösgläubiger durch die Vermengung nichts erwürbe (49). Auch das ist zweifelhaft.

30 Wir vermuten heute, dass die Römer bei der Vermengung von Münzen nie Miteigentum annahmen. Die Vermutung stützt sich gerade auch auf diesen Text; vgl. Kaser/Knütel/Lohsse (oben Fn. 26) § 36 Rn. 16. Auf diese Weise vermied man, dass nach Zufügung fremder Münzen ganze Kassenbestände in Streit befangen und die Solvenz ihrer Inhaber bedroht wurde; vgl. Wacke, Zahlung mit fremdem Geld (Fn. 23), 117–122.

31 Wacke, Zahlung mit fremdem Geld (oben Fn. 23) 124, sieht in der Vermengung mit eigenem Geld sogar den Regelfall des Münzverbrauchs. Um Konsumtion handelt es sich hierbei auch für Wunner, Rechtsfolgen der Konsumtion (oben Fn. 23) 588 f.

32 Nach Wacke, Zahlung mit fremdem Geld (oben Fn. 23), 126, handelt es sich sogar bei *pecuniam consumere* um nichts anderes als eine verkürzte Sprechweise dafür, dass die *Klage* auf Herausgabe des Geldes erlischt. Wunner, Rechtsfolgen der Konsumtion (oben Fn. 23), 589, resümiert, dass sich die praktischen Römer anders als moderne Theoretiker nicht dafür interessiert hätten, wem Münzen gehören, die nicht mehr auffindbar sind.

bleibt, wie Pomponius erklärt.³³ Ab demselben Moment ist auch der Wert der Münzen für Ego verloren; denn die Römer kannten keine Kondiktion des Eigentümers gegen denjenigen, der seine Sachen verbraucht.³⁴

Sollte man nicht meinen, dass es unter diesen Umständen die Schuld des Ego sein muss, die getilgt wird? Pomponius entscheidet anders und befreit den untreuen Boten. Den Ausschlag gibt offenbar – nicht nur Cassius, auch Pomponius spricht diesen Gesichtspunkt an –, in wessen Namen das Geld gezahlt wurde: Ego kann nicht frei werden, weil das Geld nicht in seinem Namen übergeben wurde; der Bote muss frei werden, weil das Geld in seinem Namen übergeben wurde. Wie lässt sich dieses Ergebnis rechtfertigen?

Sicherlich wird der untreue Bote nicht deswegen frei, weil er es verdient hätte. Vielmehr muss es um den Gläubiger gehen. Dass der Bote befreit ist, bedeutet für den Gläubiger, sich mit dem nicht mehr herumschlagen zu müssen. Ihm bleibt als Schuldner der redliche Ego und diesem das Problem, ob er sich wegen des verlorenen Geldes bei dem untreuen Boten schadlos halten kann (der vielleicht über alle Berge und gewiss nicht solvent ist). Die Befreiung des Boten wirkt zugunsten des Gläubigers und zulasten von Ego. Diesem das Risiko der Unterschlagung zuzuweisen, liegt deswegen nahe, weil die Einschaltung des Boten auf seine Entscheidung zurückgeht. Allerdings liegt auch der Gedanke nicht fern, dass damit dem Gläubiger ein unverdienter Vorteil zugewiesen wird: Hatte er nicht zuvor den Boten zum Schuldner? Wie groß war wohl die Chance, dass dieser Schuldner bezahlte? Wäre der Gläubiger nicht leer ausgegangen, hätte sein Schuldner nicht zufällig die Münzen des Ego in die Hände bekommen? Doch es kann sich auch anders verhalten haben: Vielleicht hatte der Gläubiger zuvor die Möglichkeit, des Boten habhaft zu werden, und hat ihn nach der Zahlung ziehen lassen; vielleicht hat er Sicherheiten freigegeben, die ihm für die Schuld bestellt waren; gar im Vertrauen auf des Boten frisch bewiesene Solvenz ihm

---

33 Manche Autoren hielten diese Erklärung für einen Zusatz der byzantinischen Kompilatoren, weil sie die Rechtsfrage des Falles nicht klar erfasse; vgl. Franz Haymann, Zuwendung aus fremdem Vermögen, Jherings Jahrbücher für die Dogmatik des bürgerlichen Rechts 77 (1927) 188–296: „schlägt mit täppischer Hand die ganze Pointe dieser Problemstellung [wer wird befreit?, G. A.] tot" (191); Ulrich von Lübtow, Beiträge zur Lehre von der Condictio nach römischem und geltendem Recht, Berlin 1952, 44: „beruht auf oberflächlich-unklaren Billigkeitserwägungen". Nach heutigen Standards (vgl. Fn. 7) genügen solche Qualitätsurteile nicht für die Annahme einer Interpolation.

34 Vgl. bereits Kaser, Zur Frage einer condictio aus gutgläubigem Erwerb (oben Fn. 23); Wunner, Rechtsfolgen der Konsumtion (oben Fn. 23) 596–604.

neuen Kredit gegeben. Auf diese Umstände kommt es anscheinend nicht an. Das Absehen hiervon kann man als eine Maßnahme zum Schutz des Zahlungsverkehrs insgesamt ansehen: Ab dem Moment, in dem ein Gutgläubiger eine Leistung dinglich vereinnahmt, steht er so, als stamme sie tatsächlich aus dem Vermögen desjenigen, von dem er sie erhalten hat.

Dass es eigentlich um einen Interessenkonflikt zwischen Ego und dem Gläubiger geht, erklärt auch, warum Pomponius verlangt, dass der Gläubiger beim Verbrauch nicht arglistig sein darf; es also darauf ankommt, dass er immer noch glaubt, Geld des Boten erhalten zu haben. Hätte er den wahren Sachverhalt erfahren, so beginge er selbst eine Unterschlagung gegen Ego, indem er dessen Münzen verbrauchte. Man darf vermuten, dass in diesem Fall die Schuld des Ego getilgt würde, sodass nicht er sich weiter mit dem Boten auseinandersetzen müsste, sondern der Gläubiger.[35]

2.1.3.2 Haftung des Boten

Übrigens – so schließt Cassius an die Feststellung an, dass die Zahlung weder die Schuld des Ego noch die des Boten tilge: Dieser hafte dem Ego immerhin wegen Auftrags.

2.1.3.2.1 Haftung aus Auftrag

Dass zwischen dem Absender einer Geldsumme und dem Boten ein Auftrag angenommen wird, überrascht nicht.[36] Interessant ist, dass Cassius die Haftung unabhängig von einem Verbrauch der Münzen durch den Gläubiger zuspricht: Der Bote haftet, auch wenn Ego noch immer Eigentümer des Geldes ist. Dafür gibt es zwei Erklärungen: Erstens wäre durchaus zweckmäßig, den Anspruch des Ego auf Erstattung des überlassenen Betrages nicht von dem Schicksal der Münzen abhängig zu machen, das andernfalls im Prozess ermittelt werden müsste. Falls der Beutel wieder auftaucht und Ego bereits von seinem Auftragnehmer Ersatz erhalten hat, wird er ihm diesen

---

35 Den Grund für die Fortdauer der Schuld des Boten bei Bösgläubigkeit des Gläubigers sieht hingegen Manthe, Die libri ex Cassio (oben Fn. 19) 49, darin, dass dann das ursprüngliche Eigentum – trotz der Vermengung oder bei dem Dritten – erhalten bliebe. Dies basiert auf der abzulehnenden Lehre Kasers, *consumere* meine die Zahlung an einen Dritten, weil diese bereits zu dessen Eigentumserwerb führe, falls der Zahlende gutgläubig sei (oben Fn. 23).

36 Im BGB stehen die Zahlungsdienste (§§ 675c-676c BGB) noch immer in dem ursprünglich allein dem Auftrag gewidmeten Titel des Schuldrechts.

im Gegenzug überlassen müssen.[37] Zweitens muss es bei einer Klage gegen den Boten nicht um den Geldbetrag, es kann auch um andere Schadenspositionen gehen. Die Klage aus dem Auftrag (*actio mandati*)[38] ermächtigte den Richter, nach Treu und Glauben zu entscheiden (aufgrund eines *bonae fidei iudicium*) und konnte dazu dienen, irgendeinen Vorteil abzuschöpfen oder einen Schaden auszugleichen. Vielleicht war Ego gegenüber seinem Gläubiger in Verzug geraten, weil der Bote nicht in seinem Namen gezahlt hatte; vielleicht war gar eine Vertragsstrafe verfallen – hierfür muss der Bote einstehen, selbst wenn der Geldbeutel noch nicht verloren ist.

2.1.3.2.2 Keine Erwähnung anderer Klagen

Überraschend erscheint hingegen, dass der Text sich darüber ausschweigt, ob Ego neben der Klage aus dem Mandat weitere Klagen gegen den Boten erheben kann. Die Stellung des Textes im Kommentar des Pomponius[39] lässt an die deliktische Klage wegen Diebstahls denken (*actio furti*)[40]. Dass sie nicht erwähnt wird, wundert umso mehr, weil sie als private Strafklage besondere praktische Bedeutung hatte: Der Kläger erhielt vom Dieb grundsätzlich den doppelten Wert der gestohlenen Sache. Sie war also viel attraktiver als die *actio mandati*. Dass keine Kondiktion erwähnt wird, verwundert hingegen nicht, weil sie neben den Klagen aus Diebstahl und Mandat praktisch nicht von Interesse war.[41]

2.1.3.2.3 Haftung als Dieb?

Für den modernen Juristen mag der Gedanke an Diebstahl fernliegen, weil Ego das Geld freiwillig aus der Hand gegeben hat – mangels Gewahrsamsbruch käme nach deutschem Recht also nur eine Unterschlagung in Betracht.[42] Das römische Recht kannte diese Unterscheidung nicht. Der Begriff des *furtum* war viel weiter als unser

---

37 Dieser Gedanke findet sich heute in § 255 BGB.
38 Zur *actio mandati* vgl. Kaser/Knütel/Lohsse (oben Fn. 26) § 55 Rn. 7–9.
39 Vgl. oben Fn. 20.
40 Zur *actio furti* vgl. Kaser/Knütel/Lohsse (oben Fn. 26) § 62 Rn. 3–5.
41 Es spricht aber nichts dagegen, dass Cassius die *condictio furtiva* gewährt; zu dieser Klage Kaser/Knütel/Lohsse (oben Fn. 26) § 62 Rn. 7; ergänzend Albers, Perpetuatio (oben Fn. 16) 176–180.
42 Vgl. unten Fn. 60 die mit § 823 Abs. 2 BGB in Bezug genommenen Strafgesetze.

Diebstahl.[43] Er unterlag aber im Laufe der Jahrhunderte erheblichen Veränderungen. Die Klassiker wunderten sich darüber, was für harte und seltsame Entscheidungen die Altvorderen auf dem Gebiet des Diebstahls gefällt hätten.[44] Dass der Dieb die tatsächliche Gewalt über die Sache ohne den Willen des Eigentümers erhalten haben musste, setzte das *furtum* aber auch zu klassischer Zeit nicht voraus.

Dafür, dass die Unterschlagung durch einen Geldboten nicht nur in Schulfällen, sondern auch in der Praxis als *furtum* behandelt wurde, verfügen wir über ein Zeugnis aus etwas späterer Zeit, dem Jahr 228 nach Christus. Es handelt sich um eine Entscheidung des Kaisers Alexander Severus, die in C. 6,2,7 überliefert ist. Sie steht also im Codex, dem ersten Kodifikationsprojekt Justinians, in dem Einzelfallentscheidungen und Verordnungen der Kaiser gesammelt wurden.[45]

Idem Augustus [Alexander]
Dato
Si is, cui te pecuniam ad matrem tuam perferendam dedisse proponis, parva quantitate numerata reliquam in usus suos convertit, furtum fecit.
pp. prid. id. Iun. [publice posuit pridie idus Iunias]
Modesto et Probo conss.
Derselbe Kaiser [Alexander]
an Datus
Wenn jemand, von dem du vorträgst, du habest ihm Geld gegeben, damit er es deiner Mutter überbringe, nachdem er [ihr] nur einen kleinen Betrag ausgezahlt hat, den Rest zu eigenen Zwecken in Gebrauch nimmt, begeht er einen Diebstahl.
(erlassen am 12. Juni [228]
unter dem Konsulat von Modestus und Probus)

---

43 Überblick bei Kaser/Knütel/Lohsse (oben Fn. 26) § 62 Rn. 1.
44 So urteilte jedenfalls ungefähr um die Zeitenwende Labeo in seinem Zwölftafelkommentar, wovon wir allerdings nur durch das Zeugnis der in der zweiten Hälfte des zweiten Jahrhunderts entstandenen „Attischen Nächte" von Aulus Gellius wissen. Vgl. dazu Martin Pennitz, Acria et severa iudicia de furtis habita esse apud veteres … (Gellius 6,15,1). Überlegungen zum furtum usus, ZRG RA 134 (2017) 147–187.
45 Über den Codex und seine Ausgaben vgl. Kunkel/Schermaier, Römische Rechtsgeschichte (oben Fn. 1) § 11, insb. 211, 213 f.; Zahn JA 2015, 448–458 (oben Fn. 1) 452 f. Für eine deutsche Übersetzung vgl. Otto/Schilling/Sintenis (oben Fn. 4), Bände 5–6, Leipzig 1832. Der Titel C. 6,2 befasst sich mit Diebstählen und der Korruption von Sklaven.

Eine Besonderheit unseres Falles liegt allerdings darin, dass die Münzen sich gerade dort befinden, wo sie nach der Vorstellung von Ego sein sollen: beim Gläubiger. Der Fall hat daher eine gewisse Nähe zu Sachverhalten, bei denen nicht die Sachsubstanz, sondern nur ihr Gebrauch entwendet wird. Indessen konnte auch solch ein *furtum usus* unter den Begriff des *furtum* fallen.[46]

Angesichts dieser Unsicherheit empfiehlt sich der Vergleich mit anderen, ähnlichen Texten, von denen sich tatsächlich mehrere finden. Außer Acht bleiben zwei um 100 nach Christus in Übungsbüchern für Rhetorik gestellte Fälle, in denen ein Vater seinem Sohn Geld gibt, um die vom Vater geliebte Prostituierte freizukaufen, der Sohn aber damit eine andere, von ihm selbst bevorzugte Sklavin erwirbt. Diese Quellen helfen nicht weiter, weil es sich einmal um eine bloße Aufgabenstellung ohne anschließende Erörterung handelt, einmal jedenfalls keine juristische Bewertung des Verhaltens des Sohnes in Rede steht.[47] Für uns ist der bereits oben[48] abgedruckte Text Javolen D. 46,3,78 am wichtigsten, weil er ebenfalls von Cassius herrührt. Demnach haftet, wer fremdes Geld ohne oder gegen den Willen des Eigentümers zahlt, jedenfalls nach dem Verbrauch der Münzen als Dieb. Ob es einen Unterschied macht, wenn fremdes Geld zwar mit dem Willen des Eigentümers gezahlt wird, aber gegen dessen Willen unter einer falschen Angabe darüber, von wem es kommt?

Javolen D. 39,5,25

Unserem Ausgangsfall sehr ähnlich ist ein Fall, der im Digestentitel über die Schenkungen überliefert ist (in D. 39,5,25). Hier nimmt Javolen, der als übernächstes Schulhaupt der Sabinianer dem Cassius nachfolgte,[49] in einem seiner Rechtsgutachten[50] ein *furtum* an.

---

46 Vgl. dazu insb. Pennitz, ZRG RA 134 (2017) 147–187 (oben Fn. 44).

47 Es geht um Quintilian, *declamatio* 356, und Calpurnis Flaccus, *declamatio* 37; dazu – mit Text und Übersetzung – Boudewijn Sirks, Der Playboy im römischen Recht, in: Martin J. Schermaier, J. Michael Rainer und Laurens C. Winkel (Hrsg.), Iurisprudentia universalis. Festschrift für Theo Mayer-Maly zum 70. Geburtstag, Köln Weimar Wien 2002, 709–718.

48 Bei Fn. 28.

49 Vgl. zu Javolen oben Fn. 28; insb. zur Reihe der Schulhäupter Schulz, Römische Rechtswissenschaft (Fn. 10) 141 f.

50 Der Aufbau der *epistulae* folgt dem prätorischen Edikt; vgl. Bernd Eckardt, Iavoleni epistulae, Berlin 1978, 227–233, gegen Lenel, Palingenesia (oben Fn. 14), I Sp. 285 Fn. 7. Nach Eckardts Rekonstruktion (230) bezieht sich unser Fragment auf den Edikttitel über die Diebstahlsklage.

Idem [Iavolenus]
libro sexto epistularum
Si tibi dederim rem, ut Titio meo nomine donares, et tu tuo nomine eam ei dederis, an factam eius putes?
Respondit, si rem tibi dederim, ut Titio meo nomine donares, eamque tu tuo nomine ei dederis, quantum ad iuris suptilitatem accipientis facta non est et tu furti obligaris: sed benignius est, si agam contra eum qui rem accepit, exceptione doli mali me summoveri.
Derselbe [Javolen]
im sechsten Buch der Rechtsgutachten
Wenn ich dir eine Sache gegeben habe, damit du sie Titius in meinem Namen schenkst, und du sie ihm in deinem [eigenen] Namen gegeben hast, meinst du, dass sie ihm dadurch übereignet worden sei?
Er hat geantwortet: Wenn ich dir eine Sache gegeben habe, damit du sie dem Titius in meinem Namen schenkst, und du sie ihm in deinem [eigenen] Namen gegeben hast, so wird sie – wenn es nach der Strenge des Rechts geht – nicht Eigentum des Empfängers, und du wirst wegen Diebstahls verpflichtet.
Es ist aber billiger, dass gegen mich die Einrede der Arglist erhoben werden kann, wenn ich gegen denjenigen, der die Sache empfangen hat, [auf Herausgabe] klage.

Diesmal geht es nicht um Geld, sondern um einen einzelnen Gegenstand, den der Bote nicht zur Erfüllung einer Schuld, sondern als Geschenk übereignen soll. Die Übereignung scheitert wiederum, weil sie im eigenen Namen des nicht berechtigten Boten erfolgt.

Interessant ist der Schluss, wo dem, was zuvor als der Subtilität des Rechts (*suptilitas iuris*) entsprechend gekennzeichnet wurde, gegenübergestellt wird, was billiger (*benignius*) sei. Derartige Berufungen auf die Billigkeit galten lange Zeit als typische Spuren christlichen Einflusses und daher als sichere Hinweise darauf, dass der Text eines klassischen Juristen nachträglich verändert wurde. Die Gegenüberstellung im vorliegenden Text kennzeichnet aber nichts anderes als die klassische Unterscheidung zwischen dem, was nach strengem Zivilrecht, und dem, was aufgrund der von den Magistraten gewährten Rechtsbehelfe gilt (*ius civile* vs. *ius honorarium*)[51]. Für diese Rechtsbehelfe ist die im Text verhandelte Einrede geradezu typisch. Darum gibt die

---

51 Der Unterschied entspricht ungefähr dem zwischen *common law* und *equity* im englischen Recht; dazu etwa Hans Peter, Römisches Recht und englisches Recht, Wiesbaden 1969, 68, 81–89.

genannte Gegenüberstellung an sich für die Annahme einer inhaltlichen Veränderung des Textes keinen Anlass.[52]

Bemerkenswert ist der Schluss allerdings auch der Sache nach: Eine Rückforderung des geschenkten Gegenstandes durch den Eigentümer soll der Beschenkte als Arglist mit der entsprechenden Einrede zurückweisen können. Der Eigentümer wird also an seinem ursprünglichen Entschluss, den Gegenstand dem Empfänger zu schenken, festgehalten. Erstaunlich daran ist, dass dieser Entschluss dem Empfänger nie kommuniziert wurde. Gleichwohl steht der Eigentümer im Ergebnis so, als schulde er dem Empfänger die Übereignung des Gegenstandes. Eine ähnliche Arglisteinrede begegnet auch in einem anderen, sehr berühmten Fall einer missglückten Schenkung.[53]

---

52 Ebenso Eckardt, Iavoleni epistulae (oben Fn. 50), 26.
53 Nämlich in Ulpian D. 12,1,18 pr. (7 *disputationum*). Es geht dort um die Frage, ob die Übergabe von Geld eine Übereignung bewirkt, auch wenn sich die Parteien über den Zweck der Zuwendung uneinig sind: Der Geber will schenken, während der Annehmende ein Darlehen zu empfangen meint. Nach Ulpian scheitert die Übereignung wegen des Dissenses über ihren Zweck, sie wirkt also nicht abstrakt davon. Leider beschäftigt der Jurist sich nicht mit der Frage, ob der Eigentümer der Münzen mit einem Herausgabeverlangen zunächst Erfolg hätte. Er steuert direkt den Fall an, dass die Münzen nicht mehr unterscheidbar vorhanden sind. Weil der vorherige Eigentümer selbst dem Konsumenten die Münzen verschafft hat, kommt hier – anders als in unserem Ausgangsfall (oben bei Fn. 34) – auch für die Römer eine Kondiktion in Betracht. In heutiger Sprache geht es um eine Leistungskondiktion. Doch Ulpian entscheidet, dass dieser Kondiktion die Arglisteinrede entgegengehalten werden kann, und zwar mit der Begründung, dass der Verbrauch der Münzen dem Willen des Eigentümers entsprach. Der Grund besteht also auch hier darin, dass der Eigentümer die Münzen ursprünglich einmal verschenken wollte. Hiervon darf er nicht mehr abrücken, obwohl er dem Bedachten seine Absicht gar nicht mitgeteilt hatte: Es wäre gleichwohl ein *venire contra factum proprium* (vgl. Franz-Stefan Meissel, Julian und die Entdeckung des dinglichen Vertrages, in: Fälle aus der Rechtsgeschichte, hgg. von Ulrich Falk/Michele Luminati/Mathias Schmoeckel, München 2008, 62–67, 68). Dass der Bedachte selbst davon ausging, er müsse den Wert der Münzen erstatten (er hatte sie ja als Darlehen angenommen), bleibt außer Betracht. Hätte man nicht auch sagen können, der Empfänger verhält sich widersprüchlich, wenn er erst ein Darlehen entgegennimmt und dies dann nicht zurückzahlen will? Im Vergleich hiermit wirkt die Lösung Javolens weniger erstaunlich: Dessen Titius ging immerhin von Anfang an davon aus, ein Geschenk zu erhalten (nur dachte er eben, es stamme aus dem Vermögen dessen, der bloß Bote hätte sein sollen). —— Berühmt ist der Ulpiantext, weil darin die Übereignung an die Einigung über ihren Zweck gekoppelt ist. Das hatte Julian in D. 41,1,36 (30 *digestorum*) anders entschieden (vgl. dazu Meissel a. a. O.; Kaser/Knütel/Lohsse [oben Fn. 26] § 34 Rn. 12), und das BGB folgt Julian. Für die Auseinandersetzung der Redaktoren des BGB mit der Kon-

Will man nicht von einer umfassenden Überarbeitung beider Texte im Rahmen der justinianischen Reform des Schenkungsrechts[54] ausgehen, so wird man annehmen dürfen, dass der *animus donandi* des Zuwendenden, selbst wenn er vom Empfänger gar nicht verstanden, geschweige denn angenommen wurde, den klassischen Juristen mitunter genügte, um den Empfänger durch den Schutz einer Einrede wie einen Beschenkten zu stellen. Sie verzichten also auf den Vertrag.

Jedenfalls bejaht Javolen die Haftung wegen Diebstahls, ohne ein Problem daraus zu machen, dass die Sache da ist, wo der Eigentümer sie haben wollte.

Julian D. 47,2,52,16

Javolens bedeutendster Schüler wiederum, Julian[55], gewährt zu Beginn des zweiten Jahrhunderts in einem mit unserem Ausgangsfall ganz identischen Fall ebenfalls die Diebstahlsklage. Das berichtet zu Beginn des folgenden Jahrhunderts Ulpian[56] in seinem Ediktskommentar, D. 47,2,52,16:[57]

Ulpianus
libro trigensimo septimo ad edictum
Iulianus libro vicensimo secundo digestorum scripsit, si pecuniam quis a me acceperit, ut creditori meo solvat, deinde, cum tantam pecuniam eidem creditori deberet, suo nomine solverit, furtum eum facere.

Ulpian
im 37. Buch zum Edikt [des städtischen Prätoren]
Julian hat im 22. Buch seiner Digesten geschrieben, wenn jemand von mir Geld annehme, damit er es meinem Gläubiger leiste, und dann, weil er demselben Gläubiger denselben Betrag [selber auch] schulde, [dieses] in seinem [eigenen] Namen zahle, begehe er einen Diebstahl.

---

troverse zwischen Julian und Ulpian vgl. Reinhold Johow, Begründung der Vorlage Sachenrecht, Band 1, Berlin 1880, 635–639, insb. 636 Fn. 2 (nach: Die Vorlagen der Redaktoren für die erste Kommission zur Ausarbeitung des Entwurfs eines Bürgerlichen Gesetzbuche, hgg. von Werner Schubert, Band 3 Teil 1, Berlin New York 1982, 759–763, insb. 760 Fn. 2).

54 Überblick und Nachweise dazu bei Kaser/Knütel/Lohsse (oben Fn. 26) § 58 Rn. 5.
55 Zu Julian vgl. Kunkel, Herkunft und soziale Stellung (Fn. 8) 157–166.
56 Zu Ulpian vgl. Kunkel, Herkunft und soziale Stellung, 245–254, und Liebs, HLL § 424 (beide Fn. 8).
57 Bei Julian und Ulpian gleichermaßen stand der Text im Zusammenhang mit anderen Texten zum Diebstahl; vgl. Lenel, Palingenesia (oben Fn. 14), I Sp. 376 (fr. 341) und II Sp. 676f. (fr. 1042). Er steht auch in den Digesten in einem dem Diebstahl gewidmeten Titel (D. 47,2).

Unser Ausgangstext

Es fällt auf, dass die überlieferten Texte aus einer einzigen Traditionskette stammen, die auf Cassius zurückgeht. Man kann förmlich beobachten, wie jeder Schüler den schon von seinem Lehrer besprochenen Fall weiter traktiert. Weil dabei niemand einen Widerspruch artikuliert, steht zu vermuten, dass schon Cassius in unserem Ausgangsfall die Diebstahlsklage bejaht hatte. Die *actio mandati* erwähnte er dann nur als zusätzliche Klagemöglichkeit, wozu auch die Einleitung mit *ceterum* (außerdem, übrigens) gut passt. Die Bejahung der Diebstahlsklage wird sich bei Cassius, aber auch bei Pomponius aus dem Kontext ergeben haben – vermutlich wurde eine ganze Reihe von Anwendungsfällen der *actio furti* aufgezählt. Mit der Einordnung im Digestentitel *De solutionibus et liberationibus* (Über Erfüllungsvorgänge und andere Arten der Befreiung) ging dieser Zusammenhang verloren. Ob Cassius vielleicht doch anders entschieden hatte – etwa weil die Zahlung als solche dem Willen des Münzeigentümers entsprach – werden wir als Historiker nie mit letzter Sicherheit ausschließen können.

2.1.4 Vergleich mit dem geltenden Recht

Der Vergleich des Ausgangsfalls mit dem heute in Deutschland geltenden Recht kann knapp ausfallen: Wir würden ihn genauso entscheiden.

Freilich gibt es inzwischen gutgläubigen Erwerb, weswegen unser Empfänger von Anfang an so steht wie der römische erst nach einer Vermengung der Münzen. Ob der Bote als Besitzdiener anzusehen ist, spielt keine Rolle, weil auch abhandengekommenes Geld gutgläubig erworben werden kann (§ 935 Abs. 2 BGB). Bei gutgläubigem Erwerb gewähren auch wir keine Eingriffskondiktion; er ist kondiktionsfest. Auch wir würden die Schuld des Boten als erloschen betrachten. Denn der hat dem Empfänger – wenngleich als Nichtberechtigter – eine entsprechende Geldsumme verschafft; und diese Zahlung sollte nach dem maßgeblichen Empfängerhorizont[58] gerade dazu dienen, die gegen den Überbringer gerichtete Forderung zu tilgen.

---

58 Vgl. BGH, Urteil vom 31.10.1961, VII ZR 285/62, BGHZ 40, 272 (sog. „Elektroherdfall"). Die Bestimmung des Zuwendungszwecks aus dem objektivierten Empfängerhorizont führt dazu, dass der Empfänger eine Zuwendung behalten kann, selbst wenn der Zuwendende davon abweichende Zwecke verfolgte (etwa: für sich, nicht für einen anderen leisten wollte). Darauf kommt es hier noch nicht einmal an, weil Zuwendender der Überbringer ist und dieser erfolgreich kommuniziert, wozu er die Zahlung bestimmt hat.

Zu einem anderen Ergebnis kämen wir, wenn der gutgläubige Erwerb scheiterte, weil nicht Geld, sondern eine andere Sache geschuldet und der untreue Bote nur Besitzdiener war, sodass diese mit der weisungswidrigen Übereignung abhandenkam. Denn bei uns sind Verbindung, Vermischung oder Verarbeitung nicht kondiktionsfest (§ 951 Abs. 1 Satz 1 BGB). Wir gewähren die Eingriffskondiktion trotz Leistung durch einen Dritten, sofern die Voraussetzungen für einen gutgläubigen Erwerb nicht vorlagen.[59] Weil der Empfänger selbst nach Vermengung der Münzen einem Bereicherungsanspruch ausgesetzt bliebe, würde die Schuld des Boten in diesem Fall nicht getilgt.

Unproblematisch ist auch bei uns, dass der untreue Bote dem Absender haftet.[60] Nicht dienen kann das heutige Recht hingegen mit einer Verdopplung des Ersatzanspruchs gegen den Unterschlager. Wer allerdings mit dem Trend der Zeit das Zivilrecht als ein Anreizinstrument ansieht, das dem Gesetzgeber zur freien Verfügung steht, um das Verhalten seiner Subjekte im Sinne der Staatsziele zu steuern, mag gerade die sanktionierende Diebstahlsklage als besonders modern erachten und für ihre Wiedereinführung eintreten.

---

59 Vgl. BGH, Urteil vom 11.1.1971, VIII ZR 261/69, BGHZ 55, 167 („Jungbullenfall"). – Zum abweichenden römischen Prinzip, wonach ein gutgläubiger Empfänger ab dem Moment, in dem er die Leistung dinglich erlangt, keine Rückforderung durch einen Dritten mehr fürchten muss, vgl. oben 2.1.3.1.3.

60 Nämlich aus Auftrag (§§ 280 Abs. 1, 3, 283 in Verbindung mit § 667 BGB) oder Zahlungsdienstevertrag (§ 675y Abs. 1 Satz 1 BGB; §§ 280 Abs. 1, 3, 283 in Verbindung mit § 675f Abs. 1 BGB unter Berücksichtigung von § 675z BGB), aus Eingriffskondiktion (§ 816 Abs. 1 Satz 1 BGB) sowie aus Delikt (wegen Eigentumsverletzung nach § 823 Abs. 1 BGB; wegen Schutzgesetzverletzung nach § 823 Abs. 2 BGB in Verbindung mit §§ 246 Abs. 1, 2, 266 Abs. 1 StGB).

2.2 Zwei Probleme aus dem römischen Recht des Schiedsverfahrens[1]
Wolfgang Ernst

> With Roman jurists,
> everything is more subtle
> than we think.

2.2.1 D. 4,8,27,3 Ulp. 13 ed.

Si plures arbitri fuerint et diversas sententias dixerint, licebit sententia eorum non stari: sed si maior pars consentiat, ea stabitur, alioquin poena committetur. Inde quaeritur apud Iulianum, si ex tribus arbitris unus quindecim, alius decem, tertius quinque condemnent, qua sententia stetur: et Iulianus scribit quinque debere praestari, quia in hanc summam omnes consenserunt.

Wenn mehrere Schiedsrichter bestellt sind und widersprüchliche Schiedssprüche erlassen haben, braucht man ihre Schiedssprüche nicht zu befolgen. Wenn aber die Mehrheit übereinstimmt, ist ihre Entscheidung zu befolgen; andernfalls ist die Strafe verwirkt. Daher wird bei Julian die Frage gestellt, welcher Schiedsspruch befolgt werden muss, wenn von drei Schiedsrichtern der erste fünfzehn, der zweite zehn und der dritte fünf zuspricht; und Julian schreibt, es müssten fünf geleistet werden, weil über diesen Betrag unter Allen Einigkeit besteht[2].

---

[1] Die Kerngedanken dieser Exegesen wurden zuerst in einer früheren Veröffentlichung des Verfassers entwickelt: W. Ernst, Schiedsrichtermehrheiten im klassischen römischen Recht, in: J. Hallebeek/M. J. Schermaier/R. Fiori/E. Metzger/J.-P. Coriat (Hrsg.), Inter cives necnon peregrinos: Essays in honour of Boudewijn Sirks, Goettingen 2014, 161 ff. Für diese Publikation wurden die Exegesen von Grund auf überarbeitet.

[2] Diese und die folgende Übersetzung aus O. Behrends/R. Knütel/B. Kupisch/H. H. Seiler, Corpus Iuris Civilis. Text und Übersetzung, II – Digesten 1–10, Heidelberg 1995. Der Übersetzer ist G. Schiemann.

Der Text stammt aus Ulpians Kommentar zum prätorischen Edikt[3]. Das Edikt enthielt eine Verheißung des Prätors, denjenigen, der sich zum Schiedsrichter hat bestellen lassen, zu zwingen, eine übernommene Schiedsaufgabe mit einem Spruch zum Abschluss zu bringen: *Qui arbitrium pecunia compromissa receperit, eum sententiam cogam.*[4] In dem Stück seines Ediktskommentars, das dieser Bestimmung gilt, behandelt Ulpian das Recht des Schiedsverfahrens in verschiedenen Aspekten.

In D. 4,8,27,3 Ulp. 13 ed. geht Ulpian von der Situation aus, dass die Parteien in ihrer Schiedsvereinbarung (*compromissum*) mehrere Schiedsrichter benannt haben, die dann unterschiedliche Schiedssprüche abgegeben haben. Ein Schiedsergebnis, an das sich die Parteien halten müssten, liege nicht vor. Wenn aber eine Mehrheit übereinstimmend geurteilt hat, verfalle die Strafe. Man muss hierzu wissen, dass ein Schiedsverfahren in der Zeit der klassischen römischen Juristen nicht mit einer vollstreckbaren Entscheidung abschloss. Vielmehr gaben die Parteien wechselseitige Strafstipulationen ab, mit denen sie sich eine Strafleistung für den Fall versprachen, dass sie den Schiedsspruch nicht beachten würden[5]. Dass sich die Parteien einem Schiedsergebnis beugen müssen, das nicht einstimmig, sondern mit (einfacher/überhälftiger) Mehrheit erzielt wurde, ist auch in D. 4,8,17,7 Ulp. 13 ed. ausgesprochen.

---

3   Zu Ulpian (ca. 170–228 AD) s. statt aller D. Liebs, Domitius Ulpianus, in: K. Sallmann (Hrsg.), Die Literatur des Umbruchs. Von der römischen zur christlichen Literatur, 117 bis 284 n. Chr. (= Handbuch der lateinischen Literatur der Antike, Band 4), München 1997, 175–187.
4   O. Lenel, Edictum perpetuum, 3. Aufl. Leipzig 1927, 130 f.
5   Die Literatur zum römischen Recht des *compromissum* ist international: W. Buchwitz, Schiedsverfahrensrecht in Antike und Mittelalter. Eine historische Grundlegung, Göttingen, 2020, 8–33; N. Rampazzo, Sententiam dicere cogendum esse – Consenso e imperatività nelle funzioni giudicanti in diritto romano classico, Neapel 2012, mit umfassenden bibliographischen Angaben 7 ff. Fn. 1; Th. Finkenauer, Vererblichkeit und Drittwirkungen der Stipulation im klassischen römischen Recht, Tübingen 2010, 126 ff.; D. Roebuck/B. de Loynes de Fumichon, Roman Arbitration, Oxford 2004; I. Milotić, An outline of the arbitral procedure in roman law, Forum Historiae Iuris (FHI), 31. 01. 2013; ders., Risks Associated with Arbitration Ex Compromisso in Roman Law, Croatian Arbitration Yearbook 2018, 159 ff.; ders., Roman Foundations of the Arbitrator's Profession, in: C. H. van Rhee/A. Uzelac (Hrsg.), The Landscape of the Legal Professions in Europe and the USA: Continuity and Change, Cambridge u. a. 2018, 255–266; ders., Roman Arbitration – Private or Public Dispute Resolution? Ius Romanum 2019, 328–352. Ältere Literatur bei M. Kaser/K. Hackl, Das römische Zivilprozessrecht, München 1996, 639 ff.

Ulpian berichtet sodann zustimmend eine Ansicht Julians[6], wonach bei drei Verurteilungen über 15, 10 und 5 ein gültiges Schiedsurteil erlassen sei, und zwar über 5, *quia in hanc summa omnes consenserunt*[7]. Der Umstand, dass sowohl Ulpian als auch Paulus[8] als Urheber dieser Ansicht Julian identifizieren, zeigt wohl, dass es sich nicht um eine triviale Lösung gehandelt hat: Auf eine Autorität, wie Julian sie darstellte, muss man sich nicht berufen, wenn die vertretene Lösung als Selbstverständlichkeit erscheint.

Roebuck/de Loynes de Fumichon bezeichnen D. 4,8,27,3 Ulp. 13 ed. als „unconvincing text"[9]. Sie nehmen damit eine Kritik auf, die etwa schon von Simon van Groenewegen (1613–1652) formuliert worden war[10]. Das Unbehagen rührt daher, dass nach keiner heute gängigen Methode, um für ein Kollegialurteil zu einem mehrheitlich („durchschnittlich") gebilligten Betrag zu kommen, die Lösung 5 lauten würde. Für das Triplet 15, 10 und 5 sind dies die verschiedenen Durchschnittswerte:

Arithmetisches Mittel: 10
Geometrisches Mittel: 9,0856
Median: 10
Harmonisches Mittel: 8,1811.

Das deutsche Gerichtsverfassungsgesetz schreibt für Kollegialgerichte in § 196 Abs. 2 GVG die folgende Methode vor, die auch für das Schiedsverfahren mit mehreren Schiedsrichtern empfohlen wird[11]: „Bilden sich in Beziehung auf Summen, über die zu entscheiden ist, mehr als zwei Meinungen, deren keine die Mehrheit für sich hat, so werden die für die größte Summe abgegebenen Stimmen den für die zunächst

---

6   Zu Julian (ca. 110 – ca. 170) s. die Charakterisierung und Nachweise bei W. Ernst, Justinian's Digest 9.2.51 in the Western Legal Canon, Cambridge 2019, 125 ff. mit Fn. 411.
7   Dieselbe Lösung wird von Paulus für divergierende Richterurteile befürwortet, ebenfalls unter Berufung auf Julian; D. 42,1,38,1 Paul. 17 ed. Hier heißt es ohne Angabe konkreter Zahlen: *Si diversis summis condemnent iudices, minimam spectandam esse Iulianus scribit*.
8   Vorige Fn.
9   Roebuck/de Loynes de Fumichon (Fn. 5) 176.
10 S. van Groenewegen, Tractatus de legibus abrogatis et inusitatis in Hollandia vicinisque regionibus, Noviomagi 1664, ad D. 4,8,27,3, 93 f.; ders. zu H. Grotius: *Si tres iudices jubeant pendere viginti, tres decem, tres nihil, vicerit sententia in decem condemnantium, quia in viginti insunt decem*, De iure Belli ac Pacis, lib. II., cap. V, tit. XVIII n. 48 (hier ben. Ausgabe Barbeyrac/Tydeman, Utrecht 1773).
11 Zöller/Geimer, Kommentar ZPO, 33. Aufl., Köln 2020, § 1052 Rn. 1.

geringere abgegebenen so lange hinzugerechnet, bis sich eine Mehrheit ergibt."[12] Diese Methode führt in Julians Beispiel auf 10.

In Anbetracht der grundsätzlichen Möglichkeit einer Mehrheitsentscheidung wirft D. 4,8,27,3 Ulp. 13 ed. die Frage auf, warum im Fall der sich für 15/10/5 aussprechenden Richter nicht auf eine *maior pars* für 10 erkannt wird. Offenbar vereinigen sich die Befürwortung von 15 und die von 10 nach Julian gerade nicht zu einer 2:1-Mehrheit zugunsten von 10. Der Umstand, dass die auf Julian zurückgeführte Entscheidung auf uns anti-intuitiv wirkt, macht den Reiz von D. 4,8,27,3 Ulp. 13 ed. aus.

Die erwähnten Methoden moderner Verfahrensrechte, die zu einem mehrheitlich gebilligten Betrag hinführen, haben zur gedanklichen Voraussetzung, dass ein Kollegialurteil bzw. ein kollegialer Schiedsspruch erzeugt wird, das/der sich von den Voten der einzelnen (Schieds-)Richter unterscheiden lässt; dabei soll sich der Inhalt der Kollegialentscheidung nach gewissen Mehrheitsregeln aus den verschiedenen Voten ergeben[13]. Dergleichen kam für die römische Schiedsrichtermehrheit nicht in Betracht. Es fehlte an einem überindividuellen Kollegialakt. Es gibt nach der römischen Vorstellung der Schiedsrichtermehrheit keinen gemeinsamen Schiedsspruch eines Schiedsgerichts, keinen kollegialen „Schiedsbeschluss", der als solcher den Wert 10 (oder einen anderen Durchschnittswert) annehmen könnte. Nur wenn man neben einzelnen Voten einen übergeordneten, kollegialen Urteilsspruch annimmt, wird es denkbar, divergente Sprüche in irgendeinem Sinne, z. B. einer Durchschnittsrechnung, zu vermitteln.

Auch die „Mehrheitslösung", wie Ulpian sie in D. 4,8,17,7 Ulp. 13 ed. anerkennt, wird man daher nicht derart verstehen, dass zwei Schiedsrichter den dritten „überstimmen", so dass ihre identischen Schiedssprüche in einem überindividuellen Kollegialspruch gleichsam aufgehen, wogegen der Spruch des „überstimmten" Schiedsrichters als erfolglose „Stimme" in Fortfall käme. Vielmehr bestehen die drei Schiedssprüche unverändert, so wie sie abgegeben wurden, nebeneinander in Geltung; es wird nur das Schiedsergebnis, an das die Parteien sich halten müssen, im Inhalt der beiden übereinstimmenden Sprüche erkannt.

Bleibt man im vorliegenden Fall bei den tatsächlich abgegebenen *sententiae* (5/10/15), so geht es für Ulpian, Paulus und Julian nicht um eine Lösung, die als gleichsam vierte Zahl aus den drei *sententiae* abgeleitet wird und diese in einer geregelten Weise „vermittelt"; vielmehr suchen die beteiligten römischen Juristen nach dem Gesamtergebnis,

---

12 Dieselbe Methode finden wir in § 12 Abs. 3 der österreichischen Jurisdiktionsnorm (JN).
13 S. W. Ernst, Abstimmen nach den Gründen oder nach dem Endresultat – Eine Prozessrechtskontroverse im 19. Jahrhundert, in: A. Kiehnle/B. Mertens/G. Schiemann (Hg.), Festschrift für Jan Schröder zum 70. Geburtstag, Tübingen 2013, 309 ff.

was mit den drei tatsächlich abgegebenen *sententiae* bereits gegeben ist. Zwei Schiedssprüche, die, weil übereinstimmend, das gesamthafte Schiedsergebnis darstellen, liegen nicht vor. Die Zusammenfassung verschiedener *sententiae* zu einer *pars* setzt für die römische Vorstellung von „Mehrheit" voraus, dass die *sententiae* inhaltlich tatsächlich übereinstimmen. Dies ergibt sich u. a. aus der unter dem Namen Quintilians überlieferten *Declamatio minor* 365[14], wo es heißt: *ergo non idem sententies non potest jungere: idem sentientes compara*. Die Problematik, unter welchen Voraussetzungen sich *sententiae* zu einer *pars* zusammenfassen lassen, wird in der späteren Rechtsentwicklung unter dem Titel behandelt: *de conjugendis aut dividendis sententiis*[15]. Die Werte 5, 10 und 15 sind alle verschieden. Keiner der Schiedsrichter will dasselbe wie einer der anderen. Es handelt sich um ein Nebeneinander von *diversae sententiae*, bei dem Ulpian sagt: *sententia eorum non stari*[16]. Die tatsächlich erklärten *sententiae* in ihrer Widersprüchlichkeit ergeben an sich, dass nicht entschieden ist.

Es war eine kreative juristische Lösung Julians, in Ermangelung einer *maior pars* auf den kleinsten gemeinsamen Nenner der drei Rechtserkenntnisse abzustellen. Ohne die von Julian aufgezeigte Lösung wäre eine Entscheidung überhaupt nicht getroffen, da sich keine zwei Entscheidungen zu einer *maior pars* verbinden lassen. Auch nach Julian wird nicht eine kollektive Entscheidung herbeigeführt, etwa im Wege einer tatsächlichen oder gedachten Abstimmung, sondern es bestehen die drei *sententiae* nebeneinander, wobei nur die Gesamtwirkung der drei Sprüche sich auf das beschränkt, worin sie übereinstimmen. Für die Schiedssprüche über 10 und 15 kann man hier eine Anwendung des Satzes *omne maius continet in se minus* sehen. Übrigens muss dieser Satz nicht zwingend mit einem hypothetischen Willen begründet werden (wer 10 oder 15 will, würde hypothetisch auch 5 wollen), sondern es sind gegenständlich – und real – gedacht, die 5 tatsächlich ein Teil von 10 bzw. 15 und insofern sind sie – real, nicht bloß hypothetisch – zugesprochen[17]. Auch die Einigkeit der Schieds-

---

14 Zu dieser *declamatio* J. Dingel, Scholastica Materia – Untersuchungen zu den Declamationes minores und der Institutio Oratoria Quintilians, Berlin/New York 1988, 97; T. Wycisk, Quidquid in foro fieri potest – Studien zum römischen Recht bei Quintilian, Berlin 2008, 348 f. Beide Autoren behandeln auch die Frage der Autorschaft des Werks.
15 Z. B. Grotius (Fn. 10) lib. II., cap. V, XIX.
16 Der Ausdruck *sententia stari* (manchmal auch *stare*) ist nicht leicht zu übersetzen: Es wird bei dem (Urteils- oder Schieds-) Spruch (Ablativ) stehen geblieben, m. a. W., es liegt ein bindendes Urteil, ein bindender Schiedsspruch vor.
17 S. auch D. 45,1,1,4 Ulp. 48 Sab., wo die Frage einer Verpflichtung auf den niedrigeren Betrag diskutiert wird, wenn Frage und Antwort bei der Stipulation unterschiedliche Beträge nennen.

richter ist – beschränkt auf den Betrag 5 – eine tatsächliche. Für die Lösung Julians wird in keinen der Schiedssprüche im Sinne einer Umdeutung (oder Reduktion) eingegriffen. Es wird nur ein Ergebnis gesucht, an das sich die Parteien halten müssen, und das seine Grundlage im Nebeneinander der drei Schiedssprüche findet, die als solche in ihrer Diversität unangetastet in Geltung bleiben.

Wenn sich die beiden Schiedsrichter, die auf 15 und 10 erkannt haben, gefallen lassen müssen, dass das Verfahrensergebnis auf 5 lautet – warum reduziert man nicht die *sententia*, die auf 15 lautet, auf 10, um damit auf das Mehrheitsergebnis von 10 zu kommen? Würde nicht der Satz *omne maius continet in se minus* genauso erlauben, dass man durch Reduktion des Urteils von 15 auf 10 kraft Mehrheitsprinzip zu einem Ergebnis von 10 kommt? Der Vorzug der Mehrheit vor der Minderheit hat im römischen Rechtsdenken einen einfachen Kern, wie man aufgrund einer Durchsicht des auf Mehrheitsentscheidungen bezüglichen Materials annehmen darf: Man folgt der Mehrheit und nicht der Minderheit, weil dabei die Anzahl der Personen, deren Willen man unbeachtet lässt, kleiner ist, als wenn man der Minderheit folgen würde[18]. Überspitzt gesagt: Der Mehrheitsvorzug folgt für die Römer aus dem Vorzug des kleineren Übels vor dem grösseren. Kommen wir mit diesem Vorverständnis auf die Lösung Julian's zurück: Für das von Julian vertretene Ergebnis kann jedem Schiedsrichter gesagt werden, er habe tatsächlich auch eine Erkenntnis über 5 abgegeben, insofern 5 direkt oder als Teil von 10 bzw. 15 gewollt ist.

Wollte man den Schiedsspruch über 15 als einen solchen auch über 10 nehmen und den so reduzierten Spruch mit demjenigen, der von Anfang an auf 10 lautete, zu einer *maior pars* vereinigen, würden der Satz aufgegebenen, dass für die Mehrheitsbildung reale und identische *sententiae* vorliegen müssen. Julian zielt nicht auf eine Mehrheitsbildung; seine Lösung greift das allen Schiedssprüchen Gemeinsame ab. Fragt man nach der Anzahl derjenigen Schiedsrichter, die zusehen müssen, dass sich aus dem Nebeneinander ihrer Sprüche ein von ihnen nicht gewolltes Gesamtergebnis ergibt, so ist bei der Lösung Julians keiner der Schiedsrichter auf diese Weise betroffen: Jeder von ihnen hat auch 5 gewollt. Freilich wäre ein Gesamtergebnis von 10 für die anderen Schiedsrichter noch näher an dem, was diese für richtig gehalten haben, aber doch nur um den Preis, das der Vertreter von 5 sich einer von ihm nicht gewollten Verurteilung gegenübersähe: Es ist hier vielleicht das kleinere Übel, dass die Vertreter

---

18 W. Ernst, maior pars – Mehrheitsdenken in der römischen Rechtskultur, SZ 132 (2015) 1 ff. So verstanden, kommt der Mehrheitsvorzug ohne jeden theoretischen Überbau aus, den man später insbesondere in der Vorstellung gesucht hat, die Mehrheit sei auf irgendeine Weise Repräsentant der Gesamtheit der Entscheider.

von 10 und 15 nur eine mindere als die gewollte Verurteilung erreichen, den Beklagten aber doch immerhin in ihrem Sinne überhaupt verurteilt finden, als dass der Vertreter von 5 den Beklagten zu einem Betrag verurteilt sieht, von dem dieser seiner Erkenntnis nach zum Teil freizusprechen war[19]. Seit der Antike wird dem Juristen Julian ein Höchstmaß an Feinsinn in seiner juristischen Lösungssuche nachgesagt[20]; man darf ihn als den Mozart unter den klassischen römischen Juristen beschreiben: Könnte man diesen Befund nicht auch in unserer Stelle bestätigt finden? Obschon im Anschluss an Julian der Fall zumeist für drei Schiedsrichter gebildet wird, lässt sich seine Lösung übrigens ebenso für den Fall einer geraden Richterzahl anwenden.

Es ist eine interessante, schon im Ius Commune diskutierte Frage, ob bei Abwandlung der Schiedsrichterentscheidungen zu 10/10/5 auf 10 verurteilt worden wäre, weil sich eine *maior pars* für 10 ausspricht, oder ob auch hier die julianische Lösung zu einer Verurteilung auf 5 geführt hätte[21]. Eine direkte Beantwortung für das klassische römische Recht ist aufgrund der Quellenlage nicht möglich. Geht man davon aus, dass tatsächlich abgegebene, übereinstimmende Sentenzen zu einer Mehrheit zusammengefasst werden können, liegt es näher, dass in diesem Fall gesamthaft auf 10 erkannt wäre[22]. So gesehen hat es der auf 15 erkennende Schiedsrichter in der Hand, durch Absenkung seiner Summe auf 10 das Gesamtergebnis – ganz in seinem Sinne – von 5 auf 10 zu erhöhen.

Von einem spieltheoretischen Gesichtspunkt aus betrachtet („group choice"), möchte die julianische Lösung auf erste Sicht fragwürdig erscheinen. Es steht ja jedem der drei Schiedsrichter frei, die Verurteilungssumme beliebig nach unten zu drücken. Statt auf 5 hätte der dem Beklagten günstig gestimmte Schiedsrichter auf 1 erkennen können; dies wäre dann der sich ergebende Betrag. Man muss aber bedenken, dass vor der julianischen Lösung jeder der drei Schiedsrichter es in der Hand hatte, bei einer

---

19 Für die Lösung wird offenbar auf die Verurteilungen und ihre Beträge geschaut, nicht darauf, wie sich die Mehrheiten für die Freisprechungen (ganz oder zum Teil) darstellen.
20 S. die Nachweise bei Ernst (Fn. 6) 147.
21 Dies war die Lösung von Otto Papinienis (2. Hälfte des 12. Jhdts.) und Oldradus de Ponte (+ 1335) sowie für das Kirchenrecht der Schiedsgerichtsbarkeit aufgrund der Dekretale Bonifaz' VIII, Liber Sextus (VI) 1,22,1 (ca. 1299 AD); anders aber (nämlich für 5) die Glossa Ordinaria: gl. *consenserunt* ad D. 4,8,27,3; s. im einzelnen W. Ernst, Rechtserkenntnis durch Richtermehrheiten, Tübingen 2016, 89–92; weiterhin R. Wojciechowski, Arbitraż w doktrynie prawnej średniowiecza, Wrocław 2010, 185 ff.
22 Anders noch Ernst (Fn. 1), 180.

Divergenz der beiden anderen Schiedsrichter hinsichtlich der Urteilssumme überhaupt jede Verurteilung zu verhindern, indem er auf einen dritten Betrag entschied.

2.2.2   D. 4,8,17,5–6 Ulp. 13 ed.

(5) Si in duos fuerit sic compromissum, ut si dissentirent, tertium adsumant, puto tale compromissum non valere: nam in adsumendo possunt dissentire. Sed si ita sit, ut eis tertius adsumeretur Sempronius, valet compromissum, quoniam in adsumendo dissentire non possunt.
(6) Principaliter tamen quaeramus, si in duos arbitros sit compromissum, an cogere eos praetor debeat sententiam dicere, quia res fere sine exitu futura est propter naturalem hominum ad dissentiendum facilitatem. In inpari enim numero idcirco compromissum admittitur, non quoniam consentire omnes facile est, sed quia et si dissentiant, invenitur pars maior, cuius arbitrio stabitur. Sed usitatum est etiam in duos compromitti, et debet praetor cogere arbitros, si non consentiant, tertiam certam eligere personam, cuius auctoritati pareatur.

(5) Wenn im Schiedsvertrag zwei Schiedsrichter mit der Massgabe bestellt sind, dass sie einen Dritten hinzuziehen sollen, wenn sie sich nicht einigen, halte ich einen solchen Schiedsvertrag für unwirksam, weil sie bei der Hinzuziehung [über die Person des dritten Schiedsrichters] uneins sein können. Wenn es aber so vereinbart ist, dass neben ihnen Sempronius als dritter Schiedsrichter hinzugezogen wird, ist der Schiedsvertrag wirksam, da sie bei der Hinzuziehung nicht uneins sein können.
(6) Vor allem jedoch müssen wir erwägen, ob der Prätor, wenn im Schiedsvertrag zwei Schiedsrichter vorgesehen sind, diese zwingen darf, einen Schiedsspruch zu erlassen, weil ja die Sache wegen der natürlichen Veranlagung der Menschen zur Uneinigkeit schwerlich zu einem Ende kommt. Auf eine ungerade Zahl von Schiedsrichtern wird der Schiedsvertrag nicht deswegen zugelassen, weil dann alle bereitwillig übereinstimmen, sondern weil sich, auch wenn sie uneins sind, eine Mehrheit findet, deren Entscheidung gilt. Es ist aber sogar üblich, dass ein Schiedsvertrag über zwei Schiedsrichter abgeschlossen wird, und dann muss der Prätor eben die Schiedsrichter, wenn sie sich nicht einigen, zwingen, eine bestimmte dritte Person zu wählen, deren Auffassung befolgt werden muss.[23]

---

23 S. Fn. 2. Die Übersetzung des zweiten Satzes des § 6 hier von mir. Schiemann übersetzt diesen Satz sinnwidrig so: „Deshalb ist ein Schiedsvertrag nur [sic] auf eine ungerade Zahl von Schiedsrichtern zulässig, nicht weil dann alle bereitwillig übereinstimmen, sondern weil sich,

In der Katene D. 4,8,17,1–6 Ulp. 13 ed. geht es darum, wer bei einer Schiedsrichtermehrheit der *receptum*-Haftung unterliegt. D. 4,8,17,5 Ulp. 13 ed. behandelt die Zulässigkeit einer ganz bestimmten Klausel einer Schiedsvereinbarung, die zwei Schiedsrichter benennt: Diese sollen im Fall ihrer Uneinigkeit einen Dritten hinzunehmen. Die Schiedsabrede sei insgesamt unwirksam, da die Uneinigkeit sich auch hinsichtlich des Dritten fortsetzen könne. Wirksam sei eine Abrede, bei der für den Fall der Uneinigkeit die Hinzuziehung eines bereits in der Schiedsvereinbarung benannten Dritten vorgesehen wird. Der anschließende § 6 bleibt bei dem Thema des zwei Schiedsrichter berufenden *compromissum*. Bei Uneinigkeit der beiden Schiedsrichter sollen diese – offenbar ohne entsprechende Grundlage im *compromissum* – vom Prätor zur Beiziehung eines Dritten gezwungen werden.

Mit dieser Stelle begegnen wir einer der klassischen Antinomien in den Digesten, deren besonderer Reiz hier darin besteht, dass es sich um denselben Autor und um Aussagen im unmittelbaren Anschluss handelt: Der Ausweg („tie-breaker"), den der Prätor von sich aus und heteronom beschreiten kann, soll, wenn er von vorausschauenden Parteien in ihrer Schiedsabrede autonom vereinbart wurde, die Schiedsabrede als ganze unwirksam machen. Schlimmer noch: Wenn die Parteien in ihrer Schiedsabrede die eventuelle Beiziehung eines von den Schiedsrichtern zu wählenden Dritten vorsehen, nehmen sie damit dem Prätor schon die Grundlage für ein späteres Eingreifen, das ja eine gültige Schiedsabrede voraussetzt. Es scheint also so, dass dessen Zwang zur Beiziehung eines Dritten nur möglich war, wenn die Parteien im *compromissum* für die Gleichstandsauflösung – bewusst oder unbewusst – keine Erweiterung des Schiedsrichterduos vorgesehen haben.

Zu jeder der Antinomien in den Digesten gibt es regelmässig eine lange Reihe von Harmonisierungsversuchen, beginnend in der Zeit der Glossatoren. Für unsere Stelle mag eine knappe Auswahl genügen: Die Glossa Ordinaria des Accursius (ca. 1182–1263)[24] billigte die Ansicht, dass das an sich (nach § 5) ungültige *compromissum* nach § 6 *beneficio praetoris* aufrechterhalten werden kann; verworfen wurde dagegen die Ansicht, § 6 setze (unausgesprochen) die Verständigung auf einen bestimmten Dritten voraus, der dann vom Prätor mobilisiert werde[25]. Die letztgenannte Ansicht wird von einem der frühen Glossatoren vertreten worden sein. Bartolus de Saxoferrato (1313–1357)

---

auch wenn sie uneins sind, eine Mehrheit findet, deren Entscheidung gilt." Ein Schiedsvertrag auf eine gerade Zahl von Schiedsrichtern ist nach römischem Recht nicht unzulässig.
24 Zur Glossa Ordinaria s. statt aller H. H. Jakobs, Magna Glossa, Frankfurt/M. 2006; zu Accursius s. S. Lohsse, Accursius und die Glosse, ZEuP 2011, 366 ff.
25 gl. *paratur* ad D. 4,8,17,6.

erklärte es so, dass im Fall des § 6 die Bestimmung des Dritten durch den Prätor erfolge, wogegen die Schädlichkeit der in § 5 behandelten Vereinbarung gerade in der Unbestimmtheit des Dritten begründet sei[26]. Im *usus modernus* wurde von Justus Henning Böhmer (1674–1749) die Ansicht vertreten, dass § 5 sich nur auf den Fall des unbenannten – von den Schiedsrichtern erst zu wählenden – Obmanns bezog, § 6 dagegen die „Wahl" eines schon im *compromissum* bestimmten Dritten beträf; auch sei die einhellige Benennung des Obmanns durch die Schiedsrichter möglich und gültig[27]. Nach Christian Friedrich von Glück (1755–1831) sprach § 5 nicht die Ungültigkeit des *compromissum* aus, sondern – gleichsam prognostisch – dessen mutmaßliche Fruchtlosigkeit, weil sich die streitenden Schiedsrichter auch auf einen Obmann nicht einigen werden[28]. Nach Wilhelm André (1827–1903) soll sich aus dem Gesamttext ergeben, dass nur das Gericht den Obmann bestimmen kann, während keine andere Gestaltung zu einer Ergänzung des Schiedsgerichts führt (abgesehen von einer Verständigung der Parteien auf ein modifiziertes *compromissum*)[29]. Bernhard Matthiass (1855–1918) schlug vor, man solle § 6 vor § 5 lesen: Der prätorische Zwang hinsichtlich eines dritten Schiedsrichters beziehe sich schon nur auf den Fall, dass die Parteien einen bestimmten Dritten für den Fall des Dissenses bestimmt haben; das Wort *eligere* sei hier ungenau gebraucht[30]. Gerhard von Beseler (1878–1947), ein Vertreter der

---

26 Bartolus, In primam Digestum Veteris Partem, ad h. l., § *principaliter* (hier ben. Ausgabe Venedig 1585) 146 recto. Zu Bartolus s. M. Bellomo, Geschichte eines Mannes: Bartolus von Sassoferrato und die moderne europäische Jurisprudenz, Jahrbuch des Historischen Kollegs 1995, 31 ff.

27 J. H. Boehmer, Ius Ecclesiasticum Protestantium, Bd. 1, Halle 1714, Lib. 1, Tit. 43 (De Arbitris) § VI, 959 f. Zu Boehmer s, statt aller W. Rütten, Das zivilrechtliche Werk Justus Henning Böhmers. Ein Beitrag zur Methode des Usus modernus pandectarum, Tübingen 1982. Boehmers Sohn Georg Ludwig Boehmer (1715–1797) betreute die Dissertation von F. C. Schminck, De Superarbitris, vulgo von Obmannen, Göttingen 1744.

28 C. F. Glück, Ausführliche Erläuterungen der Pandecten nach Hellfeld – Ein Commentar, 6. Bd., Erlangen 1800, 82. Zu Glück s. A. Hirata, Die Vollendung des usus modernus pandectarum: Christian Friedrich von Glück (1755–1831), SZ RomAbt 123 (2006), 330 ff.

29 W. André, Gemeinrechtliche Grundzüge I. der Schiedsgerichte, II. des Wasserrechts im Anschluss an das hannoversche Gesetz vom 22. August 1847, Jena 1860, 34 ff. (37). Zu André s. G. Dudek, André, Heinrich Friedrich Wilhelm, in: Sächsische Biografie, hrsg. v. Institut für Sächsische Geschichte und Volkskunde e. V. – online-Ausgabe: http://www.isgv.de/saebi/ (20. 5. 2020).

30 B. Matthiass, Die Entwicklung des römischen Schiedsgerichts, in: Rostocker Juristenfakultät (Hg.), Festgabe der Rostocker Juristenfakultät zum fünfzigjährigen Doctorjubiläum von

extremen Interpolationenkritik[31], strich einfach § 5[32]. Matteo Marrone (1929–2020)[33] und ihm folgend Karl-Heinz Ziegler (* 1934)[34] wollen den ganzen § 6 als späteren Zusatz streichen, wobei Ziegler mutmaßt, § 6 referiere eine schon in klassischer Zeit vorgetragene Sondermeinung; er sah eine Kontroverse angedeutet[35].

Im Unterschied zum § 5 handelt § 6, grob gesagt, von der Überwachung der Schiedsrichter durch den Prätor; den Richter, dem in modernen Rechten eine solche Überwachung obliegt, bezeichnet man als *juge d'appui*. Im Edikt verheißen war der Einsatz von Zwang, um den, der eine Schiedsaufgabe übernommen hatte, zum Abschluss seiner Tätigkeit zu veranlassen. Das Koerzionsziel ist das *sententiam dicere*, und zwar derart, dass der Streitstoff endgültig und erschöpfend erledigt wird[36]. Man darf vermuten, dass dies durch Verhängung einer Mult, eines Bußgeldes, geschah[37]; hiervon soll an dieser Stelle ausgegangen werden, obschon die Frage nicht als vollständig geklärt angesehen werden kann.

Es ist Ulpians Ausgangsfrage, wie das Koerzionsziel und die zu seiner Erreichung eingesetzte Multierung dem Umstand angepasst werden, dass zwei Schiedsrichter nebeneinander je eine eigene Sentenz sprechen wollen und sollen. Ulpian fragt sich, ob auf zwei Schiedsrichter überhaupt prätorischer Zwang ausgeübt werden darf; dies

---

Bernhard Windscheid, Rostock 1888, 61 ff. (69). Zu Bernhard Matthiass s. Catalogus Professorum Rostochiensium, http://cpr.uni-rostock.de/resolve/gnd/116841540 (21.05.2020).

31 Zur Epoche der romanistischen Interpolationenkritik s. die Beiträge in M. Avenarius/C. Baldus/F. Lamberti/M. Varvaro (Hg.), Gradenwitz, Riccobono und die Entwicklung der Interpolationenkritik: Methodentransfer unter europäischen Juristen im späten 19. Jahrhundert = Gradenwitz, Riccobono e gli sviluppi della critica interpolazionistica: Circolazione di modelli e metodi fra giuristi europei nel tardo Ottocento, Tübingen 2018; sowie – aus der Sicht des Verfassers überzeugend – J. H. A. Lokin, The End of an Epoch: Epilegomena to a Century of Interpolation Criticism, in: R. Feenstra u. a. (Hg.), Collatio Iuris Romani, Bd. I, Amsterdam 1995, 261 ff.
32 G. Beseler, Miscellanea, SZ 45 (1925) 223.
33 M. Marrone, L'efficacia pregiudiziale della sentenza nel processo civile romano, APal 24 (1955) 197 f.
34 Ziegler (Fn. 5) 124 f.
35 Ohne abschließende Festlegung M. Talamanca, Ricerche in Tema di „compromissum", Mailand 1958, 139 f. Fn. 221.
36 S. statt aller Ziegler (Fn. 5) 82 ff.
37 Hierfür spricht D. 4,8,32,13 Paul. 13 ed.; ebenso vielleicht auch der Befund, dass eine Multierung für den *iudex quaestionis* belegt ist, dem „Pflichtverstöße" zur Last gelegt werden; Cicero, pro Clu. 33,91; 34,92–37,103.

erscheint ihm zweifelhaft, weil beide Schiedsrichter unterschiedlich urteilen könnten. Offenbar geht es darum, dass die beiden Schiedsrichter unter Mult-Androhung unterschiedlich entscheiden; es kommt dann nicht zum *sententiis stari*. Ulpian überwindet seine Zweifel am prätorischen Zwang im Fall der beiden Schiedsrichter, indem er diesem Zwang einen eigentümlichen Inhalt gibt: Die beiden Schiedsrichter werden angehalten, im Dissensfall einen Dritten zu bestimmen, dessen Urteil sie sich unterwerfen. Es handelt sich darum, dass der prätorische Zwang – gegenüber den beiden Schiedsrichtern, die in der *receptum*-Haftung stehen, – darauf gerichtet ist, dass diese beiden *arbitri* aufgrund der Ausrichtung am Urteil eines autoritativen Dritten zu übereinstimmenden *sententiae* gelangen. Überhaupt nur mit diesem Inhalt ist nach Ulpian der prätorische Zwang gegenüber zwei Schiedsrichtern zuzulassen. Der prätorische Zwang muss eben ein *sententias dicere* bewirken, durch welches der Streit erschöpfend und endgültig erledigt wird. Es ist ein einleuchtender Verfahrensvorschlag; vermieden wird die Alternative, dass der Prätor selbst einen der beiden Schiedsrichter zur Aufgabe seiner Rechtsansicht zwingt: Wie sollte der Prätor hier zu einer überzeugenden Präferenz kommen?

Schwieriger ist die Frage zu beantworten, ob der Prätor den beiden Schiedsrichtern die Person des Dritten konkret vorgibt. Das Wort *eligere* deutet auf eine Wahlbefugnis der bestellten Schiedsrichter hin, doch steht hierzu die Bezeichnung des Dritten als eine *certa persona* in einem Spannungsverhältnis. Zwar spricht der Umstand, dass Ulpian sich die beiden Schiedsrichter auch in einem Streit um die Person eines Drittschiedsrichters vorstellen kann (§ 5), eher dafür, dass der Prätor schon selbst die Person bestimmt; meines Erachtens verlangt der Prätor aber eine Einigung der Schiedsrichter auf einen bestimmten Dritten; die Betonung der *certa persona* schließt nur aus, dass sich die beiden Schiedsrichter auf unterschiedliche Autoritätspersonen berufen.

Was die Person des Dritten und seinen Beitrag zum Verfahren betrifft, ist die Wortwahl aufschlussreich. Der Dritte wird nicht als *arbiter* bezeichnet. Er wirkt auch nicht durch einen eigenen Schiedsspruch (*sententia*), sondern kraft seiner *auctoritas*. Die regelrechte Spruchtätigkeit eines Schiedsrichters wird ansonsten nicht auf dessen *auctoritas* gegründet. Wenn der Dritte seine Meinung kundgegeben hat, sollen beide Schiedsrichter nach seiner Vorgabe erkennen. Dies ist hier trotz der grundsätzlichen Unwiderruflichkeit des Schiedsspruches (D. 4,8,19,2 Paul. 13 ed.; D. 4,8,20 Gai. 5 ed. prov.) möglich, weil aufgrund des Dissenses ein *sententiis stari* noch nicht vorlag. Erst durch die drittveranlasste Abgabe übereinstimmender Schiedssprüche – und nicht schon durch die autoritative Äußerung des Dritten – kommt es zur Überwindung der Pattsituation und zum *sententiis stari*. Der in § 6 behandelte Dritte verdient gar nicht die für ihn seit der Glossatorenzeit gemeinrechtlich geläufige Bezeichnung *superarbi-*

ter[38]. Dieser Dritte wird nicht selbst *arbiter*. Er unterliegt nicht der *receptum*-Haftung. Wenn es sich um ein Kollegium handeln würde – was nicht der Fall ist –, würde der in diesem Sinne anzuhörende Dritte nicht zum Kollegialmitglied.

Zu Unrecht ist man in der Literatur ohne weiteres davon ausgegangen, die beiden ursprünglichen Schiedsrichter würden aufgrund der prätorischen Intervention einen dritten Schiedsrichter küren, der in grundsätzlich derselben Weise in das Verfahren involviert würde wie sie selbst. Es würde, so denkt man, einfach aus einem Zwei-Schiedsrichterverfahren ein Drei-Schiedsrichterverfahren. Um nur eine einzige, repräsentative Stimme zu zitieren, so besagt der Text nach Peter Stein, „that if A and B disagree, the praetor should compel them to appoint a third arbitrator to settle the matter"[39]. Eine solche, hier prätorisch erzwungene Kooptation eines von den Streitparteien nicht schon benannten Schiedsrichters wäre indes ganz überraschend: Die Zuwahl eines weiteren Schiedsrichters wird von Paulus für den Einzelschiedsrichter klar abgelehnt (D. 4,8,32,17 Paul.13 ed.). Würde es sich darum handeln, dass der Dritte ebenfalls zum *arbiter* wird, müsste man sich weiter fragen, ob dieser nun allein entscheidet, sodass etwaige *sententiae* der ursprünglichen Schiedsrichter dahinfallen, oder ob er zusätzlich zu diesen eine eigene *sententia* erklärt, die dann mit einer der anderen *sententiae* die Bildung einer *maior pars* erlaubt. Sodann wäre es die Frage, ob der *superarbiter* darauf beschränkt wäre, sich einer der vorliegenden *sententiae* anzuschließen, er also nur einen Stichentscheid erklären kann, oder ob er inhaltlich frei ist, einen eigenen Urteilsspruch abzugeben. All diese Fragen werden von Ulpian nicht behandelt und sie stellen sich nach der hier vertretenen Deutung auch gar nicht, wonach der Dritte nicht zum *arbiter* wird.

Es ist eine Fehlvorstellung gewesen, wenn man in dem Ulpian zugeschriebenen Text eine Antinomie gesehen hat. Auch spricht nichts für eine von Ziegler ins Spiel gebrachte Klassikerkontroverse. § 5 handelt von einer echten Erweiterung des Schiedsrichterkreises um einen später sogenannten *superarbiter*/Obmann. § 5 besagt insoweit, dass sich die *receptum*-Haftung nicht auf eine Person erstrecken kann, die im *compromissum* unbenannt ist und von den in der Sache uneinigen Schiedsrichtern möglicherweise nicht übereinstimmend benannt wird. Es besteht nicht der mindeste Anlass, die Sachaussage des § 5 in Zweifel zu ziehen: Der Prätor kann seine Zwangsmaßnahme nur gegen den richten, der das ihn benennende *compromissum* akzeptiert hat; diese Voraussetzung kann bei einer Person, die im *compromissum* noch nicht genannt ist, nie vorliegen. In § 6 geht es zwar ebenfalls um die Einschaltung eines Dritten zur

---

38 S. z. B. Glück (Fn. 28) 81 ff.
39 P. Stein, Roman Arbitration: An English Perspective, Israel Law Review 29 (1995) 215 ff., 221.

Überwindung des Patts, doch ist dessen Einbindung in das Verfahren von einer ganz anderen Art als die Aufstockung eines Zwei- zu einem Drei-Schiedsrichterverfahren. Der prätorische Befehl nach § 6 hat als Adressaten die beiden Schiedsrichter, die zur Ausrichtung an dem Urteil eines einzigen, gleichsam externen Dritten und damit zu einer übereinstimmenden Spruchabgabe angehalten werden. Die §§ 5 und 6 von D. 4,8,17 Ulp. 13 ed. bestehen, richtig verstanden, widerspruchslos nebeneinander. In jedem Fall bleibt es beim Zwei-Schiedsrichter-*compromissum* dabei, dass die beiden Schiedsrichter – und nur sie – entscheiden müssen. Eine Zuständigkeit zur „Erweiterung" des Kreises der entscheidenden Personen kommt ihnen nicht zu; sie kann ihnen von den Parteien allenfalls so übertragen werden, dass der dritte Schiedsrichter bereits im *compromissum* von den Streitparteien vereinbart wird. Auch der Prätor erzwingt niemals eine „Erhöhung" der Schiedsrichterzahl, sondern veranlasst allenfalls die beiden, von den Parteien bestimmten, bereits durch *receptum* gebundenen Schiedsrichter, einen Dritten zu wählen: Dieser gibt dann den Inhalt des Schiedsspruches vor, den beide Schiedsrichter – und nur diese – übereinstimmend erlassen.

2.2.3 Statt eines Schlussworts

Von der Handhabung der Rechtsbehelfe des klassischen Formularprozesses hat Fritz Schulz gefunden: „[W]e can scarcely hesitate to admire it as a great juristic achievement; and to contemplate the classical lawyers working with it will always afford instructive pleasure both to lawyers and historians"[40].

---

40 F. Schulz, Classical Roman Law, Oxford 1951, 69.

2.3 ‚Pacta sunt servanda' und Naturalerfüllung in der mittelalterlichen Kanonistik. Schuldnerschutz und Gläubigerinteresse
Maximiliane Kriechbaum

2.3.1 Naturalerfüllung und Schuldnerschutz

Das mittelalterliche gelehrte Recht ist in Gestalt der Legistik eine Fortführung des römischen Rechts, niedergelegt im Corpus iuris Iustiniani, angewendet auf die wirtschaftlichen und gesellschaftlichen Verhältnisse des Spätmittelalters; in Gestalt der Kanonistik ist es geistig-human eine Neubesinnung auf christlicher Grundlage. Zu diesem Neuen des Christentums gehört theologisch bekanntermaßen die Hinwendung zu den Armen und Machtlosen – man denke etwa an die Seligpreisungen: „Beati pauperes, quia vestrum est regnum Dei"[1], oder an das Magnificat, das „die Mächtigen vom Thron stürzt und die Niedrigen erhöht"[2]. Daraus ergibt sich die Frage, wie weit das mittelalterliche kanonische Recht dies aufgreift und die Unterstützung von Armen und Schwachen als rechtliches Anliegen betont. Die Regelung der Zwangsvollstreckung betrifft in besonderer Weise den Schutz des wirtschaftlich schwachen Schuldners. Dies gilt ebenso für die der Vollstreckung vorgelagerte, in der rechtsgeschichtlichen Literatur eingehend untersuchte Frage, ob der Schuldner zur Erfüllung in Natur oder zum Ersatz des Erfüllungsinteresses in Geld – condemnatio pecuniaria – zu verurteilen sei[3].

---

1 Novum testamentum latine, ed. Nestle-Aland, Lucas, 6.20 [Selig die Armen, denn ihnen gehört das Reich Gottes]

2 Lucas, 1.52. „deposuit potentes de sede et exaltavit humiles".

3 Für das Mittelalter eingehend und umfassend Tilman Repgen, Vertragstreue und Erfüllungszwang, 1994; aus der weiteren Literatur: Hermann Lange in Lange/Kriechbaum, Römisches Recht im Mittelalter, Bd. 2, 2007, 902–905; Hermann Dilcher, Geldkondemnation und Sachkondemnation in der mittelalterlichen Rechtstheorie, SZrom 78 (1961), 277–307; Hermann Lange, Schadensersatz und Privatstrafe in der mittelalterlichen Rechtslehre, 1955, 10 f; gesamthistorischer Überblick bei Repgen, Historisch-kritischer Kommentar zum BGB, Bd. 2, Schuldrecht: Allgemeiner Teil, §§ 241–432, Tübingen 2007, § 362, Rnrn. 5–14, zum Mittelalter Rnrn. 8,9. Zum römischrechtlichen Ausdruck condemnatio pecuniaria D. 42.1.13.1 (Cel-

Für einen wirtschaftlich schwachen Schuldner dürfte in einer geldarmen Zeit die Verurteilung zur Zahlung eines Geldbetrages erheblich belastender gewesen sein als die Verurteilung in die ursprünglich geschuldete Werk- oder Dienstleistung. Bekannt ist andererseits auch, dass im Spätmittelalter die Bauern über die Last der Frondienste, die Grundherren ihrerseits über die schlechte Ausführung der Dienste klagten und dies dann teilweise zu einer Umwandlung der Frondienste in Geldabgaben führte[4]. Es bleibt aber offen, ob die Umwandlung in Geldleistungen für die Grundherren als Gläubiger als die interessantere und lukrativere Lösung angesehen wurde oder ob sie den Bauern ermöglichen sollte, den eigenen Boden ertragreicher und gewinnbringender zu bewirtschaften, und damit für die Schuldner die bessere, einträglichere Lösung darstellte. In jedem Falle wäre für den Schuldner eine rechtliche Lösung am günstigsten, die es ihm – nicht dem Gläubiger – anheimstellt, von Naturalerfüllung zu Geldleistung und umgekehrt überzugehen[5].

Rechtsgeschichtlich dargestellt und auch in der mittelalterlichen Literatur selbst erörtert wurde das Thema Naturalerfüllung unter dem Stichwort des praecise cogi[6] –

    sus): „in pecuniam condemnatur"; Gai Institutiones IV. 48: „ad pecuniariam aestimationem condemnatio concepta est". Die Zusammenhänge des Themas Erfüllungszwang mit dem Leistungsstörungsrecht beleuchtet zeitübergreifend Joachim Rückert, Leistungsstörungen und Juristenideologien heute und gestern – ein problemgeschichtlicher Beitrag zum Privatrecht in Europa, in Informatik – Wirtschaft – Recht: Regulierung in der Wissensgesellschaft. Festschrift für Wolfgang Kilian zum 65. Geburtstag, hg. von J. Taeger und A. Wiebe, Baden-Baden 2004, 634 ff, 636 ff.

4 Hierzu Werner Rösener, Bauern im Mittelalter, 2. Aufl. München 1986, insb. 214–227 (Kap.10, Herrschaftliche Abhängigkeit), 240–254 (Kap.12, Bauernaufstände und bäuerlicher Widerstand); zur Ablösung der Frondienste durch Geldzinsen 247.

5 So spät Sebastian Sapiae, bei Panormitanus, X. 2.24.16. – Nach Hostiensis hat grundsätzlich der Gläubiger das Wahlrecht: Hostiensis, Summa super titulis decretalium – Summa aurea -, Lugduni 1537 (Nachdruck Aalen 1962), X.2 de sentencia, fol.123rb unten: Ex praemissis potest dici quod cum factum est in obligatione potest agi ad factum vel ad interesse […] habet etiam plerumque actor electionem […] quandoque reus habet electionem ut in cau. procu. rei ff. de procu. mutus § fin (D.3.3.43.6); hierzu Repgen, Vertragstreue (Fn. 3), 124 f; weitere Beispiele für ein Wahlrecht des Gläubigers bei Repgen (Fn. 3), 142, Lange, Römisches Recht im Mittelalter (Fn. 3), 903 unten f. Zur Möglichkeit des Schuldners nach Durantis und anderen, sich durch Sachleistung zu befreien, Repgen (Fn. 3), 64, 71, 142, 155.

6 Es begegnen ziemlich unterschiedslos die Ausdrücke praecise cogi/precise compelli/praecise teneri; Repgen, Vertragstreue (Fn. 3), passim, mit mittelalterlichen Belegen 52 ff u. ö.; in der Kanonistik, z. B. bei Nicolaus de Tudescis (Belege unten Fn. 9; Repgen, Vertragstreue, 241 unten). Keine einschlägigen Belege bei Heumann/Seckel, Handlexikon zu den Quellen des

als Schuldner „gezwungen werden", die Leistung „genau", d. h. durch Naturalerfüllung, zu erbringen. Es scheint also zumindest in der legistischen Diskussion um das Interesse des Gläubigers gegangen zu sein, nicht in Geld, sondern durch Naturalerfüllung befriedigt zu werden. So hatte das römische Recht das praecise cogi insbesondere beim Herausgabeanspruch des Eigentümers einer Sache sowie beim Anspruch des Gläubigers auf Eigentumsübertragung zugelassen[7] – beides zweifellos im Interesse des Gläubigers bzw. des Rechtsinhabers. Bei Verpflichtungen zu einem Tun – facere – hingegen wurde der Schuldner nach römischem Recht stets in einen Geldbetrag verurteilt: „si […] non facit quod promisit, in pecuniam numeratam condemnatur, sicut evenit in omnibus faciendi obligationibus."[8]

Bei den Kanonisten steht praecise cogi auch im Gegensatz zur Verhängung von Kirchenstrafen. Es geht dann um Erfüllung als Einhaltung vertraglicher Vereinbarungen schlechthin gegenüber indirektem Druck durch kirchenrechtliche Sanktionen[9]. Naturalerfüllung statt Geldinteresse ist dabei nicht das Anliegen.

Ausgehend von der Dekretale X.1.35.3 aus dem Liber extra soll nun anhand einer Exegese untersucht werden, ob das kanonische Recht in der Frage der Naturalerfüllung eine andere, stärker auf die Interessen des Schuldners bedachte Haltung eingenommen hat.

---

römischen Rechts, 1907, unter praecise und cogi. Auch die moderne Literatur betrachtet das Thema durchgehend unter dem Aspekt des „Erfüllungszwangs; signifikant etwa die Titel bei Rückert, Leistungsstörungen (Fn. 3) 617, Fn. 12. Neutral „praecise agere" bei Lange, Schadensersatz (Fn. 3), 71.

7   Max Kaser, Das römische Privatrecht I, 1971, 499, 437; für die nachklassische Zeit Kaser, Das römische Privatrecht II. Die nachklassischen Entwicklungen,1975, 343 f.
8   D.42.1.13.1 (Celsus).
9   So in der dekretalistischen Spätzeit bei Nicolaus de Tudescis (auch Panormitanus genannt), Commentaria in libros Decretalium (auch als Lectura Decretalium o. ä. verbreitet), Lugduni 1546, zu X. 1.35.1: „Quidam ut dominus Cardinalis amplexi sunt intellectum restringendo istum textum ut solum competat officii imploratio intantum ut non possit peti ut quis praecise cogatur ad observantiam pacti nudi sed solum ut non observans excomunicatur." (Manche, wie der Herr Kardinal, haben in ihren Überlegungen diesen Text in der Weise eingeschränkt, dass nur die imploratio officii – Bitte um Ausübung der Amtspflicht – zustehe, was bedeute, dass nicht darauf geklagt werden könne, jemanden zur Einhaltung des pactum nudum zu zwingen, sondern nur dazu, dass derjenige, der den Vertrag nicht einhält, exkommuniziert werde.)

Quellenstelle: X. 1.35.3

X. 1.35.3 (Gregorius)[10]: *Qualiter in Sardinia minores et pauperes ab eis, qui illic maiores sunt, opprimantur, reverendissimi fratris nostri Dominici Carthaginensis episcopi atque eminentissimi filii nostri Innocentii praefecti epistolae testantur, a quibus, ut quae nobis scripta sunt noveritis, ipsarum vobis epistolarum exemplaria praevidimus transmittenda.* Et ideo quia ea quae petenda sunt, offeruntur, *studiose agendum est, ut ea, quae promittuntur, opere compleantur.*

[„Wie auf Sardinien *die Geringen und Armen von denjenigen unterdrückt werden, die dort die Mächtigeren sind, bezeugen die Briefe unseres verehrtesten Bruders Dominicus, Bischofs von Carthago und unseres herausragendsten Sohnes, des Präfekten Innocentius, und ich habe dafür gesorgt, dass ihr von diesen Briefen Abschriften erhaltet....* Und wenn dasjenige angeboten wird, was gefordert werden kann, ist *deshalb* sorgfältig darauf zu achten, dass das, was versprochen wurde, durch Erbringung des Werkes erfüllt wird."]

2.3.1.1   Entstehungsgeschichte

Die Stelle X 1.35.3 stammt aus einem Schreiben Papst Gregors I. (ca. 540–604, früh der Große genannt[11]) und wurde stark verkürzt[12] in den Liber extra aufgenommen. Sie findet sich, in gleicher Weise verkürzt und im Wortlaut identisch, auch schon in der Compilatio I. Diese Compilatio besteht aus dem Breviarium Extravagantium des Bernardus de Pavia, einer Sammlung von Extravagantes außerhalb des Decretum

---

10   Wiedergegeben nach Emil Friedberg, Corpus iuris canonici, Pars secunda: Decretalium collectiones, Graz 1879. An dieser Edition ist zu beachten, dass Friedberg den ursprünglichen Kontext der einzelnen Dekretalen wiederhergestellt und die ursprünglich für den Liber extra vorgenommenen Streichungen an den Decretalen (partes decisae) in die Edition aufgenommen hat; der Text enthält daher mehr als die Fassung, in der die canones im Liber sextus standen. Der wiederhergestellte Kontext ist in der Friedbergschen Edition kursiv gesetzt, der Wortlaut der Decretale selbst in aufrechter Schrift. Hierzu Emil Friedberg, aaO, XLIV; Knut Wolfgang Nörr, Die Entwicklung des Corpus iuris canonici, in Coing (Hg.), Handbuch der Quellen und Literatur der neueren europäischen Privatrechtsgeschichte, Bd. 1, 1973, 835–846, 842 f.

11   A. Dörrer, Gregor, Päpste. Gregor I, Lexikon für Theologie und Kirche, Bd. 4, 2. Aufl. 1960, Sp.1177. Literatur über Gregor I bei Eugen Heinrich Fischer, Gregor und Byzanz, SZ kan 67 (1950), 15–144, hier 16, Fn. Das Urteil über Papst Gregor I. ist nicht unumstritten, hierzu Fischer, 16 f. Bei katholischen Autoren ist er angesehen und hoch geschätzt.

12   Aus ca. 7 Zeilen des Papstbriefes wurden 1 1/2 Zeilen in der Decretale X. 1.35.3.

Gratiani, ca. 1188–1190 entstanden[13]. Papst Gregor war vor seinem kirchlichen Werdegang praefectus urbi in Rom und mit dem römischen Recht gut vertraut[14]. Das Schreiben des Papstes, aus dem die Stelle entnommen ist, wurde im Jahr 600 n. Chr. verfasst[15]. Der Papst schärft dem Richter[16] ein, durch sein richterliches Handeln darauf hinzuwirken, dass eingegangene Versprechungen erfüllt würden; diese Erfüllung solle „opere" geschehen, also durch Erbringen der tatsächlich geschuldeten Leistung, wobei man sich unter opus am ehesten eine Dienst- oder Werkleistung, aber auch die Übergabe einer Sache, Besitzeinräumung o. ä. vorstellen kann[17]. In der pars decisa, dem im Liber extra weggelassenen Teil der Stelle[18], betont der Papst, dass damit der Unterdrückung der Geringen und Armen begegnet werden solle. Es ist jedoch unklar, woran dabei konkret gedacht ist: Die Geringen kommen als Schuldner, aber auch als Gläubiger in Betracht.

---

13 Comp. I, 1.26.3, Emil Friedberg, Quinque Compilationes antiquae, Leipzig 1882, 10. Die Compilatio I ist identisch mit dem Breviarium extravagantium des Bernardus de Pavia; mit extravagantes ist gemeint, dass es sich um Dekretalen außerhalb des Decretum Gratiani handelt. Zur Datierung des Breviarium Peter Landau, Pacta sunt servanda. Zu den kanonistischen Grundlagen der Privatautonomie, in ders., Europäische Rechtsgeschichte und kanonisches Recht im Mittelalter, 2013, 761–781 (auch in Mario Ascheri u. a.: „Ins Wasser geworfen und Ozeane durchquert". Festschrift für Knut Wolfgang Nörr. Köln [u. a.] 2003, 457–474). Friedberg hat nur diejenigen Dekretalen der Compilatio I ediert, die nicht im Liber extra enthalten sind. Eine Synopse von Compilatio I und Liber extra bringt Joseph Anton von Riegger, Bernardi Papiensis Breviarium extravagantium: cum Gregorii IX. P. decretalium collectione ad harmoniam revocatum, Freiburg 1779, hier Pars I, 386. Allgemein zur Compilatio prima Nörr, Die Entwicklung des Corpus iuris canonici (Fn. 10), 840. Zu Bernardus Papiensis Schulte, Die Geschichte der Quellen und Literatur des canonischen Rechts I, 1875, 79, 175 ff.

14 Dörrer (Fn. 11), Sp.1178; eingehend und anschaulich Max Conrat, Römisches Recht im frühesten Mittelalter, SZrom 34 (1913), 13–45, hier 33–45; ab 36, Fn. 3 bringt Conrat eine Übersicht der juristisch interessantesten Belege aus den Briefen Gregors. Weitere Literatur zu Gregors Rechtskenntnissen bei Fischer (Fn. 11), 19 mit Fn. 14.

15 Friedberg (Fn. 10), X. 1.35.3, n.2; Jaffe, Regesta pontificium Romanorum, ab condita ecclesia …, editionem tertiam edidit Philippus Jaffe, curavit Marcus Schütz, Göttingen 2017, Tomus primus, *2906.

16 Dass sich die Anordnung an den Richter wendet, ergibt die vorangestellte kurze Zusammenfassung: „Iudex debet studiose agere ut promissa adimpleantur".

17 Siehe zur Bedeutung von opus Heumann/Seckel, Handlexikon (Fn. 6), opus: Arbeit, Werk; Niermeyer, Lexicon mediae latinitatis.

18 Zu den partes decisae der Decretalen, den weggelassenen Teilen des ursprünglichen Textes, oben, Fn. 10, 12.

2.3.1.2 Minores et pauperes

2.3.1.2.1 Minores et pauperes als schutzbedürftige Gläubiger

Sind die Geringen die Gläubiger der Versprechen, dient es zweifellos ihrem Interesse, wenn der Papst den Richter anweist, die Erfüllung der Versprechen zu erreichen und darauf hinzuwirken, dass die Leistung an den Schwachen nicht einfach unterbleibt. Dies umso mehr, wenn die Vereinbarung ohne diese päpstliche Entscheidung gar nicht klagbar gewesen wäre oder aus sonstigen Gründen der Geringe vor einem weltlichen Gericht sein Recht nicht hätte durchsetzen können. Es stellt sich sodann die Frage, ob der Formulierung „opere compleantur" bei dieser Interpretation und Konstellation eine größere, eigenständige Bedeutung zukommt: Man könnte an die Unterscheidung von Naturalerfüllung „opere" und Verurteilung in das geldwerte Interesse denken. Aktuelle Beispiele wie die Situation bei Mietwohnungen zeigen, dass eine Verweigerung der Naturalerfüllung auch dann zu einer Bedrängnis des sozial schwachen Gläubigers beiträgt, wenn stattdessen Geldersatz geleistet wird; dies mag im Mittelalter auch für landwirtschaftliche Flächen u. a. gegolten haben. Grundsätzlich, insbesondere auch für die Zeit Gregors um 600, wird eine Zahlung in Geld aber gerade dem armen Gläubiger wohl ebenso willkommen gewesen sein wie die vereinbarte Leistung selbst.

Ein anderer Gegensatz zu „opere compleri" könnte, wie gesagt, sein, dass eine Leistung an den Gläubiger überhaupt nicht durchgesetzt werden kann und es bei mittelbarem Zwang durch Verhängung einer ecclesiastica disciplina bleibt, von der in der inhaltlich ähnlichen Stelle X 1.35.1 die Rede ist: Entweder, so heißt es dort, werden die getroffenen Vereinbarungen eingehalten oder die Versammlung werde die disciplina ecclesiastica spüren. Der Kommentierung des Hostiensis – Henricus de Segusio[19] – zufolge zählen zu diesen kirchlichen Disziplinarstrafen der Ausschluss vom Gottesdienst (interdictum), die Suspendierung vom Amt und die Exkommunikation[20]. Gregor könnte, um den schwachen Gläubiger zu schützen, den Richter angewiesen haben, dafür zu sorgen, dass es nicht bei der Androhung oder Verhängung von Kirchenstrafen gegen den Gläubiger bleibt, sondern die Strafe ihr Ziel, Leistung des mächtigen Schuldners an den schwachen Gläubiger, tatsächlich erreicht. Die Leistung könnte

---

19 Zu dem bekannten Kanonisten Henricus de Segusio/Hostiensis († 1271) Schulte, Die Geschichte der Quellen und Literatur des canonischen Rechts, Bd. 2, Stuttgart 1877, 123–129.
20 Hostiensis, Commentaria in primum librum Decretalium, Venetiis 1581, X. 1.35.1, nu.1, [Ecclesiasticam].

dabei in Naturalerfüllung, aber auch in Geldersatz bestehen; zwar passt zu „opere" vor allem die Naturalerfüllung, aber dem Interesse des schutzbedürftigen Gläubigers wäre auch mit geleistetem Geldersatz weit mehr gedient als mit erfolglosen Kirchenstrafen gegen den Schuldner.

Möglicherweise hatte der Papst bzw. Raymund von Penafort als Verfasser des Liber extra mit „opere compleri" die Alternative Naturalerfüllung oder Geldersatz auch aus einem weiteren Grunde gar nicht im Blick. Für den Ausdruck „opere" allegiert die Glosse zum Liber extra nämlich eine Dekretstelle[21], die die rechte Haltung des Versprechenden in drei Schritten beschreibt: Mit dem Mund sprechen, mit dem Herzen halten, mit Werken – operibus – bestätigen: „Vide, ut, quod ore cantas, corde credas, et quod corde credis, operibus comprobes."[22] Eigentlich handelt es sich bei diesem Ausspruch um die Ermahnung des Priesters, mit der er einen Psalmisten ernennt, und unter diesem Thema ist der Satz auch in das Dekret aufgenommen; die Kanonistik verwendet ihn aber, wie die Allegationen beweisen, auch als Argument und Beleg für die subjektiv verstandene Verbindlichkeit formloser Versprechen[23]; es begehe ein peccatum, wer sein Versprechen nicht erfülle[24]. „Operibus comprobare" spricht dann also nicht die Möglichkeit/Berechtigung des Schuldners zur Naturalerfüllung an, sondern betont, ohne die Alternative Naturalerfüllung oder Geldersatz im Blick zu haben, ausschließlich seine Pflicht, mit Werken zu halten, was er mit Worten versprochen habe.

---

21 D.h. eine Stelle aus dem Decretum Gratiani; zum Decretum Schulte, Quellen und Literatur I (Fn. 13), 47–64; Nörr, Corpus iuris canonici (Fn. 10), 836–839; Edition Emil Friedberg, Corpus iuris canonici, Pars prior: Decretum Magistri Gratiani, Leipzig 1879 (Nachdruck 1959). Zu Gratian Schulte I, 46–48, und, aus neuerer Zeit, Franz Dorn, in Deutsche und europäische Juristen aus neun Jahrhunderten, 6. Aufl. 2017, 172–178. Zur Einteilung des Decretum Schulte Quellen und Literatur I (Fn. 13), 49–56, zur Zitierweise Nörr, Corpus iuris canonici (Fn. 10),839; veraltet Schulte aaO, 64f.

22 Decretum Gratiani, D. 23, c.8 „Sieh zu, dass du mit dem Herzen glaubst, was du mit dem Mund vorträgst, und was du glaubst, mit Werken bestätigst".

23 D. 23, c.8 wird, außer von der Glosse, zur Gültigkeit von Versprechen allegiert von Hostiensis, Summa aurea (Fn. 5), De pactis, nu.6, und ders., Commentaria in primum librum Decretalium (Fn. 13), X. 1.35.3, nu.2.

24 So Nicolaus de Tudescis/Panormitanus, In primum decretalium liber secunda pars interpretationum (Commentaria in Decretales I.2), Lugduni 1547, X.1.35.3 a.E.; ebenso die Glosse zu X. 1.35.1, gl. pacta custodiantur.

2.3.1.2.2 Minores et pauperes als schutzbedürftige Schuldner

Bisher wurde die Konstellation betrachtet, dass die Armen und Geringen die Gläubiger eines Leistungsversprechens sind. Sie können stattdessen auch die Schuldner der jeweiligen Versprechensverpflichtung sein. Eine Unterdrückung der sozial Schwachen könnte hier darin bestehen, dass diese zwar als Schuldner die eigene Leistung erbringen, jedoch die Gegenleistung nicht erhalten. In dieser Situation geht es jedoch letztlich wieder um die Stellung der Armen und Schwachen als Gläubiger, nur verstärkt durch die gleichzeitige eigene Leistungstreue als Schuldner einer wechselseitigen Vereinbarung. Unter dem Aspekt von Geldersatz statt Naturalerfüllung kann eine Unterdrückung der Schwachen als Schuldner wohl nur darin liegen, dass sie von vorneherein gegen ihren Willen zu Geldersatz verpflichtet werden und nicht die Möglichkeit haben, sich durch die im Zweifel kostengünstigere Naturalerfüllung zu befreien. Es fragt sich, ob die Anordnung in X. 1.35.3 die Intention hatte, dies zu verhindern. Ein Indiz dafür könnte, wie schon gesagt, in der Ermahnung an den Richter liegen, dafür zu sorgen, dass Versprechen „opere compleantur". Die Allegation von c. Psalmista ist in jedem Falle sinnvoller, wenn man das operibus comprobare dort im Sinne von Naturalerfüllung versteht: Wer Geldersatz leistet, bestätigt nicht, was er mit dem Mund ausspricht und mit dem Herzen beabsichtigt, sondern bietet eben nur einen Ersatz. Ein weiteres Indiz ergibt sich, wenn man ein weiteres Schreiben Papst Gegors I., gerichtet an einen Bischof Januarius, hinzunimmt, das in den Regesten Gregors skizziert wird. Mit Bezug auf Mitteilungen des Bischofs Dominicus und des Präfekten Innocentius – beide Personen sind in der Lang-Form von X. 1.35.3 genannt – wird hier ebenfalls die Situation auf Sardinien angesprochen. Zum Inhalt des päpstlichen Schreibens an Januarius heißt es in den Regesten: „Monet (nämlich Gregor den Bischof Januarius) de protegendis iis (nämlich pauperes et minores), qui in ecclesiam confugerint."[25] Für „protegere" – verteidigen, schützen – ist keine spezielle rechtliche Verwendung belegt, man könnte es jedoch im Sinne eines gerichtlichen Schutzes verstehen, sei es, dass der Bischof sich als Richter für zuständig erklärt, sei es, dass er im Rahmen richterlichen Ermessens der Hilfsbedürftigkeit einer Prozesspartei Rechnung trägt. So unterstreicht etwa der Liber extra die Zuständigkeit der geistlichen Gerichte für personae miserabiles[26]. – Zu „in ecclesiam confugere" ist unter dem Aspekt des Schuldnerschutzes der

---

25 „Er (Gregor) ermahnt (Bischof Januarius), sie (die Armen und Geringen) zu schützen/zu verteidigen, die sich zur Kirche geflüchtet haben."

26 Etwa X 5.40.26 a. E.; die Stelle verpflichtet einen Laien, sich in jeder rechtlichen Angelegenheit, an der eine persona miserabilis beteiligt ist, vor dem geistlichen Gericht zu verantworten. Zur

Codextitel C.1.12 aufschlussreich: „De his, qui ad ecclesias confugiunt". Zwar ist hier eher an eine Flucht zu Kirchengebäuden oder Kirchengemeinden gedacht[27], als im übertragenen Sinne an eine Flucht in den rechtlichen Schutz der Kirche als Institution, jedoch ist sinngemäß gerade dieser rechtliche Schutz und Beistand gemeint. In C.1.12.1, einem kaiserlichen Schreiben aus dem Jahre 397, ist von Personen die Rede, die angeklagt oder durch Schulden „erschöpft" – „reatu aliquo vel debitis fatigati" –, sich dem Christentum zuwenden wollten, damit sie „ad ecclesias confugientes evitare possint crimina et pondera debitorum" – durch Flucht zu den Kirchen der Straftaten vermeiden und der Last der Schulden entgehen könnten. Was der Kaiser hier reglementiert und einschränken möchte – die Flucht in den Schutz der Kirche(n) –, das gewissermaßen wirksam umzusetzen ermahnt 70 Jahre später[28] Papst Gregor seinen Bischof; Schuldenlasten könnten auch für den Papstbrief der Auslöser gewesen sein, sich um Schutz der Armen durch den kirchlichen Richter zu kümmern.

2.3.1.3 Voraussetzungen und Wirkungsweise des richterlichen Schutzes

2.3.1.3.1 *Ea, quae petenda sunt, offerri*

Die rechtlichen Voraussetzungen, unter denen der Richter tätig werden solle, beschreibt der Ausgangstext von X 1.35.3 mit den Worten: „ideo, quia ea, quae petenda sunt, offeruntur" – was gefordert werden könne, müsse angeboten werden; der Richter solle dann dafür sorgen, „ut ea, quae promittuntur, opere compleantur". Es geht zum einen um die Voraussetzung, dass angeboten wird, was gefordert werden kann, und zum anderen als Aufgabe des Richters darum, dass das, was versprochen wurde, opere erfüllt werde. Wie hängt beides miteinander zusammen? Unklar ist zunächst, ob es sich um einen gegenseitigen, bzw. zumindest zweiseitigen, Vertrag handelt: Die eine Vertragspartei bietet an, was von ihr gefordert werden kann, und die andere erfüllt im Gegenzug, was sie ihrerseits versprochen hat. Bei dieser Konstellation stellt sich die Naturalerfüllung gewissermaßen als eine Art Belohnung für den Gläubiger dar, der seine eigene Leistung anbietet und nun von seinem Schuldner verlangen kann, dass dieser opere erfülle. Ein Schuldnerschutz kann hier mit der Naturalerfüllung kaum

---

Zuständigkeit des geistlichen Gerichts W. Trusen, Die gelehrte Gerichtsbarkeit der Kirche, in Helmut Coing (Hrsg.), Handbuch der Quellen und Literatur der neueren europäischen Privatrechtsgeschichte, Bd. 1, München 1973, 467–504, hier 483–487, zu personae miserabiles 484 f.

27 Dass es sich um Kirchen als Örtlichkeiten handelt, belegt deutlich C.1.12.3.
28 Bezogen auf den Erlass des überarbeiteten Codex 534 n.Chr.

beabsichtigt sein, denn warum sollte man als Voraussetzung für diesen Schutz darauf hinweisen, dass der Gläubiger die eigene Leistung seinerseits anbietet?

Die Kanonistik hat die Stelle X. 1.35.3 ausdrücklich auch auf einseitige Versprechen bezogen und die Allgemeingültigkeit unterstrichen.[29] Dazu hat sicherlich beigetragen, dass die Kürzungen der Dekretale den Hinweis auf einen ursprünglich möglicherweise zweiseitigen Vertrag unterdrücken. Wie verhalten sich „petenda offerri" und „compleri, quae promittuntur" zueinander, wenn man sie auf ein einseitiges Versprechen bezieht? Es spricht einiges dafür, dass dasjenige, was mit „ea, quae petenda sunt" und dasjenige, was mit ea, quae promittuntur" bezeichnet wird, nicht identisch sind: Petere meint im römischen Recht, was vom Gläubiger gerichtlich gefordert, worauf geklagt werden kann, vor allem im förmlichen Aktions-, später auch im Kognitionsverfahren[30]; promittere meint, was der Schuldner verspricht. Nach gebräuchlicher römischer und auch mittelalterlicher Einteilung verspricht der Schuldner ein dare (geben) oder ein facere/non facere (tun/unterlassen)[31]. Nun kann nicht alles, was wirksam versprochen ist, auch klagweise gefordert werden, so etwa bei einer versprochenen, aber noch nicht fälligen Leistung. In jedem Fall sind insofern promittere und petere inhaltlich nicht identisch. Soweit es um die Herausgabe von Sachen geht, bezieht petere sich im römischen Recht auf die eigentlich geschuldete Sache, z. B. in der Wendung „petere hereditatem" – einen Anspruch auf die Erbschaft erheben[32]. Dies gilt auch bei schuldrechtlichen, „persönlichen" Ansprüchen auf eine Sache; so in der Wendung „fundi petitionem personalem habere" – einen persönlichen (d. h., nicht dinglichen) Anspruch auf ein Grundstück haben[33]. Auch für Arbeiten und Dienstleistungen wird der Ausdruck petere operas verwendet[34], obgleich die Verurteilung hier in den Geld-

---

29 So die Glosse, Hostiensis, Tudescis I.
30 Nur ansatzweise: Heumann/Seckel (Fn. 6), petere 4).; Kaser/Hackl Das römische Zivilprozessrecht, 2. Aufl. 1996, 485, 236. Franco Casavola, Actio, petitio, persecutio, Neapel 1965, 99 f, bringt für petere im klassischen römischen Prozess vor allem Belege, wonach mit diesem Ausdruck das prozessuale Handeln des Klägers bei der litis contestatio gemeint sei. Dies würde auch in unserem Fall passen, obgleich auf einen nachklassischen Prozess bezüglich.
31 Zu dieser Einteilung Repgen, Vertragstreue (Fn. 3), 27 f.; für das römische Recht außerdem Kaser, Das römische Privatrecht, I (Fn. 7), 489. Praestare als dritte Möglichkeit eines Leistungsinhalts kann hier außer Betracht bleiben.
32 D. 5.3.16.7 (Gaius).
33 D. 2.8.15.4 (Macer). Die Beispiele sind Heumann/Seckel (Fn. 6), petere 4) entnommen.
34 D.38.1.7.9 (Ulpian), D.38.1.46 und 47; hier findet sich jeweils die Wendung petitio operarum. Alle Stellen aus dem Titel De operis libertorum – über die Dienste der Freigelassenen.

wert der geschuldeten Leistung erfolgte[35]. Insoweit besteht demnach kein Unterschied zwischen petere und promittere.

2.3.1.3.2 Opere compleri

Was meint Papst Gregor also, wenn er sagt, es sei opere zu erfüllen, was versprochen wurde, wenn angeboten wird, was gefordert werden kann? Der Schuldner muss die Leistung so anbieten, wie der Gläubiger sie fordern kann. Tut er (der Schuldner) das, so hat der Richter darauf zu achten, dass opere erfüllt wird. Das kann nur bedeuten, dass der Schuldner den Vorteil der Naturalerfüllung hat, wenn er die Leistung anbietet, und dass ihn der Nachteil des Geldersatzes trifft, wenn er sie nicht anbietet. Wozu die Stelle sich nun leider nicht deutlich äußert, ist die Frage des Zeitpunktes – wann muss der Schuldner die Leistung anbieten? Wie es scheint, geht es bei Papst Gregor um einen Zeitpunkt, zu dem der Richter bereits mit der Sache befasst ist, also um einen Zeitpunkt nach Klageerhebung. Der Schuldner könnte demnach zumindest bis zur Klageerhebung und kurz danach dem Gläubiger die ursprünglich vereinbarte Leistung mit befreiender Wirkung erbringen.

Ganz selbstverständlich ist das nicht, denn das römische Rechts lässt sich durchaus so interpretieren, dass die Möglichkeit der Naturalerfüllung bei Ansprüchen auf facere schon mit Nichterfüllung, spätestens mit Eintritt des Verzuges endet, und die Legistik hat die entsprechenden Stellen[36] auch in diesem Sinne kommentiert. So heißt es bei Bartolus: „In obligationibus faciendi, post moram succedit obligatio ad interesse."[37] Wenn Verzug des Schuldners die Voraussetzung für die obligatio ad interesse ist, muss es sich bei der Leistung des Interesses gegenüber der vorher bestehenden Möglichkeit der Naturalerfüllung um einen Nachteil für den Schuldner handeln, und Bartolus erörtert die obligatio ad interesse auch konsequent aus der Sicht des Schuldners und dessen Verpflichtungen. Nach Cinus, dem Lehrer des Bartolus, kann der Gläubiger post moram zwar immer noch ad factum klagen, aber nur noch das Interesse verfolgen/

---

35 S. o., Fn. 8.
36 D. 45.1.72.pr. (Ulpian): „Ubi quid fieri stipulemur, si non fuerit factum, pecuniam dari oportere."
37 Bartolus, *Commentaria in Digestum novum*, Basileae 1588, zu D.42.1.13.1; ebenso Bartolus, aaO, zu D.45.1.72.pr, nu.12; die gleiche Ansicht vertrat auch schon Jacobus de Ravanis, dazu Repgen, Vertragstreue (Fn. 3), 143. Bartolus beschränkt den Satz auf obligationes faciendi.

erlangen – ad factum agere et interesse consequi[38]. Für Bartolus wie für Cinus ist die Naturalerfüllung eine Möglichkeit des Schuldners, sich vor Eintritt des Schuldnerverzuges von der Leistungspflicht zu befreien. Bartolus zufolge besteht außerdem in der Zeit zwischen Fälligkeit und Schuldnerverzug ein Anspruch des Gläubigers auf Naturalerfüllung. Dieser Anspruch kann wegen der geringeren rechtlichen Voraussetzungen nach damaliger Ansicht für den Gläubiger nur eine geringere Wertschätzung gehabt haben als der Anspruch auf das Interesse in Geld.

Papst Gregor geht mit seiner Anweisung, der Richter habe auf Erfüllung opere zu achten, über die Möglichkeiten hinaus, die das römische Recht und später auch die mittelalterliche Legistik dem Schuldner einräumen, sich bei Verpflichtung zu einem facere durch Naturalerfüllung befreien zu können. Der Schuldner soll sich nach Auffassung des Papstes noch während des Prozesses durch opere compleri – Naturalerfüllung – befreien können: Offeruntur ist eine Verbform des Präsens; dazu passt nicht, sich das Leistungsangebot vor Prozessbeginn vorzustellen, wenn der Richter erst im Rahmen eines gerichtlichen Verfahrens für Naturalerfüllung sorgen kann.

2.3.1.4 Bedeutung der litis contestatio

2.3.1.4.1 *Litis contestatio und interesse*

Neben Nichtleistung und Verzug war für den Übergang von Naturalerfüllung zu Interesseleistung in Geld nach den Aussagen der römischen Quellen auch die litis contestatio von Bedeutung. Das Formularverfahren des klassischen römischen Prozesses war zweigeteilt in einen Verfahrensabschnitt in iure vor dem Prätor und einen Verfahrensabschnitt apud iudicem. Das Verfahren in iure führte zur litis contestatio – Streitbefestigung[39]. Sie wurde nach Abschaffung des Formularverfahrens im Kognitionsverfahren beibehalten und nun als vollzogen angesehen, wenn zu Beginn der Verhandlung zur

---

38 Cinus, *Commentaria in Codicem, Francoforti ad Moenum* 1578, zu C. 7.47.1 (lex unica), nu.23 (Quarta quaestio principalis). Bartolus beruft sich auf diese Stelle des Cinus. Nach Cinus' ausdrücklicher Darlegung kann der Gläubiger post moram nicht mehr praecise ad factum agere, sondern nur noch entweder ad factum agere et interesse consequi – auf das factum klagen und das Interesse verfolgen/erhalten, das entspricht der römischen Geldcondemnation – oder gleich ad interesse agere. Zu consequi im Sinne von erhalten Heumann/Seckel (Fn. 6), consequi 3).

39 Zu den sehr unterschiedlichen neueren Auffassungen für den klassischen römischen Prozess Kaser/Hackl (Fn. 30), 219 ff.

Sache der Beklagte den Klagevortrag des Klägers bestritt[40]. Sie erscheint deshalb auch noch im Corpus iuris Iustiniani[41] und später auch im Corpus iuris canonici[42]. Nach römischem Recht konnte sich der Schuldner, wenn er zu facere verpflichtet war, noch bis zur litis contestatio durch Naturalerfüllung von seiner Leistungspflicht befreien, obgleich der Anspruch des Gläubigers bereits auf einen Geldanspruch übergegangen war; bezogen auf die Errichtung eines Gebäudes heißt es in D. 45.1.84: „Quamdiu litem contestatus non sim, posse te facientem liberari placet; quod si iam litem contestatus sim, nihil tibi prodesse, si aedifices".[43] Die Legistik hat diesen Grundsatz übernommen und eingehend diskutiert[44]. Das Schreiben des Papstes in X 1.35.3 lässt eine solche zeitlich-prozedurale Einschränkung nicht erkennen, vielmehr deutet die Ermahnung, „studiose agendum est" darauf hin, dass der Richter während des gesamten Prozesses, insbesondere wohl auch in der Urteilsvollstreckung, dem Schuldner noch die Bewirkung der ursprünglich geschuldeten Leistung ermöglichen solle.

Die mittelalterliche Kanonistik berücksichtigt für die Naturalerfüllung ebenfalls die Wirkung der litis contestatio nach römischem Recht, angepasst an die Grundsätze des mittelalterlichen Prozessrechts. So der Kanonist Guilelmus Durantis (ca.1235–1296), dessen prozessrechtliches Hauptwerk, das Speculum iudiciale, in starkem Maße römisches Recht allegiert[45]. Durantis lässt nach Verzugseintritt noch Naturalerfüllung durch den Schuldner zu, der Gläubiger kann, anders als nach römischem Recht, wahlweise auf Naturalerfüllung oder auf das Interesse klagen. Klagt der Gläubiger auf das Interesse, so endet nach Durantis auch dann die Möglichkeit der Naturalerfüllung für den Schuldner erst mit der litis contestatio: „sed postquam promissor facti fuerit in mora sive in totum …, siue in partem …, tunc habet duplicem viam stipulator: primam,

---

40 Kaser/Hackl (Fn. 30), 490.
41 Belege bei Heumann/Seckel (Fn. 6); hierzu auch der Codextitel C. 3.9., „De litis contestatione".
42 X. 2.5., c.unicus.
43 D.45.1.84 (Paulus): „Solange ich den Streit nicht befestigt habe, kannst du nach allgemeiner Ansicht befreit werden, wenn du die Handlung vornimmst; wenn ich aber den Streit befestigt habe, wird es dir nach allgemeiner Ansicht nichts nützen, wenn du das Gebäude errichtest."
44 Siehe zur Diskussion Bartolus, *Commentaria in Digestum novum* (Fn. 37), zu D.45.1.72.pr., nu.12; auch Jacobus de Ravanis in einer ungedruckten Lectura super Digesto veteri, bei Repgen, Vertragstreue (Fn. 3), 142 f.
45 Zu Guilelmus Durantis (oder Duranti) und seinem Speculum Schulte I (Fn. 13), 144–156; Lange (Fn. 3), 477–487. Zu Durantis' Lehre von der Naturalerfüllung unter dem Aspekt des Erfüllungszwanges gegen den Schuldner Repgen, Vertragstreue (Fn. 3), 62–65.

ut agat ad faciendum vel complendum opus … . Secundam, ut agat ad interesse … Tamen si promissor velit opus facere, liberatur ab interesse …, nisi iam sit lis contestata … (D.45.1.84)."⁴⁶

Durantis bringt in seinen Ausführungen zur Wirkung der litis contestatio für den Übergang von der Naturalerfüllung zur Geldkondemnation ausschließlich römischrechtliche Allegationen. Belege aus der Kanonistik erscheinen nicht.

2.3.1.4.2 Johannes Andreae: Litis contestatio und poena

Die Bezugnahme auf das römische Recht setzt sich im 14. Jh. bei Johannes Andreae fort, der „tuba iuris" der Dekretalistik (ca. 1270–1348)⁴⁷. Sie führt nun aber zu etwas völlig Neuem. Denn Johannes erörtert die Bedeutung der litis contestatio nicht für den Übergang von Naturalerfüllung zu Geldersatz – Geldersatz wird gar nicht erwähnt –, sondern unter dem Aspekt einer poena. Einschlägige Darlegungen finden sich einmal in seiner Glosse zu den Regulae iuris des Liber sextus⁴⁸ und zum anderen in seinen Quaestiones mercuriales, die einen Kommentar mit Quästionen ebenfalls zu den Regulae iuris darstellen. Die Glosse zum Liber sextus hat Johannes um 1304 schon früh in seinem Leben verfasst. Die Quaestiones mercuriales sind jedenfalls nach der Glossa entstanden⁴⁹. Die Ausführungen zur litis contestatio finden sich jeweils an der gleichen Stelle, nämlich zur regula 25, „Mora sua cuilibet est nociva"⁵⁰, im Zusammenhang mit der sog. purgatio morae, der Reinigung vom Verzug i. S. der Beseitigung gewisser Verzugsfolgen. In der Glossa in Sextum heißt es: „Lex autem illa etsi post tres (D.2.11.8)

---

46 Guilelmus Durantis, Speculum iudiciale, Basileae 1574, De fructibus et interesse (lib.2, part.3), §6 (De interesse singulari), nu.7 (fol. 917 h)· „Nachdem aber der Schuldner (der Versprechende) eines Faktum in Verzug ist, sei es ganz oder teilweise, hat der Gläubiger (Versprechensempfänger) einen doppelten Weg: erstens, auf das Tun oder die Vollendung des Werkes zu klagen, zweitens, auf das Interesse zu klagen. Dennoch wird der Schuldner von der Verpflichtung auf das Interesse befreit, wenn er das (ursprünglich geschuldete) Werk erbringen will, wenn nicht schon der Streit befestigt ist … " Der „doppelte Weg" des Durantis unterscheidet sich von den beiden Möglichkeiten des Cinus, dazu oben, Fn. 38, die ganz auf das Interesse ausgerichtet sind.

47 Zu Johannes Andreae Schulte II (Fn. 19), 205–229, 205 (tuba iuris), 207 (Geburt), 212 (Tod); Lange (Fn. 3), 659–662.

48 Zur Glossa in Sextum und ihrer Entstehungszeit Schulte II (Fn. 19), 213 f.

49 Zu den Quaestiones mercuriales und ihrer Entstehungszeit Schulte II (Fn. 19), 216 f; Lange (Fn. Die 3), 664.

50 Liber sextus, 5.12, De regulis iuris, reg. 25: " Jedem ist sein eigener Verzug schädlich".

loquitur de praeparatoriis iudiciorum, in quibus mora bene purgatur. ... sed post litis contestationem non purgatur, ff. de verborum oblig., l. si insulam (D. 45.1.84)."[51] Johannes Andreae allegiert hier allein die maßgebliche römischrechtliche Stelle[52]. In den Quaestiones mercuriales erläutert er zur regula 25 den – vermeintlichen – Inhalt der in seiner Glosse allegierten Stelle D. 45.1.84: „ibi [insulam][53] qui promisit mihi facere insulam, si transivit tempus, in quo facere potuit, adhuc faciendo ante litem per me contestatam, evadit poenam."[54] Während die Digestenstelle sagt, der Schuldner werde durch Naturalerfüllung vor Litiskontestation von der Verpflichtung zum Ersatz des Interesse befreit, sagt Johannes Andreae, der Schuldner entgehe durch Naturalerfüllung – faciendo – vor Litiskontestation der Strafe. Das Interesse, wie schon gesagt, erwähnt er nicht, gerade so, als komme eine Verurteilung in das Interesse hier nicht in Betracht. Mit Strafe kann zum einen der spezielle Fall einer vereinbarten Vertragsstrafe gemeint sein: Sie werde erst dann fällig, wenn bis zur Litiskontestation nicht geleistet wurde. Zwar besteht die Vertragsstrafe wohl grundsätzlich in einer Geldsumme, es ginge bei Johannes Andreae dann aber doch nicht mehr um die Ersetzung jeder Naturalerfüllung durch Geldleistung.

Johannes kann bei poena aber auch an die Strafe wegen contumacia des Beklagten gedacht haben[55]:

Contumacia war im römischen Prozess vor allem der nachklassischen Zeit der Ungehorsam einer der Prozessparteien gegenüber einer Anweisung des Richters; er wurde mit prozessrechtlichen Sanktionen belegt.[56] Der mittelalterliche kanonische Prozess hat die römischrechtliche contumacia übernommen[57]. Römisches Recht und Durantis nennen als einen Fall von contumacia, dass der Beklagte sich weigert, die

---

51 Johannes Andreae Glossa in sextum, De regulis iuris, reg. 25, gegen Ende. „Jene lex aber, etsi post tres, spricht von vorbereitenden Handlungen der Gerichtsverfahren, während derer der Verzug (durch Erfüllung) beseitigt wird. Nach der litis contestatio aber wird er nicht mehr beseitigt, (D.45.1.84)."
52 Siehe zu D.45.1.84 oben, bei Fn. 44.
53 „Si insulam" sind die Anfangsworte von D.45.1.84.
54 Johannes Andreae, In titulo de regulis iuris commentarij, vulgo mercuriales, Venetiis 1581, reg. 25, fol. 43v, col.2, nu.5 a. E.
55 Zum Ausdruck poena contumaciae im römischen Recht D. 43.5.3.14 (Ulpian).
56 Zur contumacia des römischen Prozesses Kaser/Hackl (Fn. 30), 477 ff, für den nachklassischen Prozess 610 f, 612.
57 Durantis, Speculum (Fn. 46), lib.2, De contumacia, fol. 448 ff, insb. § 1 (Contumax est) und § 3 (Sequitur videre qualiter contra reum contumacem procedatur).

streitbefangene Sache dem Kläger herauszugeben[58]. Die Weigerung, ein beliebiges anderes facere vorzunehmen, findet sich bei Durantis als Beispiel nicht; bei Johannes Andreae würde sich der Ungehorsam auf die Errichtung eines Gebäudes, also auf ein facere beziehen. Durantis unterscheidet bei actiones personales, d. h. bei schuldrechtlichen Ansprüchen, zwischen contumacia vor und nach Litiskontestation[59]; als poena contumaciae nennt er die Exkommunikation.[60] Man könnte Johannes Andreae so verstehen, dass die Weigerung des Beklagten, die geforderte Leistung zu erbringen, bis zur Litiskontestation noch nicht die Exkommunikation als poena contumaciae nach sich zieht, sondern erst dann, wenn der Beklagte bis zur litis contestatio nicht freiwillig geleistet hat und dann verurteilt wird. Bei dieser Interpretation geht es interessanter Weise noch weniger um die Ersetzung der Naturalerfüllung durch Leistung des Interesses in Geld, sondern es geht als Folge unterbliebener Naturalerfüllung um die Strafe der Exkommunikation, die im mittelalterlichen kanonischen Recht für die Vertragserfüllung auch sonst eine maßgebliche Rolle spielt, wie anhand von X. 1.35.1 genauer gezeigt werden soll.

Es sei vorher zu Johannes Andreae als Ergebnis festgehalten, dass er den Ersatz des Interesses in Geld bei Verweigerung der Naturalerfüllung nicht anspricht, obgleich es in der allegierten römischen Stelle gerade um Geldersatz geht, sondern dass er nun stattdessen, falls nicht nur eine vertraglich vereinbarte Strafe gemeint ist, das indirekte kirchenrechtliche Zwangsmittel der Exkommunikation in Aussicht stellt, das wirtschaftlich keine verschärfte Belastung für den Schuldner darstellt. Der Ersatz des Leistungsinteresses in Geld[61] wäre dann zugunsten der Naturalerfüllung entfallen, jedenfalls, solange Naturalerfüllung noch möglich ist.

---

58 Durantis, Speculum (Fn. 46), fol. 448 b, nu.1: „Item is (contumax est), qui rem ad mandatum iudicis restituere non vult" [„Ebenso ist derjenige widersetzlich, der die (streitbefangene) Sache auf Anweisung des Richters nicht zurückgeben will"]; zum römischen Recht in diesem Fall Kaser/Hackl (Fn. 30), 339, für den nachklassischen Prozess 610 ff.

59 Durantis, Speculum, aaO, § 3 nu.2, fol. 451b unten.

60 Durantis, Speculum, aao, § 4: „Nunc dicamus, qualiter contumaciam puniebatur. Ad hoc sciendum est quod contumacia secundum legem divinam morte puniebatur, hodie vero excommunicatione."

61 Für den Ersatz des Verzugsschadens soll die Frage der Naturalerfüllung hier offenbleiben.

2.3.1.5 Schlussbetrachtung zu X 1.35.3

So hat Papst Gregor I, zwischen Antike und Mittelalter, mit seiner Ermahnung zur Naturalerfüllung das traditionelle römische Recht hinter sich gelassen und die Urteilsvollstreckung in christlichem Geist auf neue Grundlagen gestellt. Seine mahnenden Hinweise sind von großer Offenheit und Allgemeinheit und stellen die Durchführung seines Anliegens in das Ermessen des Richters[62]. Die stark verkürzte Redaktion seiner Ermahnung in den mittelalterlichen kirchlichen Rechtsquellen – Compilatio I und den Liber extra – ließ das Anliegen des Papstes nicht mehr vollständig erkennen. Die Zulassung der Naturalerfüllung auch noch nach Klageerhebung wurde jedoch weiter von Dekretistik und Dekretalistik erörtert, nun aber genauer bezogen auf den Ablauf und die komplexen Regeln des römisch-kanonischen Prozesses. Bei Johannes Andreae führt der prozessrechtlich bedeutsame Einschnitt der Litiskontestation[63] nun statt zur Geldkondembation zur Androhung der Exkommunikation bei Ausbleiben der Naturalerfüllung.

2.3.2 Naturalerfüllung und Gläubigerinteresse

Quellenstelle: X 1.35.1

X 1.35.1 *(Ex concilio Africano): Antigonus episcopus dixit:* Gravem iniuriam patior … Optantius cum se repraesentaret, pactum mecum habuit et divisimus [plebes; manuscriptiones nostrae tenentur et pittaciae. Contra hoc pactum circuit plebes mihi attributas , et usurpat populos, ut illum patrem, me vitricum nominent. Gratus episcopus dixit:] Factum hoc dolendum est, ut in se illiciat populorum imperitorum animas contra disciplinam, contra evangelicam traditionem, contra pacis placita. …
Unde *aut inita pacta suam obtineant firmitatem, aut conventus, si se
non cohibuerit, ecclesiasticam sentiat disciplinam. Dixerunt universi: Pax servetur,
pacta custodiantur.*

---

62 Die Leitungs- und Gestaltungsmöglichkeiten des Richters im Rahmen des officium iudicis konnten hier leider nicht dargestellt werden.
63 Zur Litiskontestation im mittelalterlichen Recht umfassend Steffen Schlinker, Litis contestatio. Eine Untersuchung über die Grundlagen des gelehrten Zivilprozesses in der Zeit vom 12. bis zum 19. Jahrhundert, 2008, insb. 55–259.

[Bischof Antigonus hat gesagt: *Schweres Unrecht erleide ich. … Als Optantius anwesend war*[64]*, hat er eine Vereinbarung mit mir getroffen und wir haben die Betreuung des Kirchenvolkes aufgeteilt; wir haben unsere Unterschriften geleistet und Dokumente gefertigt.* Entgegen dieser Vereinbarung hat er das mir zugeteilte Volk besucht und die Leute für sich eingenommen, sodass sie jenen Vater, mich Stiefvater nennen. *Bischof Gratus hat gesagt: Diese Tatsache ist zu bedauern, dass er die Seelen der unerfahrenen Leute gegen die Disziplin, gegen die dem Evangelium folgende Überlieferung, gegen die Lehren der Friedfertigkeit an sich gezogen hat … Deshalb* sollen entweder die eingegangenen Vereinbarungen eingehalten werden oder der Konvent wird die kirchliche Disziplin spüren, wenn er sich nicht darauf verständigt. Da haben alle gesagt: Der Friede soll gewahrt, die Vereinbarungen sollen beachtet werden.]

2.3.2.1 Entstehungsgeschichte und Sachverhalt

Die Stelle X. 1.35.1 gilt als eine der Hauptbelege für die Durchsetzung des Rechtssatzes „pacta sunt servanda" in der Kanonistik[65]. Der Text entstand bereits auf dem Konzil von Karthago, 345–348 n. Chr., und wurde ebenfalls, wie der Brief Papst Gregors I, vor der Aufnahme in den Liber extra schon einmal um 1188 im Breviarium des Bernhard von Pavia (Bernardus Papiensis) verwendet, später als Compilatio prima verbreitet[66]. Im Breviarium ist der Wortlaut des Konzilsbeschlusses jedoch sehr viel vollständiger überliefert als im Liber extra[67]. Der Inhalt der Vereinbarung, um die es im Jahre 348 ging[68], betraf in einer nicht ganz klar erkennbaren Weise die Verteilung von seelsorglichen Zuständigkeiten, offenbar nach Bezirken, zwischen einem Bischof Antigonus und einem Optantius, dessen Amt nicht genannt wird, der in der Schilderung des

---

64 Zu „se repraesentare" – anwesend sein, gegenwärtig sein, Georges, Ausführliches lateinisch-deutsches Handwörterbuch II, 1918, repraesentare.
65 Hierzu Peter Landau, Pacta sunt servanda (Fn. 13) 761–781; 762 f aufschlussreiche Hinweise zu X. 1.35.1.
66 Landau, Pacta (Fn. 13), 762 f, 769, zur älteren Geschichte des Textes 769 ff. Allgemeine Hinweise oben, Fn. 10.
67 Der in eckige Klammern gesetzte kursiv gedruckte Text bezeichnet die Kürzungen im Breviarium. Der kursiv gedruckte Text insgesamt bezeichnet die starken Kürzungen im Liber extra.
68 Der Konzilsbeschluss ist auch ediert in Charles Munier (Hg.) Concilia Africae, 9, Concilium Carthagiense 345–348, Turnhout 1974, c.12. Diese Edition hat ganz geringe Abweichungen gegenüber der Edition von X. 1.35.1 durch Friedberg, textliche Ergänzungen enthält sie nicht.

Falles durch Bernardus de Botone Parmensis[69] jedoch gleichfalls als episcopus bezeichnet wird. Die angedrohten Maßnahmen richten sich gegen einen conventus, womit das Konzil selbst gemeint sein könnte. Optantius hatte sich an die vereinbarte Aufteilung nicht gehalten, sondern stattdessen seinen Einflussbereich ausgebaut. Da der ursprüngliche Konzilstext die Schriftform der Vereinbarung erwähnt und, wenn ich es richtig verstehe, auch auf die persönliche Anwesenheit der Vertragschließenden hinweist, besteht eigentlich kein Grund, an der Gültigkeit und Wirksamkeit der Vereinbarung zu zweifeln. In nachklassischer römischer Zeit diente die Schriftform nicht mehr nur zu Beweiszwecken, sondern führte allgemein auch zur Wirksamkeit der Vereinbarung[70]. Eine Stipulation, die über ihre Wirksamkeit hinaus stets auch klagbar war, dürfte nicht vorgelegen haben, da die Frage-Antwort-Form der Stipulation nicht erwähnt wird und dieses Formerfordernis erst 472 n.Chr. aufgehoben wurde[71].

2.3.2.2 Pacta sunt servanda

Für Vereinbarungen außerhalb der anerkannten Vertragstypen wurde noch in nachklassischer Zeit die Regel beibehalten, dass aus dem pactum nudum keine actio entstehe[72]. Auf diesen Aspekt der gerichtlichen Durchsetzbarkeit dürfte es für den Konzilsbeschluss aber kaum angekommen sein, da der Bischof und das Konzil selbst unmittelbar die Durchsetzung des Vertrages im konkreten Fall anordnen. Es muss ein anderer rechtlicher Aspekt im Vordergrund gestanden haben als die Durchsetzbarkeit im Prozesswege. Die in Rede stehende Vereinbarung betraf mit der Verpflichtung, seelsorgliche o. ä. Tätigkeiten im Bezirk des anderen zu unterlassen, ein facere bzw. non facere. Optantius hatte gegenüber Antigonus gegen diese Verpflichtung verstoßen und war auch im Gebiet des Antigonus tätig geworden. Inhaltlich kennzeichnend an dieser non-facere-Verpflichtung war, dass den Vertragspartnern, hier Antigonus, mit einem Anspruch auf Ersatz ihres Interesses in Geld nicht geholfen werden konnte. Ihre Interessen waren nicht – oder jedenfalls nicht unmittelbar – vermögensrechtlich, sondern hatten einen immateriellen Charakter; sie waren bei Nichterfüllung des Vertrages nicht einfach in Geld auszugleichen und außerdem in starkem Maße auf ein Unterlassen in der Zukunft gerichtet. Antigonus hatte ein alleiniges Interesse an der Einhaltung des

---

69 In dessen Casus zu den Decretalen des Liber extra; zu Bernardus de Botone Parmensis unten, bei Fn. 76, 77.
70 Kaser, Das römische Privatrecht II (Fn. 7), 76 f.
71 C. 8.37.10 (472); Kaser, Das römische Privatrecht II (Fn. 7), 378.
72 Kaser, Das römische Privatrecht II (Fn. 7), 382.

Versprechens, insbesondere auch für die Zukunft. Der Grundsatz „pacta sunt servanda" in X. 1.35.1 betrifft das Interesse des Versprechensempfängers – des Gläubigers – an der Einhaltung der Vereinbarung[73], sozusagen in Natur. Die Hintergründe des Falles mit den sich daraus ergebenden Schlussfolgerungen hat die stark gekürzte Fassung des Konzilsbeschlusses im Liber extra zwar entfernt, sie waren jedoch gut erkennbar in der sehr viel längeren Fassung des Beschlusses im Breviarium Extravagantium (Compilatio prima) des Bernardus von Pavia. Dieses Breviarium war ebenfalls verbreitet, und die Dekretalistik hat sich mit ihm befasst[74]. So hat der Verfasser der Glossa ordinaria zum Liber extra[75], Bernardus Parmensis de Botone, auch Glossenapparate zu den Compilationes antiquae verfasst[76], und seine Casus zu den einzelnen canones des Liber extra[77] bringen zu X.1.35.1 die Darstellung des Konzil-Falles, wie sie sich aus der Fassung des Konzilsbeschlusses im Breviarium ergibt.

2.3.2.3 Die Durchsetzung der Naturalerfüllung

2.3.2.3.1 Die prozessualen Möglichkeiten

Wie gesagt, konnte man bei der Durchsetzung des facere/non facere im konkreten – aber für kirchliche Rechtsstreitigkeiten auch kennzeichnenden – Fall von X.1.35.1 auf die hergebrachten Grundsätze des römischen Prozessrechts mit seinem Übergang von Natural- zu Geldkondemnation und Interesseersatz kaum zurückgreifen. Bischof Gratus sicherte dem Gläubiger Antigonus hier die Verhängung kirchlicher Disziplinarmaßnahmen zu, nicht nur gegen Optantius selbst, sondern gegen den gesamten conven-

---

73 Das ist in der Literatur nie bezweifelt worden und wird stets so dargestellt; anschaulich Landau (Fn. 13), 766 f.
74 Hierzu Knut Wolfgang Nörr, Die kanonistische Literatur, in Handbuch der Quellen und Literatur der neueren europäischen Privatrechtsgeschichte I, 365–382, hier 373 (Apparate des Ricardus Anglicus und des Tancred); zum Apparat des Laurentius Hispanus zur Compilatio prima Schulte, Geschichte der Quellen und Literatur I (Fn. 13), 191, zum Apparat des Vincentius Schulte aaO, 192.
75 Verwendete Ausgabe der Glossa ordinaria zum Liber extra: Decretales Gregorii Papae IX., Venetiis 1604.
76 Zu Bernardus Parmensis de Botone und seinen Schriften Schulte, Geschichte II (Fn. 19) 114 ff; zur Glossa ordinaria des Bernardus de Botone Nörr, Kanonistische Literatur (Fn. 74), 376 unten.
77 Zu den Casus des Bernardus Schulte, Geschichte II (Fn. 19), 115 f.

tus[78]. Um Schuldnerschutz durch Naturalerfüllung ging es – anders als bei X.1.35.3 – hingegen nicht. Die Verhängung von Kirchenstrafen bei Nichterfüllung vertraglicher Vereinbarungen steht gewissermaßen in einer Linie mit den prozessualen Kontumazial-Strafen, die dem kanonischen Prozess geläufig waren und ebenfalls in Exkommunikation und Amtsenthebung bestanden[79]. Für den römischen Prozess erscheint es hingegen fraglich, wieweit im Rahmen des Vollstreckungsverfahrens außer Geld- und Vermögenssanktionen überhaupt Zwangsmittel gegen den erfüllungsfähigen, aber zur Naturalerfüllung nicht bereiten Schuldner zur Verfügung standen[80].

Die Dekretalistik behandelte zum pactum nudum insbesondere die Frage, welche prozessualen Möglichkeiten den Vertragspartnern zur Verfügung stehen, um aus einem pactum nudum zu klagen. Insbesondere ging es um die unmittelbare Erfüllung des gegebenen Versprechens. Nur ganz selten wurde auch das Interesse angesprochen. Actio oder officium iudicis, actio oder denunciatio sind die entscheidenden prozessrechtlichen Stichworte in der Diskussion der Verfahrensmöglichkeiten.

2.3.2.3.2   Peccatum, Naturalrestitution und Naturalerfüllung

Bevor die einzelnen Auffassungen in chronologischer Reihenfolge dargestellt werden – die sich aus der Sekundärliteratur gut erschließen[81] –, soll zunächst auf die Glossa ordinaria des Bernardus de Botone zu X. 1.35.1 eingegangen werden. Die gl. pacta custodiantur führt aus:

„*Item habes hic argumentum, quod ex nudo pacto oritur actio, 12. q.2 quicumque suffragio licet sit contra secundum leges ...*[82], *quia mortaliter peccat recedendo a pacto argumen. 22. q.1 praedicandum.*"

---

78   Da die Fallschilderung keinen Hinweis auf einen anderen conventus enthält, könnte der conventus synodalis, d. h. das Konzil selbst gemeint sein.
79   Zu contumacia und poena contumaciae oben, bei Fn. 55 ff.
80   Kaser/Hackl, Das römische Zivilprozessrecht (Fn. 30), §§ 76 und 96, behandeln als Vollstreckungsmöglichkeit nur die Personalexekution gegen den mittellosen Schuldner, bestehend in Schuldknechtschaft – wenn nicht sogar de facto in Folter, um an geldwerte Sachen des Schuldners oder seiner Familie heranzukommen; als Zwangsmittel gegen den zur Naturalerfüllung unwilligen Schuldner erörtern Kaser/Hackl nur die poena contumaciae und diese nur in Gestalt der Schätzung des Interesses durch den Gläubiger selbst.
81   Nämlich wiederum durch den Beitrag von Landau, Pacta sunt servanda (Fn. 13), 766 ff (Huguccio), 773 f (Laurentius Hispanus), 775 ff (Innozenz IV, Hostiensis).
82   Die Glosse wird hier gekürzt zitiert, da sie sonst durch ihre wörtliche Wiedergabe der allegierten Digestenstelle D. 2.14.7.4–5 zu Missverständnissen Anlass gibt.

[Übersetzung: Ebenso hast du hier das Argument dafür, dass aus einer einfachen Vereinbarung (pactum nudum) eine actio entsteht (Decretum Gratiani C.12 q.2 c.66), obgleich es sich nach den leges gegenteilig verhält …, weil nämlich eine Todsünde begeht, wer sich von einer Vereinbarung zurückzieht.]

Die beiden kanonischen Stellen X. 1.35.1 und Decr. C.12 q.2 c.66 seien, so Bernardus de Botone, Argumente dafür, dass aus einem pactum nudum ein Klagerecht entstehe, wenngleich die legistische Stelle – die er im Wortlaut genau und korrekt zitiert – dagegen spreche. Die Argumente aus dem kanonischen Recht seien jedoch überzeugend, da eine Todsünde begehe, wer eine Vereinbarung nicht einhalte. Weshalb sich aus einer Todsünde des Schuldners in Konsequenz ausgerechnet eine actio, ein Klagerecht für den Gläubiger ergibt, legt Bernardus allerdings nicht dar. Möglicherweise möchte er nur zwei unterschiedliche Ansichten und Ansätze – actio und Todsünde – zu einem übereinstimmenden gedanklichen Ergebnis zusammenführen.

Die Feststellung, wer eine Vereinbarung – und sei es auch ein pactum nudum oder eine einseitige promissio nuda – nicht einhalte, begehe eine Sünde, findet sich auch schon bei dem Kanonisten Huguccio, dem „Verfasser der originellsten Summa zum Dekret Gratians"[83]; diese Summe entstand um 1188 und ist nur in Handschriften überliefert[84]. Huguccio behandelt das nudum pactum an der Dekretstelle C.12 q.2 c.66 (c. quicumque suffragio), die auch Bernardus de Botone in der Glosse zu X. 1.35.1 zitiert. Während Bernardus die Nichteinhaltung von Vereinbarungen als Todsünde bezeichnet – mortaliter peccare[85] –, spricht Huguccio nur von Sünde: „peccaret enim quis nisi nudum pactum observaret honestum tamen licet nulla solemnitas interveniret."[86] Vor allem war es nicht Huguccios Absicht, die Vereinbarungen eines pactum nudum mit einer actio auszustatten und damit die legistische Auffassung – keine actio aus pactum nudum – zu überwinden, sondern er hielt den einfachen richterlichen

---

83 Landau, Pacta (Fn. 13), 766; dort auch zur Entstehungszeit. Zu Huguccio und seiner Summa Decretorum Schulte Geschichte I (Fn. 13), 156 ff; aus neuerer Zeit gibt es zu Huguccio eine Monographie von Wolfgang P. Müller, Huguccio, Washington D.C. 1994.
84 Nörr, Kanonistische Literatur (Fn. 74), 372, und Schulte I (Fn. 13) Seite nennen keine Editionen.
85 Von mortaliter peccare spricht auch Hostiensis, Summa aurea (Fn. 5), De pactis, § Quis sit effectus, fol. 61rb.
86 Huguccio, Summa Decreti, zu c. quicumque suffragio (Decretum C.12 q.2 c.66) [„Es würde nämlich jemand sündigen, wenn er ein ehrenhaftes pactum nudum nicht einhielte, auch dann, wenn keine Förmlichkeiten angewendet wurden."]

Erfüllungszwang für ausreichend, der sich aus dem Bedürfnis der Vermeidung oder Wiedergutmachung der Sünde ergibt: „Sed non exigitur, quod semper proponatur actio sed simpliciter proponatur factum et postuletur officium iudicis ut ille cogatur ad solvendum promissum."[87] Dieser Zwang wird verstärkt durch den von Huguccio angeführten Satz, die Sünde des Vertragsbruchs könne nicht vergeben werden, wenn das Versprechen nicht doch noch erfüllt werde: „promissor non excusatur a peccato nisi adimpleat promissum si potest."[88]

Dieser Satz steht in enger Verbindung mit einem moraltheologischen Grundsatz, der auch unter die regulae iuris des Liber extra aufgenommen wurde; er ist stärker auf Sachen hin formuliert, lässt sich aber auch auf Gegenstände allgemein beziehen: „Peccatum non dimittitur, nisi restituatur ablatum"[89]. Hieraus ergibt sich die interessante Frage, ob statt der Naturalerfüllung eine Interesseleistung als Voraussetzung der Sündenvergebung genügte. Wenn beispielsweise eine gestohlene Sache wegen Zerstörung o. ä. nicht mehr zurückgegeben werden kann, wird man sicher eine Interesseleistung für ausreichend halten müssen. Andererseits sieht man jedoch in der Restitutionspflicht des Liber extra den Ursprung des Prinzips der Naturalrestitution, der im kanonischen Recht, in der Rechtslehre der spanischen Spätscholastik und im Naturrecht den Ausgleich des Schadens in Geld verdrängte[90]. Soweit es Vermögensschäden und vermögenswerte Interessen betraf, ging der Grundsatz der Naturalrestitution einher mit einer Einschränkung des ersatzpflichtigen Schadens und mit einschränkenden

---

87 Huguccio, Summa Decreti, zu c. quicumque suffragio (Fn. 86), zitiert nach Landau (Fn. 13), 767, n.31, [„Aber es wird nicht gefordert, dass immer eine actio angegeben werde, sondern es soll einfach der Sachverhalt angeben werden und es soll eine Amtshandlung (sc. des Richters) beantragt werden, dass jener (sc. der verklagte Schuldner) gezwungen werde, das Versprechen zu erfüllen."]

88 Huguccio, Summa Decreti, zu c. quicumque suffragio (Fn. 86), zitiert nach Landau (Fn. 13), 767, n.27, [„der Versprechende wird von seiner Sünde nicht losgesprochen, bis er nicht das Versprechen erfüllt hat, wenn er es kann."].

89 X. 5.12, De regulis iuris, reg. IV [„Eine Sünde wird nicht vergeben, wenn nicht das Entwendete zurückerstattet wird."]

90 Zum kanonistischen Ursprung des heutigen § 249 BGB Udo Wolter, Das Prinzip der Naturalrestitution in § 249 BGB: Herkunft, historische Entwicklung und Bedeutung, 1985; Lange, Schadensersatz (Fn. 3), 69–71, 70 f. Nils Jansen, Schadensrecht. §§ 248–253, 255, in Historisch-kritischer Kommentar, Band II/1, 2007, übergeht das mittelalterliche kanonische Recht und beginnt erst mit der kanonistisch-theologisch geprägten Rechtsschule von Salamanca; interessant hierzu Rrn.17 ff, insb. Rn.19.

Grundsätzen einer Berechnung in Geld[91]. Soweit es um sog. immaterielle Schäden ging, führte die Naturalrestitution auch zur Wiedergutmachung immaterieller Schäden, jedoch nicht in Geld, sondern auf dem Wege eines der Natur der Schädigung entsprechenden Ausgleichs; Thomas von Aquin nennt hier als Beispiel die Entschuldigung nach einer Beleidigung[92]. Man erkennt, dass der Ansatz beim peccatum in der Vertragslehre zur unmittelbaren Erfüllung immaterieller Vertragsinteressen führt, die sich nicht in Geld bewerten lassen, wie er entsprechend auch im Schadensrecht die Wiedergutmachung immaterieller Schäden ermöglicht.

Auch die Vermeidung von Geldleistungen des Schuldners könnte damit beabsichtigt gewesen sein. Vor dem Hintergrund des Talionsprinzips[93], des Grundsatzes nämlich, sich bei der Vergeltung auf Gleiches zu beschränken, und beim Schadensausgleich damit ebenfalls nicht über Art und Maß des zugefügten Schadens hinauszugehen, handelt es sich bei der Vermeidung von Schadensersatz in Geld allerdings um ein Gerechtigkeitsgebot. Dies gilt nicht nur für den Schadensausgleich, sondern auch für die Art und Weise der Vertragserfüllung und des Erfüllungsersatzes.

2.3.2.3.3 Verfahren per denuntiationem und Verfahren per actionem

Wie gezeigt, ergibt sich für Huguccio aus dem pactum nudum eine Pflicht zur Einhaltung – im Sinne von Naturalerfüllung – der getroffenen Vereinbarung; Nichterfüllung wurde als Sünde betrachtet, zu deren Vergebung erforderlich war, die Naturalerfüllung nachzuholen. Für die prozessuale Durchführung wurden von den nachfolgenden Kanonisten zwei unterschiedliche Wege diskutiert: Nach der einen Ansicht sollte das gerichtliche Verfahren mit einer denuntiatio, Anzeige, eingeleitet werden. Papst Innozenz IV (Sinibaldus Fliscus) hat sich in seinem Dekretalenkommentar für diesen

---

91   Hinweise hierzu bei Jansen (Fn. 90), Fn. 18; kennzeichnend auch die Schwierigkeiten, Naturalrestitution vor oder neben Kompensation durchzusetzen, Jansen, aaO, Rnr. 33, 34, 37. Was Jansen vielleicht zu wenig herausstellt, ist der Umstand, dass nach der Formulierung des Spätscholastikers Molina nur der Zustand vor der Schädigung herzustellen war – „reductio ad id omnino, in quo (laesus) ante laesionem erat", nicht der Zustand, wie er jetzt ohne die Schädigung bestehen würde; zur Formulierung Molinas Jansen, aaO, Rn.18, Fn. 101; „restitutio in pristinum statum" bei Baldus, Lange, Schadensersatz (Fn. 3), 70.
92   Thomas von Aquin, Summa theologiae, IIaIIae, q. 62 art.2, 3. und ad tertium, nach Jansen (Fn. 90), Rn.19, Fn. 113.
93   Zum Talionsgrundsatz im Altertum Eckart Otto, Die Geschichte der Talion, in: Eckart Otto, Kontinuum und Proprium, Studien zur Sozial- und Rechtsgeschichte des Alten Orients und des Alten Testaments, 1996, 224–245.

„modus agendi" nachdrücklich eingesetzt[94] und verwendet dabei die Elemente, die sich schon bei Huguccio finden: Vertragsbruch als Sünde und Exkommunikation als disciplina ecclesiastica, um Vertragstreue herbeizuführen. Vertragstreue wäre durch Naturalerfüllung gewahrt; offenbleibt, ob und wie auch über Ersatz von Verzugsschäden u. ä. in einem solchen Verfahren hätte entschieden werden können. Denunziation war die gebräuchliche Einleitung eines kirchlichen Strafverfahrens[95]. Durantis zufolge fand sie aber auch statt, wenn es um ein peccatum ging, das im Wege einer kirchlichen Entscheidung korrigiert werden sollte; sie diente insgesamt, so für Verträge und Vertragserfüllung wichtig, unmittelbar nicht der Durchsetzung privater Interessen[96].

Das Denunziationsverfahren hat sich in der mittelalterlichen Kanonistik als prozessualer Weg zur Einhaltung von pacta nuda nicht durchgesetzt. Schon Hostiensis, ein Zeitgenosse von Papst Innozenz IV, hat es als allgemeines gerichtliches Verfahren zur Vertragserfüllung abgelehnt und es auf Sonderfälle wie eidliches Versprechen, Friedensbündnisse (foedera pacis), Versagen der Gerichtsbarkeit (defectum iustitiae) beschränken wollen[97]. Interessant ist, dass Hostiensis es auch immer dann zulassen möchte, wenn die Denunzianten – d. h. bei pacta nuda eine der Vertragsparteien – arme, unterdrückte Leute sind, „ubi denunciantes pauperes sunt et oppressi"[98]. Der Gruppe der Armen und Bedrängten möchte man einen einfachen, inquisitorischen Weg eröffnen, sich für ihre Rechte Durchsetzung zu verschaffen; sie sollen nicht den Weg des normalen Zivilprozesses nehmen müssen, der wegen der erforderlichen Parteihandlungen eine gewisse Bildung und Versiertheit, meist auch die Hilfe eines Anwalts,

---

94 Hierzu Landau, Pacta sunt servanda (Fn. 13), 775 unten f; Lange (Fn. 3), 902.
95 Landau, Pacta (Fn. 13), 776 f mit Fn. 65 und 66.
96 Durantis, Speculum iudiciale (Fn. 46), lib. III, part.1, De denunciatione, § 2 nu.14 (25b): „ [Denunciatio canonica generalis potest dici] … cum agitur de peccato in iudicio ecclesiastico corrigendo, in quo aliquod privatum non includitur interesse" [Eine denunciatio canonica generalis kann genannt werden … wenn über die Korrektur einer Sünde in einem kirchlichen Gerichtsverfahren entschieden wird, in welchem keinerlei privates Interesse eingeschlossen ist".]
97 Henricus de Segusio/Hostiensis, Commentaria in sextum librum decretalium, Venedig 1581 (im Nachdruck Turin 1965 findet sich dieser Kommentar nach Henricus de Segusio, Commentaria in quinque libros Decretalium, Venedig 1581), zu VI. 3.20.1 (De censibus, c. Romana), nu.33 (fol.26vb unten); Landau (Fn.), 777, Fn. 65.
98 Henricus de Segusio, Commentaria in sextum librum decretalium, aaO (Fn. 98). Ähnlich auch Henricus de Segusio, Commentaria in quinque libros Decretalium (Fn. 20), zu X. 2.1.13: „Iudex ecclesiasticus hanc denunciationem non debet admittere indistincte, nisi quando hanc (sc. denunciationem) proponat persona miserabilis et depressa."

voraussetzt, sondern sie sollen durch denunciatio letztlich eine Untersuchung ihres Rechtsfalles von Amts wegen in Anspruch nehmen können.

Die Armen und Bedrängten sind hier die Gläubiger nicht eingehaltener vertraglicher Zusagen. Ihr Interesse einer Vertragserfüllung ist nicht notwendig auf Naturalerfüllung gerichtet, sondern es wäre ihnen als Gläubiger durch Geldersatz sicher ebenso sehr geholfen. Für den Gläubiger bildet die Naturalerfüllung den Kerngehalt seines Interesses, andererseits aber auch nicht mehr als die Minimalforderung, sei es bei einseitigen Zusicherungen unter dem Gesichtspunkt des Vertrauens, sei es bei erbrachten Gegenleistungen unter dem Gesichtspunkt des Ausgleichs und der Vertragsgerechtigkeit.

So stehen die Armen und Unterdrückten in der zuerst besprochenen Dekretalenstelle X. 1.35.3 als Schuldner im Mittelpunkt einer Eindämmung des Geldersatzes zugunsten der Naturalerfüllung und als Gläubiger in der Stelle X. 1.35.1 im Zentrum der Frage nach der richtigen prozessualen Realisierung von pacta nuda. Wie am Beispiel des Hostiensis gezeigt wurde, hat die Kanonistik den bequemen prozessualen Weg der denunciatio auf pauperes et oppressi beschränkt, ihn dieser schutzbedürftigen Gruppe andererseits nicht nur für pacta nuda eingeräumt, sondern für Ansprüche aus allen Arten von Verträgen.

Was allgemein die Erfüllung der pacta nuda betrifft, ist die Kanonistik letztlich den rechtlich durchgeformten, von der Legistik gewiesenen Weg gegangen: Man gewährt den Vertragsparteien auch bei pacta nuda eine actio, ein Klagerecht, um die Erfüllung auf dem allgemeinen zivilprozessualen Weg gerichtlich durchsetzen zu können[99]. Neben der Entscheidung für das normale prozessrechtliche Verfahren war mit der Gewährung einer actio vielleicht auch intendiert, dem Gläubiger aus einem pactum nudum neben der Naturalerfüllung noch die Möglichkeit des Geldersatzes einzuräumen, die im Weg der Klage mit einer actio grundsätzlich eröffnet war, wohl aber nicht im Verfahren der denunciatio.

2.3.3 Schluss

Im Mittelpunkt meines exegetischen Interesses an zwei maßgeblichen Stellen des kanonischen Rechts zur Vertragslehre stand die Frage, wieweit die mittelalterliche Kirche dem eigenen Anspruch gerecht geworden sei, den Armen und Unterdrückten zu

---

99 Hierzu Landau (Fn. 13), 773 f zu Laurentius Hispanus und Johannes Teutonicus und 776 f zu Hostiensis.

helfen, insbesondere prozessual und zwangsvollstreckungsrechtlich. Dieser Anspruch, der über das römische Recht auch in seiner christlich angepassten Spätform deutlich hinausreicht, machte mir die beiden Quellenstellen liebens- und anerkennenswert. Es hat sich gezeigt, dass in der einen Stelle die Armen als Schuldner, in der anderen Stelle als Gläubiger zu vermuten sind. Der ursprünglich für den vermögenslosen, bedrängten Schuldner angeordnete Schutz vor Geldersatz zugunsten der nach römischem Recht kaum bestehenden Möglichkeit einer Naturalerfüllung tritt in der mittelalterlichen, stark gekürzten Fassung der kirchlichen Quellenstelle – X 1.35.3 – zwar kaum noch hervor, sondern musste der Betonung der gerichtlichen Durchsetzbarkeit vertraglicher Vereinbarungen weichen. Dennoch setzte sich im kanonischen Recht die Möglichkeit der Naturalerfüllung auch noch nach Klageerhebung weitgehend durch, während nach römischem Recht – und in der Legistik – dann oft ein Schadens- und Interesseausgleich in Geld für den Schuldner zwingend wurde.

In der zweiten Stelle stehen sich im Ausgangstext zwei Bischöfe gegenüber – Arme sind also nicht betroffen –, und es geht zunächst um das Ziel, entgegen den prozess- und vollstreckungsrechtlichen römischen Grundsätzen unmittelbar Erfüllung der Vereinbarungen selbst durchzusetzen. Denn das Interesse an der Einhaltung der vertraglichen Absprachen war im Fall von X.1.35.1 kaum in Geld zu erfassen. Den Erfüllungszwang suchte man dabei dauerhaft durch Einsatz der disciplina ecclesiastica zu steigern – Suspendierung vom Amt, Ausschluss von der Eucharistie und Exkommunikation –; zeitweise sollte dabei auch das Denunziationsverfahren angewendet werden, das ohne Parteiprinzip maßgeblich in der Verantwortung des Richters lag. Man beschränkte das Denunziationsverfahren schließlich auf „pauperes et oppressi" als Antragsteller und Begünstigte, denen man die Durchsetzung ihrer vertraglichen Rechte dadurch prozessual erheblich erleichterte.

2.4 Das Recht als Schneeball – Die menschliche Freiheit in der Lectura des Nicolaus de Tudeschis
David von Mayenburg

2.4.1 Die Quelle

Nicolaus de Tudeschis (genannt Panormitanus), Commentaria in Tertium Decretalium librum etc., Venedig 1582, zu X 3.49.3, n.1, fol. 261r.[1]
[...] Not. 1. quod etiam ecclesia potest habere rusticos adstrictos, et necessarios. Et nil mirum, nam et servos habere potest, ut [C.12 q.2 c.69, C.12 q.2 c.68]. Et adverte quia tex[tus] iste iudicio meo potest intelligi dupliciter. Primo in colonis nostri temporis, qui aut pro certa mercede, aut pro certa quota fructuum se obligauerunt ad certum tempus, vel incertum ad agros colendos. His enim obligatis durante tempore non licet illorum agrorum culturam deserere, quia contractus a principio sunt voluntarii, ex postfacto vero sunt necessitatis ut [C. 4.10.5]. Unde per hunc tex[tum] dicit [Speculum Iudiciale in titulo De locato § nunc aliqua, versi 138[2]] quod si emphyteuta vult dimittere rem, quam habet in emphyteusim, domino contradicente, non potest ut [dito, C.4.10.5]. Secundo modo potest intelligi de rusticis adscriptitiis, qui sunt in perpetuum adscripti & obligati glebae, i[d est] terrae, qui non habent facultatem inde recedendi, et tales sunt in veritate liberi, unde non possunt vendi sine terra, et possunt habere proprium et testari, in multis tamen equiparantur servis. Et de differentiis inter istos, et servos vide [Glossa ordinaria ad C.11.48.21; et C.1.9.2] et in istis adscriptitiis intelligit gl[ossa ordinaria] istum tex[tum]. Ex quo infertur, quod ecclesia potest habere istos adscriptitios, licet sint in veritate liberi. Ex quo etiam infert, quod ecclesia approbat nedum servitutem, sed etiam istam

---

1 Der Text wurde bei der Transkription behutsam der heutigen Schreibweise angepasst. Grundlage bildete die auf CD-ROM erschienene Faksimile-Ausgabe dieser Edition: Barbara Bellomo (Hrsg.), Nicholaus de Tudeschis (Abbas Panormitanus): Commentaria in Decretales Gregorii IX et in Clementinas Epistolas, CD-Rom 2, Milano o. J.
2 In neueren Ausgaben erscheint die entsprechende Passage unter dem Titel „De emphyteusi" bei Randnummer 154, so etwa in der Ausgabe Frankfurt 1592, 285.

conditionem, quasi servitutem in hominibus liberis. Sed quoniam ipsi reperiuntur in multiplici specie, et saepe ignorantur vocabula, pro sequar hic quaedam, quae tanguntur per Host[iensem] in summa de natis ex libero ventre [§ sic fecimus alias incipit § et in quibus]. Scias enim, quod agricola est nomen generale, continens sub se multas species, et dicitur agricola, quasi agrum collens. Agricolarum alii dicunt ascriptitii, et alii censiti, et alii perpetui, et alii coloni conditionales, alii inquilini, alii originarii, alii simplices coloni. Ascriptitii dicuntur secundum Host[iensem] in loco prael[ecto] hi, qui per scripturam solo, sive terrae vel glebae sunt scripti, i[d est] adstricti sunt. Fieri autem debet fides de hoc genere, seu obligatione ex duabus speciebus obligationum, s[ive] tam scripturae, quam confessionis, vel depositionis apud acta. Debet enim, secundum eum, prius fieri scriptura, in qua promitunt domino terrae nunquam a solo recedere, et ex tali scriptura constituuntur ascriptitii, imo alia scriptura est necessaria, in qua confiteantur se esse ascriptitios. Sic intelligitur [C.11.48.22] et hoc ne homines de facili detrahantur ad deteriorem conditionem, ut dicit ibi tex[tum] Simile in [C.4.29.16] ubi secunda confessio efficaciam praestat. Adverte haec ut fuit opin[io] glo[ssae] in [C.11.48.21], ut sola pactio non sufficiat ad constituendam quem adscriptitium. Sed Bart[olus] ad [C.11.48.22] tenet oppositum, dicens, quod per solennem stipulationem potest quis sine alio constituere se adscriptitium, et hanc opin[ionem] dicit tenuisse Mart[inus] de Fa[no et] Ant[tonius] de But[rio] [sic!]³. Et ad illam [C.11.48.22] respondet, quod debet intelligi, quod confessio emanavit enunciative, que per se non probat, ut in [VI 5.7.10] Ideo exiguntur alia adminicula, et secunda confessio seu cursu 30 ann[is] ut ibi. Et ad [C.11.48.21] respondet, quod debet intelligi de pactione non solenniter facta, s[ive] per stipulationem. Nam tunc exiguntur adminicula de quibus in [C.11.48.22]. Mihi tamen plus placet opinio Hostiensis tum quia magis congruit literae illius [C.11.48.22]. Tum quia, cum iste ascripticius parum differat a servo iuxta not[a] in [C.11.48.21] et in [C.1.9.2] non videtur, quod per solam pactionem, licet solennem, debeat trahi ad talem condicionem, sicut non potest quis se vendere ad precium participiandum, nisi vendatur ignoranti, ut not[atum est] [Inst 1.3.4]. Sed si perseverat in suo proposito, ut quia ultra obligationem iterum consenserit, seu

---

3 Bei der Bezeichnung dieses Autors ist dem Drucker der vorliegenden Ausgabe ein Fehler unterlaufen: Die Abkürzung „Ant. de But." verweist auf den Kanonisten Antonius de Butrio (1338–1408). Gemeint ist aber der Legist Andrea Bonello de Barulo (2. Hälfte 13. Jahrhundert). Auch andere Drucke schreiben den Namen falsch, so etwa als „Anto. de Bar" in der Ausgabe Lyon 1527, fol 315re. Richtig wird er dagegen in früheren Drucken (z. B. Lyon ca. 1500, fol. BB b IIIre und Roma ca. 1480, fol. 193ve) als „An. de bar" abgekürzt.

confessus fuit se esse ascriptitium, praeiudicat sibi, ex quo ex toto non efficitur servus. Facit optime, quod leg[e] et no[ta] in [X 3.17.4] et in praedicta [C.4.29.16]. Et ex his not[a] ar[gumenta] pro et contra, an in perpetuum possit quis locare operas suas, de quo vide quod not[atum est] in [C.3.33.14] et in [Ulp. D.45.1.72] et utrobique per Bar[tolus]. [...]

Übersetzung[4]
Festzuhalten ist zunächst, dass auch die Kirche Bauern haben kann, die „Gebundene" (*adstricti*) oder „Verbundene" (*necessarii*) genannt werden. Und das ist nicht verwunderlich, denn sie kann auch Sklaven haben (*Decretum Gratiani* C.12 q.2 c.69 und C.12 q.2.c.68). Und man beachte, dass der hier kommentierte Text meiner Meinung nach in einem doppelten Sinne verstanden werden kann. Zum einen in Bezug auf die Bauern (*coloni*) unserer Tage, die sich entweder für einen bestimmten Lohn oder gegen Zahlung einer bestimmten Quote ihrer Ernte für eine bestimmte oder unbestimmte Zeit zur Bestellung der Felder verpflichten. Ihnen ist es aber aufgrund ihrer vertraglichen Bindung während der Laufzeit des Vertrages nicht erlaubt, die Bestellung ihrer Felder aufgeben und sich zu entfernen, da die Verträge zwar aus *ex-ante*-Sicht freiwillig, aus *ex-post*-Sicht aber zwingend sind [so *Codex Iustinianus* C.4.10.5]. Daher sagt zu diesem Text Durantis [Wilhelm Durantis, *Speculum Iudiciale*, Buch 4 Teil 3, Tit. *De emphyteusi*, § *nunc aliqua*, Randnummer 154[5]], dass kein Landpächter die gepachtete Sache gegen den Willen des Eigentümers aufgeben dürfe. Zum anderen kann der Text auf die schollengebundenen Bauern (*adscriptitii*) bezogen werden, die für immer an die Scholle, also den Boden, gebunden [eigentlich: „angeschrieben"] und ihr verpflichtet sind, und die nicht die Erlaubnis haben, sich von ihr zu entfernen. Und diese sind in Wirklichkeit Freie, da sie nicht ohne ihre Scholle verkauft werden dürfen, weil sie Eigentum haben dürfen und testierfähig sind. Doch in vielerlei Hinsicht stehen sie dennoch auch den Sklaven gleich. Und zu den Unterschieden zwischen ihnen und den Sklaven siehe [*Glossa ordinaria* zu C.11.48.21 und C.1.9.2] und auf diese Schollengebundenen bezieht die *Glossa ordinaria* den hier kommentierten Text. Man kann daraus schließen, dass die Kirche solche Schollengebundenen besitzen darf, obgleich sie eigentlich Freie sind. Weiter lässt sich daraus schließen, dass die Kirche nicht nur die Knechtschaft

---

4   Es handelt sich hier um eine Rohübersetzung des Verfassers. Eine publizierte Übertragung ins Deutsche liegt bislang nicht vor.

5   In neueren Ausgaben erscheint die entsprechende Passage unter dem Titel „*De emphyteusi*" bei Randnummer 154, so etwa in der Ausgabe Frankfurt 1592, 285.

(*servitus*) billigt, sondern auch diesen Status, sozusagen die Knechtschaft freier Menschen. Weil man diese Schollengebundenen aber in vielerlei Formen vorfindet, und man deren Bezeichnungen oft nicht kennt, beziehe ich mich hier auf einiges, das Hostiensis in seiner *Summa Aurea* behandelt [Henricus de Segusio (Hostiensis), Summa Aurea, Buch 4, Tit. *De Natis ex libero ventre* und Tit. *De Agricolis*[6]]. Man beachte nämlich, dass „Landwirt" (*agricola*) ein Oberbegriff ist, mit einer Vielzahl von Unterbegriffen, und er heißt Landwirt, da er das Land bewirtschaftet. Einige dieser Landwirte nennt man Schollengebundene (*ascriptii*[7]), und Zinspflichtige (*censiti*), und andere Dauerhafte (*perpetui*[8]), und andere „ersessene" Bauern (*coloni conditionales*[9]), andere Insassen (*inquilini*[10]), nachgeboren Schollengebundene (*originarii*[11]), oder einfache Bauern (*simplices coloni*[12]). Nach Hostiensis sind Schollengebundene jene, die durch ein Schriftstück dem Boden, also einem Stück Land oder der Scholle, verschrieben, also verbunden sind. Der Rechtsglaube (*fides*) an das Bestehen dieser Gattung oder Verpflichtung muss sich auf zwei Arten von Verpflichtungserklärungen stützen, nämlich einerseits auf das *scriptura* genannte Schriftstück und andererseits auf das als „Bekenntnis" (*confessio*) oder „Erklärung zu den Akten" (*depositio apud acta*) bezeichnete Dokument. Seiner Auffassung nach muss nämlich zunächst die *scriptura* errichtet werden, in der die *ascriptitii* dem Grundherrn versprechen, niemals von der Scholle zu weichen, und durch diese *scriptura*

---

6   Die von Panormitanus zitierten Absätze „*et in quibus*" und „*sic fecimus*" beziehen sich auf zwei aufeinanderfolgende Titel: Im Titel „*De natis ex libero ventre*" kommentiert Hostiensis X 4.10. un, lässt auf diesen Titel aber einen weiteren „*de agricolis*" folgen, der nicht an den Text des *Liber Extra* anknüpft. Verwendet wurde hier die Ausgabe: Henrici de Segusio cardinalis Hostiensis Summa aurea etc., Bd. 4, Venezia 1576, Sp. 1327–1330.
7   *Ascriptii* oder *A(d)scriptitii* waren abhängige Bauern, die rechtlich als Bestandteile des von ihnen bewirtschafteten Ackers behandelt wurden, also an die Scholle gebunden waren: Samuel Oberländer (Hrsg.), Lexicon juridicum romano-teutonicum etc., Nürnberg 1753, 133.
8   Der *colonus perpetuus* war zur Bestellung des Guts gegen Zinspflicht ohne Zeitbegrenzung verpflichtet: Oberländer, Lexicon (Anm. 7), 155, vgl. C.11.26.un.
9   Der *colonus conditionalis* ist ein Bauer, der nach 30jähriger Dienstpflicht von Gesetzes wegen in diesem Status bleibt: Oberländer, Lexicon (Anm. 7), 155, vgl. auch: C.11.48.23.1.
10 Der *colonus inquilinus* bewirtschaftete ein fremdes Gut selbst oder durch bei ihm Beschäftigte und war nicht an die Scholle gebunden, Oberländer, Lexicon (Anm. 7), 155.
11 Die *originarii* waren Nachkommen der *ascriptitii*, die aufgrund dieser Abstammung in deren Rechtszustand nachrückten: Oberländer, Lexicon (Anm. 7), 505.
12 *Colonus simplex* steht für den gewöhnlichen vertraglich zinsverpflichteten Bauern: Oberländer, Lexicon (Anm. 7), 155.

werden sie zu Schollengebundenen. Allerdings ist ein weiteres Schriftstück erforderlich, in dem die *ascriptitii* bekennen, tatsächlich Schollengebundene zu sein. So ist [Codex Iustinianus C.11.48.22] zu verstehen und als Grund wird dort genannt, dass Menschen nicht ohne Weiteres in eine standesgeringere Position gezogen werden dürften. Ähnliches ordnet [Codex Iustinianus C.4.29.16] an, wo eine zweite Erklärung für die Wirksamkeit erforderlich ist. Man beachte hierzu, dass auch nach Auffassung der Glosse zu [Codex Iustinianus C.11.48.21] ein einziger Vertrag (*pactio*) nicht hinreicht, um jemanden zum Schollengebundenen zu machen. Doch Bartolus behauptet in seinem Kommentar zu [Codex Iustinianus C. 11.48.22] das Gegenteil und sagt, dass man aufgrund einer feierlichen Stipulation ohne weiteres zum Schollengebundenen werden könne und er behauptet, dass auch Martinus de Fano und Andrea de Barulo[13] dieser Auffassung gewesen seien. Und [Codex Iustinianus C.11.48.22] versteht er so, dass die *confessio* deklaratorischen Charakter habe und für sich genommen nichts beweise [vgl. *Liber Sextus* 5.7.10]. Deswegen verlange man andere Hilfsmittel und eine zweite *confessio* oder den Ablauf einer Frist von 30 Jahren, wie in der zitierten Stelle. Und zu [C.11.48.21] bemerkt Bartolus, dass sich dieser Text auf eine schlichte, nicht feierliche Absprache – also keine Stipulation – beziehe. Denn dann benötige man Hilfsmittel der in [C.11.48.22] genannten Art. Ich ziehe trotzdem die Meinung des Hostiensis vor, denn sie trifft den Wortlaut dieser Regelung [C.11.48.22] besser. Denn auch wenn sich ein solcher Schollengebundener von einem Sklaven kaum unterscheiden mag [C.11.48.21] und es nach [C.1.9.2] nicht so aussieht, als dürfe er sich nicht durch eine einfache Verabredung, und geschehe sie auch in Form einer Stipulation, in eine standesniedrigere Position begeben, so kann er sich ebensowenig selbst verkaufen um am Kaufpreis Anteil zu nehmen, es sei denn er werde an einen arglosen Käufer verkauft [vgl. Institutionen 1.3.4]. Doch wenn er auf seinem Vorhaben beharrt, so dass er nach dem Abschluss des ersten Vertrags ein weiteres Mal einwilligt oder bekennt, dass er ein Schollengebundener sei, so trifft er eine Entscheidung über sich selbst, aus der er aber insgesamt nicht zum Sklaven wird. Hierzu treffend [*Liber Extra* X 3.17.4] und [C.4.29.16]. Und man notiere daraus die Argumente für und gegen die Berechtigung, seine Arbeitskraft auf Ewigkeit zu vermieten, wozu man lese, was in [C. 3.33.14] und in [Digesten 45.1.72 (Ulpian)] beschrieben wird, sowie zu beiden Fundstellen die Kommentierung des Bartolus.

---

13 Vgl. oben, Fn. 6.

2.4.2 Exegese[14]

2.4.2.1 Autor und Werk

Unser Text stammt von einem Autor, der 1386 geboren wurde und 1445 starb und damit in einer Zeit lebte, in der die mittelalterliche Wissenschaft vom kanonischen Recht eine letzte Blüte erlebte, ehe mit der humanistischen Jurisprudenz eine neue Ära begann[15].

Bereits die Zeitgenossen nannten ihn „Panormitanus", den Mann aus Palermo, denn dort war er 1434 Erzbischof geworden. Sein „bürgerlicher" Name war Nicolaus de Tudeschis. Man hat daraus abgeleitet, dass er aus einer ursprünglich deutschen Familie stammte (daher „Tudeschis"), die zur Führungsschicht im sizilianischen Catania gehörte. Bereits sehr früh trat er in den Benediktinerorden ein. Seine große Begabung ermöglichte es ihm, ein Rechtsstudium in Bologna aufzunehmen, also jenem Ort, der seit Jahrhunderten als das wichtigste Zentrum der Rechtswissenschaft galt. In Bologna und dann Padua studierte er seit etwa 1406 kanonisches Recht bei den wichtigsten Juristen seines Zeitalters und begann 1412 auch selbst mit dem Unterricht, wo er zunächst in Bologna und Parma, später dann bis 1430 in Siena und dann wieder in Bologna kanonisches Recht lehrte. 1421 machte ihn Papst Martin V. zum Generalauditor der Camera Apostolica, also dem Leiter des päpstlichen Schatzamts[16]. Es begann eine politische Karriere, in deren Verlauf Nicolaus de Tudeschis zu einer Schlüsselfigur in den Auseinandersetzungen auf dem Konzil von Basel wurde. Es spricht für die enorme Schaffenskraft dieses Mannes, dass er neben seiner politischen Karriere und seinem seit 1425 ausgeübten Amt als Abt von St. Maria de Maniaco in Messina auch weiterhin in der kanonistischen Lehre und Forschung tätig blieb. Erst 1435, als

---

14 Im Kontext dieser Exegese erfolgen nur die wichtigsten Hinweise auf die Literatur. Für eine ausführlichere Analyse und weiterführende Literatur vgl. David von Mayenburg, ‚Unterm Krummstab ist gut leben'? – Bäuerliche Freiheit im mittelalterlichen Kirchenrecht, in: Joseph Goering/Stephan Dusil/Andreas Thier (Hrsg.): Proceedings of the Fourteenth International Congress of Medieval Canon Law, Toronto, 5–11 August 2012 (Monumenta Iuris Canonici, Series C: Subsidia 15), Città del Vaticano 2016, 997–1020.

15 Zur nachfolgenden Biographie des Panormitanus mit Werkübersicht und weiterführender Literatur: Kenneth Pennington, Nicolaus de Tudeschis, in: Ders., Bio-Bibliographical Guide to Medieval and Early Modern Jurists, online [https://amesfoundation.law.harvard.edu/BioBibCanonists/Report_Biobib2.php?record_id=r450], besucht am 25.6.2020.

16 Zu diesem Amt ausführlich: Paul Hinschius, System des katholischen Kirchenrechts mit besonderer Rücksicht auf Deutschland, Bd. 1, Berlin 1869, 405.

er Erzbischof von Palermo wurde, musste er seine wissenschaftliche Arbeit beenden. 1445 starb er in Palermo.

Das kanonische Recht, also das Recht der Kirche, ist eine Rechtsmasse, die sich im Wege permanenter Anreicherung seit der Antike fortentwickelt hatte. Weil seine Rechtsquellen, also die Beschlüsse der Bischofssynoden (Konzilien), die Entscheidungen der Päpste (Dekretalen) und die als Kirchenrecht anerkannten Fragmente aus Schriften der Kirchenväter als göttliche Gesetze galten, waren sie mit einer Art Ewigkeitsgarantie ausgestattet. Im Prinzip konnten kirchliche Rechtssätze weder ohne weiteres abgeschafft noch bei der Rechtsanwendung ignoriert werden. Da aber die Normproduktion unvermindert weiterging und mit dem Dekretalenrecht der großen Juristenpäpste des 12. und 13. Jahrhunderts und der aufblühenden Kommentarliteratur sogar noch beinahe exponentiell angewachsen war, war es über die Jahrhunderte unvermeidlich zu einer permanenten Vermehrung der Rechtsquellen gekommen. Wie ein Schneeball, der, wenn man ihn einen Hügel herunterrollt, permanent weiteren Schnee aufnimmt und dabei immer größer wird, hatte das Kirchenrecht auf diese Weise bis zum Spätmittelalter einen beachtlichen Umfang erreicht. Wer dies alles beherrschen wollte, musste nicht nur sehr belesen sein, sondern auch über ein phantastisches Gedächtnis verfügen.

Der hier behandelte Text stammt aus dem größten und wichtigsten Buch des Panormitanus, seiner *Lectura in Decretales*. Es handelt sich um ein Werk von wahrhaft monumentalem Umfang: Nimmt man die hier herangezogene Druckausgabe von 1582 zur Hand, umfasst sie mehr als 3.200 eng bedruckte, großformatige Seiten. Die *Lectura* ist ein Kommentar zum *Liber Extra*, also jener 1234 als päpstliches Gesetzbuch promulgierten kirchenrechtlichen Sammlung, die Papst Gregor IX. (ca. 1127–1241) in Auftrag gegeben und Raymund von Peñaforte (ca. 1180 – ca. 1275) zusammengestellt hatte[17].

Panormitanus benötigte für die Arbeit an seinem Kommentar viele Jahre. Man geht heute davon aus, dass er mit der Aufnahme seiner Lehrtätigkeit um 1411 damit begann und den größten Teil während seiner Zeit in Siena niederschrieb. Die Kommentierung zum dritten Buch des *Liber Extra* hatte er wohl um 1431 abgeschlossen.

Die Tatsache, dass die Kommentierung im Kontext des juristischen Unterrichts entstand, ist für das Verständnis des Texts besonders wichtig. Wie bereits die Bezeichnung *Lectura* (lat. Vorlesung) nahelegt, handelt sich nämlich im Kern um ein entwe-

---

17 Übersichtlich zu den im Corpus Iuris Canonici zusammengefassten Quellen des klassischen Kirchenrechts: Andreas Thier, Art. Corpus Iuris Canonici, in: Albrecht Cordes u. a. (Hrsg.), Handwörterbuch zur deutschen Rechtsgeschichte, 2. Aufl., Bd. 1, Berlin 2008, Sp. 894–901.

der von Panormitanus selbst oder einem von ihm beauftragten Schreiber (*reportator*[18]) für Unterrichtszwecke niedergeschriebenes Vorlesungsmanuskript, das dann zunächst unter seinen Studenten kursierte und sich nach deren Rückkehr in ihre Heimatregionen durch wiederholte Abschriften in ganz Europa verteilte. Damit änderte sich allmählich auch die Funktion des Textes. War er zunächst die Referenz des Autors für die Gestaltung seiner Vorlesung, wurde er in der Hand der Studenten zum Lehrbuch und noch später, nachdem die Studenten die Universität verlassen hatten, zur Quelle der Rechtsfindung in ihrer jeweiligen Rechtspraxis. Durch diesen Verwendungskontext wird auch die Überlieferungsgeschichte geprägt, denn zum Entstehungszeitpunkt der *Lectura* gab es noch keinen Buchdruck mit beweglichen Lettern. Das Buch überlebte diese Zeit daher in einer Vielzahl von Handschriften, die das Werk mehr oder weniger vollständig wiedergaben und durch ihre mehrfache Reproduktion und die beim handschriftlichen Kopieren unvermeidlichen Schreibfehler und Auslassungen ohnehin nicht identisch waren. Überliefert sind vom Kommentar des Panormitanus zum dritten Buchs des *Liber Extra* mindestens zwanzig Handschriften, die sich über ganz Europa verteilen[19]. Aus dieser niedrigen Zahl darf nicht auf die geringe Bedeutung des Texts für die Zeitgenossen geschlossen werden, denn viele Abschriften sind im Laufe der Jahrhunderte zerstört worden oder verloren gegangen. Wie bedeutend das Werk für die Juristen an der Wende zur Neuzeit war, zeigt die große Zahl von Drucken, die bereits kurz nach Erfindung des Buchdrucks erschienen. Kenneth Pennington belegt als frühesten Druck eine Inkunabel von 1472/73, als spätester wird die hier verwendete Ausgabe Venedig 1582 aufgeführt[20]. Mehr als 150 Jahre nach seiner Entstehung stand der Kommentar des Panormitanus also immer noch so hoch im Kurs, dass ein Drucker das finanzielle Risiko einer Neuauflage auf sich nahm.

---

18 So zur Praxis der legistischen Kommentarliteratur Norbert Horn, Die juristische Literatur der Kommentatorenzeit, in: Ius Commune 2 (1969), 84–129, hier: 87.
19 Die Nachweise zu den einzelnen Handschriften finden sich bei Pennington, Nicolaus de Tudeschis (Anm. 15) und Giovanna Murano, I codici Vat. lat. 2551 e Vat. lat. 2552 autografi del Panormitano, in: Orazio Condorelli (Hrsg.), Niccolò Tedeschi (Abbas Panormitanus) e i suoi Commentaria in Decretales, Roma 2000, 67–90, hier: 77 f., Fn. 24.
20 Pennington, Nicolaus de Tudeschis (Anm. 15).

2.4.2.2 Der kommentierte Text

Da unser Text ein Kommentar ist, versteht man die Quelle nicht, ohne kurz auf die kommentierte Passage im *Liber Extra* einzugehen. Es handelt sich um ein Fragment aus dem 49. Titel des dritten Buchs. Dieses Buch 3 beschäftigt sich mit allen Fragen des kirchlichen Verwaltungs- und Vermögensrechts, der 49. Titel hat Probleme der kirchlichen Immunität zum Gegenstand, definiert also die Kirche in dinglich-gegenständlicher Hinsicht als Raum, der gegen Eingriffe von außen abgeschirmt werden soll.

Der dritte Kanon dieses Titels bringt einen Briefausschnitt, der zur Zeit der Entstehung des *Liber Extra* bereits mehr als 500 Jahre alt ist und in dem Papst Gregor I. (ca. 540–604) seinem Verwalter Vitalis auf Sardinien Anweisungen zum Umgang mit den kircheneigenen Bauern gibt und in freier Übersetzung wie folgt lautet[21]:

> Uns ist *auch* zu Ohren gekommen, dass *zum Besitz* der Kirche *von Cagliari* gehörende Bauern sich unter Aufgabe dieser Felder als *Lohn*arbeiter in privaten Besitztümern verpflichteten, *und es wird vorgetragen, dass der Kirchenbesitz, da sich der Bauer auf anderen Feldern beschäftige, verderbe und nicht mehr geeignet sei, die auf ihm liegenden Abgaben zu entrichten.* Dies soll nach deinem Ermessen nicht gestattet sein[22].

X 3.49.3 enthält also die Anordnung an die kirchliche Domänenverwaltung, das Abwandern von Bauern, die auf kirchlichen Gütern arbeiteten und deren Beschäftigung bei anderen Grundherren zu untersagen. Gregors Befehl entstand im Juli 599 und damit zu einer Zeit, als die Kirche in Sardinien noch alles andere als fest etabliert war. Der Papst versuchte in zahlreichen Briefen, Einfluss auf die Entwicklung auf der Insel zu nehmen und verfolgte vor allem zwei Ziele: Zum einen ging es um die Christianisierung der überwiegend noch heidnischen Landbevölkerung. Wenn die bekehrten

---

21   X 3.49.3 (= Gregor I. an Vitalis, Defensor von Sardinien, a. 599 = 1 Comp. 3.36.3 = JE 1730 = Gregor I. Reg. IX, 203, ed. MGH Epp. 2, 190 f.), hier zitiert nach der Ausgabe Emil Friedberg, Corpus Iuris Canonici. Editio Lipsiensis Secunda, Bd. 2, Leipzig 1879, Sp. 654: […] Dictum est nobis *etiam*, quod rustici *possessionis eiusdem Caralitanae* ecclesiae, rura eius deserentes, in privatorum possessionibus culturam *laboris* exhibeant, *ex qua re agitur, ut possessiones ecclesiae, proprio in aliis occupato cultore, depereant, atque ad tributa sua persolvenda idoneae non exsistant;* quod experientia tua fieri non permittat.

22   Die Quelle ist hier in ihrer vollständigen Fassung angegeben, der Text des *Liber Extra* dagegen bringt eine gekürzte Version und beschränkt sich auf die nicht kursiv gedruckten Passagen, er verallgemeinert die Anordnung des Papstes damit über den konkreten Einzelfall hinaus.

Bauern dann auf den Gütern der Kirche arbeiteten, sollten sie, zum anderen, möglichst hohe Abgaben entrichten und damit die kirchlichen Kassen füllen.

Anders als andere Passagen aus den Briefen Gregors I. wurde diese Stelle zunächst nicht ins Kirchenrecht übernommen. Wiederentdeckt wurde sie erst von Bernhard von Pavia (vor 1150–1213), der sie 1191/1192 in seine Dekretalensammlung übernahm, die als *compilatio prima* eine der Quellen des *Liber Extra* bildete[23]. Das Beispiel zeigt gut den „langen Atem" des Kirchenrechts, das auch einmal 600 Jahre warten konnte, ehe ein Text für wichtig befunden und in den „Schneeball" eingearbeitet wurde.

2.4.2.3 Übersetzungsprobleme

Auf den ersten Blick erscheint die Wiedergabe des Quelleninhalts als die leichteste Aufgabe bei der Exegese[24]. Doch bereits hier zeigen sich Probleme. Eine erste Hürde stellt die Übertragung ins Deutsche dar. Wie alle Kanonisten der Vormoderne schreibt auch Panormitanus in Latein, der damaligen Verkehrssprache der Akademiker. Nicht nur um der inzwischen überwiegenden Zahl von Studierenden zu helfen, die diese Sprache nicht beherrschen, ist es wichtig, den Text zunächst ins Deutsche zu übertragen. Die Übersetzungsarbeit hilft aber auch, sich Rechenschaft über das eigene Textverständnis abzulegen. Ob man will oder nicht, trifft man bereits hier wichtige interpretative Vorentscheidungen. Gleichzeitig bringt die Übersetzung den Exegeten nah an den Text heran, der Wort für Wort, Zeile für Zeile nachvollzogen und bestmöglich auch verstanden werden muss. Selbst wer – wie hier – einen Druck aus dem 16. Jahrhundert als Grundlage verwendet, wird sich dabei mit einer Vielzahl von Abkürzungen und vor allem Literaturverweisen (sog. Allegationen) beschäftigen müssen, die nicht wie heute in Fußnoten abgelegt, sondern oft sogar ohne erkennbare Abtrennung vom Text durch Satzzeichen, in den Haupttext eingestreut sind[25]. Manchmal stellt man dabei fest, dass es die zitierten Fundstellen gar nicht gibt, also ein Fehlzitat vorliegt, für das der Autor, ein Schreiber oder der Drucker verantwortlich sein kann.

Schwierigkeiten zeigen sich aber auch in terminologischer Hinsicht. So zählt Panormitanus eine Reihe unterschiedlicher bäuerlicher Statusbezeichnungen auf, für die es in der deutschen Sprache keine Entsprechung gibt: Wie soll man *ascriptitii*, *censiti*, *perpetui*, *coloni conditionales*, *inquilini*, *originarii*, oder *simplices coloni* übersetzen?

---

23 Mayenburg, Unterm Krummstab (Anm. 14), 1015.
24 Dieser Teil der Exegese wird an dieser Stelle aus Platzgründen ausgespart.
25 Hilfreich für deren Auflösung: Hermann Ulrich Kantorowicz, Die Allegationen im späteren Mittelalter, in: Archiv für Urkundenforschung 13 (1935), 15–29.

Bezeichnungen wie „Leibeigene" liegen nahe, sind aber juristisch wenig korrekt, da es bei Panormitanus gerade nicht um persönliche, sondern um dingliche Abhängigkeit geht. Die hier gewählte Lösung, Äquivalente zu finden, die nicht ihrerseits bereits der (deutschen) juristischen Fachsprache entstammen, ist ein Kompromiss, der den Leser ein wenig ratlos zurücklässt, aber zumindest Fehlverständnisse vermeidet. Ein weiteres Problem zeigt sich bei der Übersetzung von *quasi servitutem in hominibus liberis*: Der lateinische Begriff *servitus* hat zwei Bedeutungen, die im Deutschen weit auseinanderzuliegen scheinen: Zum einen bedeutet er „Sklaverei" oder „Knechtschaft", zum anderen aber „Dienstbarkeit", also ein dingliches Nutzungsrecht. Wenn Panormitanus von einer *servitus* an freien Menschen schreibt, sind damit letztlich beide Bedeutungen tangiert: Es geht um „freie Menschen im Sklavenstand", aber auch um dingliche Rechte des Grundstückseigentümers an den auf seinem Landgut arbeitenden Menschen. Beide Aspekte in einer Übersetzung zu verbinden, erscheint unmöglich, die Entscheidung für „Knechtschaft" verkennt notwendig den mitschwingenden Aspekt der „Dienstbarkeit".

2.4.2.4 Systematischer Standort

Wer den Text verstehen und einordnen will, muss sich zunächst mit seiner Struktur und Funktion beschäftigen. Bereits beim ersten Durchlesen der Übersetzung wird klar, dass sich die Quelle kaum mit heutigen Gesetzeskommentaren vergleichen lässt. Dies beginnt, wenn man der Frage nachgeht, welchen Standort die kommentierte Passage des *Liber Extra* in der Systematik des 49. Titels einnimmt. Sieht man diesen Abschnitt mit der Überschrift „Über die Immunität der Kirchen und Friedhöfe sowie der sich auf sie beziehenden Sachen" (*De Immunitate Ecclesiarum, Coemiterii, et Rerum, ad eas pertinentium*) durch, so geht es dort um so unterschiedliche Dinge wie das Verbot, in Kirchenräumen Gerichtsversammlungen abzuhalten, den Umfang des Kirchenasyls, aber auch die Befreiung der Kirche von weltlichen Steuern. Geregelt werden auch Fälle des Missbrauchs der kirchlichen Immunität, etwa wenn Prälaten dem Kirchenvolk zur eigenen Bereicherung Abgaben abpressten oder wenn sich Teile des Klerus der Pflicht entzogen, Wachdienst auf den Stadtmauern zu verrichten. All diese Vorschriften gewährten der Kirche einen gegenständlichen oder zumindest gedachten Schutzraum, einen Ort der Sicherheit gegen Eingriffe der weltlichen Gewalt. Unser als Kanon 3 aufgenommene Brief Gregors des Großen scheint nicht recht in dieses Muster zu passen, denn dort geht es doch offensichtlich um ein ganz anderes Thema, nämlich die Durchsetzung der Schollenbindung gegen renitente Bauern. Doch auch unser Text lässt sich in den Kontext Immunität einordnen, als Versuch, die kirchlichen Bauern für die Kirche zu reklamieren und sie gegen die Abwerbung seitens der weltlichen Gutsbesitzer abzuschirmen. Es geht also um die Bauern als „Zubehör" der kirchlichen Güter und deren Schutz gegen Übergriffe Dritter. Die Perspektive des Textes ist damit im Ausgangspunkt gerade nicht, wie man aus heutiger Sicht vermuten könnte, die Frage der Freiheit des Einzelnen, sondern umgekehrt das Problem, wie weit das Recht der Kirche an der Person ihrer Bauern reicht.

2.4.2.5 Scholastische Methode und die Argumentation des Kommentars

Diese Frage wird dann allerdings von Panormitanus mit großer juristischer Gründlichkeit untersucht. Dabei hält er sich an die spätestens seit Gratian für die Interpretation von kirchenrechtlichen Quellen eingebürgerte scholastische Methode: Zentrale Begriffe werden zunächst identifiziert, in ihrer Bedeutung näher beschrieben und durch Abgrenzung zu anderen Begriffen schärfer bestimmt und systematisiert. Wissenschaftliche Kontroversen werden aufgedeckt, Argumente für und gegen die jeweilige Position ins Feld geführt und dann entschieden. In dieser Hinsicht erscheint die Struktur des Textes auch dem heutigen Leser vertraut, Panormitanus begegnet uns über die Jahrhunderte hinweg als Gesprächspartner über das Recht.

Bereits in den ersten Sätzen trifft Panormitanus eine wichtige Vorentscheidung: Dass die Sklaverei zulässig sei und auch die Kirche Sklaven halten dürfe, wird axiomatisch zur Grundlage der weiteren Erörterung gemacht. Eine Welt ohne Sklaven war zwar immerhin in der Theorie denkbar, aber aus theologischer wie kanonistischer Perspektive keine ernsthaft zu erwägende Option. Es stellte sich daher nur noch die Frage, was der Text des *Liber Extra* mit *rustici* im Spannungsfeld zwischen Freiheit und Sklaverei meinte und nur diese Frage wird im Anschluss näher untersucht. Unabhängig von ihrem Rechtsstatus im Einzelfall scheint aus dem Erst-recht-Schluss zur Sklaverei klar, dass jedenfalls keine fundamentalen Einwände gegen die Beschäftigung von Bauern in mehr oder weniger abhängigen Verhältnissen bestehen konnten. Was ein *rusticus* sein konnte, wird dann juristisch ausdifferenziert. Fundamental ist dabei zunächst die Unterscheidung zwischen vertraglich und statusrechtlich an die Kirche gebundenen Bauern. Hinsichtlich der vertraglich, etwa durch eine *locatio conductio* gebundenen Landbevölkerung sieht Panormitanus keine weiteren Probleme: Deren Zwangsunterworfenheit ließ sich nämlich auf ihre freie Entscheidung (*voluntas*) zurückführen. Viel schwieriger gestaltete sich die Welt der statusrechtlich abhängigen Bauern. Deren Rechtsverhältnis leitete Panormitanus etymologisch aus ihrer Bezeichnung als *ascriptitii* ab, als Personen, die durch schriftlichen Rechtsakt einem bestimmten Stück Land quasi angeschrieben und damit dauerhaft mit ihm verbunden waren. Für die Beurteilung wichtig ist hier, dass Panormitanus – wohl aus der Perspektive seiner italienischen Lebenswelt – nur die dinglich gebundenen Bauern in den Blick nimmt, nicht aber die für Nordeuropa typischen persönlich abhängigen Leibeigenen. Panormitanus betont, dass diese dinglich zum Kirchenbesitz gehörenden Bauern eigentlich Freie seien, da sie außer der Schollenbindung den freien Menschen in nichts nachstünden. Die Intensität dieser Bindung allerdings nähere sie auch wieder den Sklaven an. Dass dieser Zustand, also die Behandlung freier Menschen als Sklaven oder Dienstbarkeit eines Grundstücks, für die Kirche akzeptabel sei, ließ sich wiederum aus dem eingangs bereits festgehaltenen Erst-recht-Schluss ableiten, womit der erste Abschnitt der Argumentation auch abgeschlossen ist.

Es folgt eine weitere Differenzierung, denn ganz offensichtlich unterscheiden sich die dinglich gebundenen Bauern juristisch teilweise erheblich voneinander. Die Argumentation wird mit einem geschickten terminologischen Wechsel vom *rusticus* zum offenbar bedeutungsidentischen *agricola* eingeleitet, was Panormitanus den für scholastische Texte üblichen Einstieg über die Etymologie erlaubt. Nachdem zunächst die verschiedenen Begriffe vorgestellt werden, beginnt Panormitanus mit der seinerzeit wichtigsten Gruppe, den Schollengebundenen (*ascriptitii*). Erörtert wird dann, wie dieser Rechtsstatus entsteht und – das war eine für die Prozesspraxis besonders wichtige Frage – wie man vor Gericht beweisen kann, dass eine bestimmte Person ein zum Grundstück gehörender *ascriptitius* ist. Da derjenige, der die Unfreiheit eines Menschen behauptete, für diese Behauptung die Beweislast trug (sog. *favor libertatis*), mussten die Voraussetzungen für diese Beweisführung geklärt werden. Panormitanus erläutert, dass für den Beweis zwei Schriftstücke vorgelegt werden müssten, eine *scriptura* mit dem Versprechen des Bauern, dauerhaft nicht von der Scholle zu weichen, und eine *confessio*, in der er ein zweites Mal bekennt, nunmehr tatsächlich *ascriptitius* zu sein. An dieser Stelle identifiziert Panormitanus einen juristischen Meinungsstreit, denn im Gegensatz zur Ansicht des Kirchenjuristen Hostiensis und auch der Glosse zum *Codex Iustinianus* hatte sich in der legistischen Tradition offenbar die Meinung durchgesetzt, dass es einer formalen *confessio* jedenfalls dann nicht bedürfe, wenn die *scriptura* bereits den strengen Förmlichkeiten einer Stipulation entsprach. Dann seien auch andere Beweismittel zulässig oder der Ablauf einer Frist von 30 Jahren (sog. *praescriptio*). Panormitanus folgt in seiner Entscheidung der Auffassung des Hostiensis und begründet dies nicht nur mit dem Wortlaut der einschlägigen Texte des *Codex Iustinianus*, sondern auch mit der dort gegebenen Begründung, dass nämlich keine Person gegen ihren Willen in einen schlechteren Rechtsstatus gezogen werden dürfe. Eigentlich sei eine Selbstveräußerung nämlich nicht rechtens. Erst wenn jemand ein zweites Mal betone, seine Freiheit zu verlieren, treffe er eine wirksame Entscheidung über die eigene Person, an der er sich dann auch festhalten lassen müsse – wohlgemerkt ohne dazu bereits zum Sklaven zu werden.

2.4.2.6 Nochmals: Wer ist der Autor?

Will man den Text wertend einordnen, muss zunächst die gar nicht so einfache Frage beantwortet werden, wer in diesem Text eigentlich zu uns spricht. Die oben anscheinend beantwortete Frage nach dem Autor stellt sich hier noch einmal neu. Denn zu Lebzeiten des Panormitanus ging es noch nicht wie im darauffolgenden Humanismus vorrangig darum, durch einen autonomen Schöpfungsakt zu einem berühmten Autor zu werden. Mittelalterliche Kanonistik war vielmehr die gemeinsame Arbeit an einer tradierten Textmasse. Ganz überwiegend griff man dabei auf vorgefundenes Wissen und vorgefundene Argumentationsfiguren zurück, die meistens – wie in heutigen Fußnoten – durch Allegationen gekennzeichnet werden, häufig aber auch wie selbstverständlich ohne weitere Nennung des Urhebers verwertet wurden. Wenn aber das Kirchenrecht in erster Linie ein Werk Gottes war, ein Konglomerat an kirchlichem Rechtswissen, hinter dem der einzelne Urheber als eher bedeutungslos zurücktrat, wie lässt sich dann in einem konkreten Text die für den modernen Leser interessante, für den mittelalterlichen Menschen womöglich eher zweitrangige Frage beantworten, welche Elemente der Quelle zum „Schneeball" der Tradition gehören und welche tatsächlich von Panormitanus stammen?

Gewisse Hinweise geben Signalwörter im Text, die sich aus dessen Natur als Lehrmaterial ergeben. So wendet sich Panormitanus immer wieder direkt an seine Hörer oder Leser: Adverte! – Aufgepasst!, spricht er sie an. Diese Akzentuierung ist in dem unermesslichen Faktenkontinuum des gemeinen Rechts nicht nur mnemotechnisch wichtig, sondern sie verweist gleichzeitig auch auf diejenigen Punkte, die für Panormitanus besonders wichtig schienen, so etwa die fundamentale Unterscheidung zwischen vertraglich und statusrechtlich Abhängigen, sowie die Behandlung des Meinungsstreits über die Begründung der Schollengebundenheit.

Tritt uns hier Panormitanus unmittelbar entgegen, so muss aber auch sein Umgang mit der Tradition näher betrachtet werden, um die in seinem Kommentar verborgene Tektonik des kanonistischen Schneeballs freizulegen. Hilfreich sind dabei natürlich die zahlreichen Verweise, die der Autor selbst gibt. Diese Vielfalt der Allegationen signalisiert eine Gelehrsamkeit, die auch dem heutigen Menschen des Computerzeitalters, der an die leichte Erschließbarkeit von Quellen vom heimischen PC aus gewohnt ist, noch größten Respekt abnötigen muss. Zitiert werden Texte aus den Büchern des *Corpus Iuris Civilis* (*Institutionen, Codex Iustinianus*) ebenso wie des

Kirchenrechts (*Liber Extra, Liber Sextus*), sowie mit dem *Speculum Iudiciale* des Wilhelm Durantis auch aus dem Lehnsrecht, sowie mit Hostiensis, Bartolus, Martinus de Fano und Andrea de Barulo wichtige Vertreter der Rechtswissenschaft. Auffällig ist vor allem, wie intensiv sich der Kanonist Panormitanus auf das römische Recht stützt. Letztlich ist der zweite Teil unserer Quelle im Kern eine Exegese von C.11.48.21 f. Wer im 15. Jahrhundert ein bedeutender Rechtsgelehrter sein wollte, musste sich nicht nur im Kirchenrecht, sondern auch im weltlichen Recht gut auskennen. Wir haben es hier also mit der voll entwickelten Rechtskultur des *Ius Commune* zu tun, in der die beiden Zweige des weltlichen und kirchlichen Rechts bereits zu einer einheitlichen Materie zusammengewachsen waren[26]. Der Text besteht damit ganz überwiegend in einer geschickten Kollage von teilweise jahrhundertealtem Rechtsstoff, repräsentiert nur in einem kleinen, wohl aber signifikanten Anteil den Beitrag des Panormitanus zur Debatte um die Freiheit.

2.4.2.7 Der Beitrag der Quelle zur Frage der Freiheit

Doch warum ist dieser Text auch heute noch spannend? Es stellt sich letztlich die Frage nach seiner Bedeutung für die Rechtsgeschichte. Diese liegt, meiner Auffassung nach, in ihren Aussagen über die Freiheit.

Ohne Zweifel ist die Idee der menschlichen Freiheit eines der fundamentalen Prinzipien des modernen Rechts. Bei allen Anfechtungen, die dieses Prinzip in den letzten Jahrzehnten erschüttert haben[27], denken sowohl das Staatsrecht, als auch das bürgerliche Recht und das Strafrecht ihre Systeme immer noch von der Freiheit her. Dass dies nicht immer so war, ist bekannt: Die gängige „Meistererzählung" zur Geschichte der abendländischen Freiheit sieht wesentliche Zäsuren in den Zeitaltern der Renaissance, der man spätestens seit Jacob Burckhardt die „Entdeckung" des modernen Individualismus zuschreibt, sowie der Aufklärung, für deren Freiheitsphilosophie die Person und ihre unveräußerlichen Rechte als Ausgangspunkt dienten, um Staat und Gesellschaft an diesem Ideal auszurichten. Das Mittelalter wird in dieser Entwicklungsgeschichte der Freiheit meist als Kontrastmittel verwertet, als Zeitalter der Unfreiheit, in dem menschliche Freiheit weder gelebt noch überhaupt nur gedacht werden konnte. Als

---

26 Zum *ius commune* vgl. Manlio Bellomo, Europäische Rechtseinheit, Grundlagen und System des Ius Commune, München 2005.

27 Zur Freiheit und dem für das heutige Recht nicht minder bedeutsamen Komplementärbegriff des Sozialen: Joachim Rückert, „Frei und sozial" als Rechtsprinzip (Würzburger Vorträge zur Rechtsphilosophie, Rechtstheorie und Rechtssoziologie 34), Baden-Baden 2006.

Schuldige oder zumindest Bremser bei der Entfaltung der Freiheitsidee werden dabei häufig die Kirche und ihr Recht ausgemacht. Durch deren übertrieben moralisierende Regeln (z. B. das Zinsverbot) oder unmäßige Formen der eigenen Bereicherung sei die Entfaltung des vor allem im städtischen Handel verbreiteten Freiheitsdrangs lange Zeit ausgebremst worden.

Wer näher hinsieht, wird auch gegenläufige Argumente finden. Man wird erkennen, dass die im Mittelalter wieder neu gelesenen und verwendeten Institutionen Kaiser Iustinians den Status der Freiheit als naturgegeben ansahen und zunächst einmal jedem Menschen die Fähigkeit zubilligten, im Rahmen der Gesetze und der Verhältnisse zu tun und zu lassen, was ihm beliebte. Der Status des Sklaven wird dagegen als ein sekundär durch menschliche Gesetze gegen die Natur (*contra naturam*) eingeführter Zustand beschrieben, der als Ergebnis eines Abwägungsprozesses beim Umgang mit Kriegsgefangenen beschrieben wird: Es sei in deren eigenem Interesse vorzugswürdig gewesen, diese Personen in die Knechtschaft zu führen, anstatt sie zu töten[28].

Neben dieser in der Vormoderne vielfach aufgegriffenen und kommentierten Freiheitskonzeption des römischen Rechts ließe sich auch ein weiterer Text gegen die Behauptung einer neuzeitlichen „Entdeckung" der Freiheitsidee anführen, nämlich die eindrucksvolle Freiheitspassage in Eike von Repgows Sachsenspiegel, Landrecht III.42[29]:

> „Mit meinem Verstand kann ich es auch nicht für Wahrheit halten, dass jemand des anderen Eigentum sein sollte. Auch haben wir keine Beweise hierfür […] Nach rechter Wahrheit hat Unfreiheit ihren Ursprung in Zwang und Gefangenschaft und unrechter Gewalt, die man seit alters zu unrechter Gewohnheit hat werden lassen und die man nun als Recht haben möchte".

Neben diese bekannten Beispiele mittelalterlicher Freiheitsreflexion lässt sich nun die durch Panormitanus mitgeprägte Tradition des gelehrten Kirchenrechts stellen. Auch wenn sich dessen Standpunkt nur mühsam aus dem „Schneeball" der Tradition herauspräparieren lässt, so war er doch mindestens ebenso bedeutend für die abendländische Konzeption der Freiheit wie die genannten Texte aus dem römischen und deutschen Recht. Denn so beeindruckend modern die Thesen Eikes aus dem 12. Jahrhundert auch wirken mögen – bereits der erste Kommentar zum Sachsenspiegel wollte in ihnen keine Darstellung des geltenden Rechts, sondern allenfalls den Beitrag zu

---

28 I 1.3.1–3.
29 Eike von Repgow, Sachsenspiegel Landrecht III 42 § 3 und § 6, zitiert nach: Clausdieter Schott (Hrsg.), Eike von Repgow, Der Sachsenspiegel, 3. Auflage, Zürich 1996, 189, 191.

einer akademischen Auseinandersetzung sehen[30] und die moderne Forschung hat sich dieser Sichtweise angeschlossen[31]. War die Freiheitspassage des Sachsenspiegels somit eher eine theoretische Fingerübung, so wurden auch die freiheitsaffinen Passagen des römischen Rechts von der eigentlich zuständigen Legistik eher marginalisiert, die der möglichst ungehinderten Transaktion mit Unfreien den Vorrang gegenüber den Interessen der Betroffenen einräumte.

Ist somit – polemisch zugespitzt – Eikes Freiheitspostulat eher eine akademische Fingerübung und Bartolus' Streben nach Vereinfachung der Selbstverknechtung wohl wirtschaftlich motiviert, so nimmt die kirchenrechtliche Perspektive des Panormitanus die Position der Betroffenen ernst und betont deren Bedeutung für die gemeinrechtliche Praxis: Nur wer zweimal unmissverständlich erkläre, ein Knecht sein zu wollen, könne es auch werden. Panormitanus hebt die Bedeutung des unbedingten Selbstveräußerungswillens als letztlich einzige belastbare Ursache von Unfreiheit hervor und bahnt somit einen Trampelpfad, der später als befestigter Weg *from status to contract* ausgebaut werden konnte[32]. Der Wille des Betroffenen, seine *voluntas*, ist für Panormitanus der Dreh- und Angelpunkt für die Legitimation von Unfreiheit. In dieser Betonung des Willens als Grundlage menschlicher Bindung ist Panormitanus ganz modern. Auch wenn er die Sklaverei ohne weiteres billigt, zeigt er außerdem zumindest Skepsis gegenüber irreversiblen Freiheitsverlusten und damit gegenüber allen erblichen Formen der Knechtschaft.

Der Text des Panormitanus ist keine flammende Freiheitsschrift oder ein grundstürzend innovativer Beitrag der Rechtstheorie zur Frage der menschlichen Freiheit. Aber er wirft ein Schlaglicht auf die Möglichkeiten des Kirchenrechts im 15. Jahrhundert, über menschliche Freiheit und Bindung zu reflektieren und Unfreiheit nicht nur in ihrer theoretischen, sondern auch in ihrer praktischen Dimension zu hinterfragen. Durch ihre Anbindung an die moraltheologischen Fundamente des Christentums, vor

---

30 Buchsche Glosse zu Sachsenspiegel Landrecht III 42 § 1, zit. nach: Frank-Michael Kaufmann (Hg.), Glossen zum Sachsenspiegel Landrecht, Buch'sche Glosse, Teil 3 (MGH, Fontes iuris Germanici antiqui, Nova series, VII), Hannover 2002, 1183: „Alle desse ar. dat sint her Eyken wort, vnde heg en sprickt desse wort nicht vor en recht, mer he sprickt se dor disputerendes willen", frei übersetzt: Alle diese Argumente hier sind Worte Eikes und er spricht diese Worte nicht als Darstellung des Rechts, sondern um des Disputierens willen."
31 Bernd Kannowski, Die Umgestaltung des Sachsenspiegelrechts durch die Buch'sche Glosse (MGH Schriften 56), Hannover 2007, 286–331. Hier findet sich eine sehr lesenswerte Interpretation der gesamten Freiheitsstelle des Sachsenspiegel-Landrechts III 42.
32 Henry Sumner Maine, Ancient Law, Its Connection with the Early History of Society and Its Relation to Modern Ideas, London 1861, Neudruck Cambridge 2012, 170.

allem an das für die Christen zentrale Moment der Entscheidungsfreiheit des Menschen, konnte die Kanonistik dabei im Diskurs mit der Legistik andere Akzente setzen, ohne dabei allerdings den sozio-ökonomischen und rechtskulturellen Rahmen zu sprengen, in den sich auch die Kirche eingebunden sah, die nicht zuletzt eben auch ein Wirtschaftsunternehmen war. Indem Panormitanus die Legistik an die Konsequenzen lebenslanger und erblicher Unfreiheit für die Betroffenen erinnert und ihnen dabei wie in einem Spiegel ihre eigenen Rechtsquellen vorhält, fügt er dem Schneeball des Kirchenrechts zwar nur ein paar kleine Flocken hinzu. Ein wenig trägt er dadurch aber doch dazu bei, dass spätere Jahrhunderte die Frage der Freiheit mit dem – für den ständisch denkenden Panormitanus noch undenkbaren – Prinzip der Gleichheit verbinden und sie somit tatsächlich revolutionär neu denken konnten.

2.5 Die Rachinburgen in der Lex Salica
Peter Oestmann

2.5.1 Stammesrechte und Lex Salica

Der Artikel über die Rachinburgen entstammt einer der bekanntesten Rechtsquellen der fränkischen Zeit, der Lex Salica. Seit dem späten 5. Jahrhundert, beginnend mit dem westgotischen Codex Euricianus (um 475)[1], entstanden zahlreiche Rechtsaufzeichnungen germanischer Stämme in lateinischer Sprache. Die sog. fränkische Zeit hat sich als Epochenbezeichnung eingebürgert, um das Frühmittelalter von der Zeit vor der Völkerwanderung abzugrenzen. Klassische Lehrwerke wie das große Handbuch von Heinrich Brunner haben diese zeitliche Gliederung vorgeschlagen, zugleich aber betont, die Periodisierung müsse immer elastisch bleiben und dürfe nie pedantisch werden[2]. Gerade in quellenkundlicher Hinsicht kann die Unterscheidung einer germanischen von einer fränkischen Zeit überzeugen[3]. Mit den Reichsgründungen germanischsprachiger Stämme sind nun nämlich bis ins 9. Jahrhundert hinein und anders als in der älteren germanischen Zeit Rechtsquellen bekannt, die das Recht dieser Stämme oder Völkerschaften wiedergeben.

Die traditionelle rechtsgeschichtliche Forschung sprach zunächst ganz unbefangen von Volksrechten[4]. Dies erscheint aber aus zwei Gründen als problematisch. Zum

---

1 Karl Kroeschell, Deutsche Rechtsgeschichte. Band I: Bis 1250, 13. Aufl. Köln, Weimar, Wien 2008, 22.
2 Heinrich Brunner, Deutsche Rechtsgeschichte. Erster Band, 2. Aufl. Berlin 1906 (Nachdruck 1961), 7.
3 Demgegenüber trennt Kroeschell, Rechtsgeschichte I (wie Anm. 2), S. VII, 67, die Zeit „zwischen Antike und Mittelalter" vom „frühen Mittelalter" und legt die Zäsur zwischen die Merowinger- und Karolingerzeit.
4 Karl Friedrich Eichhorn, Deutsche Staats- und Rechtsgeschichte. Erster Theil, 4. Aufl. Göttingen 1834, 220; Brunner, Rechtsgeschichte I (wie Anm. 3), 417; Karl von Amira, Grundriß des germanischen Rechts, 3. Aufl. Straßburg 1913, 417; 23.
Didaktische Anmerkung: Die ältere rechtshistorische Literatur zur germanischen und fränkischen Zeit ist weiterhin zitierfähig, oft aber eher von wissenschaftsgeschichtlichem Wert. Durch ausdrück-

einen ist es unangemessen, für die Völkerwanderungszeit und das frühe Mittelalter von Völkern zu reden. Zweitens ist nicht ausgemacht, inwiefern die Rechtsaufzeichnungen inhaltlich wirklich ein Volksrecht wiedergeben. Weniger romantisch aufgeladen wirkt die Bezeichnung als Stammesrechte. Auch hiergegen erheben sich jedoch Einwände, weil einige dieser Rechte sich speziell an die römische Bevölkerung germanischer Reiche richteten und die Römer gerade nicht in Stämme gegliedert waren[5]. Ekkehard Kaufmann schlägt deswegen den Oberbegriff Germanenrechte vor, um diesen Rechtsquellentyp zu kennzeichnen[6]. Manche Rechtshistoriker verzichten ganz auf einen deutschen Namen und sprechen schlicht von Leges Barbarorum oder noch allgemeiner von Leges[7]. Schon im klassischen Großlehrbuch von Heinrich Brunner stehen die lateinischen Begriffe neben der Bezeichnung als Volksrecht[8]. Der Sache nach handelt es sich teilweise um die Aufzeichnung zeitgenössischer Rechtsgewohnheiten[9], teilweise um gesammelte herrscherliche Erlasse, teilweise um bewusste Gesetzgebung. Historiker nennen diese frühmittelalterlichen Quellen häufig Gesetze[10], Rechtsbücher[11] oder Kodifikationen[12]. Diese Begriffe sind im juristischen Sprachgebrauch aber

---

liche Hinweise auf klassische Lehrmeinungen oder traditionelle Forschung zeigen die studentischen Bearbeiter, dass ihnen der Methodenwandel und der Paragidmenwechsel der germanistischen Rechtsgeschichte bekannt sind.

5   Ekkehard Kaufmann, Art. Volksrecht, Volksrechte, in: Adalbert Erler/Ekkehard Kaufmann (Hrsg.), Handwörterbuch zur deutschen Rechtsgeschichte (= HRG), 1. Aufl., Band 5, Berlin 1998, Sp. 1004–1006 (1006).
    Didaktische Anmerkung: Das Handwörterbuch zur deutschen Rechtsgeschichte ist ein wichtiges Nachschlagewerk und für studentische Exegesen die unverzichtbare Grundlage für den ersten Zugriff.
6   Kaufmann, Volksrecht (wie Anm. 6), Sp. 1006.
7   Rudolf Gmür/Andreas Roth, Grundriss der deutschen Rechtsgeschichte, 14. Aufl. München 2014, Rn. 32–33: „Leges barbarorum (Volksrechte)"; Kroeschell, Rechtsgeschichte I (wie Anm. 2), 23.
8   Heinrich Brunner, Deutsche Rechtsgeschichte I (wie Anm. 3), 417.
9   Zu diesem Konzept unten bei Anm. 66–67.
10 Karl Ubl, Sinnstiftungen eines Rechtsbuchs. Die Lex Salica im Frankenreich (Quellen und Forschungen zum Recht im Mittelalter 9), Ostfildern 2017, 37.
11 Ubl, Sinnstiftungen (wie Anm. 11), 12.
12 Ubl, Sinnstiftungen (wie Anm. 11), 54; Karol Modzelewski, Das barbarische Europa. Zur sozialen Ordnung von Germanen und Slawen im frühen Mittelalter (Klio in Polen 13), Osnabrück 2011, 43; Eduard Mühle, Der Mediävist und politische Zeitgenosse Karol Modzelewski, in: Modzelewski, Das barbarische Europa (wie eben), 7–23 (9).

jeweils für spezifische Rechtsquellentypen vergeben und haben sich deshalb in der rechtsgeschichtlichen Literatur für die fränkische Zeit nicht allgemein durchgesetzt[13].

Die Leges lassen sich typologisch und zeitlich in drei Gruppen einteilen. Die erste Gruppe umfasst Aufzeichnungen, die seit dem späten 5. Jahrhundert in Stämmen entstanden, die auf dem Boden des ehemaligen Römischen Reiches sesshaft geworden waren[14]. Hierzu zählen die Rechte der Westgoten und Burgunder, das Edictum Rothari und der Pactus Alamannorum, aber auch die Lex Salica, der die hier zu behandelnde Quelle entstammt. Die zweite Gruppe besteht aus der Lex Baiuvariorum und der Lex Alamannorum, die vermutlich beide aus dem 8. Jahrhundert stammen. Die dritte und jüngste Gruppe entstand in der Zeit Karls des Großen in den Jahren um 802 und umfasst Stammesrechte für die Sachsen, Thüringer und Friesen[15]. Nur die Rechte der ersten Gruppe, also auch die Lex Salica, weisen damit in die vorkarolingische Zeit zurück.

Die Lex Salica, in der sich der Abschnitt über die Rachinburgen befindet, ist die Rechtsaufzeichnung der salischen Franken. Die Franken unterwarfen während der Herrschaft des merowingischen Königs Chlodwig (gestorben 511) andere fränkische Kleinkönige und errichteten ein fränkisches Großreich[16]. Die Entstehung der Lex Salica wird oftmals für die letzten Regierungsjahre Chlodwigs nach 507 angenommen und damit in die Zeit nach seinem Übertritt zum Christentum gelegt[17]. Meh-

---

13 *Didaktische Anmerkung: Es wäre unangemessen, die Rechtsquellentypologie von Historikern als falsch zu bezeichnen. Der Sprachgebrauch in verschiedenen Wissenschaften ist unterschiedlich und braucht an dieser Stelle nicht bewertet zu werden.*

14 Hierzu und zu den folgenden beiden Gruppen Kroeschell, Rechtsgeschichte I (wie Anm. 2), 21–22.
    Didaktische Anmerkung: Wenn gute Lehrbücher derartige Zusammenfassungen enthalten (wie hier Kroeschell), ist es in studentischen Arbeiten völlig ausreichend, sich auf diese Einführungswerke zu stützen.

15 Bei der Lex Frisionum ist die Datierung besonders unsicher, kurze Hinweise bei Heiner Lück, Art. Lex Frisionum, in: Albrecht Cordes/Hans-Peter Haferkamp/Heiner Lück/Dieter Werkmüller/Christa Bertelsmeier-Kierst (Hrsg.), Handwörterbuch zur deutschen Rechtsgeschichte (= HRG), 2. Aufl., Band III, Berlin 2016, Sp. 886–890 (886); Harald Siems, Studien zur Lex Frisionum (Münchener Universitätsschriften – Juristische Fakultät: Abhandlungen zur rechtswissenschaftlichen Grundlagenforschung 42), Ebelsbach 1980, 218–221.

16 Überblick bei Rudolf Schieffer, Art. Fränkisches Reich, in: HRG I (2. Aufl. 2008), Sp. 1672–1685.

17 Karl August Eckhardt (Hrsg.), Die Gesetze des Merowingerreiches 481–714 (Germanenrechte. Texte und Übersetzungen 1), Weimar 1935, S. VII; Heiner Lück, Art. Lex Salica, in: HRG III (2. Aufl. 2016), Sp. 924–940 (927).

rere neuere Untersuchungen[18] datieren die Lex Salica dagegen aufgrund inhaltlicher Merkmale noch in die heidnische Zeit. Nach Karl Ubl, dem zur Zeit besten Kenner in der deutschsprachigen Forschung[19], entstand sie bereits zwischen 475 und 487[20] und ist damit fast so alt wie der Codex Euricianus.

Die Lex Salica ist in verschiedenen Fassungen überliefert, die bis ins frühe 9. Jahrhundert hineinreichen. Neben dem wohl ursprünglichen 65-Titel-Text, dem Pactus Legis Salicae, dem der Artikel über die Rachinburgen in der hier zu bearbeitenden Fassung angehört, gibt es vor allem einen 100-Titel-Text und eine unter Karl dem Großen entstandene verbesserte Fassung mit 70 Titeln[21], die beide ebenfalls über die Rachinburgen berichten. Insgesamt 88 Handschriften und viele Fragmente haben sich bis heute erhalten[22]. Die reiche Überlieferung ist in der historisch-kritischen Edition von Karl August Eckhardt von 1962 durch zahlreiche Textvarianten und Fußnoten kenntlich gemacht[23]. Diese Edition bildet die Vorlage für die vorliegende Exegese. Nachgewiesen bei Eckhardt ist zudem auch ein frühneuzeitlicher Druck des Baseler Humanisten Johannes Herold, der eine heute verlorene Handschrift wiedergibt[24]. Die Lex Salica ist damit vielfach überliefert, der genaue Wortlaut des Urtexts aber dennoch unsicher. In der lateinischen Druckfassung der Monumenta Germaniae Historica[25] kennzeichnen Kursivschrift und Klammern einige Abweichungen und die verschiedenen Handschriftenklassen.

---

18 *Didaktische Anmerkung: Das im Folgenden erwähnte Buch von Ubl ist die aktuellste Veröffentlichung zu dieser Neudatierung und verarbeitet die gesamte ältere Literatur. Es ist daher nicht zwingend erforderlich, sämtliche älteren Werke hier zu nennen. Sammelfußnoten verleiten lediglich dazu, fremde Belegstellen abzuschreiben, auch wenn man sie selbst nicht wirklich ausgewertet hat.*
19 *Didaktische Anmerkung: Mit dem Hinweis auf den zur Zeit besten Kenner zeigen die Bearbeiter, dass sie das Schrifttum zum Thema überblicken und auch gewichten können. Solche Urteile setzen eine gewisse Erfahrung und Vertrautheit mit der Literatur voraus.*
20 Ubl, Sinnstiftungen (wie Anm. 11), 96.
21 Quellenkundlicher Überblick bei Lück, Lex Salica (wie Anm. 18), Sp. 925.
22 Zusammenstellung mit Signaturnummern und Siglen bei Ubl, Sinnstiftungen (wie Anm. 11), 307–309.
23 Karl August Eckhardt (Hrsg.), Pactus Legis Salicae (Monumenta Germaniae Historica. Legum Sectio I. Tomi IV. Pars I), Hannover 1962, 215–217.
24 Eckhardt, Einleitung, in: ders., Pactus (wie Anm. 24), S. XXVIII.
25 *Didaktische Anmerkung: Bei einem Seminar käme im Anschluss an das Referat möglicherweise die Frage, worum es sich bei den Monumenta Germaniae Historica handelt. Man muss dafür in der Hausarbeit keine Fußnote setzen, sollte aber wissen, worum es geht.*

Im Prolog der Lex Salica heißt es, vier weise Männer aus vier Regionen des Reiches hätten sich beraten, wie man Streitfälle entscheiden solle[26]. Vermutlich handelt es sich hierbei um einen Entstehungsmythos. Die genauen Umstände, wie die Rechtsaufzeichnung erfolgte, sind nämlich unbekannt. Inhaltlich zeigt die Lex Salica in ihrer ältesten Fassung keine christlichen Einflüsse und im Gegensatz zu den meisten anderen Leges auch praktisch keine Spuren von römischem Recht[27]. Dafür enthalten mehrere Handschriften neben dem lateinischen Text altfränkische Rechtsbegriffe, sog. malbergische Glossen[28]. Diese volkssprachlichen Rechtswörter überliefern die einheimischen Begriffe für die jeweiligen Regelungen und belegen damit, dass die zeitgenössischen Gerichtsversammlungen in der Volkssprache abliefen. Weithin geht es in der Lex Salica um das sog. Kompositionensystem[29]. Es gibt zahlreiche Bußen für einzelne Verletzungshandlungen und andere Missetaten, ohne dass die moderne Unterscheidung strafrechtlicher und zivilrechtlicher Ansprüche erkennbar ist[30]. Die in der Lex in Form von Solidi (Schillingen) und Denaren (Pfennigen) bemessenen Bußen scheinen in der Rechtswirklichkeit allerdings zumeist in Form von Vieh und anderen Naturalien gezahlt worden zu sein. Geld als Währungsmittel war im merowingischen Frankenreich kaum verbreitet[31].

2.5.2 Die Quelle

In Artikel 57 des Pactus Legis Salicae heißt es[32]:

LVII. De rachineburgiis
§ 1. Si <quis> rachineburgii in mallobergo sedentes, dum causam inter duos discutiunt, debet eis dicere qui causam requirit: „Dicite nobis legem Salicam." Si uero

---

26 Bei Eckhardt, Gesetze (wie Anm. 18), 2–3; dazu Lück, Lex Salica (wie Anm. 18), 926.
27 Unklar Kroeschell, Rechtsgeschichte I (wie Anm. 2), 36, der offenbar das Richteramt als solches für römischrechtlich beeinflusst hält.
28 Daniela Fruscione, Art. Malbergische Glossen, in: HRG III (2. Aufl. 2016), Sp. 1210–1216.
29 Kroeschell, Rechtsgeschichte I (wie Anm. 2), 35–37.
30 Anders für den sog. Fredus Eva Schumann, Art. Friedensgeld, in: HRG I (2. Aufl. 2008), Sp. 1821; zurückhaltender dies. allerdings in dem später entstandenen Artikel Kompositionensystem, in: HRG II (2. Aufl. 2012), Sp. 2003–2011 (2005).
31 Kroeschell, Rechtsgeschichte I (wie Anm. 2), 36.
32 Eckhardt, Pactus (wie Anm. 24), 215–217.

legem dicere noluerint, debet eis dicere ab illo, qui causam prosequitur: „Hic ego uos tangono, ut legem mihi *dicatis secundum legem Salicam."Quod si ill(i) <legem> dicere noluerint, septem de illis rachineburgiis, mallobergo schodo hoc est, <ante> culcatum solem, CXX denarios qui faciunt solidos III singuli culpabiles iudicentur.*
§ 2. *Quod si nec legem dicere noluerint [nec soluere] nec <de> ternos solidos fidem facere uoluerint, tunc, solem illis [iterum] culcatum^a, DC denarios qui faciunt solidos XV* unusquisque illorum *culpabilis iudicetur.*
§ 3. *Si uero illi rachineburgii sunt et non secundum legem iudicauerint, is, contra quem sententiam dederint, causam sua(m) agat et <si eis> potuerit adprobare, quod non secundum legem iudicassent, <aliis> DC denarios qui faciunt solidos XV <quisque illorum>^{b} culpabilis iudicetur.*
Titel 57: a) *collocet et sic postea* Herold; b) *illi septem singillatim* C.

Übersetzung[33]*:*
57. Von den Rachinburgen.
1. Wenn die Rachinburgen auf dem Gerichtshügel sitzen, während eine Rechtssache zwischen zweien erörtert wird, soll derjenige, der die Rechtssache betreibt, ihnen sagen: „Kündet uns das salische Recht." Wenn sie aber kein Recht künden wollen, soll ihnen von dem, der die Sache verfolgt, gesagt werden: „Hiermit fordere ich euch auf, dass ihr mir das Recht gemäß dem salischen Recht kündet." Wenn aber jene nicht künden wollen, sollen sieben von jenen Rachinburgen zu 120 Pfennigen, die machen 3 Schillinge, vor Gericht „Schatzung" genannt, nachdem vorher Frist bis Sonnenuntergang gesetzt ist, als schuldig verurteilt werden.
2. Wenn sie aber weder Recht künden wollen noch zahlen noch für je 3 Schillinge bei der Treue geloben, sollen sie, nachdem ihnen Frist bis Sonnenuntergang gesetzt ist, zu 600 Pfennigen, die machen 15 Schillinge, als schuldig verurteilt werden.

---

33   Hier überwiegend angelehnt an: Eckhardt, Gesetze (wie Anm. 18), 85; Kroeschell, Rechtsgeschichte I (wie Anm. 2), 31.
Didaktische Anmerkung: Die Übersetzung einer fremdsprachigen Quelle gehört zwingend zur Exegese dazu. Das gilt auch für ältere deutsche Texte bis zum 15./16. Jahrhundert. Wenn bereits Übersetzungen verfügbar sind, darf man sie selbstverständlich benutzen oder auch vollständig übernehmen. Doch jeder Bearbeiter verantwortet seine Übersetzung selbst. Sofern die Quelle zeitgenössische Fachbegriffe enthält (wie hier: Rachinburgen), ist es zulässig, diese Wörter nicht zu übersetzen. Denn die Interpretation dieses Wortes bildet ja gerade ein zentrales Problem der Exegese. Eine Übersetzung als Schöffen oder Geschworene würde den Inhalt der Quelle verzerren. — Hinweis: Auch für die ältere deutsche Sprache (Mittelhochdeutsch, Mittelniederdeutsch) gibt es Wörterbücher, für klassisches Latein vor allem das „Ausführliche Handwörterbuch" von Georges.

3. Wenn es aber solche Rachinburgen sind, die nicht gemäß dem Gesetz urteilen, verfolge der, gegen den sie ein Urteil gaben, seine Sache, und wenn er es ihnen nachweisen kann, dass sie nicht gemäß dem Recht geurteilt hätten, werde ein jeder von ihnen zu weiteren 600 Pfennigen, die machen 15 Schillinge, als schuldig verurteilt.

2.5.3 Formale Exegese[34]

Artikel 57 der Lex Salica, der sich mit den Rachinburgen befasst, ist eine von zahlreichen Vorschriften, die sich mit dem Gerichts- oder Schiedswesen beschäftigt. Direkt davor geht es in Art. 56 um jemanden, der sich weigert, zu einem Gerichtstermin zu erscheinen („qui ad mallum venire contemnit")[35]. Nach den Sätzen über die Rachinburgen folgt eine in der rechtsgeschichtlichen Forschung oft diskutierte Regelung über den Erdwurf („De chrenecruda"), mit der einige Handschriften enden[36]. Aus der Stellung des Artikels in der Rechtsaufzeichnung lassen sich allerdings keine weiteren Schlüsse ziehen, weil die Lex Salica keine systematische Gliederung erkennen lässt. Im 65 Titel-Text enthält Art. 57 drei Absätze, modern zumeist als Paragraphen zitiert. § 1 handelt von Rachinburgen, die sich weigern, auf einer Gerichtsversammlung das salische Recht zu verkünden. § 2 regelt den Fall, dass die Rachinburgen weder das Recht künden noch Treue geloben wollen. § 3 spricht von Rachinburgen, die nicht rechtsgemäß urteilen. In einigen Handschriften enthält Art. 57 noch einen weiteren Satz[37]. In diesem § 4 geht es um Rachinburgen, die zwar entscheiden, denen aber die unterlegene Partei vorhält, unrechtmäßig zu urteilen[38]. Der spätere Zusatz, der sich kaum von § 3 unterscheiden lässt, ist nicht Gegenstand dieser Quellenexegese.

---

34 *Didaktische Anmerkung: Traditionelle Anleitungsbücher legen teilweise großen Wert auf die formale Exegese. Dieses starre Schema ist aber keineswegs zwingend bei allen Quelleninterpretationen anzuwenden. Für die Auslegung ist es allerdings hilfreich, vor allem bei längeren Quellen die Struktur des Textes genau zu erfassen.*
35 Bei Eckhardt, Gesetze (wie Anm. 18), 82–85.
36 Ruth Schmidt-Wiegand, Art. Chrenecruda, in: HRG I (2. Aufl. 2008), Sp. 839–840; Modzelewski, Das barbarische Europa (wie Anm. 13), 143–146.
37 Lateinische Varianten bei Eckhardt, Pactus (wie Anm. 24), 217; Übersetzung bei Kroeschell, Rechtsgeschichte I (wie Anm. 2), 31.
38 Eckhardt, Gesetze (wie Anm. 18), 114–115.

2.5.4 Inhaltliche Exegese

Art. 57 der Lex Salica behandelt zwei besondere Situationen im altfränkischen Gerichtsverfahren. Zum einen weigern sich die Rachinburgen, die offenbar dafür zuständig sind, das Recht zu künden, genau dies zu tun. Zum anderen geht es um solche Rachinburgen, die nicht rechtsgemäß geurteilt haben. Für beide Fälle sieht die Lex Salica Bußen vor, wobei es für die unwilligen Rachinburgen Abstufungen gibt, je nachdem, wie lange ihre Weigerung anhält[39]. Um diese fremdartigen[40] Regeln zu verstehen, ist es notwendig, die Grundzüge des fränkischen Gerichtsverfahrens zu kennen.

In der fränkischen Zeit gab es kein hoheitliches Gewaltmonopol und damit auch keinen allgemeinen Gerichtszwang. Rechtsstreitigkeiten konnte jedermann, wenn er wollte, im Wege der Selbsthilfe eigenmächtig in die Hand nehmen und notfalls gewaltsam lösen[41]. Dazu finden sich in der Lex Salica keine umfangreichen Regelungen, aber nur vor diesem Hintergrund lässt sich die Rechtsaufzeichnung angemessen verstehen. Die Streitparteien konnten allerdings auf die gewaltsame Selbsthilfe verzichten und sich jederzeit friedlich einigen und vergleichen, regelmäßig unter Zahlung einer bestimmten Buße. Die Zeitgenossen sprachen insoweit von der Kompositio[42]. Der Druck zur Einigung war besonders groß, wenn eine Seite gerichtliche Hilfe in Anspruch nahm. In diesem Fall entschied eine Gerichtsgemeinde, wie der Konflikt zu lösen war. Diese Versammlung, in der Literatur üblicherweise Dinggenossenschaft genannt[43], bestand

---

39 *Didaktische Anmerkung: Die kurze Voranstellung zu Beginn der inhaltlichen Analyse zeigt, dass der Bearbeiter den Kern des Problems verstanden hat. Gerade in Vorträgen ist es für die Zuhörer zudem wichtig, die wesentlichen Punkte mehrfach zu erwähnen, entweder vorweg oder am Ende in einer Zusammenfassung.*

40 *Didaktischer Hinweis: Für das Verständnis historischer Quellen ist Distanz oftmals hilfreicher als vorschnelle Aktualisierung.*

41 Umfassender Vergleich frühmittelalterlicher Rechtsordnungen bei Modzelewski, Das barbarische Europa (wie Anm. 13), 129–162; Überblick bei Kroeschell, Rechtsgeschichte I (wie Anm. 2), 35–37; Peter Oestmann, Wege zur Rechtsgeschichte: Gerichtsbarkeit und Verfahren, Köln, Weimar, Wien 2015, 42–61.

42 *Didaktische Anmerkung: Für die Schreibweise ursprünglich lateinischer Begriffe gibt es mehrere Möglichkeiten. Hier muss man sich für eine bestimmte Form entscheiden und dann konsequent bleiben, ob man die lateinische Terminologie verwendet oder Eindeutschungen bevorzugt. Ein Stilwechsel von Wort zu Wort ist unschön und zu vermeiden.*

43 Umfassend Jürgen Weitzel, Dinggenossenschaft und Recht. Untersuchungen zum Rechtsverständnis im fränkisch-deutschen Mittelalter (Quellen und Forschungen zur höchsten Gerichtsbarkeit im Alten Reich 15), Köln, Wien 1985; Zuspitzung von dems., Die Bedeutung

aus einem Richter, der die Verhandlungen leitete und den Gerichtsfrieden gebot, und den Urteilern. Die Urteiler sollten die Entscheidung finden. Ursprünglich waren wohl alle waffenfähigen freien Männer verpflichtet, an solchen Dingversammlungen teilzunehmen. In der Zeit Karls des Großen entstanden Schöffengerichte, bei denen ein verkleinerter und auf Dauer fest ausgewählter Urteilerkreis für die Entscheidung zuständig war[44]. Diese Neuerung allerdings lag deutlich nach der Zeit, in der Art. 57 der Lex Salica erstmals aufgezeichnet wurde. Die Dingversammlung erscheint im Quellentext in der Formulierung „in mallobergo". Der Malberg, offenbar ein latinisierter fränkischer Begriff, bezeichnet einen Gerichtshügel[45]. Möglicherweise also fanden Dingversammlungen ursprünglich an markanten Orten wie Hügeln statt. Aus dem deutschen Sprachgebrauch ist das Wort schon lange verschwunden. Aber noch im 16. Jahrhundert erwähnten Reichsabschiede den Sitz des Reichskammergerichts als „Mahlstatt"[46]. Und Jacob Grimm sprach noch in den 1840er Jahren von einer Gerichtssitzung als „Mallum", damals allerdings vielleicht schon mit einem bewusst altertümlich-romantischen Unterton[47]. Ob der Malberg wirklich als Gericht und nicht viel eher als private Schlichtungsstelle anzusehen ist, wird in der Forschung streitig diskutiert[48]. Bedenkt man aber, dass man es mit einer Zeit ohne Staatsgewalt und mit

---

der Dinggenossenschaft für die Herrschaftsordnung, in: Gerhard Dilcher/Eva-Marie Distler (Hrsg.), Leges – Gentes – Regna. Zur Rolle von germanischen Rechtsgewohnheiten und lateinischer Schrifttradition bei der Ausbildung der frühmittelalterlichen Rechtskultur, Berlin 2006, 351–366.

44 Eduard Kern, Geschichte des Gerichtsverfassungsrechts, München und Berlin 1954, 5–6.
45 Klassisch, aber immer noch grundlegend Rudolph Sohm, Die Altdeutsche Reichs- und Gerichtsverfassung. Erster Band: Die Fränkische Reichs- und Gerichtsverfassung, Weimar 1871, 57–74.
46 Nachgewiesen bei Peter Oestmann, Gemeine Bescheide. Teil 1: Reichskammergericht 1497–1805 (Quellen und Forschungen zur höchsten Gerichtsbarkeit im Alten Reich 63/I), Köln, Weimar, Wien 2013, 118.
47 Jacob Grimm, Vorwort, in: Johann Gerhard Christian Thomas, Der Oberhof zu Frankfurt am Main und das fränkische Recht in Bezug auf denselben, Frankfurt am Main 1841, S. III–XVI (XI).
Didaktische Anmerkung: Durch die Hinweise auf das 16. und 19. Jahrhundert zeigen die studentischen Bearbeiter einen gewissen Überblick über andere Epochen der Rechtsgeschichte. Wegen der Möglichkeit elektronischer Recherche ist es auch nicht mit unvertretbarem Aufwand verbunden, nach solchen Belegen zu suchen.
48 Deutlich gegen die Deutung als Gericht Paul S. Barnwell, The early Frankish mallus: its nature, participants and practices, in: Aliki Pantos/Sarah Semple (Hrsg.), Assembly Places and Practices in Medieval Europe, Dublin 2004, 233–246 (240).

geringem Rechtszwang zu tun hat, erscheint es in diesem Rahmen durchaus vertretbar, die in der Lex Salica als „mallus legitimus" und „mallus publicus" bezeichnete Verhandlung als Gericht anzusehen[49].

Auf der Dingversammlung, also „in mallobergo", saß[50] eine Gruppe von Männern, die in der Quelle als „rachineburgii" auftauchen, zumeist unübersetzt als Rachinburgen oder als Rachinbürgen, teilweise als Rechenbürgen wiedergegeben. Art. 57 der Lex Salica spricht von „VII de illos", von „sieben von ihnen"[51]. Dieser Hinweis ist mehrdeutig. Oftmals scheinen die Rachinburgen genau sieben Personen gewesen zu sein[52]. Doch nach dem Wortlaut der Quelle erscheint es ebenso möglich, dass es sich durchaus um eine wechselnde Zahl gehandelt haben könnte[53]. Die von Gerichtstag zu Gerichtstag neu bestellten Rachinburgen sind nur bis zur Gerichtsreform Karls des Großen belegt und dürften durch die späteren ständigen Schöffen ersetzt worden sein[54]. Die Herkunft des Begriffs ist ebenso wie ihre Aufgabe vor Gericht nicht vollständig geklärt. Die rechtshistorische Forschung diskutiert darüber, ob sie im Gegensatz zur gesamten Gerichtsgemeinde die Urteilsfinder im engeren Sinne gewesen sind oder vielmehr eher Berater des Gerichtsvorsitzenden waren, in älterer Zeit vielleicht

---

Didaktische Anmerkung: Die Rechtsgeschichte als internationales Fach ist durch mehrsprachige Forschungsliteratur gekennzeichnet. Deutsch bleibt hier weiterhin eine wichtige Wissenschaftssprache, dazu kommen Englisch, Italienisch und Französisch. In den letzten etwa 15 Jahren erfreut sich auch die spanische Literatur zunehmend internationaler Wahrnehmung. Je nach Aufgabenstellung ist es geboten, sich zumindest grob über das internationale Schrifttum zu unterrichten.

49 Umfangreiche Begründung bei Ubl, Sinnstiftungen (wie Anm. 11), 82–87.
50 Möglicherweise mussten die anderen Dinggenossen stehen, woher auch der spätere Begriff „Umstand" stammen könnte, hierzu Richard Schröder/Eberhard Freiherr von Künßberg, Lehrbuch der deutschen Rechtsgeschichte, 7. Aufl. Berlin, Leipzig 1932, 178.
51 *Didaktische Anmerkung: Es ist wichtig, in der Exegese zentrale Sätze und Wörter der Quelle zu zitieren und in ihrer Bedeutung zu würdigen. Je quellennäher die Interpretation ausfällt, umso besser ist die Exegese gelungen. Das ist ein wesentlicher Gesichtspunkt für die Bewertung.*
52 Gabriele von Olberg, Art. Rachinbürgen, in: HRG IV (1. Aufl. 1990), Sp. 127–131 (127); Hermann Conrad, Deutsche Rechtsgeschichte. Band I: Frühzeit und Mittelalter, 2. Aufl. Karlsruhe 1962, 28; Schröder/Künßberg, Lehrbuch (wie Anm. 51), 48.
53 Karin Nehlsen-von Stryk, Die boni homines des frühen Mittelalters unter besonderer Berücksichtigung der fränkischen Quellen (Freiburger Rechtsgeschichtliche Abhandlungen N. F. 2), Berlin 1981, 83.
54 Olberg, Rachinbürgen (wie Anm. 53), Sp. 127. Demgegenüber hält Ubl, Sinnstiftungen (wie Anm. 11), 79, Schöffen und Rachinburgen für identisch.

eines sog. Thungin, später eines Grafen[55]. Die Antwort hängt sicherlich davon ab, in welchem Maße das Gerichtswesen in dieser Zeit bereits unter herrschaftlichem Einfluss stand oder noch weitgehend dinggenossenschaftlich-autonom ablief[56]. Jedenfalls spricht Art. 56 der Lex Salica von Rachinburgen und benutzt dabei Formulierungen wie „fuerit iudicatum" und „iudicaverit". Das spricht für eine Tätigkeit als Urteilsfinder[57]. Art. 57 bezeichnet ihre Aufgabe als „legem dicere". Gabriele von Olberg übersetzt diese Wendung als Urteilsverkündung[58]. In der Tat wäre es für das frühe Mittelalter sehr unwahrscheinlich, dass es hier um eine abstrakte oder allgemeine Mitteilung von Rechtsregeln als solchen gegangen sein sollte. Aus dem skandinavischen Recht ist aus der späteren Zeit die Verlesung oder wörtliche Wiederholung ganzer Rechtsmassen bekannt. Dort gab es spezielle Gesetzessprecher oder Rechtsprecher, die auf diese Weise die allgemeine Kenntnis des Rechts bewahren sollten[59]. Dieses Verfahren ist aus dem Frankenreich allerdings nicht überliefert. Die Quelle spricht ausdrücklich von jemandem, „qui causam prosequitur", der also eine Rechtssache verfolgt. Das „legem dicere" war auf diese Weise eingebunden in die Verhandlung einer konkreten Streitsache. Deswegen ging es wohl darum, dass die Rachinburgen die Entscheidung des Rechtsstreits bekanntgeben sollten. Ob sie selbst die Entscheidung gefällt haben mussten, sagt der Text nicht. Doch spricht viel dafür, dass sie gerade das Ergebnis ihrer eigenen Überlegungen verkünden sollten. Kroeschell geht aufgrund der Wortherkunft als „Rechenbürgen" davon aus, die Rachinburgen hätten in der Dingversammlung möglicherweise die Bußzahlungen festgesetzt und geprüft[60]. Conrad erblickt

---

55 Zum Thungin und zum Grafen Ubl, Sinnstiftungen (wie Anm. 11), 86, der die Rachinburgen als Urteiler bezeichnet.
Didaktische Anmerkung: Je nachdem, wie umfangreich die Exegese sein soll, könnte man an dieser Stelle den Unterschied zwischen Thungin und Graf kurz ansprechen. Da beide aber in der Quelle nicht auftauchen, ist eine vertiefte Erörterung unnötig.
56 Zur Diskussion Olberg, Rachinbürgen (wie Anm. 53), Sp. 127.
57 So auch Conrad, Deutsche Rechtsgeschichte I (wie Anm. 53), 28; Heinrich Brunner/Claudius Freiherr von Schwerin, Deutsche Rechtsgeschichte. Zweiter Band, 2. Aufl. Berlin 1928, 295.
58 Olberg, Rachinbürgen (wie Anm. 53), Sp. 129.
59 Dieter Strauch, Rechtsbücher und Gesetzbücher im Norden (Laghman – Laghsaga – Lagh – Siðvæniæ), in: ZRG Germ. Abt. 130 (2013), 37–77; ältere Nachweise bei Schröder/Künßberg, Lehrbuch (wie Anm. 51), 48.
60 Kroeschell, Rechtsgeschichte I (wie Anm. 2), 36.

in ihnen sogar, sicherlich zu modern und wenig zeitgerecht[61], vom Richter bestellte „Vollstreckungsbeamte"[62].

2.5.4.1 Rachinburgen, die das Recht nicht künden

Zu dem Normalfall, in dem die Rachinburgen genau die ihnen übertragenen Aufgaben erfüllten, sagt Art. 57 der Lex Salica kein Wort. Die Vorschrift beschäftigt sich lediglich mit einem Problem, wenn nämlich die Rachinburgen die Verkündung „noluerint", also nicht vornehmen wollten. Warum sie sich weigerten oder unwillig waren, sagt die Quelle mit keinem Wort. Möglicherweise spielte dies für den Fortgang des Verfahrens und für die Sanktionen schlichtweg keine Rolle. Denkbar ist es immerhin, dass die Rachinburgen ihrerseits für den Fall keine Lösung gefunden hatten. Nach weithin vertretener Auffassung hing die Rechtsfindung im dinggenossenschaftlichen Verfahren nämlich vom Konsens der Dinggenossen ab[63]. Nur wenn sie sich über die Entscheidung einig waren, gab es Recht. Im Falle der Uneinigkeit konnte man das Recht hingegen nicht finden. Dann hatte man schlechthin kein Recht. Dies entspricht dem Grundverständnis des ungelehrten Rechts und scheint sich erst am spätmittelalterlichen Reichshofgericht geändert zu haben[64]. Die Trennung abstrakter Rechtsnormen von konkreten Falllösungen war auf der Dingversammlung also unbekannt oder wenigstens kaum verbreitet. Nur wenn man wusste, wie der Einzelfall zu entscheiden war, hatte man überhaupt Recht gefunden. Rechtshistoriker wie Karl Kroeschell oder Gerhard Dilcher legen auf diesen Zusammenhang großen Wert[65]. Dies ist gerade der

---

61 *Didaktische Anmerkung:* Die Kritik an der methodischen und inhaltlichen Arbeitsweise der älteren Literatur zeigt, dass der Bearbeiter den Paradigmenwechsel hin zur neueren Forschung bemerkt hat.
62 Conrad, Deutsche Rechtsgeschichte I (wie Anm. 53), 78
63 Weitzel, Dinggenossenschaft (wie Anm. 44), 1346–1347.
64 Friedrich Battenberg, Art. Reichshofgericht, in: HRG IV (1. Aufl. 1990), Sp. 615–626 (621); Hans-Jürgen Becker, Art. Mehrheitsprinzip, in: HRG III (1. Aufl. 1984), Sp. 431–438 (435), in der 2. Aufl. als eigener Artikel nicht mehr enthalten.
65 Am Beispiel der mittelalterlichen Rechtsfindung Karl Kroeschell/Albrecht Cordes/Karin Nehlsen-von Stryk, Deutsche Rechtsgeschichte. Band 2: 1250–1650, 9. Aufl. Köln, Weimar, Wien 2008, 127–129; so auch Gerhard Dilcher, Mittelalterliche Rechtsgewohnheit als methodisch-theoretisches Problem, in: Gerhard Dilcher/Heiner Lück/Reiner Schulze/Elmar Wadle/Jürgen Weitzel/Udo Wolter, Gewohnheitsrecht und Rechtsgewohnheiten im Mittelalter (Schriften zur Europäischen Rechts- und Verfassungsgeschichte 6), Berlin 1992, 21–65 (39, 47, 51).

wesentliche Unterschied der ungelehrten mittelalterlichen Rechtsgewohnheiten zu den abstrakt-generellen Sätzen des modernen Gewohnheitsrechts[66]. Ob dieses Problem im Hintergrund von Art. 57 der Lex Salica steht, lässt sich der Quelle nicht entnehmen[67]. Auf jeden Fall erscheint es ausgeschlossen, dass die Rachinburgen sich einfach weigerten, in der Rechtsaufzeichnung, möglicherweise in der Lex Salica selbst, nachzusehen, welche Regelung dort vorgesehen war und dies einfach vorzulesen. Ein anderer Gesichtspunkt kommt hinzu: Über die Lesefähigkeit der fränkischen Dinggenossen ist nichts bekannt, und trotz der großen Zahl überkommener Handschriften weiß man nicht, in welchem Maße die Lex Salica als Gesetzestext vor Gericht überhaupt benutzt wurde. An dieser Stelle bleibt also einiges unklar.

Wenn die Rachinburgen sich weigerten, das Recht zu künden, griff nach Art. 57 der Lex Salica ein gestuftes Verfahren ein. Zunächst sollte derjenige, „qui causam prosequitur", modern gesprochen der Kläger, die Rachinburgen zur Urteilsfindung mahnen: „Hic ego uos tangono, ut legem mihi dicatis secundum legem Salicam." Die Rachinburgen sollten also Recht sprechen gemäß dem salischen Recht. Das Verb „tangono/tancono" bedeutet nach Karl August Eckhardt „feierlich heischen"[68]. Soweit dies zutrifft, könnte man es bei diesem Ausspruch des Klägers mit einem Satz zu tun haben, der wörtlich vor Gericht aufgesagt werden musste[69]. Ob das stimmt, ist unklar. Aber das ungelehrte Gerichtsverfahren scheint zahlreiche rituelle Sprachformeln gekannt zu haben, die von den Parteien oder anderen aufzusagen oder nachzu-

---

Didaktische Anmerkung: Hier wie an anderen Stellen ist es angemessen, die Namen einschlägiger Autoren auch im Haupttext zu nennen und nicht lediglich in einer Fußnote nachzuweisen. Auf diese Weise geht es in der Exegese nicht nur um die Quelleninterpretation, sondern zugleich auch darum, wesentliche Forschungsansätze zu schildern.

66 Dazu umfassend Dilcher, Mittelalterliche Rechtsgewohnheit (wie Anm. 66), 21–65; wissenschaftsgeschichtliche und rechtstheoretische Darstellung bei Martin Pilch, Der Rahmen der Rechtsgewohnheiten. Kritik des Normensystemdenkens entwickelt am Rechtsbegriff der mittelalterlichen Rechtsgeschichte, Wien, Köln, Weimar 2009.

67 *Didaktische Anmerkung: Das Schweigen der Quelle zu bestimmten Punkten und nicht zu klärende Schwierigkeiten gehören zu den Ergebnissen der Exegese dazu. Es wäre unzulässig, ohne Quellenbeleg zu versuchen, derartige Fragen ins Blaue hinein zu beantworten. Genau dies war der methodische Fehler der älteren Rechtsgeschichte, wenn sie daranging, ein großes Gesamtbild des germanisch-fränkischen Rechts zu zeichnen.*

68 Eckhardt, Gesetze (wie Anm. 18), 85.

69 Ähnlich Brunner/Schwerin, Rechtsgeschichte II (wie Anm. 58), 472: in rechtsförmlicher Weise.

sprechen waren[70]. Möglicherweise hat man hier also eine feste Mahnformel vor sich. Nach dieser Mahnung gab es abermals eine Weichenstellung. Entweder verkündeten die Rachinburgen nunmehr das Recht oder nicht. Die Lex Salica behandelt nur den Fall, dass sie auch nach der Aufforderung weiterhin „noluerint", also unwillig blieben. Deswegen sollten sie jetzt eine Buße zahlen. Hier bleibt wiederum einiges offen. Der Artikel spricht davon, es sei zuvor eine Frist bis zum Sonnenuntergang gesetzt worden. Vermutlich erhielten die Rachinburgen also verlängerte Bedenkzeit und wurden erst bußfällig, wenn sie bis zum Abend das Recht nicht gesprochen hatten. Wenn sieben von ihnen die Buße zu entrichten hatten, dürfte es sich bei ihnen um diejenigen handeln, die sich zuvor geweigert hatten, das Recht zu sprechen. Vielleicht hat man es trotz der uneindeutigen Formulierung also doch mit sämtlichen Rachinburgen zu tun. Nicht klar wird zudem, wer die Rachinburgen zur Buße verurteilen sollte, wenn sie selbst doch die Urteilsfinder vor Gericht waren. Falls es sich aus zeitgenössischer Sicht hier um eine Ordnungsbuße handelte, könnte es sich um die Aufgabe des Richters, also zunächst des sog. Thungin, später des Grafen gehandelt haben, der die Rachinburgen auf diese Weise zur Erfüllung ihrer Aufgaben anhalten sollte. Für diese erste Buße enthält der Rechtstext eine malbergische Glosse. „Mallobergo schodo", heißt es, von Eckhardt als „Schatzung" wiedergegeben. Wenn es einen feststehenden Begriff für die Weigerungsbuße gab, mag dies darauf hindeuten, dass solche Fälle mehrfach vorkamen. Dafür spricht auch der Befund, dass dieser Artikel überhaupt bereits in der ältesten Textfassung als Regelungsproblem angesehen worden zu sein scheint.

Der zweite Paragraph des Artikels enthält eine Bestimmung für eine weitere Komplikation. Möglicherweise weigerten sich die Rachinburgen nämlich trotz ihrer erstmaligen Bußfälligkeit weiterhin, das salische Recht zu künden. Der Zusammenhang mit dem ersten Paragraphen ist unsicher. Jedenfalls spricht § 2 davon, die Rachinburgen hätten weder „legem dicere", also Recht gesprochen, noch mit drei Schillingen „fidem facere uoluerint". Offenbar umfasste die im ersten Paragraphen geregelte erstmalige Buße damit zugleich ein Treugelöbnis, das Recht später zu künden. Wenn die Rachinburgen dies aber erneut nicht taten, drohte die Lex Salica für diesen Fall eine erheblich höhere Buße an, jetzt nämlich 15 Schillinge, den fünffachen Wert. Abermals spricht die Quelle eine Frist bis zum Sonnenuntergang an. Vielleicht hat man

---

70 Peter Oestmann, Art. Formstrenge, in: HRG I (2. Aufl. 2008), Sp. 1626–1630; ders., Die Zwillingsschwester der Freiheit. Die Form im Recht als Problem der Rechtsgeschichte, in: ders. (Hrsg.), Zwischen Formstrenge und Billigkeit. Forschungen zum vormodernen Zivilprozeß (Quellen und Forschungen zur höchsten Gerichtsbarkeit im Alten Reich 56), Köln, Weimar, Wien 2009, 1–54; Kroeschell, Rechtsgeschichte I (wie Anm. 2), 37.

es also mit einem Geschehensablauf von zwei Tagen zu tun. Hierfür spricht das in einigen Handschriften eingefügte Wort „iterum", das auf einen nochmaligen, also zweiten Sonnenuntergang hindeutet. Nähere Einzelheiten zum Verfahrenslauf nennt die Lex Salica nicht. Jedenfalls verstießen die Rachinburgen in diesem zweiten Fall nicht nur gegen ihre Pflicht, das salische Recht zu künden, sondern zugleich gegen ihr Gelöbnis, genau dies nachzuholen. Diese doppelte Weigerung führte zu der erheblich schärferen Sanktion.

2.5.4.2 Rachinburgen, die falsch urteilen

Der dritte Paragraph des Artikels betrifft ein deutlich anders gelagertes Problem. Nunmehr geht es nicht um Rachinburgen, die sich weigern, Recht zu sprechen, sondern um solche, die nicht gemäß der „lex" urteilten. Was damit gemeint ist, lässt sich nur schwer beurteilen. Karl August Eckhardt sprach im Register seiner volkstümlich-nationalsozialistischen[71] Übersetzung ganz zugespitzt von „Rechtsbeugung der Geschworenen"[72]. Allerdings ist zu bedenken, dass die Rachinburgen vermutlich nicht lesen konnten und bei der Dingversammlung kein geschriebenes Exemplar der Lex Salica vorhanden war. Gemeint ist daher vermutlich, dass die Rachinburgen eine Entscheidung verkündeten, die nicht der Rechtsüberzeugung der unterlegenen Seite vom Inhalt des Stammesrechts entsprach. Vielleicht schlugen sie eine Bußzahlung vor[73], die deutlich von den als üblich empfundenen Rechtsgewohnheiten abwich. Die Quelle hält es dem Verlierer ausdrücklich offen, in diesem Fall seine Sache weiter zu verfolgen. Aber da das ungelehrte Gerichtsverfahren einstufig ablief und keine Instanzenzüge kannte, kann es sich bei dem etwaigen Fehlurteil der Dinggenossen ohnehin kaum um ein förmliches Endurteil gehandelt haben, ging es doch immer auch um eine Schlichtung zur Vermeidung von Selbsthilfe.

---

71 *Didaktische Anmerkung: Man braucht nicht aus Gründen politischer Korrektheit bei allen einschlägigen Autoren anzumerken, ob sie Nationalsozialisten waren oder nicht. Die Lex Salica-Forschung von Karl August Eckhardt ist aber ein ganz eindeutiger Fall und deswegen einen kurzen Hinweis wert. Wer unsicher ist, könnte an dieser Stelle einen Nachruf zitieren, der diesen Punkt umfassend vertieft: Hermann Nehlsen, Karl August Eckhardt †, in: ZRG Germ. Abt. 104 (1987), 497–536.*
72 Eckhardt, Gesetze (wie Anm. 18), 185. „Geschworene" als Übersetzung von Rachinburgen auch bei Lück, Lex Salica (wie Anm. 18), Sp. 934.
73 Zu dieser Aufgabe Kroeschell, Rechtsgeschichte I (wie Anm. 2), 36.

Möglicherweise hat man es mit einem Urteilsvorschlag zu tun, und die unterlegene Partei versuchte zu verhindern, dass dieser Vorschlag durch die Zustimmung der Dinggenossen, die sog. Vollbort[74], angenommen wurde. Aus späteren Jahrhunderten ist die Urteilsschelte bekannt, die genau diese Funktion besaß[75]. Allerdings ist gerade die Vollbort des Gerichtsumstands in den Formularsammlungen der fränkischen Zeit nicht belegt[76]. Deswegen verbleiben hier Unsicherheiten bei der Quelleninterpretation[77]. Die Verfasser der Lex Salica schienen davon auszugehen, dass derjenige, der wegen des falschen Urteils der Rachinburgen seinen Rechtsstreit verlor, in doppelter Weise weiter verfahren würde. Zum einen sollte er seine Sache weiter betreiben („causam suam agat"), offenbar in einem anders besetzten Dinggericht ohne die verdächtigen Rachinburgen. Zum anderen konnte er wohl auch direkt gegen die Rachinburgen vorgehen. Die Quelle spricht davon, der Beschwerdeführer oder nunmehrige Kläger habe das Fehlverhalten der Urteiler „adprobare", also nachweisen können. Wie man sich das vorstellen soll, erschließt sich aus der Quelle nicht. Im fränkischen Gerichtsverfahren scheinen Eide eine besondere Bedeutung besessen zu haben[78]. Aber weshalb der Kläger nun den Inhalt des salischen Rechts besser kennen sollte als sieben Rachinburgen, bleibt ganz unklar. Falls es ihm allerdings gelang, die falsche Entscheidung der Rachinburgen nachzuweisen, sollten sie zu einer Bußzahlung verurteilt werden. In späterer Zeit richtete sich die Urteilsschelte immer auch gegen die Urteiler des Ausgangsgerichts. Selbst im gelehrten Recht des Spätmittelalters bedeutete die Appellation nicht nur den zweitinstanzlichen Rechtsstreit gegen den Prozessgegner, sondern zugleich den Vorwurf gegen den ersten Richter, falsch geurteilt zu haben[79]. Vielleicht

---

74 Wolfgang Sellert, Art. Vollbort, in: HRG V (1. Aufl. 1998), Sp. 1023–1024; Nehlsen-von Stryk, boni homines (wie Anm. 54), 85–92 (zur traditionellen Lehre, die sie selbst aber weitgehend verwirft); zum Entscheidungsvorschlag der Rachinburgen und der Vollbort der Dinggenossen auch Conrad, Deutsche Rechtsgeschichte I (wie Anm. 53), 141.
75 Kroeschell/Cordes/Nehlsen-von Stryk, Rechtsgeschichte II (wie Anm. 66), 118; umfassend dazu Jürgen Weitzel, Über Oberhöfe, Recht und Rechtszug. Eine Skizze (Göttinger Studien zur Rechtsgeschichte 15), Göttingen 1981.
76 Nehlsen-von Stryk, boni homines (wie Anm. 54), 84–85.
77 Brunner/Schwerin, Rechtsgeschichte II (wie Anm. 58), 302, 472–474, halten die Regelung der Lex Salica für einen Fall der Urteilsschelte.
78 Kroeschell, Rechtsgeschichte I (wie Anm. 2), 36.
79 Susanne Lepsius, Dixit male iudicatum esse per dominos iudices. Zur Praxis der städtischen Appellationsgerichtsbarkeit im Lucca des 14. Jahrhunderts, in: Franz-Josef Arlinghaus/Ingrid Baumgärtner/Vincenzo Colli/Susanne Lepsius/Thomas Wetzstein (Hrsg.), Praxis der Gerichts-

fügt sich Art. 57 der Lex Salica in einen ähnlichen Zusammenhang ein, aber Klarheit über diesen Punkt lässt sich nicht gewinnen.

2.5.5 Zusammenfassung und Schlussbetrachtung[80]

Der Artikel über die Rachinburgen bezieht sich auf das fränkische Gerichtsverfahren in merowingischer Zeit[81]. Bei der dinggenossenschaftlichen Versammlung auf dem Gerichtshügel (Malberg) war es die Aufgabe einer Gruppe von wohl sieben Männern, Vorschläge zur Schlichtung oder Entscheidung rechtlicher Streitigkeiten zu machen, die dann später durch die Vollbort[82] des Umstandes Verbindlichkeit erlangen konnten. Weigerten sich die Rachinburgen, das Recht zu künden, konnten sie nach einer formgebundenen Aufforderung des Klägers und einer bestimmten Frist zu einer Bußzahlung verurteilt werden. Bei dieser verweigerten Rechtsauskunft ging es nicht um eine abstrakt-generelle Mitteilung über Normen, sondern um die konkrete

---

barkeit in europäischen Städten des Spätmittelalters (Rechtsprechung. Materialien und Studien 23), Frankfurt am Main 2006, 189–269 (219).

Didaktische Anmerkung: Vergleiche mit dem gelehrten Recht sind bei den frühmittelalterlichen Leges wegen des grundverschiedenen zeitgenössischen Rechtsverständnisses üblicherweise nicht erforderlich. Hier springt allerdings die Ähnlichkeit ins Auge. Deswegen kann der Bearbeiter seine Kenntnis des gelehrten Rechts andeuten, auch falls es sich lediglich um eine Parallelerscheinung handeln sollte.

80 *Didaktische Anmerkung: Ältere Musterexegesen schlagen als Schlussabschnitt der Quelleninterpretation oft einen Gegenwartsvergleich vor. Man könnte deswegen versucht sein, eine kurze dogmengeschichtliche Entwicklungslinie von Rechtsverweigerung und Rechtsbeugung zu konstruieren. Doch ob und in welchem Ausmaß Art. 57 der Lex Salica thematisch überhaupt hier einschlägig wäre, bleibt gerade in der Exegese unklar. Ein vorschneller Gegenwartsvergleich würde also Eindeutigkeit vorspiegeln und damit das Ergebnis der Auslegung verfälschen.*

81 *Didaktische Anmerkung: Ob eine Zusammenfassung erforderlich ist, hängt vor allem vom Umfang der Exegese ab. Bei klausurmäßigen Darstellungen dürfte eine Zusammenfassung regelmäßig ausscheiden. Bei längeren Seminararbeiten kommt sie immer dann in Frage, wenn die Möglichkeit besteht, dass ein Leser aufgrund der langen Lesedauer oder der kleinteiligen Ergebnisse den Gang der Untersuchung nicht mehr vor Augen hat.*

82 *Didaktische Anmerkung: Die rechtshistorischen Fachbegriffe finden sich im Hauptteil näher erläutert. Deswegen benötigt die Zusammenfassung keine erneuten Erklärungen oder Hinweise auf weiterführende Literatur. Bei längeren Exegesen bzw. Seminararbeiten kann es sich anbieten, auf den jeweiligen Abschnitt zu verweisen, der die einschlägigen Punkte behandelt.*

Rechtsfindung im Einzelfall. Der Grund für die Weigerung der Rachinburgen spielt in der Lex Salica keine Rolle. Aber man ging wohl davon aus, dass die Urteilsfinder ihren Treueeid brachen, wenn sie trotz ihrer zuvor erfolgten Ernennung nicht in der Lage waren, den erwarteten Entscheidungsvorschlag auszusprechen. Daneben behandelt Art. 57 zusätzlich den Fall von Rachinburgen, die ein Urteil kündeten, das nach Auffassung der unterlegenen Seite falsch war, weil es den überkommenen Rechtsgewohnheiten nicht entsprach. In dieser Lage konnte die betroffene Partei ihre Sache vor einem anders besetzten Gericht weiter verfolgen und außerdem die ursprünglichen Rachinburgen auf eine Bußzahlung in Anspruch nehmen, wenn es gelang, den Rachinburgen einen Fehler nachzuweisen.

Insgesamt sieht sich die Quelleninterpretation mit typischen inhaltlichen und methodischen Schwierigkeiten konfrontiert, die sich bei der Exegese frühmittelalterlicher normativer Texte häufig ergeben[83]. Für das jeweilige Regelungsproblem, hier für die Rechtsverweigerung[84] der Rachinburgen oder für den rechtsfehlerhaften Entscheidungsvorschlag, gibt es immer nur einen einzigen Beleg[85]. Es ist deshalb nicht möglich, die genauen Hintergründe der Quelle näher aufzuhellen oder anhand weiterer Belegstellen möglicherweise sogar einen Blick auf die Rechtspraxis zu werfen. Es gab zeitgenössisch keine Juristen und keine Rechtswissenschaft. Eine rein juristische Interpretation der Quellen[86] wäre auf diese Weise anachronistisch und würde die zeitgenössische Funktion der Rechtsaufzeichnung nicht erfassen können. Die Rückschlussmethode, also der Versuch, aus der Zusammenschau deutlich späterer Quellen Erkenntnisse über das Recht der fränkischen Zeit zu gewinnen[87], ist seit dem Paradigmenwechsel der germanischen Rechtsgeschichte in den Jahren um 1960 nicht mehr

---

83 *Didaktische Anmerkung: Die methodischen Schlussüberlegungen führen über eine bloße Zusammenfassung hinaus und benötigen deswegen an einigen Stellen Belege in den Fußnoten. Mit methodischen Ausführungen können studentische Bearbeiter zeigen, dass sie sich über die Interpretation einer Einzelquelle hinaus mit grundsätzlichen Fragen der rechtshistorischen Quellenbearbeitung befasst haben.*
84 Begriff bei Eckhardt, Gesetze (wie Anm. 18), 185.
85 Außerhalb der Lex Salica taucht selbst das Wort Rachinburgen in der merowingischen Zeit nur einmal auf: Nehlsen-von Stryk, boni homines (wie Anm. 54), 80.
86 So aber für das ungelehrte Recht ausdrücklich Adrian Schmidt-Recla, Kalte oder warme Hand? Verfügungen von Todes wegen in mittelalterlichen Referenzrechtsquellen (Forschungen zur Deutschen Rechtsgeschichte 29), Köln, Weimar, Wien 2011, 62.
87 Dazu die methodischen Überlegungen von Brunner, Rechtsgeschichte I (wie Anm. 3), 155–156.

vertretbar[88]. Wenn auf diese Weise zahlreiche Fragen, die sich bei der Beschäftigung mit frühmittelalterlichen Texten ergeben, nicht zu beantworten sind, gehört es zur Ehrlichkeit rechtsgeschichtlicher Forschung, auch diese Unklarheiten als Ergebnisse festzuhalten.

---

88 Maßgeblich waren u. a. Karl Kroeschell, Die Sippe im germanischen Recht, in: ZRG Germ. Abt. 77 (1960), 1–25; Klaus von See, Altnordische Rechtswörter (Hermea. Germanistische Forschungen 16), Tübingen 1964; Bernhard Rehfeldt, Saga und Lagsaga, in: ZRG Germ. Abt. 72 (1955), 34–55 (34–35).

2.6 Sachsenspiegel, Landrecht III 45 mit Glosse: Vom Wert des Menschen

Bernd Kannowski

2.6.1 Quellentext[1]

Textus
Nu uornemet aller lude wergelt.

[III 45 § 1] Nu vornemet aller lude weregelt vnde bote: Vorsten, vryef heren, schepenbare lude, de sind ghelik in bote vnde in wergelde. Doch eret me de vorsten vnde vryen heren mit gholde to gheuende, vnde ghifft en twelff guldenen penninge to bote, der schal yewelk eng dre zuluerne penninge weghenh. Dat penningh wichte goldes nam men do vor teyne sulueres; zus weren de twolff penninge drittich schillinge wert. Den schepenbaren vryen luden gifft men drittich schillinge to bote pundigher penninge; der schollen twintich schillinge ene mark weghen. Ere wereghelt sind achteyn pund.

[III 45. § 2.] Yewelk wiff hefft eres mannes halue bote vnde werghelt. So hefft yewelk maghed vnde vnghemannet wiff halue bote, na deme se gheboren is.

[III 45 § 3] De man is ok vormunde sines wiues, to hant alze ze eme ghetruwet is. Dat wiff is ok des mannes ghenotynne, to hant alse / se in sin bedde tred; na des mannes dode is se leddich van des mannes rechte

[III 45 § 4] De bergelden vnde plechafften heten vnde schulteten dingh soket, den gifft men vifteyn schillinge to bote vnde teyn pund to wergelde.

...

---

1   Nach: Glossen zum Sachsenspiegel-Landrecht. Buch'sche Glosse. Hg. von Frank-Michael Kaufmann (MGH Fontes iuris Germanici antiqui, Nova series 7, 2002), 1223–1239.

[III 45 § 6] Andere vrye lude sind lantseten gheheten, de komen vnde varen gastes wise vnde en hebben nen eghen in deme lande; den gifft men ok veffteyn schillinge to bote, teyn pund is ere werghelt.

[III 45 § 7] < Twintich schillinge vnde ses penninge vnde en helling is der laten bute vnde negen punt ore weregelt.>

[III 45 § 8] Twene wulne hanschen vnde en messvorke is der 20 dachwerten bote, sin wergelt is en barch vul wetes van twolff roden, alze yewelik rode van der anderen sta enes vatmens lank. Yewelk rode schal hebben twolff neghele vpwert; vnde yewelk naghel schal van deme anderen stan, alse en man langh is wente an de schulderen, dor dat men den barch boren moghe van naghele to naghele; yewelik naghel schal hebben twolff budele; yewelk budel twolff schillinge.

[III 45 § 9] Papenkindere vnde de vnechte boren sin, den gifft men to bote en voder houwes, alse twene yarighe ossen then moghen. Spelluden vnde alle, de sik to eghene gheuet, den gifft men to bote den scheede enes mannes. Kempen vnde eren kynderen den gifft men to bote den blik van eneme kampschilde yeghen de sunnen. Twene besmen vnde ene schere is der bote, de ere recht mit duue edder mit roue edder mit anderen dingen vorwerket.

[III 45 § 10] Vnechter lude bote gifft alle luttik vromen, vnde sind dar vmme ghesettet, dat <der> bote des richteres ghewedde volghe.

[III 45 § 11] Ane werghelt sind vnechte lude; doch swe der enen wundet edder roued edder dodet, edder vrechte wiff nodiged vnde den vrede an en brickt, men schal ouer ene richten na vredes rechte.

Glosa
[III 45 § 1] *Nu vornemet.* N u det eddele man her Eyke hefft vte deme Latineschen in Dudesche ghebracht, wat bote de man mote dragen, de vnrechtes vorwunnen wert in pinliken saken, ut supra li. II ar. XIII. Nu wel he zeggen van der beteringe des, de vnrechtes vorwunnen wert in borgheliker zake, vnde secht:
Nu vornemet. Hir scholtu weten, dat dit word *vornemet* hefft stedeliken yo wat sunderlikes, des grotter nod to vornemende is wen anders wat. Des wete, dat in al dem

privilegio beghinnet nicht wen viff artikele mit dessem / worde. De suluen, de zus beghinnen, de hebben yo wat sunderlikes, des not to vornemende is.

De erste, de zus beghinnet, den hefstu supra li. I ar. XIX. Dar wel he, dat men vorneme, wat ere vnde nuttes vnde vromen vnde sunderliker gnade sy an ridderschop.

Den anderen, de zus beghinnet, den hefstu supra li. I ar. XXXIII. Dar wel he dat recht des tokumpftigen eruen vnde ‹wo me› medelidinge scholle hebben mit der bedroueden vnde swangeren wedewen.

Den drudden, de sus beghynnet, den hefstu supra li. II ar. XIII. Dar wel he, dat men vorneme dat vndersched twisschen der barmherticheit vnde der rechticheit.

Den verden ar., de sus beghinnet, den hefstu supra li. II ar. LXVII. Dar wel he, dat men vorneme de nyen recht, de de Sassen annemeden, do se vntfengen den louen der nyen ee.

Den vefften hefstu hire, de sus beghinnet. Vnde he wel, dat du vornemest mit danghnamicheit de groten gnade, de de eddelen keysere den werden Sassen ghedan hebben in desser stad.

Wente in keyserrechte dar hadden de richtere ghewalt, dat se mochten ordelen, enen man to bote to gheuene, wo ho se wolden, dar na dat ere richte akbare was. De vorsten mochten enen vppe vestich pund goldes vordomen to deme hogesten. De provincien richtere de mochten enen ordelen vppe sesse. De ghesette richter mochte enen vordomen vppe dre pund goldesr, ut C. de modo multarum que a iudicibus infliguntur 1. illustris, et 1. eos. Vortmer, we eneme smaheit dede, en mynnerde se de richter nicht, so moste he se beteren, de se ghedan hadde, na iennes werderinghe, de se gheledden hadde, ut Instit. de iniurijs § pena autem, et ff. e. ti. 1. pretor ait.

Dit is den Sassen dor gnade willen aff ghelecht. Vnde is touoren gheset, wo se vorboten schullen eneme islikem, off ze an ene breken, vnde wo se islik deer vnde islikem voghel vorgelden schullen. Des wete, dat alle broke scheen veerleye wijs.

To deme ersten schud broke mit vordachter arghe, alse mord, duue, nottoch, roff, ouerhore, ghewalt. Van dessen komen pinlike klaghe. Der bote is de dod, ut supra li. II ar. XIII, et C. de siccarijs 1. si quis, et 1., is quj, et ff. de penis 1. capitalium § famosos, et C. de raptu virginum 1. I § I, et ff. de vi publica 1. qui cetu, et C. ad legem Iuliam de adulteris 1. de crimine.

De andere broke schud van warloze sunder vordacht vnde ane arch, alse offt en vnsynnighe edder en kind enen dodede, edder offt en den anderen irschote, alse he na eneme voghele schote. Desses bote is wergelt, ut supra li. II ar. LXIIII, et Instit. de lege Aquilia § jtaque si quis, et § jtem si putator, et ff. e. ti. 1. jtemn si obstetrix in fi.

To deme drudden schud broke in borgheliker klaghe, alse offt en den anderen mit vordanken ouele hete, edder lochende, edder smelikenn spreke, edder metlike sloghe, edder zik wes vnderwunde, edder nicht en ghulde ghewunne/ne schult, edder nicht vulqueme tughes edder sines gheweren. Dit moste he vorboten mit satter bote, ut supra li. II ar. LXII, et ar. LXVIII, et supra li. II ar. XXXV § XI, et supra ar. XXXVI. To deme verden schud broke ane vordanken, alse offt en den anderen in schimpe lochende edder ouele hete. Hir en horde nen bote vore, dest yenne sin recht dar to dede dat he dat in schimpe ghedan hedde, ut C. de iniurijs I. si non convicij, et ff. de iniurijs I. illud relatum.

Vorsten, vrye heren, schepenbare vrye lude, de sin ghelik. Dit is wedder dat recht, dat secht: *En islik hebbe bote na siner bort*, ut supra li. II ar. XVI § III. Wente denne desse dre nicht like gheboren sin, vnde doch like bote nemen, dar vmme ne hefft en islik man nicht bote na siner bord. Dit vorantwerde zus vnde zegge: We also vry is alse de andere, < dy is alse wolgeboren alse dy andere. > Wen bord en tweyet nicht wenne eghen vnde vry. Vnde went denne de schepenbare is also vry alse de vrye here, vnde vort de vrye here also vrye is alze de vorste gheboren, dar vmme hebben ze ghelike bote.

…

Doch eret me de vorsten vnde vrye heren Se, dar vmme, dat de vorsten van ammechtes weghene akbarer sin wen ander vrye lude, vnde nicht van bord vryer en sin, dar vmme gifft me en ghold, dat schoner ys wen zuluer, to bote. Dat betekenet, dat se akbarer sin van ammechte van ghesatteme rechte. Vnde dat doch dat golt, dat me en gifft, nicht beter en ys wen de drittich schillinge, de men anderen luden to bote gifft, dat betekenet, dat se in naturlikeme rechte nicht anderes en sin wen alse andere lude, ut Instit. de iure personarum § 1, et ff. de regulis iuris 1. quod attinet, et ff. de condiccione indebiti 1. Naturaliter § item si quod, et in / autent. de monachis § hinc autem coll. 1.

…

[III 45 § 4] *Dem bergelden.* Dit sint pachtlude.

…

[III 45 § 6] *Andere vrye lude.* Dit sint meyere.
[III 45 § 7] *Twintich schillinge* et cetera. De gifft men den laten, dor dat se vullen vry nicht en sin. Dat betekenet de hellingh.

[III 45 § 8] *Twene wulne hanschen.* De gifft men den dachwerten dor ere stedelike arbeyd. Ere weregelt is en berch vul wetes. Hir merke wat sunderlikes. Dat de dachwerten snoder sin in ammechten vnde in eren wen yoch laten sin, den gifft me doch meer wergeldes wenne men enem do. Dat he snoder wen en late sy, dat hestu supra ar. I in fi. Dit were dare wedder, dat men dit na der bord gheuen scholle, ut supra li. II ar. XVI § IIII. Mer dat en ys. Wente dar en steit nicht, dat men wergelt na der bord gheue. Men dar steyt, dat men bote dar van gheuen schal. Wente mit bote beteret men eneme manne zuluen, mit wergelde beteret he, den he besteid. Wente denne desse sines heren was, vnde eme nutter wen en ander eghen was dor sines stetliken arbeydes willen, so en ghilt men eme nicht na siner snodicheit, mer men gilt ene na des heren schaden, de eme dar an gheschach, ut Instit. de lege Aquilia § illud, et ff. e. ti. 1. proinde si servum occideris, et 1. si servum meum, et C. de lege Aquilia 1. ex morte, et 1. contra negantem.

...

Alse twene yarighe ossen then moghen. Desse bote betekenet, dat liker wis, alse yarighe ossen na anderen ossen, de then moghen, gheschapen syn, vnde moghen doch suluen to thende nicht nutte werden, also sin desse, den desse bote wert, alse echte lude gheschapen, vnde en moghen in deme echte so nutte nicht werden.
Spellude et cetera. Wente alse de scheme betekenet den man, vnde is doch nen man, also hebbet desse ene likenisse enes mannes, vnde is in deme rechten nen man, vnde me heft ze vor dod, ut ff. de regulis iuris 1. quod attinet, et 1. servitutem.
Kempen et cetera. Dit is dor dat se sik vnde ere kindere mit desseme snoden ammechte neren, dat ze sik to kiue gheuen. Dar vmme gifft men en den blick wedder.
[III 45 § 10] *Vnde sin dar vmme ghezat.* Ut supra li. I ar. LII, et supra ar. XXXIII in fi. Dor dat mot men hire deme richtere in godes state wedde gheuen. Wente in desser personen mishandelinge brickt men mer an gode wen an en.

2.6.2 Übersetzung

Kapitel XLIII

Text
Nun hört von aller Leute Wergeld
[*III 45 § 1*] Nun hört von aller Leute Wergeld und Buße: Fürsten, Freiherren, schöffenbare Leute, die sind gleich in Buße und Wergeld. Doch ehrt man die Fürsten und Freiherren, indem man Gold gibt, und gibt ihnen zwölf goldene Pfennige zur Buße, von welchen ein jeder so viel wie drei silberne Pfennige wiegen muss. Ein Pfenniggewicht Gold zählt so viel wie zehn Pfenniggewichte Silber; so wären die zwölf Pfennige dreißig Schillinge wert. Den schöffenbarfreien Leuten gibt man dreißig Schillinge vollgewichtiger Pfennige zur Buße. Zwanzig Schillinge davon müssen eine Mark wiegen. Ihr Wergeld ist achtzehn Pfund.
[*III 45 § 2*] Jede Frau hat die halbe Buße und das halbe Wergeld ihres Mannes. So hat jedes Mädchen und jede unverheiratete Frau halbe Buße nach ihrem Geburtsstand.
[*III 45 § 3*] Der Mann ist auch Vormund seiner Frau, sofort nachdem sie mit ihm verheiratet ist. Die Frau wird auch Standesgenossin des Mannes, sobald sie in sein Bett tritt. Nach dem Tod des Mannes ist sie vom Recht des Mannes frei.
[*III 45 § 4*] Diejenigen, welche Biergelden und Pfleghafte heißen und das Gericht des Schultheißen aufsuchen, denen gibt man fünfzehn Schillinge zur Buße und zehn Pfund als Wergeld.
…
[*III 45 § 6*] Andere freie Leute heißen Landsassen, die kommen und gehen wie ein Fremder und haben im Land kein Grundeigen; denen gibt man auch fünfzehn Schillinge zur Buße, zehn Pfund ist ihr Wergeld.
[*III 45 § 7*] Zwanzig Schilling und sechs Pfennig und ein Heller ist die Buße der Lassen und neun Pfund ihr Wergeld.
[*III 45 § 8*] Zwei wollene Handschuhe und eine Mistgabel ist die Buße der Tagelöhner, ihr Wergeld ist ein Berg voll Weizen von zwölf Ruten, in der Weise, dass eine jede Rute von der anderen stehe ein Fadenmaß lang. Jede Rute soll zwölf Nägel aufwärts haben. Und jeder Nagel soll von dem anderen so weit entfernt stehen, wie ein Mann lang ist bis an die Schultern, damit man den von Nagel zu Nagel aufheben kann. Jeder Nagel muss zwölf Beutel haben; jeder Beutel zwölf Schillinge.
[*III 45 § 9*] Kindern von Geistlichen und denen, die unehelich geboren sind, denen gibt man zur Buße ein Fuder Heu, sowie zwei einjährige Ochsen es ziehen können. Spielleute und allen, die sich in die Leibeigenschaft begeben, denen gibt man zur Buße

den Schatten eines Mannes. Lohnkämpfern und ihren Kindern, denen gibt man zur Buße das Blinken eines Kampfschildes gegen die Sonne. Zwei Besen und eine Schere ist die Buße derjenigen, welche ihr Recht mit Diebstahl oder mit Raub oder mit anderen Dingen verwirkt haben.

[III 45 § 10] Die Bußen rechtsloser Leute sind alle von geringem Nutzen und sind festgesetzt, damit der Buße das Gewette des Richters folge.

[III 45 § 11] Rechtlose Leute sind ohne Wergeld. Doch wer einen von ihnen verwundet oder beraubt oder tötet, oder eine rechtlose Frau vergewaltigt und den Frieden an ihnen bricht, den muss man richten nach Friedensrecht.

Glosse
[III 45 § 1] *Nun hört*. Zuvor hat der edle Mann, Herr Eike, aus dem Lateinischen in das Deutsche gebracht, welche Buße ein Mann zahlen muss, wenn er eines Rechtsbruchs überführt wird in peinlichen Sachen, II 13. Jetzt will er von der Wiedergutmachung sprechen, die derjenige zu leisten hat, welcher in einer bürgerlichen Sache eines Rechtsbruchs überführt wird, und sagt: „Nun hört". Hier musst du wissen, dass dieses Wort „hört" ja stets etwas Besonderes bei sich hat; dieses zu verstehen ist dann wichtiger als andere Dinge zu verstehen. Wisse, dass im gesamten Privileg nicht mehr als fünf Artikel mit diesem Wort beginnen. Dieselben, die so beginnen, die handeln von etwas Besonderem, das zu erfahren unerlässlich ist.

Der erste Artikel, der so beginnt, den hast du oben in I 20. § 1. Da will er, dass man erfährt, welche Ehre, welchen Nutzen und welche rechtlichen Besonderheiten die Ritterschaft hat.

Den zweiten Artikel, der so beginnt, den hast du oben in I 33. Da will er die Rechtsstellung des zukünftigen Erben regeln und wo man[2] Mitleid haben soll mit den betrübten und schwangeren Frauen.

Den dritten Artikel, der so beginnt, den hast du oben in II 13. Da will er, dass man den Unterschied zwischen Barmherzigkeit und Gerechtigkeit verstehe.

Den vierten Artikel, der so beginnt, den hast du oben in II 66. Da will er, dass man das neue Recht erfahre, welches die Sachsen annahmen, als sie den Glauben der neuen Gebote empfingen.

---

2 Berichtigt nach Sassenspegel mit velen nyen Addicien san dem Leenrechte unde Richtstige, Augsburg 1516, ed. Hans Rynmann von Öhringen, ND hg. v. Karl August Eckhardt (Bibliotheca rerum historicarum, Neudrucke 10, Sachsenspiegel Landrecht und Lehnrecht mit doppelter Glosse), Aalen 1978 (im Folgenden AD). Dort steht nicht „vromen", sondern „wo me".

Den fünften Artikel, der so beginnt, hast du hier. Und er will, dass du mit Dankbarkeit die große Gnade vernimmst, welche die edlen Kaiser den werten Sachsen an dieser Stelle gewährt haben.

Denn nach dem Kaiserrecht haben die Richter die Macht, einen Mann zu einer Buße zu verurteilen, deren Höhe sie bestimmen können, je nach ihrer Achtbarkeit. Die Fürsten konnten jemanden zu höchstens 50 Pfund Goldes verurteilen. Die Richter der Provinzen konnten jemanden zu sechs Pfund Goldes verurteilen. Die untergeordneten Richter konnten einen zu drei Pfund Goldes verurteilen, Cod. 1,54,4; 1,54,6. Auch musste derjenige, welcher einem anderen eine Schmähung antäte, für dieselbe gemäß Festsetzung des Verletzten Wiedergutmachung leisten, wenn der Richter nicht den geschätzten Betrag herabsetzte, Inst. 4,7,7; Dig. 47,10,7. Dies ist bei den Sachsen durch ihr Privileg abgeschafft. Und es ist zuvor gesagt, wie hoch einer dem anderen jeweils Buße leisten muss, wenn er an dem anderen einen Rechtsbruch begeht, und wie für ein jedes Tier und einen jeden Vogel Ersatz zu leisten ist. Wisse, dass alle Rechtsbrüche auf viererlei Weise geschehen.

Erstens geschehen Rechtsbrüche mit vorbedachter Arglist, wie Mord, Diebstahl, Vergewaltigung, Raub, Ehebruch und Gewalt. Wegen dieser Taten klagt man peinlich. Deren Buße ist der Tod, II 13, Cod. 9,16,5; Cod. 9,16,6; Dig. 48.19.28.15; Cod. 9,13,1,1, l. un.; Dig. 48,6,5; Cod. 9,9,10.

Die zweite Art von Rechtsbrüchen geschieht aus Unachtsamkeit, ohne Vorsatz und Arglist, wie wenn ein Geisteskranker oder ein Kind jemanden tötet, oder wenn jemand einen Menschen erschösse, obwohl er auf einem Vogel gezielt hat. Dessen Buße ist das Wergeld, siehe oben II 65, Inst. 4,3,4; 4,3,5; Dig. 9,2,9,4.

Drittens geschehen Rechtsbrüche, wegen welchen man allein bürgerlich klagt, wie wenn einer den anderen mutwillig mit üblen Worten bezeichnet, oder Lügen über ihn erzählt, oder schmählich über ihn spräche, oder ihn leicht schlüge, oder sich einer Sache bemächtigt, oder eine durch den anderen erworbene Verbindlichkeit nicht bezahlte, oder einen Zeugenbeweis nicht erbrächte oder die geschuldete Gewährschaft nicht leistete. Diese müssen alle büßen mit der festgesetzten Buße, siehe oben II 16 § 8; I 68 § 2–5; und oben II 36 § 2; und oben III 37 § 1.

Viertens geschehen Rechtsbrüche ohne Vorgedanken, wie wenn jemand einen anderen im Scherz einen Lügner nennt oder mit üblen Worten bezeichnet. Hierzu gehört keine Buße, wenn jener dem Recht entsprechend dartut, dass er es im Scherz getan hätte, so Cod. 9,35,5; Dig. 47,10,3; Dig. 47,10,3.

Fürsten, Freiherren, schöffenbare Leute, die sind gleich. Das ist gegen die Rechtsbestimmung, die sagt: *Ein jeder habe Buße nach seiner Geburt*, siehe oben II 16 § 3. Wenn nämlich diese drei nicht gleich geboren sind und doch die gleiche Buße nehmen, dann hat eben nicht jeder Mann Buße nach seiner Geburt. Das verteidige so und sage: Wer so frei ist wie der andere, der ist auch genauso wohl geboren wie der andere. Denn die Geburt unterteilt nur in Leibeigene und Freie. Da also der Schöffenbare so frei ist wie der Freiherr, und ferner der Freiherr so frei ist wie der geborener Fürst, darum haben sie gleiche Buße.

...

Doch ehrt man die Fürsten und die Freiherren. Siehe, deshalb, weil die Fürsten wegen ihres Amtes achtbarer sind als andere freie Leute, und nicht deshalb, weil sie von Geburt freier sind, gibt man ihnen Gold, das schöner ist als Silber, zur Buße. Das bedeutet, dass sie achtbarer sind, von ihrem Amt und vom gesatzten Recht her. Und dass doch das Gold, das man ihnen gibt, nicht mehr wert ist als die 30 Schilling, die man anderen Leuten zur Buße gibt, das bedeutet, dass sie nach natürlichem Recht nicht anders sind als andere Leute, so Inst. 1,3,1; Dig. 50,17,32; Dig. 12,6,13,1; Nov. 5,2.

...

[III 45 § 4] *Dem Biergelden.* Das sind Pachtleute.

...

[III 45 § 6] *Andere freie Leute.* Das sind Meier.

[III 45 § 7] *Zwanzig Schilling etc.* Die gibt man den Lassen zur Buße, weil sie nicht vollkommen frei sind. Das bezeichnet der Heller.

[III 45 § 8] *Zwei wollene Handschuhe.* Das gibt man den Tagelöhnern wegen ihrer ständigen Arbeit. Ihr Wergeld aber ist ein Berg Weizen. Nimm hier eine Besonderheit zur Kenntnis. Auch wenn ein Tagelöhner seinem Berufsstand und seiner Ehre nach geringer ist als ein Lasse, gibt man ihm doch ein höheres Wergeld als dem Lassen. Dass ein Tagewerker geringer ist als ein Lasse, steht im vorhergehenden Artikel am Ende, III 44 § 3. Dann könnte ein Widerspruch bestehen dazu, dass man einem jeden sein Wergeld nach der Geburt geben müsse, siehe oben II 16 § 3. Auch das ist aber nicht der Fall. Denn dort steht nicht, dass man das Wergeld nach eines jeden Geburt geben muss. Sondern da steht, dass man die Buße nach der Geburt geben muss. Denn die Buße leistet man dem Mann selbst, das Wergeld dagegen geht an denjenigen, welchem der Mann gehört. Weil nämlich der Tote seinem Herrn gehörte und diesem durch seine stattliche Arbeit nützlicher war als ein anderer Leibeigener, deshalb bemisst sich das Wergeld nicht nach seinem niedrigen Stand, sondern nach dem Schaden, den sein Herr davonträgt, Inst. 4,3,10; Dig. 9,2,22; Dig. 9,2,33; Cod. 3,35,3; Cod. 3,35,4.

…

So wie zwei einjährige Ochsen es ziehen können. Diese Buße bedeutet, dass genau so, wie die einjährigen Ochsen nicht in gleicher Weise wie andere Zugochsen zum Ziehen taugen, auch wenn sie gleich beschaffen sind, so sind auch diejenigen, welchen man diese Buße gibt, so beschaffen wie andere rechtmäßige Leuten, können aber nach dem Rechtsstand so nützlich nicht werden.
Spielleute etc. Denn so wie der Schatten den Mann bezeichnet und doch kein Mann ist, so hat dieser Ähnlichkeit mit einem Mann, und ist doch nach dem Recht kein Mann, und man hält sie für tot, Dig., 50,17,32; Dig. 50,17,209.
Lohnkämpfern etc. Das kommt dadurch, dass sie sich und ihre Kinder mit dieser geringen Erwerbsart ernähren, dass sie sich zum Kämpfen hergeben. Deshalb gibt man ihnen das Blinken dafür.
Und sind festgesetzt. Siehe oben I 53 § 1, III 32 § 10. Deshalb muss man hier dem Richter anstelle Gottes Gewette geben. Denn wenn jemand gegen solche Personen handelt, vergeht er sich mehr an Gott als an ihnen.

2.6.3 Erläuterung

Die Quellentexte stammen aus dem Sachsenspiegel und der dazugehörigen Glosse. Der Sachsenspiegel ist ein um 1230 entstandenes Rechtsbuch in deutscher Sprache. Ein Rechtsbuch ist ein für die damalige Zeit charakteristischer Quellentyp. Es handelt sich um umfassende Niederschriften zuvor mündlich tradierten Rechts ohne obrigkeitlichen Auftrag. Drei Dinge machen ein Rechtsbuch aus. Neben der Rechtsgewohnheit als Grundlage (1) ist für ein Rechtsbuch charakteristisch, dass es umfassend das Rechtsleben einer Gemeinschaft durch Aufzeichnung zu durchdringen sucht und dabei normbildend wirkt (2), wobei diese Wirkung von herrschaftlichen oder auch kollektiven Rechtssetzungsakten klar abgrenzbar sein muss (3). Solche Rechtsbücher entstanden nicht nur in Deutschland, sondern in ganz Europa zwischen dem 12. und dem 15. Jahrhundert („Rechtsbücherzeit").

Eine genaue Datierung des Sachsenspiegels ist nicht möglich, weil sich eine solche in den überlieferten Handschriften nicht findet. Der Sachsenspiegel ist der bekannteste und am dichtesten überlieferte, insofern auch bedeutendste deutsche Rechtstext des Mittelalters. Auch sprachwissenschaftlich ist er von Gewicht, weil es sich überhaupt um den ersten längeren Prosatext in deutscher Sprache handelt. Dabei erschließt sich das etwa 800 Jahre alte Deutsch – genau gesagt Mittelniederdeutsch – des Sachsenspiegels einer heutigen Leserschaft – wie wohl niemanden überrascht – keineswegs ohne Weiteres. Ohne Übersetzung geht das nicht, und deshalb habe ich eine bereitgestellt.

Der vermutlich in der Gerichtspraxis seiner Zeit erfahrene Autor des Sachsenspiegels Eike von Repgow (zwischen 1180 und 1190 – nach 1233) setzte es sich zum Ziel, die bislang nur mündlich tradierte Rechtsgewohnheit seiner Zeit erstmals umfassend in Schriftform niederzulegen. Ganz ohne Befehl und Sanktion einer Obrigkeit entstand der Sachsenspiegel, und dennoch avancierte er in einem bemerkenswerten Tempo zu einem autoritativen Text. Nur in Anbetracht der Wertschätzung, den sein Inhalt damals genoss, ist das zu erklären. Ein solch kometenhafter Aufstieg eines Lehrbuches über das Recht – und so etwas will der Sachsenspiegel nach der Intention seines Autors sein[3] – ist uns im kontinentaleuropäischen Kontext ein Exotikum, in der Welt des Common Law auf der anderen Seite des Ärmelkanals hingegen alles andere als ungewöhnlich.

Zum eben beschriebenen Sachsenspiegel gibt es eine ebenfalls für mittelalterliche Verhältnisse dicht überlieferte Glosse. Glosse ist ein altes Wort für etwas, was wir heute als einen Kommentar (wie etwa den Palandt zum Bürgerlichen Gesetzbuch) bezeichnen würden. Diese Glosse wird nach ihrem Autor Johann von Buch (um 1290 – um 1356), der sein Werk um 1325 und damit etwa 100 Jahre nach Eike verfasste, als Buch'sche Glosse bezeichnet. Diese Glosse hat einerseits Ähnlichkeiten mit heutigen Kommentaren, andererseits gibt es auch Unterschiede. So liegt eine Ähnlichkeit darin, dass Johann von Buch immer an einzelne Stellen des zu kommentierenden Textes anknüpft und somit den Text Stück für Stück erklärt, wobei er seines Erachtens besonders schwierigen Wörtern oder Passagen jeweils besondere Aufmerksamkeit zukommen lässt. Eine weitere Gemeinsamkeit liegt darin, dass Johann das von ihm Gesagte immer wieder mit Belegstellen versieht. Diese werden als Allegationen bezeichnet. Sie stechen aus der ansonsten so wie auch der Sachsenspiegel in deutscher Sprache verfassten Buch'schen Glosse dadurch heraus, dass sie in lateinischer Sprache geschrieben sind. Sie beziehen sich meist auf Fundstellen in den beiden Hauptquellen des römischen und des

---

3   Das Lehnrecht des Sachsenspiegels beginnt mit den Worten „Svie lenrecht kunnen wille, die volge disses bukes lere" („Wer das Lehnrecht kennen will, der folge der Lehre dieses Buches").

kanonischen Rechts, nämlich auf das Corpus Iuris Civilis einerseits und das Corpus Iuris Canonici andererseits. Diese Fundstellen sind in der Übersetzung in die heutige Zitierweise aufgelöst.

Die Glosse des Johann von Buch genoss in der Wissenschaft über lange Zeit hinweg, insbesondere zu den Blütezeiten der deutschen Rechtsgeschichte im 19. und frühen 20. Jahrhundert, erheblich weniger Aufmerksamkeit als der Sachsenspiegel. Das liegt an einer Lagerbildung, die mit konträren Ausrichtungen und Interessen verbunden war. Die am römischen Recht interessierten Romanisten beschäftigten sich nicht mit Johanns Glosse, weil es sich um einen Kommentar zu einer der wichtigsten Quellen des anderen Lagers handelte, wenn nicht überhaupt um die wichtigste. Die am mittelalterlichen deutschen Recht interessierten Germanisten hingegen beschäftigten sich nicht mit der Buch'schen Glosse, weil ihnen an der Rekonstruktion eines vom römischen Recht möglichst unberührten, insofern reinen deutschen Recht gelegen war. Und dazu passt Johanns Anliegen, die beiden Rechtsmaterien miteinander zu vereinen, so gar nicht. Insofern ist die Buch'sche Glosse zwischen die Mühlsteine der beiden traditionellen Forschungsausrichtungen geraten. Während es Textausgaben des Sachsenspiegels auf der Grundlage mittelalterlicher Handschriften seit etwa 200 Jahren gibt, existierte – trotz der ebenfalls dichten Überlieferung – bis vor weniger als 20 Jahren keine solche Ausgabe von der Buch'schen Glosse. Die oben wiedergegebenen und hier behandelten Passagen sind diesem Werk entnommen.[4]

Durch die sprachliche Abgrenzung tritt ein Hauptanliegen des Johann von Buch hervor, das einem heutigen Kommentar fremd ist. So geht es ihm darum, mögliche Widersprüche zwischen dem älteren Sachsenspiegel einerseits und dem neuerem Gelehrten Recht andererseits auszuräumen. Johann lebt in der Frühphase einer Zeit juristischen Umbruches, die in der Rechtsgeschichte als die Rezeption des Gelehrten Rechts bezeichnet wird. Das wiederentdeckte antike römische wie auch das kanonische Recht hatten begonnen, ihren Siegeszug über die europäische Rechtskultur anzutreten. Es handelt sich um genau zwei Rechte (lateinisch „iura"), daher auch „utrumque ius" („beiderlei Recht"), manche Universitäten vergeben als juristischen Doktortitel heute noch einen „doctor iuris utriusque" (wörtlich „Lehrer in beiderlei Recht"), womit ursprünglich wie gesagt das römische und das kanonische Recht gemeint war.

Gemeinsam ist diesen beiden Rechten – daher der Name „Gelehrtes Recht" –, dass sich eine Qualifikation nur durch ein Universitätsstudium erlangen ließ. Die Mög-

---

4   Glossen zum Sachsenspiegel-Landrecht, wie Anm. 1.

lichkeit dazu gab es zur Lebenszeit Johanns nur jenseits der Alpen. Auch er hatte sich dorthin begeben, um im italienischen Bologna die Rechte zu studieren. Wir wissen, dass sein Name im Jahr 1305 in den dortigen Matrikeln auftaucht. Nach seiner Rückkehr war er in verschiedenen Ämtern für den Markgrafen von Brandenburg tätig und erstellte auf der Grundlage seiner juristischen Ausbildung die besagte Glosse zum Sachsenspiegel.

Wie viele andere seiner Zeit war Johann als vermutlich noch sehr junger Mann – für unsere heutigen Begriffe eher noch ein Kind – für sein Studium über die Alpen nach Italien gegangen. Diese Reise war aufwendig, teuer und gefährlich. Warum scheuten Johann und andere weder die Risiken noch die Kosten? Was hatten sie davon und warum war das für so lange Zeit offenbar nahezu vergessene römische Recht auf einmal wieder so wichtig? Wie kommt es, dass knapp 200 Jahre später ein wichtiges Reichsgesetz (die Reichskammergerichtsordnung von 1495) für das Gelehrte Recht davon ausgeht, dass es sich um allgemein überall im Reich geltendes Recht handelt?

Johann ging vermutlich nach Italien, weil er oder seine Familie glaubte, dass sei gut für seine Karriere und würde ihm den Weg zu Positionen ebnen, die er ohne ein Studium der Rechte nicht erhalten hätte. Damit sollte Johann dann ja auch recht behalten. Es gab eine steigende Nachfrage nach studierten Juristen. Aber wieso? Warum nahm die Bedeutung des Gelehrten Rechts so stark zu? Die Ursachen der Rezeption sind rätselhaft und wir können letztlich nur darüber spekulieren. Klar ist jedenfalls, dass die Rezeption des Gelehrten Rechts ein gesamteuropäischer Vorgang war. Für ihn gibt es im Wesentlichen zwei Erklärungsmodelle:

- Die politische Romidee: Die mittelalterlichen deutschen Könige sahen sich als legitime Nachfolger der römischen Kaiser. Aus ihrer Sicht bestand das antike Rom fort (Translatio imperii). Teil dieser Vorstellung war, dass auch das römische Recht fortgalt. Es verhält sich ähnlich wie heute bei Veränderungen in Parlament bzw. Regierung durch Neuwahlen: Niemand würde auf die Idee kommen zu sagen, damit träte alles einer vorherigen Legislaturperiode entstammende Recht außer Kraft. Das geschieht nach unserer Auffassung ja noch nicht einmal bei einem radikalen Wechsel der Staatform (Art. 123 Abs. 1 GG). Als z. B. das BGB in Kraft trat, hatten wir noch einen Kaiser. Führt man sich das vor Augen, erscheint das Konzept der Translatio imperii gar nicht mehr so fernliegend.
- Der wirtschaftliche Aufschwung: Die Intensivierung von Handel, Geldverkehr und Gewerbe in den italienischen Städten und anderswo um die Wende des 12. Jahrhunderts weckte den Bedarf nach neuen juristischen Problemlösungen. Von einer Universität, die mit wissenschaftlichen Methoden das alte römische Recht durchleuchtete und bearbeitete, ließen sich solche Antworten erwarten. Darüber hinaus

bildete sie Juristen aus, die für die damit einhergehenden Aufgaben gewappnet waren und deckte damit eine neue Personalnachfrage.

Die Sprache des Sachsenspiegels und der Buch'schen Glosse – mittelalterliches Niederdeutsch (Plattdeutsch) – war damals die überall im Norden Deutschlands gesprochene Sprache, die erst nach der Reformation gegenüber dem Hochdeutschen – das sich in der Folgezeit immer mehr durchsetzen sollte – an Boden verlor. Vom Sachsenspiegel existieren mehrere zum Teil auch im Buchhandel erhältliche Übersetzungen in das heutige Hochdeutsch. Von der Buch'schen Glosse gibt es keine.

Die hier wiedergegebene Bestimmung gehört zu den am häufigsten zitierten aus dem Sachsenspiegel. Sie behandelt ein uns heute jedenfalls in dieser Form fremdes Phänomen: Es geht um „aller Leute Wergeld und Buße". „Wergeld" kommt von dem althochdeutschen Wort für Mann („wer") und bedeutet somit wörtlich übersetzt „Manngeld". In der Tat ist es der für einen Mann – genau gesagt für das Leben eines Mannes – zu zahlende Geldbetrag. Und dieser Geldbetrag ist – wie sich aus der Quelle ergibt – keineswegs für jeden Mann gleich, sondern je nach Stand durchaus unterschiedlich. Nicht nur das Leben von Männern, auch das von Frauen hat einen Wert, wobei die Gesellschaft deutlich von Männern dominiert erscheint. Das Wergeld einer Frau richtet sich stets nach dem ihres Mannes und beträgt lediglich die Hälfte davon. Ferner gibt es offensichtlich auch Menschen, deren Leben gar nichts wert ist (§ 11).

Welche Funktion genau hatte dieses Wergeld? Bedeutet seine Festsetzung in einem Rechtstext, dass es möglich war, ohne weitere Strafe fürchten zu müssen eine Person zu töten, wenn man nur einen bestimmten Geldbetrag zahlte? Ursprünglich war das vermutlich nicht so. Wergelder gibt es in Rechtsquellen schon ziemlich lange. Bereits in den so genannten Leges, den Stammesrechten der germanischen Völker wie etwa der Lex Salica aus dem frühen 6. Jahrhundert erscheinen Wergelder. In dieser frühen Zeit dürfte ein Wergeld aber kaum als ein von Gesetzes wegen zwingend zu entrichtender Betrag zu verstehen sein. Es gab keinen Zwang, woher hätte der auch kommen sollen? Eine (mächtige) staatliche Obrigkeit existierte nicht. Wenn der Täter nicht zahlen wollte, tat er es einfach nicht. Dann war die Tat aber natürlich nicht gesühnt und Fehde und Rache standen damit im Raum. Die Wergeldkataloge unterbreiteten eine Möglichkeit, ohne Gesichtsverlust den Tod eines Verwandten gegen Geldzahlung aus der Welt zu schaffen. Die festgesetzte Höhe entsprach allgemeiner gesellschaftlicher Wertschätzung und konnte eine Grundlage für Verhandlungen bilden. So war nach sächsischer Vorstellung ein Adeliger zwölf Mal so viel wert wie ein Halbfreier. Eine jüngere Frau war doppelt so viel wert wie eine ältere, und mit Ende der Gebärfähigkeit verringerte sich die Buße auf die Hälfte. Eiskalt wird der Wert des Menschen benannt. Oder genau gesagt, die Werte von Menschen werden benannt. Und die unterscheiden sich erheblich.

Dass die Werte von Menschen sich erheblich unterscheiden, das hat sich zur Entstehungszeit der Buch'schen Glosse (um 1325) keineswegs geändert. Geändert hat sich allerdings offenbar die Funktion des Wergeldes, und unter anderem darum geht es in der zuvor wiedergegebenen Glossenpassage.

Zu Beginn seiner Kommentierungen bringt unser Glossator Johann von Buch zum Ausdruck, wie er den Sachsenspiegel insgesamt einordnet. Johann sagt, Eike von Repgow habe etwas vom Lateinischen in das Deutsche gebracht. Nach Auffassung des Glossators ist der Sachsenspiegel also kein geistiges Eigenprodukt Eikes, sondern lediglich eine Übersetzung eines bereits zuvor in lateinischer Sprache existierenden Rechtstextes. Die Vorstellung, dass der Sachsenspiegel nichts anderes als eine umfassende Sammlung von Rechtsgewohnheit (was wir heute als ein Rechtsbuch bezeichnen) sein soll, ist Johann fremd. Ganz nach mittelalterlicher Tradition führt er ein bedeutendes Recht auf einen bedeutenden Herrscher zurück. Das ist für Johann niemand anders als der sagenumwobene und im Nebel der Zeit verschwindende legendäre Herrscher Karl der Große. Das angeblich von diesem Herrscher herrührende Recht für die Sachsen bezeichnet Johann stets als das „Privileg". Johann behauptet, dieses lateinische Schriftstück mit eigenen Augen gesehen zu haben. Wir wissen nicht, was es mit dieser Behauptung auf sich hat und ob so etwas jemals existierte. Überliefert ist es jedenfalls nicht.

Johann beginnt seinen Glossenartikel zu III 45 Landrecht des Sachsenspiegels wie häufig in seinem Werk mit einer kleinen Einleitung. In dieser behandelt er die Frage, welchen Stellenwert der Artikel im Gesamtgefüge des Sachsenspiegels (den Johann – wie gesagt – stets „das Privileg" nennt) einnimmt. Dabei macht Johann darauf aufmerksam, dass nur ganz wenige Artikel im Sachsenspiegel mit der Einleitungsformel „nun hört" (im Original „nu vernemet") beginnen. In der von Johann glossierten Textfassung des Sachsenspiegels gibt es fünf solche Artikel, in anderen Fassungen sind es sechs. Johann ist der Auffassung, dass die Formulierung „nun hört" bedeutet, dass an der entsprechenden Stelle etwas ganz besonders Wichtiges gesagt wird, das hervorgehoben werden soll. Zwei dieser fünf Stellen beschäftigen sich mit unterschiedlichen Sanktions- bzw. Reaktionsmöglichkeiten auf unterschiedlich gravierende Rechtsbrüche. Dabei geht es zum einen um etwas, dass wir heute als öffentliches Strafrecht bezeichnen würden (etwa das Hängen des Diebes oder das Enthaupten des Totschlägers). Anderseits geht es um die oben bereits beschriebenen Wergelder, womit wir beim hier zu kommentierenden Artikel wären.

Johann hält den Sachsenspiegel wie gesagt für ein Privileg der Sachsen (wie gesagt von keinem Geringeren als Karl dem Großen). Privileg bedeutet Sonderrecht. Das Recht der Sachsen kann also nach dem Willen Karls des Großen in bestimmten einzelnen Punkten von dem überall im Reich geltenden römischen Recht abweichen. Dieses römische Recht in seiner mittelalterlichen Form bezeichnet Johann als „Kaiserrecht". Das verhalte sich auch in Bezug auf Wergeld und Buße so. Auch dieses weiche vom Kaiserrecht ab, und hierin sieht Johann einen deutlichen Vorteil. Er spricht aus, es sei eine große Gnade, was die edlen Kaiser den Sachsen gewährt hätten. Dabei stellt Johann zunächst die Rechtslage nach dem allgemeinen Kaiserrecht dar. Danach hätten die Richter die Befugnis, im Fall einer Körperverletzung den zu leistenden Geldbetrag – Johann nennt das „Buße" – je nach Achtbarkeit frei festzusetzen, wobei je nach Stand des Verletzten und Position des Richters bestimmte Höchstbeträge nicht überschritten werden durften. Dies sei bei den Sachsen – und das findet Johann wie gesagt gut – abgeschafft. Johann begründet nicht, warum er das gut findet. Vielleicht befürwortet er, dass auf diese Weise möglicher richterlicher Willkür ein Riegel vorgeschoben wird.

Im Folgenden differenziert Johann nach vier verschiedenen Kategorien von Rechtsbrüchen und ihren jeweiligen Reaktionsmöglichkeiten. Erstens nennt er mit Arglist begangene wie Mord, Diebstahl oder Vergewaltigung. Darauf stehe der Tod. Zweitens spricht er von Tötungen, die aus Unachtsamkeit begangen wurden. In diesen Konstellationen falle ein Wergeld an. Drittens spricht er von weniger gravierenden Rechtsbrüchen wie Beleidigung, übler Nachrede oder leichten Schlägen. Das habe, wie Johann sagt, allein eine bürgerliche Klage zur Folge und für diese Fälle sei die Buße festgesetzt. Viertens spricht er noch von Rechtsbrüchen, die ganz ohne jede böse Absicht geschehen, „wie wenn jemand einen anderen im Scherz einen Lügner nennt oder mit üblen Worten bezeichnet". Solches bleibe, wenn der Täter beweisen kann, dass es nur ein Scherz war, ganz ohne Rechtsfolgen.

Auffällig an Johanns Viergestirn von Rechtsbrüchen ist aus einer heutigen Sicht, dass diese Einordnungen exklusiv sind. D. h., ein Rechtsbruch hat entweder allein – wie wir heute sagen würden – strafrechtliche Folgen oder allein zivilrechtliche. Schadensersatz und Strafe (in einem heutigen Sinne) können also nie nebeneinanderstehen. Die Rechtsfolge einer Tötung ist also entweder die Hinrichtung des Täters oder eine Geldzahlung des Täters an Hinterbliebene, nie aber beides. So steht es auch im Sachsenspiegel (Landrecht III 50). Nach heutigem Recht ist das anders. Die Tötung eines Menschen kann durchaus sowohl strafrechtliche (z. B. § 222 StGB) wie auch zivilrechtliche Konsequenzen (z. B. § 844 BGB) haben. Das hängt damit zusammen, dass sich durch die große Ausweitung der obrigkeitlichen Macht (wir nennen das heute „Staat") die Funktion rechtlicher Sanktionen grundlegend gewandelt hat. In einem heutigen Strafverfahren geht es – anders als in einem Zivilverfahren – darum, auf jeden Fall zu klären, was tatsächlich geschehen ist, drohen doch nach einem Strafverfahren erheblich schärfere Konsequenzen auf einer ganz anderen Ebene. Juristen sprechen von einer „materiellen" im Gegensatz zu einer „formellen" Wahrheit. Das ist ein großes Thema.

Wenn es um die Einzelnen Wergeld- und Bußbeträge geht, tritt uns bei Johann ebenso wie bei Eike eine ständische Welt entgegen, die mit der modernen Vorstellung von der rechtlichen Gleichheit aller Menschen (Art. 3 I GG) nicht das Geringste zu tun hat. Vielmehr versteht Johann die im Sachsenspiegel aufgeführten Kompensationen – wie er es auch an anderen Stellen und immer wieder tut – bildlich und versucht damit, das Gemeinte buchstäblich zu illustrieren. So spricht er aus, dass die höhere gesellschaftliche Position der Fürsten gegenüber den Freiherren darin zum Ausdruck komme, dass Erstere Gold zur Buße erhielten. Auch wenn es sich um den gleichen Betrag handele, komme so doch die höhere Achtbarkeit der Fürsten zum Ausdruck, weil Gold dem Silber gegenüber das edlere Metall und jedenfalls nach Johanns Auffassung „schöner ist als Silber".

Ebenso spricht Johann aus, dass die Buße der Tagelöhner ein Spiegelbild ihres Standes sei. In der älteren Sprache findet das Wort „Stand" Gebrauch an Stellen, an denen wir heute das Wort „Beruf" verwenden würden. Das kommt hier besonders deutlich zum Tragen. Die beiden wollenen Handschuhe seien ein Spiegel dessen, was des Tagelöhners Position in der Weltordnung ist, wie Johann sie kannte. Das war ihre ständige Arbeit. Weiterhin symbolisiere ein einzelner Heller bei der zu zahlenden Buße, dass bestimmte Menschen (die Lassen) nicht vollständig frei seien, offenbar, weil Johann dem Heller die Bedeutung einer geringen und minderwertigen Münze beimisst. Ähnlich hält er es mit der Bedeutung des einjährigen Ochsen in der Buße. Er stehe für die Minderwertigkeit der Berechtigten, weil er weniger leistungsfähig sei als andere Tiere. Ebenso verhält es sich in Bezug auf den Schatten und dem Blinken des Schildes, den so genannten Spottbußen. Sie bezeichnen die Inferiorität ihrer Inhaber bis hin zur völligen Rechtlosigkeit. Spielleute halte man „für tot". Wer sich an solchen Personen vergehe, der vergehe „sich mehr an Gott als an ihnen [selbst]."

Nach unserer heutigen Rechtsordnung kann ebenfalls im Fall einer Verletzung oder Tötung ein mehr oder weniger großer Geldbetrag zu entrichten sein. Dieser hängt allerdings nie von der gesellschaftlichen Stellung einer Person ab. Wenn bei einer Verletzung ein Schmerzensgeld zu zahlen ist, so hängt dessen Höhe davon ab, welchen Einschränkungen an Lebensqualität die Verletzung für das individuelle Leben genau dieser einen Person als Individuum bedeutet. Eine Verallgemeinerung über einen gesellschaftlichen Stand findet nicht statt. Diese Konstruktion war im Mittelalter schon deshalb undenkbar, weil es die Vorstellung eines Menschen als Individuum – wenn wir dem großen Schweizer Kulturhistoriker Jacob Burckhardt glauben wollen – vor der Renaissance einfach nicht gab. Wenn bei einer Tötung Zahlungen anfallen, so richten sich diese nach eventuellen Unterhaltsansprüchen Hinterbliebener oder nach den Schockschäden nahestehender Personen. Einen nach irgendwelchen Kriterien zu bemessenden finanziellen Wert eines Menschen an sich kennen wir nicht. So war es übrigens auch bei den antiken Römern. Nur auf Sklaven waren Preise geschrieben. Die aber waren keine Rechtssubjekte und damit in einem juristischen Sinne auch keine Menschen. Dieser Ansatz aber ist uns heute glücklicherweise fremd. Für uns hat kein Mensch einen Preis. Der Wert eines Menschen – Juristen sprechen von der Würde – lässt sich in Geld nicht bemessen.

2.7 Todesstrafe für Bigamie.
Eine Strafverschärfung im lübischen Recht nach 1284
Albrecht Cordes

2.7.1 Aufgabe

Interpretieren Sie Art. 9 des Bardewikschen Codex (1294) des lübischen Rechts[1] und vergleichen Sie die Regelung mit jener im Kolberger Codex von 1297[2]!
Quelle: Foto und Transkription (Zeichensetzung modernisiert) des besagten Artikels
Weitere Hilfsmittel: Transkription des Codex für Kolberg von 1297, Übersetzungsvorschläge

---

1 Der Bardewiksche Codex ist ediert von Johann Friedrich Hach, Das alte Lübische Recht, 1839, dort Codex II. Er gehörte zum Bestand des Archivs der Hansestadt Lübeck, Signatur H734, wurde 1942 kriegsbedingt in ein Salzbergwerk bei Bernburg ausgelagert und von dort 1945 wohl von der Trophäenkommission der Roten Armee in die Sowjetunion transportiert. Dabei oder nach der Ankunft kam er abhanden und gelangte 1975 auf ungeklärten Wegen in das Museum der kleinen Stadt Jurjewetz an der Wolga. Dort wurde er 2014 von den Moskauer Wissenschaftlerinnen Inna Mokretsova und Natalija Ganina wiederentdeckt; Ganina, „Dieser vorzüglich schöne Codex…". Die Wiederentdeckung des Bardewikschen Codexes von 1294, in: Zeitschrift für Lübeckische Geschichte (ZLG) 96 (2016), 53–63. Der Codex verbleibt dort in Jurjewetz (Inventar-Nr. JuKM-2010), aber Ganina bereitet zusammen mit dem Lübecker Archivdirektor Jan Lokers und mir als Herausgebern eine neue Edition vor. Der Kolberger Kodex wurde herausgegeben von Peter Jancke, Das Kolberger Rechtsbuch, 2005.
2 Die Fußnoten werden hier genutzt für sparsame Hinweise auf die wichtigsten Titel der Sekundärliteratur, für didaktische Kommentare und mögliche strategische Überlegungen der Bearbeiter*innen und für weiterführende Überlegungen, die sich nicht aus der Quelle allein ergeben und deshalb nur in einer Hausarbeit zu erwarten wären.

Abb. 1: Bardewikscher Codex, fol. 2v. Foto Natalija Ganina, Moskau[3]

---

[3] Für die Überlassung der Fotografie und die Druckerlaubnis danke ich Natalija Ganina herzlich.

BARDEWIKSCHER CODEX, 1294 FF., TRANSKRIPTION
ix.
De twe echte wif nimpt
Nimt ienech man hir en echte wif, De anders war en echte wif heuet Vnde de ghelaten heuet, Wert he des vor wu(n)nen, He schal dat wedden vnde beteren mit sime hogheste(n). vnde se schal nemen to vordele al dat ghut, Dat se to eme brachte. Vort mer schal se nemen de helfte des ma(n)nes ghudes. Des ghelyk scal dat recht gan mit ener vruwe(n), de vorwunnen wert mit twen echten mannen. <Ne heuet he der nicht. Men schal ene werpen in den schuppe stol.>[4]

BARDEWIKSCHER CODEX, ÜBERSETZUNG (A. CORDES)
IX.
Wer zwei Ehefrauen nimmt
Ein Mann nimmt hier eine Ehefrau, der anderswo eine Ehefrau hat und diese verlassen hat. Wird er dessen überführt, er soll das büßen und bessern mit seinem Höchsten. Und sie soll vorweg nehmen all das Gut, das sie zu ihm gebracht hat. Weiterhin soll sie nehmen die Hälfte des Guts des Mannes. Genauso soll das Recht gehen mit einer Frau, die überführt wird mit zwei Ehemännern. <Hat er die aber nicht, dann soll man ihn in den Schupfstuhl werfen.>

KOLBERGER CODEX, 1297, TRANSKRIPTION
[Art. 63]
De twe echte wif nim
Nimt ienech man hir en echte wif, de anders war en echte wif heuet vnde de gelaten heuet, wert he des vorwunnen, he schal der lesten vortien, vnde se schal sines vortien vnde se schal nemen to vordele al dat gut dat se to eme brachte. vort mer schal se nemen de helfte des mannes godes. De man schal oc beteren der stat vnde deme richte sine boshezt mit tein marken sulueres. ne heuet he der nicht men schal ene werpen in den schuppestol.

---

4 Der Text von < bis > wurde vom Pergament abrasiert, ist aber noch lesbar, wie man auf der Abbildung in der rechten Spalte, Zeile 4–7, sehen kann.

KOLBERGER CODEX, ÜBERSETZUNG (TH. RUDERT)
Art. 63
Der zwei Ehefrauen nimmt
Nimmt irgendein Mann hier eine Ehefrau, der anderswo bereits eine Ehefrau hatte und diese verlassen hat, und wird er dessen überführt, so soll er der letzteren entsagen, und sie soll seiner entsagen. Und sie soll als Voraus all das Gut nehmen, das sie zu ihm mitgebracht hatte. Darüber hinaus soll sie die Hälfte des Gutes des Mannes nehmen. Der Mann soll der Stadt und dem Gericht seine Bosheit mit zehn Mark Silber büßen. Hat er die aber nicht, so soll man ihn mit dem [in den] Schupfstuhl werfen.

2.7.2 Interpretation

2.7.2.1 Beschreibung der Quelle

Der Text befindet sich auf einer zweispaltig beschriebenen Pergamentseite einer Rechtshandschrift des späten 13. Jh. Der Bogen ist oben mittig mit einem roten A markiert, was an eine Paginierung denken lässt. Der Artikel beginnt in der Mitte der 4. Zeile der linken Spalte mit der rot geschriebenen Überschrift *De twe echte wif nimpt*. Auf dem linken Rand ist der Artikel in Höhe der Überschrift mit der röm. Ziffer IX nummeriert. Dann folgt der eigentliche Text des Artikels; sein erster Buchstabe, die Initiale N, erstreckt sich über drei Zeilen und ist prunkvoll verziert[5]. Da mehrere Arbeitsschritte – Einrichtung der Seite, Malen der Initialen, Schreiben des Textes – nötig waren, muss die Verteilung des Textes auf der Seite genau geplant gewesen sein.

Der Artikel hat eine Länge von knapp einer Spalte; vier Zeilen finden sich noch auf der rechten Spalte. Zwischen dem Ende des Textes und dem nächsten Artikel ist eine Lücke von 3 (nämlich 2 ganzen und 2 halben) Zeilen. Dort kann ein älteres, oberflächlich abgekratztes Textfragment noch entziffert werden. Wenn man genau hinsieht, erkennt man im Text weitere Rasuren, auf die mit einer anderen Handschrift neuer Text geschrieben worden ist. Dort, wo er überschrieben wurde, ist der alte Text allerdings nicht mehr lesbar.

---

5   Die Aufgabe beginnt ungewöhnlich: mit einem Foto. Das ist eine Herausforderung, die angenommen werden muss. Welcher Mehrwert, welche Zusatzinformation, bietet das Foto über den reinen Text hinaus? Durch den Beginn mit der äußeren Beschreibung des Pergamentbogens wird der mediale Aspekt der Aufgabe ernst genommen.

Die ursprüngliche Fassung des Bardewikschen Codex ist auf 1294 datiert. Wann die Änderungen erfolgten, lässt sich mit den zur Verfügung gestellten Instrumenten und Informationen nicht ermitteln[6].

2.7.2.2 Textanalyse vor dem Hintergrund des Vergleichstextes

Der Text ist also teilweise verändert worden. Mit Hilfe des Paralleltextes für Kolberg kann man die beiden Textschichten voneinander unterscheiden. Denn der rasierte Satz am Ende *ne heuet he der nicht, men schal ene werpen in den schuppe stol* ist im Kolberger Codex unversehrt stehen geblieben. Also ist dort die ältere Rechtslage festgehalten, obwohl dieser Text drei Jahre jünger ist als die ursprüngliche Fassung des Bardewikschen Codex. Als sie in Lübeck geändert wurde, befand sich der Kolberger Codex nicht mehr an der Trave, sondern an seinem Bestimmungsort in Pommern.

Dies sind also die beiden Texte, die verglichen werden sollen.

Die Zählung, also die Position des Artikels innerhalb der Handschrift, variiert stark. Er ist im Bardewikschen Codex von Platz 63 auf 9 nach vorn gerutscht[7].

In der Sache geht es um Bigamie und ihre Rechtsfolgen, wobei die Verwendung des strafrechtlichen Begriffs ‚Bigamie' nicht davon ablenken darf, dass es nicht nur um die Bestrafung des Täters geht. Der Artikel regelt auch die zivilrechtlichen Folgen der Doppelehe.

---

6 Die Paläographen können die Hand mit Hilfe von Schriftvergleichen und chemischer Untersuchung der Tinte als die des Domvikar Helmicus Timmonis (Helmich Timmo) identifizieren. Er arbeitete um 1348 an den Codices des lübischen Rechts, und er war es auch, der die Artikel am Rand mit römischen Ziffern durchnummeriert hat; Gustav Korlén, Norddeutsche Stadtrechte II: Das mittelniederdeutsche Stadtrecht von Lübeck nach seinen ältesten Formen, Lund/Kopenhagen 1951, 19 und 41.

7 Der Grund lässt sich aus dem abgedruckten Passus nicht entnehmen: Der Rechtsstoff ist im Bardewikschen Codex neu sortiert worden. Die Prinzipien und der Erfolg dieses Systematisierungsversuchs müssen daher hier ausgeklammert werden. Es böte sich dabei vor allem der Vergleich mit dem 24 Jahre älteren Hamburger Ordeelbook des Jordan von Boizenburg an, der sein Werk nach den modernsten Prinzipien seiner Zeit in 12 Bücher eingeteilt hat; Frank Eichler (Hg.), Das Hamburger Ordeelbook von 1270 samt Schiffrecht nach der Handschrift von Fredericus Varendorp von 1493 (Kopenhagener Codex), 2005. So weit geht der Bardewiksche Codex nicht. Die Zählung läuft durch, und die (insgesamt 15) Kapitel sind zwar inhaltlich klar voneinander abgegrenzt, optisch jedoch nicht. Auch fehlen Kapitelüberschriften. Die lübische Systematisierung griff also weniger tief in das bestehende Recht ein.

Beide Varianten des Textes beginnen mit dem Tatbestand. Ein Mann hat „hier", also in Lübeck bzw. Kolberg, eine Ehe geschlossen, obwohl er anderswo bereits verheiratet war, diese erste Frau aber verlassen hat. Er wird dessen *verwunnen*, also überführt[8]. Es folgen die ersten Worte der Rechtsfolge: *He schal dat…*, dann gehen die Bestimmungen auseinander.

Im älteren Text geht es nun zunächst um die Auflösung der zweiten Ehe: Der Bigamist soll der zweiten Frau entsagen und sie ihm ebenfalls. Das ist einerseits offensichtlich. Denn in einer Rechtsordnung, die grundsätzlich von der Unauflöslichkeit der Ehe ausgeht, ist es die erste Ehe, die weiter Bestand haben muss. Es ist andererseits bemerkenswert, dass dies überhaupt in einer Quelle des weltlichen Rechts angeordnet wird. Denn Bigamie ist Teil des Eherechts und damit zentraler Gegenstand des Kirchenrechts und der kirchlichen Gerichtsbarkeit. Bigamie wurde bis zur Mitte des 13. Jh. als rein kirchliches Problem behandelt, kommt z. B. im Sachsenspiegel nicht vor. Erst in der 2. Hälfte des 13. Jh. nehmen sich die Städte als erste weltliche Instanz der Frage an[9].

Im Bardewikschen Codex folgen hingegen auf der Rasur nun die Worte *wedden unde beteren mit sime hoghesten*[10]. „Etwas mit seinem Höchsten büßen" ist ein Ausdruck für die Todesstrafe; mit ihr wird der Bigamist also bedroht. Die Regelung über die Auflösung der zweiten Ehe ist nach der Hinrichtung des Bigamisten natürlich überflüssig und kann deshalb entfallen.

---

8   Die niederdeutschen Fachausdrücke sind schwierig zu verstehen und zu übersetzen. Deshalb ist eingangs unter „Hilfsmittel" nur von einem Übersetzungsvorschlag die Rede. Offensichtlich gibt es noch andere mögliche Übersetzungen. Man kann sich auf den Vorschlag verlassen oder aber selbst in die Recherche einsteigen. In diesem Fall stößt man schnell auf das Deutsche Rechtswörterbuch, das dort digital zur Verfügung stehende Wörterbuch für Mittelniederdeutsch von Schiller/Lübben und das wichtigste aktuelle, aber noch unvollendete Werk von Agathe Lasch/Conrad Borchling (Bd. 1 1956, Bd. 2 2004, Bd. 3 für 2020 angekündigt). Auch diejenigen, die sich nicht auf die schwierige Sprache einlassen, müssen im Auge behalten, dass Gegenstand der Aufgabe nicht die Übersetzung, sondern das mittelniederdeutsche Original ist.

9   Rolf Lieberwirth, Art. Bigamie, in: HRG I, 2. Aufl. 2008, Sp. 578–581; Ferdinand Frensdorff, Die beiden aeltesten hansischen Recesse, in: Hansische Geschichtsblätter 1871, 10–53.

10 Paläographische Kenntnisse werden nicht vorausgesetzt, deshalb wurde eine Transkription vorgegeben. Das entlastet aber nicht von der Pflicht, die Transkription am Original nachzuverfolgen. Es zeigt sich: Der Text ist deutlich geschrieben und leicht zu lesen. Die Wörter werden, wenn es passt, ohne Trennungsstrich in der folgenden Zeile fortgesetzt (*w-if, un-de*). Es gibt kaum Abkürzungszeichen. Eine Ausnahme ist der waagerechter Strich über dem hinteren e von „*hogheste*": Er ersetzt ein n.

Die beiden Fassungen laufen danach wieder parallel und wechseln zu (weiteren) zivilrechtlichen Folgen: „Sie" soll zuvor alles Gut zurücknehmen, das sie in die Ehe eingebracht hat. Das „sie" bezieht sich im Kolberger Codex eindeutig auf die zweite Frau. Im Bardewikschen Codex wird dieser Zusammenhang durch die Einfügung der Todesstrafen-Drohung zerrissen, aber diese sollte am Schutz des Vermögens der zweiten Frau und ihrer Familie sicher nichts ändern. Von dem nach dieser Aussonderung verbliebenen Gut des Mannes soll sie die Hälfte bekommen. Das ist eine bemerkenswerte Folge einer ungültigen Ehe. Man kann sie vielleicht als quasi-familienrechtliche Sanktion interpretieren, gewissermaßen eine Ehefolgeregelung ohne Ehe. Aber auch das ist nicht trivial, denn die heutige Regelung des BGB, dass die Ehefrau in der Zugewinngemeinschaft nach Ende der Ehe durch Tod die Hälfte des Vermögens des Ehemanns erbt, darf selbstverständlich nicht ins 13. Jh. zurückprojiziert werden.

Über die andere Hälfte des Vermögens des Mannes wird nichts gesagt. Nach der älteren Fassung gibt es auch nichts Weiteres zu regeln. Die erste Ehe wird als fortbestehend behandelt; das Gut bleibt also beim Mann. Er muss davon dann die hohe Geldstrafe zahlen, von der gleich die Rede ist. Falls der Bigamist hingegen wirklich, wie die neuere Fassung bestimmt, hingerichtet wird, muss die verbleibende Hälfte seines Guts wohl an die Erben des Mannes, also seine erste Frau, seine Kinder oder seine Ursprungsfamilie, fallen.

Nach diesem gemeinsamen Passus gehen die beiden Fassungen wieder auseinander. Der Kolberger Codex kommt jetzt erst, als letztes Thema, auf die Bestrafung zu sprechen. Der Bigamist muss nach den Leistungen an seine zweite Frau nun auch noch Stadt und Gericht „für seine Bosheit" eine hohe Geldstrafe, nämlich 10 Mark Silber, zahlen. Kann er das Geld nicht aufbringen, so soll man ihn „in den Schupfstuhl" werfen. Was hat es damit auf sich? Ganz eindeutig ist es nicht, und natürlich lässt es sich wiederum nicht allein aus der Quelle und ohne weitere Recherchemöglichkeiten klären. Es handelt sich – so viel ist sicher – um eine Ehrenstrafe. Der Delinquent wird wohl auf einen Stuhl gesetzt, der am Ende einer Planke oder einer Wippe über einem Gewässer oder auch einer Sickergrube steht. Jedenfalls wird der Missetäter dann entweder vom Stuhl herab oder zusammen mit dem ganzen Stuhl in die Flüssigkeit geworfen. Das scheint nicht recht zur Präposition „in" den Schupfstuhl zu passen, doch dieser Sprachgebrauch und auch die Sache selbst sind im 13./14. Jh. gut belegt[11]. Details beiseite: Wie häufig wird auch hier dem Reichen die Möglichkeit gegeben, mit einer Geldstrafe davonzukommen, während der Arme die Schande über sich ergehen

---

11 Frensdorff (wie Fn. 9), 24–40, ist der Sache nachgegangen und hat viele nord- und auch süddeutsche Belege zusammengetragen.

lassen muss. Damit endet die Bigamie-Vorschrift im Kolberger Codex und in den anderen Handschriften des lübischen Rechts des 13. Jh.

Die Passage ist im Bardewikschen Codex hingegen abrasiert worden. Nach Verhängung der Todesstrafe ist für die Ehrenstrafe kein Raum mehr. Der frei gewordene Raum wird genutzt, um für Gleichbehandlung der Geschlechter zu sorgen. Der um 1348 ergänzte Text denkt der weiblichen Bigamistin das gleiche Schicksal zu wie dem männlichen Täter.

2.7.2.3 Die Bigamie-Vorschrift vor dem zeitlichen Hintergrund ihrer Entstehungszeit

Das scheint eine eher akademische Fingerübung zu sein. Denn dass es einer verheirateten Kaufmanns- oder Handwerkerfrau gelungen sein könnte, den ersten Mann zu verlassen und eine zweite Ehe einzugehen, erscheint nur schwer vorstellbar. Die beiden Ehen, von denen Art. 9 ausgeht, müssen an zwei verschiedenen Orten geschlossen worden sein. Der Art. macht dies eingangs mit den örtlichen Bestimmungen „hier" und „anderswo" deutlich, und mittelalterliche Städte waren auch so klein, dass eine Doppelehe mit Sicherheit aufgefallen wäre. Frauen waren nach der Heirat – diese konnte durchaus in eine fremde Stadt führen – weit stationärer als ihre Ehemänner. Selbst in Kaufmannsfamilien, in denen die Frau sich am Geschäft beteiligte, regelte sie typischerweise die Angelegenheiten im heimischen Kontor, während er auf Geschäftsreisen war.

Die männliche Bevölkerung im Hanseraum war im 13./14. Jh. hingegen sehr mobil. Es gehörte geradezu zur typischen kaufmännischen Berufslaufbahn, dass man im Lauf der Ausbildung und Karriere in verschiedenen Hansestädten und Handelshäusern tätig war. Dass verheiratete Männer recht leicht die Chance ergreifen konnten, sich in einer fremden Stadt als Junggeselle auszugeben, kann man sich in Anbetracht der hohen Mobilität der Mitglieder kaufmännischer Netzwerke und auch von Neusiedlern im Allgemeinen gut vorstellen[12]. Das allgemeine Bevölkerungswachstum im 13. Jh. kam hinzu. Diese gestiegene Gefahr von Bigamie wird der Grund dafür gewesen sein, dass die Städte sich nicht länger mit der Regelung der Frage durch die kirchli-

---

12 In den frühesten Verträgen zwischen den Ostseestädten Lübeck, Wismar und Rostock aus der Zeit um 1260 wurde deshalb bereits vereinbart, Bigamisten mit dem Tode zu bestrafen, Frensdorff (wie Fn. 9), 18 f., unter Verweis auf die beiden Verträge, die meist als die beiden ältesten Hanserezesse bezeichnet werden (Hansezecesse Abt. 1 Bd. 1, hg. von Karl Koppmann, 1870, Nr. 7 und 9). Lübeck hat, wie der Kolberger Codex und die ursprüngliche Fassung des Bardewikschen Codex zeigen, dieses Versprechen zunächst nicht gehalten.

chen Gerichte zufriedengaben und selbst zur Tat schritten. Im Prinzip war die Bigamie selbst bis zur Reformation kein Thema für die weltliche städtische Gerichtsbarkeit. Anders steht es mit den vermögensrechtlichen Folgen, die in den Kaufmannsstädten, die nach lübischem Recht lebten, höchst aufmerksam verfolgt wurden. Es ging dabei sicher nicht um Liebe und in der älteren Fassung vermutlich auch nicht so sehr um die Bestrafung des Bigamisten. Weit wichtiger war die Ehre der düpierten zweiten Frau, deren Chancen auf eine weitere Heirat nun sicher gesunken waren. Genauso wichtig war es wohl, der geschädigten Familie, aus der die Frau stammte, dabei zu helfen, das Geld zusammenzuhalten und die Vermögensschäden infolge des Betrugs zu begrenzen. Diese Passagen wurden deshalb auch nicht verändert, als die strafrechtliche Sanktion verschärft wurde.

Der Grund dafür bleibt hingegen unklar. Es könnte zwischen dem Domvikar einerseits und der weltlichen Bevölkerung (jedenfalls den Männern) unterschiedliche Vorstellungen gegeben haben, wie schwer Bigamie bestraft werden muss[13]. Ebenfalls nicht sicher zu entscheiden ist, ob die Drohung mit der Todesstrafe wirklich in die Strafpraxis umgesetzt wurde. Nachrichten über Hinrichtungen von Bigamisten sind mir nicht bekannt, doch das ist noch kein Gegenbeweis. Die mündlichen Strafprozesse des 13. Jh. müssen nicht unbedingt Spuren in den Quellen hinterlassen haben.

2.7.2.4 Schlussbemerkung

Die vorgegebene Textgattung „Exegese" hat einen induktiven Zugriff erfordert. Die intensive Beschäftigung mit dem ausgewählten Artikel aus dem lübischen Recht stand im Vordergrund, beginnend mit seiner Materialität und äußeren Beschaffenheit. Eine Rückschau auf dieses Vorgehen ist ein geeigneter Anlass, sich den Weg vom Objekt „beschriebenes und bemaltes Pergament" zu einem gedruckten Text bzw. einem digitalen Datensatz in einer Quellenedition oder einem Lehrbuch bewusst zu machen. Alle Bearbeitungsschritte auf diesem Weg verändern das Objekt und eliminieren Informationen, die dem Original innewohnten, um es leichter verfügbar zu machen und

---

13 Die Änderung war vielleicht eine späte Erfüllung des alten Versprechens – rund 90 Jahre, nachdem es gegeben worden war. Möglich ist, dass es sich um eine Initiative des oben in Fn. 6 erwähnten Domvikars Helmicus Timmonis handelte, dessen Handschrift in den Manuskripten des lübischen Rechts um die Mitte des 14. Jh. des Öfteren begegnet und der vielleicht einfach für Ordnung sorgen wollte. Die Diskrepanz zwischen der Verabredung nach außen und relativer Milde nach innen fällt auf und müsste näher untersucht werden. Doch das sprengt den Rahmen dieser Exegese.

besser zu verstehen. Die Fotografie verändert die Farben und verhindert die Wahrnehmung des Objekts mit anderen Sinnen (Haptik, Geruch). Die Transkription ersetzt die gotischen Buchstaben durch moderne, an die Stelle der Tinte und der kostbaren Farben der Initialen tritt der Druckertoner, durch den Druck wird der Text neu auf der Seite verteilt. Die „Normalisierung" der Zeichensetzung zwingt dem Text 700 Jahre jüngere Zeichensetzungsregeln auf. Am offensichtlichsten ist die Veränderung durch eine wörtliche und erst recht durch eine freie Übersetzung.

All das ist nicht nur für Exegesen im akademischen Unterricht, sondern insgesamt in der wissenschaftlichen Diskussion nahezu unvermeidbar, denn funktionierende Kommunikation setzt die Verwendung von Worten voraus, die der Hörer oder Leser verstehen kann. Doch auch wer von alten Sprachen und Schriften nichts versteht und noch nie ein Archiv betreten hat, kann leicht einsehen, dass die wissenschaftliche Arbeit der Textinterpretation überhaupt erst beginnt, nachdem vorangegangene Arbeitsschritte den Untersuchungsgegenstand bereits stark verformt haben. Dies vor Augen zu führen war das eine didaktische Ziel dieses Beitrags.

Eine zweite Schlussbemerkung betrifft die zahlreichen ungenannten Themenbereiche, auf die man mit der Bestimmung über Bigamie als Ausgangspunkt hätte zu sprechen kommen können. Die größte Kunst im rechtshistorischen Unterricht besteht in der klugen Quellenauswahl. Idealerweise sucht man Quellen heraus, die über viele Anschlussstellen für unterschiedliche Gebiete verfügen. Im Fall von Art. 9 des Bardewikschen Codex könnte das neben der demonstrierten Relevanz der Paläographie für die Interpretation insbesondere das Thema „Eherecht zwischen kirchlichem und weltlichem Recht" sein. Man kann die Kooperation und Konkurrenz der kirchlichen und weltlichen Gerichtsbarkeiten behandeln, aber auch den sozial- und wirtschaftsgeschichtlichen Zusammenhang ausleuchten und auf die frühen Hanserezesse eingehen, die sich ebenfalls mit der Bigamie beschäftigen, und die hohe Mobilität der frühstädtischen Bevölkerung analysieren, welche die Voraussetzung dafür gewesen sein muss, dass Fälle von Bigamie überhaupt in einer regelnswerten Häufigkeit vorkamen.

Man kann auch allgemeiner auf den rechtlichen Verdichtungsprozess zu sprechen kommen, der mit dem raschen Bevölkerungs- und Wirtschaftswachstum im Hanseraum vor der Großen Pest von 1348/50 einherging. Das bekannteste Symptom dieser Tendenz ist die rasche Ausbreitung des lübischen Rechts an der Süd- und Ostküste der Ostsee im 13/14. Jh.[14]. In diesem Rahmen hätte sich die Frage beantworten lassen,

---

14 Albrecht Cordes, Art. Lübisches Recht, in: HRG 3, 2. Aufl. 2016, Sp. 1072–1079; Peter Oestmann, Art. Lübisches Recht, in: Hanselexikon; http://www.hanselexikon.de/pdf/HansLex_Luebisches_Recht_Oestmann.pdf (letzter Zugriff am 29. Feb. 2020).

warum die kleine Stadt Kolberg (heute Kołobrzeg in der polnischen Woiwodschaft Westpommern) Teil der Aufgabenstellung war. Man wäre dann auch auf die naheliegende Frage eingegangen, wie der Lübecker Rat als Oberhof[15] für diese Städte in seiner alltäglichen Arbeit mit der normativen Vorlage umgegangen ist, wie sich – anders gesagt – die einzelnen Regeln des lübischen Recht im Rechtsleben durchgesetzt haben.

Noch allgemeiner könnte man von dem besagte Artikel auf die Grundsatzfrage zu sprechen kommen, ob es heute überhaupt noch lohnt, sich mit den juristischen Inhalten mittelalterlichen Rechts im Sinne einer Dogmen- oder Institutionengeschichte des deutschen Mittelalters in Deutschland zu beschäftigen. Das Denken der studierten Juristen des römisch-kanonischen Ius Commune ist den heutigen Rechtshistoriker*innen, die Jura studieren oder studiert haben, so viel näher, dass diese Grundsatzfrage dort weniger thematisiert wird. Die Brücke in die Welt außerhalb der Studierstuben und Hörsäle ist brüchiger. Das Rechtsdenken Eikes von Repgow oder der Rechtshonoratioren, ob Ratsherren oder Schöffen, die in den Städten die Geschicke lenkten und die Rechtsfragen entschieden, ist für die Jurist*innen des 21. Jh. schwerer zu entschlüsseln. Der Beweis, dass es sich auch heute noch lohnt, eine Institutionengeschichte des Familienrechts im 13. Jh. zu betreiben und an dem besagten Art. 9 beispielsweise zu beobachten, wie eng im Fall der Bigamie die zivil- und die strafrechtlichen Sanktionen miteinander verzahnt waren und wie unterschiedlich die Sanktionen waren, die einerseits innerstädtisch und andererseits in den Verträgen mit den anderen Hansestädten angedroht wurden, war das zweite didaktische Ziel dieses Beitrags.

Über Mitstreiter und Nachahmer würde ich mich freue.

---

15 Dazu soeben, auch unter wissenschaftsgeschichtlichen Aspekten, Alexander Krey, Rechtsvereinheitlichung durch Oberhöfe und die Synthese deutschen Rechts in der Forschung. Zur Verschränkung spätmittelalterlicher Rechts- und Gerichtslandschaften am Beispiel Ingelheims und Lübecks, in: Anja Amend-Traut u. a. (Hg.), Unter der Linde und vor dem Kaiser. Neue Perspektiven auf Gerichtsvielfalt und Gerichtslandschaften im Heiligen Römischen Reich (Quellen und Forschungen zur höchsten Gerichtsbarkeit im Alten Reich Bd. 73), 2020, 101–125.

2.8 Vergütungsgefahr im Werkvertragsrecht des Sächsischen BGB

Frank L. Schäfer

2.8.1 Rechtsnormen

§ 1248 SächsBGB
Ist ein bestelltes Werk oder eine bestellte Sache vor oder nach der Vollendung wegen eines Fehlers untergegangen, welcher in dem vom Besteller gelieferten Stoffe oder in der von diesem vorgeschriebenen Art der Ausführung liegt, so kann der Uebernehmer die Gegenleistung nach Verhältniß seiner Arbeit und Ersatz der nicht schon in der Gegenleistung begriffenen Auslagen fordern, ausgenommen wenn der den Untergang verursachende Fehler ihm bekannt war und er den Besteller darauf aufmerksam zu machen unterließ. Ist das Werk oder die Sache wegen eines von dem Uebernehmer verschuldeten Fehlers oder wegen eines Fehlers des von diesem gelieferten Stoffes untergegangen, so haftet der Uebernehmer dem Besteller für den aus dem Untergange entstandenen Schaden.

§ 1249 SächsBGB
Geht das Ganze oder ein solcher Theil desselben, für welchen theilweise Gegenleistung gefordert werden kann, vor seiner Vollendung durch Zufall unter, so ist der Besteller zu Entrichtung der ganzen oder theilweisen Gegenleistung nicht verpflichtet. Nach vertragsmäßiger Vollendung des Ganzen oder des einer theilweisen Ablieferung fähigen Theiles trifft der zufällige Untergang den Besteller.

2.8.2 Regelungsproblem und Rechtsdogmatik

Die Exegese greift mit den §§ 1248, 1249 ein Regelungsbeispiel aus dem Sächsischen BGB von 1863/65 heraus. Sie widmet sich mit der Vergütungsgefahr im Bereich des Werkvertragsrechts einem zentralen Baustein des Leistungsstörungsrechts bei gegenseitigen Verträgen.[1] Das Wort „Gefahr" umschreibt, dass nicht das Verschulden des leistungspflichtigen Werkunternehmers (§ 1248 S. 2 Alt. 1 SächsBGB), die verschuldete Nebenpflichtverletzung des Werkbestellers (vgl. heute § 645 Abs. 2 BGB) oder eine gleichzustellende Störung der Leistungspflicht des Unternehmers durch den Besteller (vgl. heute § 326 Abs. 2 S. 1 Var. 1 BGB), sondern die Risikoverteilung zwischen den Vertragsparteien (Unternehmer, Besteller) für Zufall im weitesten Sinne (§ 1249 SächsBGB) das Regelungsproblem ist;[2] Beispiele: Erdbeben, Feuersbrunst, Überschwemmung, Diebstahl von Baustoff durch Dritte, vom Besteller gelieferter unerkannt mangelhafter Baustoff, unverschuldete Krankheit des Bestellers.

Drei Fälle der Gefahrtragung sollen nur am Rand mitbedacht werden: Erstens die Verwendung von mangelhaften Stoffen des Unternehmers für das Werk (§ 1248 S. 2 Alt. 2 SächsBGB). Hier muss unbestritten der Unternehmer die Gefahr tragen. Umstritten ist in der Privatrechtsgeschichte nur, ob der Unternehmer dann eine Vergütung oder verschuldensunabhängig Schadensersatz schuldet. Die Fallgruppe wirft weniger ein Problem für die Risikoverteilung, sondern primär für die Abgrenzung zum Kaufvertrag auf (diskutiert beim sog. Werklieferungsvertrag in § 651 BGB a. F. bis 2001; heute § 650 BGB; ebenso § 1244 SächsBGB).[3] Zweitens der Annahmeverzug des Gläubigers; er begründet kein Verschulden im technischen Sinne und kann daher bei der Gefahrtragung mitgeregelt werden (vgl. heute § 644 Abs. 1 S. 2 BGB). Drittens die Mängelgewährleistung nach Gefahrübergang; sie knüpft an eine Pflicht-

---

1 Dazu Jan Henrik Pesek, Die Gefahrtragung im Werkvertragsrecht: Dogmatik und Praxis des Übergangs der werkvertraglichen Gefahrtragung, 2015; HKK/Christiane Birr, 2013, §§ 631–651 Rn. 115 f., 134–136, 149–152; Reinhard Zimmermann, The Law of Obligations: Roman Foundations of the Civilian Tradition, 1990, 401–404; parallel zum Dienstvertrag Joachim Rückert, Unmöglichkeit und Annahmeverzug im Dienst- und Arbeitsvertrag, ZfA 1983, 1–29; HKK/Joachim Rückert, 2013, § 615; Überblicke bei Jan Dirk Harke, Römisches Recht, 2. Aufl. 2016, § 9 Rn. 21 f., 28–31; allgemein Martin Schild, Konturen des Werkrechts im Sächsischen BGB, dem Entwurf für ein einheitliches Schuldrecht und dem schweizerischen Obligationenrecht von 1883, in: Andrés Santos u. a. (Hg.), Vertragstypen in Europa, 2011, 199–232; unergiebig Martin Otto, § 9: Werkvertrag, in: Steffen Schlinker/Hannes Ludyga/Andreas Bergmann, Privatrechtsgeschichte. Ein Studienbuch, 2019, 121–136.
2 Statt aller BeckOGK BGB/Gerhard Molt, 1.10.2019, § 644 BGB Rn. 1; BeckOK BGB/Wolfgang Voit, 52. Edition 2019, § 644 BGB Rn. 1.
3 Dazu Alexander Leidig, in: Burkhard Messerschmidt/Wolfgang Voit (Hg.), Privates Baurecht, 3. Aufl. 2018, § 650 BGB Rn. 26–43.

verletzung, aber nicht zwangsläufig an ein Verschulden an. Sie wird regelmäßig eigens geregelt und geht der allgemeinen Gefahrtragung als *lex specialis* vor.[4]

Bei der Gefahrtragung ist die Vergütungsgefahr von der Leistungsgefahr zu unterscheiden. Unter der Vergütungsgefahr, auch Preisgefahr genannt, ist das Risiko zu verstehen, dass der Besteller die Vergütung bezahlen muss, ohne das Werk zu erhalten. Von dieser Rechtsfolge ist der verschuldensbasierte Schadensersatzanspruch für eine Vertragspartei abzugrenzen. Leistungsgefahr, im Werkvertragsrecht auch Herstellungsgefahr genannt, bezeichnet das Risiko des Unternehmers, das beschädigte oder zerstörte Werk erneut herstellen zu müssen. Während sich die Leistungsgefahr nach den allgemeinen Normen zur Unmöglichkeit der Leistung richtet, regelt der Gesetzgeber die Vergütungsgefahr zumeist durch Spezialnormen im Werkvertragsrecht und in anderen speziellen Vertragstypen, weil eine allgemeine Norm schwierig zu formulieren ist. Die Sachgefahr als Gefahr des zufälligen Untergangs des vom Besteller gelieferten Stoffs (vgl. heute § 644 Abs. 1 S. 3 BGB) im Gegensatz zum Untergang des Werks selbst (§ 1248 SächsBGB; vgl. heute § 645 Abs. 1 S. 1 Var. 1 BGB) ist als möglicher Unterfall der Vergütungsgefahr[5] am Rand einzubeziehen. Es ist allerdings bei der Quellenlektüre immer zu bedenken, dass die Sachgefahr ein mehrdeutiger Begriff ist. Sie taucht auch im Kontext der Risikozuweisung an den Eigentümer für einen Sachschaden und im Deliktsrecht als Voraussetzung einer Verkehrspflicht auf.

2.8.3 Entstehungsgeschichte der Rechtsquelle

Die Normen sind dem Bürgerlichen Gesetzbuch für das Königreich Sachsen entnommen, das auf eine ähnliche Gesetzgebungsgeschichte wie das Deutsche BGB zurückblickt.[6] Das Königreich Sachsen verfügte im 19. Jahrhundert zwar bereits über einen recht homogenen Rechtsraum, doch war dort wegen der intensiven Industrialisierung das Bedürfnis für ein modernes Verkehrsrecht besonders groß. Die sächsische Regierung setzte 1846 eine erste Kommission ein, die trotz der Revolutionswirren

---

4   Siehe nur MüKo BGB/Jan Busche, 8. Aufl. 2020, § 645 BGB Rn. 4.
5   Präzise MüKo BGB/Busche, 8. Aufl. 2020, § 645 BGB Rn. 1.
6   Ausführlich Christian Ahcin, Zur Entstehung des Bürgerlichen Gesetzbuchs für das Königreich Sachsen von 1863/65, 1996; instruktiv auch Arno Buschmann, Art. „Sächsisches Bürgerliches Gesetzbuch", in: HRG, 1. Aufl., Bd. 4, 1990, Sp. 1242–1248; vollständige Literaturübersicht unter www.saechsisches-bgb.de: Einführung: Literatur- und Quellenverzeichnis: Literaturverzeichnis.

der Jahre 1848/49 im Jahr 1852 einen ersten Entwurf in 2180 Paragraphen vorlegte. Er orientierte sich äußerlich am ABGB von 1811/12, inhaltlich nahm er auch Anleihen bei den bereits vorliegenden Partien zum Hessischen Entwurf von 1842–53. Obwohl sich der sächsische Landtag in den folgenden Jahren intensiv mit dem Entwurf befasste, drohte das ganze Kodifikationsprojekt zu scheitern. Dank des beherzten Engagements von König Johann, den die anderen deutschen Monarchen scherzhaft den „Juristen" nannten, überarbeitete die Revisionskommission 1856–60 den ersten Entwurf so stark, dass mit dem zweiten Entwurf von 1860 ein fast vollkommen neues Zivilgesetzbuch entstand. Nach geringfügigen Modifikationen und Beschluss durch den Landtag im Jahr 1863 trat das Gesetzbuch zum 1. März 1865 in Kraft, bis es zum 1. Januar 1900 weitgehend durch das Deutsche BGB abgelöst wurde.

Die Materialien zum Sächsischen BGB sind im Zeitalter der Digital Humanities unter www.saechsisches-bgb.de in einer Internetdatenbank der Öffentlichkeit zugänglich.[7] Die vom Verfasser und Christian Hattenhauer aufgebaute Datenbank enthält nach der wissenschaftlichen Einleitung nach dem Vorbild der Edition von Horst Heinrich Jakobs und Werner Schubert zum BGB einen systematisch-historischen Teil, der den gesamten Gesetzgebungsverlauf zu einzelnen Paragraphen bzw. Paragraphengruppen nachzeichnet. Daneben sind in der Datenbank alle Dokumente unfragmentiert abrufbar.[8]

Unter den Initiatoren und Autoren des Sächsischen BGB ist wie bereits angedeutet zunächst König Johann (1801–77) hervorzuheben.[9] Er hatte zwar keine formale tertiäre Ausbildung genossen, doch erwarb er sich als Vizepräsident des vorkonstitutionellen Finanzkollegiums, als geborenes Mitglied der ersten Kammer des sächsischen Landtages sowie durch Teilnahme an Kollegiensitzungen des Appellationsgerichts vertiefte Kenntnisse in Recht, Politik, Verwaltung und Wirtschaft. In Literaturkreisen ist er für Übersetzungen Dantes unter seinem Pseudonym „Philalethes" bekannt. Johann förderte das Sächsische BGB sehr früh als Deputierter der ersten Kammer und später als König. Nachdem sich die Revisionskommission nicht darüber einigen konnte, ob das gemeine Recht neben dem neuen Gesetzbuch subsidiär anwendbar oder ausgeschlos-

---

7 Dazu Frank L. Schäfer, Religion and the Drafting of the Saxonian Civil Code, Krakowskie Studia z Historii Państwa i Prawa, Tom 10 (2017), Zeszyt 1, 1 (5 f.).
8 Texte aus der Einführung sowie Handschriften aus dem systematisch-historischen Teil werden im Folgenden nach www.saechsisches-bgb.de nach der freizugebenden finalen Fassung zitiert.
9 Zu ihm www.saechsisches-bgb.de: Einführung: Biographien: Monarchen.

sen sein sollte, setzte er das strenge Kodifikationsprinzip durch und ebnete damit den Weg für eine eigenständige sächsische Privatrechtswissenschaft.[10]

Aus dem Kreis der Bürgerlichen ist zunächst Gustav Friedrich Held (1804–57) als Vater des ersten Entwurfs von 1852 hervorzuheben.[11] Er wirkte in der Kommission zum Entwurf als Referent und für kurze Zeit im Jahr 1849 als Justiz- und Kultusminister sowie als Vorsitzender des Gesamtministeriums. 1856 wurde er als Referent der Revisionskommission reaktiviert. Nachdem er im April 1857 während der Beratungen zum Sachenrecht verstorben war, konnte sich die Kommission erfolgreich von seinem veralteten Entwurf emanzipieren.

Oberappellationsrat Eduard Siebenhaar (1806–93) trat als Referent an seine Stelle.[12] Er verfasste zur weiteren Diskussion in der Revisionskommission die für die Beratungen benutzten Vorlagen zum Besonderen Schuldrecht sowie zum Familien- und Erbrecht. Somit ist er auch Autor der Vorlage der für die Exegese ausgewählten Normen. Nach Abschluss der Beratungen berief ihn die sächsische Regierung als Deputierten in die Dresdner Konferenz zur Ausarbeitung des Entwurfs eines allgemeinen deutschen Gesetzes über Schuldverhältnisse. Auch hier gestaltete Siebenhaar das Zivilrecht wiederum als Referent in herausragender Position mit. Somit beeinflusste Siebenhaar das Deutsche BGB in doppelter Weise sowohl durch das Sächsische BGB als auch durch den Dresdner Entwurf von 1866, den die erste Kommission zum BGB als Beratungsgrundlage für Teile des Besonderen Schuldrechts heranzog.

Neben Siebenhaar übte Friedrich Ortloff (1797–1868) einen großen Einfluss auf den Inhalt des Sächsischen BGB aus.[13] Der ehemalige ordentliche Professor für Deutsches Privatrecht nahm als Präsident des Gesamt-Oberappellationsgerichts zu Jena für die dort vereinigten anhaltinisch-thüringischen Staaten an den Sitzungen der Revisionskommission teil. Er beeinflusste besonders den Allgemeinen Teil des Gesetzbuchs und das Allgemeine Schuldrecht.

Im Vergleich dazu gelang es Karl Friedrich Ferdinand Sintenis (1804–68) als weiterem Mitglied der Kommission trotz zahlreicher Fassungsvorschläge nicht, das Gesetzbuch entscheidend mitzugestalten, da er nur selten an den Sitzungen teilnahm und

---

10 Protokolle 4. Sitzung der Revisionskommission, 22. 5. 1856, SLUB, Sig. Hist.Sax.K.35.c-1; Sächsisches Gesamtministerium, Dokument v. 10. 3. 1859, Hauptstaatsarchiv Dresden, Bestand 10697, Nr. 872, Bl. 96r/v.
11 Zu ihm www.saechsisches-bgb.de: Einführung: Biographien: Justizminister.
12 Zu ihm www.saechsisches-bgb.de: Einführung: Biographien: Revisionskommission.
13 A. a. O.

der Kodifikation insgesamt skeptisch gegenüberstand.[14] Gleichwohl ist der ehemalige Gießener Professor für römisches Recht und spätere Präsident des OLG Dessau (im Rang eines Landgerichts) noch heute für seine Übersetzungen des Corpus Iuris Civilis und Corpus Iuris Canonici sowie für sein Pandektenlehrbuch bekannt.

2.8.4 Entstehungsgeschichte der Normen

2.8.4.1 Erster Entwurf von 1852

Der Erste Entwurf von 1852 unterscheidet in der Tradition der gemeinrechtlichen *locatio conductio* beim Lohnvertrag noch nicht kategorial zwischen „Dienstleistung" (*locatio conductio operarum*) und „Verfertigung eines Werkes" (*locatio conductio operis*, vgl. § 1267 Abs. 1), sondern normiert beide Typen einheitlich unter dem Begriff des Lohnvertrags (§§ 1267–1286).[15] Daher fehlt im Ersten Entwurf die heute für das Leistungsstörungsrecht des Werkvertrags kategoriale Abnahme, mit welcher die Gefahr vom Unternehmer auf den Besteller übergeht. Die hier relevanten §§ 1274, 1277 E 1852 orientieren sich sehr eng an den §§ 1155, 1157 ABGB und lassen über § 1275 E 1852 nur erkennen, dass der „Lohn nach vollbrachter Arbeit" geschuldet ist. § 1274 E 1852 gewährt eine „Entschädigung" für „einen in dessen Person [des Bestellers] sich ereignenden Zufall", um den Unternehmer vom schwierigen Beweis des Verschuldens zu entlasten.[16] Das betrifft beispielsweise eine Krankheit des Bestellers.[17] Wie bereits die Wortwahl „Entschädigung" belegt, ist die Regelung somit als Schadensersatzhaftung für unwiderlegbar vermutetes Verschulden einzustufen. Auch § 1277 S. 2 E 1852 befasst sich bei einem genauen Blick nicht mit der Vergütungsgefahr, sondern mit einem Schadensersatzanspruch, da der „Arbeiter" (besser, da auf den Werkvertrag zugeschnitten: Unternehmer)[18] den Schaden für einen vom Besteller gelieferten untauglichen Stoff

---

14 A. a. O.
15 Eingehend HKK/Christiane Birr, 2013, §§ 631–651 BGB Rn. 107–110, 121–124.
16 Specielle Motiven zu dem Entwurf eines bürgerlichen Gesetzbuchs für das Königreich Sachsen, 1852, 292.
17 Parallel zu Österreich Franz von Zeiller, Commentar über das allgemeine bürgerliche Gesetzbuch für die gesammten deutschen Erbländer der österreichischen Monarchie, Bd. III/2, 1813, 497 f.
18 Zutreffend Friedrich Hänel, Einige Bemerkungen zu dem Entwurfe eines neuen Bürgerlichen Gesetzbuches für das Königreich Sachsen, mit besonderer Rücksicht auf sein Verhältnis

tragen soll, „wenn die Arbeit aus diesem Grunde nicht zu Stande kommt oder mangelhaft ausfällt und er den Besteller nicht zeitig gewarnt hat".[19] Die Zwischendeputation des Landtages kritisierte § 1277 S. 2 E 1852 als zu weitgehend, weil er eine einseitige Verantwortlichkeit des Unternehmers für die Kenntnis der Untauglichkeit impliziere.[20] Sie schlug deshalb 1854 folgende Einschränkung vor: „Hat aber der Besteller ohne es zu wissen, einen zur zweckmäßigen Bearbeitung untauglichen Stoff geleistet, dessen Untauglichkeit für den Arbeiter erkennbar war [...]".[21] Rückblickend forderte die Zwischendeputation damit ein Verschuldenskriterium zur Haftungsbegrenzung des Unternehmers. Allein in § 1277 S. 1 E 1852 zum „von dem am Stoffe oder Werke sich ereignenden Zufalle" lässt sich in den Tatbestand parallel zu § 644 Abs. 1 S. 3 BGB die Gefahrtragung hineinlesen, doch zielt die Rechtsfolge wiederum auf die Schadenstragung, nicht auf die Vergütung. Nach allem regeln die §§ 1274, 1277 E 1852 also gar nicht die Vergütungsgefahr wegen verschuldensunabhängiger Risikoverteilung.

2.8.4.2 Ein Blick zurück: vom römischen Recht zum ABGB

Der Erste Entwurf eignet sich bereits wegen der dürren Quellen (Protokolle existieren nicht, allein kompilierte Motive) nur sehr beschränkt, um die Endfassung der Gefahrtragung im Sächsischen BGB zu verstehen. Die Vorgeschichte verspricht immerhin ein klein wenig Aufhellung. Im Vergleich zum Ersten Entwurf erweist sich das antike römische Recht durch seine Kasuistik als wesentlich detaillierter, aber auch als stärker auf die Gefahrtragung fokussiert.[22] D. 19,2,36 (Florentinus im 7. Buch seiner Insti-

---

zum römischen Rechte, Zeitschrift für Rechtspflege und Verwaltung, zunächst im Königreich Sachsen, N. F. 11 (1853), 481 (500).
19 In diese Richtung auch Specielle Motiven zu dem Entwurf eines bürgerlichen Gesetzbuchs für das Königreich Sachsen, 1852, 292.
20 Hattenhauer/Schäfer, Sächsisches BGB, §§ 1248, 1249, D. Rn. 1.
21 Hattenhauer/Schäfer, Sächsisches BGB, §§ 1248, 1249, D. Rn. 5; siehe auch a. a. O., E. (außerordentlicher Landtag) Rn. 1 f.
22 Ausführlich Carsten Hanns Müller, Gefahrtragung bei der locatio conductio: Miete, Pacht, Dienst- und Werkvertrag im Kommentar römischer Juristen, 2002; Robert Röhle, Das Problem der Gefahrtragung im Bereich des römischen Dienst- und Werkvertrages, Studia et documenta historiae et iuris 34 (1968), 183–222; ferner Max Kaser/Rolf Knütel/Sebastian Lohsse, Römisches Privatrecht, 21. Aufl. 2017, § 42 Rn. 28 f.; Joachim Rückert, Denktraditionen, Schulbildungen und Arbeitsweisen in der „Rechtswissenschaft" – gestern und heute, in: Eric Hilgendorf/Helmuth Schulze-Fielitz (Hg.), Selbstreflexion der Rechtswissenschaft, Tübingen 2015, 13–51.

tutionen) und D. 19,2,62 (Labeo im 1. Buch der Überzeugenden Rechtssätze) weisen die Vergütungsgefahr bei Zufall (*casus*) grundsätzlich bis zur Abnahme (*adprobatio*) dem Unternehmer zu (*periculum locatoris*). Der Besteller trägt vor Abnahme die Vergütungsgefahr nur in Ausnahmefällen: 1) D. 19,2,13,5 (Ulpian im 32. Buch zum Edikt) und D. 19,2,62 (Paulus) bei Lieferung eines mangelhaften Stoffes (Materialfehler eines Edelsteins) und bei Zurverfügungstellung eines mangelhaften Baugrundstücks (mangelnde Standfestigkeit des Bodens); 2) D. 19,2,36 bei Annahmeverzug; 3) D. 19,2,37 (Javolen im 8. Buch aus Cassius) für den Zeitraum zwischen objektiver Vollendung und Abnahme; 4) D. 19,2,36 und D. 19,2,59 (Javolen im 5. Buch aus den Nachgelassenen Schriften Labeos) bei höherer Gewalt (*vis major*). Im letzten Fall soll der Besteller ausnahmsweise die Gefahr tragen, da er nicht mehr erhalten dürfe, als er durch eigene Mühe und Arbeit hätte erlangen können. Ein Blick auf das antike römische Recht wäre ohne die *custodia*-Haftung ausgewählter Unternehmer für vom Besteller gelieferte Stoffe unvollständig. Diese Haftung für die Bewachung einer Sache greift nicht bei höherer Gewalt, aber sehr wohl ohne Verschulden bei Diebstahl durch Dritte ein.[23] Die *custodia*-Haftung des Unternehmers steht damit an der Grenze von Verschuldens- und Zufallshaftung und ist zu D. 19,2,59 komplementär.

Sowohl die herrschende Meinung der Frühen Neuzeit[24] als auch die Pandektenwissenschaft des 19. Jahrhunderts[25] halten an der Abnahme als Gefahrgrenze fest und wollen dem Besteller nur das Risiko für den von ihm gelieferten Stoff, für ein Hindernis in seiner Person, für höhere Gewalt und für seine eigene *custodia* über das Werk zuweisen.[26] Die *custodia*-Haftung des Unternehmers für den vom Besteller gelieferten Stoff wandelt sich dagegen zu einer reinen Verschuldenshaftung[27] und kann somit nicht mehr mit der Gefahrtragung des Unternehmers kollidieren.

Die Regelung der Gefahrtragung im Ersten Entwurf zum Sächsischen BGB entspricht somit mit Ausnahme der höheren Gewalt, die der Entwurf nur bei der Ver-

---

23 Kaser/Knütel/Lohsse, Römisches Privatrecht, § 36 Rn.15–17, 26.
24 Instruktive Übersicht bei Christian Friedrich Glück, Versuch einer ausführlichen Erläuterung der Pandecten nach Hellfeld: ein Commentar, Teil 17, 1815, 19. Buch. 2. Tit. § 1055 (431–442); ferner HKK/Christiane Birr, 2013, §§ 631–651, Rn. 134–136; Curt Bönninger, Die Unterschiede zwischen den Lehren von der Gefahrtragung beim Werkvertrag des gemeinen und bürgerlichen Rechts, Diss. Leipzig 1902.
25 Ausführlich Werner Schubert (Hg.), Die Vorlagen der Redaktoren für die erste Kommission zur Ausarbeitung des Entwurfs eines Bürgerlichen Gesetzbuches, Recht der Schuldverhältnisse, Teil 2, 1980, 681 [121 Originalpaginierung], 708–711 [148–151], 713–716 [153–156].
26 Heinrich Dernburg, Pandekten, Bd. 2, 5. Aufl. 1897, § 113, 315.
27 Alois Brinz, Lehrbuch der Pandekten, Bd. II/2, 2. Aufl. 1882, § 333, 766.

jährung berücksichtigt, den Grundlinien der zeitgenössischen Pandektenwissenschaft. Die frühe österreichische Privatrechtswissenschaft zum ABGB, die exegetische Schule, leistet hingegen keinen Beitrag zum Ersten Entwurf. Im Gegenteil orientiert sich Österreich seit der Mitte des 19. Jahrhunderts eng an der deutschen Doktrin. Zunächst übernimmt die österreichische Privatrechtswissenschaft den Begriff der Vergütungsgefahr,[28] 1927 rezipiert § 1168 ABGB die Regelung des § 645 BGB in einer erweiternden Fassung („Umstände, die auf Seite des Bestellers" liegen).[29]

2.8.4.3 Zweiter Entwurf von 1860 und Endfassung

Für den weiteren Gesetzgebungsverlauf der §§ 1248, 1249 SächsBGB genügt ein rechtsvergleichender Blick auf den Entwurf des Großherzogtums Hessen zum Besonderen Schuldrecht (Abteilung 4, Buch 2) aus dem Jahr 1853. Das Allgemeine Landrecht für die preußischen Staaten scheidet bereits wegen seiner exzessiven Kasuistik (ALR I 11 §§ 883 ff.) und der im Rheinland geltende Code Civil umgekehrt wegen seiner zu vagen Regelung (§§ 1789, 1790) als Blaupause für die Revision des Ersten Entwurfs aus. Der Hessische Entwurf trennt die Tätigkeitsverträge der *locatio conductio* wegweisend in Dienst- und Werkverdingung. Art. 239 führt § 1174 E 1852 zur Risikozuweisung bei einem Zufall in der Person des Bestellers und somit die Ausgestaltung als Schadensersatz fort. Hingegen regelt Art. 241 die Leistungsstörung durch Zufall im Anschluss an die Pandektenwissenschaft nunmehr als echte Gefahrtragung, die vom Werklohn spricht. Art. 242 fügt als Ausnahme von der Gefahrtragung des Unternehmers dem Werkfehler aus dem vom „Werkbesteller gelieferten Stoff" erstmals den Werkfehler durch „von letzterem vorgeschriebene[n] Ausführungsweise" hinzu.[30] Der Unternehmer soll in beiden Fällen nur die Gefahr tragen, wenn ihm als Sachverständigem der Fehler nicht verborgen bleiben konnte und er trotzdem versäumte, den Besteller auf diesen Fehler hinzuweisen.

Siebenhaars Vorlage zum Besonderen Schuldrecht für die Revisionskommission übernimmt nicht nur die Trennung der *locatio conductio* in „Dienstvertrag" und „Werkverdingung", sondern in § 327 auch den Wortlaut des Hessischen Entwurfs: „Geht das Ganze oder ein solcher Theil desselben, für welchen theilweise Gegenleistung

---

28 Joseph Max von Winiwarter, Das persönliche Sachenrecht nach dem Oesterreichischen allgemeinen bürgerl. Gesetzbuche, 2. Aufl. 1844, § 256, 375.
29 Ausführlich Katharina Schmid, Gefahrtragung beim Werkvertrag, 2017, 45–170.
30 Unergiebig dazu Entwurf eines bürgerlichen Gesetzbuchs für das Großherzogtum Hessen, nebst Motiven, Abt. 4, Buch 2, II. Motive, 1853, 99.

gefordert werden kann, vor seiner Vollendung durch Zufall unter, so ist der Arbeitsherr zur Gewährung der ganzen oder theilweisen Gegenleistung nicht verpflichtet. Nach vertragsgemäßer Vollendung des Ganzen oder des einer theilweisen Ablieferung fähigen Theiles, trifft der zufällige Untergang den Arbeitsherrn."[31] Das Gegenteil soll nach § 326 sowohl für den Zeitpunkt vor als auch nach Vollendung gelten „wegen eines Fehlers [...], welcher in der vom Arbeitsherrn gelieferten Stoffe, oder in der von diesem vorgeschriebenen Bearbeitungsweise liegt". Hier trägt der Besteller die Vergütungsgefahr, „ausgenommen, wenn der den Untergang verursachende Fehler ihm [dem Unternehmer], als Sachverständigen, bekannt war und er den Arbeitsherrn darauf aufmerksam zu machen unterließ".[32] § 326 ist genauer formuliert als die Vorgängerregelung in § 1277 S. 2 E 1852, („einen zur zweckmäßigen Bearbeitung offenbar untauglichen Stoff geliefert"), in die der Rechtsanwender einen Vorsatz des Bestellers hineinlesen könnte.[33] Anders als der Hessische Entwurf hält Siebenhaar bei der Abnahme aber begrifflich an der „Vollendung" statt „Gutheißung" fest und gewährt die Ausnahme von der Gefahrtragung des Unternehmers ausdrücklich sowohl vor als auch nach Vollendung.[34] Siebenhaar begründet seine Vorlage zwar nicht, doch könnte er sich auf Javolen bei D. 19,2,37 berufen, der die Gefahrtragung bereits für den Zeitraum zwischen Vollendung und Abnahme umkehrt.

Die Revisionskommission übernimmt die Vorlage fast vollständig, ohne die beiden Normen grundlegend zu diskutieren. Sie fügt § 326 bei der 1. Lesung 1858 einen zweiten Satz an (später § 1248 S. 2 SächsBGB), der die Schadensersatzpflicht des Unternehmers für einen (auch unverschuldeten)[35] Fehler des von ihm zu liefernden Stoffes bzw. für sein Verschulden anordnet. Bei der 2. Lesung 1860 streicht sie den „Sachverständigen" als überflüssigen Ballast.[36] Die Redaktionskommission ändert „Bearbeitungsweise" in „Art der Ausführung" ab, „weil durch dieselben zugleich auf solche Fälle hingewiesen werde, wo nicht schon während der Arbeit, sondern erst nach

---

31 Hattenhauer/Schäfer, Sächsisches BGB, §§ 1248, 1249, B. Rn. 6; zur engen Anlehnung Protokolle 206. Sitzung der Revisionskommission, 11.10.1859, SLUB Dresden, Sig. Hist.Sax.K.35.c-8, 2, zum Erbrecht.
32 Hattenhauer/Schäfer, Sächsisches BGB, §§ 1248, 1249, B. Rn. 5.
33 Carl Christoph Kopp, Handschriftliche Bemerkungen zum E 1852, in: Hattenhauer/Schäfer, Sächsisches BGB, §§ 1248, 1249, B. Rn. 2.
34 Kritisch Friedrich Lindelof, Handschriftliche Bemerkungen zum E 1852, in: Hattenhauer/Schäfer, Sächsisches BGB, §§ 1249, 1248, B. Rn. 3.
35 A.A. Magnus Pöschmann, in: Eduard Siebenhaar (Hg.), Commentar zu dem bürgerlichen Gesetzbuche für das Königreich Sachsen, Bd. 2, 1865, zu § 1249, 269.
36 Hattenhauer/Schäfer, Sächsisches BGB, §§ 1248, 1249, F. Rn. 1, 3.

Vollendung des Ganzen der Untergang desselben sich als Folge fehlerhafter Behandlung herausstellt."[37] Die daraus resultierenden §§ 1177, 1178 des Zweiten Entwurfs von 1860 passieren den Landtag ohne weitere Änderungen, so dass sie als §§ 1248, 1249 SächsBGB in Kraft treten.

2.8.5 Auslegung der Rechtsnormen

2.8.5.1 Hilfsmittel

Bei der Auslegung der §§ 1248, 1249 SächsBGB muss primär auf die Systematik des Gesetzbuchs zurückgegriffen werden. Andere Hilfsmittel fallen weitgehend aus. Weder befasste sich die Rechtsprechung des OAG bzw. OLG Dresden[38] noch die sächsische Aufsatzliteratur mit dem Thema Gefahrtragung beim Werkvertrag. Fast ebenso unergiebig sind Siebenhaars Kommentar und die Lehrbücher (darunter Siebenhaar und Sintenis)[39] zum Sächsischen BGB sowie – wie aufgezeigt – der Erste Entwurf von 1852 und die Quellen zur Revisions- und Redaktionskommission. Das antike römische Recht und die Pandektenwissenschaft sind zwar vergleichsweise thematisch ergiebiger, doch bieten sie bereits aus pragmatischen Gründen gleichfalls nur sehr wenig Material, um konkrete Normen des Sächsischen BGB auszulegen.

---

37 Hattenhauer/Schäfer, Sächsisches BGB, §§ 1248, 1249, G. Rn. 1.
38 Fehlende Nachweise bei Stephan Hoffmann/Paul Eduard Kaden/Johann Georg Scheele (Hg.), Das Bürgerliche Gesetzbuch für das Königreich Sachsen: mit Erläuterungen aus der Rechtsprechung und unter Berücksichtigung der neueren Gesetzgebung, 2 Bde., 1889, zu §§ 1248 f., 489 f.; Stephan Hoffmann (Hg.), Neuere Entscheidungen zu dem Bürgerlichen Gesetzbuche für das Königreich Sachsen, 1895, zu §§ 1247–1249 SächsBGB, 180 f.; Friedrich Albert Wengler/H. A. Brachmann (Hg.), Das Bürgerliche Gesetzbuch für das Königreich Sachsen nach den hierzu ergangenen Entscheidungen der Spruchbehörden, 1878, zu §§ 1248 f., 509.
39 Paul Grützmann, Lehrbuch des Königlich Sächsischen Privatrechts, Bd. 2, 1889, § 175, 148 f.: nur wenige Sätze zum ganzen Werkvertragsrecht; Eduard Siebenhaar, Lehrbuch des Sächsischen Privatrechts, 1872, § 401, 651: bloße Paraphrase des Gesetzeswortlauts; kaum weniger ergiebig Karl Friedrich Ferdinand Sintenis, Anleitung zum Studium des bürgerlichen Gesetzbuches für das Königreich Sachsen, 1864, zu §§ 1248 f., 347.

2.8.5.2 Grundlinien und Vergütungsanspruch

§ 1246 SächsBGB spricht dem Unternehmer mit Ausführung der Bestellung gegen den Besteller seinen Werklohn zu. Wird die Werkleistung nach § 1009 SächsBGB unverschuldet unmöglich, entfällt der Vergütungsanspruch des Unternehmers nach §§ 1243 S. 2, 1235, 870 S. 1 SächsBGB. § 1249 SächsBGB konkretisiert § 870 S. 1 SächsBGB im Werkvertragsrecht durch die Festlegung eines genauen Zeitpunkts für den Gefahrübergang (dazu sogleich), § 1248 SächsBGB gewährt ausnahmsweise eine Vergütung trotz Unmöglichkeit oder wegen einer anderweitigen Störung der Werkleistung.

In Abgrenzung zur Gefahrtragung als zufällige Leistungsstörung gewährt § 721 S. 2 SächsBGB dem Unternehmer bei der vom Besteller verschuldeten Unmöglichkeit den vollen Vergütungsanspruch, indem die Norm die Erfüllung fingiert. Verschuldet der Unternehmer die Unmöglichkeit, bleibt gem. § 721 S. 1 SächsBGB anders als bei § 275 BGB die Verbindlichkeit bestehen, wandelt sich aber in einen Schadensersatzanspruch zugunsten des Bestellers um. § 1249 S. 2 SächsBGB ergänzt § 721 S. 1 SächsBGB um einen Schadensersatzanspruch des Bestellers, wenn „die Sache wegen eines von dem Uebernehmer verschuldeten Fehlers oder wegen eines Fehlers des von diesem gelieferten Stoffes untergegangen" ist. § 1249 S. 2 SächsBGB hat einen über § 721 S. 1 BGB hinausreichenden Regelungsbereich, da die Norm teilweise kein Verschulden erfordert und auch eine Leistungsstörung erfasst, die keine Unmöglichkeit der Werkleistung begründet.

2.8.5.3 Gefahrübergang

Die §§ 1248, 1249 SächsBGB befassen sich mit einer zufälligen Leistungsstörung, d. h. der Gefahrtragung. Diese Gefahr geht zu einem bestimmten Zeitpunkt, dem Gefahrübergang, vom Unternehmer auf den Besteller über. Auffällig ist zunächst, dass das Sächsische BGB in der Terminologie beim Gefahrübergang von allen anderen Gesetzbüchern abweicht. Wo der Hessische Entwurf mit „Gutheißung" schon recht nah an der Abnahme des BGB liegt, sprechen die §§ 1248, 1249 SächsBGB von der „Vollendung". Nach § 1249 S. 2 SächsBGB („vertragsmäßiger Vollendung") ist der individuelle Vertrag im objektiv-normativen Sinne Maßstab für die Vollendung. Noch mehr verkompliziert sich das sächsische Werkvertragsrecht dadurch, dass die §§ 1246, 1247, 1250 SächsBGB von der „Ausführung der Bestellung" statt der Vollendung sprechen und zusätzlich die Billigung, beispielsweise durch Annahme, kodifizieren. § 1250 SächsBGB lässt sich immerhin entnehmen, dass die Beweislast für die Vollendung mit ihrer Billigung durch den Besteller vom Unternehmer auf den Besteller wechselt.[40]

Hervorstechendes Merkmal des Sächsischen BGB ist ferner, dass § 1248 S. 1 SächsBGB die Vergütungsgefahr bei Stoffmängeln und Anweisungen von der Vollendung löst. In diesem Fall soll der Besteller sowohl vor als auch nach Vollendung die Gefahr tragen. Diese Ausnahme von der Abnahme als Zeitpunkt des Gefahrübergangs bleibt in der Gesetzgebungsgeschichte ein Solitär. Auch die §§ 644, 645 BGB folgen dieser Lösung nicht, sondern unterscheiden für den Zeitraum vor und nach Abnahme.

2.8.5.4 Gefahrtragung

2.8.5.4.1 Grundsatznorm § 1249 SächsBGB

§ 1249 SächsBGB bleibt allerdings beim Grundsatz, dass die Vergütungsgefahr bei Werkuntergang durch „Zufall" mit Vollendung vom „Uebernehmer" (Unternehmer) auf den Besteller übergeht. Der Unternehmer erhält damit vor Vollendung ohne Vereinbarung von Teilleistungen keinerlei Vergütung, selbst wenn das Werk fast vollendet war. Ebenso schuldet der Besteller bei Vereinbarung von Teilleistungen keine Vergütung, wenn die Teilleistung noch nicht vollendet war. Im Umkehrschluss kann der Unternehmer nach § 1249 S. 2 SächsBGB vor Vollendung eine Teilvergütung beanspruchen, wenn eine Teilleistung vollendet ist und weitere Werkteile vor deren Vollendung untergangen sind.

Das Sächsische BGB definiert den „Untergang" des Werks nicht. Darunter fällt wörtlich nur die Zerstörung des Werkes, doch ist die bloße Beschädigung kraft Analogie gleichzustellen (vgl. § 645 Abs. 1 S. 1 BGB, der diesen Fall ausdrücklich inkludiert).[41] Die Beschädigung koinzidiert oft mit einem Sachmangel, doch greift die Sachmängelgewährleistung vor Vollendung nach § 1247 SächsBGB nicht ein, so dass diese Koinzidenz an dieser Stelle nicht weiter zu beachten ist. Unerheblich ist, ob das Werk wiederhergestellt werden kann, weil sich die Leistungsgefahr mit den §§ 721 S. 1, 1009 SächsBGB an eigenen Normen bemisst.

„Zufall" ist im Umkehrschluss zu §§ 1243 S. 2, 1236, 728 SächsBGB gegeben, wenn weder Unternehmer noch Besteller ein Verschulden trifft (Vorsatz, grobe und „geringe"

---

40 Magnus Pöschmann, in: Eduard Siebenhaar (Hg.), Commentar zu dem bürgerlichen Gesetzbuche für das Königreich Sachsen, Bd. 2, 1865, zu § 1249, 269.
41 Karl Friedrich Ferdinand Sintenis, Anleitung zum Studium des bürgerlichen Gesetzbuches für das Königreich Sachsen, 1864, zu § 1248, 347.

Fahrlässigkeit). § 731 SächsBGB vermutet dabei im Fall der Unmöglichkeit das Verschulden des Unternehmers. Das Sächsische BGB differenziert anders als das römische Recht bei der Gefahrtragung aus § 1249 SächsBGB nicht zwischen höherer Gewalt im Sinne eines Naturereignisses und auf Menschen zurückzuführenden Ereignissen. Bei einem Naturereignis kehrt § 732 SächsBGB lediglich die Beweislastregelung des § 731 SächsBGB um.

2.8.5.4.2 Ausnahmenorm § 1248 SächsBGB

§ 1248 S. 1 SächsBGB gewährt in zwei Fällen Ausnahmen von der Gefahrtragungsregelung des § 1249 SächsBGB: erstens wegen eines Fehlers des vom Besteller gelieferten Stoffes und zweitens wegen eines Fehlers der Anweisung des Bestellers zur Ausführung des Werks. Dem Unternehmer steht dann kein voller Vergütungsanspruch, aber immerhin ein Teilvergütungsanspruch nach dem Umfang seiner Arbeit sowie ein Aufwendungsersatzanspruch wegen der in der Vergütung nicht enthaltenen Auslagen zu. Das Sächsische BGB gewährt somit wie später § 645 BGB keine volle Vergütung abzüglich der ersparten Aufwendungen. Die Ausnahme von der Gefahrtragung greift nach dem letzten Halbsatz des § 1248 S. 1 SächsBGB nicht ein, wenn der Unternehmer vorab den Fehler kannte, welcher den Untergang des Werkes verursachte, und er gleichwohl den Besteller darauf nicht aufmerksam machte. Der Besteller trägt für diese Einwendung gegen den Vergütungs- und Aufwendungsersatzanspruch die Darlegungs- und Beweislast.

Ist die Werkherstellung wegen Untergang oder Beschädigung nicht unmöglich, muss der Unternehmer das Werk erneut herstellen. Ihm steht dann neben dem Teilvergütungsanspruch aus § 1248 S. 1 SächsBGB ein voller regulärer Vergütungsanspruch aus § 1246 SächsBGB zu.

2.8.5.4.3 Weitere Ausnahme

Ergänzend zu § 1248 S. 1 SächsBGB ist an etwas versteckter Stelle die allgemeine Norm § 870 S. 2 über die Verweiskette § 1243 S. 2, 1235 SächsBGB zu beachten. Danach trägt der Besteller auch die Vergütungsgefahr „wegen eines in seiner Person eingetretenen Zufalles". Die Revisionskommission hat diesen Fall der Gefahrtragung in das Allgemeine Schuldrecht verschoben.

2.8.6 Rechtsvergleich

Auf dem Weg zum Deutschen BGB entwickelt der letzte Bayrische Entwurf aus dem Jahr 1864 in Art. 526, 527 des dritten Buches die §§ 1348, 1349 SächsBGB fort. Allerdings beschränkt der Bayerische Entwurf die Verlagerung der Vergütungsgefahr auf den Zeitpunkt vor „Vollendung *oder* Gutheißung". Die Art. 647, 649 des Dresdner Entwurfs präzisieren zwei Jahre später lediglich den Zeitpunkt des Gefahrübergangs („Ablieferung *und* Gutheißung");[42] ansonsten bieten sie nichts Neues. Die Art. 367, 368 des alten schweizerischen Obligationenrechts von 1881/83 bewegen sich ebenfalls im bisherigen Rahmen, fallen aber auch hier deutlich einfacher und kürzer aus als die deutschen Regelungen.

Die erste Kommission zum BGB zieht die Normen des Dresdner Entwurfs unmittelbar als Beratungsgrundlage heran, da der zuständige Redaktor Franz Philipp von Kübel keine eigene Vorlage mehr anfertigen kann. Die §§ 576, 577 E I liegen bereits sehr nahe am endgültigen Wortlaut der §§ 644, 645 BGB und unterscheiden sich daher in wesentlichen Punkten von den §§ 1548, 1549 SächsBGB. Das zeigt sich in fünf markanten Punkten: 1) Die erste Kommission entscheidet sich beim Zeitpunkt des Gefahrübergangs gegen das sächsische BGB und gegen die Werkvollendung und für die Abnahme als entscheidendes Kriterium.[43] 2) Sie fügt dem Untergang die Unausführbarkeit als weiteren Fall der Leistungsstörung hinzu (die bloße Verschlechterung findet sich erst im Zweiten Entwurf); 3) Die erste Kommission kodifiziert auch ganz bewusst nicht mehr den Zufall in der Person des Bestellers, so dass die Gefahr hier zum Unternehmer wechselt (§ 368 Abs. 1 S. 1 E I, § 323 Abs. 1 BGB 1900, § 326 Abs. 1 S. 1 BGB 2002).[44] 4) Ebenso verwirft sie die Anordnung in § 1248 S. 2 SächsBGB (folgend Art. 648 Dresdner Entwurf[45]), der Unternehmer hafte bei einem Mangel des von ihm gelieferten Stoffes auch ohne Verschulden auf Schadensersatz. Es bleibt für diesen Fall die Gefahrtragung zu Lasten des Unternehmers, d.h. der Ausschluss des Vergütungsanspruchs (ebenso schon Art. 528 Abs. 2 Bayrischer Entwurf). 5) Zuletzt kodifiziert

---

42   Dazu Protocolle der Commission zur Ausarbeitung eines Allgemeinen Deutschen Obligationenrechtes, Bd. 3, CXXI–CLXXI, 1864, 2331–2333.
43   Motive zu dem Entwurfe eines Bürgerlichen Gesetzbuches für das Deutsche Reich, Bd. 2, 1888, 498 = Benno Mugdan (Hg.), Die gesammten Materialien zum Bürgerlichen Gesetzbuch für das Deutsche Reich Bd. 2, 1899, 278.
44   Motive, Bd. 2, 495 = *Mugdan*, Bd, 2, 276.
45   Zur Diskussion Protocolle der Commission zur Ausarbeitung eines Allgemeinen Deutschen Obligationenrechtes, Bd. 3, 1864, 2333–2335.

die erste Kommission in § 577 E I keine Prüfpflicht mehr, deren schuldhafte Verletzung die Gefahrtragung des Bestellers aufhebt. Sie ist der Ansicht, eine solche Pflicht bestehe beim Werkvertrag nur im Einzelfall, aber nicht generell, wie es die bisherige Gesetzgebung in Abweichung vom gemeinen Recht (sic!) vorschreibe.[46] Die generelle Prüfpflicht reduziert sich zum tatbestandlichen Hinweis, dass die Gefahrverlagerung nicht bei Verschulden des Unternehmers eingreift.[47]

Die Vorkommission des Reichsjustizamtes entscheidet sich im Anschluss an die erste Kommission dagegen, die Grenzen der Gefahrtragung neu zu justieren und Versatzstücke des römischen Rechts wiederzubeleben. Der Vorschlag, das Risiko zufälliger Umstände, „die bei dem Besteller" eintreten, wieder dem Besteller zuzuweisen, findet keine Mehrheit. Auch ist es nach den Worten der Vorkommission nicht praktikabel, zwischen einer Beschädigung des Bauwerks (dann Gefahr beim Unternehmer) und einer Beschädigung des Baugrundstücks (dann Gefahr beim Besteller) zu unterscheiden. Ebenso könne dem Besteller nicht jeder Unfall aufgrund höherer Gewalt zugewiesen werden, weil der Begriff der höheren Gewalt zu unbestimmt sei.[48]

Die zweite Kommission ergänzt lediglich die Transportgefahr bei der Werkversendung (§ 644 Abs. 2 BGB mit Verweis auf § 447 BGB).[49] Die erste Kommission lehnte eine solche Regelung noch ab, weil eine Aushöhlung der Abnahme als entscheidender Zeitpunkt für den Gefahrübergang zu befürchten sei.[50] Dagegen wehrt die zweite Kommission im Gefolge der Vorkommission den Versuch Rudolph Sohms (1841–1917) und Hermann Struckmanns (1839–1922) ab, „die Gefahr in Folge eines in der Person des Bestellers liegenden Grundes" wieder dem Besteller zuzuweisen oder bei höherer Gewalt oder einem Baugrundstück die Gefahrtragung des römischen Rechts wiederzubeleben.[51]

Da die beiden Kommissionen bei der Legitimation der Ausnahme von der Gefahrtragung des Unternehmers auch aus prinzipieller Sicht nicht über einen Pauschal-

---

46 Motive, Bd. 2, 501 = *Mugdan*, Bd. 2, 280.
47 Motive, Bd. 2, 501 = *Mugdan*, Bd. 2, 280.
48 Horst Heinrich Jakobs/Werner Schubert (Hg.), Die Beratung des Bürgerlichen Gesetzbuchs in systematischer Zusammenstellung der unveröffentlichten Quellen, Recht der Schuldverhältnisse II, 1980, § 644, 898.
49 Protokolle der Kommission für die zweite Lesung des Entwurfs des Bürgerlichen Gesetzbuchs, Bd. 2, 1898, 330 f. = *Mugdan*, Bd. 2, 932.
50 Motive, Bd. 2, 499 = *Mugdan*, Bd. 2, 279.
51 Antrag Sohm bei der Revision des Zweiten Entwurfs, in: Jakobs/Schubert, Beratung des BGB, § 644, 900; Antrag Struckmann zu § 577 E I, a. a. O., § 645 BGB, 905 = Protokolle, Bd. 2, 332–334 = *Mugdan*, Bd. 2, 934 f.

verweis auf die Billigkeit hinauskommen, verbietet sich aus historischer Sicht eine Gesamtanalogie zu §§ 326 Abs. 2 S. 1 Var. 1, 537, 617, 645 im Sinne der späteren Sphärentheorie.[52] Eine Analogie zu § 645 Abs. 1 S. 1 BGB bedarf nach dem klaren Willen des Gesetzgebers der Rechtfertigung im Einzelfall.[53] § 577 E I bzw. § 645 BGB sind als Ausnahmen von der Regelzuweisung der Gefahr an den Unternehmer konzipiert, nicht als Einstieg in eine universale Verantwortlichkeit des Bestellers für alle Ereignisse in seiner Sphäre.[54] Wenigstens in diesem Aspekt folgt § 645 BGB der Vorlage im Sächsischen BGB.

---

52 Volker Beuthien, Zweckerreichung und Zweckstörung im Schuldverhältnis, 1969, 76, 80, 210 f.; Ingo Koller, Die Risikozurechnung bei Vertragsstörungen in Austauschverträgen, 1979, bes. 287–297.
53 Motive, Bd. 2, 501; Protokolle, Bd. 2, 334 f. = *Mugdan*, Bd. 2, 280, 935 f.
54 Ganz h. M., siehe nur MüKo BGB/Wolfgang Ernst, 8. Aufl. 2019, § 326 BGB Rn. 59–66; MüKo BGB/Jan Busche, 8. Aufl. 2020, § 645 BGB Rn. 15; offengelassen von der Rspr., siehe BGHZ 78, 352 (355).

2.9 Die Frankfurter Grundrechte – Wegbereiter der Demokratie
Sonja Breustedt/Alexander Krey

Didaktische Vorbemerkung:
Auf den ersten Blick scheint alles klar. Verfassungen regeln die Grundfesten eines Staates, tarieren das komplexe Gefüge der zentralen Institutionen aus, regeln Rechte und Pflichten der Bürger und errichten in ihren Grundrechtsteilen quasi Brandmauern zum Schutz der Freiheit. Auf den zweiten Blick freilich schwindet die Gewissheit schnell. Der finnische Rechtswissenschaftler Paavo Kastari erklärte schon in den 1960er Jahren den Verfassungsbegriff „zu einer der härtesten Nüsse der Rechtswissenschaft"[1]*.*

Im Folgenden wollen wir eine Nussschale öffnen und uns der oben auszugsweise abgedruckten Quelle widmen, dem VI. Abschnitt der Verfassung des deutschen Reiches vom 28. März 1849 – auch Paulskirchenverfassung oder Frankfurter Reichsverfassung genannt. Bernhard Kraushaar nannte dieses durchaus zentrale Verfassungsdokument der deutschen Geschichte noch 1990 ein „leider häufig vergessenes Vorbild"[2]*. Zwischenzeitlich haben einige Studien es der Vergessenheit mehr und mehr entrissen*[3]*. Vor allem die Grundrechte prägten die nachfolgenden Verfassungen, weshalb deren Betrachtung – aufgrund der Länge freilich nur mit den drei Schwerpunkten der Gleichheit, Freiheit und Arbeit –*

---

1 Paavo Kastari, Über die Normativität und den hierarchischen Vorrang der Verfassungen, in: Karl Dietrich Bracher/Christopher Dawson/Willi Geiger/Rudolf Smend (Hrsg.), Die moderne Demokratie und ihr Recht. Modern Constitutionalism and Democracy. Festschrift für Gerhard Leibholz zum 65. Geburtstag. Zweiter Band: Staats- und Verfassungsrecht, Tübingen 1966, 49–68 (49).
2 So lautet der Titel von Bernhard Kraushaars Aufsatz (zugleich Buchbesprechung der Habilitationsschrift Kühnes): „Review: Die Paulskirchenverfassung – ein leider häufig vergessenes Vorbild", erschienen in: Arbeit und Recht 38 (1990), 301–307.
3 Jörg-Detlef Kühne, Die Reichsverfassung der Paulskirche. Vorbild und Verwirklichung im späteren deutschen Rechtsleben, 2. Aufl., Neuwied, Kriftel, Berlin 1998; Klaus Kröger, Grundrechtsentwicklung in Deutschland: von ihren Anfängen bis zur Gegenwart, Tübingen 1998; Marcel Jäkel, Die „Paulskirchenverfassung" der Frankfurter Nationalversammlung. Umstände und Grundzüge ihrer Entstehung, Inhalte und historischen Bedeutung, in: JURA – Juristische Ausbildung 2019, 231–243.

im Mittelpunkt stehen soll. Wir beleuchten damit nicht nur zentrale Verbürgungen, die in akademischer Lehre und Prüfung zweifelsohne bedeutsam sind, sondern auch solche Rechte, denen Joachim Rückert im Jubiläumsjahr 1998 einen grundlegenden und wirkmächtigen Vortrag widmete[4].

Methodisch orientieren wir uns aus didaktischen Gründen an den bekannten Schemata der deutschrechtlichen Exegese, d. h. kommen von der formalen Befassung mit Gattung und Kontext hin zu einer inhaltlichen Beschäftigung mit der Quelle[5].

Abschnitt VI. Die Grundrechte des deutschen Volkes[6]
§ 130. Dem deutschen Volke sollen die nachstehenden Grundrechte gewährleistet seyn. Sie sollen den Verfassungen der deutschen Einzelstaaten zur Norm dienen, und keine Verfassung oder Gesetzgebung eines deutschen Einzelstaates soll dieselben je aufheben oder beschränken können.
Artikel I.
§ 131. Das deutsche Volk besteht aus den Angehörigen der Staaten, welche das deutsche Reich bilden.
§ 132. Jeder Deutsche hat das deutsche Reichsbürgerrecht. Die ihm kraft dessen zustehenden Rechte kann er in jedem deutschen Lande ausüben. Über das Recht, zur deutschen Reichsversammlung zu wählen, verfügt das Reichswahlgesetz.
§ 133. Jeder Deutsche hat das Recht, an jedem Orte des Reichsgebietes seinen Aufenthalt und Wohnsitz zu nehmen, Liegenschaften jeder Art zu erwerben und darüber zu verfügen, jeden Nahrungszweig zu betreiben, das Gemeindebürgerrecht zu gewinnen.

---

4   Siehe: Joachim Rückert, Referat II. Grundrechte 1848 und 1998 – Vision und Wirklichkeit, in: Deutscher Richterbund (Hrsg.), 150 Jahre Paulskirchenverfassung. Der lange Weg zum Rechtsstaat. Sonderdruck, Frankfurt a. M. 1998, 11–16.
5   Siehe die klassischen Anleitungsbücher zur deutschrechtlichen Exegese von Hans Hattenhauer, Die deutschrechtliche Exegese. Eine Anleitung für Studenten, Karlsruhe 1975; Hans Schlosser/Fritz Sturm/Hermann Weber, Die rechtsgeschichtliche Exegese, 2., neubearb. Aufl., München 1993.
6   Text nach Werner Heun, Deutsche Verfassungsdokumente 1806–1849. Teil I: Nationale Verfassungen/Verfassungen der deutschen Staaten (Anhalt-Bernburg – Baden), (Verfassungen der Welt vom späten 18. Jahrhundert bis Mitte des 19. Jahrhunderts. Quellen zur Herausbildung des modernen Konstitutionalismus. Constitutions of the World from the late 18th Century to the Middle of the 19th Century. Sources on the Rise of Modern Constitutionalism, Europa: Band 3. Europe: Volume 3), München 2006, 84–89.

Die Bedingungen für den Aufenthalt und Wohnsitz werden durch ein Heimathsgesetz, jene für den Gewerbebetrieb durch eine Gewerbeordnung für ganz Deutschland von der Reichsgewalt festgesetzt.
§ 134. Kein deutscher Staat darf zwischen seinen Angehörigen und andern Deutschen einen Unterschied im bürgerlichen, peinlichen und Prozeß-Rechte machen, welcher die letzteren als Ausländer zurücksetzt.
[…]
§ 136. Die Auswanderungsfreiheit ist von Staatswegen nicht beschränkt; Abzugsgelder dürfen nicht erhoben werden.
Die Auswanderungsangelegenheit steht unter dem Schutze und der Fürsorge des Reiches.
Artikel II.
§ 137. Vor dem Gesetze gilt kein Unterschied der Stände. Der Adel als Stand ist aufgehoben.
Alle Standesvorrechte sind abgeschafft.
Die Deutschen sind vor dem Gesetze gleich.
Alle Titel, insoweit sie nicht mit einem Amte verbunden sind, sind aufgehoben und dürfen nie wieder eingeführt werden.
Kein Staatsangehöriger darf von einem auswärtigen Staate einen Orden annehmen.
Die öffentlichen Ämter sind für alle Befähigten gleich zugänglich.
Die Wehrpflicht ist für alle gleich; Stellvertretung bei derselben findet nicht statt.
Artikel III.
§ 138. Die Freiheit der Person ist unverletzlich.
Die Verhaftung einer Person soll, außer im Falle der Ergreifung auf frischer That, nur geschehen in Kraft eines richterlichen, mit Gründen versehenen Befehls. Dieser Befehl muß im Augenblicke der Verhaftung oder innerhalb der nächsten vier und zwanzig Stunden dem Verhafteten zugestellt werden.
Die Polizeibehörde muß jeden, den sie in Verwahrung genommen hat, im Laufe des folgenden Tages entweder freilassen oder der richterlichen Behörde übergeben.
Jeder Angeschuldigte soll gegen Stellung einer vom Gericht zu bestimmenden Caution oder Bürgschaft der Haft entlassen werden, sofern nicht dringende Anzeigen eines schweren peinlichen Verbrechens gegen denselben vorliegen.
Im Falle einer widerrechtlich verfügten oder verlängerten Gefangenschaft ist der Schuldige und nöthigenfalls der Staat dem Verletzten zur Genugthuung und Entschädigung verpflichtet.
Die für das Heer- und Seewesen erforderlichen Modifikationen dieser Bestimmungen werden besonderen Gesetzen vorbehalten.

§ 139. Die Todesstrafe, ausgenommen wo das Kriegsrecht sie vorschreibt, oder das Seerecht im Fall von Meutereien sie zuläßt, so wie die Strafen des Prangers, der Brandmarkung und der körperlichen Züchtigung, sind abgeschafft.
§ 140. Die Wohnung ist unverletzlich.
Eine Haussuchung ist nur zulässig:
1. an Kraft eines richterlichen, mit Gründen versehenen Befehls, welcher sofort oder innerhalb der nächsten vier und zwanzig Stunden dem Betheiligten zugestellt werden soll,
2. im Falle der Verfolgung auf frischer That, durch den gesetzlich berechtigten Beamten,
3. in den Fällen und Formen, in welchen das Gesetz ausnahmsweise bestimmten Beamten auch ohne richterlichen Befehl dieselbe gestattet.
Die Haussuchung muß, wenn thunlich, mit Zuziehung von Hausgenossen erfolgen.
Die Unverletzlichkeit der Wohnung ist kein Hinderniß der Verhaftung eines gerichtlich Verfolgten.
§ 141. Die Beschlagnahme von Briefen und Papieren darf, außer bei einer Verhaftung oder Haussuchung, nur in Kraft eines richterlichen, mit Gründen versehenen Befehls vorgenommen werden, welcher sofort oder innerhalb der nächsten vier und zwanzig Stunden dem Betheiligten zugestellt werden soll.
[…]
Artikel IV.
§ 143. Jeder Deutsche hat das Recht, durch Wort, Schrift, Druck und bildliche Darstellung seine Meinung frei zu äußern.
Die Preßfreiheit darf unter keinen Umständen und in keiner Weise durch vorbeugende Maaßregeln, namentlich Censur, Concessionen, Sicherheitsbestellungen, Staatsauflagen. Beschränkungen der Druckereien oder des Buchhandels, Postverbote oder andere Hemmungen des freien Verkehrs beschränkt, suspendirt oder aufgehoben werden.
Über Preßvergehen, welche von Amts wegen verfolgt werden, wird durch Schwurgerichte geurtheilt.
Ein Preßgesetz wird vom Reiche erlassen werden.
Artikel V.
§ 144. Jeder Deutsche hat volle Glaubens- und Gewissensfreiheit.
Niemand ist verpflichtet, seine religiöse Überzeugung zu offenbaren.
§ 145. Jeder Deutsche ist unbeschränkt in der gemeinsamen häuslichen und öffentlichen Übung seiner Religion.
[…]
§ 147. Jede Religionsgesellschaft ordnet und verwaltet ihre Angelegenheiten selbstständig, bleibt aber den allgemeinen Staatsgesetzen unterworfen.

Keine Religionsgesellschaft genießt vor andern Vorrechte durch den Staat; es besteht fernerhin keine Staatskirche.
Neue Religionsgesellschaften dürfen sich bilden; einer Anerkennung ihres Bekenntnisses durch den Staat bedarf es nicht.
§ 148. Niemand soll zu einer kirchlichen Handlung oder Feierlichkeit gezwungen werden.
§ 149. Die Formel des Eides soll künftig lauten: „So wahr mir Gott helfe".
§ 150. Die bürgerliche Gültigkeit der Ehe ist nur von der Vollziehung des Civilactes abhängig; die kirchliche Trauung kann nur nach der Vollziehung des Civilactes stattfinden.
Die Religionsverschiedenheit ist kein bürgerliches Ehehinderniß.
[…]
Artikel VI.
§ 152. Die Wissenschaft und ihre Lehre ist frei.
§ 153. Das Unterrichts- und Erziehungswesen steht unter der Oberaufsicht des Staates, und ist, abgesehen vom Religionsunterricht, der Beaufsichtigung der Geistlichkeit als solcher enthoben.
§ 154. Unterrichts- und Erziehungsanstalten zu gründen, zu leiten und an solchen Unterricht zu ertheilen, steht jedem Deutschen frei, wenn er seine Befähigung der betreffenden Staatsbehörde nachgewiesen hat.
Der häusliche Unterricht unterliegt keiner Beschränkung.
§ 155. Für die Bildung der deutschen Jugend soll durch öffentliche Schulen überall genügend gesorgt werden.
Eltern oder deren Stellvertreter dürfen ihre Kinder oder Pflegebefohlenen nicht ohne den Unterricht lassen, welcher für die unteren Volksschulen vorgeschrieben ist.
§ 156. Die öffentlichen Lehrer haben die Rechte der Staatsdiener.
Der Staat stellt unter gesetzlich geordneter Betheiligung der Gemeinden aus der Zahl der Geprüften die Lehrer der Volksschulen an.
§ 157. Für den Unterricht in Volksschulen und niederen Gewerbeschulen wird kein Schulgeld bezahlt.
Unbemittelten soll auf allen öffentlichen Unterrichtsanstalten freier Unterricht gewährt werden.
[…]
Artikel VIII.
§ 161. Die Deutschen haben das Recht, sich friedlich und ohne Waffen zu versammeln; einer besonderen Erlaubniß dazu bedarf es nicht.

Volksversammlungen unter freiem Himmel können bei dringender Gefahr für die öffentliche Ordnung und Sicherheit verboten werden.
§ 162. Die Deutschen haben das Recht, Vereine zu bilden. Dieses Recht soll durch keine vorbeugende Maaßregel beschränkt werden.
[…]
Artikel IX.
§ 164. Das Eigenthum ist unverletzlich.
Eine Enteignung kann nur aus Rücksichten des gemeinen Besten, nur auf Grund eines Gesetzes und gegen gerechte Entschädigung vorgenommen werden.
Das geistige Eigenthum soll durch die Reichsgesetzgebung geschützt werden.
§ 165. Jeder Grundeigenthümer kann seinen Grundbesitz unter Lebenden und von Todes wegen ganz oder theilweise veräußern. Den Einzelstaaten bleibt überlassen, die Durchführung des Grundsatzes der Theilbarkeit alles Grundeigenthums durch Übergangsgesetze zu vermitteln.
Für die todte Hand sind Beschränkungen des Rechts, Liegenschaften zu erwerben und über sie zu verfügen, im Wege der Gesetzgebung aus Gründen des öffentlichen Wohls zulässig.
§ 166. Jeder Unterthänigkeits- und Hörigkeitsverband hört für immer auf.
§ 167. Ohne Entschädigung sind aufgehoben:
1. Die Patrimonialgerichtsbarkeit und die grundherrliche Polizei, sammt den aus diesen Rechten fließenden Befugnissen, Exemtionen und Abgaben.
2. Die aus dem guts- und schutzherrlichen Verbande fließenden persönlichen Abgaben und Leistungen.
Mit diesen Rechten fallen auch die Gegenleistungen und Lasten weg, welche dem bisher Berechtigten dafür oblagen.
§ 168. Alle auf Grund und Boden haftenden Abgaben und Leistungen, insbesondere die Zehnten, sind ablösbar: ob nur auf Antrag des Belasteten oder auch des Berechtigten, und in welcher Weise, bleibt der Gesetzgebung der einzelnen Staaten überlassen.
Es soll fortan kein Grundstück mit einer unablösbaren Abgabe oder Leistung belastet werden.
§ 169. Im Grundeigenthum liegt die Berechtigung zur Jagd auf eignem Grund und Boden.
Die Jagdgerechtigkeit auf fremden Grund und Boden, Jagddienste, Jagdfrohnden und andere Leistungen für Jagdzwecke sind ohne Entschädigung aufgehoben.
Nur ablösbar jedoch ist die Jagdgerechtigkeit, welche erweislich durch einen lästigen mit dem Eigenthümer des belasteten Grundstücks abgeschlossenen Vertrag erwor-

ben ist; über die Art und Weise der Ablösung haben die Landesgesetzgebungen das Weitere zu bestimmen.
Die Ausübung des Jagdrechts aus Gründen der öffentlichen Sicherheit und des gemeinen Wohls zu ordnen, bleibt der Landesgesetzgebung vorbehalten.
Die Jagdgerechtigkeit auf fremdem Grund und Boden darf in Zukunft nicht wieder als Grundgerechtigkeit bestellt werden.
[…]
§ 173. Die Besteuerung soll so geordnet werden, daß die Bevorzugung einzelner Stände und Güter in Staat und Gemeinde aufhört.
Artikel X.
§ 174. Alle Gerichtsbarkeit geht vom Staate aus. Es sollen keine Patrimonialgerichte bestehen.
§ 175. Die richterliche Gewalt wird selbstständig von den Gerichten geübt. Cabinets und Ministerialjustiz ist unstatthaft. Niemand darf seinem gesetzlichen Richter entzogen werden. Ausnahmegerichte sollen nie stattfinden.
§ 176. Es soll keinen privilegirten Gerichtsstand der Personen oder Güter geben. Die Militärgerichtsbarkeit ist auf die Aburtheilung militärischer Verbrechen und Vergehen, so wie der Militär-Disciplinarvergehen beschränkt, vorbehaltlich der Bestimmungen für den Kriegsstand.
§ 177. Kein Richter darf, außer durch Urtheil und Recht, von seinem Amt entfernt, oder an Rang und Gehalt beeinträchtigt werden.
Suspension darf nicht ohne gerichtlichen Beschluß erfolgen.
Kein Richter darf wider seinen Willen, außer durch gerichtlichen Beschluß in den durch das Gesetz bestimmten Fällen und Formen, zu einer andern Stelle versetzt oder in Ruhestand gesetzt werden.
§ 178. Das Gerichtsverfahren soll öffentlich und mündlich sein. Ausnahmen von der Öffentlichkeit bestimmt im Interesse der Sittlichkeit das Gesetz.
§ 179. In Strafsachen gilt der Anklageprozeß.
Schwurgerichte sollen jedenfalls in schwereren Strafsachen und bei allen politischen Vergehen urtheilen.
§ 180. Die bürgerliche Rechtspflege soll in Sachen besonderer Berufserfahrung durch sachkundige, von den Berufsgenossen frei gewählte Richter geübt oder mitgeübt werden.
§ 181. Rechtspflege und Verwaltung sollen getrennt und von einander unabhängig seyn. Über Competenzconflicte zwischen den Verwaltungs- und Gerichtsbehörden in den Einzelstaaten entscheidet ein durch das Gesetz zu bestimmender Gerichtshof.
§ 182. Die Verwaltungsrechtspflege hört auf; über alle Rechtsverletzungen entscheiden die Gerichte.

Der Polizei steht keine Strafgerichtsbarkeit zu.
§ 183. Rechtskräftige Urtheile deutscher Gerichte sind in allen deutschen Landen gleich wirksam und vollziehbar.
Ein Reichsgesetz wird das Nähere bestimmen.
[…]

2.9.1 Formale Auslegung

Der oben wiedergegebene Auszug wurde vorab als „*Grundrechte des Deutschen Volkes*" am 27. Dezember 1848 in Kraft gesetzt[7], die freilich „*über die klassischen Freiheitsrechte des Bürgers weit hinaus*[gingen]" und vielmehr „*eine Art von Minimalverfassung dar*[stellten]", wie Wolfgang J. Mommsen bereits richtigerweise herausgestellt hat[8]. Obgleich später durchaus bedeutungsvoll, wurden die Frankfurter Grundrechte schnell Teil der Rechtsgeschichte. Nach nicht einmal drei Jahren wurden die Grundrechte infolge der gescheiterten Revolution am 23. August 1851 durch Bundesbeschluss wieder aufgehoben[9]; nur im zwischenzeitlich dänischen Holstein blieben sie partikularrechtlich bis 1852 in Kraft[10].

Seit der „*Virginia Declaration of Rights*" 1776 und in Europa vor allem seit der französischen Menschenrechtserklärung 1789 gehörte eine staatsrechtliche Verbürgung umfassender Freiheitsrechte zwingend zu einer Verfassung. So war auch das Hauptanliegen der deutschen Verfassungsbewegung die Gewährung umfassender Freiheitsrechte[11].

---

7 Horst Dreier, Grundrechte, in: Albrecht Cordes/Heiner Lück/Dieter Werkmüller/Christa Bertelsmeier-Kierst (Hrsg.), Handwörterbuch zur deutschen Rechtsgeschichte. Band II: Geistliche Gerichtsbarkeit – Konfiskation, Berlin 2012, Sp. 591–599 (596); Wolfgang J. Mommsen, Die Paulskirche, in: Étienne François/Hagen Schulze (Hrsg.), Deutsche Erinnerungsorte. Band II (Beck'sche Reihe, Bd. 1814), München 2009, 47–66.
8 Mommsen, Die Paulskirche (wie Anm. 7), 54.
9 Dreier, Grundrechte (wie Anm. 7), Sp. 596.
10 Mommsen, Die Paulskirche (wie Anm. 7), 555–556.
11 Ernst Rudolf Huber, Deutsche Verfassungsgeschichte seit 1789. Band II: Der Kampf um Einheit und Freiheit 1830 bis 1850, Stuttgart 1988, 774. Grundsätzlich sollte das Werk Hubers besonders kritisch hinterfragt und vor allem Aussagen zur Verfassungswirklichkeit distanziert betrachtet werden. Der 1903 geborene und 1990 verstorbene Huber war deutscher Staatsrechtslehrer und wurde im April 1933 an die Universität Kiel berufen, wo er zu den Protagonisten der nationalsozialistisch geprägten *Kieler Schule* gehörte. Sein monumentales Werk stellt dennoch häufig die einzig ausführliche Bearbeitung dar, weswegen es auch in diesem Beitrag immer wieder

Die 1848er Revolution gehört zweifelsohne zum Standardrepertoire in Forschung und Lehre, weshalb der historische Rahmen hier gerafft mit den wichtigsten Schlaglichtern referiert werden kann.

Ende der 1840er Jahre ließen sich die demokratischen Bestrebungen, vor allem im deutschen Südwesten, kaum noch unterdrücken. Die aufgeladene Versammlung im Offenburger Gasthaus „zum Salmen" proklamierte in ihren *Forderungen des Volkes in Baden* vom 12. September 1847 u. a. persönliche Freiheitsrechte, demokratische Strukturen sowie Steuergerechtigkeit und die Abschaffung ständischer Vorrechte[12]. Ausgehend von der französischen Februarrevolution sprang der revolutionäre Funke ab März 1848 flächendeckend auf die deutschen Einzelstaaten über und führte – zunächst wiederum vor allem im Süden – zur Schaffung der so genannten „Märzministerien", die, von den Landesfürsten eingesetzt, Teile der revolutionären Forderungen umsetzen sollten[13].

Nachdem 51 Oppositionelle am 5. März 1848 die Einberufung eines Vorparlamentes beschlossen hatten, das vom 31. März bis 4. April 1848 zunächst im Frankfurter Römer, dann aus Platzgründen in der namensgebenden Paulskirche tagte[14], arbeitete die ebenfalls in Frankfurt residierende Bundesversammlung weiter und versuchte, mit der Vorbereitung einer Verfassungsrevision Herr der Lage zu werden. Dazu schuf der vom Bundestag eingesetzte Siebzehnerausschuss, bestehend aus Vertretern der Einzelstaaten, einen Verfassungsentwurf, der allerdings von der Paulskirchenversammlung später mehrheitlich abgelehnt wurde[15]. Darüber hinaus beschloss am 30. März der Bundestag Wahlen zu einer verfassungsgebenden Nationalversammlung in den einzelnen Mitgliedstaaten[16] und verabschiedete schließlich am 7. April 1848 ein Gesetz für die Wahl von Volksvertretern zu einer konstituierenden Nationalversammlung[17].

---

herangezogen wurde. Zu Huber, siehe: Walter Pauly, Huber, Ernst Rudolf (1903–1990), in: Albrecht Cordes/Heiner Lück/Dieter Werkmüller/Christa Bertelsmeier-Kierst (Hrsg.), Handwörterbuch zur deutschen Rechtsgeschichte. Band II: Geistliche Gerichtsbarkeit – Konfiskation, Berlin 2012, Sp. 1138–1139.

12 Michael Kotulla, Nationalversammlung, deutsche (1848/49), in: Albrecht Cordes/Hans-Peter Haferkamp/Heiner Lück/Dieter Werkmüller/Christa Bertelsmeier-Kierst (Hrsg.), Handwörterbuch zur deutschen Rechtsgeschichte. Band III: Konfliktbewältigung – Nowgorod, Berlin 2016, Sp. 1826–1836 (1826 f.).
13 Dieter Hein, Die Revolution von 1848/49, 6. Auflage, München 2019, 11 ff.
14 Gunther Hildebrandt, Die Paulskirche: Parlament in der Revolution 1848/49, Berlin 1986, 47.
15 Huber, Deutsche Verfassungsgeschichte II (wie Anm. 11), 769.
16 Huber, Deutsche Verfassungsgeschichte II (wie Anm. 11), 598.
17 Kotulla, Nationalversammlung (wie Anm. 12), Sp. 1828.

Die auf Basis der sehr unterschiedlich ausgeführten Wahlen ermittelten Abgeordneten traten am 18. Mai 1848 erstmals als Nationalversammlung in der Frankfurter Paulskirche zusammen[18].

Der bereits am 26. April 1848 vorgelegte Verfassungsentwurf der Siebzehner strebte vor allem die staatliche Einheit an[19] und wollte unter Beibehaltung der einzelstaatlichen Dynastien ein föderatives System schaffen[20]. Der Verfassungsentwurf sah eine „*durch Parlamentswahl geschaffene Erbmonarchie*"[21] und ein absolutes Vetorecht des Reichsoberhauptes vor, sodass er im Ergebnis eher als konstitutionell-monarchisch, denn als parlamentarisch einzustufen war[22].

Nach der Ablehnung des Entwurfs der Siebzehner bestand die Hauptaufgabe des ersten gesamtdeutschen Parlaments in der Schaffung einer Verfassung[23]. Bemerkenswert erscheint hierbei die überaus hohe Dichte von Juristen, deren Anteil in der Paulskirchenversammlung etwa 60 % betrug[24]. Bereits am 24. Mai 1848 hatte die Nationalversammlung einen dreißigköpfigen ständigen Verfassungsausschuss gewählt, der am 26. Mai entschied, mit der Beratung der Grundrechte zu beginnen[25]. Nach mehreren Entwürfen diskutierte ab dem 19. Juni wiederum das Plenum den Grundrechtskatalog[26]. Dessen sechsmonatige Beratungsphase wurde immer wieder durch politische Ereignisse wie die Septemberunruhen 1848 unterbrochen, endete aber schließlich am 20. Dezember 1848 mit der Verabschiedung des „Reichsgesetz(es) betreffend die Grundrechte des deutschen Volkes", das auf Reichsebene am 27. Dezember 1848 und in den Einzelstaaten am 17. Januar 1849 in Kraft trat[27].

---

18 Kotulla, Nationalversammlung (wie Anm. 12), Sp. 1828.
19 Huber, Deutsche Verfassungsgeschichte II (wie Anm. 11), 770.
20 Huber, Deutsche Verfassungsgeschichte II (wie Anm. 11), 771.
21 Huber, Deutsche Verfassungsgeschichte II (wie Anm. 11), 768.
22 Huber, Deutsche Verfassungsgeschichte II (wie Anm. 11), 772.
23 Kotulla, Nationalversammlung (wie Anm. 12), Sp. 1829 f.
24 Rückert, Grundrechte (wie Anm. 4), 11. Zum Problem der regionalen Herkunft der Teilnehmer siehe Heinrich Best, Strukturen parlamentarischer Repräsentation in den Revolutionen von 1848, in: Dieter Dowe/Heinz-Gerhard Haupt/Dieter Langewiesche (Hrsg.), Europa 1848. Revolution und Reform. (Forschungsinstitut der Friedrich-Ebert-Stiftung. Reihe Politik- und Gesellschaftsgeschichte, Bd. 48) Bonn 1998, 629–669 (633–635).
25 Huber, Deutsche Verfassungsgeschichte II (wie Anm. 11), 775.
26 Huber, Deutsche Verfassungsgeschichte II (wie Anm. 11), 776.
27 Kotulla, Nationalversammlung (wie Anm. 12), Sp. 1831.

Die Grundrechte gingen nachher als sechster Abschnitt mit 59 Paragraphen in die Verfassung des Deutschen Reiches vom 28. März 1849 ein[28]. Sie ist eine echte Vollverfassung, mit 197 Paragraphen sogar die längste deutschsprachige Verfassung überhaupt[29]. Während Österreich, Bayern, Hannover und Preußen die Grundrechte in ihren Einzelstaaten nicht publizierten, erkannten die meisten Länder wie beispielsweise Baden, Württemberg, Hessen-Darmstadt und Kurhessen die Grundrechte an[30]. Der Zenit der Paulskirche im Ansehen der Bevölkerung war zu diesem Zeitpunkt jedoch infolge des Septemberaufstands in Frankfurt und der Konterrevolution schon längst überschritten[31]. So blieb die Paulskirchenverfassung mitsamt der Revolution von 1848/49 in der Forschung teils nur *„eine Chiffre für verpaßte Möglichkeiten"*[32] oder aber ein „*Erinnerungsort*", verstanden als bloßer „*Ehrentitel*"[33].

Rechtshistorisch gesehen repräsentieren die Grundrechte der Paulskirchenverfassung eine wichtige Entwicklungsstufe. Vor der 48er-Revolution waren zu Beginn des 19. Jahrhunderts in den süddeutschen Verfassungen des Frühkonstitutionalismus zwar Rechte und Pflichten der Bürger aufgenommen worden, sie beanspruchten aber noch keine universale und zeitlose Geltung[34]. Während der Revolution änderte sich dieses Verständnis.

Der Verfassungsentwurf der Siebzehner und derjenige des Parlaments unterschieden sich insbesondere im Hinblick auf den Stellenwert der Grundrechte. Während Ersterer zwar auch Grundrechtsgarantien enthielt, diese aber an das Ende seines Verfassungsentwurfs gestellt hatte, da erst eine Staatsgewalt entwickelt, bevor Schutzinstrumente gegen diese normiert werden sollten[35], hatte die Nationalversammlung hingegen die Schaffung eines Grundrechtskatalogs als vordringlicher angesehen[36].

---

28 Rückert, Grundrechte (wie Anm. 4), 13.
29 Rückert, Grundrechte (wie Anm. 4), 12.
30 Kotulla, Nationalversammlung (wie Anm. 12), Sp. 1831.
31 Siehe Mommsen, Die Paulskirche (wie Anm. 7), 56–58.
32 Dieter Langewiesche, 1848: ein Epochenjahr in der deutschen Geschichte?, in: Geschichte und Gesellschaft 25, H. 4: Ostdeutschland unter dem Kommunismus 1945–1950 (1999), 613–625 (613).
33 Mommsen, Die Paulskirche (wie Anm. 7), 60.
34 Dreier, Grundrechte (wie Anm. 7), Sp. 595.
35 Huber, Deutsche Verfassungsgeschichte II (wie Anm. 11), 774 f.
36 Huber, Deutsche Verfassungsgeschichte II (wie Anm. 11), 775.

2.9.2 Inhaltliche Auslegung

Die Paulskirchenverfassung verweist terminologisch mit der Überschrift „*Die Grundrechte des deutschen Volkes*" auf die seit dem ausgehenden 18. Jahrhundert vorgenommene Unterscheidung zwischen positivrechtlich zugewiesenen Grundrechten und naturrechtlich-universal gedachten Menschenrechten[37]. Die Grundrechtsverbürgungen umfassen dabei einen „*ganzen Kosmos von Gewährleistungen, nicht nur die klassischen Abwehrrechte*"[38]. So schwer sich deshalb auch die Grundrechte als solche substanziell fassen lassen, so klar lassen sich doch mit der „*Einheits-, Rechtsstaats- und Modernisierungsfunktion*"[39] drei zentrale Aspekte herausschälen, die das „*weite Grundrechtsverständnis der Paulskirche*" prägten[40]. Zu beachten ist dabei auch, dass der Grundrechtsbegriff bereits im Vorparlament „*als geringstes Maß deutscher Volksfreiheit*" in erster Linie politisch und nicht rechtlich geformt war[41].

Die in § 126g eröffnete individuelle Einklagbarkeit der Grundrechte der Frankfurter Reichsverfassung weist sie zunächst klar als Abwehrrechte aus[42]. Dies war ein Novum und blieb lange singulär[43]. Gerade auch deshalb wandte sich Joachim Rückert entschieden gegen immer wieder geäußerte Vorwürfe, die Grundrechte der Paulskirchenverfassung seien gewissermaßen nur leichte Kost gewesen, „*nur Grundrechte, keine Menschenrechte, nur Freiheitsrechte und keine sozialen Rechte. […] Die Litanei ist*

---

37 Christoph Link, Naturrechtliche Grundlagen des Grundrechtsdenkens in der deutschen Staatsrechtslehre des 17. und 18. Jahrhunderts, in: Günter Birtsch (Hrsg.): Grund- und Freiheitsrechte von der ständischen zur spätbürgerlichen Gesellschaft (Veröffentlichungen zur Geschichte der Grund- und Freiheitsrechte 2), Göttingen 1987, 215–233 (216). Siehe ausführlich zur Entwicklung der Grundrechtstheorie in der Zeit Dieter Grimm, Die Entwicklung der Grundrechtstheorie in der deutschen Staatsrechtslehre des 19. Jahrhunderts, in: Günter Birtsch (Hrsg.), Grund- und Freiheitsrechte (wie Anm. 37), 234–266.
38 Rückert, Grundrechte (wie Anm. 4), 12.
39 So heißt das siebte Kapitel bei Kühne, Die Reichsverfassung der Paulskirche (wie Anm. 3), 159–202.
40 Kühne, Die Reichsverfassung der Paulskirche (wie Anm. 3), 201.
41 Kühne, Die Reichsverfassung der Paulskirche (wie Anm. 3), 161.
42 Siehe Winfried Hassemer, Referat I. „Sie müssen ein Gericht geben, wenn Sie wollen, dass das Recht herrschen soll". Die Gerichtsbarkeit der Paulskirche und unsere, in: Deutscher Richterbund (Hrsg.), 150 Jahre Paulskirchenverfassung. Der lange Weg zum Rechtsstaat. Sonderdruck. Frankfurt a. M. 1998, 3–11. Rückert, Grundrechte (wie Anm. 4), 16 sah „*die Realisierung eines großen, realen Schrittes in Sachen Grundrechte als justiziable Rechte*".
43 Rückert, Grundrechte (wie Anm. 4), 14.

lang und alt und dennoch falsch"[44]. Das Konzept des Frankfurter Grundrechtsentwurfs wurzelte zwar in der Dichotomie von Staat und Gesellschaft, ging aber von der Einheit der Gesellschaft aus und blendete soziale Gegensätze in großen Teilen aus[45]. Gleichwohl wies der Entwurf, wie bereits Rückert dargelegt hat, auch einige wenige soziale Komponenten auf. Diese manifestierten sich vor allem in der Abschaffung adeliger Jagdrechte zugunsten bäuerlicher Ernte und Feldarbeit, der Schulgeldfreiheit, einer gleichmäßigen Besteuerung und der Abschaffung des Zehnten sowie persönlicher Abgaben und der Schaffung einer staatlichen Kompetenz über das Gesundheitswesen[46].

Die Grundrechte hatten auch eine klare Schutzfunktion[47], weshalb eine Reduzierung auf den abwehrrechtlichen Charakter unzulässig erscheint und die vielfältigen Ausprägungen der Grundrechte außer Acht lassen würde. In dem einleitenden § 130 S. 1 wird diese Schutzfunktion deutlich. Sie band alle staatliche Gewalt und verpflichtete diese, die Grundrechte des Einzelnen zu wahren: *„Dem deutschen Volke sollen die nachstehenden Grundrechte gewährleistet seyn."* § 130 S. 2 verpflichtete schließlich auch die deutschen Einzelstaaten, die Grundrechte als konstitutives Element zum Aufbau des Staates aufzunehmen[48].

2.9.3 Freiheit – Gleichheit – Arbeit

Im Folgenden wollen wir uns nun ausschnittweise den Grundrechten inhaltlich weiter nähern und drei wichtige Bereiche beleuchten.

2.9.3.1 Freiheit

Die Frankfurter Grundrechte normierten zahlreiche verschiedenartige Freiheitsrechte[49]. An der Spitze der Frankfurter Grundrechte stand die Reichsbürgerschaft (§§ 131, 132), gefolgt von der Freizügigkeit (§ 133), Gewerbe- und Berufsfreiheit (§§ 133 und 158),

---

44 Rückert, Grundrechte (wie Anm. 4), 13.
45 Huber, Deutsche Verfassungsgeschichte II (wie Anm. 11), 776.
46 Rückert, Grundrechte (wie Anm. 4), 11 f.
47 Peter Unruh, Der Verfassungsbegriff des Grundgesetzes (Jus Publicum Bd. 82), Tübingen 2002, 246 f.
48 Unruh, Der Verfassungsbegriff (wie Anm. 47), 247.
49 Heinrich Scholler, Die Grundrechtsdiskussion in der Paulskirche. Eine Dokumentation, Darmstadt 1982, 22.

der Auswanderungsfreiheit (§ 136) sowie der Gleichbehandlung im Prozess (§ 134)[50]. Während die ersten neun Artikel vor allem Individualgrundrechte normierten, regelte Abschnitt X in den §§ 174–183 die *institutionellen Garantien* und verbürgte unter anderem die Unabhängigkeit der Rechtspflege[51]. Drei Freiheitsverbürgungen sollen nun im Folgenden zunächst einer detaillierteren Betrachtung unterzogen werden.

2.9.3.1.1 Freiheit der Person im engeren Sinn

In § 138 Abs. 1 findet sich die klassische Garantie der Unverletzlichkeit persönlicher Freiheit. Sie erscheint in einer Trias mit der „Unverletzlichkeit" für Wohnung und Eigentum (sowie – in alter Tradition – der Person des Kaisers in § 74)[52]. Die unverletzliche persönliche Freiheit wird allgemein unter *habeas corpus* gefasst und wurde unter diesem Topos auch in der Paulskirche diskutiert. So sprach sich der Abgeordnete Scheller für die Aufnahme der Unverletzlichkeit der Wohnung aus und bezeichnete die Bestimmungen über die Verhaftung und die Hausdurchsuchung als Elemente, die eine „*sogenannte Habeas-corpus=Acte bilden*"[53]. Diskutiert wurde, Verhaftungen und Hausdurchsuchungen nur aufgrund gesetzlicher Ermächtigung von dazu befugten Beamten durchführen zu lassen. Bei den gesetzlichen Ermächtigungen hätte es sich jedoch um einzelstaatliche Regelungen gehandelt, bei denen nun einige Abgeordnete Rechtsverletzungen in der Durchführung der einzelstaatlichen Gesetze befürchteten[54]. Schließlich nahm man die Garantie der Unverletzlichkeit der Wohnung in die Verfassung auf, wobei eine Hausdurchsuchung sowie eine Beschlagnahme von Briefen und Papieren nur unter engen verfassungsrechtlich garantierten Bedingungen erfolgen konnte (§§ 140, 141). Grundsätzlich war auch eine Verhaftung nur aufgrund richterlicher Anordnung innerhalb von 24 Stunden (§ 138 Abs. 2) zulässig. In dieser generellen Unverletzlichkeitsbestimmung manifestierte sich ein bezeichnender Vorstellungswandel von nur speziell Erlaubtem zu ausnahmsweisen Verboten, der sich auch im Abänderungsantrag des Abgeordneten Carl Alexander Spatz niederschlug. Er forderte, dass

---

50 Rückert, Grundrechte (wie Anm. 4), 12.
51 Hassemer, Referat I (wie Anm. 42), 4; Huber, Deutsche Verfassungsgeschichte II (wie Anm. 11), 780 f.
52 Rückert, Grundrechte (wie Anm. 4), 13.
53 Stenographischer Bericht über die Verhandlungen der Deutschen Constituirenden Nationalversammlung zu Frankfurt am Main (1848), hrsg. von Franz Wigard, Frankfurt a. M. 1848, Band III, 1581, abrufbar unter: https://opacplus.bsb-muenchen.de/title/12055076.
54 Scholler, Grundrechtsdiskussion (wie Anm. 49), 23.

„*Jeder befugt sei, Alles zu thun, was durch die Gesetze nicht verboten wird. Dieser Zusatz ist deshalb nöthig, weil wir bisher in einem Polizeistaate lebten [...]. Im Polizeistaate galt bisher der Grundsatz, daß nur das geschehen darf, was speciell erlaubt ist. Dieser gefährliche Grundsatz tödtete alle Freiheit, wir müssen daher diesen Grundsatz vernichten*".[55] Die allgemeine Garantie der Freiheit in Art. 2 Abs. 1 des GG folgt derselben Idee.

Bezeichnenderweise stellte sich in den Diskussionen schnell ein weites Freiheitsverständnis ein. Die Mehrheit wollte nicht nur den Schutz der Wohnung und des Körpers, sondern auch des Lebens grundrechtlich gewähren[56]. So argumentierte der Abgeordnete Roßmäßler: „*Durchliest man die 48 Paragraphen der Grundrechte, wie sie uns von der Mehrheit des Ausschusses vorgelegt wurden, so muß man der Ueberzeugung sein, daß die Mehrheit desselben meint, das Leben gehöre nicht zu den Grundrechten der Deutschen [...] Die Wohnung ist nach § 8 unverletzlich, aber die Wohnung des Menschengeistes ist nicht unverletzlich*"[57]. Schließlich normierte § 139 auch die Abschaffung der Todesstrafe, mit Ausnahmen im Kriegs- und Seerecht, sowie des Prangers, der Brandmarkung und der körperlichen Züchtigung. War der von den Abgeordneten Wigard und Scheller gestellte Antrag, die Todesstrafe in Anlehnung an die Entscheidung der provisorischen französischen Regierung vom 25. Februar 1848 abzuschaffen, im Ausschuss noch gescheitert, wurde deren Abolition genau wie die der Prügel- und Leibesstrafen mit überwältigender Mehrheit im Plenum angenommen[58]. Vorangegangen waren erbitterte Diskussionen. Während Beseler Zweifel äußerte, ob die Zeit bereits reif sei, da das Volk die Abschaffung noch nicht verlangt habe, waren bei anderen Abgeordneten im Vorfeld Befürchtungen aufgekommen, die Abschaffung der Todesstrafe führe zur Blutrache seitens der Opfer. Indes argumentierten die Gegner der Todesstrafe mit der Würde des Menschen und sahen den Abschreckungsgedanken im Strafrecht als überholt an, vielmehr stünde das System der Besserung im Vordergrund[59]. Umstritten war schließlich nur noch, ob die Abschaffung der Todesstrafe in den Grundrechtskatalog gehöre.

---

55 Stenographischer Bericht III (wie Anm. 53), 1584.
56 Scholler, Grundrechtsdiskussion (wie Anm. 49), 25.
57 Stenographischer Bericht über die Verhandlungen der Deutschen Constituirenden Nationalversammlung zu Frankfurt am Main (1848), hrsg. von Franz Wigard, Frankfurt a. M. 1848, Band II, 1372, abrufbar unter: https://opacplus.bsb-muenchen.de/title/12055075.
58 Scholler, Grundrechtsdiskussion (wie Anm. 49), 24 ff.
59 So der Abgeordnete Jordan: Stenographischer Bericht II (wie Anm. 57), 1372.

2.9.3.1.2 Meinungsäußerungs- und Pressefreiheit

Besondere Aufmerksamkeit schenkten die Abgeordneten der Pressefreiheit, namentlich der Abschaffung der Zensur (§ 143). Die Erfahrungen mit den Karlsbader Beschlüssen spielten hier sicher eine große Rolle. Für Pressevergehen sollten künftig Schwurgerichte zuständig sein (§ 143 Abs. 3) und bundesweit sollte ein Pressegesetz geschaffen werden (§ 143 Abs. 4).

Am 3. März hatte die Bundesversammlung noch beschlossen, die Pressefreiheit in Deutschland einzuführen, indem sie den Einzelstaaten die Möglichkeit gab, abweichend vom Bundespressegesetz aus dem Jahr 1819 die Zensur abzuschaffen[60]. Die Forderungen nach Pressefreit waren schon im Offenburger und Heppenheimer Programm enthalten gewesen[61]. Deshalb war es zunächst zum Erlass zahlreicher einzelstaatlicher, allerdings sehr disparater Pressegesetze gekommen. Auf dieses Problem wies Mittermaier in seiner Rede vor dem Parlament am 18. August 1848 hin und beantragte deshalb die Verabschiedung eines reichsweiten Pressegesetzes[62]. Aus diesem Grund findet sich der ungewöhnliche Passus *„Ein Preßgesetz wird vom Reiche erlassen werden"* im Grundrechtsteil der Paulskirchenverfassung.

Ein weiterer Fokus in der Diskussion lag im ausdrücklichen Schutz der Druckereien und des Buchhandels. Er trug der historischen Erfahrung in den von Napoleon besetzten Gebieten Rechnung. So hatte dort zwar 1810 die Pressefreiheit gegolten, jedoch hatte diese nicht den Buchhandel und die Buchdrucker erfasst. Napoleon hatte nur eine begrenzte Zahl an Buchdruckern zugelassen, die einer Konzession bedurft hatten, die man mit Druck staatsfeindlicher Schriften sofort wieder entzogen bekommen hatte[63].

Mit der Einführung der Pressefreit 1848 war erstmals eine freie Berichterstattung möglich – mit weitreichenden Folgen für die politischen Vereine[64].

---

60 Huber, Deutsche Verfassungsgeschichte II (wie Anm. 11), 595.
61 Scholler, Grundrechtsdiskussion (wie Anm. 49), 9.
62 Stenographischer Bericht III (wie Anm. 53), 1610.
63 Ausführlicher berichtete der Abgeordnete Spatz zum Umgang mit der Pressefreiheit unter Napoleon: Stenographischer Bericht III (wie Anm. 53), 1611.
64 Michael Wettengel, Parteibildung in Deutschland. Das politische Vereinswesen in der Revolution von 1848, in: Dieter Dowe/Heinz-Gerhard Haupt/Dieter Langewiesche (Hrsg.), Europa 1848. Revolution und Reform. (Forschungsinstitut der Friedrich-Ebert-Stiftung. Reihe Politik- und Gesellschaftsgeschichte, Bd. 48) Bonn 1998, 701–737.

2.9.3.1.3 Glaubens- und Gewissensfreiheit

In den Verhandlungen zur Glaubens- und Gewissensfreiheit (§ 144) dominierten im Parlament die Diskussionen um die Unabhängigkeit von Staat und Kirche, während im Ausschuss noch die Ausstrahlung des Grundrechtes diskutiert worden war[65]. Im Ergebnis schaffte die Paulskirchenversammlung jegliche Vorrechte der Religionsgemeinschaften ab und gestattete die Bildung neuer Religionsgemeinschaften ohne staatliche Anerkennung (§ 147). An die Stelle der kirchlichen Eheschließung trat die Zivilehe, die konstitutiv für die kirchliche Eheschließung wurde (§ 150). Auch die Religionsverschiedenheit der Ehepartner war nach § 150 kein Hindernis mehr, eine Konsequenz des Mischehenkonfliktes[66].

2.9.3.1.4 Wissenschaftsfreiheit

Art. VI widmete sich einem weiteren Teil der „*Geistesfreiheit*"[67] und normierte die Bildungsfreiheit bzw. -pflicht. § 155 regelte die ausreichende Einrichtung öffentlicher Schulen, normierte aber keine Schulpflicht, wie sich aus § 154 Abs. 2 ergibt, der den häuslichen Unterricht nicht beschränkte. Im Vordergrund stand vielmehr eine „*Bildungspflicht*"[68], die neben häuslicher Vermittlung auch die Einrichtung privater Schulen nach § 154 Abs. 1 zuließ. § 155 war zwar als Staatszielbestimmung ein wichtiger Schritt zur Verwirklichung des staatlichen Schulmonopols. Dennoch war die objektive Unterrichtsfreiheit zu diesem Zeitpunkt am größten, was sich auch in der als Individualrecht ausgebildeten Privatschulfreiheit niederschlug, die frei von einem staatlichen Konzessionssystem war[69]. Die einzige Beschränkung lag noch im Befähigungsnachweis nach § 154 und dem staatlichen Aufsichtsrecht nach § 153, das lediglich den Religionsunterricht von diesem ausnahm. Von diesen großzügigen Regelungen über die Einrichtung von Privatschulen profitierte schließlich die katholische Kirche[70].

Der unentgeltliche Besuch von Volks- sowie niedrigen Gewerbeschulen und die kostenlose Nutzung aller öffentlichen Anstalten bei geringem Einkommen nach § 157

---

65 Scholler, Grundrechtsdiskussion (wie Anm. 49), 33 f.
66 Huber, Deutsche Verfassungsgeschichte II (wie Anm. 11), 779.
67 Kühne, Die Reichsverfassung der Paulskirche (wie Anm. 3), 490.
68 Kühne, Die Reichsverfassung der Paulskirche (wie Anm. 3), 492.
69 Kühne, Die Reichsverfassung der Paulskirche (wie Anm. 3), 493 f.
70 Huber, Deutsche Verfassungsgeschichte II (wie Anm. 11), 780.

stellten eine soziale Komponente der Paulskirchenverfassung dar[71]. Letztlich wurde hier „das klassische liberale Postulat der Ermöglichung sozialen Aufstiegs durch Bildung explizit aufgegriffen"[72].

§ 152 regelte die Wissenschaftsfreiheit und hatte selbst keinerlei verfassungsrechtliches Vorbild. Er dürfte ein zentrales Anliegen der Göttinger Sieben[73] gewesen sein, die größtenteils selbst Vertreter der Paulskirche gewesen waren[74].

2.9.3.1.5 Versammlungsfreiheit und Vereinsfreiheit (§§ 161, 162)

§ 161 Abs. 1 normierte das grundsätzlich erlaubnisfreie Versammlungsrecht. Abs. 2 sah aber Einschränkungsmöglichkeiten öffentlicher Versammlungen unter freiem Himmel vor, sofern es für die Einhaltung der öffentlichen Ordnung und Sicherheit erforderlich war[75]. Während einige Abgeordnete des Verfassungsausschusses für eine unbeschränkte Versammlungsfreiheit eingetreten waren, stimmten schließlich fast 2/3 der Abgeordneten im Parlament für die Aufnahme der Beschränkungsmöglichkeit nach § 161 S. 2[76]. Die Motive, die Versammlungsfreiheit einzuschränken, lassen sich nicht mehr nachvollziehen, da die Mehrheit der Abgeordneten auf eine Diskussion der Anträge verzichten wollte[77]. Jedoch fand die Sitzung am 26. September 1848, mithin 8 Tage nach dem blutigen Aufstand in Frankfurt, bei dem zwei rechtsliberale Abgeordnete getötet worden waren, statt. Die Bereitschaft, Versammlungen bei drohender öffentlicher Unruhe auflösen zu können, dürfte sich hier widergespiegelt haben[78].

---

71 Rückert, Grundrechte (wie Anm. 4), 11 f.
72 Mommsen, Die Paulskirche (wie Anm. 7), 55.
73 Siehe zu den Göttinger Sieben: Wolfgang Sellert, Göttinger Sieben, in: Albrecht Cordes/ Heiner Lück/Dieter Werkmüller/Christa Bertelsmeier-Kierst (Hrsg.), Handwörterbuch zur deutschen Rechtsgeschichte. Band II: Geistliche Gerichtsbarkeit – Konfiskation, Berlin 2012, Sp. 495–500.
74 Kühne, Die Reichsverfassung der Paulskirche (wie Anm. 3), 499.
75 Zur Versammlungsfreiheit siehe auch Rückert, Grundrechte (wie Anm. 4), 14.
76 Stenographischer Bericht III (wie Anm. 53), 2311.
77 Stenographischer Bericht III (wie Anm. 53), 2306.
78 So auch Scholler, Grundrechtsdiskussion (wie Anm. 49), 26.

2.9.3.1.6 Eigentumsfreiheit

Die Paulskirchenverfassung gab den absoluten Eigentumsbegriff zugunsten einer Unverletzlichkeitsformel auf, die in § 164 Abs. 1 lediglich die Unverletzlichkeit des Eigentums betonte[79]. Damit war nur der Schutz vor staatlichen Willkürmaßnahmen gemeint, sofern sie die Eigentumsentziehung betrafen[80]. Enteignungen sollten nur noch in engem gesetzlichem Rahmen stattfinden, auch geistiges Eigentum wurde nun geschützt, § 164 Abs. 2 und 3.

Eigentumsbeschränkende oder -bestimmende Maßnahmen waren nach § 165 möglich und der einzelstaatlichen Gesetzgebung überlassen. Damit war die Paulskirchenverfassung weitaus weniger visionär als Frankreich oder die USA. Die vorsichtige Formulierung *„unverletzlich"* kam gleich mehrfach vor – für Person, Wohnung, Eigentum und Kaiser[81].

In Artikel 9 wird aber nicht nur das Eigentum geschützt, vielmehr regeln die meisten Paragraphen die „Mobilisierung des Bodens und Abschaffung von Vorrechten"[82]. Damit trägt er den Erwartungen der Revolution zur Abschaffung adeliger Vorrechte Rechnung. Die in § 166 normierte Abschaffung der Untertänigkeits- und Hörigkeitsverbände trug weniger den tatsächlichen Verhältnissen Rechnung, denn zu diesem Zeitpunkt gab es in Deutschland keine Leibeigenschaft mehr[83]. Vielmehr diente er als eine Art „Einleitungssatz" zu den folgenden Regelungen, die über den Bereich der eigentlichen Leibeigenschaft hinausgingen und sämtliche persönliche Bindungen abschafften[84]. Die Befreiung von feudalen Lasten in Form vom Zehnten und anderen Grundlasten, die nach § 168 prinzipiell ablösbar waren, aber auch die Beseitigung der Jagdgerechtigkeit auf fremdem Grund und Boden nach § 169 bildeten den *„Kern der Grundentlastung"*[85], mit dem Ziel, unbeschränktes Eigentum zu ermöglichen[86]. Letzteres spielte für die ländliche Bevölkerung eine weitaus

---

79 Kühne, Die Reichsverfassung der Paulskirche (wie Anm. 3), 251.
80 Kühne, Die Reichsverfassung der Paulskirche (wie Anm. 3), 249 f.
81 Rückert, Grundrechte (wie Anm. 4), 13.
82 Rückert, Grundrechte (wie Anm. 4), 12.
83 Dies stellte auch der Abgeordnete Beseler in seiner Rede vom 5. Oktober 1848 fest: Stenographischer Bericht über die Verhandlungen der Deutschen Constituirenden Nationalversammlung zu Frankfurt am Main (1848), hrsg. von Franz Wigard, Frankfurt a. M. 1848, Band IV, 2441, abrufbar unter: https://opacplus.bsb-muenchen.de/title/12055077.
84 Kühne, Die Reichsverfassung der Paulskirche (wie Anm. 3), 273.
85 Kühne, Die Reichsverfassung der Paulskirche (wie Anm. 3), 273.
86 Kühne, Die Reichsverfassung der Paulskirche (wie Anm. 3), 274.

größere Rolle als Freizügigkeit und Pressefreiheit[87] und stellte eine weitere wichtige soziale Komponente dar[88].

2.9.3.2 Gleichheit

Der „*Kampf um die Gleichheit*" fokussierte sich auf drei stark umstrittene Kernfragen: Ein- oder Zweikammersystem, Vetorecht der Exekutive und absolute Gleichheit im Wahlrecht[89]. Während die demokratische Linke das Einkammersystem bevorzugte, plädierte die Mehrheit der Abgeordneten für das englische Zweikammersystem. Dabei war die Motivation hier sehr unterschiedlich. Während die Rechte auf die Erstarkung konservativer Kräfte in einer Länderkammer hoffte, glaubte die Mitte, den Einheitsgedanken mit einer Länderkammer, in der einzelstaatliche Belange mit Reichsinteressen kompatibel gemacht würden, stärken zu können[90]. Die Linke lehnte ein Vetorecht des Reichsoberhaupts ab, die Konservativen wollten dies zur Stärkung der monarchischen Tradition aber einführen und die Liberalen erhofften sich ein stabileres System und die Stärkung der Reichseinheit[91]. Im Ergebnis war der ausgehandelte Kompromiss ein suspensives Vetorecht des Reichsoberhaupts. Das war die Bedingung der Liberalen gewesen, der Erbmonarchie zuzustimmen[92].

Die Gleichheit in den Grundrechten selbst manifestierte sich in Art. II, § 137. Mit voller Absicht wurde sie an den Beginn gestellt[93]. „*Kernstück*" der Regelung war die Garantie der Gleichheit vor dem Gesetz und damit die Abschaffung des Adels und der Standesvorrechte[94]. Dabei war der umstrittenste Punkt die Abschaffung des Adels als „*Stand*"[95]. Denn die Adelsfrage traf im Kern die Frage nach dem Wesen der Grundrechte grundsätzlich[96]. Während die Linken eine Anknüpfung an das französische Verständnis

---

87 Kühne, Die Reichsverfassung der Paulskirche (wie Anm. 3), 276.
88 Rückert, Grundrechte (wie Anm. 4), 11 f.
89 Huber, Deutsche Verfassungsgeschichte II (wie Anm. 11), 784.
90 Huber, Deutsche Verfassungsgeschichte II (wie Anm. 11), 785.
91 Huber, Deutsche Verfassungsgeschichte II (wie Anm. 11), 786.
92 Huber, Deutsche Verfassungsgeschichte II (wie Anm. 11), 787.
93 Rückert, Grundrechte (wie Anm. 4), 12.
94 Huber, Deutsche Verfassungsgeschichte II (wie Anm. 11), 778.
95 Huber, Deutsche Verfassungsgeschichte II (wie Anm. 11), 778.
96 Wolfram Siemann, Parteibildung 1848/49 als „Kampf ums Recht". Zum Problem von ‚Liberalismus' und ‚Konservatismus' in der Paulskirche, in: Der Staat 18 (1979), 199–227, 211.

(Freiheit-Gleichheit-Brüderlichkeit) bevorzugten, stellten sich vor allem die Schüler der historischen Rechtsschule, allen voran Jakob Grimm, gegen diesen vernunftrechtlichen Zugang[97]. Er lobte indessen sogar jegliches Fehlen der französischen Ideen[98]. Stattdessen verfestigte sich im Laufe der Versammlung das rechtspositivistische Verständnis des Grundrechtsbegriffs, wonach Grundrechte nicht vorstaatliche Menschenrechte, sondern vielmehr als positivistisches Staatsbürgerrecht zu betrachten seien[99]. So führte der Sprecher des Grundrechtsausschusses, Beseler, als Quelle der Gleichheit den „*Volksgeist*" an und zählte sie zum „*Gewohnheitsrecht der freien Völker*"[100]. Dass die Gleichheit nicht absolut gemeint war, sondern lediglich bei gleichen Verhältnissen in der gleichen Rechtslage alle Personen gleich behandelt werden sollten[101], zeigte sich auch in der konkreten Ausformulierung des § 137. Danach wurden zwar die Stände abgeschafft und alle Deutschen vor dem Gesetz gleichgestellt, jedoch betonten vor allem die Parlamentarier, die gegen die Abschaffung der Standesprivilegien gewesen waren, in der Diskussion, dass das Gesetz nur die Rechtsposition beträfe, soziale und gesellschaftliche Wirklichkeit sich durch das Gesetz aber nicht verändern würden[102]. Eine weitere Besonderheit, die zu einer gewissen Egalisierung der Bürger führte, war die Einführung der einheitlichen Wehrpflicht, die nach § 137 Abs. 4 keine Stellvertretung bei der Wehrpflicht mehr ermöglichte[103].

---

97 Siemann, Parteibildung 1848/49 (wie Anm. 96), 211.
98 Stenographischer Bericht über die Verhandlungen der Deutschen Constituirenden Nationalversammlung zu Frankfurt am Main (1848), hrsg. von Franz Wigard, Frankfurt a. M. 1848, Band I, 737, abrufbar unter: https://opacplus.bsb-muenchen.de/title/12055074.
99 Heinrich Scholler, Die sozialen Grundrechte in der Paulskirche, in: Der Staat 13 (1974), 51–72, 64; Siemann, Parteibildung 1848/49 (wie Anm. 96), 211.
100 Stenographischer Bericht III (wie Anm. 53), 1332.
101 So auch die Argumentation Beselers: Stenographischer Bericht III (wie Anm. 53), 1332.
102 Briegleb: Stenographischer Bericht III (wie Anm. 53), 1305; Beseler: Stenographischer Bericht III (wie Anm. 53), 1334.
103 Rückert, Grundrechte (wie Anm. 4), 11 f., 12.

2.9.3.3 Arbeit

2.9.3.3.1 Recht auf Arbeit

Über das Recht auf Arbeit diskutierte die Paulskirchenversammlung erst im Februar 1849 sehr intensiv im Rahmen des § 173 zur gleichmäßigen Besteuerung[104], also zu einem Zeitpunkt an dem die Grundrechte bereits verabschiedet worden waren, weswegen dieser Diskussionspunkt nicht in die Quellenexegese einfließt.

2.9.3.3.2 Gewerbefreiheit

Große Diskussionen, bei der sich die klassischen Liberalen gegen alle anderen Fraktionen positionierten, brachte die Normierung der Gewerbefreiheit in § 133[105]. Die Gewerbefreiheit wurde, insbesondere mit Blick auf Frankreich, als wirtschaftlicher Motor gesehen. Die Funktionalität der Zünfte, hier vor allem die strikte Aufteilung in einzelne Gewerbe, hinterfragten zahlreiche Abgeordnete vehement. So stellte Mohl beispielsweise zur Diskussion, wie sinnhaft es noch sei, Tuchmachern zu verbieten, selbst die Stoffe zuzuschneiden und zu färben[106]. Allgemein erhoffte man sich mit der Einführung der Gewerbefreiheit eine Stärkung der Wirtschaftskraft unter gleichzeitiger Eindämmung der Armut[107]. Eine grenzenlose Gewerbefreiheit wurde allerdings auch als Gefahr für die kleineren Gewerbe gesehen[108]. Die daraus resultierende Forderung einer bedingten Gewerbefreiheit aus sozialen Gründen war eng mit einer reichseinheitlichen Regelung und damit einhergehend mit der Frage der Freizügigkeit verknüpft[109]. Die Einführung einer reichsweiten Gewerbeordnung stellte die Abgeordneten schließlich vor das Problem einer sehr disparaten Ausgangslage. Während in einzelnen deutschen Staaten völlige Gewerbefreiheit herrschte, dominierte in anderen deutschen Staaten

---

104 Rückert, Grundrechte (wie Anm. 4), s. 14. Siehe ausführlich Jürgen Kocka, Arbeit und Freiheit. Die Revolutionen von 1848, in: Berlin-Brandenburgische Akademie der Wissenschaften (Hrsg.): Die Revolution von 1848: Akademievorträge von Jürgen Kocka und György Konrád, gehalten am 17. März 1998, Berlin 1998, 3–32 (abrufbar unter: https://edoc.bbaw.de/frontdoor/index/index/searchtype/authorsearch/author/J%C3%BCrgen+Kocka/docId/448/start/5/rows/10 [letzter Zugriff: 29.09.2021]).
105 Huber, Deutsche Verfassungsgeschichte II (wie Anm. 11), 778.
106 Stenographischer Bericht II (wie Anm. 57), 857.
107 Scholler, Die sozialen Grundrechte (wie Anm. 99), 57.
108 Stenographischer Bericht II (wie Anm. 57), 867.
109 Scholler, Die sozialen Grundrechte (wie Anm. 99), 59.

noch der Zunftzwang[110]. Im Ergebnis normierte man in § 133 schließlich die konzessionsfreie Gewerbeausübung und überließ alles andere einfachgesetzlicher Ausgestaltung.

2.9.4 Ausblick

Ein Vergleich der Frankfurter Grundrechte mit Grundrechtsteilen nachfolgender Verfassungen bietet sich natürlich an, sprengt jedoch den Rahmen einer Exegese. Bereits Rückert stellte aber fest, dass *„vieles [...] uns hier recht vertraut* [klingt], *Gleichheit, Person, Wohnung, Eigentum usw."*[111]. Insbesondere auch der objektiv-rechtliche Gehalt der Grundrechte, der in der Weimarer Reichsverfassung und dem Grundgesetz schließlich anerkannt wurde, klingt bereits im Grundrechtsverständnis der Paulskirche an, wenngleich sich das hier verfassungstheoretisch noch nicht niedergeschlagen hatte[112]. Obwohl sich die Frankfurter Grundrechte nicht unmittelbar durchsetzen konnten, blieben sie in ihrer Wirkung zukunftsweisend. Insbesondere ihre hohe *„ideelle Weiterwirkung"* sowie ihr *„liberal-demokratischer Kompromißcharakter"* wirkten nach[113]. Viele Kontinuitätslinien lassen sich vor allem im Bereich der Individualgrundrechte einschließlich der Gerichtsverfassung erkennen. Auch die Sondergewährleistungen für Kirche, Gemeinden und Gliedstaaten blieben erhalten. Sowohl die historischen Wurzeln als auch der von der Paulskirche ausgehende Modernisierungsimpuls sollten insgesamt nicht unterschätzt werden[114]. In dieser Hinsicht übertraf die Paulskirche die westeuropäischen Standards der Freiheitsrechte[115]. Der Schweizer Rechtshistoriker Hans Fehr resümierte zutreffend, die Frankfurter Grundrechte hätten im Falle ihrer Verwirklichung den damals [verfassungsrechtlich] modernsten Staat Europas geschaffen[116].

---

110 Zur Diskussion des Problems, siehe: Stenographischer Bericht I (wie Anm. 98), 775 ff.
111 Rückert, Grundrechte (wie Anm. 4), 13.
112 Unruh, Der Verfassungsbegriff (wie Anm. 37), 247.
113 Jörg-Detlef Kühne, § 3: Von der bürgerlichen Revolution bis zum Ersten Weltkrieg, in: Detlef Merten/Hans-Jürgen Papier (Hrsg.): Handbuch der Grundrechte in Deutschland und Europa. Band I: Entwicklung und Grundlage, 97–152, 115.
114 Kühne, Die Reichsverfassung der Paulskirche (wie Anm. 3), 532.
115 Kühne, Die Reichsverfassung der Paulskirche (wie Anm. 3), 526.
116 Hans Fehr, Deutsche Rechtsgeschichte, 6. verb. Auflage, Berlin 1962, 287; aufgegriffen von Kühne, Die Reichsverfassung der Paulskirche (wie Anm. 3), 526.

2.10 Die „menschenwürdige Existenz" im Grundrechtskatalog des Grundgesetzes von 1920 der Estnischen Republik[1]

Marju Luts-Sootak/Hesi Siimets-Gross

2.10.1 Die Quelle

Das Grundgesetz der Republik Estland vom 15. Juni 1920

Kapitel II: Von den Grundrechten der Bürger Estlands (§§ 6–26)
§ 25: Die Organisation des wirtschaftlichen Lebens in Estland muß den Prinzipien der Gerechtigkeit entsprechen, deren Ziel die Garantie einer menschenwürdigen Existenz durch entsprechende Gesetze ist, welche die Landzuteilung zwecks Bearbeitung, die Erlangung einer Wohnstätte und der Arbeit, sowie Mutterschutz, Schutz der Arbeitskraft und die Erlangung der nötigen Jugend-, Altersunterstützung, der Unterstützung bei Arbeitsunfähigkeit oder bei Unglücksfällen betreffen.
Vorlage: Eugen Maddison/Oskar Angelus, Das Grundgesetz des Freistaats Estland vom 15. Juni 1920. Übersetzt und mit Erläuterungen und Sachregister, Berlin 1928, 16–40 (38 f.)[2].

2.10.2 Historischer Kontext

Die Estnische Republik als ein freier, unabhängiger und demokratischer Freistaat, d. h. keine Monarchie, sondern nach dem demokratischen Prinzip geordnete Republik wurde am 24. Februar 1918 ausgerufen.

---

[1] Die Forschungen zu dem Beitrag sind unterstützt worden von der Estnischen Wissenschaftsförderung (PRG968).
[2] Die Übersetzung weicht etwas ab von derjenigen auf der Webseite http://www.verfassungen. eu/ee/verf20-i.htm, die wir hier sonst für die historischen Verfassungstexte benutzt haben. Vom estnischen Grundgesetz wird auf dieser Webseite die erste deutsche Übersetzung wiedergegeben: Grundgesetz der Estnischen Republik. Nichtamtliche Übersetzung nach dem

Seit dem 13. Jahrhundert bis zu diesem Zeitpunkt unterlag das Territorium Estlands verschiedenen Fremdherrschaften. Die Kreuzzüge des 12.–13. Jahrhunderts gegen die Heiden an der Ostsee und die Verbreitung der Hanse führten u. a. dazu, dass die Oberschicht – die Adligen und Stadtbürger – über die Jahrhunderte deutsch(-baltisch) wurde und die indigene Bevölkerung fast ausnahmslos in die Leibeigenschaft geriet. Ab 1710 gehörte jenes Territorium – als Gouvernement Estland im Norden Estlands und der nördliche Teil des Gouvernements Livland – dem russischen Imperium an. Nach der russischen Februarrevolution des Jahres 1917 wurde das Nationalgouvernement Estlands auf dem Siedlungsgebiet der ethnischen Esten gebildet und eine erste Volksvertretung – Landtag – nach den Prinzipien des modernen allgemeinen und freien Wahlrechts gewählt. Nach der russischen Oktoberrevolution hatte der estnische Landtag sich am 28. November 1917 zum obersten Machtträger in Estland erklärt[3] und der provisorischen Regierung die Vollmacht zur Regierung erteilt. Der Landtag selbst wurde an demselben Tag von den Bolschewisten aufgelöst und die estnische Regierung konnte ihre Tätigkeit nur illegal ausüben. In einem besonderen Zeitpunkt der Machtlücke zwischen den sich zurückziehenden bolschewistischen Truppen und der eindringenden deutschen Armee, die im Februar 1918 das estnische Festland erobert hatte, ergriff das von der provisorischen Regierung eingesetzte ‚Komitee zur Rettung Estlands' die Chance, die Republik Estland auszurufen.

Die Unabhängigkeit der Republik Estland wurde durch ein Unabhängigkeitsmanifest erklärt.[4] Jenes „Manifest an alle Völker Estlands" wurde auf einer knappen Seite als eine ‚kurze Vollverfassung' normiert.[5] Neben den Leitgrundsätzen über die Staatsform – demokratische Republik – und über die oberen Staatsorgane – Landtag und die provisorische Regierung – proklamierte das Manifest eine Reihe von Grundrechten wie den Gleichheitsgrundsatz, die Kulturautonomie für die nationalen Minderheiten, Meinungs-, Gewissens- und Pressefreiheit, ebenso die Koalitionsfreiheit

---

Staatsanzeiger Nr. 113/114 vom 9. August 1920. Reval 1920. Zu den Defiziten jener und anderen früheren Übersetzungen von Estlands Grundgesetz s. Maddison/Angelus, S. IV ff.

3   Die Erklärung des estnischen Landtags ist in der deutschen Übersetzung auf der Webseite des Herder-Instituts veröffentlicht: https://www.herder-institut.de/no_cache/digitale-angebote/dokumente-und-materialien/themenmodule/quelle/1391/details.html (5. 2. 2020).

4   Ausführlich zur Vorbereitung des Manifestes Ago Pajur, Die Geburt des estnischen Unabhängigkeitsmanifests 1918, in: Forschungen zur baltischen Geschichte 1 (2006), 136–163.

5   „Manifest an alle Völker Estlands" ist auf Deutsch veröffentlicht auf der Webseite des Herder-Instituts https://www.herder-institut.de/no_cache/digitale-angebote/dokumente-und-materialien/themenmodule/quelle/1392/details.html (14. 1. 2020).

und das Streikrecht. Ein soziales Grundrecht wie das Recht auf menschenwürdiges Dasein war in dieser Urkunde noch nicht vorhanden. Der provisorischen Regierung wurde aber schon im Manifest „zur Aufgabe gemacht, auf breiter demokratischer Basis Gesetzesprojekte zur Lösung der Landfrage, der Arbeiterfrage sowie zu Fragen der Lebensmittelversorgung und des Finanzwesens unverzüglich auszuarbeiten" (Punkt 7).

Die Unabhängigkeitsdeklaration war kurz vor der deutschen Besatzung proklamiert worden, wonach der Freiheitskrieg vor allem gegen die Bolschewiken, aber auch gegen die sog. Landeswehr der deutschbaltischen Streitkräfte geführt werden sollte. Um die Männer nach dem langwierigen Weltkrieg überhaupt noch mit Aussicht auf Erfolg zu den Waffen rufen zu können, hat Estlands provisorische Regierung für die Kriegsteilnehmer die Zuteilung von Landparzellen als Belohnung versprochen. Die Regierung hatte einen wirkungsvollen Hebel betätigt – die Bevölkerung war nicht nur meistens ländlich, sondern größtenteils auch landhungrig.

Die Wahlen zur Verfassunggebenden Versammlung waren schon vom Landtag im November 1917 angeordnet worden und wurden noch während des Krieges im April 1919 durchgeführt, wonach die Versammlung ihre Arbeit unverzüglich aufnahm. In dem vom Weltkrieg, vom bolschewistischen Regime, von deutscher Besatzung und vom Freiheitskrieg verheerten Land hatten die Linksparteien gute Chancen, die sie erfolgreich ausnutzten. Auch das allgemeine und gleiche Wahlrecht trug zu dem günstigen Wahlergebnis der Linksparteien bei – die Mehrheit der Bevölkerung war eher arm. In der Folge bekamen die Linken ein erhebliches Übergewicht von 65 % in der Verfassunggebenden Versammlung, obschon die sog. bürgerlichen Parteien wie auch die nationalen Minderheiten und eine christliche Partei gleichfalls ihre Plätze einnahmen[6].

Vor der eigentlichen Verfassung sollte ein ‚provisorisches Grundgesetz' verabschiedet werden, damit eine notwendige Grundlage für die Staats- und Regierungsform vorhanden wäre. Diese „Provisorische Regierungsordnung der Republik Estland" vom 4. Juni 1919[7] beinhaltete neben dem Staatsverfassungs- und -organisationsrecht gleichfalls ein Kapitel über die Grundrechte. Neben den traditionellen Schutz- und Freiheitsrechten wurde nach langen Diskussionen und auf Druck der Linksparteien im § 7 das Recht auf menschenwürdiges Dasein verankert:

---

6   Näher zur Zusammensetzung der Verfassunggebenden Versammlung Estlands s. Eduard Berendts, Die Verfassungsentwicklung Estlands, in: Jahrbuch des öffentlichen Rechts 12 (1923/24), 192.
7   S. die Gesamtwürdigung der provisorischen Regierungsordnung bei Berendts, 192 ff.

„In der Estnischen Republik soll jedem Bürger das Recht auf eine menschwürdige Existenz garantiert werden nach der Ordnung, die die entsprechenden Gesetze vorschreiben; um dieses Recht zu verwirklichen, soll den Bürgern das Recht auf die Landzuteilung zwecks Bearbeitung und Erlangung einer Wohnstätte, und die Möglichkeit, eine Arbeit zu haben, soll gewährleistet werden, ebenso die notwendige staatliche Unterstützung der Mutterschaft und Arbeitsschutz, Jugend- und Altersunterstützung sowie die Unterstützung bei Arbeitsunfähigkeit oder bei Unglücksfällen"[8].

Der Wortlaut wich von der ursprünglichen Initiative aus dem Lager der Estnischen Sozialrevolutionäre/SR ab:

„In der Estnischen Republik wird jedem Bürger das Recht auf eine personenwürdige Existenz garantiert; danach haben alle Bürger das Recht, ihr eigenes Bedürfnis nach den allernotwendigsten Konsumgüter befriedigt zu bekommen, bevor das Bedürfnis anderer Bürger nach weniger notwendigen Gütern befriedigt wird. Für die Verwirklichung des Rechts auf die personenwürdige Existenz wird den Bürgern das Recht auf Arbeit, ebenso die staatliche Unterstützung der Mutterschaft und Arbeitsschutz, Jugend- und Altersunterstützung sowie die Unterstützung bei Arbeitsunfähigkeit oder bei Unglücksfällen garantiert."

Die Gewährleistung der Befriedigung der Mindestbedürfnisse der Allerbedürftigsten auf Kosten der weniger Bedürftigen wurde schon in dem Verfassungsausschuss der Verfassunggebenden Versammlung als unrealistisch und nicht machbar abgelehnt. Alternativ war die Rede von der Gewährleistung des ‚Existenzminimums' für alle, aber auch diese Idee wurde in den Verhandlungen abgelehnt. Der Generalklausel der Garantie des nunmehr als „menschenwürdig" bezeichneten Daseins und die Liste der sozialen Schutzbereiche dagegen fanden ihren Platz in dem Grundrechtskatalog der provisorischen Regierungsordnung (§ 7). Obwohl die Sozialrevolutionäre im Unterschied zu Bolschewiken auch ein Agrarprogramm hatten, fehlte in ihrem ursprünglichen Vorschlag der Hinweis auf die sog. Landfrage. Der Verweis auf die Landreform fehlte ebenso im Vorschlag des Vertreters einer der bürgerlichen Parteien, des Agrarverbandes, zu dem in der Mehrheit die Landbesitzer gehörten. Auch nach diesem Vorschlag sollte der soziale Schutz vor allem die Arbeiter und die Schwächeren betreffen: „Den Bürgern Estlands werden Jugend- und Altersschutzrechte, Schutzrechte vor Arbeits-

---

8 Hier und weiterhin sind die Entwürfe und Verhandlungen der Verfassunggebenden Versammlung nach den veröffentlichten Sitzungsberichten oder Archivmaterialien zitiert, die leider nur auf Estnisch vorhanden sind. Deshalb werden wir hier auf die Verweise verzichten.

unfähigkeit, bei Arbeitsunfällen und der Lohnarbeit gesichert, ebenso der Schutz der Mutterschaft und der Arbeitskraft, wofür die entsprechenden Gesetze verabschiedet werden". Erst sozusagen in allerletzter Minute, am Tag der Verabschiedung der provisorischen Regierungsordnung, hatte man in diesem Zusammenhang u. a. an die ‚Landfrage' gedacht und der „Landzuteilung zwecks Bearbeitung und Erlangung einer Wohnstätte" eine prominente Stelle im erörterten Paragraphen vorgesehen⁹. Dass die Landzuteilung für die landwirtschaftliche Nutzung und als Heimstätte zum Bewohnen aus dem Bereich des sozialen Schutzes zunächst beinahe weggelassen wurde, mag den Grund darin haben, dass das Landgesetz – öfters auch Agrargesetz genannt – in der Verfassunggebenden Versammlung separat ausgearbeitet und verhandelt wurde.

Neben dem Grundgesetz verabschiedete Estlands Verfassunggebende Versammlung mehr als achthundert weitere Gesetze und Verordnungen, um die notwendigen Grundlagen für den Aufbau und das Funktionieren des Staates zu schaffen. In hiesigem Kontext ist vor allem das Landgesetz vom 10. Oktober 1919 von Bedeutung¹⁰. Sowohl die Öffentlichkeit als auch die Verfassunggebende Versammlung hielten die Lösung der Landfrage fast für wichtiger als die Verfassung selbst. In der Eröffnungsrede hatte der Vorsitzende der Verfassunggebenden Versammlung aus den Reihen der sozialdemokratischen Partei dies mit allem Nachdruck betont:

> „Verehrte Volksvertreter! Uns steht eine ungeheuerliche Arbeit bevor. Unsere erste Aufgabe wird es sein, die staatliche Ordnung Estlands festzulegen. Estland muss eine Republik werden, in der Recht und Demokratie herrschen; und die größte Arbeit wird die Lösung der drängenden Landfrage sein. (Rufe: Richtig! Applaus.) Das ist die schmerzhafteste Frage, es ist die Frage nach dem Leben unseres Volkes, unseres staatlichen Daseins. (Rufe: Richtig! Applaus.) Wenn die Verfassunggebende Versammlung die Umstände auf dem Lande nicht gründlich verbessern und eine grundsätzliche Landreform durchführen kann oder will, was das Volk von der Verfassunggebenden Versammlung verlangt und erwartet, dann droht unserer Verfassunggebenden Versammlung und der staatlichen Unabhängigkeit der Zusammenbruch. Wenn diese drängende Frage dadurch gelöst wird, dass mit dem Großlandbesitz Schluss gemacht wird, er in staatlichen Besitz genommen und dem Volk zur Benutzung freigegeben wird – nur dann verliert jegliche Hetzerei gegen die Republik ihren

---

9   Eduard Laaman, Solidarism ja selle rakendamine meie põhiseadustes [Solidarismus und dessen Anwenden in unseren Grundgesetzen], in: Õigus [Das Recht] (1938) 9, 406–425 (419).

10 Für die deutsche Übersetzung s. Das estnische Agrargesetz vom 10. Oktober 1919, in: Gerhard Fenner/Karl C. Loesch (Hrsg.), Die neuen Agrargesetze der ost- und südosteuropäischen Staaten, Bd. 1, Berlin 1923, 30–34.

Boden. (Applaus von links und aus der Mitte). Nur dann verliert das Volk sein Misstrauen gegen die demokratische Republik Estland, und unsere Republik bekommt ein Fundament, auf dem sein Gebäude allen Stürmen trotzend für ewig stehen kann"[11].

Durch das Landgesetz wurde die gesetzliche Grundlage geschaffen, um den gesamten Großgrundbesitz zu enteignen. Neben den Ländereien wurden auch Inventar, Viehbestand und zu den Landgütern gehörende Kleinindustriewerke enteignet. Die meisten von 1065 enteigneten Eigentümer waren Deutschbalten, daneben gab es allerdings auch russische und schwedische, sogar 57 estnische Großgrundbesitzer. Der estnische Staat übernahm damit 2,34 Millionen Hektar in einen staatlichen Landfond, wovon durch eine relativ rasch durchgeführte Umverteilung ungefähr die Hälfte den ehemaligen Pächtern der Landstellen aus dem jeweiligen Gutsbesitz zugeteilt wurde. Dadurch entstanden ca. 23.000 neue Landstellen. Hinzu kamen etwa 53.000 neue Heimstätten für die Neusiedler. Vorrangig wurde das Land an die Kämpfer des Freiheitskrieges, Kriegsinvaliden oder Familien von Gefallenen verteilt. Auch die ehemaligen Eigentümer konnten in begrenztem Umfang eine Rückübertragung ihres früheren Grundeigentums beantragen. Vieles bei dieser sehr umfassenden Landreform wurde durch spätere Einführungsordnungen und Spezialgesetze geregelt, das Landgesetz hat aber die feste Grundlage für eine der radikalsten Landreformen Europas geschaffen. Die junge Republik brauchte diese Reform, um einen Bauernstand mit Landbesitz als eine loyale Stütze des Staates aufzubauen, um die frühere deutschbaltische Oberschicht auch wirtschaftlich zu entmachten und um für die bolschewistischen Verheißungen einer Umverteilung des Landes ein Gegengewicht bieten zu können.

Als das Grundgesetz von der Verfassunggebenden Versammlung am 15. Juni 1920 verabschiedet wurde, waren die großen wirtschaftlichen und gesellschaftlichen Umwälzungen schon eingeleitet. Insofern brauchte das Grundgesetz nicht mehr die allerersten Weichen zu stellen. Man war aber in vielen grundsätzlichen Entscheidungen immer noch frei. Eine von diesen war die Einbeziehung des Grundrechtskatalogs in das Grundgesetz – etwas, was damals gar nicht selbstständig war. Estlands historischer Schicksalsgenosse, der südliche Nachbar Lettland hat dies in seinem Grundge-

---

11 Antrittsrede von 1919 des gerade zum Vorsitzenden der Verfassunggebenden Versammlung gewählten Sozialdemokraten August Rei über die Notwendigkeit des Aufbaus eines demokratischen Staats und die außenpolitischen Alternativen Estlands, 23. April 1919, 12:45, im Konzertsaal des „Estonia"-Theaters in Tallinn. Aufrufbar über https://www.herder-institut.de/no_cache/digitale-angebote/dokumente-und-materialien/themenmodule/quelle/1394/details.html (9.2.2020).

setz vom 15. Februar 1922 unterlassen. Auch in die Weimarer Reichsverfassung hatte man den Grundrechtsteil vor allem auf das Verlangen der Linken erst im Nachhinein einbezogen, als der erste Teil der Verfassung über das Staatsorganisationsrecht schon fertig war. In Estland waren alle politischen Kräfte in der Verfassunggebenden Versammlung dafür, den Grundrechtsteil im Grundgesetz positivrechtlich zu verankern. Die verschiedenen sozialdemokratischen Parteien wollten Grundrechtsgarantien, um Schranken gegen die Willkür der Exekutive zu haben. Mit administrativen Willkürakten hatte man im Zarenreich viele und unglückliche Erfahrung gemacht. Der Beweggrund der bürgerlichen Parteien kam hingegen von einer jüngeren Erfahrung – mit der der bolschewistischen Arbeiterkommune – und sie wollten sowohl das Eigentum als auch die Gewerbefreiheit auf der Verfassungsebene garantiert sehen. Die deutschbaltische Minderheit erhoffte von der Eigentumsgarantie im Grundrechtsteil eine normative Grundlage für ihren Kampf gegen die Enteignung; mit anderen nationalen Minderheiten zusammen standen sie für eine Minderheitenschutz- und Kulturautonomieklausel im Grundgesetz. Die sog. selbständigen Sozialisten und Sozialrevolutionäre wollten vor allem die sozialen Garantien im Grundgesetz festgeschrieben haben. Im Ergebnis hatten die Grundrechte im estnischen Grundgesetz ihren Platz an einer ziemlich prominenten Stelle gefunden.

Wie der Hauptteil des Grundgesetzes, so trat auch der Grundrechtskatalog am 21. Dezember 1920 in Kraft, als das erste verfassungsmäßig gewählte Parlament seine Tätigkeit aufnahm.

2.10.3 Titel und Position der Grundrechte im Verfassungstext

Manche Eigenschaften lassen sich besonders plastisch am Vergleich mit anderen zeitgenössischen Verfassungstexten zeigen. Die Position und der Titel des Grundrechtskatalogs in Estlands Grundgesetz ist auffallend abweichend z. B. vom Grundrechtsteil der Weimarer Verfassung. In der estnischen Verfassung kommt das Grundrechtskapitel in den §§ 6–26, gleich nach den „Allgemeinen Bestimmungen", über das Territorium, die Sprache, die Übung der Staatsgewalt u. ä. ... In der Weimarer Verfassung bildete der Grundrechtskatalog zwar den Zweiten Hauptteil der Verfassung, kam aber erst in den Artikeln 109–165, nach mehr als hundert Artikeln über die Regelung der Staatsverfassung und -organisation. Ein weiterer äußerer Unterschied zwischen diesen beiden Verfassungen besteht im Umfang des Grundrechtsteils – in Estland waren es nur ungefähr zwanzig Paragraphen, in Deutschland über hundertfünfzig. Der Grundrechtskatalog des estnischen Grundgesetzes steht vielmehr in derselben Traditionslinie mit der „Regierungsform der Republik Finnland" – so war die offizielle Bezeichnung der finnischen Verfassung – vom 17. Juli 1919. In dieser wurde der Grundrechtsteil in §§ 5–16 normiert. Auch die Verfassung des Litauischen Staates vom 1. August 1922 folgte einer ähnlichen Struktur: zunächst einige allgemeine Bestimmungen in sieben Paragraphen und danach der Grundrechtsteil in §§ 8–21.

Es fällt noch ein weiteres Merkmal des estnischen Grundgesetzes auf, vor allem im Vergleich zu Weimarer Verfassung: Der Titel des Grundrechtskatalogs. In der Weimarer Verfassung hieß dieser „Grundrechte und Grundpflichten der Deutschen", im estnischen Grundgesetz dagegen „Von den Grundrechten der Bürger Estlands". Bei der estnischen Verfassung war der Titel also eindeutig auf die Rechte zugespitzt, bei der Weimarer Lösung blieb das Rechte-Pflichten-Verhältnis dagegen unklar[12]. J. Rückert hat diese Unentschiedenheit als einen Grund für das juristischen Ping-Pong zwischen der Rechteperspektive und der Pflichtenperspektive hervorgehoben.[13]

Die Vermischung bzw. „dialektische Verbindung" der Rechte- und Pflichtenperspektiven ist ein Merkmal, das in den staatsrechtlichen oder verfassungshistorischen Abhandlungen weniger Aufmerksamkeit gefunden hat, obwohl es mehrere Verfassungen gab und gibt, wo dieses vorkommt. Der Pflichtenteil wurde stark betont und durch die Reihenfolge der Titelwörter ausgedrückt in der zeitgenössischen polnischen Verfassung vom 17. März 1921: „Allgemeine Bürgerpflichten und Bürgerrechte". Der Grundrechtskatalog selbst befand sich dort im 5. Kapitel, am Ende der Verfassung vor den Schlussbestimmungen. Die Nennung der Pflichten im Titel des Grundrechtskatalogs gehörte auch in die lokale Verfassungstradition, die die estnischen Konstituante gut kennen sollte – das 8. Kapitel der „Staatsgrundgesetze des russischen Reichs" vom 6. Mai 1906 war betitelt „Von den Rechten und Pflichten der Russischen Untertanen" und begann mit den Pflichten der Untertanen zum Schutz der Krone und des Vaterlandes wie auch zur Bezahlung der Steuer. So erscheint der Titel des Grundrechtskatalogs im estnischen Grundgesetz mit seinem Fokus auf die Rechte als eine echte Grundsatzentscheidung zugunsten der Rechteperspektive.

Die nähere Betrachtung der Vorläuferakte und der Diskussionen in der Verfassunggebenden Versammlung führt aber zur Relativierung dieses Befundes. In der

---

12 Dazu schon Hesi Siimets-Gross, Social and Economic Fundamental Rights in Estonian Constitutions Between World Wars I and II: A Vanguard or Rearguard of Europe?, in: Juridica International 10, (2005), 137–138 (135–143). Zu anderen sozialen und wirtschaftlichen Rechten und weiteren Entwicklungen im Grundgesetz von 1937 ebenda, 135–143.

13 S. Joachim Rückert, Weimars Verfassung zum Gedenken, Rechtshistorisches Journal 18 (1999), 225 u. passim.

provisorischen Regierungsordnung von 1919 hieß das zweite Kapitel „Von Rechten und Pflichten der Bürger". Als es zur Verhandlung des Grundgesetzes kam, war das entsprechende Kapitel in der ersten Version des Entwurfs auf die Rechte ausgerichtet und im sog. Menschenrechtston[14] ausgedrückt: „Von den Estnischen Bürgern und deren Urrechten". Dieser Titel wurde schon im Verfassungsausschuss bald abgeändert und das Grundrechtskapitel ging durch die meisten Diskussionen im Ausschuss wie in den Plenarsitzungen der Verfassunggebenden Versammlung mit einem Titel, welcher an den Grundrechtsteil der Weimarer Verfassung erinnert: „Von den Grundrechten und Pflichten der estnischen Bürger". Der einzige Unterschied bestand darin, dass die deutsche Verfassung von ‚Deutschen' sprach, die estnische von ‚estnischen Bürger'.

Erst in der zweiten Lesung des Entwurfes in der Plenarsitzung hat ein Mitglied der Arbeiterpartei den Vorschlag zur Abänderung des Titels gemacht:

> „Ich finde, dass das Wort „Pflichten" im Titel dieses Kapitels ganz überflüssig ist. Das ganze Kapitel spricht nur von den Rechten, die die Bürger der Estnischen Republik haben, und wenn ich mich nicht irre, gab es auch in dem Entwurf der I und der II Kommission das Wort noch nicht. Ich mache den Vorschlag, das Wort „Pflichten" zu streichen"[15].

Gegen diesen Vorschlag wurde zwar ins Felde geführt, dass jedes Recht auch eine Pflicht in sich halte, aber nachdem die Abstimmung verschoben wurde, bis die Diskussion über dieses Kapitel zu Ende sei, wurde der Vorschlag ohne jegliche größere oder irgendwie prinzipielle Diskussion mehrheitlich angenommen. In den Verhandlungsprotokollen findet man in diesem Zusammenhang keinen Verweis auf die finnische Regierungsordnung. Jenes Vorbild konnte aber durchaus zu der Entscheidung beigetragen haben, indem da das entsprechende Kapitel als „Allgemeinen Rechte und der Rechtsschutz der finnlschen Staatsbürger" betitelt war.

---

14 Zum 'Menschenrechtston', der sich in den Ausdrücken wie 'heilig', 'unverletzlich', 'angeboren' usf. äußert, s. Rückert, 222 f.
15 Karl August Baars. Asutava Kogu koosolek 3. 6. 1920. Protokoll 136 [Sitzung der Verfassungsgebenden Versammlung, 3. 6. 1920, Protokoll Nr. 136], in: Asutawa Kogu IV istungjärk: protokollid nr. 120–154 [IV. Sitzungsperiode von Verfassunggebender Versammlung: Protokolle Nr. 120–154], Tallinn 1920, Sp. 712 f.

2.10.4 Interpretation

2.10.4.1 Das Wirtschaftsleben nach Prinzipien der Gerechtigkeit

„Die Organisation des wirtschaftlichen Lebens in Estland muß den Prinzipien der Gerechtigkeit entsprechen […]."

In anderer Übersetzung ist dies etwas abweichend formuliert – *Die Organisation des wirtschaftlichen Lebens in Estland muß gerechten Prinzipien entsprechen* –, der Sinn bleibt aber gleich.

In der provisorischen Regierungsordnung der Republik Estland sprach der entsprechende § 7 noch nicht vom ‚Wirtschaftsleben', sondern nur von ‚jedem Bürger', dem eine menschenwürdige Existenz zu garantieren sei. Sowohl die Erweiterung auf das Wirtschaftsleben als auch nach dessen Bemessen nach dem Maßstab der Prinzipien der Gerechtigkeit fand in den Text des estnischen Grundgesetzes während der Verhandlungen des Grundgesetzentwurfs im Verfassungsausschuss der Verfassunggebenden Versammlung Eingang und war eine direkte Anleihe an die Weimarer Reichsverfassung Art. 151, Anfang des ersten Satzes: „Die Ordnung des Wirtschaftslebens muß den Grundsätzen der Gerechtigkeit […] entsprechen".

Da der einzige Kommentar zum estnischen Grundgesetz und auch übrige Abhandlungen über dessen Grundrechtsteil diese Merkmale stillschweigend übergehen, wäre es hier berechtigt, für die Interpretation auf die Kommentare und Abhandlungen zur Weimarer Verfassung zurückzugreifen. Die Einbeziehung der deutschen Literatur war nämlich auch zeitgenössisch in Estland für die Auslegung des Grundgesetzes bei solchen direkten Übernahmen nicht selten.

Nach G. Anschütz ging der Grundgedanke dieser Bestimmung zunächst dahin, „daß alle individuelle Freiheit [im Wirtschaftsleben] ihre Schranke" „an einer staatlichen Ordnung" finden müsse.[16] Das estnische Wort ‚korraldamine' bedeutet vielmehr das Organisieren als Handlung und Prozess und nicht die Organisation als ein geordnetes Ergebnis. Insoweit sollte hier der dem deutschen Original charakteristische normative Gehalt fehlen. Erst recht fehlte hier die normative Aufforderung an die Beteiligten des Wirtschaftslebens – an die Einzelpersonen und Unternehmen. Im estnischen Grundgesetz fehlt die Erweiterung der Weimarer Verfassung in Abs. 1 Satz 2: „In diesen Grenzen ist die wirtschaftliche Freiheit des Einzelnen zu sichern". Obwohl Estlands Grundgesetz im Wortlaut das Wirtschaftsleben erwähnte, wurde

---

16 Gerhard Anschütz, Die Verfassung des Deutschen Reichs vom 11. August 1919. Ein Kommentar für Wissenschaft und Praxis, Berlin 1933 (Nachdr, Bad Homburg-Berlin-Zürich 1968), 699.

damit verbunden hier keine Grundlage für die staatlichen Eingriffe in die Wirtschaftsfreiheit oder Schranken ihrer Ausübung geschaffen.[17] § 25 des Grundgesetzes erweist sich damit als ein Sozialprogramm und nicht als ein Programm der Staatsaufgaben bei der Organisation des Wirtschaftslebens. Dies bestätigt die zeitgenössische Literatur – § 25 wurde als Paragraph der „sozialen Gerechtigkeit"[18], nicht als derjenige des ‚Wirtschaftslebens' betrachtet.

Die Gerechtigkeit als Maßstab sollte aber nach dem estnischen Grundgesetz gleichfalls bestehen, wenn auch nicht als Richtschnur bei der Organisation des Wirtschaftslebens, sondern bei der Organisation der staatlichen Sozialleistungen. In der Weimarer Republik versuchte H. Lehmann, der für den großen Grundrechtskommentar Art. 151 kommentierte[19], das Merkmal ‚Gerechtigkeit' näher zu bestimmen. Einen großzügigen „Freibrief" für eine bloße „Gefühlsjurisprudenz" wollte er nicht zulassen[20]. Seiner Auffassung nach war in der Verfassung ein Gerechtigkeitsideal verwirklicht, das ‚einen harmonischen Ausgleich' verlangen sollte: „[...] das wirtschaftliche Gerechtigkeitsideal der Reichsverfassung, auf seinen *positiven* Inhalt betrachtet, doch recht *allgemein* gehalten ist und nicht mehr als einen *Ausgleich* zwischen der *Gedankenwelt* des *Individualismus* und *Sozialismus* verlangt, bei der die wirtschaftliche Freiheit ihre Grenzen an der Gewährleistung eines menschenwürdigen Daseins für alle finden soll".[21] Abs. 1 des Art. 151 sollte „einem *Wandel* der Gerechtigkeitsauffassungen über einen angemessenen Ausgleich zwischen den von der Verfassung geschützten Belangen des einzelnen[sic!] und der Gesamtheit *weiten Spielraum*"[22] lassen und die denkbaren Lösungen durften „bald mehr auf den Schutz der Wirtschaftsfreiheit, bald mehr auf die Belange der Gesamtheit und die Gewährleistung eines menschenwürdigen Daseins für jeden" gerichtet sein[23]. Einen konkret umsetzbaren normativen Maßstab für das Erkennen des zu verwirklichenden Gerechtigkeitsideals gewinnt man hiervon freilich

---

17 Zur Bestimmung der Wirtschaftsfreiheit in Estlands Grundgesetz und deren etwaigen Beschränkung aufgrund und in Grenzen der Gesetze s. hier unten im Punkt d).
18 Eduard Laaman, Kodaniku põhiõigused ja kohustused [Die Grundrechte und Pflichten des Bürgers], in: Põhiseadus ja Rahvuskogu [Grundgesetz und Nationalversammlung], Tallinn 1937, 355.
19 Heinrich Lehmann, Artikel 151, Absatz 1. Ordnung des Wirtschaftslebens, in: Hans Carl Nipperdey (Hrsg.), Die Grundrechte und Grundpflichten der Reichsverfassung: Kommentar zum zweiten Teil der Reichsverfassung, Bd. 3, Berlin 1930, 125–149.
20 Ebenda, 133.
21 Ebenda, 135. Hervorhebungen wie im Original.
22 Ebenda, 136. Hervorhebungen wie im Original.
23 Ebenda, 136. Hervorhebungen wie im Original.

nicht. Letztendlich bleibt nur das Merkmal des ‚menschenwürdigen Daseins für alle' übrig. Ob dies mehr oder vielleicht auch weniger sein sollte als das ‚Existenzminimum', wovon bei den Verhandlungen des estnischen Grundgesetzentwurfs die Rede war, ist nicht sicher feststellbar. Auch Anschütz landete bei der Bestimmung des Merkmals ‚Gerechtigkeit' gleich bei dem nächsten Merkmal des ‚menschenwürdigen Daseins': „allem zuvor" fordere die Verfassung die „Sicherung eines menschenwürdigen Daseins für alles, was Menschenantlitz trägt"[24].

2.10.4.2 Die menschenwürdige Existenz

„Die Organisation des wirtschaftlichen Lebens in Estland muß den *Prinzipien der Gerechtigkeit entsprechen, deren Ziel die Garantie einer menschenwürdigen Existenz* […] ist, […]"

In anderen deutschen Übersetzungen des estnischen Grundgesetzes wird anstelle der ‚Existenz' das Wort ‚Lebenshaltung' benutzt; der estnische Wortlaut lässt auch die Übersetzungsvariante ‚Unterhalt' oder ‚Unterstützung' zu. Weil aber ‚Unterstützung' später bei der Auflistung der speziellen sozialen Schutzmaßnahmen benutzt wird, ist hier doch eine Sinnesentsprechung zu ‚Dasein' im Vorbild, d.h. in der Weimarer Verfassung, anzunehmen. Da hieß der volle Satz 1 im Abs. 1: „Die Ordnung des Wirtschaftslebens muß den Grundsätzen der Gerechtigkeit mit dem Ziele der Gewährleistung eines menschenwürdigen Daseins für alle entsprechen."

Schon während der Ausarbeitung des Entwurfs des Grundgesetzes wurde jedoch im Zusammenhang mit dem Wortlaut dieses Paragraphen gefragt, wie das genannte Prinzip der Gerechtigkeit als Grundlage der Organisation des wirtschaftlichen Lebens konkret aussehen sollte und was eigentlich unter der ‚menschenwürdigen Existenz' zu verstehen sei. Beide Merkmale erschienen für den Vorsitzenden des Appellationsgerichts zu vage und ließen verschiedene Deutungen zu: „Was dem Agrarverbändler als recht erschiene, sollte dem Sozialisten schief vorkommen"[25]. Außer diesem einzigen Kommentar aus dem Verhandlungsstadium schweigen die estnischen Quellen bei dem Merkmal der ‚menschenwürdigen Existenz' und der Rückgriff auf die deutsche Literatur erscheint erneut berechtigt. Nach Anschütz sollte das Gesetz hier „jede Betätigung der

---

24 Anschütz, 699.
25 Jaak Reichmann an die Verfassunggebende Versammlung, 11.2.1920, in: Nationalarchiv Estlands (Tallinn), ERA.15.2.1020, Bl. 132. Der Hinweis stammt aus Hannes Vallikivi, Põniõguste peatühle Esti 1820, astra põliseaduses [Das Kapitel der Grundrechte im Estnischen Grundgesetzt von 1820], in Riigiõiguse aabraraamat [Jahrbuch des Staatsrechts] 2020, 57.

individuellen Wirtschaftsfreiheit verbieten, welche diese Sicherung gefährden würde"[26]. Insbesondere sollte man „die Vereinbarungen inhumaner Arbeitsbedingungen nicht nur dem verwehren, der sie stellt, sondern auch dem, der gezwungen wollend, bereit ist, sich ihnen zu fügen"[27]. Anschütz nannte keine weiteren Beispiele oder Lebensbereiche, er erklärte nur, dass Arbeiterschutz und -versicherung schon vor der Weimarer Republik in Deutschland bekannt und geläufig waren.

Im Unterschied zum Weimarer Vorbild schrieb Estlands Grundgesetz nicht ausdrücklich vor, dass das menschenwürdige Dasein ‚für alle' zu sichern sei. Im Titel des Grundrechtskapitels waren nur ‚Bürger Estlands' benannt. In der zeitgenössischen Literatur wurde meistens behauptet, dass dies nicht die Beschränkung der Grundrechte auf die estnischen Staatsbürger bedeuten sollte, sondern jene in der Regel auch für die in Estland befindlichen Ausländer galten[28]. Daneben wurden freilich mehrere Grundrechte aufgelistet, die ausnahmsweise den Ausländern nicht zustanden, u. a. das Gleichheitsrecht in den öffentlich-rechtlichen Beziehungen (§ 6) oder die Versammlungsfreiheit (§ 18)[29]. Nach einer anderen geläufigen Gliederung wurden die Grundrechte in die ‚territorialen' und ‚personalen' Rechte eingeteilt. Die Territorialen sollten allen zukommen, die personalen Grundrechte dagegen nur den Staatsbürgern. Betreffend des § 25 wurde ausdrücklich behauptet, dass jener unter diese Teilung nicht passt[30]. Kein Autor ist in Estland so weit gegangen, dass er oder sie behauptet hätte, die Grundrechte insgesamt oder nur einige davon würden nur für die Esten gelten[31].

---

26 Anschütz, 699.
27 Ebenda.
28 Stephan Csekey, Die Verfassungsentwicklung Estlands 1918–1928, in: Jahrbuch des öffentlichen Rechts der Gegenwart, Vol 16 (1928), 178 f. (168–269). Genau so auch Riigiõigus. II osa: Positiivne riigiõigus. [Koostanud N. Maim'u loengute järgi] E. Janson. [Staatsrecht. II. Teil: Positives Staatsrecht [E. Jansons Nachschrift der Vorlesungen von Staatsrechtsprofessor N. Maim], Tartu 1935, 13.
29 Riigiõigus: Loeng. N. Maim'i loengute järele [Staatsrecht: Vorlesung. Nach Vorlesungen von N. Maim] Tartu 1936, 260.
30 Ebenda, 257.
31 Für die Weimarer Verfassung wurde dies z. B. von Huber behauptet. Die Grundrechte der Weimarer Verfassung seien „nationalen Bürgerrechte" der Deutschen und den Ausländern seien „nur die ganz persönlichen Freiheiten" „von Verfassungswegen[sic!] zugewiesen". S. Ernst Rudolf Huber, Bedeutungswandel der Grundrechte, in: Archiv des öffentlichen Rechts, Neue Folge 23 (1933), 1–98 (79–83, Zitat auf 83).

2.10.4.3 Die Gesetzgebungsaufgabe

„Die Organisation des wirtschaftlichen Lebens in Estland muß den Prinzipien der Gerechtigkeit entsprechen, deren Ziel *die Garantie* einer menschenwürdigen Existenz *durch entsprechende Gesetze* ist, […]."

Im Kommentar zum estnischen Grundgesetz wurde mehrfach betont, dass § 25 kein unmittelbar anwendbares Recht sei bzw. gerichtlich durchsetzbare subjektive Rechte enthalte, sondern nur eine „Richtschnur des Gesetzgebers" sei bzw. als „Richtlinie für die zukünftige Gesetzgebung" diene[32]. Die akademische Lehre ging in die gleiche Richtung: „Es [nämlich § 25] ist zwar [im Text des Grundgesetzes] bei den Grundrechten untergebracht, aber es beinhaltet diese nicht, sondern stellt ein Programm dar, in welchem Geiste die Gesetzgebung zu gestalten ist"[33]. Auch die Bestimmungen über die allgemeine kostenfreie Grundschulpflicht oder Kulturautonomie für die nationalen Minderheiten sollten einen ähnlichen Richtliniencharakter besitzen. Eine mit Lehmanns Auffassung vergleichbare These, dass ein im § 25 enthaltenes Sozialprogramm auch die Richter binde bzw. eine Befugnis der Verfassungskontrolle der einfachen Gesetze beinhalte[34], findet man in der Literatur zu Estlands Grundgesetz nicht. Lehmanns Auffassung wurde aber auch in Deutschland z. B. von Anschütz entschieden abgelehnt[35]. Dagegen wurde die Ansicht, dass „die Rechtsanwendung befugt und verpflichtet ist, den Abs. 1 [des Art. 151 der Weimarer Verfassung] als *Auslegungsregel* zu befolgen, jedoch nur insoweit, als die bestehenden Gesetze einen ausreichenden Ermessensspielraum gewähren"[36], von Anschütz unterstützt. In der estnischen Literatur gab es keine Parallelen weder für die These über die Richterbindung noch für diejenige über die Auslegungsregel. Die richterliche Verfassungskontrolle hatte in Estland durchaus Befürworter[37] und die höchstrichterliche Rechtsprechung hatte die

---

32 Maddison/Angelus, 39 und 17.
33 Riigiõigus. Koostanud N. Maimu loengute ja teiste õppevahendite järgi vastavalt eksami kavale A. Pettai ja H. Anso. [Staatsrecht. Nach den Vorlesungen von N. Maim und aufgrund anderer Studienmittel entsprechend dem Prüfungsplan zusammengestellt von A. Pettai und H. Anso], Tartu 1932, 263.
34 Vgl. Lehmann, 129 ff.
35 Anschütz, 700.
36 Ebenda.
37 Die Literaturquellen sind angegeben bei Stephan Csekey, Die Quellen des estnischen Verwaltungsrechts: auf rechtstheoretischer und rechtsvergleichender Grundlage, Teil I., Tartu 1926, 28 f. Ob die Gerichte so ein Prüfungsrecht haben und ob dies allen Gerichten oder nur der Höchstgerichtsbarkeit zukommen sollte, war in der zeitgenössischen Literatur umstritten. Die

Befugnis der Gerichte zur Verfassungsaufsicht in einer Entscheidung vom 11. Mai 1926 ausdrücklich bejaht[38]. Nach dem jetzigen Stand der Forschung – beschränkt auf die Höchstgerichtsbarkeit – wurde diese rechtliche Befugnis mit dem § 25 des Grundgesetzes jedoch niemals in Verbindung gebracht.

Mit der Behauptung des Richtliniencharakters dieses Paragraphen ist gleich die Alternative angesprochen – man hielt die meisten Grundrechte in Estlands Grundgesetz für unmittelbar geltend und gerichtlich durchsetzbar. Ein besonderes Verfassungsgericht war freilich nicht vorgesehen und es gab auch keine Möglichkeit der Popularklage. Die ordentlichen Gerichte, sowie die erst in der jungen Republik eingeführte Verwaltungsgerichtsbarkeit, haben die Grundrechte im Prinzip für schutzfähig gehalten. Damit verbunden war die in der zeitgenössischen Literatur geläufige Einteilung der Grundrechte in Schutz- und Freiheitsrechte.[39] Das im § 25 niedergeschriebene Sozialprogramm passte in dieses Schema nicht hinein. So schrieb István Csekey, ein ungarischer Professor an der estnischen Universität Tartu, zu diesem Verfassungssatz: „Einen eigenartigen deklarativen Charakter besitzt der § 25 des GG, dessen Bestimmungen weder zu den Schutz-, noch den Freiheitsrechten zu zählen sind. Sie betreffen den positiven Status der Einzelpersonen, dem die sozialpolitische Auffassung vom Staate als „Versorgungsanstalt" zugrundeliegt"[40]. Die Bestimmungen des Paragraphen seien eine „Wiederspiegelung des damaligen Zeitgeistes, der Niederschlag der Gedankenwelt von wirtschaftspolitischem Sozialismus"[41]. Trotz der unübersehbaren Unbestimmtheit des Inhalts sollte der Paragraph einerseits die „bestehende Ordnung, z. B. auf dem Gebiete des Versicherungswesens" bestätigen, darüber hinaus aber die programmatische Deklaration für die künftige Gesetzgebung enthalten[42].

---

jüngere Forschung hat aber quellenbelegt nachgewiesen, dass mindestens das oberste Gericht der Republik Estland, das Staatsgericht, ggf. die inzidente Verfassungskontrolle ausgeübt hatte. S. Marju Luts-Sootak/Marelle Leppik, Die Verfassungsgerichtsbarkeit nach Estlands Grundgesetz 1920 und in der höchstrichterlichen Rechtsprechung, in: Juridiskā zinātne/Law. Journal of the University of Latvia, 7 (2014), 21–31; frei zugänglich über Internet: https://www.journaloftheuniversityoflatvialaw.lu.lv/fileadmin/user_upload/lu_portal/projekti/journaloftheuniversityoflatvialaw/No7/2.Marju_Luts-Sootak_Marelle_Leppik.pdf (9. 2. 2020).

38 Die entsprechende Passage ist in der deutschen Übersetzung abgedruckt bei Csekey, Quellen, 38 f. und derselbe, Die Verfassungsentwicklung Estlands 1918–1928, in: Jahrbuch des öffentlichen Rechts der Gegenwart, 16 (1928), 168–269 (213).
39 S. z. B. Csekey ebenda, 179; nach ihm auch die estnischen Autoren.
40 Ebenda, 188 f.
41 Ebenda.
42 Ebenda.

Gleich zu Beginn der Diskussionen um die provisorische Regierungsordnung wurde von einem Mitglied der sozialistischen Arbeiterpartei die erbärmliche Lage des Wirtschaftslebens und die damit verbundene Berufung zu sozialen Umwälzungen in Erinnerung gerufen:

> „Es ist natürlich sehr wichtig, dass bei der Ausarbeitung des Grundgesetzes nicht vergessen wird, dass unser Beitrag bei dem Aufbau des Staates die Arbeit der Verwirklichung der sozialen Erneuerungen sein soll. /.../ Das Wirtschaftsleben funktioniert nicht; es ist ein solches geworden, dass man es eine Katastrophe nennen darf. Es ist bei uns eine Unmenge von Arbeitslosen entstanden, unsere Lebensunterhaltskosten sind so groß geworden, dass man gerade Angst haben muss davor, dass Hunger die ärmeren Schichten unseres Volkes, die Mengen von Arbeitern, aussterben lässt"[43].

Das Sozialprogramm im § 25 sollte dem künftigen Gesetzgeber die Richtung weisen, welche Lebensbereiche der Erneuerung unterliegen und welche schwächer gestellten Personengruppen die besondere Unterstützung vom Staat brauchen.

2.10.4.4 Die zu regelnden sozialen Schutzbereiche und die Ausführungsgesetzgebung

„Die Organisation des wirtschaftlichen Lebens in Estland muß den Prinzipien der Gerechtigkeit entsprechen, deren Ziel die Garantie einer menschenwürdigen Existenz durch entsprechende Gesetze ist, welche die *Landzuteilung* zwecks Bearbeitung, die Erlangung einer *Wohnstätte* und der *Arbeit*, sowie *Mutterschutz, Schutz der Arbeitskraft* und die Erlangung der nötigen *Jugend-, Altersunterstützung*, der *Unterstützung bei Arbeitsunfähigkeit oder bei Unglücksfällen* betreffen."

Wenn der § 25 ein „sozialpolitisches Gesetzprogramm" aufgestellt hatte[44], dann sollten je nach den erwähnten Schutzbereichen die entsprechenden Ausführungsgesetze folgen. Sowohl Csekey als auch die Kommentatoren des estnischen Grundgesetzes listeten im Jahr 1928 die Einzelgesetze auf, die bis dahin zur Verwirklichung der programmatischen Deklaration im § 25 verabschiedet worden waren: An erster Stelle stand das auch hier oben schon erwähnte Landgesetz von 1919; damit eng ver-

---

43 Karl Ast. Asutava Kogu koosolek 24. 4. 1919. Protokoll 2 [Sitzung der Verfassungsgebenden Versammlung, 24. 4. 1919, Protokoll Nr 2], in: I. Sitzungsperiode von Verfassunggebender Versammlung, Sp. 38.
44 So Berendts, 196.

bunden sowohl das Gesetz über die Agrarorganisation als auch das Gesetz über die Regelung der Pachtländereien der Gemeinden, Institutionen und Privatpersonen – beide von 1926; das Fürsorgegesetz von 1925 und das Pensionsgesetz der Arbeiter der staatlichen Institutionen und Unternehmen von 1926. Das Fürsorgegesetz war zwar die umfangreichste sozialpolitische Regelung der Zwischenkriegszeit in Estland, dessen Teile sind aber unterschiedlich zu beurteilen. In Bezug auf Armenfürsorge und deren Anstalten wurde nichts qualitativ Neues entworfen, sondern die Tätigkeit der bisherigen Anstalten erweitert und konsolidiert. Neu war in jenem Gesetz die Regelung des staatlichen Mutter- und Kinderschutzes, was bisher völlig fehlte[45]. Die Linksparteien wollten nach deutschem Vorbild auch eine allgemeine Krankenversicherung einführen. Die gleichzeitige Erörterung dieses Entwurfes mit demjenigen des Fürsorgesetzes wurde dem Krankenversicherungsgesetz zum Verhängnis. Es wäre nämlich die allgemeine Krankenversicherung für den Staat und die Arbeitgeber kostspieliger und die positiven Folgen des Krankenversicherungsgesetzes wären für die Leute nicht so schnell absehbar gewesen wie beim Fürsorgegesetz. Man wollte oder konnte sich nicht ganz an das deutsche Vorbild anlehnen – wie die Gegner des Entwurfs hervorgehoben haben, gab es in Deutschland für unterschiedliche Personengruppen unterschiedliche Krankenkassen und Regelungen, in Estland wollte man aber ein einheitliches Krankenkassensystem einführen. Im Ergebnis der regen Diskussionen blieb die allgemeine Krankenversicherung im damaligen Estland aus. Die Unfallversicherungen für die Landarbeiter und die Erweiterung der Unfallversicherung der Industriearbeiter auf die Arbeiter der Kleinunternehmen wurden dagegen schnell eingeführt[46]. Die Weltwirtschaftskrise hatte freilich die Kosteneinsparung zum Hauptpunkt werden lassen, so dass der allgemeine soziale Schutz währenddessen und danach eher in den Hintergrund geriet.

Im Unterschied zur Weimarer Republik, wo der Schutzbereich des Parallelartikels 151 (WRV) vor allem mit der Arbeit und mit dem Arbeiterschutz verbunden wurde, kam in Estlands Grundgesetz und in der späteren Literatur der Landreform und der dafür erlassenen Gesetzgebung eine prominente Rolle zu. Die Gründe dieser besonderen Relevanz des Landlebens und der Entwicklungen auf dem Lande wurden hier oben schon dargelegt und erörtert. Die Agrargesetzgebung war in der Wirklichkeit noch reger als von Csekey u. a. dargestellt und Estlands Landreform ging sowohl im ver-

---

45 Viljar Peep, Eesti sotsiaalpoliitilise õigusloome arengujooned 1. omariiklusajal [Die Entwicklungslinien der estnischen sozialpolitischen Gesetzgebung während der ersten Unabhängigkeitszeit], Tallinn 2005, 85–88.
46 Ebenda, 189 f.

fassungsrechtlichen Programm als auch in der einzelgesetzlichen Durchführung viel weiter als Art. 155 WRV und die für dessen Verwirklichung durchgeführten Maßnahmen in Deutschland.

Bezüglich der Arbeitswelt[47] war Estlands Grundgesetz ohnehin viel zurückhaltender. Einerseits wurde der Schutz der Arbeit und der Arbeitskraft in § 25 ähnlich dem Weimarer Artikel 157 Abs. 1 deklariert und die Koalitionsfreiheit in § 18 Abs. 2 gleichfalls (Vgl. Art. 159 WRV). Sogar die Garantie der Streikfreiheit war im estnischen Grundgesetz in § 18 Abs. 3 niedergeschrieben. Andererseits wurde im estnischen Grundgesetz nirgendwo die staatliche Regelung des Arbeitsrechts (Art. 157 Abs. 2 WRV) oder die Mitbestimmung der Lohn- und Arbeitsbedingungen durch ein Rätesystem (Art. 165 Abs. 1 WRV) versprochen, ganz abgesehen von der staatlichen Pflicht, die im Fall der Weimarer Verfassung vorsah, „jedem Deutschen […] ihm angemessene Arbeitsgelegenheit" nachzuweisen und wenn dies nicht machbar sei, dann „für seinen notwendigen Unterhalt" zu sorgen (Art. 163 Abs. 2 WRV). Der deutsche Staat sollte also nicht nur in der Not helfen, sondern auch für die ganze Bevölkerung die passende Bildung und Arbeit anbieten. Dass die Erfüllung so weitgehender Staatsaufgaben ohne Beschränkung der individuellen wirtschaftlichen Freiheit „impossible" ist, war z. B. aus der britischen Perspektive sehr klar[48]. Konsequenterweise hatte die Weimarer Verfassung „jedem Deutschen" die „sittliche Pflicht, seine geistigen und körperlichen Kräfte so zu betätigen, wie es das Wohl der Gesamtheit erfordert", auferlegt (Art. 163 Abs. 1), das estnische Grundgesetz aber nur von der wirtschaftlichen Freiheit gesprochen: „In Estland ist die Freiheit, den Beruf zu wählen und Unternehmungen der Landwirtschaft, des Handels, der Industrie sowie anderer Wirtschaftsgebiete zu eröffnen und wirtschaftlich zu nutzen, gewährleistet" (§ 19 Satz 1). Diese Freiheit sollte zwar nicht ganz unbegrenzt gelten, wie die Ausnahmeklausel im nächsten Satz gleich bestimmte: „In dieser Freiheit kann niemand beschränkt oder behindert werden anders, als auf Grund und in Grenzen der Gesetze". So ein Gesetzesvorbehalt sollte dem Staat nicht gleich die Vollmacht geben, die wirtschaftliche Freiheit der Akteure des Wirtschaftslebens nach den Prinzipien der Gerechtigkeit zu bemessen und ggf. zu intervenieren.

---

47 Umfassend zu den Regeln betreffend die Arbeitsbeziehungen in Weimarer Verfassung: Rückert, 219 ff.

48 Agnes Headlam-Morley, The new democratic constitutions of Europe: a comparative study of post-war European constitutions with special reference to Germany, Czechoslovakia, Poland, Finland, the Kingdom of the Serbs, Croats & Slovenes and the Baltic States, Oxford 1928, 266.

Die Defizite in der Verwirklichung des Verfassungsprogrammes waren allerdings nicht einklagbar. Ob eine Verfassungsbestimmung als Auftrag an den Gesetzgeber zu deuten ist, lässt sich also nur daran bemessen, ob nachfolgend die Ausführungsgesetze zur Erfüllung des Auftrages zustande gekommen sind oder nicht. Wenn sie ausbleiben, soll sogar dem Verfassungssatz der Programmcharakter abgesprochen werden, jener bleibt dann eine bloße Deklaration.

2.10.5 Schlussbetrachtung

Dem langen Grundrechtskatalog der Weimarer Verfassung ist seine Eigenschaft als bloße Verheißung und Deklarativität viel, sogar zu viel, vorgeworfen worden[49]. Der Grundrechtskatalog von Estlands Grundgesetz 1920, dessen § 25 eingeschlossen, ist von einer derartigen Kritik verschont geblieben. Das liegt nicht daran, dass Estlands Lösungen inhaltlich viel besser gewesen wären oder einen konsequenteren gerichtlichen Schutz erfahren hätten. Vielmehr lag der Grund des Fehlens der kritischen Stimmen an der Tatsache, dass es einfach sehr wenige estnische Rechtswissenschaftler gab und gibt. Immerhin, die Überzeugung bezüglich des Existenzrechts und der Notwendigkeit des Grundrechtskatalogs in der Verfassung scheint eine breitere Basis gehabt zu haben. Als die Staatsverfassung durch ein Änderungsgesetz des Grundgesetzes aufgrund der Volksabstimmung im Jahr 1933 von der parlamentarischen Demokratie zu einer autoritären Präsidialdiktatur gekippt wurde[50], blieb der Grundrechtskatalog unberührt. Auch das neue Grundgesetz aus dem Jahr 1937 beinhaltete einen Grundrechtskatalog, nun allerdings betitelt als „Die estnischen Staatsbürgerrechte und -pflichten".

---

49 Horst Dreier nennt nur manche Beispiele von diesem polemischen Lager und widerlegt die verbreitete These differenzierend. S. Horst Dreier, Grundrechtsrepublik Weimar, in: Horst Dreier/Christian Waldhoff (Hrsg.), Das Wagnis der Demokratie. Eine Anatomie der Weimarer Reichsverfassung, 2. Aufl., München 2018, 174–194.

50 Zusammenfassend zu Estlands Verfassungsentwicklungen während der ersten Unabhängigkeitszeit der Republik zwischen zwei Weltkriegen s. Marju Luts-Sootak/Hesi Siimets-Gross, Eine rechtmäßige Diktatur? Estlands Verfassungsentwicklungen in der Zwischenkriegszeit des 20. Jahrhunderts, in: Parliaments, Estates & Representation 41 (2021), 201–225, m. w. N.

2.10.6 Zitierte Literatur

Die im Text erwähnten Verfassungstexte von verschiedenen Staaten sind aufrufbar über die Webseite http://www.verfassungen.net/index.htm (29. 2. 2020)
Einige Verfassungsdokumente zur Staatlichkeit Estlands sind in deutscher Übersetzung aufrufbar über die Webseite des Herder-Instituts https://www.herder-institut.de/no_cache/digitale-angebote/dokumente-und-materialien/themenmodule/quelle/1392/details.html (29. 2. 2020).
Gerhard Anschütz, Die Verfassung des Deutschen Reichs vom 11. August 1919. Ein Kommentar für Wissenschaft und Praxis, Berlin 1933 (Nachdr, Bad Homburg-Berlin-Zürich 1968).
Asutawa Kogu I istungjärk: protokollid nr. 1–27 [I. Sitzungsperiode von Verfassunggebender Versammlung: Protokollen Nr. 1–27], [Tallinn 1919].
Asutawa Kogu IV istungjärk: protokollid nr. 120–154 [IV. Sitzungsperiode von Verfassunggebender Versammlung: Protokollen Nr. 120–154], [Tallinn 1920].
Eduard Berendts, Die Verfassungsentwicklung Estlands, in: Jahrbuch des öffentlichen Rechts 12 (1923/24), 190–206.
Stephan Csekey, Die Quellen des estnischen Verwaltungsrechts: auf rechtstheoretischer und rechtsvergleichender Grundlage, Teil I., Tartu 1926.
Stephan Csekey, Die Verfassungsentwicklung Estlands 1918–1928, in: Jahrbuch des öffentlichen Rechts der Gegenwart, 16 (1928), 168–269.
Horst Dreier, Grundrechtsrepublik Weimar, in: Horst Dreier/Christian Waldhoff (Hrsg.), Das Wagnis der Demokratie. Eine Anatomie der Weimarer Reichsverfassung, 2. Aufl., München 2018, 174–194.
Gerhard Fenner/Karl C. Loesch (Hrsg.), Die neuen Agrargesetze der ost- und südosteuropäischen Staaten, Bd. 1, Berlin 1923.
Agnes Headlam-Morley, The new democratic constitutions of Europe: a comparative study of postwar European constitutions with special reference to Germany, Czechoslovakia, Poland, Finland, the Kingdom of the Serbs, Croats & Slovenes and the Baltic States, Oxford 1928.
Ernst Rudolf Huber, Bedeutungswandel der Grundrechte, in: Archiv des öffentlichen Rechts, Neue Folge 23 (1933), 1–98.
Eduard Laaman, Kodaniku põhiõigused ja kohustused [Die Grundrechte und Pflichten des Bürgers], in: Põhiseadus ja Rahvuskogu [Grundgesetz und Nationalversammlung], Tallinn 1937, 342–358.
Eduard Laaman, Solidarism ja selle rakendamine meie põhiseadustes [Solidarismus und dessen Anwenden in unseren Grundgesetzen], in: Õigus [Das Recht] (1938) 9, 406–425.
Heinrich Lehmann, Artikel 151, Absatz 1. Ordnung des Wirtschaftslebens, in: Hans Carl Nipperdey (Hrsg.), Die Grundrechte und Grundpflichten der Reichsverfassung: Kommentar zum zweiten Teil der Reichsverfassung, Bd. 3, Berlin 1930, 125–149.
Marju Luts-Sootak/Marelle Leppik, Die Verfassungsgerichtsbarkeit nach Estlands Grundgesetz 1920 und in der höchstrichterlichen Rechtsprechung, in: International Scientific Conference „Legal and political situation in the Baltic Sea region before and after the First World War (1917–1922). Foundation of new states and their constitutionally legal dimension" = Juridiskā zinātne/Law. Journal of the University of Latvia 7 (2014), 21–31.

Marju Luts-Sootak/Hesi Siimets-Gross, Eine rechtmäßige Diktatur? Estlands Verfassungsentwicklungen in der Zwischenkriegszeit des 20. Jahrhunderts, in: Parliaments, Estates & Representation 41 (2021), 201–225.

Eugen Maddison/Oskar Angelus, Das Grundgesetz des Freistaats Estland vom 15. Juni 1920. Übersetzt und mit Erläuterungen und Sachregister, Berlin 1928.

Ago Pajur, Die Geburt des estnischen Unabhängigkeitsmanifests 1918, in: Forschungen zur baltischen Geschichte 1 (2006), 136–163.

Viljar Peep, Eesti sotsiaalpoliitilise õigusloome arengujooned 1. omariiklusajal [Die Entwicklungslinien der estnischen sozialpolitischen Gesetzgebung während der ersten Unabhängigkeitszeit], Tallinn 2005.

Riigiõigus. II osa: Positiivne riigiõigus. [Koostanud N. Maim'u loengute järgi] E. Janson. [Staatsrecht. II. Teil: Positives Staatsrecht [E. Jansons Nachschrift der Vorlesungen von Staatsrechtsprofessor N. Maim], Tartu 1935.

Riigiõigus. Koostanud N. Maimu loengute ja teiste õppevahendite järgi vastavalt eksami kavale A. Pettai ja H. Anso. [Staatsrecht. Nach den Vorlesungen von N. Maim und aufgrund anderer Studienmittel entsprechend dem Prüfungsplan zusammengestellt von A. Pettai und H. Anso], Tartu 1932.

Riigiõigus: Loeng. N. Maim'i loengute järele [Staatsrecht: Vorlesung. Nach Vorlesungen von N. Maim] Tartu 1936.

Joachim Rückert, Weimars Verfassung zum Gedenken, in: Rechtshistorisches Journal 18 (1999), 215–244.

Hesi Siimets-Gross, Social and Economic Fundamental Rights in Estonian Constitutions Between World Wars I and II: A Vanguard or Rearguard of Europe?, in: Juridica International 10, (2005), 135–143.

Hannes Vallkini, s. 225 in FN.

Hannes Vallikivi, Põniõguste peatühle Esti 1820, astra põliseaduses [Das Kapitel der Grundrechte im Estnischen Grundgesetz von 1820], in: Riigiõiguese aabraraamat [Jahrbuch des Staatsrechts] 2020, 57.

Weiterführende Literatur auf Deutsch oder Englisch

Zur allgemeinen Geschichte Estlands bzw. der baltischen Staaten.

Norbert Angermann/Karsten Brüggemann. Geschichte der baltischen Länder, Ditzingen 2018 (zu den Entwicklungen des 20. Jahrhunderts 237 ff.).

Michael Garleff, Die Deutschbalten als nationale Minderheit in den unabhängigen Staaten Estland und Lettland, in: Gert von Pistohlkors (Hrsg.), Deutsche Geschichte im Osten Europas: Baltische Länder, Berlin 1994 (Nachdr. 2002), 452–550.

Malbone W. Graham, New governments of Eastern Europe, New York 1927 (zu Estland 246 ff. und 646 ff.).

Andres Kasekamp, A History of the Baltic States, New York 2010 (zu dieser Periode 90 ff.).

Owen Rutter, The new Baltic states and their future: an account of Lithuania, Latvia and Estonia, London 1925.

Zu Estlands Rechts- und Sozialreformen nach der Gründung der Republik

Agrar- und Sozialreform

Marju Mertelsmann/Olaf Mertelsmann, Landreform in Estland 1919. Die Reaktionen von Esten und Deutschbalten, Hamburg 2012.

Gert von Pistohlkors, Tiefgreifende agrarische Umwälzungen und Umstrukturierungen in den neu gegründeten baltischen Staaten Estland, Lettland und Litauen 1919/1920/1922: Motivationen und Ergebnisse bis 1940, in: Karl-Peter Krauss (Hrsg.). Agrarreformen und ethnodemographische Veränderungen. Stuttgart 2009, 175–205.

Tiit Rosenberg, Agrarfrage und Agrarreform in Estland 1919: Ursachen, Voraussetzungen und Folgen (Eesti Teaduste Akadeemia Toimetised. Humanitaar- ja sotsiaalteadused [Proceedings of Estonian Academy of Sciences. Humanities and Social Sciences], 3 (1994), 324–335;

Karin Visnapuu, Land Reform and the Principle of Legal Certainty: The Practice of the Supreme Court of Estonia in 1918–1933, in: Juridica International 27 (2018), 53–60.

Rechtsentwicklungen

Toomas Anepaio, Die rechtliche Entwicklung der baltischen Staaten 1918–1940, in: Tomasz Giaro (Hrsg.), Modernisierung durch Transfer zwischen den Weltkriegen (= Rechtskuluren des modernen Osteuropa. Traditionen und Transfers, 2), Frankfurt am Main 2007, 7–30.

Katrin Kiirend-Pruuli/Marju Luts-Sootak/Hesi Siimets-Gross/Reet Bender, Die Mesalliance des liberalen Eherechts mit dem konservativen Familienrecht im Estlands Recht der Zwischenkriegszeit, in: Martin Löhnig (Hrsg.), Das Eherecht nach dem Großen Krieg, Tübingen 2020, 307–370.

Marju Luts-Sootak/Hesi Siimets-Gross/Katrin Kiirend-Pruuli, Estlands Zivilrechtskodifikation – ein fast geborenes Kind des Konservatismus, in: Martin Löhnig/Stephan Wagner (Hrsg.), „Nichtgeborene Kinder des Liberalismus"? Zivilgesetzgebung im Mitteleuropa der Zwischenkriegszeit, Tübingen 2018, 269–312.

Marju Luts-Sootak/Hesi Siimets-Gross/Katrin Kiirend-Pruuli, The Private Law Codification as an Instrument for the Consolidation of a Nation from Inside: Estonia and Latvia between Two World Wars, in: Michał Gałędek/Anna Klimaszewska (Hrsg.), Modernisation, National Identity and Legal Instrumentalism. Studies in Comparative Legal History. Vol. I: Private Law, Leiden 2020, 285–310.

Ivo Pilving, Die Schaffung und Entwicklung der Verwaltungsgerichtsbarkeit in Estland, in: Juridica International 21 (2014), 46–57.

Ivo Pilving/Madis Ernits, Geschichte der Verwaltungsgerichtsbarkeit in Estland, in: Handbuch der Geschichte der Verwaltungsgerichtsbarkeit in Deutschland und Europa, Bd. 2, Berlin und Heidelberg 2018, 1601–1621.

Gregor Rutenberg, Die baltischen Staaten und das Völkerrecht: die Entstehungsprobleme Litauens, Lettlands und Estlands im Lichte des Völkerrechts, Riga 1928.

Karl Saarmann, Das Strafrecht in Estland, in: Ostrecht: Monatsschrift für das Recht der europäischen Staaten 2 (1926), 625–630.

Karl Saarmann, Die Strafrechtsreform in Estland, in: Zeitschrift für Ostrecht 6 (1932), 371–380.

Marin Sedman, The historical experience of Estonia with the plurality of penal law acts, in: Juridica International 17 (2010), 227–235.

Marin Sedman, Military penal law – not only for military personnel: Developments in Estonian penal law after the First World War, in: Marju Luts-Sootak/Sanita Osipova/Frank L. Schäfer (Hrsg.), Einheit und Vielfalt in der Rechtsgeschichte im Ostseeraum. Sechster Rechtshistorikertag im Ostseeraum, 3.–5. Juni 2010 Tartu (Estland)/Riga (Lettland), Frankfurt am Main 2010, 253–273.

Zu Estlands Grundgesetz vom 1920 und dessen Grundrechtskatalog

R. T. Clark, The Constitution of Esthonia, in: Journal of Comparative Legislation and International Law 3 (1921), 245–250.

Antonius[Ants] Piip, The Constitution of the Republic of Esthonia, in: The Constitutional Review 9 (1925), 3–12.

Erik Stryk-Helmet, Die Verfassungen von Finnland, Estland, Lettland und Litauen in rechtsvergleichender Darstellung, Köln 1928.

2.11 Recht auf Empfangen eines Urteils
Kenichi Moriya

2.11.1 Vorbemerkung

Der Verfasser dieser Zeilen ist japanischer Nationalität und hat sich lange mit der europäischen Rechtsgeschichte befasst. Er war einst ein eher gescheiterter Jura-Student an der Tokioer Juristenfakultät, denn er konnte im Jura-Studium keine Richtung erkennen. Zum Glück hat er die Gelegenheit ergreifen können, sich mit der europäischen (Rechts-)Geschichte auseinanderzusetzen. Auf diesem Umweg hat er Schritt für Schritt lernen können, wie sich die juristischen Grundsätze aus der langen europäischen Geschichte heraus geformt haben. Sie haben, auch wenn sie zuerst abstrakt erscheinen mögen, meist konkrete Zwecke und darum auch ihre eigene Tragweite. Nur wer sie versteht, kann sie auch gebührend kritisieren. Ein bedeutsames Ziel der Rechtsgeschichte liegt, wie es scheint, daher auch darin, die in den geltendrechtlichen Fächern erlernten Grundsätze vor ihren historischen Hintergründen verstehen und, wenn nötig, in der Weise kritisieren zu können, in der auf ihre konkrete Tragweite hingewiesen wird.

Der vorliegende Band ist für die deutschen Jura-Studierenden gedacht. Er soll sie dazu anleiten, über das Recht auch historisch und kritisch zu reflektieren. Dazu soll jeder Autor eine quellenexegetische Aufgabe stellen. Dies ist ein sehr gutes Konzept. Der Verfasser dieser Zeilen hätte auch aus den ihm relativ vertrauten Quellen der deutschen Privatrechtswissenschaft des frühen 19. Jahrhunderts eine Stelle auswählen können.

Er studierte aber in Japan, war ein gescheiterter Jura-Student. Er wäre vielleicht in der Lage, zumindest anzudeuten, warum es schwer wäre, in Japan Jura zu studieren – besonders für diejenigen, die mit gewisser theoretischer Neigung denken wollen. Solche Studenten sollte es auch in Deutschland geben. So hat er sich dazu entschlossen, dem geneigten Leserkreis ein Beispiel aus dem gegenwärtigen japanischen Verfassungsrecht anzubieten. Hoffentlich gibt dieses Beispiel einen Anlass, auf die sogenannte juristische Fachsprache einen geschärften, i. e. verständnisvollen und zugleich kritischen Blick zu werfen. Die juristische Fachsprache scheint manchmal trocken zu sein, ist es aber nicht immer. In ihr verbirgt sich oft eine lange vorangehende Geschichte. Im japanischen Recht, das durch die politisch motivierte Modernisierung via ‚Verwestlichung' seit der zweiten Hälfte des 19. Jh. tief geprägt worden ist, ist der Kontinuitätsbruch mit der Tradition vor 1868 mehr inszeniert als geschehen. Viele juristische Termini sind nämlich neu erfunden worden. Neue Kodifikationen wurden geschaffen. Die tradierte Denkweise verbirgt sich indirekt im *Gebrauch* der Fachsprache. Japan scheint ein moderner, ja sogar supermoderner Staat zu sein. Tokio ist eine fast futuristisch anmutende Megalopolis. Die Tradition des Denkens ist nicht mehr leicht zu sehen. Sie ist jedoch auch nicht hermeneutisch *hinter* der Oberfläche zu suchen. Sie versteckt sich *in* der Sprachpraxis. Es ist möglich, dass in den scheinbar juristischen Sprachwendungen Elemente heimlich fortbestehen, die die juristische Denkweise erodieren lassen[1].

In den folgenden Ausführungen ist die Kenntnis der japanischen Sprache nicht vorausgesetzt. Aber es geht im Folgenden vor allem um die Beobachtung der Übersetzungspraxis. Darum sind häufig japanische Wörter jeweils mit deutscher Übersetzung hinzugefügt worden. Der Text ist nicht ‚schön'. Alles was der Verfasser dieser Zeilen tun kann, ist, Sie dafür um Nachsicht zu bitten.

2.11.2 Quelle

Art. 32 Verfassung Japans 　何人も, 裁判所において裁判を受ける権利を奪はれない.
Eine englische Übersetzung[2]: Article 32 No person shall be denied the right of access to the courts.

2.11.3 Allgemeine Bemerkungen

Es handelt sich um einen Artikel aus der japanischen Verfassung, die am 3. November 1946 erlassen wurde. Artikel 32 befindet sich im Kapitel 3 über „Rechte und Pflichten des Volkes"[3]. Während das Grundgesetz der Bundesrepublik Deutschland gleich im ersten Kapitel Regelungen über die „Grundrechte" vorsieht, stellt die japanische

---

1　Die Aufmerksamkeit auf die Sprache verdankt der Verfasser dieser Zeilen meinem verehrten Lehrer und lieben Freund Joachim Rückert.
2　http://www.japaneselawtranslation.go.jp/law/detail_main?id=174
3　Englische Übersetzung: „Rights and Duties of the People"; 「国民の権利及び義務」

Verfassung das Kapitel über „Rechte und Pflichten des Volkes" dem ersten Kapitel über „Kaiser"[4] und dem zweiten über den „Verzicht auf Krieg"[5] nach.

Aus der oben beigefügten englischen Übersetzung lässt sich entnehmen, dass Artikel 32 jedem ein Grundrecht auf den Rechtsweg garantiert. Dies ist eine Annahme, die von den heutigen japanischen Verfassungsrechtlern fast ausnahmslos geteilt wird[6].

Der heutigen Verfassung geht die Verfassung des Kaiserreichs Japan vom 11. Februar 1889 (Meiji-Verfassung) voran, an deren Entstehung Hermann Roesler (1834–1894), ein deutscher Staatswissenschaftler und Jurist, wesentlich beteiligt war[7]. Art. 32 jap. Verfassung entspricht in etwa dem Art. 24 der Meiji-Verfassung[8].

2.11.4 Übersetzung

Der Artikel ist zum Glück nicht lang. Zunächst aber nochmals die japanische Fassung:

何人も, 裁判所(saiban-sho)において裁判(saiban)を受ける(ukeru)権利(kenri)を奪はれない.

Nun sei versucht, eine wortgetreue deutsche Übersetzung zu formulieren. Der fragliche Artikel ist aus 6 Teilen zusammengesetzt. 「何人も (nanbito mo)」(A),「裁判所において (Saiban-sho ni oite)」(B),「裁判を (Saiban wo)」(C),「受ける (ukeru)」(D),「権利を (kenri wo)」(E),「奪われない (ubawarenai)」(F)。

(A) = jeder
(B) = vor dem Gericht
(C) = Entscheidung, Urteil
(D) = hinnehmen, akzeptieren, aufnehmen, empfangen, u. s. w.
(E) – Recht
(F) = nicht entnommen werden, nicht entzogen werden, u. s. w.

---

4 „The Emperor";「天皇」.
5 „Renunciation of War":「戦争の放棄」.
6 Hier seien nur zwei repräsentative Werke genannt, Miyazawa, T., Kenpô (Verfassung), 1959, 419.; Higuchi, Y., Kenpô (Verfassung), 2. Aufl. (1998), Rn. 149; Satô, K., Kenpô (Verfassung), 3. Aufl. (1995), 611–613.
7 Wani, A., Art. Roesler, Hermann (1834–1894), in: Juristen. Ein biographisches Lexikon von der Antike bis zum 20. Jahrhundert, hg. von M. Stolleis, 2001, 536–537.
8 Miyazawa, Verfassung (wie Anm. 6), 153.

Also würde eine Übersetzung in etwa so lauten:

Niemand darf dem Recht auf Empfangen eines Urteils vor dem Gericht entzogen werden.

Dazu soll noch eine Übersetzung von Art. 24 Meiji-Verfassung angegeben werden:

第24条 日本臣民ハ法律ニ定メタル裁判官ノ裁判(saiban)ヲ受クル(ukuru)ノ権(ken)ヲ奪ハルヽコトナシ

Art. 24 Kein japanischer Untertan darf dem Recht (ken) auf Empfangen (ukuru) eines Urteils (saiban) durch den gesetzlichen Richter entzogen werden.

Eine gewisse Ähnlichkeit beider Artikel ist offensichtlich.

2.11.5 Einiges zum Wort „right"

Aus dem bislang Ausgeführten sollte deutlich werden, dass unsere deutsche Übersetzung nicht ganz der englischen entspricht. Kaum jemand würde aus der englischen Formel „right of access to the courts" die deutsche Formel „Recht auf Empfangen eines Urteils" herleiten.

Das englische Wort „right" ist zwar nicht identisch, aber vergleichbar mit dem deutschen „Recht". Recht bedeutet den berechtigten, jemandem zuerkannten Anspruch, etwas zu fordern[9]. Im Artikel „right" im Oxford Dictionary of English, 3rd ed. (2010), heißt es: „1 (mass noun) that which is morally correct, just, or honourable: she *doesn't understand the difference between right and wrong* | (count noun) *the rights and wrongs of the matter.* 2 a moral or legal entitlement to have or do something: (with infinitive) she had every right to be angry | *you're quite within your rights to ask for your money back* | (mass noun) *there is no right of appeal against the decision.* (rights) the authority to perform, publish, film, or televise a particular work, event, etc.: *they sold the paperback rights*".

Für uns ist die zweite Erläuterung von besonderem Interesse. Man kann nämlich ein „right" haben, „to do something". Wie kann man aber ein „right" haben, „to accept the decision"? Bezeichnenderweise ist hier ein Beispiel angeführt, wo es darum geht, kein „right of appeal against the decision" zu haben. Zwischen „appeal" und „deci-

---

9 Vgl. Art. „Recht" in: Duden. Deutsches Universalwörterbuch, 2. Aufl. 1989.

sion" besteht eine unüberbrückbare Differenz. Man könnte den Satz sogar auslegen im Sinne von: man *muss* die Entscheidung akzeptieren, wenn die Entscheidung verfahrensrechtlich fehlerfrei ist. Was steckt also hinter der japanischen Formel „Recht auf Empfangen eines Urteils"?

2.11.6 Metamorphose durch Übersetzung

2.11.6.1 Vor dem sog. „Entwurf MacArthur" am 12. Februar 1946

Dass die Wendung „Recht auf Empfangen eines Urteils" bereits im Art. 24 Vf. a. F. gebraucht wurde, haben wir bereits erwähnt. Zu einer Erklärung dieser Wendung könnte man vielleicht Art. 57 Vf. a. F. heranziehen, dem zufolge die Justizgewalt *im Namen des Kaisers* (Tennô) durch Gerichte gemäß dem Gesetz ausgeführt wird[10]. Die gerichtliche Entscheidung wurde letztlich vom Kaiser autorisiert. Insofern war die gerichtliche Entscheidung als Tennos Gnade zu verstehen. Kann man die Sache so erklären?

Um diese Frage zu beantworten, ist ein kurzer historischer Umweg einzuschlagen. Nach der schweren Niederlage Japans im Zweiten Weltkrieg wurde Japan von der Besatzungsmacht regiert, an deren Spitze Douglas MacArthur stand. Er war der Supreme Commander for the Allied Powers (SCAP). Der SCAP war aber nicht nur formal der oberste Befehlsinhaber für ‚die vereinigten Mächte'. Er führte tatkräftig die funktionierende, überwiegend aus Amerikanern zusammengesetzte Besatzungsbehörde, die auch General Headquaters (GHQ) genannt wurde. Die Entstehung der heutigen Verfassung Japans verdankt sich entscheidend dem sogleich zu erwähnenden Entwurf von GHQ („Entwurf MacArthur").

Vor diesem Entwurf wurden aber auch verschiedene Entwürfe zur neuen Verfassung durch japanische Schriftsteller (Gelehrte, Politiker, Parteien, u. s. w.) vorgelegt, und damit sind wir wieder bei der Erörterung der oben aufgeworfenen Frage: Was steckt hinter der japanischen Formel „Recht auf Empfangen eines Urteils"? Diesen Entwürfen fehlte meist der dem Art. 24 Vf. a. F. entsprechende Artikel. Interessanterweise enthält aber gerade der Entwurf der kommunistischen Partei, der als einziger das monarchische Regierungssystem ausdrücklich ablehnte, einen dem Art. 24 Vf. a. F. entsprechenden Artikel, der von jener Formel „Recht auf Empfangen eines Urteils vor

---

10 „司法権ハ天皇ノ名ニ於テ法律ニ依リ裁判所之ヲ行フ".

dem Gericht" Gebrauch macht (Art. 14 des Entwurfs)[11]. Diese Formel hat also offenbar keinen juristisch zwingenden Zusammenhang mit dem monarchischen Prinzip.

Der bis Februar 1946 wichtigste Entwurf war durch eine im Kabinett besonders eingerichtete interne „Kommission zur Untersuchung der verfassungsrechtlichen Fragen", die vor allem von namhaften Verfassungsrechtlern wie Toshiyoshi Miyazawa[12], Shirô Kiyomiya, Matasuke Kawamura sowie erfahrenen praktischen Juristen zusammengesetzt wurde, angefertigt worden. Er war wegen der sichtlichen Bemühung, die herkömmliche, dynastisch zentrierte Verfassungsstruktur Japans mit einigen menschenrechtlichen und parlamentarischen Komponenten nach Möglichkeit zu harmonisieren, auf Unmut des GHQ gestoßen. Dagegen schlug Douglas MacArthur „drei wesentliche Punkte für die Reform der Verfassung[13]" am 4. Februar 1946 vor, die unter anderem die Beibehaltung der Konstitutionellen Monarchie zusammen mit dem Verzicht auf militärische Gewalt und die Abschaffung des sog. ‚Feudalsystems' forderten.

2.11.6.2 „Entwurf MacArthur" am 12. Februar 1946

Diesem Vorschlag gemäß wurde bereits am 12. Februar der Entwurf der Verfassung durch GHQ vorgelegt (Entwurf „MacArthur"). Er gab das entscheidende Fundament zur heutigen japanischen Verfassung.

Die uns interessierende Regel befindet sich nun in Art. 32, dessen einschlägiger Teil folgenderweise lautet:

No person shall „be denied the right of appeal to the courts".

Eine japanische Übersetzung des Entwurfs wurde spätestens am 25. Februar 1946 vorgelegt. Der einschlägige Artikel wurde folgenderweise aufs Japanische übertragen: „何人モ裁判所ニ上訴(jôso)ヲ提起スル権利ヲ奪ハルコト無カルヘシ". Diese japanische Übertragung könnte folgendermaßen ins Deutsche übersetzt werden: „Kei-

---

11 „何人も裁判所で裁判を受ける権利を奪はれず, 裁判は迅速公平でなければならない", abrufbar (nur japanisch) in: https://www.ndl.go.jp/constitution/shiryo/02/119/119tx.html

12 Wani, A., Miyazawa, Toshiyoshi (1899–1976), in: Juristen (wie oben Anm. 7), 442–443. (Hier wird als Name „Miyasawa" angegeben, aber es ist auch üblich, den Familiennamen als „Miyazawa" auszusprechen.

13 Die englische Originalversion ist abrufbar: https://www.ndl.go.jp/constitution/shiryo/03/072/072tx.html

ner darf dem Recht auf Rechtsmittel beim Gericht entzogen werden"[14]. Zwischen „appeal to the courts" und „Rechtsmittel beim Gericht" sollte kaum ein nennenswerter Unterschied bestehen[15].

Die Formel „Recht auf Empfangen eines Urteils" taucht hier nicht auf. Hinzuweisen wäre aber auch darauf, dass es sich bei diesem Artikel um die Regelung über den rechtsstaatlichen Schutz der Grundrechte auf Freiheit, Leben und körperliche Unversehrtheit handelt. Die beteiligten Amerikaner hatten offenbar einige Bestimmungen von verfassungsrechtlicher Bedeutung vor Augen[16]. Um diesen Kontext zu verdeutlichen, sei erlaubt, hier nochmals den kompletten Artikel des „Entwurfs MacArthur" zu zitieren: *„No person shall be deprived of life or liberty, nor shall any criminal penalty be imposed, except according to procedures established by the Diet, nor shall any person be denied the right of appeal to the courts"*[17].

Diesem Artikel lag offenbar die Ansicht zugrunde, die hier aufgezählten Grundrechte vor allem gegen den staatlichen Eingriff rechtsstaatlich oder durch das Prinzip der „rule of law" zu schützen, wobei auch das Recht auf Rechtsmittel zum Katalog schützenswerter Grundrechte gezählt wurde.

2.11.6.3 Eine erste japanische Fassung der Verfassung am 2. März 1946

Am 2. März 1946 wurde eine erste japanische Fassung der Verfassung frei nach dem „Entwurf MacArthur" vorgelegt. In dieser Fassung fand sich als Art. 27 die folgende Regelung[18]:

---

14 Besser klänge vielleicht: „Keinem darf ein Recht auf Rechtsmittel verweigert werden". Hier wird aber versucht, der grammatikalischen Struktur der japanischen Sprache treu zu bleiben.
15 Zur technischen Bedeutung von „appeal" vgl. Art. appeal (noun), in: Oxford Dictionary of English, 3rd. ed. 2010, 74, bes. no. 2: „an application to a higher court for a decision to be reversed". Zum Wort „Rechtsmittel", vgl. Weitzel, J., Art. Rechtsmittel, in: HRG, 1. Aufl., 26. Lieferung (1986), 315–321.
16 Konkret geht es um die US Bill of rights (first 10 Amendments) von 1971, vor allem die Amendments 4 und 5.
17 Japanisch: 何人モ国会ノ定ムル手続ニ依ルニアラサレハ其ノ生命若ハ自由ヲ奪ハレ又ハ刑罰ヲ科セラルルコト無カルヘシ又何人モ裁判所ニ上訴ヲ提起スル権利ヲ奪ハルコト無カルヘシ.
18 Abrufbar in: https://www.ndl.go.jp/constitution/shiryo/03/088/088tx.html [letzter Zugriff: 29.09.2021]

第二十七条　凡テノ国民ハ法律ノ定ムル裁判官ノ裁判 (saiban) ヲ受クル(ukuru) ノ権 (ken) ヲ奪ハルルコトナシ

Art. 27. Kein Staatsbürger darf dem Recht (ken) auf Empfangen (ukuru) eines Urteils (saiban) des gesetzlichen Richters entzogen werden.

Hier taucht, erstens, die Formel „Recht auf Empfangen eines Urteils" auf. Diese Bestimmung wurde, zweitens, vom Zusammenhang mit dem rechtsstaatlichen Schutz der Grundrechte entkoppelt.

2.11.6.4 Ein anderer Artikel des „Entwurfs MacArthur"

Dieser Artikel wurde aber bei den intensiven und aus politischen Gründen geheim gehaltenen Verhandlungen zwischen den Japanern und Amerikanern am 4. und 5. März 1946[19] gestrichen. Dabei bestand die amerikanische Seite besonders fokussiert darauf, die überaus schlechte strafprozessrechtliche Lage Japans während der Periode der alten Verfassung durch die neue Verfassung von Grund auf zu reformieren. Deshalb forderte sie von den am Entwurf der Verfassung beteiligten Japanern, dem „Entwurf MacArthur" möglichst treu zu bleiben. Die Menschenrechte betreffenden Artikel mit strafverfahrensrechtlichem Bezug in der Fassung am 2. März 1946 wurden von der amerikanischen Seite zugunsten der ursprünglichen Fassung vom „Entwurf MacArthur" diskreditiert[20]. Auf der Basis der dem englischen Text treuen japanischen Übersetzung des Entwurfs am 25. Februar wurden also die intensiven Verhandlungen am 4. und 5. März geführt.

Die englische Fassung von Art. 32 des „Entwurfs MacArthur" betreffend gab es kleine Änderungen. Die ursprünglichen Worte „appeal to the courts" wurden, aus welchen Gründen auch immer, durch „access to the courts" ersetzt.[21] Dementsprechend wurde die japanische Fassung auch leicht revidiert. „何人モ裁判所ニ出訴(chusso)スル権利ヲ奪ハルコト無カルヘシ" (Art. 30)[22]. Ins Deutsche übertragen hieße es: *Niemand darf dem Recht auf Klageerhebung vor dem Gericht entzogen werden.* Hier entfällt also

---

19　Dazu vgl. Satô, T. (nach dessen Tod hg. von I. Satô), Nihonkoku Kenpô Seiritsushi (Entstehungsgeschichte der Verfassung Japans), 3. Bd. 1994, bes. 105–163.
20　Vgl. op.cit. 125.
21　Op. cit. 126.
22　Also Art. 32 des Entwurfs wurde um zwei nach vorne gerückt. Abrufbar in: https://www.ndl.go.jp/constitution/shiryo/03/091/091tx.html (keine englische Fassung) [letzter Zugriff: 29.09.2021].

die oben genannte Formel „Recht auf Empfangen eines Urteils". Der rechtsstaatliche Bezug wurde mit dieser Änderung noch beibehalten[23].

Die Formel „Recht auf Empfangen eines Urteils" schleicht sich aus einer anderen Tür hinein. Diese Hintertür war Art. 36. Die englische Fassung des Absatzes 1 des Artikels lautet folgenderweise: *In all criminal cases the accused shall enjoy the right to a speedy and public trial by an impartial tribunal*". „Right to a speedy and public trial" könnte man ins Deutsche übersetzen etwa als „Recht auf schnelle und öffentliche (Gerichts-)Verhandlung". Aber der betreffende englische Satz wurde folgenderweise in das Japanische übertragen: „一切ノ刑事訴訟事件ニ於テ被告人(hikokunin)ハ公平ナル裁判所(saiban-sho)ノ迅速ナル公判(kôhan)ヲ受クル(ukuru)権利(kenri)ヲ享有スヘシ". Auf Deutsch treu übersetzt würde es heißen: „Bei jedem strafprozessualen Fall darf der Angeklagte das Recht (kenri) auf Empfangen (ukuru) einer schnellen und öffentlichen Verhandlung (kôhan) vor dem unparteiischen Gericht (saiban-sho) genießen"[24]. Neben der Formel „Recht auf Empfangen" ist auch die Formel „Empfangen der Verhandlung" schwer verständlich. Kann man eine Verhandlung überhaupt *empfangen*? Kann man nicht doch vielmehr an der Verhandlung nur *beteiligt* sein? Von wem wird schließlich eine Verhandlung ausgeführt?

Der Witz liegt aber darin, dass das japanische Wort „公判 (Kôhan)" doppeldeutig ist. Dieses Wort ist als Übersetzung von „public trial" gedacht. „Trial" ist „a formal examination of evidence by a judge, typically before a jury, in order to decide guilt in a case of criminal or civil proceedings"[25]. Man beachte die Worte „in order to". „Trial" ist von „decision" terminologisch zu differenzieren.

„kôhan" ist eine Zusammensetzung von „kô (公)" und „han (判)". „kô" entspricht „public", „han" „trial". Aber „han" bezieht sich, im Unterschied zu dem englischen „trial", sehr deutlich auch auf Scheiden, Urteilen, Entscheiden. Das japanische Wort

---

23 Das Ganze des Art. 30 darf hier angegeben werden: „何人モ国会ノ定ムル手続ニ依ルニアラサレハ其ノ生命若ハ自由ヲ奪ハレ又ハ刑罰ヲ科セラルルコト無カルヘシ又何人モ裁判所ニ出訴スル権利ヲ奪ハルコト無カルヘシ". (Niemand darf seinem Leben und seiner Freiheit ohne parlamentarisch vorgeschriebenes Verfahren entzogen oder mit Strafe belastet werden. Niemand darf dem Recht auf Klageerhebung vor dem Gericht entzogen werden). Die englische Fassung lautet folgenderweise: „No person shall be deprived of life or liberty, nor shall any criminal penalty be imposed, except according to procedure established by the Diet, nor shall any person be denied the right of access to the courts".

24 Diese deutsche Übersetzung ist nicht leicht verständlich. Dazu sogleich im Text.

25 Art. trial, in: Oxford Dictionary of English (wie oben Anm. 15), 1896.

Kôhan kann sowohl den strafrechtlichen Prozess[26] als auch das (öffentliche) Urteil bedeuten.

Diese Doppeldeutigkeit spielte dann während der Verhandlungen am 4. und 5. März eine gewisse Rolle. Die an den Verhandlungen beteiligten Japaner waren mit Blick auf den japanischen Text zur Ansicht gelangt, dass Art. 36 teilweise dasselbe wiederhole, was bereits Art. 32 regele. Ihnen schien die Formulierung „Recht auf Klageerhebung vor dem Gericht" mit der „Recht auf Empfangen der öffentlichen Verhandlung bzw. des Urteils" sehr ähnlich zu sein. Sie schlugen daher vor, die betreffenden Worte in Art. 36 zu streichen. Dieser Vorschlag wurde von den Amerikanern abgelehnt.[27] Offenbar war den Japanern die juristische Differenzierung zwischen dem Recht jedes Einzelnen auf die nur aufgrund des Gesetzes einzuschränkende, prinzipiell unverletzliche Freiheit der Person und dem strafprozessualen Recht des Angeklagten auf das schnelle, gerechte und öffentliche Verfahren nicht geläufig.

2.11.6.5 „Grundlage des Entwurfs zur Reform der Verfassung Japans (憲法改正草案要綱)" am 6. März 1946

Nach den intensiven Verhandlungen am 4. und 5. März 1946 wurde am 5. März eine japanische Fassung als Memorandum der Verhandlungen angefertigt. Artikel 32 und 36 des „Entwurfs MacArthur" wurden zu Art. 30 und 33 dieser Fassung.

Diese Fassung wurde aber dann „hauptsächlich zum Zweck der Abrundung der japanischen Formulierung"[28] nochmals rasch umgearbeitet. Daraus wurde eine Grundlage für die weiteren Bearbeitungen am 6. März geschaffen („Grundlage des Entwurfs zur Reform der Verfassung Japans").

Durch diese scheinbar technische Überarbeitung wurde Art. 30 dahingehend geändert, dass er nun doch jene Formel „Recht auf Empfangen eines Urteils vor dem Gericht" enthielt[29], ohne den einschlägigen englischen Text zu ändern[30]

---

26 Auch heute wird neben „Kôhan" noch „Kôhan-Tetsuzuki (公判手続)" verwendet, um die prozessuale Bedeutung unmissverständlich zu machen: „Tetsuzuki" bedeutet das Verfahren.
27 Satô, Entstehungsgeschichte (wie oben Anm. 19), 126.
28 Op.cit. 175.
29 Op.cit. 182. Der einschlägige Text findet sich in: https://www.ndl.go.jp/constitution/shiryo/03/093/093tx.html
30 Vgl. Art. 30 der englischen Version: https://www.ndl.go.jp/constitution/shiryo/03/093a_e/093a_etx.html [letzter Zugriff: 29.09.2021].

Vor der „sprachlichen Abrundung"

第三十条　何人モ国会ノ定ムル手続ニ依ルニアラサレハ其ノ生命若ハ自由ヲ奪ハレ又ハ刑罰ヲ科セラルルコト無カルヘシ又何人モ裁判所(saiban-sho)ニ出訴(shusso)スル権利(kenri)ヲ奪ハルコト無カルヘシ

Art. 30 Niemand darf seinem Leben und seiner Freiheit ohne parlamentarisch vorgeschriebenes Verfahren entzogen oder mit Strafe belastet werden. Niemand darf dem Recht auf Klageerhebung (shusso) vor dem Gericht (saiban-sho) entzogen werden.

Nach der „sprachlichen Abrundung"

第三十　何人トエモ国会ノ定ムル手続ニ依ルニ非ザレバ其ノ生命若ハ自由ヲ奪ハレ又ハ刑罰ヲ科セラルルコトナカルベク何人モ裁判所 (saiban-sho) ニ於テ裁判 (saiban) ヲ受クル (ukuru) ノ権利 (kenri) ヲ奪ハルコトナカルベキコト

Nr. 30[31] Niemand darf ohne parlamentarisch bestimmtes Verfahren seinem Leben oder seiner Freiheit entzogen beziehungsweise der Strafe auferlegt werden, und niemand darf dem Recht (kenri) auf Empfangen (ukeru) eines Urteils (saiban) vor dem Gericht (saiban-sho) entzogen werden.

Zu dieser sprachlichen Abrundung gab es anscheinend keine weitere sachliche Begründung[32]. Auch kein Einwand gegen diese Änderung scheint von der amerikanischen Seite erhoben worden zu sein.

Was Art. 33 Abs. 1 angeht, so wurde insbesondere das bereits gestreifte Wort „Kôhan" durch „公開裁判 (Koukai Saiban)" ersetzt.

第33　凡ソ刑事事件ニ於テハ被告人ハ公平ナル裁判所(saiban-sho)ノ迅速ナル公開裁判(koukai saiban)ヲ受クル(ukuru)ノ権利(kenri)ヲ享有スベキコト

Nr. 33 (Abs. 1) Der Angeklagte hat bei allen strafrechtlichen Fällen das Recht (kenri) auf Empfangen (ukuru) eines schnellen und öffentlichen Urteils (koukai saiban) vor einem unparteiischen Gericht (saiban-sho).

Es taucht in der „Grundlage" somit die Formel „Recht auf Empfangen des Urteils" zweimal auf, in Nr. 30 und Nr. 33, und zwar auf dem Weg der sprachlichen Rundung. Daraufhin war auf der japanischen Seite intern nochmals über die Frage diskutiert worden, ob Nr. 33 Abs. 1 wegen der vermeintlichen ‚Redundanz' mit Nr. 30 gestrichen werden sollte. Diese durch die japanische Übersetzung verursachten Zweifel wurden,

---

31　Bei der „Grundlage" wird statt „Artikel" „Nummer" verwendet.
32　Vgl. Satô, Entstehungsgeschichte (wie oben Anm. 19), 182.

wohl auf den leicht vorauszusehenden Einwand von den Amerikanern Bedacht nehmend, nicht mehr eingehend diskutiert.[33]

2.11.6.6 Verhandlungen mit den Amerikanern an dem 2. April 1946

Diese „Grundlage" wurde dann im späten März in den Ministerien unter die Lupe genommen. Die sich daraus ergebenden technischen Probleme wurden am 24. März erörtert. Art. 30 betreffend wurde vorgeschlagen, dass der den rechtsstaatlichen Schutz des Lebens und der Freiheit betreffende Teil von dem Satze über das „Recht auf Empfangen des Urteils" getrennt werden sollte[34]. Dieser Vorschlag wurde bei der Verhandlung mit den Amerikanern am 2. April besprochen und ohne weiteres angenommen. Die Regel über den rechtsstaatlichen Schutz von Leben und Freiheit wurde in Art. 28 festgeschrieben, das „Recht auf Empfangen eines Urteils" in Art. 29[35]. In der endgültigen Fassung wurde Art. 28 zu Art. 31 und Art. 29 Art. 32.

Bei den weiteren Verhandlungen mit den Amerikanern im April wurde kein uns interessierender Punkt weiter erörtert.

2.11.6.7 Ergebnisse

Nach den Verhandlungen im Geheimrat und im Parlament wurde die neue Verfassung am 3. November 1946 promulgiert und am 3. Mai 1947 in Kraft gesetzt. So sind die bis heute gültigen zwei Artikel (Art. 32 und Art. 37 Abs. 1) entstanden, die die Formel „Recht auf Empfangen eines Urteils" enthalten. Von Art. 32 wurde Art. 31, wie bereits erwähnt, durch die Verhandlung am 2. April 1946 abgespalten und in eine selbstständige Norm gebracht.

> 第31条　何人も, 法律の定める手続によらなければ、その生命若しくは自由を奪はれ、またはその他の刑罰を科せられない.
> Art. 31 Niemand darf seinem Leben oder seiner Freiheit ohne gesetzlich vorgeschriebenes Verfahren entzogen oder mit sonstiger Strafe belastet werden.
> 第32条　何人も, 裁判所において裁判(saiban)を受ける (ukeru) 権利 (kenri) を奪はれない.

33　Vgl. op.cit. 245 f.
34　Op.cit. 245 f.
35　Op. cit. 287, 294.

Art. 32 Niemand darf dem Recht (kenri) auf Empfangen (ukeru) eines Urteils (saiban) vor dem Gericht entzogen werden.
第37条1項 すべて刑事事件においては、被告人は、公平な裁判所の迅速な公開裁判 (saiban) を受ける (ukeru) 権利 (kenri) を有する。
Art. 37 Abs. 1 Der Angeklagte hat bei allen strafrechtlichen Fällen das Recht auf Empfangen eines schnellen und öffentlichen Urteil vor dem unparteiischen Gericht.

Eine englische Version der neuen Verfassung wurde am gleichen Tag ihrer Promulgation, am 3. November 1946, in einem Extrablatt des regelmäßig erscheinenden, für die Besatzungsmacht bestimmten Journals „Official Gazzette" abgedruckt. Diese Version wurde verstanden als Übersetzung aus dem japanischen Verfassungstext, sie basierte offiziell also nicht mehr direkt auf dem „Entwurf MacArthur". Die betreffenden Artikeln hießen nun folgendermaßen:

> Article 31 No person shall be deprived of life or liberty, nor shall any other criminal penalty be imposed, except according to procedure established by law.
> Article 32 No person shall be denied the right of access to the courts.
> Article 37 (1) In all criminal cases the accused shall enjoy the right to a speedy and public trial by an impartial tribunal[36].

In dieser angeblich dem japanischen Text treuen Übersetzung ist von der Wendung „Recht auf Empfangen eines Urteils" nichts zu spüren.

2.11.7 Vergangenheit muss sorgfältig entdeckt werden

Bei dem „Entwurf MacArthur" war nicht beabsichtigt, Art. 24 Meiji-Verfassung mit geringfügiger Änderung aufzunehmen. Als Ergebnis kehrt aber die wesentliche Formulierung von Art. 24 Vf. a. F. in Art. 32 Vf. auf dem Weg der ‚Abrundung' der japanischen Sprache wieder. Mit einigem Staunen muss man feststellen, dass die Formel „Recht auf Empfangen eines Urteils" ohne klares Bewusstsein der an der Gestaltung der Verfassung beteiligten, als juristisch geschult und erfahren anerkannten Japanern

---

36 Der ganze Text der englischen Übersetzung der Verfassung Japans liest sich in: http://jalii.law.nagoya-u.ac.jp/official_gazette/hom_pdf/19461103a_eb.00000.010.000_0010.0010.0_b.023200.02320100.pdf [letzter Zugriff: 29.09.2021].

(sie waren alle studierte und praktisch erfahrende Beamte, Professoren sowie Politiker) wie ein Gespenst gleichsam ‚heraufbeschwört' wurde.
Bei den Vorschlägen sowohl zu Art. 31 und 32 als auch zu Art. 37 lag den Amerikanern eine Idee zugrunde, dass in die Rechte des Einzelnen nur durch parlamentarisch autorisierte Gesetze eingegriffen werden darf (rule of law), wogegen der Einzelne aber noch ein Recht hat, dies vor Gericht *verfahrensmäßig* zu bestreiten.[37] An einem Verfahren kann man nur teilnehmen; ein Verfahren zu „empfangen" wäre eine Unmöglichkeit. Grundsätzlich gilt: Die Teilnahme am rechtlich geregelten Verfahren ist die Voraussetzung für die juristische, mit Zwang ausgestattete Pflicht den Parteien gegenüber, dem gerichtlichen Urteil zu folgen. Nur das Gericht, das dem rechtlichen Verfahren verpflichtet ist, kann über den vorgebrachten Fall juristisch entscheiden[38]. Außerdem obliegt nur dem rechtmäßigen, dem rechtlichen Verfahren verpflichteten Gericht der Entscheidungszwang (Verbot der Justizverweigerung).

Das japanische Wort „Saiban" bezeichnet hingegen das Urteil, in dem aber das Verfahren, aus dem das jeweilige Urteil resultiert, mit enthalten ist[39]. Es ist kaum möglich, in diesem Wort eine gewisse juristische Spannung zwischen Verfahren und Urteil zu erblicken. Es ist durchaus möglich und in der Sprachpraxis geradezu gebräuchlich, „Saiban" im Sinne des von jeglicher Konnotation des Verfahrens abgekoppelten „Urteils" zu *empfangen*; man empfängt oder vielmehr nimmt hin, dass ein Urteil wie ein Schlag fällt. Die von den Amerikanern beabsichtigten rechtsstaatlich-verfahrensrechtlichen Implikationen der beiden Artikel verschwanden für die geschulten japanischen Juristen, die ihr Denken durch die japanische Sprache leiten ließen.

Dies hatte rechtspraktische Nebenwirkungen:

---

37 Vgl. 1791. US Bill of rights (first 10 Amendments), vor allem Amendments 4 und 5.
38 Instruktiv ist, dass das Recht auf den gesetzlichen Richter zur Rechtsprechung selbst in ein Spannungsverhältnis gesetzt wird, vgl. Degenhart, Chr., § 114 Gerichtsorganisation, in: Handbuch des Staatsrechts, Bd. V. Rechtsquellen, Organisation, Finanzen, hg. von J. Isensee und P. Kirchhof, 3. Aufl. (2007), 725–760, bes. 748 f. (Rn. 34): Das Recht auf den gesetzlichen Richter richte sich nicht nur gegen die Exekutive und gegen den Gesetzgeber. Es wirke „auch gegenüber der Rechtsprechung selbst, wenn die Gerichte ihrerseits den gesetzlichen Richter fehlerhaft bestimmen",
39 Irie, T., Kenpô seiritsu no Keii to kenpô jô no shomondai (Entstehungsgeschichte der Verfassung und verfassungsrechtliche Probleme), 1976, 604: Saiban stelle den „syllogistischen Schluß" dar; Takahashi, H., Jûtenkougi Minjisoshô hô (Zivilprozessrecht, ausgewählte Themen behandelnd), 1997, 344: Saiban werde durch Feststellung der Tatsache und Anwendung der Gesetze auf diese „gemacht"; Art. Saiban, in: Hôritsugaku Shôjiten (Lexikon der Jurisprudenz), 5. Aufl. (2016), 481–482: Saiban sei öffentliche Aussprache des juristischen Urteils.

Erstens hatte die nachkriegszeitliche Verfassungsrechtswissenschaft Japans die Diskussion wiederholt, die schon während der Entstehungsphase der Verfassung stattgefunden hatte. Die herrschende Meinung hatte den Art. 32 vor allem als das Recht auf Klageerhebung vor dem ordentlichen Gericht vornehmlich im *zivilrechtlichen* Fall aufgefasst[40]. Oft ist der Artikel gelegentlich als ein Kontinuum des alten Art. 24 Vf a. F. angesehen worden[41]. In Bezug auf das Strafverfahren ist auf die Wiederholung derselben Bestimmung in Art. 37 gelegentlich hingewiesen worden (vgl. oben 2.II.6.4 f.)[42].

Zweitens pflegten die Verfassungsrechtler der Nachkriegszeit im Vergleich zwischen Art. 24 Vf a. F. und Art. 32 Vf. anzumerken, dass das Recht auf Empfangen eines Urteils bei der neuen Verfassung um die Verwaltungsstreitigkeit erweitert worden sei, weil die alte Verfassung die Schlichtung der Verwaltungsstreitigkeit ausschließlich der vollziehenden Gewalt vorbehalten habe, während die Neue sie der ordentlichen Gerichtsbarkeit zulasse. Diese Ansicht beruht darauf, dass Art. 61 Meiji-Verfassung, der die Verwaltungsgerichtsbarkeit von der Justizgewalt verselbständigte, in der Verfassung von 1946 zugunsten des neuen Artikels 76 weggefallen ist, der im Absatz 2 die Verwaltungsgerichtsbarkeit in der Exekutive als letzte Instanz verbietet[43]. Diese Ansicht enthält nur die halbe Wahrheit, denn es wäre ja theoretisch möglich gewesen, eine Verwaltungsgerichtsbarkeit als eine weitere Justizgewalt zu etablieren. Von dieser Möglichkeit ist bislang kaum Gebrauch gemacht worden. Immerhin ist aber nachkriegszeitlich unstrittig geworden, auch verwaltungsrechtliche Streitigkeiten vor den ordentlichen Gerichten zuzulassen. Von dieser neuen Rechtslage hat die Rechtspraxis aber zumindest bis zum Jahre 2004, in dem die Verwaltungsprozessordnung (Gyô-

---

40 Miyazawa, T. Kenpô Taii (Grundriss der Verfassung), 1949, 149; Minobe, T., Nihonkoku Kenpô Genron (Prinzipien der japanischen Verfassung), 163; Sasaki, S., Nihonkoku Kenpô ron (Verfassungslehre in Japan), 1949, 430 f.; aus neuerer Literatur etwa Higuchi, Y., Kenpô (Verfassung), rev. Aufl. (1998), 258 f.; Ashibe, N., Kenpô (Verfassung), 4. Aufl. (2007), 242 f.
41 Minobe, Grundriss (wie oben Anm. 41), 163; Ashibe, Verfassung (wie oben Anm. 40), 243.
42 Kiyomiya, S., Kenpô (Verfassung), 1957, 364; Ashibe, Verfassung (wie oben Anm. 40), 244. Minobe und Miyazawa sahen dagegen in Art. 32 nur noch ein ausschließlich ziviles Recht auf Empfangen eines Urteils und schrieben das Recht auf gerichtliches Verfahren beim strafrechtlichen Fall dem Art. 37 zu, um jene ‚Wiederholung' der Regelung ein und desselben Rechts damit vermeiden zu können, Miyazawa, Grundriss der Verfassung (wie oben Anm. 40), 143 und 149; Minobe, Grundriss (wie oben Anm. 40), 162. Mit dieser Konstruktion wurde Art. 32 jeder strafprozessalen Implikation endgültig beraubt. Später näherte sich Miyazawa der Wiederholungsthese an, vgl. Miyazawa, T., Kenpô (Verfassung), 1959, 420.
43 Hier sei die englische Übersetzung zitiert: Article 76 (2) „No extraordinary tribunal shall be established, nor shall any organ or agency of the Executive be given final judicial power".

sei-Jiken Soshôhô) von 1962 grundlegend modernisiert wurde, nur dürftig Gebrauch gemacht. Die verwaltungsrechtliche Klage ist meist abgewiesen worden, obwohl in der Theorie die Lehre der verwaltungsrechtlichen Generalklausel allgemein längst anerkannt worden ist.

Drittens, mit dem zweiten Punkt unzertrennlich zusammenhängend: Mit Blick auf Art. 32 ist im Schrifttum häufig vom Justizverweigerungsverbot die Rede[44]. Dieser Begriff wird dabei rein gesetzlich-verfahrensrechtlich auf das Recht auf gerichtlichen Anspruch i. w. S. bezogen. Aufgrund dieses Verbots soll das Gericht die fehlerfreie Klage nicht einfach abweisen. Es handelt sich hier nicht darum, die Möglichkeit der Klageabweisung zu negieren, sondern schlicht darum, dass das Gericht die fehlerfreie Klage irgendeiner Entscheidung zuführen muss. Diesen Gedanken mit dem Justizverweigerungsverbot zu verbinden, würde befremdlich wirken. Um diese Verbindung des Rechts auf gerichtlichen Anspruch mit dem Justizverweigerungsverbot bei den japanischen Verfassungsrechtlern verstehen zu können, muss ihnen unterstellt werden, dass sie offenbar die Möglichkeit, dass das Gericht die fehlerfreie Klage von vornherein ignoriert, zumindest theoretisch für denkbar erachtet haben.

In der europäischen Tradition besagt das Prinzip des Justizverweigerungsverbotes aber weit mehr. Es handelt sich darum, die Frage nach dem Vorliegen des subjektiven Rechts gerichtlich zu prüfen: Verfahrensrecht dient dem Schutz des subjektiven materiellen Rechts *nicht direkt*, aber ohne gerichtliches Verfahren besteht kein effektiver Rechtsschutz[45]. Daher ist der Entscheidungszwang auch bei der Gesetzeslücke[46] mit dem Justizverweigerungsverbot eng verbunden[47]. Aber der Entscheidungszwang wird in der japanischen Literatur im Zusammenhang mit dem Verbot der Justizverweigerung kaum erwähnt.

---

44 Miyazawa, Grundriss der Verfassung (wie oben Anm. 40), 149; Minobe, Grundriss (wie oben Anm. 41), 163; Kiyomiya, Verfassung (wie oben Anm. 42), 364; Sasaki, Verfassungslehre (wie oben Anm. 40), 430 f.; Ashibe, Verfassung (wie oben Anm. 40), 244; Urabe, N., Kommentar zu Art. 32 Vf, in: Higuchi/Sato/Nakamura/Urabe, Chûshaku Nihonkoku Kenpô (Kommentar zur Verfassung Japans), 1984, 715–723, bes. 716.

45 vgl. Rosenberg/Schwab/Gottwald, Zivilprozessrecht, 18. Aufl. (2018), § 3 (S. 18): „Das Gericht ist staatsrechtlich und prozessrechtlich verpflichtet, Rechtspflege zu üben". „Rechtsschutzanspruch garantiert keine absolut richtige Entscheidung, sondern verpflichtet den Staat, den Streit durch unabhängige Richter in einem rechtsstaatlichen Verfahren entscheiden zu lassen". Man beachte, dass diese Ausführung ohne Allegation der Gesetze als Grundsatz erläutert wird.

46 Zu dem wesentlichen Themenkomplex des Begriffs „Verbot der Justizverweigerung" vgl. etwa Luhmann, N., Das Recht der Gesellschaft, 1993, bes. 310–319.

47 Vgl. Art. 4 Code Civil.

Dem Verfasser dieser Zeilen ist nicht bekannt, ob die Formel „Recht auf Empfangen eines Urteils" im juristischen, in der japanischen Sprache geführten Diskurs jemals problematisiert worden wäre. Die Fakten, die hier vorgeführt worden sind, sind in Japan bekannt. Unbekannt ist der Zusammenhang, der hier skizzenhaft rekonstruiert worden ist.

Wer aber die Vergangenheit nicht im Zusammenhang erkennt, wiederholt dasjenige, was schon geschehen ist. Die eigene Vergangenheit scheint vertraut zu sein, ist es aber nicht so. Sie ist oft nur atmosphärisch ‚vorhanden', wird erst sichtbar, wenn man sie sorgfältig aufarbeitet und aus den Quellen sprachlich komponiert. Ohne diese bewusste Verarbeitung der Vergangenheit entsteht oft der Trieb, bestimmte Erlebnisse unbewusst zu wiederholen.

Etwas sehr Ähnliches ist doch schon einmal im späten 19. Jahrhundert passiert. Im Entwurf der Meiji-Verfassung des Kaiserreichs Japan von 1889 lautete die Fassung des 24. Art. folgendermaßen[48]:

第24条　日本臣民ハ正当ノ裁判所(saiban-sho)ヨリ阻隔(sokaku)セラルヽコトナシ

Art. 24 Kein japanischer Untertan darf dem legitimen Gericht (saiban-sho) entzogen (sokaku) werden.

Bei der Anfertigung dieses Artikels wurden Art. 26 Verfassung des Königreichs Württemberg vom 25. Sep. 1819, Art. 145 Abs. 10 Verfassung des Königsreichs Portugal vom 29. April 1926, Art. 150 Verfassung des Königreichs der Niederlande vom 24. August 1815 und Art. 7 Verfassung für den preußischen Staat vom 31. Januar 1851 als Vergleichsmaterialien herangezogen. Aber dann wurde diese Version folgenderweise geändert, und zwar mit der Bemerkung, dass mit dieser Änderung keine juristisch bedeutsame Änderung entstanden sei[49]:

第24条 日本臣民ハ法律ニ定メタル裁判官ノ裁判(saiban)ヲ受クル(ukuru)ノ権(ken)ヲ奪ハルヽコトナシ

Art. 24 Kein japanischer Untertan darf dem Recht (ken) auf Empfangen (ukuru) eines Urteils (saiban) durch den gesetzlichen Richter entzogen werden.

---

48 Shimizu, S., Meiji-Kenpô Seitei-shi (Entstehungsgeschichte der Meiji-Verfassung), 3. Bd. 1973, 3.
49 Op.cit. 139, 239.

Man darf vermuten, dass die heutige Vorstellung von „Saiban" noch wesentlich auf die Zeit zurückreichen sollte, die sich vor der Modernisierung Japans befindet, wo das Gericht mit der Exekutive weitgehend zusammenfiel und es die zivilrechtliche Streitigkeit zwar behandeln durfte, aber nicht musste, und häufig nicht behandelte[50].

Die Formel „Recht auf Empfangen eines Urteils" ergibt nur dann Sinn, wenn das Urteil schon als solches für wert erachtet wird und zwar unabhängig von dem Verfahren, an dem, positivrechtlich gesehen, die Parteien teilzunehmen haben und an dessen prozessuale Formalitäten das Gericht gebunden zu sein hat. Obwohl dieser in Japan gültige Grundsatz auch als Recht bezeichnet wird, so kann man es doch, sprachlich bedingt, schwerlich ohne ein gewisses Gefühl der psychologischen Belastung dazu mobilisieren, den Staat, der das Urteil fällt, zum gerichtlichen Verfahren zu *zwingen*[51].

Geschichtliche Betrachtung hat aber Macht, unbewusste, oft in juristisches Gewand gekleidete, immer wiederkehrende Gespenster zu beleuchten, um die juristische Scheinlogik zu sprengen – und dies um eines durchsichtigeren, der Sache gerechteren Rechtsdenkens willen.

---

50   Ishii, R., Art. Saiban, in: Kokushi Daijiten (Großlexikon der Nationalgeschichte), 6. Bd. 1985, 218–219; Hiramatsu, Y., Art. Saiban (Kinsei) (Saiban in der Neuzeit), in: Nihon-shi Daijiten (Großlexikon der japanischen Geschichte), Bd. 3. 1993, 536–538.
51   Sasaki versuchte gar, das Recht auf Empfangen eines Urteils als Recht auf „Hoffnung (Kibô) zu einem staatlichen Akt" umzuschreiben, Sasaki, Verfassungslehre (wie oben Anm. 41), 430. Kiyomiya zufolge soll das Recht auf Empfangen eines Urteils insofern gestattet werden, als es in die gesetzlich geregelte Kompetenz der Justizgewalt falle, Kiyomiya, Verfassung (wie oben Anm. 42), 364. Die Tragweite des Rechtes auf Empfangen eines Urteils hängt Kiyomiya zufolge wesentlich von der gesetzlichen Lage der Gerichtsordnung ab.

3 Praxisgeschichte

3.1 TCL 1, 157: Rechtsstreit um eine Doppelhaushälfte in altbabylonischer Zeit
Guido Pfeifer

Vorbemerkung: Die im Folgenden behandelte Urkunde ist eines der schönsten Rechtsstreitdokumente aus altbabylonischer Zeit. Sie bietet nicht nur eine Fülle an Informationen über das Recht dieser Zeit und seine sozialen und ökonomischen Kontexte. Vielmehr bietet sie zugleich Gelegenheit, darüber nachzudenken, unter welchen Voraussetzungen ein adäquater Zugriff auf historische Rechtsquellen möglich ist – und zwar gleichermaßen bezogen auf die spezifischen Herausforderungen, die sich aus der Überlieferung des Alten Vorderen Orients ergeben, als auch im Allgemeinen. Vor dem Hintergrund der vielfältigen Aspekte dieses Texts hat ihn der Verfasser schon häufig in verschiedenen didaktischen und anderen akademischen Formaten als Anschauungsmaterial herangezogen; gleichwohl erweist sich die Quelle stets aufs Neue interessant und anregend und zählt deshalb zu den „Lieblingsquellen" des Verfassers.

TCL 1, 157 (Ammī-ditāna 24+x, um 1660 v. Chr.)[1]

Vs. 1
2
3   [1sar é   „[1 Sar Hausgrundstück,
    šà 2sar é]   gehörend zu 2 Sar Hausgrundstück]
4–8 Vermerk über vorausgegangene Vermerk über vorausgegangene Veräußerungen
    Veräußerungen
9   1sar é šu-[a-ti ...]   – di[eses] 1 Sar Hausgrundstück

---

[1] TCL = Textes Cunéiformes. Musée du Louvre, Département des antiquités orientales (Paris). Abkürzungen folgen, wenn nicht anderweitig angegeben, dem Verzeichnis in: Reallexikon der Assyriologie und Vorderasiatischen Archäologie (RlA) Bd. 15, Berlin/Boston 2016–2018, S. III–XLVII.

10–12 *[Lagebeschreibung]* Lagebeschreibung
13 *it-ti* dingir-*ša*-ḫé.gál nu.gig hat von Iluša-ḫegal, der *qadištum*,
    dumu^(mí d)*é-a-illat-sú* der Tochter des Éa-ellassu,
14 *a-n[a]* 1[5] gín kù.babbar fü[r] 1[5] Šekel Silber
    [*be-le-sú-nu* lukur ^d*amar*].utu [die Bēlessunu, die *nadītum* des Mard]uk,
    aš-ša-ti meine Ehefrau,
15 dumu^(mí) [...] die Tochter des [...]
16 *i-na* mu *am-mi-d[i-ta-na* ...] im Jahr „Ammī-d[itāna ...] die Waffe"
    ^(giš)*tukul* gekauft, und
    iš-ša-am-ma
17 *k[a]-ni-ik* ich habe die gesiegelte U[rk]unde
    ši-ma-[tim lu e]l-qí des Kau[fs gewiss ge]nommen
18 *ù a-na ši-b[u]-tim* ^I*i-lí-i-qí-ša* und zum Zeu[gn]is habe ich den Ili-iqīša,
    dumu-*ša* ihren Sohn,
19 *ša* 2 sar é ḫa.la-*šu* der die 2 Sar Hausgrundstück als seinen
    il-qú-ú ú-ša-ak-ni-ik Erbteil
                             genommen hatte, siegeln lassen.
20 *i-na-an-na* dingir-*ša*- ḫé.gál Jetzt hat Iluša-ḫegal, die *qadištum*,
    nu.gig die Tochter des Éa-ellassu,
    dumu^(mí d)*é-(a-)illat-sú*
21 *ša k[a]-ni-ik ši-ma-tim* welche die U[rk]unde des Kaufs gesiegelt
    ik-nu-kam hatte,
22 1sar é *šu-a-ti ip-ta-aq-ra-an-ni* dieses 1 Sar Hausgrundstück von mir
                                         beansprucht."
23 *ki-a-am iq-bi-i-ma* So sprach er und
24 ^I dingir-*ša*- ḫé.gál nu.gig Iluša-ḫegal, die *qadištum*, die Tochter
    dumu^(mí) des Éa-ellassu,
    ^d*é-a-illat-sú*
25 *ki-a-am i-pu-ul [u]m-ma* so antwortete sie [wi]e folgt: „Den Kauf-
    ši-ma preis
26 1 sar é für 1 Sar Hausgrundstück,
    šà 2sar é gehörend zu 2 Sar Hausgrundstück,
27 *ša [i]t-ti be-le-sú-nu* lukur das ich [v]on Bēlessunu, der *nadītum* des
    ^d*za-ba-ba* Zababa,
    a-ša-mu gekauft hatte,
28 *a-n[a]* 1[5] gín kù.babbar fü[r] 1[5] Šekel Silber
    a-na be-le-sú-nu lukur ^d*amar*.utu der Bēlessunu, der *nadītum* des Marduk,

29	[aš-ša-a]t ad-di-li-ib-lu-uṭ ad-di-in-ma	der [Ehefra]u des Addi-libluṭ habe ich es verkauft und
30	1[5] gín kù.babbar [ú-u]l id-di-nu-nim	1[5] Šekel Silber haben sie mir nicht gegeben."
31	ki-a-am i-pu-ul	Dergleichen antwortete sie.
32	di.ku₅^meš dingir-ša- ḫé.gál lú^meš ši-bi	Die Richter haben von Iluša-ḫegal Männer als Zeugen
33	ša lukur be-le-sú-nu kù.babbar la id-di-nu-ši-im	(dafür), dass die *nadītum* Bēlessunu das Silber ihr nicht gegeben hat,
34	ú lu-ma ḫi-ša-am ša a-na íb.tag₄ kù.babbar iz-bu-ši	oder doch einen Schuldschein, den sie für den Rest des Silbers ihr ausgestellt hat,
35	i-ri-šu-ši-ma ú-ul i-ba-aš-šu-ú-ma	verlangt, aber sie (Zeugen und Schuldschein) existieren nicht und
36	ú-ul ub-lam	sie (Iluša-ḫegal) hat (sie) nicht herbei- gebracht.
37	^Iad-di-li-ib-lu-uṭ-ma	Addi-libluṭ aber hat
38	ka-ni-ik 1 sar é ub-lam	eine gesiegelte Urkunde über das 1 Sar Hausgrundstück herbeigebracht.
39	di.ku₅^meš iš-mu-ú	Die Richter haben (sie) gehört.
40	lú^meš ši-bi ša i-na ka-ni-ki ša-aṭ-[ru]	Als die Zeugen, die auf der gesiegelten Urkunde geschrie[ben] waren,
41	i-ša-lu(!)-ma	sie sie befragten und,
Rs. 42	ki-ma 15 gín kù.babbar šám 1 sar é.[dù.a]	dass 15 Šekel Silber als Kaufpreis für 1 Sar [bebautes] Hausgrundstück
43	^Idingir-ša- ḫé.gál il-qú-ú ši-bu-us-s[ú]-n[u]	Iluša-ḫegal genommen habe, als ihr Zeugnis
44	ma-ḫar di.ku₅^meš a-na pa-ni dingir-ša- ḫé.gál	vor den Richtern der Iluša-ḫegal ins Angesicht
45	iq-bu-ú-ma	sagten,
46	dingir-ša- ḫé.gál a-an-nam i-pu-ul	hat Iluša-ḫegal (es) zugegeben.
47	di.ku₅^meš a-wa-ti-šu-nu i-mu-ru-ma	Die Richter haben ihre Angelegenheit geprüft und

48	ᴵdingir-ša- ḫé.gál nu.gig dumu^(mí) ᵈé-a-illat-sú	der Iluša-ḫegal, der *qadištum*, der Tochter des Éa-ellassu,
49	aš-šum ^(zá)kišib^(ki)-ša ú-pá-aq-qí-ru	weil sie ihr Siegel abgeleugnet hat,
50	ar-nam i-mi-du-ši	ihr eine Strafe auferlegt
51	ù ṭup-pi la ra-ga-mi-im	und diese Urkunde des Nichtklagens
52	an-ni-a-am ú-še-zi-bu-ši	haben sie sie ausstellen lassen:
53	u₄.kur.šètim ISAR é.dù.a	„In Zukunft werden bezüglich 1 Sar bebautes Hausgrundstück,
54–57	[Lagebeschreibung]	*Lagebeschreibung*
58	ši-ma-at be-le-sú-nu lukur ᵈamar.utu	gekauftes Gut der Bēlessunu, der *nadītum* des Marduk,
59	aš-ša-at ad-di-li-ib-lu-uṭ	Der Ehefrau des Addi-libluṭ,
60	ᴵdingir-ša- ḫé.gál dumu^(meš)-ša aḫ-ḫu-ša	die Iluša-ḫegal, ihre Söhne, ihre Brüder,
61	ù ki-im-ta-ša a-na be-le-sú-nu	oder ihre Familie gegen die Bēlessunu
62	ù ad-di-li-ib-lu-uṭ mu-ti-ša	und Addi-libluṭ, ihren Ehemann,
63	ú-ul i-[r]a-ag-ga-mu	nicht klagen"
64	mu ᵈamar.utu ù am-mi-di-ta-na šar-ri	bei Marduk und Ammī-ditāna, dem König,
65	in.pà.dè^(meš)	haben sie geschworen.
66–74		*Namen von 8 Richtern und des „Bürgermeisters"*
75–76		*Kontrollvermerk zweier Archivare*
l. Rd.		*11 Siegel*

3.1.1 Text und Kontext

Die Tontafel, die unseren Text überliefert hat, gehört heute zur Sammlung des Louvre in Paris und trägt die Museumssignatur AO 4657. Sie stammt aus Sippar[2], dem heutigen Tell Abū Ḥabbah (Irak), etwa 60 km nördlich des antiken Babylons gelegen. Über

---

2 Eva Dombradi, Die Darstellung des Rechtsaustrags in den altbabylonischen Prozessurkunden (FAOS 20, 1 und 2), Stuttgart 1996, Bd. 2, 357; François Thureau-Dangin, Lettres et contrats de l'époque de la première dynastie babylonienne (TCL 1), Paris 1910, S. VII mit Anm. 2.

die Umstände des Funds ist nichts bekannt, da die Tafel – wie zahlreiche andere – aus den Raubgrabungen nach der Entdeckung Sippars zwischen 1883 und 1902 stammen dürfte[3]. Obwohl die Tafel am rechten oberen Rand abgebrochen ist und auf der Vorderseite eine weitere starke Beschädigung aufweist, bietet sie einen nahezu vollständigen Text[4], da die Lücken anhand von Wiederholungen in den lesbaren Abschnitten sicher ergänzt werden können[5]. Eine Kopie des Keilschrifttextes wurde erstmals 1910 von François Thureau-Dangin vorgelegt[6], der parallel dazu auch eine erste Transkription und eine Übersetzung ins Französische publizierte[7]. Die ersten deutschen Übersetzungen stammen von Arthur Ungnad aus dem Jahr 1911[8] sowie von Moses Schorr von 1913[9]. Die hier dargebotene Transkription gibt den akkadischen (babylonischen) Text kursiv wieder, während die darin enthaltenen sumerischen Textbestandteile gesperrt gehalten sind. Die vorgelegte Übersetzung versucht, die syntaktische Struktur des Originals nachzuvollziehen, auch wenn das den Lesefluss im Deutschen ein wenig erschweren mag.

Der Urkunde fehlt infolge der Beschädigung ein explizites Datum; gleichwohl lässt sie sich mittels einiger Anhaltspunkte im Text vergleichsweise genau datieren: Die Jahresangabe im Zusammenhang mit dem Kauf in Z. 16 bezeichnet das 24. Regierungsjahr Ammī-ditānas von Babylon[10], der nach der sog. mittleren Chronologie von 1683 bis 1647 v. Chr. regierte. Der dokumentierte Rechtsstreit muss demnach während der letzten zwölf Regierungsjahre Ammī-ditānas stattgefunden haben und fällt in eine Zeit, die gemeinhin als krisenhaft beschrieben wird: Der Niedergang der ersten Dynastie von Babylon, der bereits mit den ersten Nachfolgern von Ammī-ditānas Urgroßvater Ḫammu-rapi eingesetzt hatte, war geprägt vom außenpolitischen Kontrollverlust über den Süden des Reiches sowie von Naturkatastrophen und ökonomischen Schwierigkei-

---

3   Dazu Gábor Kalla, Art. „Sippar. A. I. Im 3. und 2. Jahrtausend", in: RlA Bd. 12, Berlin/Boston 2009–2011, 528–533 (529).
4   Édouard Cuq, Commentaire juridique d'un jugement sous Ammi-ditana, in: RA 7 (1909), 129–138 (129).
5   Lücken und Ergänzungen sind hier sowohl in der Transliteration als auch in der Übersetzung durch eckige Klammern […] kenntlich gemacht.
6   Thureau-Dangin, Lettres et contrats (o. Anm. 2), Pl. LXXXV.
7   François Thureau-Dangin, Un jugement sous Ammi-ditana, in: RA 7 (1909), 121–127.
8   Josef Kohler/Arthur Ungnad, HG Bd. V: Übersetzte Urkunden, Verwaltungsregister, Inventare, Erläuterungen, Leipzig 1911, Nr. 1201 (36–37).
9   Moses Schorr, Urkunden des Altbabylonischen Zivil- und Prozessrechts (VAB 5), Leipzig 1913 (Nachdr. 1968), Nr. 280, 390–395.
10 Vgl. Arthur Ungnad, Art. „Datenlisten", in: RlA Bd. 2, Berlin und Leipzig 1938, 131–194 (188).

ten[11]. Mit einer reichen Überlieferung von Rechtsurkunden des Alltags, aber auch von Rechtssammlungen wie dem Codex Ḫammu-rapi und zahlreichen weiteren Quellen, zählt die altbabylonische Epoche zu den rechtshistorisch ergiebigsten Abschnitten in der Geschichte des Alten Vorderen Orients[12].

3.1.2 Inhalt

TCL 1, 157 dokumentiert den Streit um ein Hausgrundstück nach Art eines Protokolls. Knapp das erste Drittel des Textes (Z. 1–22) besteht aus der Wiedergabe der wörtlichen Rede eines an dem Streit Beteiligten. Der Charakter der wörtlichen Rede lässt sich unschwer erkennen, wenn man die Formulierungen in der ersten Person (Z. 17 f.) und den Vermerk, der diesen Abschnitt abschließt (Z. 23), miteinander korreliert. Die Identität des Sprechers enthüllt sich indes erst im Folgenden, wenn sich die wörtliche Gegenrede einer weiteren Beteiligten anschließt (Z. 25–30), die ebenfalls von Protokollvermerken gleichsam eingerahmt ist (Z. 24, 31) und mit der die Umstände des Sachverhalts komplettiert werden: Gegenstand des Streits ist ein Hausgrundstück, das die *nadītum* Bēlessunu von der *qadištum* Iluša-ḫegal für 15 Šekel Silber gekauft hat (Z. 3–16, 28 f.)[13]. Während die Verkäuferin Iluša-ḫegal offenbar selbst für ihre Sache einsteht, tritt die Käuferin Bēlessunu nicht selbst in Erscheinung; statt ihrer bringt ihr Ehemann namens Addi-libluṭ (Z. 14, 29) ihren Standpunkt vor.

Im Vortrag des Addi-libluṭ wird zum einen das streitbefangene Grundstück detailliert bezeichnet; dazu dienen ein Vermerk über vorausgegangene Veräußerungen und eine Lagebeschreibung[14]. Zudem wird kenntlich gemacht, dass das Grundstück die Hälfte einer doppelt so großen Grundfläche ausmacht (Z. 3, 26): Das dabei verwendete Flächenmaß 1 Sar entspricht 36 qm[15]. Der Kaufpreis in Höhe von 15 Šekel Silber

---

11   Michael Jursa, Die Babylonier, München 2004, 23 f.
12   In diesem Sinne auch Gerhard Ries, Besprechung zu Dombradi, Rechtsaustrag (o. Anm. 2), in: ZSSR 116 (1999), 313–318 (313).
13   Die Bezeichnungen der beiden Frauen stehen im Zusammenhang mit ihrer Zugehörigkeit zu einer bestimmten Personengruppe und dem damit verbundenen Status; dazu siehe sogleich unter 3.1.3.1.
14   Auf ihre Wiedergabe wird hier aus Raumgründen verzichtet.
15   Marvin A. Powell, Art. „Maße und Gewichte", in: RlA Bd. 7, Berlin und New York 1987–1990, 457–517 (479). Insoweit wäre aus heutiger Sicht vielleicht eher an ein Studentenappartement als an eine Doppelhaushälfte zu denken.

(Z. 14, 28) ist durchaus beachtlich, wenn man z. B. für den durchschnittlich errechneten Monatslohn eines Tagelöhners ½ Šekel Silber annehmen darf[16]. Offenkundig von Bedeutung ist die zweifache Erwähnung der Kaufurkunde (Z. 17, 21), die nicht nur von der Verkäuferin, sondern auch von deren Sohn gesiegelt worden sei (Z. 18f., 21), dem das gesamte, 2 Sar umfassende Hausgrundstück als Erbteil zugestanden habe. Am Ende des Vorbringens der Käuferseite steht die Behauptung, die Verkäuferin habe das Hausgrundstück vom Ehemann der Käuferin beansprucht (Z. 22). Die Entgegnung der Verkäuferin bestätigt das Hausgrundstück als Gegenstand des Verkaufs sowie den Kaufpreis in der genannten Höhe, stellt aber in Abrede, dass die 15 Šekel Silber von der Käuferseite geleistet worden seien (Z. 30).

Die Akteure des folgenden Abschnitts (Z. 32–46) sind zuvörderst die Richter: Sie geben der Verkäuferin Iluša-ḫegal auf, für die Nichtleistung des Kaufpreises Zeugen herbeizubringen oder alternativ einen Schuldschein vorzulegen, der die noch ausstehende Schuld verbrieft; beides bleibt die Verkäuferin schuldig (Z. 36), während Addi-libluṭ eine gesiegelte (Kauf-) Urkunde über das Hausgrundstück vorlegt. Die folgende Formulierung „die Richter haben gehört" (Z. 39) lässt sich entweder so verstehen, dass die (selbst des Lesens nicht mächtigen) Richter sich die vorgelegte Kaufurkunde haben vorlesen lassen, oder aber die im Folgenden vernommenen (Urkunds-) Zeugen angehört haben. Die Verkäuferin wird mit der Zeugenaussage konfrontiert, den Kaufpreis erhalten zu haben (Z. 42–45); daraufhin gibt sie diesen Umstand zu[17].

Es folgt ein Vermerk darüber, dass die Richter die Angelegenheit geprüft haben (Z. 47) und der Verkäuferin eine nicht näher bezeichnete Strafe auferlegen (Z. 50), was damit begründet wird, dass diese ihr Siegel abgeleugnet habe (Z. 49). Ferner veranlassen die Richter, dass die Verkäuferin eine „Urkunde des Nichtklagens" ausstellt, in der sie selbst und ihre Familienangehörigen den Verzicht auf eine künftige Klage auf das Hausgrundstück gegen die Käuferin und ihren Ehemann bei Marduk, dem Stadtgott von Babylon, und beim König beschwören. Die Urkunde schließt mit den Namen von acht Richtern und einem „Bürgermeister" sowie dem Kontrollvermerk zweier (richterlicher) Archivare. Am linken Rand der Urkunde finden sich insgesamt elf Siegelabrollungen: zwei (als erste und als letzte) des Siegels der Verkäuferin Iluša-ḫegal sowie je eine der Siegel der neun Richterpersonen[18].

---

16 Siehe zu den Löhnen in den sog. Dienstmietverhältnissen Horst Klengel, König Hammurapi und der Alltag Babylons, Düsseldorf ²2004, 89.
17 Wörtlich: „antwortete sie ,ja'".
18 Eingehend zu den Siegeln Thureau-Dangin, Un jugement (o. Anm. 7), 127.

3.1.3 Interpretation

Selbst juristische Laien scheint der „Fall" in TCL I, 157 auf den ersten Blick vor keine allzu großen Verständnisschwierigkeiten zu stellen: Die Verkäuferin eines Hausgrundstücks beansprucht dieses mit der Behauptung, sie habe den Kaufpreis dafür nicht erhalten; weil sie das aber nicht beweisen kann, verbleibt das Hausgrundstück bei der Käuferseite. Betrachter mit einem gewissen juristischen Hintergrundwissen mögen anhand des Texts einzelne Rechtsfragen assoziieren, die sich mit Schlagwörtern wie Vindikation, Eigentumsübergang, Kreditkauf und dergleichen mehr verbinden[19]; unabhängig davon, auf welche Art und Weise man diese Fragen problematisiert – und gegebenenfalls „löst", dürfte sich aber auch für Experten jedenfalls das „Ergebnis" als stimmig darstellen. Spätestens aber, wenn man versucht, die Urkunde als solche zu kategorisieren, sei es speziell als „Urteil"[20], sei es allgemein als „Prozessurkunde"[21], stellt man schnell fest, dass die Kategorien, die uns aus dem Recht der Gegenwart geläufig scheinen, von begrenzter Tauglichkeit sind, wenn man der Quelle historisch-kritisch gerecht werden will[22]. Denn etwa der akkadische Begriff *dīnu*, der in dieser Zeit ansonsten regelmäßig für „Urteil" oder „Prozess" verwendet wird, findet im gesamten Dokument keine Anwendung[23]. Auch kann von einem Klagebegehren im eigentlichen Sinn, über das entschieden würde, keine Rede sein, geschweige denn von einer eindeutigen Rollenzuweisung der streitbeteiligten Parteien im Sinne von Kläger und Beklagtem.

---

19 Siehe etwa die Inhaltsangabe bei Schorr, Urkunden (o. Anm. 9), 390 mit Anm. 1.
20 So die Einordnung bei Schorr, Urkunden (o. Anm. 9), S. IX, und bereits bei Thureau-Dangin, Un jugement (o. Anm. 7), 121 (im Titel) sowie im selben Kontext durch Cuq, Commentaire juridique (o. Anm. 4), 129 (ebenfalls im Titel).
21 Etwa bei Kohler/Ungnad, HG V, S. VI (o. Anm. 8) sowie der allgemeine Sprachgebrauch bei Dombradi, Rechtsaustrag (o. Anm. 2); deutlich zurückhaltender Ries, Bespr. Dombradi (o. Anm. 12), 313.
22 Für diesen Anspruch steht wie kein anderer der durch diesen Band geehrte Joachim Rückert, dessen bereichernder Besuch des Seminars „Das Recht der Dienstleistungen im Alten Orient" des Verfassers im Wintersemester 2009/2010 unvergessen ist.
23 Allerdings ist das semantische Spektrum von *dīnu* mit diesen beiden Begriffen nicht einmal annähernd erschöpft, siehe Wolfram von Soden, AHw. Bd. 1, Wiesbaden 1965 (^{2}1985) s. v. „dīnu", 171 f.; vielmehr knüpft sich an die in diesem Zusammenhang feststellbare Ambiguität bzw. Polyvalenz eine Problematik sui generis, die einer gesonderten Abhandlung bedarf. Zur Verbform diānu(m) in den Prozessurkunden siehe Dombradi, Rechtsaustrag (o. Anm. 2), 315 f.

Die Interpretation hat sich vor dem Hintergrund dieses Befunds zunächst mit den Informationen auseinanderzusetzen, welche der Quelle selbst unmittelbar entnommen werden können. Dabei mag mit der Prämisse gearbeitet werden, dass Urkunden tendenziell nur das dokumentieren, was ihren Verfassern im Hinblick auf die Funktion der Texte als notwendig erschien[24]. Zugleich stehen die Quellen natürlich nicht im luftleeren Raum, sondern – wie gesehen – in einem historischen Kontext, der im Rahmen ihrer Auslegung zu berücksichtigen ist. All dem trägt die Erörterung einiger ausgewählter Aspekte des Texts im Folgenden Rechnung.

3.1.3.1 Status und Funktion der beteiligten Personen

Die an dem Verfahren beteiligten Personen werden nur zum Teil mit einer spezifisch prozessualen Terminologie bezeichnet: So begegnen uns zwar Richter[25] und Zeugen, die Parteien werden jedoch lediglich mit ihren Eigennamen genannt. Was die Funktion der Richter anbelangt, wird anhand der Urkunde deutlich, dass sie das Streitverfahren autoritativ leiten: Sie lassen Beweis erheben über die Tatsache, dass der Kaufpreis bezahlt bzw. nicht bezahlt wurde (Z. 32–35); sie befragen die Zeugen (Z. 41); sie prüfen die Angelegenheit (Z. 47); sie legen der Verkäuferin des Hausgrundstücks eine Strafe auf und lassen sie einen Klageverzicht leisten (Z. 50–52). Zudem sind sie am Ende des Dokuments namentlich aufgeführt und firmieren zusätzlich mit ihren Siegeln. Aber auch die Funktion der Zeugen ergibt sich unmittelbar aus dem Text (Z. 40–45); dass sie nicht namentlich genannt werden, entspricht der Überlieferung in vergleichbaren Quellen[26].

Was die Rollen der Parteien betrifft, lassen sich diese nicht ohne weiteres zuweisen: Aus der Tatsache, dass die Verkäuferin Iluša-ḫegal zum einen das Hausgrundstück

---

24 Siehe Gerhard Ries, Eine Exegese zum Recht im alten Mesopotamien, in: Thomas Finkenauer/ Boudewijn Sirks (Hrsg.), Interpretationes Iuris Antiqui, Dankesgabe für Shigeo Nishimura, Wiesbaden 2018, 272–292 (276) am Beispiel der Gerichtsurkunde CT 2, 39. Freilich wird die Funktion von Urkunden (auch) aus ihrem Inhalt abgeleitet; zu dieser hermeneutischen Wechselbezüglichkeit sogleich unter 3.1.4.

25 Jedenfalls hinsichtlich des Begriffs „Richter" können insoweit gewisse Ansätze einer rechtlichen Fachterminologie beobachtet werden, dazu Guido Pfeifer, Judizielle Autorität im Gegenlicht: Richter in altbabylonischer Zeit, zur Debatte „Richterkulturen" in forum historiae iuris (August 2010, unter https://forhistiur.de/media/zeitschrift/1008pfeifer.pdf, 30.03.2020), Rz. 6 mit weiterer Literatur; Überblick bei Hans Neumann, Artikel „Richter. A. Mesopotamien.", in: RlA Bd. 11, Berlin/New York 2006–2008, 346–351.

26 Dombradi, Rechtsaustrag (o. Anm. 2), 32.

beansprucht hat und als Unterlegene schließlich einen Klageverzicht leisten muss, lässt sich nicht zwingend ableiten, dass sie den Streit vor die Richter gebracht hat; die den Text einleitende Wiedergabe des Vorbringens des Addi-libluṭ könnte dessen Rolle als Kläger ebenso gut indizieren[27]; dieser Befund entspricht durchaus dem heterogenen Bild, das sich aus der Zusammenschau altbabylonischer Gerichtsurkunden ergibt und das eine einheitliche Verteilung der Kläger- und Beklagtenrolle nicht zulässt[28]. Demnach spricht vieles dafür, dass es im Rahmen der urkundlichen Dokumentation auf diese uns geläufige Differenzierung gar nicht ankommt.

Einer kurzen Erläuterung bedürfen freilich die Begriffe, mit denen die an dem Verfahren beteiligten Frauen zusätzlich zu ihren Eigennamen versehen werden: nadītum (wörtlich „die Brachliegende, Kinderlose")[29] und qadištum (wörtlich „die Reine, Geweihte")[30] bezeichnen Frauen, die meist aus sehr wohlhabenden Familien stammen und in einem gagûm, einer Art Kloster oder Stift leben[31], das einer bestimmten Gottheit geweiht ist; zu den berühmtesten Einrichtungen dieser Art in altbabylonischer Zeit zählte etwa das dem Sonnen- und Gerechtigkeitsgott Šamaš geweihte gagûm in Sippar[32]. Die nadītum blieben unverheiratet und kinderlos[33]; nicht selten war eine qadištum die Schwester einer nadītum[34]. Eine Ausnahme zur Ehelosigkeit bilden die nadītum des Marduk, des Stadtgottes von Babylon, wie es in TCL 1, 157 die Bēlessunu, die Ehefrau des Addi-libluṭ eine ist. Dass diese Frauen trotz ihrer besonderen Lebensweise außerordentlich intensiv am Wirtschaftsleben teilnahmen, ist in zahlreichen Urkunden aus altbabylonischer Zeit belegt; ihre Rechts- und Geschäftsfähigkeit steht insoweit

---

27 In diesem Sinne wohl auch die Ergänzung der ersten beiden Zeilen in der Übersetzung von Thureau-Dangin, Un jugement (o. Anm. 7), 124: „Addi-libluṭ vint trouver les juges et leur exposa ce qui suit".
28 Dombradi, Rechtsaustrag (o. Anm. 2), 306 f.; ebd. 262–303 eingehend zu terminologischen Fragen im Zusammenhang mit der Geltendmachung von Rechten; dazu auch Ries, Bespr. Dombradi (o. Anm. 12), 314.
29 Von Soden, AHw. Bd. 2, Wiesbaden 1972, s. v. „nadītu(m)", 704.
30 Von Soden, AHw. Bd. 2 (o. Anm. 29) s. v. „qadištu(m), 891.
31 Klengel, König Hammurapi (o. Anm. 16), 93–97, spricht deshalb auch von „Stiftsdamen".
32 Rikvah Harris, Ancient Sippar. A Demographic Study of an Old-Babylonian City (1894–1595 B. C.), Istanbul 1975, 305 ff.
33 Grundlegend Rikvah Harris, The Nadītum Woman, in: Studies presented to A. Leo Oppenheim, Chicago 1964, 106–135.
34 Sara Lahtinen, The nadītum as Businesswoman, Uppsala 2008, 16.

außer Frage[35]. Das gilt *cum grano salis* auch für „normale" Frauen; ihre Selbständigkeit scheint unabhängig von einem besonderen Status durch die Zugehörigkeit zu einem Haushalt mit einem männlichen Hausvorstand modifiziert worden zu sein[36]. Auch hierfür bietet TCL 1, 157 ein schönes Beispiel: Die *nadītum* Bēlessunu ist zwar die „eigentliche" Käuferin des Hausgrundstücks (Z. 14–16); sowohl beim Kauf als auch im Rechtsstreit tritt aber ihr Ehemann Addi-liblu† für sie auf.

3.1.3.2 Sachgüterrecht und Kaufpreiszahlung

Von den rechtlichen Themen und Problemen, die sich an den Streitgegenstand anschließen, ist die Veräußerung des Hausgrundstücks das zentrale: Denn obgleich von der *nadītum* Bēlessunu gekauft (Z. 16), wird das Grundstück von der Verkäuferin Ilušaḫegal beansprucht (Z. 22), die in diesem Zusammenhang anführt, den Kaufpreis nicht erhalten zu haben (Z. 25–30). Daraus und aus dem Umstand, dass im Anschluss über diese Tatsachenbehauptung Beweis erhoben bzw. geführt wird, lässt sich unmittelbar ableiten, dass die Zahlung des Kaufpreises als das wesentliche Momentum für das Behaltendürfen des Kaufgegenstands erachtet wurde. Dass die Formulierung des Beweisthemas (Z. 32–35) als Variante neben die Nichtzahlung des Kaufpreises zusätzlich die Ausstellung eines Schuldscheins über einen Restkaufpreis stellt, eröffnet einen aufschlussreichen Blick auf die Rechtspraxis des Kaufs und seiner Beurkundung: Diese kannte offenbar die Möglichkeit, den Anspruch auf die Kaufpreiszahlung durch die Verwendung eines weiteren Urkundenformulars – nämlich des Darlehens – zu perpetuieren[37].

Bequemt man sich einer stärker dogmatisch geprägten Betrachtungsweise, lassen sich aus dieser Gestaltungsform noch weitere Schlüsse ziehen: So erkennt eine am

---

35 Raymond Westbrook, Mesopotamia. Old Babylonian Period, in: Raymond Westbrook (Hrsg.), A History of Ancient Near Eastern Law Vol. I (= HdO 71/1), Leiden/Boston 2003, 361–430 (424 f.); Lahtinen, The nadītum as Businesswoman (o. Anm. 34), 76–81.
36 So Westbrook, Mesopotamia. Old Babylonian Period (o. Anm. 35), 379.
37 Zu dieser und anderen Gestaltungsformen des Kreditkaufs in altbabylonischer Zeit eingehend Guido Pfeifer, Fortschritt auf Umwegen – Umgehung und Fiktion in Rechtsurkunden des Altertums (MBP 107), München 2013, 83–96 mit älterer Literatur sowie daran anschließend Guido Pfeifer, Transkulturelle Universale oder juristischer Synkretismus? Zur Abhängigkeit des Eigentumserwerbs von der Zahlung oder Kreditierung des Kaufpreises in Inst. 2,1,41, in: Jan Hallebeek/Martin Schermaier/Roberto Fiori/Ernest Metzger/Jean-Pierre Coriat (Hrsg.), Inter cives necnon peregrinos. Essays in honour of Boudewijn Sirks, Göttingen 2014, 585–596 (589–592).

römischen Recht geschulte Perspektive zum einen unschwer, dass hier der endgültige Übergang des Eigentums vom Verkäufer auf den Käufer von der vollständigen Zahlung des Kaufpreises abhängig war[38]; daran anknüpfend können die regelmäßig vertraglich vereinbarten Klageverzichtsklauseln als ein Hilfsmittel verstanden werden, das beim Kreditkauf gewissermaßen ein Eigentum *inter partes* kreierte und so über die fehlende, bei diesem Geschäft gerade vermiedene vollständige Kaufpreiszahlung als Eigentumserwerbsvoraussetzung hinweghalf; ja, man mag darin gar einen faktischen Eigentumsvorbehalt wie in § 449 Abs. 1 BGB sehen[39]. Streng genommen läuft eine derartige Interpretation aber Gefahr, die Quelle mit einem juristischen Verständnis anzureichern, dem der Informationsgehalt des Textes gar nicht entspricht: Die juristische Kategorie „Eigentum" etwa lässt sich in TCL 1, 157 nicht begrifflich identifizieren[40]. Gleichwohl mag sie für das Verstehen des Textes hilfreich sein, indem sie das Problem und seine Lösung in einer rechtswissenschaftlichen Perspektive nachvollziehbar macht[41]. Hierin liegt die eigentliche Herausforderung der Quellenexegese als einem beständigen, sich selbst kritisch hinterfragendem, hermeneutischen Prozess, der eine Annäherung – nicht mehr, aber auch nicht weniger – an das Recht der Vergangenheit ermöglicht.

Ein anderer Aspekt der Vorstellung von „Eigentum" ist im Text allerdings tatsächlich angesprochen, wenn im Rahmen der Vorgeschichte des Kaufs darauf hingewiesen wird, dass der Ehemann der Käuferin dafür Sorge getragen hatte, den Sohn und künftigen Erben der Verkäuferin namens Ili-iqīša in das Veräußerungsgeschäft einzubeziehen, indem er ihn ebenso wie die Verkäuferin selbst die Kaufurkunde siegeln ließ. Das zeigt, dass die Konturen individueller und kollektiver Zuordnung von

---

38 Zur Frage, inwieweit sich hieraus ein universales Prinzip ableiten lässt Pfeifer, Transkulturelle Universale (o. Anm. 37), 595 f.

39 So Mariano San Nicolò, Die Schlußklauseln der altbabylonischen Kauf- und Tauschverträge, Ein Beitrag zur Geschichte des Barkaufes (MBP 4), München ²1974, 107 f. mit Anm. 41 (dort noch § 455 BGB); zustimmend Pfeifer, Fortschritt auf Umwegen (o. Anm. 37), 95 mit Anm. 407.

40 Allerdings kennt das Akkadische sprachliche Ausdrucksformen in diesem Zusammenhang, auch wenn eine ausgeprägte Kategorienbildung nicht feststellbar ist; dazu Guido Pfeifer, Art. „Vermögen(srecht)", in: RlA Bd. 14, Berlin/Boston 2014–2016, 556 f.

41 Zur Exegese römischrechtlicher Prägung im Keilschriftrecht siehe Eva Dombradi, Das altbabylonische Urteil. Mediation oder res iudicata? Zur Stellung des Keilschriftrechts zwischen Rechtsanthropologie und Rechtsgeschichte, in: Claus Wilcke (Hrsg.), Das geistige Erfassen der Welt im Alten Orient. Sprache, Religion, Kultur und Gesellschaft, Wiesbaden 2007, 245–279 (245 f.).

Sachgütern zu Personen im altbabylonischen Recht jedenfalls nicht völlig trennscharf auszumachen sind[42].

3.1.3.3 Beweiserhebung und Streitentscheidung

Der ausführlich dokumentierte Tatsachenbeweis (Z. 32–46) erfolgt durch eine Kombination aus Urkunden- und Zeugenbeweis. Urkunden und Zeugen zählen zusammen mit dem assertorischen (bekräftigenden) Parteieid zu den häufig angewandten Beweismitteln in altbabylonischer Zeit; im Codex Ḫammu-rapi, jedoch seltener in den Urkunden ist ferner das Ordal belegt[43]. Im Fall von TCL 1, 157 werden die auf der Kaufurkunde über das Grundstück aufgeführten Zeugen herangezogen (Z. 40); der Nachweis der tatsächlich erbrachten Leistung des Kaufpreises steht dabei nicht nur mit den Zeugenaussagen, sondern auch mit dem Inhalt der Kaufurkunde selbst in unmittelbarem Zusammenhang: Denn das standardmäßig verwendete Formular des Kaufs dokumentiert die Kaufpreiszahlung als eine erbrachte, d. h. im Sinne der Quittierung eines Bargeschäfts[44]; auf den Vertragsinhalt ist gleich nochmals zurückzukommen. Die mit den entsprechenden Aussagen der Zeugen unmittelbar konfrontierte Verkäuferin Iluša-ḫegal bestätigt jedenfalls den Erhalt des Kaufpreises (Z. 46).

In TCL 1, 157 folgt dieser Dokumentation des Beweisverfahrens der Vermerk *dajjānū awātišunu īmurū* (wörtlich „die Richter besahen/prüften ihre Worte/Angelegenheit")[45], der in den Urkunden aus Sippar regelmäßig den Abschnitt über das Beweisverfahren einleitet[46], statt ihn wie hier abzuschließen. So naheliegend es auch erscheinen mag,

---

42 Zur Siegelpraxis in diesem Zusammenhang Pfeifer, Art. „Vermögen(srecht)" (o. Anm. 40), 556.
43 Überblick über das Beweisverfahren bei Dombradi, Rechtsaustrag (o. Anm. 2), 326–339; zum häufig an den Eid anschließenden Beweisurteil siehe Gerhard Ries, Altbabylonische Beweisurteile, in: ZSSR 106 (1989), 56–80.
44 Pfeifer, Fortschritt auf Umwegen (o. Anm. 37), 84 im Anschluss an San Nicolò, Schlußklauseln (o. Anm. 39), 15 und mit Beispielen. Dass die konsequente Beibehaltung des Barkaufcharakters im Urkundenformular die faktische Praxis des Kreditkaufs nicht ausschloss, ergibt sich aus der soeben unter 3.1.3.2 erörterten Gestaltungsform unter der zusätzlichen Verwendung des Darlehensformulars.
45 Vgl. von Soden, AHw. Bd. 1 (o. Anm. 23) s. v. „amāru(m)", 41 und „awātu(m)", 89.
46 Dombradi, Rechtsaustrag (o. Anm. 2), 328 f.; ebd. auch zu den möglichen Deutungen der Wendung als meritorische Prüfung des gesamten Beweismaterials oder der Aussagen und Rechtsanschauungen der Parteien.

hierin die Würdigung der Beweisaufnahme und der Rechtslage zu erblicken, bietet die Urkunde an dieser Stelle doch keine weiteren Anhaltspunkte dafür, wie diese Tätigkeit der Richter im Detail von Statten ging. Auch an dieser Stelle ist also zu akzeptieren, dass der Zweck der Urkunde aus Sicht des Ausstellers nicht notwendigerweise mit dem rechtshistorischen Erkenntnisinteresse des Exegeten korreliert.

Ganz ähnlich verhält es sich mit der Entscheidung dieses Rechtsstreits, die darin besteht, dass die Richter der Verkäuferin Iluša-ḫegal eine nicht näher bezeichnete Strafe auferlegen (Z. 48–50). Es erscheint an dieser Stelle nicht müßig zu betonen, dass die Richter *nicht* einen „Anspruch" der einen oder der anderen Partei gewähren oder zurückweisen[47]; vielmehr wird über denjenigen Streitgegenstand, der vielleicht für den modernen Betrachter als der offenkundige erscheinen mag, nämlich das Hausgrundstück, unmittelbar überhaupt nichts vermerkt. Gegenstand der Entscheidung nach dem Wortlaut der Quelle ist das Verhalten der Verkäuferin und dessen Sanktionierung; lediglich mittelbar kann daraus auch auf das Schicksal des Hausgrundstücks geschlossen werden.

Worin genau besteht aber das mit einer Strafe sanktionierte Verhalten der Iluša-ḫegal, das mit „weil sie ihr Siegel abgeleugnet hat" (Z. 49) bezeichnet wird? Das hier verwendete Wortzeichen ᶻᵃkišib und sein akkadisches Äquivalent *kunukkum* können sowohl für das auf der Urkunde aufgebrachte Siegel selbst als auch für die Siegelurkunde als Gesamtheit stehen[48]. Das Ableugnen des Siegels bzw. der Urkunde selbst können in einem ganz allgemeinen Sinn als Auflehnung gegen den Vertrag oder als seine Anfechtung (freilich im untechnischen Sinne) verstanden werden, gegen die in den Verträgen selbst regelmäßig Vorkehrung in Form von entsprechenden Klauseln getroffen wird, indem eine oder beide Parteien versprechen, nicht zu klagen, nicht auf den Vertrag zurückzukommen, ihn nicht zu ändern o. ä.[49]. Unter das „Ableugnen"[50] kann insoweit jedes Verhalten subsumiert werden, das den dokumentierten Inhalt

---

47 Zur Terminologie der Entscheidungsformen siehe Dombradi, Rechtsaustrag (o. Anm. 2), 342–361.
48 Von Soden, AHw. Bd. 1 (o. Anm. 23) s. v. „kunukku(m)", 507 f. Die hier in Frage stehende Stelle wird bei von Soden, AHw. Bd. 1 (o. Anm. 23) s. v. „baqāru(m)", 104 im ersten Sinne verstanden; in CAD „P", Chicago 2005, s. v. „paqāru(m)", 134 hingegen ist der Bezug zur Urkunde hergestellt: „because she contested her own sealed documents".
49 Für die altbabylonische Zeit siehe den Überblick über die Vielfalt der Formulierungen bei San Nicolò, Schlußklauseln (o. Anm. 39), 44–75.
50 *baqāru(m)/paqāru(m)*, siehe die Nachweise in Anm. 48.

des Vertrags[51] in Frage stellt, hier also insbesondere, dass Iluša-ḫegal das Grundstück beansprucht und den Erhalt des Kaufpreises leugnet[52].

Der Inhalt der Strafe als solcher wird nicht näher bezeichnet (Z. 50), was für die altbabylonischen Gerichtsurkunden durchaus repräsentativ ist[53]. Vereinzelt belegt sind Ehrenstrafen, wie die Sanktion rechtsmissbräuchlichen Klagens u. a. mit dem Scheren des Haupthaares und Durchbohren der Nase in CT 45, 18[54].

3.1.3.4 Klageverzicht und Eid

Der Anordnung der Strafe folgt unmittelbar ein Vermerk darüber, dass die Richter die Verkäuferin Iluša-ḫegal eine *ṭuppi lā ragāmim*, eine „Urkunde des Nichtklagens" haben ausstellen lassen (Z. 51 f.), deren Wortlaut wiedergegeben ist (Z. 53–65): Mittels eines promissorischen (versprechenden) Eides verzichten die Verkäuferin und ihre gesamte Familie auf künftige Klagen gegen die Käuferin und ihren Ehemann auf das Hausgrundstück. Derartige Klauseln zählen zum Standardrepertoire der altbabylonischen Gerichtsurkunden[55]. Ihre Kategorisierung in einem eigenen Urkundenformat deutet auf ihre gesteigerte Bedeutung hin[56]. Vor diesem Hintergrund hat der prozes-

---

51 Dazu siehe oben unter 3.1.3.2 und soeben bei Anm. 44.
52 Unterstellt man, dass der Kaufvertrag einen Klageverzicht der Verkäuferseite enthielt (siehe oben bei Anm. 39), kann die Inanspruchnahme des Grundstücks (Z. 22) auch als rechtsmissbräuchliches Klagen verstanden werden, das hier sanktioniert wird; in diesem Sinne Guido Pfeifer, Klageverzichtsklauseln in altbabylonischen Vertrags- und Prozessurkunden als Instrumentarien der Konfliktvermeidung bzw. Konfliktlösung, in: Heinz Barta/Martin Lang/Robert Rollinger (Hrsg.), Prozeßrecht und Eid: Recht und Rechtsfindung in antiken Kulturen, Wiesbaden 2015, 193–205 (199).
53 Dombradi, Rechtsaustrag (o. Anm. 2), 100 sowie 345–349; ferner Ries, Eine Exegese (o. Anm. 24), 284.
54 CT 45, 18, Z. 10–18: *ù di.ku₅ zimbir^{ki} / di-nam ú-ša-ḫi-zu-šu-nu-ti-ma / aš-šum ṭup-pa-at la ra-ga-mi-im / šu-zu-bu-ú-ma i-tu-ru-ú-ma / ir-gu-mu mu-ut-ta-sú ú-ga-li-bu / ap-pa-šu [i]p-lu-šu i-di-šu / it-ru-ṣú uru^{ki} ú-sa-ḫi-ru-šu-ma / ba-aq-ru-šu ú ru-gu-mu-šu / na-ás-ḫu* […] „und die Richter von Sippar / haben ihnen einen Prozess gewährt und / weil eine Urkunde des Nichtklagens / man sie hat ausstellen lassen und er (doch darauf) zurückgekommen ist und / geklagt hat, sein Haar haben sie scheren lassen, / seine Nase haben sie durchbohren, seinen Arm / haben sie gestreckt, in der Stadt haben sie ihn (so) herumgeführt. / Seine Ansprüche und Klagen / sind abgewiesen […]"; siehe auch Pfeifer, Klageverzichtsklauseln (o. Anm. 52), 203 mit Anm. 40.
55 Überblick über die Gestaltungsformen bei Dombradi, Rechtsaustrag (o. Anm. 2), 118–121.
56 So auch Dombradi, Rechtsaustrag (o. Anm. 2), 359.

suale Klageverzicht vielfache und weitreichende Deutungen erfahren: Julius Georg Lautner leitete daraus ab, dass die altbabylonischen Richter mit ihrem Urteil einen bloßen Streitbeendigungsvorschlag unterbreiteten, der von den Parteien im Wege des Klageverzichts gleichsam vertraglich vereinbart worden sei[57]. Dagegen lassen sich außer der gut belegten Dokumentation des einseitigen Klageverzichts vor allem die deutlich erkennbaren autoritativen Elemente des richterlichen Handelns ins Feld führen, wie sie sich auch in TCL 1, 157 beobachten lassen[58]; insoweit darf die These Lautners heute als widerlegt gelten[59]. Demgegenüber hat Eva Dombradi den Klageverzicht als Schutz des Judikats interpretiert, der dem Urteil Präklusionswirkung verleihe[60]. Damit unvereinbar sind indes Urkunden, die belegen, dass selbst rechtsmissbräuchliches Prozessieren nach einem vorausgegangenen Klageverzicht nicht zu einer Klageabweisung *a limine* führte[61].

In einer weniger prozessualistisch aufgeladenen Perspektive zeigt der in TCL 1, 157 dokumentierte Rechtsstreit mit den Anordnungen der Richter einerseits und dem eidlichen Klageverzicht der Verkäuferseite andererseits sowohl autoritative wie auch privatautonome Elemente: Ihre Kombination intendierte offenbar eine Absicherung des rechtlichen und tatsächlichen Status Quo bei Abschluss des Verfahrens, vergleichbar mit den Schlussklauseln der Kaufverträge[62]. Ihre Effizienz scheint indes nicht zuletzt mit dem Eid und seinem numinosen Charakter in Verbindung zu stehen[63].

---

57 Julius Georg Lautner, Die richterliche Entscheidung und die Streitbeendigung im altbabylonischen Prozessrechte, Leipzig 1922, 25–67.
58 Eingehend zur These Lautners Dombradi, Rechtsaustrag (o. Anm. 2), 358–378; im Ergebnis der Kritik zustimmend Ries, Bespr. Dombradi (o. Anm. 12), 315 f.
59 Pfeifer, Klageverzichtsklauseln (o. Anm. 52), 200; dort auch zum evolutionistischen Hintergrund der Lautnerschen These, nach der sich das rechtskräftige Urteil aus der ursprünglichen Form des Schiedsgerichts entwickelt habe.
60 Dombradi, Rechtsaustrag (o. Anm. 2), 364 f. sowie Dombradi, Das altbabylonische Urteil (o. Anm. 41), 249, im dortigen Kontext angereichert durch Strukturelemente der Mediation.
61 Siehe die oben bei Anm. 54 erwähnte Urkunde CT 45, 18; dazu auch Ries, Bespr. Dombradi (o. Anm. 12), 316.
62 Dazu oben unter 3.1.3.2.
63 Pfeifer, Klageverzichtsklauseln (o. Anm. 52), 202 f.; zur Rolle des Eids im gerichtlichen Verfahren auch Walther Sallaberger, Sumerische und altbabylonische Eidesformeln in lexikalischer und kulturhistorischer Perspektive, in: Heinz Barta/Martin Lang/Robert Rollinger (Hrsg.), Prozeßrecht und Eid: Recht und Rechtsfindung in antiken Kulturen, Wiesbaden 2015, 179–192 (179).

3.1.4 Zusammenfassung

Das Verständnis des Klageverzichts als einer präventiven Maßnahme, die eine künftige Fortführung des Rechtsstreits verhindern sollte, trägt auch zur Antwort auf die Frage bei, welche Funktion der Text hatte. Denn diese Intention steht einerseits in unmittelbarem Zusammenhang mit der Beweisfunktion der Urkunde, die ihrerseits als Beweismittel in einem etwaigen weiteren Rechtsstreit um das Hausgrundstück herangezogen werden kann, geht aber zugleich über sie hinaus, indem sie diesen Fall gerade zu unterbinden sucht[64]. Dieser gleichsam zweifachen Funktion dienen sämtliche dokumentierten Inhalte; zugleich geben sie jedoch zusätzlich Aufschluss über eine Reihe weiterer rechtlicher Aspekte in ihrem historischen und sozio-ökonomischen Kontext.

Auf einer methodischen Reflexionsebene lässt sich an diesem Befund beobachten, dass das Ergebnis der Exegese maßgeblich bestimmt ist durch die Fragen, die an den Text gestellt werden[65]: Vor allem der Blick in die zitierte Sekundärliteratur macht deutlich, dass die Erklärung der Quelle selbst selten das eigentliche Erkenntnisinteresse ausmacht; vielmehr wird der Text immer wieder und nicht selten als einziger Beleg für vielfältige und mitunter weitreichende Hypothesen herangezogen. Dies hat zwangsläufig Konsequenzen, nicht zuletzt im Hinblick darauf, ob eher die Typizität oder die Besonderheit der Quelle betont wird. Aber ganz unabhängig davon, ob die Exegese von TCL 1, 157 zum Selbstzweck verfolgt wird oder um einen Beleg zu generieren, bietet der Text immer wieder Anregung und Herausforderung „neuer" Fragen gleichermaßen – und damit das, was eine echte „Lieblingsquelle" ausmacht.

---

64 Hierin lässt sich auch ein wesentlicher Aspekt ausmachen, in dem sich das Rechtsstreitdokument von der Vertragsurkunde unterscheidet; im Hinblick auf deren juristischen Funktion erscheint nach wie vor durchaus fraglich, ob sie als reines Beweismittel anzusehen ist, oder ob ihr auch ein dispositiver, d. h. verpflichtender Charakter zukommt. Einen Anknüpfungspunkt für diese Diskussion bietet Mariano San Nicolò, Beiträge zur Rechtsgeschichte im Bereiche der keilschriftlichen Rechtsquellen, Oslo 1931, 137 f. und 162 f.

65 Siehe bereits oben Anm. 24. Das schließt selbstverständlich die Sichtweisen und Interpretationsansätze des Verfassers zu TCL 1, 157 sowie ihre Modifikationen in den in den vergangenen fünfzehn Jahren ein.

3.2 P.Col. III 54 – vom Vertrag zur Klage
Nadine Grotkamp

Vorbemerkung: Der Papyrus P.Col. III 54[1] ist ein einzigartiges Zeugnis nicht nur der hellenistischen Rechtsgeschichte[2]. Auf einem einzigen, gut erhaltenen Blatt von 59 × 31,5 cm finden sich nebeneinander die Abschrift eines Pachtvertrages, die Abrechnung über die

---

1   Antike Quellen werden üblicherweise ähnlich wie heutige Gesetze abgekürzt und nach innerer Gliederung, nicht nach Seiten einer bestimmten Edition zitiert. Das Schema P.XX deutet auf einen Papyrus, hier P(apyrus) Col(umbia). Die bibliographischen Angaben der Editionen können, soweit notwendig, anhand von Listen in Einführungen (etwa Hans-Albert Rupprecht, Kleine Einführung in die Papyruskunde. Darmstadt 1994, 226 ff) in den im Internet frei zugänglichen Datenbanken (papri.info; Heidelberger Gesamtverzeichnis; Trismegistos) ermittelt werden.
Hier verwendete Abkürzungen:
BGU = Aegyptische Urkunden aus den Königlichen (später: Staatlichen) Museen zu Berlin, Griechische Urkunden, ab 1895
P.Col. = Columbia Papyri, ab 1929
P.Köln = Kölner Papyri, ab 1976
P.Petr.= The Flinders Petrie Papyri. Dublin, ab 1891
P.Rev. = Revenue Laws of Ptolemy Philadelphus, hg. v. Bernard Pyne Grenfell. Oxford 1896. 2. Aufl. J. Bingen im SB Beiheft 1, 1952
P.Trier = Neue Quellen zum Prozeßrecht der Ptolemäerzeit. Gerichtsakten aus der Trierer Papyrussammlung, hg. v. Bärbel Kramer/Carlos Sánches-Moreno Elart, Berlin 2017
SB = Sammelbuch griechischer Urkunden aus Aegypten, ab 1913 [Abdruck von einzeln veröffentlichten Papyri]
Sel. Pap. = Select Papyri, hg. v. Bernard Pyne Grenfell u. Arthur Surridge Hunt (Loeb Classical Library), Cambridge 1932–1942.

2   Zur Einführung in diesen Bereich empfehlenswert sind: Sandra Lippert, Einführung in die altägyptische Rechtsgeschichte. Berlin 2008; Arnold Kränzlein, Recht, in: Hatto H. Schmitt (Hrsg.), Lexikon des Hellenismus. Wiesbaden 2005, 900–906; Hans Julius Wolff, Das Recht der griechischen Papyri Ägyptens in der Zeit der Ptolemäer und des Prinzipats. Bd. 1: Bedingungen und Triebkräfte der Rechtsentwicklung. München 2002; Rupprecht, Einführung (wie Anm. 1) und gerade für abstraktere rechtliche Fragen wie Stellvertretung etc. immer noch:

Pacht und schließlich in der dritten Kolumne der Entwurf für ein Schriftstück, das man als Klageschrift identifizieren könnte. Auf der Rückseite bezeichnet sich das Dokument selbst als „Abrechnung". Selten kann man in so früher Zeit durch die Dokumentation vorbereitender Überlegungen den Zusammenhang zwischen Vertragspraxis und gerichtlicher bzw. außergerichtlicher Durchsetzung des Vereinbarten beobachten. Und noch seltener finden sich in der Antike Überlegungen dazu, welcher Rechtsweg einzuschlagen ist wie hier in den letzten Zeilen. Abgesehen von dieser Verbindung entsprechen Vertrag und – soweit aus dem Entwurf erkennbar – auch die skizzierte Eingabe dem, was aus hunderten von anderen Dokumenten bekannt ist, so dass sie als typische Beispiele behandelt werden können.

3.2.1 Quelle und Übersetzung

verso[3]
διάλογος πρὸς Θεόπομπον

recto, Spalte 1 [**Pachtvertrag**]
(hand 1)
βασιλεύοντος Πτολεμαίου τοῦ Πτολεμαίου Σωτῆρος (ἔτους) λ ἐφ' ἱερέως |[2] Ἀλεξάνδρου τοῦ Λεωνίδου Ἀλεξάνδρου καὶ θεῶν ἀδελφῶν, κανηφόρου Ἀρσινόης |[3] Φιλαδέλφου Πρεπούσης τῆς Δημητρίου, μηνὸς Πανήμου, Αἰγυπτίων δὲ Ἐπεὶφ ι,
|[4] ἐξέλαβεν Ἡγήσαρχος Θεοπόμπου καὶ Θεόπομπος Ἡγησάρχου καὶ Νικόδημος Ἡγησάρχου |[5] οἱ τρεῖς Μακεδόνες τῆς ἐπιγονῆς παρὰ Ζήνωνος τοῦ Ἀγρεοφῶντος Καυνίου τῶ[ν περὶ] |[6] Ἀπολλώνιον τὸν διοικητὴν ἀπὸ τῶν δεδομένων παρὰ τοῦ βασιλέως ἐν τῶι Ἀρσινο[ί]τ[ηι] |[7] νομῶι κατὰ Φιλαδέλφειαν Ἀπολλωνίωι τῶι διοικητῆι (ἀρουρῶν) (μυριάδος) α γῆς σπορίμου ἐν τῶι |[8] γ περιχ(ώματι) τῶι ἀπ(*) ορρα(*) πρὸς νότον (ἀρούρας) ρ εἰς ἐνιαυτόν, ἑκάστην (ἄρουραν) πρὸς πυρὸν ἀν(ὰ) ἀρ(τάβας) ζ η´ ἀκίνδυνον |[9] καὶ ἀνυπόλογον παντὸς ὑπολόγου. δοθήσεται δὲ εἰς μὲν τὴν πυροφόρον σπέρμα τῆι (ἀρούρᾳ) ἀρ(τάβης), |[10] εἰς δὲ τὴν κριθοφόρον κατὰ λόγον καὶ εἰς ἀνήλωμα ἑκάστηι (ἀρούρᾳ) κρ(ιθῆς) ἀρ(τάβη) α καὶ εἰς βοτανισμὸν κρ(ιθῆς) ἀρ(τάβης) |[11] καὶ εἰς ξυλοκοπίαν ἐὰν ἐμπίπτηι κοπὰς ὅσον ἂν συγκριθῆι ἱκανὸν εἶναι διδόσθαι εἰς ἑκάστην |[12] ἀρουρῶν.

    Ludwig Mitteis, Grundzüge und Chrestomathie der Papyruskunde. Bd. 2: Juristischer Teil, Erste Hälfte: Grundzüge. Leipzig 1912 [ND Hildesheim 1963].
3   Recto bezeichnet die Vorderseite mit horizontal verlaufenden Papyrusfasern, verso die Rückseite mit senkrechten Fasern.

ἀπομετρειτωσαν(*) δὲ Ἡγήσαρχος καὶ Θεόπομπος καὶ Νικόδημος τὸν σῖτον εἰς τὸ |¹³ ἐκφόριον
ἐν τῶι ἐμ(*) Φιλαδελφείαι θησαυρῶι κατὰ τὸ σιτολογικὸν διάγραμμα ἐμ(*) μηνὶ |¹⁴ Δαισίωι
τῶι ἐν τῶι λα (ἔτει), ὡσαύτως δὲ καὶ ὃν ἂν λαμβά\ʷ/ωσιν(*) σῖτον εἰς σπέρμα καὶ |¹⁵ βοτανισμὸν
καὶ ἀνήλωμα καὶ ὅσον ἂν ἀργύριον εἰς τὴν κοπάδα δανείσωνται ἢ σῖτον |¹⁶ ἀντὶ τοῦ ἀργυρίου,
τῶμ(*) μὲν πυ(ρῶν) τὴν ἀρ(τάβην) πρὸς χαλκὸν (δραχμὴν) α (διώβολον), τῆς δὲ κρ(ιθῆς)κατὰ
λόγον.κατασπει|¹⁷ρατωσαν(*) δὲ Ἡγήσαρχος καὶ Θεόπομπος καὶ Νικόδημος ἧς ἐξειλήφασι
γῆς τὰ μὲν |¹⁸ δύο μέρη πυρῶι, τὸ δὲ τρίτον μέρος κριθῆι.
ἐὰν δὲ μὴ ποιῶσι καθὰ συνεγράψαντο |¹⁹ ἐξέστω Ζήνωνι ἑτέροις ἀπομισθοῦν τὴν γῆν. τὸ δὲ
βλάβος ὃ ἂν καταβλάψωσι(*) τὴν |²⁰ Ἀπολλωνίου πρόσοδον ἢ πρὸς τὸ ἐκφόριον καὶ τὰ δάνεια
ὃ ἂν προσοφειλήσωσι(*) ἀποτεισα|²¹τωσαν(*) Ζήνωνι παραχρῆμα ἡμιόλιον. ἡ δὲ πρᾶξις ἔστω
Ζήνωνι ἢ ἄλλωι ὑπὲρ αὐτοῦ |²² πράσσοντι ἔκ τε αὐτῶν καὶ τ\ῶν/(*) ἐγγύ\ων/(*) καὶ τῶν ὑπαρ-
χόντων αὐτοῖς(*) πάντων |²³ καὶ ἐξ ἑνὸς καὶ ἐκ πάντων ὡς πρὸς βασιλικά. ἔγγυοι τῶν κατὰ
τὴν συγγραφὴν |²⁴ εἰς ἔκτεισιν οἱ συγγεγραμμένοι ἀλλήλων καὶ Ἀμμώνιος Θέωνος Κυρηναῖος
τῶν [ἐ]πέργων.
|²⁵ ἡ δὲ συγγραφὴ ἥδε κυρία ἔστω οὗ ἂν ἐπιφέρηται.
μάρτυρες, Δᾶμις Κλέωνος, Σώστρατος |²⁶ Κλέωνος, οἱ δύο Ἑλενεῖοι, Θεόπομπος Ἀριστίω-
νος Θεσσαλὸς ἰατρός, Διόδωρος Ζωπύρου | ²⁷ Μάγνης τῶν περὶ Ἀπολλώνιον τὸν διοικητήν,
Ἀγαθῖνος Πύρρου Κυρηναῖος τῶν ἐπέργων. |²⁸ Ἀνόσις Τοτορχοίτος Σαίτης κωμογραμματεὺς
Φιλαδελφείας. |²⁹ vac.? συγγ[ρα]φ[ο]φύλαξ Δᾶμις.

Spalte 2 [Anrechnung]
³⁰ἔστιν τὸ ἐκφόριον τῶν ρ (ἀρουρῶν) εἰς πυ(ρὸν) (ἀρτάβαι) ζ\ⁱᵝ ∠/(*) | ³¹ ᵃ καὶ σπέρμα ἔχουσι
εἰς πυ(ρὸν) (ἀρτάβας) ογ [δ´] |³¹ κα[ὶ] τὸ δεδόμενον εἰς τὸν σπόρ[ον] καὶ τὰ λοιπὰ ἔργα |³²
χαλκοῦ (δραχμαὶ) ρ αἳ πυ(ροῦ) κατὰ τὴ[ν συ]γγραφὴν |³³ τῆς μισθώσεως ὡς τῶν πυ(ρῶν)
ἀρ(τάβης) [α (δραχμῆς) α] (ὀβολῶν 2(?)) ἀρ(τάβαι) οε. |³⁴ vac.? (γίνονται) πυ(ροῦ) ἀρ(τά-
βαι) ωξ ∠ δ´. |³⁵ ⟦Traces⟧ vac. ? εἰς τοῦτο μ[ε(μετρήκασι(?))] πυ(ροῦ) [ἀρ(τάβας) ογ δ´] |³⁶ᵐᵈ
ὀφείλουσι πυ(ροῦ) ψξθ ∠ γ´ ιβ´ |³⁶ εἰς τὸ ἀποδοχίαν(*) εἰς πυ(ρὸν) [ἀρ(τάβαι)] ιζ ∠ ιβ´. |³⁷
καὶ ἡμιολίαν ἀπὸ (ἔτους) λα ἕως τοῦ λε (ἔτους) |³⁸ ἐτῶν ε ἑκάστου ἐνιαυτοῦ πυ(ροῦ) ἀρ(τά-
βαι) τμζ γ´ |39 τῶν δὲ ε (ἐτῶν) πυ(ροῦ) ἀρ(τάβαι) Αψλς ω |⁴⁰ τὸ πᾶν [ὀφ]είλουσι πυ(ροῦ)
ἀρ(τάβας) σν \ϛ ∠ ⁱᵝ/(*)
|ʳ,³,ᵐˢᵘᵖ κε | ιβ ∠

Spalte 3 [Klageentwurf]
(2. Hand)
(ἔτους) λγ, μηνὸς Ξανδικοῦ. ἡμέραν προσθεῖναι. |⁴² Ζήνων |⁴³ Θεόπομπον Ἡγησάρχου Μακε-
δόνα |⁴⁴ τῆς ἐπιγονῆς πρὸς τὸ \λοιπὸν τοῦ/ ἐκφορίου οὗ προσωφείλησαν |⁴⁵ πρὸς τὸ λα (ἔτος) τῶν
ρ ἀρ(ουρῶν) \ὧν ἐξέλαβεν μετὰ Ἡγησάρχου καὶ Νικοδήμου/ ἐν ταῖς (μυρίαις) α ἀρ(ούραις) ταῖς δεδομέναις(*) ὑπὸ

τοῦ |⁴⁶ βασιλέως ἐν δωρεᾶι \ᴬᵖᵒˡˡωⁿⁱωⁱ τῶⁱ ᵈⁱᵒⁱᵏητῆⁱ/ περὶ Φιλαδέλφειαν τοῦ Ἀρσινοίτου. |⁴⁷ Κράτωνι ὑπηρέτηι Διογένους πράκτορος τῶν ἰδι|⁴⁸ωτικῶν. πρὸς πυ(ρὸν) ἀρ(τάβας) χγδ ∠γ´ιβ´. προσθεῖναι \ᵈεῖ/ τὴν |⁴⁹ ἡμιολίαν κατὰ τὴν συγγραφὴν καὶ τὴν τιμὴν παντὸς |⁵⁰ ὑποθεῖναι κατὰ τὸ διάγραμμα τὸ περὶ τῶν σιτικῶν |⁵¹ ἐκκείμενον. |⁵¹ᵃ 〚Spuren〛 |⁵¹ᵇ vac.? 〚Spuren〛 |⁵² 〚Spuren〛 ἐπισκέψασθ[αι] δὲ καὶ ἐγ τῶι βασι|⁵³λικῶι. δεῖ πρ[ά]κτορι παραδε[ῖξα]ι τ[ὴν] τ[ιμὴ]ν [πα]ντὸς |⁵⁴ κατὰ τὴν σ[υγγ]ραφ[ήν. προσθεῖνα(?)]ι τ[ὴ]ν [π]ρ[ά]ξιν |⁵⁵ [ε]ἶναι πρὸς βασιλικά. ἔσται δὲ καὶ ἡ κρίσις \ᵉὰⁿ ἀⁿτⁱˡέ.⁽ᵗ⁾ʰⁱ/ γ[ῆι] / ὀ]λίγ[ο]ν |⁵⁶ [ὑ]στέρα. περὶ γὰρ τῶν τ[ο]ιούτων ἐπεὶ κριτήριον |⁵⁷ [ο]ὐχ ὑπάρχει ἐν τῶι Ἀρσινοίτηι, ὑπολαμβάνω κρίνειν |⁵⁸ τὸν στρατηγόν.

verso
Abrechnung gegen Theopompos
recto, Spalte 1 [**Pachtvertrag**]
Im Jahr 30 der Herrschaft des Ptolemaios (II.), Sohn des Ptolemaios (I.) Soter, als Alexander, Sohn des Leobidas, Priester des Alexander und der Geschwistergötter war und Kanephore der Arsinoe Philadelphos Prepusa, Tochter des Demetrios, im Monat Panemos, für die Ägypter auch Epeiph, 10.
Es haben übernommen Hegesarchos, Sohn des Theopomos und Theopomos, Sohn des Hegesarchos und Nikodemos, Sohn des Hegesarchos, alle drei Makedonennachkommen, von Zenon, Sohn des Agreophon, Kaunier, einer von denen um Apollonios, dem Dioiketes, von den 10.000 Aruren, die dem Dioiketes Apollonios vom König im *nomós* Arsinoites unterhalb von Philadelphia gegeben worden sind, Ackerland im 3. Becken von Nord nach Süd, 100 Aruren für ein Jahr, jede Arure für 7 1/8 Artaben Weizen gefahrlos und unter Nichtberücksichtigung jeglicher Anrechnung.
Es wird für das Weizentragende als Saatgut auf die Arure eine Artabe gegeben werden, für das Gerstentragende entsprechend und für den Aufwand je Arure 1 Artabe Gerste und fürs Unkrautjäten ½ Artabe Gerste und fürs Holzschlagen, falls Schläge anfallen, was gemeinsam entschieden wird, dass es ausreichend ist, pro Arure gegeben zu werden. Zumessen werden Hegesarchos und Theopompos und Nikodemos das Getreide für die Abgaben im Speicher von Philadelphia nach der königlichen Getreidezahlungsrichtlinie im Monat Daisios im Jahr 31, genauso auch das, was sie an Getreide nehmen werden für die Saat und das Unkrautjäten und die Aufwendungen und was sie an Geld für den Einschlag leihen werden oder an Getreide anstelle von Geld, und zwar vom Weizen die Artabe gegen 1 Drachme 2 Obolen Kupfer und für Gerste entsprechend. Sähen werden Hegesarchos und Theopompos und Nikodemos auf die zwei Teilen des Landes, das sie genommen haben, Weizen, auf dem dritten Teil Gerste.

Wenn sie nicht tun, was sie vereinbart haben, ist es Zenon gestatten das Land anderen zu verpachten. Den Schaden, den sie dem Einkommen des Apollonios möglicherweise zufügen, oder bezüglich der Abgaben oder den Darlehen, wenn sie im Rückstand sind, zahlen sie Zenon sofort eineinhalbfach. Die Vollstreckung soll Zenon und den anderen, die mit ihm vollstrecken, (gestattet) sein in die Personen und die Sicherheiten und ihr ganzes Vermögen sowohl gegen einen als auch gegen alle wie bei den Königlichen. Bürgen für die Zahlung gemäß dem Vertrag sind die Vertragspartner untereinander und Ammonius, Sohn des Thon, aus Kyrene, einer der Mitarbeiter (?).
Der Vertrag soll maßgeblich/gültig sein, wo er vorgetragen wird.
Zeugen: Damis, Sohn des Kleon, Sostratos, Sohn des Kleon, beide aus Helleneios, Theopompos, Sohn des Ariston, Thessaler, Arzt; Diodoros, Sohn des Zopyros, Magnesier, einer derer bei Apollonios dem *dioiketes*, Agathinos, Sohn des Pyrrhos, Kyrener, einer der Nachkommen, Anosis, Sohn des Totorchois, ein Saite, Dorfschreiber von Philadelphia.
Urkundenbewahrer: Damis.

Spalte 2 [**Anrechnung**]
Es ist die Pacht für 100 Aruren in Weizen 785 1/2 1/4 712 1/2 Artaben.
Und als Saatgut hatten sie in Weizen 73 1/4 Artaben.
Und der Beitrag für Säen und andere Arbeiten 100 Kupferdrachmen, in Weizen nach dem Pachtvertrag mit 1 Artabe = 1 Drachme 2 Obolen,
ergibt 75 Artaben Weizen.
Insgesamt Artaben Weizen: 860 ½ ¼
Auf dies (wurde gezahlt 73 1/4 ? Artaben Weizen)
In den Kornspeicher 17 1/2 1/12 Artaben Weizen
[Randnotiz:] Sie schulden, Weizen: 769 1/2 1/3 1/12
Und die Hälfte Aufschlag, Jahr 31 bis Jahr 35, macht fünf Jahre, für jedes Jahr 347 1/3 Artaben Weizen
Für fünf Jahre: 1.736 2/3 Artaben Weizen
Insgesamt schulden sie 2.532 1/3 1/12 2.506 1/2 1/12 Artaben Weizen

Spalte 3 [**Klageentwurf**]
Jahr 36, Xandikos, Tag zu ergänzen
Zenon
den Theopompos, Sohn des Hegesarchos, Makedonennachkomme, wegen [der restlichen] Pacht, die sie für das 31. Jahr für die 100 Aruren, [die er zusammen mit Hegesarchos und Nikodemos bekam],

in den 10.000 Aruren in der Nähe von Philadelphia des Arsinoites, die ^{dem Dioiketes Apollonios} vom König als Geschenk gegeben worden sind, noch schulden.
An Kraton, Gehilfe des Gerichtsvollziehers Diogenes, wegen 694 ½ 1/3 1/12 Artaben Weizen. Zu ergänzen, ^{zwingend,} das Anderthalbfache gemäß Vertrag und der Wert des Ganzen ist anzugeben gemäß der aushängenden königlichen Richtlinie über Getreide.
[Spuren oder leer]
Zu prüfen aber im königlichen Getreidespeicher. Man muss dem Gerichtsvollzieher daneben den Wert des Ganzen gemäß dem Vertrag zeigen. [Hinzuweisen], dass die Vollstreckung wie bei königlichen Angelegenheiten erfolgt. Eine (gerichtliche) Entscheidung wird aber auch wenig später sein, ^{wenn er widerspräche}. Da nämlich im Arsinoites für diese kein Gericht da ist, übernimmt der Stratege die (gerichtliche) Entscheidung.

Textkritischer Apparat
r. 1.8. l. ἀπ<ὸ>; r,1.8. l. <β>ορρᾷ; r,1.1.12. l. ἀπομετρούντων; r,1.13. l. ἐν; r,1.14. \ν/ωσινωσιν corr. ex λαμβα⟦ ⟧ωσιν; r,1.16. l. τῶν; r,1.16–17. l. κατασπει|ράντων; r,1.19. corr. ex καταβλά⟦β⟧ψωσι; r,1.20. corr. ex προσοφειλη⟦ι⟧σωσι; r,1.20–21. l. ἀποτεισάν|των; r,1.22. corr. ex τ⟦ου⟧; r,1.22. corr. ex εγγυ⟦ου⟧; r,1.22. corr. ex αυτο⟦ων⟧; ^ r,2.30. corr. ex ψ⟦πε⟧⟦∠ δ´⟧; r,2.36. l. ἀποδοχεῖον; r,2.40. corr. ex Βφ⟦λβ⟧⟦ γ´ ιβ´⟧; r,3,ctr.45. corr. ex δεδομεναισ⟦ς⟧[4]
Der Erhaltungsstand dieses Papyrus ist gut, der Text ist vollständig. Obwohl er nachlässig und schnell geschrieben wurde[5], gibt es kaum Unsicherheiten in der Lesung; der kritische Apparat verzeichnet Abweichungen vom klassischen griechischen Sprachstand, was für eine rechtsgeschichtliche Betrachtung vernachlässigt werden kann. Während die Schrift der ersten beiden Kolumnen klein und ordentlich ist, ist die der dritten grob und unregelmäßig. Der Klageentwurf wurde also von einer anderen Person verfasst als die Abschrift des Vertrages und die Abrechnung. Man geht davon aus, dass ein Mitarbeiter für Zenon die Abschrift und die Abrechnung zusammengestellt hat und Zenon dann einem anderen Mitarbeiter den Klageentwurf diktiert hat[6].

---

4   Text und Apparat nach http://papyri.info/ddbdp/p.col;3;54 (19. 02. 2020), dort auch eine Abbildung, eigene Übersetzung.
5   William Linn Westermann, A Lease from the Estate of Apollonius, in: Memoirs of the American Academy in Rome 6, 1927, 147–167, 147.
6   William Linn Westermann/Elisabeth Sayre Hasenoehrl (Hrsg.), Zenon Papyri. Buisness Papers of the Third Century B. C. Dealing with Palestine and Egypt. New York 1934, 133.

Nach der ersten Edition 1927 durch Westermann[7] wurde der Text von ihm zusammen mit anderen Papyri aus dem Bestand der Columbia-University 1934 als Sammlung von Zenon-Texten erneut herausgegeben[8]. Die erste Spalte, also der Vertrag, ist mit Übersetzung auch in der verbreiteten Auswahlsammlung von Hunt und Edgar (Select Papyri) abgedruckt[9]. Eine englische Übersetzung des Vertrages findet sich auch in anderen Quellensammlungen[10], der griechische Text und eine komplette englische Übersetzung auch in den online zugänglichen Datenbanken[11].

3.2.2 Kontext

Dieser Papyrus stammt aus dem hellenistischen Ägypten. Für Vertragspraxis und Rechtsdurchsetzung bedeutet dies zwar nicht unbedingt Rahmenbedingungen eines *weak state*, wohl aber von Rechtspluralismus und Uneindeutigkeit[12]. Neben Söldnern aus unterschiedlichen griechischen Städten, Makedonien und aus anderen Teile der hellenistischen Welt, die in Ägypten teils dadurch entlohnt wurden, dass ihnen ein Stück Land (*kleros*) zur Verfügung gestellt wurde, das sie selbst mit ihrer Familie bewirtschafteten oder verpachteten, strömten auch Bauern, Abenteurer und Techniker, etwa um weiteres Land durch Be- und Entwässerung urbar zu machen, in dieses antike Eldorado[13]. Dies brachte Rechtsvielfalt mit sich. Denn in der antiken griechischen Welt lebte jede Stadt nach ihrem eigenen Recht, war *autonoma*, so dass die Rechts-

---

7 Memoirs of the American Academy in Rome (MAAR) 6 (1927), p. 147 = SB IV 7450.
8 W. L. Westermann, E. S. Hasenoehrl (Hg.), Colombia Papyri III, Zenon Papyri: Business Papers of the Third Century B. C. dealing with Palestine and Egypt I. New York 1934.
9 Sel. Pap. I 39.
10 Darunter für Rechtshistoriker besonders interessant: James G. Keenan/Joseph Gilbert Manning/Uri Yiftach-Firanko (Hrsg.), Law and legal practice in Egypt from Alexander to the Arab Conquest. A selection of papyrological sources in translation, with introductions and commentary. Cambridge 2014 , Nr. 7.3.1.
11 Papyri.info, trismegistos.org und das Heidelberger Gesamtverzeichnis (http://aquila.zaw.uni-heidelberg.de) aggregieren jeweils die Daten der anderen beiden sowie die Inhalte u. a. der Duke Database of Documentary Papyri und des APIS.
12 Einführend dazu: Clifford Ando, Legal Pluralism in Practice, in: Paul J. Du Plessis/Clifford Ando/Kaius Tuori (Hrsg.), The Oxford handbook of Roman law and society. Oxford 2016, 283–296; Wolff, Recht (wie Anm. 2), 23–98.
13 Sehr anschaulich sind die Fallstudien von Naphtali Lewis, Greeks in Ptolemaic Egypt: case studies in the social history of the Hellenistic world. Oxford 1986.

vorstellungen der Einwanderer nicht unbedingt in allen Einzelheiten gleich waren, auch wenn die Rechte große Ähnlichkeit miteinander hatten[14]. Für die hellenistischen Könige war Rechtssetzung nicht eines der zentralen Herrschaftsmittel, ihre Legitimation bezogen sie aus Erfolg im Krieg und persönlicher Größe; die Verwaltung des Niltals und seiner Randgebiete hatte die dazu nötigen Mittel zu liefern.

Er gehört zum sogenannten Zenonarchiv[15], benannt nach dem hier als Verpächter (oder dessen Stellvertreter) auftretenden Zenon. Archiv meint bezogen auf Papyri eine Gruppe zusammengehöriger Stücke[16]. Das Zenonarchiv gehört mit insgesamt mehr als 1800 Papyri zu den größten und bekanntesten und zeigt uns die Domänenverwaltung in der Mitte des dritten vorchristlichen Jahrhunderts. Es ist von zentraler Bedeutung für die hellenistische Wirtschaftsgeschichte[17]. Die meisten Stücke wurden in den Ruinen von Philadelphia im Fayyūm gefunden und ab 1911 in alle Welt verkauft[18]. Es handelt sich überwiegend um griechische Texte, nur wenige sind zweisprachig oder komplett in demotischer Schrift verfasst. Etwa die Hälfte der Dokumente betrifft die Verwaltung des großen Stück Landes (10.000 Aruren, ca. 2.750ha) im Fayyūm, das Ptolemaios II. seinem mächtigsten Funktionär, dem *dioiketes* Apollonios als Geschenk überlassen hatte.

Das Fayyūm ist ein fruchtbares Becken westlich des Nils, das seit pharaonischer Zeit durch planmäßige Wasserwirtschaft sehr erfolgreich für die Landwirtschaft erschlos-

---

14 Ob es ein griechisches Recht in der Antike gab bzw. was damit bezeichnet werden kann, ist immer wieder diskutiert worden, vgl. Gerhard Thür, Die Einheit des „Griechischen Rechts". Gedanken zum Prozessrecht in den griechischen Poleis, in: Dike 9, 2006, 23–62.; Michael Gagarin, The unity of Greek law, in: Michael Gagarin/David Cohen (Hrsg.), The Cambridge companion to ancient Greek law. Cambridge u.a 2005, 29–40; Moses Finley, The problem of the unity of Greek law, in: Moses I. Finley (Hrsg.), The Use and Abuse of History 1975, 134–152.
15 Orsolina Montevecchi, La papirologia. Milano 1988, 248; Vandorpe, Katelijn, Zenon son of Agreophon, 2013, http://www.trismegistos.org/arch/archives/pdf/256.pdf (26. 10. 2020); Pieter Willem Pestman, A guide to the Zenon archive. Leuven 1981.
16 Katelijn Vandorpe, Archives and Dossiers, in: Roger S. Bagnall (Hrsg.), The Oxford Handbook of Papyrology. Oxford 2009, 216–255.
17 Joseph Gilbert Manning, The last pharaohs. Egypt under the Ptolemies, 305–30 BC. Princeton 2010, 15; Klassiker sind: Michael Rostovtzeff, Gesellschafts- und Wirtschaftsgeschichte der hellenistischen Welt. 3. Aufl. Darmstadt 2013, [The Social and Economic History of the Hellenistic World. Oxford 1941] und Claire Préaux, Les Grecs en Égypte d'après les archives de Zénon. Bruxelles 1947.
18 Vandorpe, Zenon (wie Anm. 15).

sen wurde. Dieses Becken war in griechisch-römischer Zeit die Verwaltungseinheit (*nomós*, üblicherweise übersetzt als Gau) Arsinoites. Bereits in römischer Zeit nahm der Wasserzufluss und der Wasserstand des abflusslosen großen Moeris-Sees ab, so dass Siedlungen aufgegeben wurden und sich in ihnen zahllose Papyrusdokumente ungestört und durch Trockenheit gut konserviert erhalten konnten.

Der Klageentwurf gibt an, im Jahr 36 der Herrschaft des Ptolemaios II. verfasst worden zu sein, sechs Jahre nach dem Vertrag aus dem Jahr 30; die Abrechnung umfasst die Jahre 31 bis 35. Ptolemaios II. regierte von 285–246 v. Chr., was unter Berücksichtigung der konkreten Zählweise[19] für den Vertrag auf das Jahr 256 v. Chr. führt, für den Klageentwurf auf 250 v. Chr. Der 10. Epeiph bzw. Panemos entspricht dem 31. August. Im Monat Epeiph begann üblicherweise die Nilschwemme, so dass dieser Vertrag am Anfang des Wirtschaftsjahres geschlossen wurde.

3.2.3   Der Pachtvertrag

3.2.3.1   Vertragsförmlichkeiten

Der Vertrag in der ersten Spalte hat eine Form, die in der Forschung als objektive Homologie, 6-Zeugen-Urkunde oder Syngraphophylaxurkunde bezeichnet wird, was die beliebteste und älteste der hellenistischen Urkundenformen ist[20]. Charakteristisch sind die Schilderung der Geschehnisse in der dritten Person (objektive Stilisierung) und die Erwähnung eines Urkundenhüters (*syngraphophylax*). Solche Urkundenhüter waren Privatpersonen, vermutlich Bekannte der Vertragsparteien, die im Streitfall mit der Urkunde bei Gericht erscheinen konnten[21]. P.Col. III 54 verzeichnet lediglich eine Abschrift einer solchen Urkunde – auf dem beim *syngraphophylax* zu hinterlegenden Papyrus wurde der Vertragstext zweimal hintereinander aufgezeichnet. Anschließend wurde die obere Version gefaltet, eingerollt und von den Zeugen versiegelt. Damit war die so erzeugte Innenschrift gegen Verfälschungen geschützt. In den Syngraphophy-

---

19   Listen bei Theodore C. Skeat, The Reigns of the Ptolemies. München 1969.
20   Einführend zu den Typen: Keenan/Manning/Yiftach-Firanko (Hrsg.), Law (wie Anm. 10), 35–39; Lippert, Einführung (wie Anm. 2), 143; Rupprecht, Einführung (wie Anm. 1), 135–137; umfassend: Hans Julius Wolff, Das Recht der griechischen Papyri Ägyptens. Bd. 2 – Organisation und Kontrolle des privaten Rechtsverkehrs. München 1978.
21   Erst vor wenigen Jahren wurden Beispiele für eine Zeugenaussage eines Syngraphophylax bekannt, P.Trier 9–11.

lax-Urkunden nimmt die förmliche Datumsangabe regelmäßig so wie hier mehrere Zeilen ein und steht am Anfang[22].

Am Ende des Vertrages finden sich eine *kyria*-Klausel („Der Vertrag soll maßgeblich/gültig sein wo er vorgetragen wird.") und die Namen von sechs Zeugen, von denen einer als Urkundenverwahrer (*syngraphophylax*) identifiziert wird. Die *kyria*-Klausel ist ein für griechische Verträge typisches Element, dessen Bedeutung bis heute nicht ganz geklärt ist. An ihr hat sich in der Mitte des 20. Jahrhunderts ein Streit über den Charakter der gräco-ägyptischen Verträge entzündet. Manche waren der Auffassung, mit ihr sei die Urkunde „mit absoluter Beweiskraft für die Richtigkeit ihres Inhalts ausgestattet, so dass das in ihnen als geschehen Beurkundete als unwiderleglich vermutet und jedes Gegenvorbinden sowie jeder Gegenbeweis ausgeschlossen wurde."[23] Dieser extremen, ausgesprochen technischen Deutung ist – insbesondere außerhalb des deutschen Sprachraums – heftig widersprochen worden[24].

3.2.3.2 Identifikation der Personen

Die Pächter identifizieren sich mit Namen, Vaternamen und als *Makedonoi tes epigones*, Makedonennachkommen, mit einer Art Herkunftsangabe. Der Verpächter Zenon gibt an, aus dem kleinasiatischen Kaunos zu stammen. Diese Form der Identifikation war nicht nur üblich und ein Teil der Urkundenförmlichkeit, sondern für bestimmte Verträge im ptolemäischen Ägypten sogar vorgeschrieben. Bei Darlehen verlangte eine vermutlich in das dritte Jahrhundert zu datierende königliche Anordnung (BGU XIV 2367) die Angabe von Name, Vatersname und *genos*. Das griechische Wort *genos* meint Geschlecht, Gattung oder Abstammung, doch darf man dies nicht mit einer ethnischen Zuordnung gleichsetzen. Die jüngere Forschung zu Namen und Steuerlisten[25] hat zum einen gezeigt, dass viele Bewohner je nach Kontext mal einen griechischen, mal einen ägyptischen Namen verwendeten und gelegentlich beide Namen

---

22 Zur Datierung: Rupprecht, Einführung (wie Anm. 1), 26–29.
23 M. Hässler, Die Bedeutung der kyria-Klausel in den Papyrusurkunden. Berlin 1960, 116; ähnlich Rupprecht, Einführung (wie Anm. 1), 139.
24 Joseph Mélèze-Modrzejewski, Droit et justice dans le monde grec et hellénistique. Warschau 2011, 351 f. mit weiteren Nachweisen.
25 Dorothy J. Thompson, The multilingual environment of Persian and Ptolemaic Egypt. Egyptian, Aramaic, and Greek documentation, in: Roger S. Bagnall (Hrsg.), The Oxford Handbook of Papyrology. Oxford 2009, 395–417; Willy Clarysse/Dorothy J. Thompson, Counting the people in Hellenistic Egypt. Cambridge 2006.

anführten, und zum anderen, dass die Zuordnung zu den steuerlich privilegierten *hellenoi* sich zum Teil aus dem ausgeübten Beruf ergab.

Da die an zweiter und dritter Stelle genannten Personen beide den Namen des ersten (Hegesarchos) als Vatersnamen angeben, könnte es sich um einen Vater mit zwei Söhnen handeln. Zenon bezeichnet sich als einen der Männer des Apollonios und verweist damit auf seine enge Beziehung zu einem der damals mächtigsten Männer in Ägypten. Sein Leben und Wirken ist durch das umfangreiche Zenonarchiv gut bekannt. „To papyrologist, Zenon is a celebrity"[26].

3.2.3.3 Ausgestaltung der Pacht

Die drei Pächter übernehmen 100 Aruren Land, etwa 27,5 ha. Viele Familien im hellenistischen Arsinoites, aber auch in anderen Gegenden des Mittelmeers, bebauten nur etwa einen Hektar Land[27]. 100 Aruren (27,5 ha) maßen die größten Landlose (*kleroi*), die Angehörigen der Kavallerie oder der Garde überlassen wurden[28].

Die Pachtdauer betrug wie üblich[29] ein Jahr, wobei es nicht unüblich war, dass die Pacht über ein Jahr hinaus fortgesetzt wurde, wie hier auch. Ein Indiz dafür, dass dies bereits von Anfang an in Betracht gezogen wird, könnte das Kündigungsrecht des Verpächters bei Vertragsverletzung der Pächter sein. Allerdings verpflichten sich die Pächter nicht nur zur Pachtzahlung nach der Ernte, sondern auch zu einer bestimmten Bewirtschaftung – zwei Teile des Landes sind mit Weizen, ein Teil mit Gerste zu bebauen. Dies wird unmittelbar vor der Kündigungsklausel festgehalten, so dass man auch annehmen könnte, die Kündigungsmöglichkeit sei ein Zwangsmittel, um die Bewirtschaftungsform durchzusetzen.

Als Pachtzins sind je Arure 7 1/8 Artaben Weizen zu leisten, was als Pachtzins nicht aus dem Rahmen fällt[30]. Die Vereinbarung einer in Getreide und nicht in Geld zu

---

26 Vandorpe, Archives (wie Anm. 16), 218.
27 Moses I. Finley, Die antike Wirtschaft. 3. Aufl. München 1993, 112 f; D. J. Crawford, Kerkeosiris, an Egyptian Village in the Ptolemaic Period. Cambridge 1971.
28 Lewis, Greeks (wie Anm. 13), 24.
29 Crawford, Kerkeosiris (wie Anm. 27), 171 f; Jane Rowlandson, Landowners and tenants in Roman Egypt: The social relations of agriculture in the Oxyrhynchite Nome. Oxford 1996, 252 – üblicherweise war die Pacht erst im Pauni zu zahlen, also zwei Monate später als hier vereinbart; Johannes Herrmann, Studien zur Bodenpacht im Recht der graeco-ägyptischen Papyri. München 1958, 89 ff.
30 Zu Variation und Erträgen in hellenistischer Zeit: Crawford, Kerkeosiris (wie Anm. 27), 117 u. 126 f.; der durchschnittliche Pachtzins betrug im 2. Jh. n. Chr. im Oxyrhynchites 7,7 Arta-

bezahlenden Pacht ist kein Zeichen primitiver Wirtschaft, sondern bezweckte eine gewollte und übliche Risikoverteilung. Auf die Debatte des römischen Rechts, ob ein Pachtzins in Geld bestehen müsse, kommt es im hellenistischen Ägypten nicht an.

Neben dem Land sollen die Pächter auch Saatgut erhalten, zudem weiteres Getreide für Unkrautjäten und Holzschlagen. Mit der Brille des BGB erweckt dies den Eindruck, dass werk- oder dienstvertragliche Elemente in einen Pachtvertrag aufgenommen wurden. Die antiken Rechtsordnungen trennten jedoch diese Vertragstypen nicht in gleicher Weise. *Misthosis* umfasste wie die römische *locatio conductio* alle Verträge, in denen eine Sache oder eine Person einem anderen überlassen wurden[31]. Außerdem waren die den Pächtern hier zufließenden Getreidemengen mit dem Pachtzins zurückzuzahlen.

3.2.3.4 Leistungsstörung

In der Bestimmung über die Pachthöhe ist festgelegt, dass die Pacht frei von Gefahr (*akindynos*) und ohne Abzüge geleistet werden soll. Die Wendung *akindynos* wird in der Forschung allgemein als Gefahrtragungsklausel verstanden. Man geht davon aus, dass die Gefahr einer zufälligen Unbenutzbarkeit des verpachteten Landes wie im römischen Recht grundsätzlich der Verpächter zu tragen hatte. War das Land beispielsweise nicht bebaubar, weil die Nilflut zu gering ausfiel, so ging dies zu Lasten des Verpächters. Der Pächter brauchte dann keine Pacht zahlen. Dies wurde mit der Vereinbarung, die Pacht sei *akindynos* geschuldet, modifiziert[32].

Bei Schäden oder bei Zahlungsrückstand wird ein Aufschlag (*hemiolion*) fällig, dessen Umfang durch Abrechnung und Klage deutlicher wird: In der Abrechnung wird für jedes Jahr die Hälfte des offenen Betrages aufgeschlagen – die geschuldete Summe verdoppelt sich also alle zwei Jahre. Verzugszinsen in dieser Höhe sind heute unzulässig, damals aber üblich, wobei der Aufschlag nicht nur Verzugszinsen umfasste,

---

ben Weizen je Arure, Rowlandson, landowner 1996 (wie Anm. 29), 249 (dort auch Grafik zur Verteilung der belegten Pachtzinsen).

31 Rupprecht, Einführung (wie Anm. 1), 122–126.
32 Hans-Albert Rupprecht, Die Beendigung von Vertragsverhältnissen. Überlegungen zur Rechtswirklichkeit anhand der Pacht, in: JJP 20, 1990, 119–128, 126; Herrmann, Studien (wie Anm. 29), 143 f.; Ulrich Wollentin,'Ο κίνδυνος in den Papyri, 1961; Arthur Steinwenter, Vis maior in griechischen und koptischen Papyri, in: Eos 48, 1956, 267 ff. Etwas anders: Sibylle von Bolla, Pacht, in: RE 18, 1942, 2439 ff., die hierin nur den Verzicht auf einen ggf. zu gewährenden Pachtnachlass sah.

sondern eine Pauschale war, die auch Kosten abdeckt. Ähnliches war in den antiken Rechten verbreitet[33].

Die Interessen des Verpächters sind weiter dadurch abgesichert, dass die Vollstreckung (*praxis*) leicht möglich sein soll – durch mehrere Personen, auch gegen einzelne, in die Person und das Vermögen der Pächter. Schließlich werden die Verpächterinteressen noch durch Bürgschaften abgesichert – dass hier auch die Vertragsparteien Bürgen (*engyoi*) sind und dies formlos erfolgt, ist in den ägyptischen Urkunden üblich[34].

3.2.4 Die Abrechnung

In der zweiten Kolumne findet sich die Abrechnung des Vertrages, die in unsere heute übliche Tabellenform etwa wie folgt aussehen würde:

		Artaben Weizen
Pacht für 100 Aruren	7 1/8 Artaben je Arure	712,5
Saatgut		73,25
Beitrag für Säen und andere Arbeiten 100 Kupferdrachmen	Umgerechnet in Weizen nach dem Pachtvertrag mit 1 Artabe = 1 Drachme 2 Obolen,	75
insgesamt		860,75
davon gezahlt:		-73,25
davon in den Kornspeicher geliefert		-17,583
noch offen		769,916
hälftiger Aufschlag	Jahr 31 bis Jahr 35, also fünf Jahre, für jedes Jahr 347 1/3 Artaben	1.736,8
Insgesamt schulden sie		2.506,583

---

33 Lippert, Einführung (wie Anm. 2), 101, 111 (häufigste Urkundenstrafe); Thür s. v. hemiolion, DNP 5 (1998), sp. 343 f.; zur stipulatio duplae in Rom einführend: Max Kaser/Rolf Knütel/Sebastian Lohsse, Römisches Privatrecht (Kurzlehrbücher für das Juristische Studium). 22. Aufl. München 2021, § 40 Rn. 12 f.
34 Lippert, Einführung (wie Anm. 2).

Die Abrechnung ist mit den korrigierten Beträgen in sich stimmig. Fraglich ist nur, was der Ausgangsbetrag für den hälftigen Aufschlag ist. Es handelt sich nicht um den gesamten offenen Betrag von 769,9 Artaben Weizen. Denkbar ist, dass hier der Beitrag für landwirtschaftliche Arbeiten, umgerechnet 75 Artaben Weizen, nicht berücksichtigt wurde.

3.2.5 Zenons Klagevorbereitung

3.2.5.1 Textgestalt

Die dritte Spalte ist auch im edierten Text noch deutlich als Entwurf zu erkennen – viele Sätze sind nicht zu Ende geführt, manches wurde über der Zeile ergänzt, was in der Edition durch Schrägstriche gekennzeichnet ist, und auch der Text selbst vermerkt, dass noch das Tagesdatum zu ergänzen ist und die Summe noch zu korrigieren ist. Alles liest sich wie eine Stichwortliste.

Ansonsten sind die Elemente, die aus hunderten von Eingaben[35] an unterschiedliche Funktionäre bekannt sind, abgesehen von Grußformeln, vorhanden. Nach dem Datum werden die beiden Streitparteien (Zenon gegen einen der drei Pächter) und der Streitgegenstand (Forderung aus Pachtvertrag) charakterisiert, dann folgt der Adressat (Gehilfe des Praktor) und die Benennung des genauen Ziels. Hier ist eine Summe genannt, allerdings mit dem Vermerk, dass noch etwas zu ergänzen ist. Üblicherweise würde in einer Eingabe nun, ähnlich wie in einer Klageschrift heute, der zugrundeliegende Sachverhalt erläutert werden. Hiervor ist in diesem Vermerk nichts ausformuliert, allerdings ist vermerkt, dass man zwingend „das Eineinhalbfache gemäß Vertrag" ergänzen soll – da in der Summe schon der Aufschlag eingerechnet ist, kann man dies so verstehen, dass in dem Schreiben ein Grund angegeben werden soll. Am Ende finden sich Überlegungen, wie man verfahren soll, wenn der angedachte Weg nicht zum Erfolgt führt.

---

35 Zu den Eingaben: Nadine Grotkamp, Rechtsschutz im hellenistischen Ägypten. München 2018, 49–61. Eine ältere, umfassende Sammlung solcher Eingaben ist: Octave Guéraud (Hrsg.), Enteuxeis. requêtes et plaintes adressées au roi d'Égypte au IIIe siècle avant J.-C. Kairo 1931.

3.2.5.2 Adressat – ein Vollstreckungsbeamter

Das Schreiben, was hier entworfen wurde, sollte an „Kraton, Gehilfe des Gerichtsvollziehers Diogenes" gerichtet werden. Mit Gerichtsvollzieher ist hier das griechische Wort *praktor* übersetzt[36]. Dass überhaupt für die zwangsweise Durchsetzung von Ansprüchen eine mehr oder weniger staatliche Stelle vorhanden ist, die zudem nicht nur für den Herrscher oder die Gemeinde tätig wird, sondern auch für Privatleute, ist bemerkenswert. In den meisten antiken Kontexten gab es keine solche Hilfe. In Athen erlaubte das Gericht zwar den Zugriff, dieser erfolgte dann aber durch den Gläubiger selbst; in Rom gab es in klassischer Zeit nur den Verkauf des gesamten Vermögens als Vollstreckung, und soweit *praktores* aus der übrigen griechischen Welt bekannt sind, waren sie lediglich mit der Beitreibung von öffentlichen Bußen betraut.

3.2.5.3 Gerichte und andere Rechtsschutzstellen im Fayyūm

Besonders spannend sind die letzten Bemerkungen im Klageentwurf: Es werde auch bald eine Entscheidung (*krisis*) geben, wenn er widerspräche, da der Stratege diese träfe. Mit „er" könnte hier sowohl der Pächter Theopompos als auch der Praktorgehilfe Kraton gemeint sein. Man könnte überlegen, dass ein Praktor in der Regel erst nach einer Gerichtsentscheidung tätig wird, Zenon es hier aber ohne eine solche versuchen möchte – vielleicht im Hinblick auf die Vollstreckungsklausel, nach der die Pächter die Vollstreckung gegen sie bereits gestattet hatte. Vielleicht ist hierfür auch der Zusatz „wie beim Königlichen" hinzugefügt. Man kann aber auch überlegen, dass im griechischen Raum ein Prozess vor Gericht nur dann stattfand, wenn sich der Schuldner dem Zugriff des Gläubigers auf seine Güter widersetzte.

Dies eröffnet die umstrittene Frage, inwieweit Selbsthilfe – die Durchsetzung von Rechtsansprüchen ohne Gericht – im Arsinoites des frühen 3. Jahrhunderts v. Chr. erlaubt war[37] und ob es vielleicht Urkunden gab, die trotz eines solchen Verbotes

---

36 Zum Praktor: Grotkamp, Rechtsschutz (wie Anm. 35), 77–82. Grundlegend sind: Lene Rubinstein, Praxis: The enforcement of penalties in the late classical and early Hellenistic periods, in: Gerhard Thür (Hrsg.), Symposion 2009. Vorträge zur griechischen und hellenistischen Rechtsgeschichte (Seggau, 25.–30. August 2009). Wien 2010, 193–216; Hans Julius Wolff, Some observations on praxis, in: Proceedings of the XIIth International Congress of Papyrology. Toronto, Amsterdam 1970, 527–535.

37 Salvatore Marino, Selbsthilfe als Konfliktlösung, in: Nadine Grotkamp/Anna Seelentag (Hrsg.), Konfliktlösung in der Antike (Handbuch zur Geschichte der Konfliktlösung in Europa), Ber-

einem Gläubiger die Vollstreckung ermöglichten. Die altertumswissenschaftliche Debatte spricht hier immer noch von Exekutivurkunden, das geltende Recht kennt dies als Unterwerfung unter die sofortige Zwangsvollstreckung. Gemeinhin geht man entweder davon aus, dass die Rechtsordnungen der klassischen Antike Selbsthilfe wie der moderne Rechtsstaat grundsätzlich missbilligten und Unterschiede zu heutigen Grundannahmen zu vernachlässigen sind, oder man betont demgegenüber die historische Distanz und das andere Verhältnis zu Gewalt, kann aber auf verschiedene gesetzgeberische Schritte verweisen, unkontrollierte Selbsthilfe zurückzudrängen. Aus dem hellenistischen Ägypten gibt es eine Anordnung für den Fall, dass Weidetiere Schäden auf dem Land eines anderen verursachen – in diesem Fall durfte der Geschädigte nicht auf das Tier zugreifen, sondern sollte eine Entschädigung vor einer Spruchstelle suchen[38]. Da in manchen Rechten, etwa in Athen und Rom, genau in diesem Fall es ausdrücklich erlaubt war, das Tier als Pfand zu behalten, ist es naheliegend anzunehmen, dass hier nicht in einem Ausnahmefall bestimmt werden sollte, dass man bei Weideschäden unbedingt eine gerichtliche Entscheidung benötigt, sondern dass diese andernorts gemachte Ausnahme hier nicht gelten sollte.

Spannend ist auch die Begründung, warum hier der Stratege, der an der Spitze der Gauverwaltung stand, die Entscheidung treffe: Es gebe dafür kein Gericht im Arsinoites. Dass im Hauptort des Arsinoites, in Krokodilopolis, ein Gericht griechischen Typs bestand, ein *dikasterion*, ist durch dessen Verhandlungsprotokolle und Urteile, die in Krokodilmumien konserviert wurde, gut belegt, freilich erst für das Jahr 226/225[39]. Wie in Athen wurden dessen Richter ausgelost, jedoch waren es nicht wie in Athen hundert oder mehrere hundert Männer, sondern meistens zehn (daher in der älteren Literatur: ‚Zehnmännergericht'). Außerdem begründeten die etwa zehn *dikastai* ihre Entscheidung. Viel hängt davon ab, wie man „Gericht" (*kriterion*) versteht. Wolff ging davon aus, dass *kriterion* die Chrematisten meint, ein weiterer Typ Kollegialgericht neben dem *dikasterion*, das jeweils aus drei vom König eingesetzten Männern gebildet wurde. Dann wäre diese Quelle ein Beleg dafür, dass die Chrematisten Anfang des 3. Jahrhunderts noch keine ortsfeste, permanente Institution waren[40]. Dies setzt

---

lin u. a. 2020 [im Druck].

38 P.Petr. III 26, Z. 5–15 (Gurob, um 240 v. Chr.), dazu Grotkamp, Rechtsschutz (wie Anm. 35), 106–108.

39 Zum Dikasterion in Ägypten, der Quellenlage und Verfahren: Grotkamp, Rechtsschutz (wie Anm. 35), 24–40.

40 Hans Julius Wolff, Das Justizwesen der Ptolemäer (Münchener Beiträge zur Papyrusforschung und antiken Rechtsgeschichte, Bd. 44). 2. Aufl. München 1970, 72.

voraus, dass Zenon mit ‚da sein' (*hyparcho*) meint, dass sie momentan nicht anwesend sind, nicht aber, dass es an einem Gericht überhaupt fehle[41]. Sitzungsperioden wären für alle in Betracht genommenen Spruchstellen nicht undenkbar.

Da man von der Existenz eines *dikasterion* in Krokodilopolis auch schon vor 226 ausgeht, stellt sich dann die Frage, wieso die Pächter nicht dort verklagt wurden. In der Literatur gibt es mehrere Vermutungen: Einmal könnte es sein, dass das *dikasterion* nicht zuständig gewesen ist, da nicht alle Parteien dem Gerichtssprengel angehörten[42]. Eine andere Vermutung geht dahin, dass Zenon das *dikasterion* deshalb nicht in seine Überlegungen mit einbezogen habe und nur ein Verfahren vor dem *kriterion* (= Chrematisten) oder dem Strategen erwog, da er eine Vollstreckung wie in königlichen Angelegenheiten anstrebte[43]. Schließlich könnte es sein, dass Zenon eine unmittelbare Maßnahme gegen die Untergebenen des Strategen anstrebte[44].

Diese Überlegungen zeigen nicht nur das Nebeneinander von ganz unterschiedlichen richtenden Stellen, sondern auch die Probleme, die mit der Rekonstruktion und dem Verständnis dieses Nebeneinanders verbunden sind – ob man etwa voraussetzen kann, dass es überhaupt klare Zuständigkeitsregeln gegeben hat. Ausgeschlossen ist dies nicht. P. Petr. III 26 überliefert eine Anordnung, nach der in Sachen Einnahmen Entscheidungen von anderen Stellen als Toparch, Nomarch oder Stratege unwirksam seien[45]. Um staatliche Einnahmen geht es hier aber nicht, auch wenn Apollonios der Finanzverwaltung vorstand.

Zenon orientiert sich trotzdem an den Regeln für die Einnahmen des Königs. Dies betrifft nicht nur die Betonung, dass die Vollstreckung wie in königlichen Angelegenheiten erfolgt, sondern auch die Wertbemessung, die nach der aushängenden königlichen Richtlinie erfolgen sollte. Man kann sich unter dieser Getreidezahlungsrichtlinie (*sitologikon diagramma*) eine Liste mit Umrechnungswerten (Getreidearten, Geld) vorstellen. Eine solche Richtlinie kann aber auch allgemeinere Bewirtschaftungs- und

---

41   So Wilhelm Schubart, Zenon-Papyri. Business Papers of the Third Century B. C. dealing with Palestine and Egypt. Vol. 1 by William Linn Westermann; Elizabeth Hasenoehrl, Accounting in the Zenon Papyri by Elizabeth Grier, in: Gnomon 11, 1935, 423–428, 426, für den es sich aus dem Wortlaut ergibt.
42   Wolff, Justizwesen (wie Anm. 40), 84.
43   Wolff, Justizwesen (wie Anm. 40), 84.
44   Werner Huß, Die Verwaltung des ptolemaiischen Reichs (Münchener Beiträge zur Papyrusforschung und antiken Rechtsgeschichte, Bd. 104). München 2011, 57 Anm. 247.
45   Zu dieser Anordnung: Grotkamp, Rechtsschutz (wie Anm. 35), 106.

Ertragseinzugsregeln enthalten haben. Im Arsinoites hat sich eine ganze Rolle mit solchen Regeln erhalten. Diese als Revenue Laws bekannte Zusammenstellung ist nur wenige Jahre älter als Zenons Vertrag[46].

---

46 P.Rev. Laws, verfasst ca. 259/8 v. Chr., abgedruckt auch in Roger S. Bagnall/Peter Derow (Hrsg.), The Hellenistic period. Historical sources in translation. Oxford [u. a.] 2004. Nr. 114 und als Sel. Pap. II 203.

3.3 Römische Kautelarpraxis zur Kreditsicherung. Eine Exegese zur sog. formula Baetica

Ulrike Babusiaux/Elena Koch

3.3.1 Einleitung

Auf dem Gebiet des heutigen Spanien, in der Nähe von Cadiz, wurde 1868 eine Bronzetafel mit einer Inschrift gefunden. Nach dem Fundort, der Landschaft Hispania Baetica, wird die Inschrift meist als „*formula Baetica*" bezeichnet, also als „Formular aus der Baetica". Bei ihrer Entdeckung erhielt sie große Aufmerksamkeit, was nicht nur auf die gute Lesbarkeit zurückzuführen ist, sondern vor allem auf das starke Interesse an der Sicherungsübereignung (*fiducia*) im 19. Jahrhundert. Die Sicherungsübereignung als Treuhandverhältnis zeichnet sich dadurch aus, dass der Sicherungsnehmer (Gläubiger) die volle Rechtsmacht, das heißt Eigentum an der Sache erhält, im Innenverhältnis zum Sicherungsgeber (Schuldner) aber verpflichtet ist, die Sache für diesen zu bewahren und bei Erfüllung der Schuld zurückzuübereignen. Funktional entspricht die Sicherungsübereignung damit dem Pfandrecht; der wichtigste Unterschied zwischen beiden Geschäften liegt in der durch den Besitz vermittelten Publizität der Sicherung: Während der Gläubiger beim Faustpfand Besitz an der Sache hat, womit die Verpfändung auch für Dritte sofort offenkundig ist, kann die Sache bei der Sicherungsübereignung in der Gewalt des Schuldners verbleiben, womit die Sicherung für den Verkehr nicht ersichtlich ist, was zu Fehlannahmen über die Kreditwürdigkeit des Schuldners führen kann[1].

---

1   Im schweizerischen Recht ist die Sicherungsübereignung an beweglichen Sachen Dritten gegenüber unwirksam, soweit sie durch Besitzkonstitut erfolgt und somit eine Umgehung des Faustpfandprinzips darstellt, vgl. Art. 717 Abs. 1 ZGB und Art. 884 Abs. 3 ZGB. Zwischen den Parteien entfaltet sie hingegen volle Wirksamkeit, vgl. Wiegand, Wolfgang, Eigentumsvorbehalt, Sicherungsübereignung und Fahrnispfand, in: ders. (Hrsg.), Mobiliarsicherheiten. Berner Bankrechtstag, Bd. 5, Bern 1998, 73–135, 108.

Im Rahmen der Kodifikationsarbeiten zum deutschen Bürgerlichen Gesetzbuch war unsicher, ob die Sicherungsübereignung zulässig sein sollte[2]. Nachdem die erste Kommission noch von einem Umgehungsgeschäft zulasten des Faustpfandprinzips ausgegangen war, gelangte die zweite Kommission zur Zulässigkeit der *fiducia*[3]. Ein nicht selten vorgebrachtes Argument in dieser Diskussion war ein historisches: Bereits das römische Recht habe die Sicherungsübereignung neben dem Pfandrecht zugelassen; das antike Vorbild, wie es sich in der *formula Baetica* materialisierte, war damit mitentscheidend für die gesetzgeberische Entscheidung, auf die Publizität des Besitzes bei der Kreditsicherung zu verzichten[4].

Schon diese autoritative Funktion der Geschichte ist aus rechtshistorischer Sicht interessant; für die Forschung zum römischen Recht stellt die *formula Baetica* zudem eine willkommene Ergänzung des Quellenkanons dar. So gibt sie zum einen Einblick in die Kautelarpraxis und vermittelt damit eine in den justinianischen Rechtstexten[5] regelmäßig fehlende Perspektive, zumal sich die Frage stellt, inwieweit das römische Recht in der Provinz Hispania überhaupt Anwendung fand. Zum andern liefert die *formula Baetica* wichtige Zusatzinformationen zur Sicherungsübereignung (*fiducia*) und damit zu einem Rechtsinstitut, das Justinians Kompilatoren nachweislich aus den Juristenschriften tilgten[6], weil es nicht mehr dem Rechtszustand des 6. Jahrhunderts

---

2   Zur Gesetzgebung vgl. Otten, Giseltraud, Die Entwicklung der Treuhand im 19. Jahrhundert: Die Ausbildung des Treuhandbegriffs des modernen Rechts, Karlsruhe 1975, 204 f.; zur Rechtsprechung vgl. Wiegand, Wolfgang, Die Entwicklung des Sachenrechts im Verhältnis zum Schuldrecht, AcP 190 (1990) 112–138, 126–129.
3   Vgl. Kohler, Josef, Bemerkungen zum vorigen Aufsatz, Archiv für bürgerliches Recht 7 (1893) 234 f. und Linckelmann, Karl, Die Sicherungsübereignungen, Archiv für bürgerliches Recht 7 (1893) 209–234.
4   Zu den Auswirkungen dieser Debatte auf die papyrologischen Funde vgl. Alonso, José Luis, One en pistei. Guarantee Sales, and Title-Transfer Securities in the Papyri, in: D. F. Leão/G. Thür (Hrsg.), Symposion 2015, Wien 2016, 121–192.
5   Als justinianische Quellen werden die in der Kompilation des byzantinischen Herrschers Justinian I. enthaltenen Rechtstexte bezeichnet, welche Justinian Anfang des 6. Jahrhunderts n. Chr. zusammenstellen ließ, wobei die Kompilation mehrheitlich aus dem aus der Antike überlieferten Material schöpfte. Sie umfasst ein Einführungswerk (Institutionen), Auszüge aus den römischen Juristenschriften (Digesten), eine Sammlung von Kaiserkonstitutionen seit Hadrian (Codex) und schließlich die justinianischen Reformgesetze (Novellen).
6   Den klarsten Beleg liefert die Rekonstruktion der Originalschriften der römischen Juristen aus den justinianischen Quellen, da sie zeigt, dass das Pfandrecht (*pignus*) scheinbar an zwei verschiedenen Stellen in den Ediktkommentaren behandelt wurde. Schon Lenel, Otto,

n. Chr. entsprach[7]. Die Aussagen der *formula Baetica* sind daher vor allem mit der Überlieferung außerhalb der justinianischen Kompilation zusammenzubringen. Im Vordergrund stehen dabei die Institutionen des Gaius, das heißt eine in der Mitte des zweiten Jahrhunderts n. Chr. verfasste Juristenschrift, die durch eine Handschrift aus dem fünften oder sechsten Jahrhundert nahezu vollständig überliefert ist[8].

Ziel der vorliegenden Exegese der *formula Baetica* ist es daher, den Inhalt der Inschrift und ihren Zweck ebenso zu klären, wie zu fragen, welche Erkenntnisse die Quelle im Verhältnis zur sonstigen Überlieferung bereithält[9]. Diese Untersuchung hat mit einer äußeren Beschreibung der Urkunde und ihres Textes zu beginnen (3.3.2), bevor die wichtigsten Rechtsbegriffe zu klären (3.3.3) und die einzelnen Klauseln der Urkunde auf ihren juristischen Gehalt und ihre Besonderheiten zu untersuchen sind (3.3.4).

3.3.2 Zur Beschreibung der Inschrift und zur Paraphrase

Die Inschrift auf der Bronzetafel ist gut lesbar[10] und bis auf wenige Abkürzungen auch unmittelbar verständlich. Sie wurde erstmals 1868 von Emil Hübner publiziert[11] und stammt aus der Zeit vor dem 2. Jahrhundert n. Chr. Ihr Fundort liegt in der römischen Provinz *Hispania Baetica*, die von Augustus (Oktavian) vor dem Jahre 2 n. Chr. gegründet wurde, indem er die bestehende republikanische Provinz *Hispania ulterior*

Quellenforschungen in den Edictcommentaren, Savigny-Zeitschrift für Rechtsgeschichte. Romanistische Abteilung 3 (1882) 104–120 und 177–180 vermutete daher für eine Stelle die Interpolation von *pignus* anstelle von *fiducia*.

7   Noordraven, Bert, Die Fiduzia im römischen Recht, Amsterdam 1999, 17–41.
8   Vgl. Manthe, Ulrich, Gaius Institutionen. Herausgegeben, übersetzt und kommentiert, Darmstadt ²2004.
9   Eine Exegese umfasst typischerweise die folgenden Abschnitte: 1) Inskription; 2) Übersetzung und Paraphrase; 3) Erläuterung der zentralen Rechtsbegriffe und Rechtsinstitute; 4) Interpretation anhand der vom Text aufgeworfenen Fragen; 5) Ggfls. Vergleich mit anderen Quellentexten.
10 Ein Foto findet sich in der Database Hispania Epigraphica Online, vgl. http://eda-bea.es/ Nr. 1756 [letzter Zugriff: 29.09.2021].
11 Hübner, Emil, Ein pactum fiduciae, Hermes 3 (1869) 283–289; sodann in ders./Mommsen, Theodor, Corpus Inscriptionum Latinarum II. Inscriptiones Hispaniae Latinae, Berlin 1869, Nr. 5042 (= CIL II, 5042).

in zwei neue Provinzen (*Baetica* und *Lusitana*) teilte[12]. Das Urkundenformular ist als *testatio*, das heißt „Zeugenurkunde", stilisiert, beschreibt also den beurkundeten Vorgang aus der Sicht eines Beobachters (und nicht aus der Sicht einer der Parteien, etwa des Schuldners).

3.3.2.1 Transkription und Übersetzung

In der Lesung des Corpus Inscriptionum Latinarum[13] lautet der Text wie folgt[14]:

CIL II, 5042[15]

1 Dama L. Titi[i] ser(vus) fundum Baianum qui est in agro qui ||||
2 Veneriensis vocatur pago Olbensi uti optumus maxumusq(ue) ||||
3 esset HS[16] n(ummo) I[17] et hominem Midam HS[16] n(ummo) I fidi fiduciae causa man ||||
4 cipio accepit ab L. Baianio libripend[e] antest(ato) ad fines [f]undo. ||||
5 Dixit L. Baianius L. Titium et C. Seium et populum et siquos dicere oportet. ||||
6 Pactum comventum factum est inter Damam L. Titi ser(vum) et L. Baian(ium): ||||
7 quam pecuniam L. Baian[i]o dedit dederit, credidit crediderit, ex ||||
8 pensumve tulit tulerit, sive quid pro eo promisit promiserit, ||||
9 spopondit [spoponderit] fideve quid sua esse iussit iusserit, usque eo is fundus ||||
10 eaque mancipia fiducia essent, donec ea omnis pecunia fides ||||
11 ve persoluta L. Titi soluta liberataque esset. Si pecunia sua quo ||||
12 que die L. Titio h(eredi)ve eius data soluta non esset, tum uti eum ||||
13 fundum eaque mancipia sive quae mancipia ex is vellet L. Titi ||||
14 us h(eres)ve eius vellet, ubi et quodie vellet pecunia praesenti ||||
15 venderet, mancipio pluris HS[16] (sestertio) n(ummo) I[17] invitus ne daret neve sa ||||

---

12 Nony, Daniel, Die spanischen Provinzen, in: Cl. Lepelley (Hrsg.), Rom und das Reich in der Hohen Kaiserzeit, Bd. 2: Die Regionen des Reiches, München 2001, 121–150.
13 https://cil.bbaw.de/ [letzter Zugriff: 29.09.2021].
14 Auflösungen von Abkürzungen werden mit runden Klammern (…) dargestellt; Ergänzungen von nicht lesbaren Teilen werden in eckigen Klammern […] angegeben; die doppelten Querstriche |||| bezeichnen ein Zeilenende im Original. Nicht aufgelöst sind die Abkürzungen L. für L(ucius) und C. für C(aius).
15 Die Lesung folgt CIL II, 5042 (= CIL II², 5406). Weitere Fundstellen und Lesungen in der Epigraphik-Datenbank von Clauss/Slaby (http://www.manfredclauss.de), dort unter der Nr. EDCS-05600394.
16 Zeichen für Sesterzen.
17 Lies: „uno".

16 tis secundum mancipium daret neve ut in ea verba, quae in ver ‖‖
17 ba satis s(ecundum) m(ancipium) dari solet, repromitteret neve simplam neve
[duplam].

Eine Übersetzung, die auch die Struktur des Dokumentes nachvollzieht, könnte folgendermaßen aussehen:

1 Dama, der Sklave des L. Titius, hat den *fundus Baianus*, der sich in dem Gebiet befindet,
2 das *ager Veneriensis* genannt wird, im Dorf Olba, unter der Bestimmung, dass es frei von allen Rechten anderer[18]
3 sei, für einen Sesterz und den Sklaven Midas für einen Sesterz treuhänderisch und zum Zwecke einer Sicherungstreuhand durch Man-
4 zipation von L. Baianius erworben, im Beisein eines Waagehalters und eines Zeugen. Zu den Grenzen für das Grundstück
5 hat L. Baianius den L. Titius, C. Seius, das Volk und wer sonst benannt werden muss, [als Zeugen] angerufen.
6 Eine formlose Vereinbarung (*pactum conventum*) wurde zwischen Dama, dem Sklaven des L. Titius, und L. Baianius geschlossen,
7 nach der für die Geldbeträge, die L. Titius dem L. Baianius jetzt oder in Zukunft als Darlehen oder Kredit gegeben hat oder gegeben haben wird, die er als Schul-
8 den eingetragen hat oder eingetragen haben wird oder für die er durch *fidepromissio*,
9 *sponsio* oder *fideiussio* eine Bürgschaft abgegeben hat oder abgegeben haben wird, ihm solange dieses Grundstück
10 und diese Sklaven[19] in Treuhand sein sollen, bis dass dieses gesamte Geld oder der Kredit[20]

---

18 Die Formel „*uti optumus maximusq(ue)*" (richtig: „*uti optimus maximusque*") meint die Freiheit von Lasten, insbesondere von Servituten. Der Veräußerer haftet nur dann für die Lastenfreiheit, wenn er sie zugesichert hat, vgl. Cels. 8 dig. D. 18.1.59 „Wenn du ein Grundstück verkauftest und nichts gesagt hast, ist richtig, (…), dass das Grundstück nicht frei [von Rechten], sondern so wie besehen geleistet werden muss (…)."
19 Das Formular wechselt tatsächlich die Anzahl der Sklaven (Z. 3) von einem zu mehreren (Z. 10, Z. 13).
20 Die Formulierung *pecunia vel fides* meint: „gegen Geld oder Kredit".

11 dem L. Titius gezahlt, abgelöst oder erfüllt sind[21]. Wenn sein Geldbetrag an
12 dem vereinbarten Termin dem L. Titius oder seinem Erben nicht gegeben oder zurückgezahlt worden sei, dass dann dieses
13 Grundstück und diese Sklaven oder diejenigen der Sklaven, die er will, der L. Titius
14 oder sein Erbe, wo er will und wann er will gegen Bargeld
15 verkaufen könne. [Weiter wurde vereinbart], dass er [L. Titius] gegen seinen Willen weder für mehr als einen Sesterz durch Manzipation übereigne, noch dass er Sicher-
16 heit[22] [durch Bürgschaft] für den Kaufgegenstand geben müsse, noch dass er in diesen Wor-
17 ten, die bei der Sicherheitsbestellung für den Kaufgegenstand üblicherweise abgegeben werden, ein Garantieversprechen[23] [zur Zahlung] des einfachen oder doppelten Kaufpreises erteilen müsse.

Wie auch in der deutschen Übersetzung nachgeahmt, sind die Zeilen des Dokumentes nicht nach der Sinnhaftigkeit der Aussagen gestaltet; vielmehr sind zusammengehörende Worte am Zeilenende durch Trennung auseinandergerissen; an vielen Stellen werden Aussagen offenbar nur leicht variierend wiederholt (z. B. in Z. 8 f.; Z. 11; Z. 17) wohingegen an anderen Stellen (z. B. in Z. 4; Z. 5) Informationen zu fehlen scheinen.

3.3.2.2   Paraphrase und Gliederung des Textes

Der Inhalt der Urkunde lässt sich auf folgende drei Hauptaussagen konzentrieren:
Der erste Teil (Z. 1–5) dokumentiert die Vornahme einer fiduziarischen Manzipation (*mancipatio fiduciae causa*), die für den symbolischen Betrag von einem Sesterz (*nummo uno*) durchgeführt wird. Sicherungsobjekte sind ein nach seiner Lage näher bezeichnetes Grundstück und ein Sklave namens Midas. Sicherungsgeber ist ein L. Baianius, Sicherungsnehmer ein L. Titius, für den der Sklave Dama auftritt. Ebenfalls beteiligt sind ein nicht namentlich bezeichneter Waagehalter (*libripens*) und ein (weiterer) Zeuge. Zudem berichtet das Dokument von die Manzipation begleitenden

---

21   Die Verben *persolvere* („zahlen"), *solvere* („ablösen") und *liberare* („befreien") sind Synonyme.
22   Eine *satisdatio* ist eine Sicherheitsleistung mit Bürgenbestellung.
23   Eine *repromissio* ist eine Sicherheitsleistung nur durch Kaution (Stipulation) des Verpflichteten.

Erklärungen des Veräußerers (*dicere*), der unter anderem einen L. Titius, einen C. Seius, das Volk und „sonst notwendige Personen" angerufen habe.

Der zweite Teil (Z. 6–15) enthält die formlose Vereinbarung (*pactum conventum*) zwischen dem Veräußerer L. Baianius und dem Erwerber L. Titius, welche die Modalitäten der Sicherung bestimmt: Die Parteien legen zunächst fest, dass jegliche bereits bestehende wie zukünftige Forderung des L. Titius gegen den L. Baianius gesichert sein soll. Dabei betonen sie, dass unabhängig vom Rechtsgrund alle Arten von Krediten von L. Titius an L. Baianius sowie alle Arten von Bürgschaften, die L. Titius für L. Baianius übernommen hat, von der Abrede erfasst sein sollen. Weiter wird vereinbart, dass die Sicherungsobjekte solange im Sicherungseigentum des L. Titius verbleiben sollen, wie nicht alle seine Forderungen getilgt sind. An dieser Stelle werden als Sicherungsobjekte entgegen der Aussage im ersten Teil des Dokumentes ein Grundstück und mehrere Sklaven genannt. Schließlich bestimmt der Text, dass es dem L. Titius und dessen Erben erlaubt sein soll, das Sicherungsgut gegen sofortige Zahlung und nach freier Wahl von Ort und Zeit an einen Dritten zu veräußern, wenn L. Baianius eine der Forderungen, die L. Titius gegen ihn hat, nicht termingerecht erfüllt. Erneut geht das Formular in diesem Teil von mehreren Sklaven als Sicherungsgegenständen aus, denn dem L. Titius wird erlaubt, zu wählen, welchen Sklaven er im Sicherungsfall veräußern will.

Im dritten und letzten Teil des Dokumentes (Z. 15–17) bestimmen die Parteien, dass L. Titius im Rahmen der Verwertung des Sicherungsgutes nicht gezwungen sei, die Sicherungsobjekte für mehr als einen symbolischen Sesterz zu manzipieren, und auch nicht verpflichtet sei, die beim Kaufvertrag an sich üblichen Sicherheitsleistungen zugunsten des Drittkäufers zu erbringen. Explizit genannt werden die Verpflichtung, einen Bürgen zur Sicherung der Kaufsache zu bestellen, und diejenige, das beim Kauf übliche Sicherheitsversprechen des einfachen oder doppelten Kaufpreises abzugeben.

3.3.3 Klärung der wichtigsten Rechtsbegriffe

Vor dem Eingehen auf den Gehalt der Urkunde ist es notwendig, einige der verwendeten Rechtsbegriffe und Rechtsinstitute zu erläutern. Erklärungsbedürftig sind namentlich: (1) das Auftreten eines Sklaven (*servus*) im Rechtsverkehr; (2) die verschiedenen Arten der Manzipation; (3) die Sicherungsabrede (*pactum conventum*); (4) die Modalitäten der Kreditvergabe (Darlehen, Kredit, Eintrag als Schuld); (5) die drei Bürgschaftsarten (*fideipromissio*, *sponsio*, *fideiussio*); (6) die Regelung der Veräußerungsbefugnis des Sicherungsnehmers und die Aufnahme seines Erben in die Klausel sowie (7) die vom Verkäufer übernommenen Garantien bei einer Manzipation zur Erfüllung eines Kaufvertrages (Sicherung durch Bürgenbestellung und Versprechen des einfachen oder doppelten Kaufpreises).

3.3.3.1 Vertretung des Sicherungsnehmers durch einen Sklaven (*servus*)

Im Dokument (Z. 1–4) tritt anstelle des Sicherungsgebers und Gläubigers, L. Titius, ein Sklave namens Dama auf. Dies bedeutet, dass L. Titius selbst gar nicht am Geschäftsabschluss präsent war, sondern der Sklave für ihn handelte. Die Sklaverei war in der gesamten antiken Welt als rechtliche Erscheinung anerkannt[24]; nach römischem Recht waren Sklaven unfähig, Träger von Rechten und Pflichten zu sein und standen in Eigentum und Gewalt (*potestas*) ihres Herrn[25]. Aus Sicht des Herrn war der Sklave damit ein „Erwerbsorgan"[26], das unter bestimmten Voraussetzungen Geschäfte für den Herrn tätigen konnte. Dies galt nicht nur für den Erwerb durch tatsächliche Handlungen, namentlich den Besitzerwerb, sondern auch für die förmlichen Geschäfte des römischen Zivilrechts, wie die Manzipation (siehe unten 3.3.3.2).[27] Der Einsatz von Sklaven im rechtsgeschäftlichen Verkehr ersetzte damit die im römischen Privatrecht fehlende Institution der Stellvertretung durch freie Personen[28].

3.3.3.2 Manzipation und Manzipation für einen Sesterz (*mancipatio nummo uno*)

Die Manzipation ist ein als Kauf stilisierter Formalakt, den Gaius in seinen Institutionen wie folgt beschrieben (Gai. Inst. 1.119): Neben Veräußerer und Erwerber waren ein Waagehalter sowie mindestens fünf Zeugen beteiligt, die alle mündige römische Bürger sein mussten. Vor diesen Zeugen ergriff der Erwerber die zu erwerbende Sache

---

24 Vgl. Gai. Inst. 1.9 zur Unterscheidung von freien Menschen und Sklaven als *summa divisio* des Personenrechts.
25 Kaser, Max/Knütel, Rolf/Lohsse, Sebastian, Römisches Privatrecht, München [22]2021, § 15 Rn. 1.
26 Kaser/Knütel/Lohsse, Römisches Privatrecht [22]2021, § 15 Rn. 9.
27 Gai. Inst. 2.86–87 „Für uns wird aber nicht nur durch uns selbst erworben, sondern auch durch diejenigen, die wir in Hausgewalt (*potestas*) (…) haben; (…) Was also unsere (…) Sklaven durch Manzipation erwerben oder aufgrund einer Besitzübertragung erlangen, das wird für uns erworben (…)."
28 Honsell, Heinrich, Römisches Recht, Berlin/Heidelberg [8]2015, § 10 I.

und sprach: „Ich behaupte, dass diese [Sache][29] nach quiritischem Recht[30] mir gehört, und sie soll mir durch dieses Kupferstück und diese Waage gekauft sein." Daraufhin schlug er mit einem Kupferstück gegen die Waage und übergab dieses dem Veräußerer.

Die hier beschriebene Manzipation für einen symbolischen Sesterz (*mancipatio nummo uno*) ist – wie Gaius betont – längst kein echtes Kaufgeschäft mehr, sondern ein symbolischer Übertragungsakt, bei dem die Übergabe der Münze *quasi pretii loco* („gleichsam an Stelle des Kaufpreises") erfolgte. Seine aus dem 2. Jahrhundert n. Chr. stammende Schilderung lässt einerseits erkennen, dass der ursprüngliche Zweck des Geschäftes vermutlich in der Zuwägung des Kaufpreises in Geld bestand; andererseits wird deutlich, dass sich das Geschäft zu seiner Zeit bereits vom Kaufzweck gelöst hatte und nur noch der Verfügung über die der Manzipation unterworfenen Sachen, den sogenannten *res mancipi* („manzipierfähigen Sachen") diente.

In der Tat findet die *mancipatio nummo uno* auch in anderen Zusammenhängen Anwendung, in denen es auf die Verfügung, nicht aber auf den Kaufzweck ankommt, namentlich bei der Emanzipation (*emancipatio*) von Hauskindern aus der Gewalt des Hausvaters[31] und bei der Errichtung des Manzipationstestaments, durch das der Erblasser über sein Vermögen verfügt[32]. Auch die Manzipation zur Sicherungsübereignung ist ein Anwendungsfall dieses „nachgeformten Rechtsgeschäftes", also der Ausnutzung einer bestehenden Form zu neuen Zwecken[33]. Die Verfügung über das Sicherungsgut dient der Begründung von Eigentum zum Zwecke der Kreditsicherung. Das Formular stellt diese besondere Zwecksetzung auch klar, indem es von einer Manzipation *fidi fiduciae causa* spricht, das heißt „einer treuhänderischen Übereignung zum Zwecke der Sicherung". Diese treuhänderische Beschränkung, die in der Sicherungsabrede (Z. 6–17) konkretisiert wird, wirkt nur zwischen den Parteien. Dies zeigt sich pro-

---

29 Gaius bildet seine Formel beispielhaft mit einem zu erwerbenden Sklaven: „Ich behaupte, dass dieser Sklave nach quiritischem Recht mir gehört (…)".
30 Das quiritische Recht ist Synonym für „ziviles Recht", also das den römischen Bürgern vorbehaltene Recht.
31 Gai. Inst. 1.132 „Im übrigen scheiden Hauskinder durch Emanzipation aus der Hausgewalt der Hausväter aus. Doch tritt ein Sohn erst nach drei Manzipationen, alle anderen Abkömmlinge aber (…) treten schon nach einer Manzipation aus der Hausgewalt der Hausväter aus (…)."
32 Gai. Inst. 2.102 „Später kam eine dritte Gattung von Testament hinzu, das durch Kupfer und Waage errichtet wird (…). Dieses Testament heißt ‚durch Kupfer und Waage', weil es durch Manzipation begründet wird."
33 Grundlegend Rabel, Ernst, Nachgeformte Rechtsgeschäfte. Mit Beiträgen zur Injurecession und zum Pfandrecht, Savigny-Zeitschrift für Rechtsgeschichte. Romanistische Abteilung 40 (1906) 290–335, 327 f.

zessual darin, dass dem Schuldner (L. Baianius) als Sicherungsgeber keine dingliche Klage (*actio in rem*) auf Erfüllung der Abrede zusteht, sondern nur eine persönliche Klage (*actio in personam*)[34]. Die Bindungen des Sicherungsnehmers aus den begleitenden Absprachen der Parteien haben daher keine Wirkung gegenüber Dritten, sondern sind auf das Verhältnis zwischen Sicherungsnehmer und Sicherungsgeber beschränkt.

Zur Erreichung der Eigentumsübertragung durch Manzipation bedarf es der Vornahme des beschriebenen Rituals; andere Formen, insbesondere die Einhaltung einer Schriftform, sind weder erforderlich noch ausreichend. Die *formula Baetica* stellt daher eine Beweisurkunde dar, welche die wichtigsten Elemente des Vorgangs, der auch durch die Aussagen der anwesenden und im Formular genannten Zeugen bewiesen werden kann, enthält und belegt.

3.3.3.3 Die Sicherungsabrede (*pactum conventum*)

Die Sicherungsabrede, die technisch als *pactum fiduciae*, im Formular schlicht als „Vereinbarung" (*pactum conventum*) bezeichnet wird, regelt die Modalitäten der Treuhand. Dabei sind grundsätzlich zwei Arten der Treuhand zu unterscheiden, die (aus Sicht des Treunehmers, Sicherungsnehmers, Gläubigers) „eigennützige" und die (ebenfalls aus dieser Sicht beurteilte) „fremdnützige" Treuhand[35]. Während die fremdnützige Treuhand den Zwecken des Treugebers dient, der zum Beispiel einem Freund Sachen zur Sicherung übergibt, hat die eigennützige Treuhand die Funktion, Forderungen des Gläubigers (Treunehmers) gegenüber dem Schuldner (Treugeber) zu sichern. Bei der eigennützigen Treuhand enthält die Sicherungsabrede den Sicherungszweck. Zudem definiert sie die gesicherten Forderungen und die Modalitäten der Rückgewähr der Sache an den Schuldner und Sicherungsgeber. Ferner bestimmt sie die Voraussetzungen für die Verwertung des Sicherungsgutes. Entsprechend legen L. Baianius und L. Titius fest, dass die Treuhand bis zur Zahlung der letzten gesicherten Forderung (siehe unten 3.3.3.4 und 3.3.3.5) bzw. der Entlassung aus der letzten gesicherten Verpflichtung zugunsten des L. Baianius fortbestehen soll und bestimmen zudem die Modalitäten der Veräußerung des Sicherungsgutes (siehe unten 3.3.3.6).

---

34 Die Klage heißt *actio fiduciae* („Fiduziarklage"); sie ist auf die ordnungsgemäße (vereinbarte) Durchführung der Treuhand gerichtet, sowie auf Rückgabe des Sicherungsgutes, vgl. Noordraven, Fiduzia 1999, 139.

35 Vgl. Gai. Inst. 2.60 „Eine *fiducia* wird entweder mit einem Gläubiger zum Zwecke einer Verpfändung abgeschlossen oder mit einem Freund, damit die eigenen Sachen sicherer bei ihm aufgehoben sind (…)." Zur Frage vgl. Noordraven, Fiduzia 1999, 64 f.

Eine explizite Klausel zur Rückübertragung des Eigentums auf L. Baianius fehlt (Z. 9–11). Dabei ist zu beachten, dass die Sicherungsübereignung anders als das Pfandrecht und die Bürgschaft nicht akzessorisch ist[36]. Dies hat zur Folge, dass der Eigentumsübergang auf den Sicherungsnehmer unabhängig vom Bestehen oder Entstehen der gesicherten Forderung stattfindet und dass die Sicherheit mit Erlöschen der letzten gesicherten Forderung nicht automatisch an den Schuldner und Sicherungsgeber zurückfällt. Vielmehr bedarf es einer Rückübertragung durch den Gläubiger und Sicherungsnehmer. Implizit geht eine solche Verpflichtung des L. Titius aus der Beendigung des Sicherungszwecks mit Rückzahlung aller gesicherten Forderungen und Entlassung aus allen Bürgschaftsverpflichtungen zugunsten des L. Baianius hervor. Aus dieser Bestimmung kann geschlossen werden, dass L. Titius nach der Erfüllung aller gesicherten Forderungen die zur Sicherung überlassenen Vermögenswerte an L. Baianius zurückzugeben hat. Zur Wahrung der Schuldnerinteressen sieht das römische Recht zudem eine vereinfachte Form der Rückersitzung (*usureceptio*) vor, sofern der Schuldner den Gläubiger vollständig befriedigt bzw. befreit hat[37]. Auch die *usureceptio* setzt allerdings – wie jede Form der Ersitzung (*usucapio*) – die Erlangung des Besitzes, das heißt der tatsächlichen Sachherrschaft über das Sicherungsgut, voraus[38].

3.3.3.4 Die verschiedenen Arten der von der Sicherung erfassten Kreditvergabe

Die vom Sicherungsvertrag erfassten Kreditvergaben werden jeweils in der Vergangenheits- und Zukunftsform der Verben *dare* („zum Eigentum geben"), *credere* („als Kredit geben") und *expensum ferre* („als Schuld einschreiben") (Z. 7 f.) wiedergegeben. Die teilweise als Synonyme, teilweise als Antonyme zu verstehenden Ausdrücke bezeichnen verschiedene Arten der Darlehensgewährung im römischen Recht. Das Verb *dare* oder auch das Nomen *datio* verweisen regelmäßig auf das (Geld-)Darlehen (*mutuum*), das in Rom als Realvertrag konzipiert ist, das heißt die Eigentumsübertragung an Sachen gleicher Art und Güte auf den Empfänger voraussetzt. Hauptkennzeichen dieser Kreditart ist, dass sie unentgeltlich ist, weil der Empfänger lediglich die Rückzahlung des

---

36 Kaser/Knütel/Lohsse, Römisches Privatrecht [22]2021, § 31 Rn. 4 f., Rn. 21.
37 Gai. Inst. 2.59 „(…) denn wer jemandem eine Sache zur Sicherung manzipiert (…) hat, kann sie ersitzen, wenn er sie selbst besessen hat, nämlich nach einem Jahr (…)."
38 Zur *usureceptio* vgl. Noordraven, Fiduzia 1999, 186–207, der 199 f. vermutet, dass die Sicherungsübereignung in der Regel ohne Besitzübertragung auf den Gläubiger stattfand.

Empfangenen, nicht aber Zinsen schuldet[39]; Zinsverpflichtungen können in dieser Konstruktion nur über Stipulation, also ein wortförmliches Versprechen, begründet werden. In der Kautelarpraxis findet sich allerdings auch der Weg über die (fiktive und an sich unwirksame) Beurkundung eines höheren Auszahlungsbetrages, der die Zinsen schon „miteinrechnet"[40].

Der zweite, im Dokument verwendete Begriff des *credere* entstammt dem prätorischen Edikt[41] und erfasst alle Forderungen, die mit der Kondiktion (*condictio*) eingeklagt werden können[42]. Insbesondere können auch andere als vertretbare Sachen „geschuldet" sein, etwa wenn die Rückgabe einer bestimmten Sache oder eine andere Leistung förmlich versprochen wurde (Stipulation)[43]. Noch weitergehend beschreibt Ulpian, ein Jurist vom Anfang des 3. Jahrhunderts n. Chr., als *credere* jegliche Form des investierten Vertrauens, bei dem also eine Partei der anderen etwas leistet, um später etwas anderes zu erhalten[44]. In der Tat lässt sich auch die Stundung eines Kaufpreises oder die (meist zeitlich aufgeschobene) Rückforderung bei der Leihe als Kreditgeschäft auffassen[45], dessen Inhalt sich sodann durch Stipulation fixieren und der Kondiktion zuführen lässt.

Eine weitere Variante beschreibt der dritte vom Dokument verwendete Begriff des Eintrags von Schulden (*expensum ferre*). Er verweist auf Vermerke im Hausbuch, in das der Hausvater seine Einnahmen und Ausgaben eintrug oder durch Rechnungssklaven eintragen ließ. Die Eintragungen beschränkten sich nicht immer auf tatsächlich erfolgte Einzahlungen und Auszahlungen, sondern konnten selbst Forderungen begründen, indem der Hausvater eine Forderung eintrug, die nicht oder nicht in dieser

---

39 Hieraus erklärt sich die Praxis des Stipulationsdarlehens, vgl. dazu Gröschler, Peter, Die Konzeption des *mutuum cum stipulatione*, Tijdschrift voor Rechtsgeschiedenis 74 (2006) 261–287.
40 Gröschler, TR 74 (2006) 267, nennt dies „Kapitalisierung" von Zinsen.
41 Vgl. Chevreau, Emmanuelle, L'étonnant destin du *credere* édictal. Quelques remarques sur Ulpianus (26 ad edictum) D. 12.1.1.1, Bulletino dell'istituto di diritto romano 107 (2013; erschienen 2015) 115–136.
42 Paul. 28 ad ed. D. 12.1.2.3 „Der Kredit unterscheidet sich also vom Darlehen wie die Gattung von der Art."
43 Paul. 28 ad ed. D. 12.1.2.5, dazu Nelson, Hein L. W./Manthe, Ulrich, Gai Institutiones III 88–181. Die Kontraktsobligationen. Text und Kommentar, Berlin 1999, 184 f.
44 Ulp. 26 ad ed. D. 12.1.1.1 „(…) alle Verträge nämlich werden [vom ediktalen Titel *de rebus creditis*] erfasst, durch die wir uns anschicken, der Vertragstreue eines anderen anzuvertrauen."
45 Sinngemäß Gai. Inst. 3.124 „(…) als dargeliehenes Geld bezeichnen wir nicht nur das Geld, das wir als Darlehen geben, sondern jegliches Geld, von dem es in dem Augenblick, in dem die Verbindlichkeit eingegangen wird, feststeht, dass es geschuldet werden wird (…).".

Weise begründet worden war[46]. Auch diese konstitutive Eintragung einer Forderung ins Hausbuch begründete die Kondiktion (*condictio*) und damit eine Klage, für die der Kläger lediglich die wirksame Begründung und die Schuldsumme zu beweisen hatte.

3.3.3.5 Die verschiedenen Arten der Bürgschaft

Das Dokument nennt drei Bürgschaftsarten, die – genau wie die Kreditforderungen – von der Sicherheitsbestellung erfasst sind. Soweit also der Sicherungsnehmer (L. Titius) von den Gläubigern des L. Baianius als Bürge in Anspruch genommen wurde oder werden kann[47], sollen auch die hieraus entstehenden Regressforderungen gegen den Hauptschuldner (L. Baianius) von der Sicherungsübereignung erfasst sein[48]. Die drei Bürgschaftsarten des römischen Rechts werden im Dokument in der auch in den Institutionen des Gaius anzutreffenden Reihenfolge[49], *fidepromissio*, *sponsio* und *fideiussio*, genannt. Alle drei Bürgschaftsarten sind Anwendungsfälle der Stipulation, das heißt des Verbalkontraktes, der durch förmliche Frage und Antwort geschlossen wird[50]. Die Bezeichnung der verschiedenen Bürgschaftsformen ergibt sich dabei aus dem verwendeten Verb: Bei der *fidepromissio* fragt der Gläubiger, ob der (zukünftige) Bürge „unter Gewähr verspreche" (*fide promittere*) und der Bürge antwortet entsprechend, dass er „unter Gewähr verspreche"[51]. Bei der *sponsio* verwenden die Parteien hingegen Formen von *spondere* („geloben"); bei der *fideiussio* vom Verb *fide iubere* („einverstanden erklären", „Gewähr bieten"). Die Voraussetzungen und Rechtsfolgen dieser verschiedenen Bürgschaftsformen unterscheiden sich teilweise erheblich. Der wichtigste Unterschied besteht darin, dass *fidepromissio* und *sponsio* nur eine durch Stipulation begründete Hauptschuld sichern können, während die *fideiussio* für jeg-

---

46 Ein Überblick zum Hausbuch bei Nelson/Manthe, Kontraktsobligationen 1999, 496–499.
47 Das römische Recht kennt keine Einrede der Vorausklage (vgl. § 771 BGB; Art. 495 Abs. 1 OR; anders § 1346 Abs. 1 ABGB). Daher kann der Gläubiger wählen, ob er den Schuldner oder den Bürgen angeht.
48 Die Regressforderung des Bürgen gegen den Hauptschuldner ist nicht gesetzlicher Natur, sondern aus einer Auftragsgegenklage (*actio mandati contraria*) zu konstruieren, sofern der Bürge mit dem Wissen des Hauptschuldners tätig geworden ist, also einen Auftrag (*mandatum*) desselben erfüllt. Einzelheiten bei Giménez-Candela, Teresa, Mandatum und Bürgenregreß, in: D. Nörr/S. Nishimura (Hrsg.), Mandatum und Verwandtes. Beiträge zum römischen und modernen Recht, Berlin 1993, 169–177.
49 In den justinianischen Quellen ist allein die *fideiussio* stehengeblieben.
50 Zur Stipulation, vgl. Kaser/Knütel/Lohsse, Römisches Privatrecht ^{22}2021, § 7 Rn. 20 f.
51 Zu *fide promittere*, vgl. Nelson/Manthe, Kontraktsobligationen 1999, 109.

liche Art der Obligation verwendet werden kann, weshalb sie die beiden anderen Bürgschaftsarten mit der Zeit verdrängt[52].

3.3.3.6 Die Veräußerungsbefugnis des Sicherungsnehmers und seines Erben

Die Veräußerungsbefugnis des Sicherungsnehmers L. Titius (Z. 11–17) ist weit gefasst: Er darf das Grundstück und die Sklaven, die Sicherungsobjekte sind, zu den Bedingungen veräußern, die ihm belieben (Z. 14). Voraussetzung hierfür ist einzig der Zahlungsausfall. Die Möglichkeit, zur Verwertung der Sicherheiten zu schreiten, kommt L. Titius bereits aus der Tatsache zu, dass er das volle Eigentum an den als Sicherheiten dienenden Vermögenswerten hat. Sofern er selbst nicht im Besitz der als Sicherheit dienenden Sache ist, kann er sein Eigentum mittels der Herausgabeklage (*rei vindicatio*) durchsetzen[53]. Die Sicherungsabrede hat deshalb primär die Funktion, die freie Verfügbarkeit, die dem L. Titius als Eigentümer zustünde, im Interesse des Sicherungsgebers L. Baianius zu beschränken.[54]

Neben den beiden Parteien des Geschäftes (L. Baianius und L. Titius) erwähnt die Sicherungsabrede auch zweimal den Erben des Sicherungsnehmers (L. Titius). Insbesondere hält die Urkunde fest, dass auch der Erbe zur freihändigen Veräußerung des Sicherungsgutes befugt sein soll, wenn der Sicherungsgeber die Schuld am vereinbarten Termin nicht gezahlt hat (Z. 12). Die Aufnahme des Erben (*mentio heredis*) im Formular könnte auf den ersten Blick redundant erscheinen, weil im römischen Recht der Grundsatz der Universalsukzession gilt. Dies bedeutet, dass mit dem Tod des Gläubigers (L. Titius) alle seine Rechte auf seinen Erben übergehen, ja, dass der Erbe an die Stelle des bisherigen Gläubigers und Sicherungsnehmers tritt[55]. Er wird also nicht nur Eigentümer des Grundstücks und des übertragenen Sklaven (oder der übertragenen Sklaven), sondern tritt auch in die schuldrechtlichen Verhältnisse des Erblassers ein, sofern es sich nicht um höchstpersönliche Rechte handelt. Da die

---

52 Einzelheiten bei Gai. Inst. 3.115–127, dazu Nelson/Manthe, Kontraktsobligationen 1999, 479–485.
53 Die Herausgabeklage des Eigentümers (*rei vindicatio*) nach römischem Recht entspricht der Eigentumsklage nach § 985 BGB, § 366 ABGB und Art. 641 Abs. 2 ZGB.
54 Siehe dazu oben 3.3.3.3.
55 Vgl. Iul. 6 dig. D. 50.17.62 „Die Erbschaft ist nichts anderes als die Nachfolge in das gesamte Recht, das der Verstorbene hatte"; vgl. Babusiaux, Ulrike, Wege zur Rechtsgeschichte. Römisches Erbrecht, Wien et al. ²2021, 83 f.

Sicherungsabrede kein höchstpersönliches Geschäft ist, stehen dem Erben des Sicherungsnehmers auch alle Rechte aus ihr zu. Dennoch ist die Erbenklausel aus kautelarjuristischer Sicht eine gute Wahl, denn sie schließt von vornherein Streitigkeiten oder Unsicherheiten über den Einbezug des Erben aus. Zu diesen könnte es kommen, weil die Vereinbarung zwischen L. Baianius und L. Titius nicht objektiv für jeden Eigentümer der Sache (*in rem*) formuliert ist, sondern namentlich auf die Person des L. Titius (*in personam*) abstellt. Bei Auslegung der Klausel könnte man daher prima facie zu dem Ergebnis gelangen, dass die Parteien nur dieser Person ein besonderes Vorrecht einräumen wollten[56]. Nach allgemeinen Regeln wäre daher der Erbe beweispflichtig gewesen, um sich auf die als persönliche Begünstigung des Sicherungsnehmers formulierte Veräußerungsklausel zu stützen[57]. Um diese Komplikationen für den Rechtsnachfolger des L. Titius zu vermeiden, war es daher nicht nur sinnvoll, sondern geradezu notwendig, ihn explizit im Formular zu nennen.

3.3.3.7 Die Befreiung des Sicherungsnehmers von den Garantiepflichten des Verkäufers

Der letzte Teil der *formula Baetica* legt fest, dass der Sicherungsnehmer (L. Titius) frei sein soll, das Sicherungsgut an einen Dritten auch nur gegen Zahlung des symbolischen Sesterzes zu manzipieren (Z. 15 f.); zweitens wird bestimmt, dass der Sicherungsnehmer dem Käufer keine Bürgen zu stellen hat (Z. 16), und drittens, dass er keine Sicherungsversprechen über den einfachen oder doppelten Kaufpreis abgeben muss (Z. 16 f.). Die drei Klauseln schließen damit alle Garantien aus, die den Käufer vor Eviktion schützen. Als Eviktion wird der vom Käufer erlittene Entzug des Besitzes durch ein von einem Dritten durchgeführtes prozessförmliches Verfahren bezeichnet. Nach römischer Vorstellung schuldet der Verkäufer dem Käufer grundsätzlich nicht die Verschaffung von Eigentum, sondern nur den ungestörten Besitz (*habere licere*)[58]. Im Gegenzug reicht die den Verkäufer bei Eviktion treffende Haf-

---

56 Zum *pactum in personam* und *in rem*, vgl. Finkenauer, Thomas, Vererblichkeit und Drittwirkung der Stipulation im klassischen römischen Recht, Tübingen 2010, 60–62.
57 Zur Beweislast beim *pactum in rem* bzw. *in personam*, vgl. Babusiaux, Ulrike, Id quod actum est. Zur Ermittlung des Parteiwillens im klassischen römischen Zivilprozeß, München 2006, bes. 133–138.
58 Vgl. Kaser/Knütel/Lohsse, Römisches Privatrecht [22]2021, § 41 Rn. 17, Rn. 25.

tung weit, denn sie beläuft sich – und dies ist ein Strafgedanke – auf den doppelten Betrag des Kaufpreises[59].

Die Haftung knüpft ursprünglich offenbar direkt an das Ritual der Manzipation an: Nach einem althergebrachten Rechtssatz haftet der Veräußerer aus der zum Zwecke des Kaufes durchgeführten Manzipation (also bei Zahlung eines echten Kaufpreises) für den ungestörten Sachbesitz des Erwerbers. Diese sog. *auctoritas*-Haftung („Herrschafts-Haftung") umfasst die Unterstützung des Erwerbers in einem mit einem Dritten geführten Prozess um die Herausgabe und – im Fall eines Obsiegens des Dritten – eine Ersatzpflicht auf das Doppelte des Kaufpreises[60].

Da nicht alle Sachen durch Manzipation übertragen und auch nicht alle manzipationsfähigen Sachen zum Zwecke des Kaufes manzipiert wurden, wurde neben der dem Geschäft inhärenten *auctoritas*-Haftung auch die rechtsgeschäftliche Übernahme der Eviktionshaftung durch Stipulationsversprechen üblich. Dieses Stipulationsversprechen kommt – wie auch unsere Urkunde belegt – in verschiedenen Varianten vor: So ist zunächst eine Stipulation mit Satisdationspflicht, das heißt der Stellung von Bürgen, belegt, welche die *auctoritas*-Pflicht des Veräußerers auf sich nehmen[61]. Dabei ist einerseits vorstellbar, dass die Bürgen zusätzlich zu dem Veräußerer haften, ihre Haftung also neben die aus der Manzipation begründete *actio auctoritatis* tritt; andererseits können sich der Verkäufer und seine Bürgen auch ohne Manzipation zur Zahlung auf das Doppelte verpflichten[62]. Schließlich sind Fälle belegt, in denen der Verkäufer sich nicht auf das Doppelte verpflichtet, sondern lediglich zusagt, den Kaufpreis in einfacher Form zu erstatten, falls die Sache dem Käufer entwehrt wird. Selbst zu dieser einfachen Sicherung soll der Sicherungsnehmer (L. Titius) in der *formula Baetica* nicht verpflichtet sein[63].

---

59 Paul. Sent. 2.17.3 „Wenn die Sache durch Manzipation und Übergabe wirksam verkauft [und übereignet] worden ist, haftet der Verkäufer aus der *auctoritas* auf das Doppelte."
60 Brägger, Rafael, Actio auctoritatis, Berlin 2012, 34–39.
61 Noordraven, Fiduzia 1999, 128, der betont, dass wenn die *mancipatio* „gegen die symbolische Leistung von einem *nummus* erfolgt, (…) die *actio auctoritatis* auf einen Betrag von zwei *nummi* beschränkt [ist], also auf *nihil*."
62 Brägger, Actio auctoritatis 2012, 207–210.
63 Erneut belegt die *formula Baetica* einen anderen Rechtszustand als in den justinianischen Quellen, in denen die Stipulation auf den einfachen Kaufpreis durch die Stipulation auf das Doppelte abgelöst wurde, vgl. Kaser/Knütel/Lohsse, Römisches Privatrecht ^{22}2021, § 41 Rn. 30.

3.3.4 Zu Zweck und Besonderheiten der *formula Baetica*

Eine weitergehende Interpretation der *formula Baetica* muss insbesondere die folgenden Fragen beantworten: 1) Was ist der Zweck des beurkundeten Vertragswerkes? 2) Welche Besonderheiten fallen an der Beurkundung der Manzipation in Z. 1–5 im Vergleich zur Beschreibung des Geschäftes bei Gaius auf, und wie lassen sie sich erklären? 3) Welche Funktion hat die Veräußerungserlaubnis in Z. 11–17, wenn der Sicherungsnehmer L. Titius Eigentümer der Sicherungsobjekte geworden ist? 4) Beurkundet das Dokument ein einzelnes Geschäft oder handelt es sich um ein Formular, das an verschiedene Situationen angepasst werden kann? 5) Wenn es sich um die Beurkundung eines tatsächlich stattgefundenen Geschäftes handelt, ist dieses dann wirksam oder gibt es aus Sicht des in den Juristenschriften überlieferten Rechts Bedenken? 6) Welche Alternativen hätten die Parteien L. Titius und L. Baianius gehabt, um den verfolgten Zweck zu erreichen?

3.3.4.1 Zum Zweck des beurkundeten Vertragswerkes

Das in der Urkunde niedergelegte Vertragswerk zielt darauf ab, die Sicherung einer durch L. Titius an L. Baianius gewährten „Finanzhilfe" zu bezeugen. Gesichert wurde dabei nicht nur ein einmaliger Kredit, sondern jegliche vergangene sowie zukünftige Begünstigung des L. Baianius durch L. Titius, sowohl durch Gewährung eines Darlehens als auch einer Bürgschaft. Als Sicherheiten sollten ein genau bezeichnetes Grundstück des Baianius sowie dessen Sklave Midas dienen. Sinn und Zweck einer derartigen Kreditsicherung durch Sachhaftung ist es, dem Gläubiger Zugriff auf einen Vermögenswert des Schuldners zu ermöglichen, aus dem sich der Gläubiger bei Zahlungsausfall befriedigen kann (siehe oben 3.3.3.6). Das Recht muss folglich sicherstellen, dass der Gläubiger im Zweifel ohne Mitwirkung seines Schuldners zur Verwertung schreiten kann, muss gleichzeitig aber auch gewährleisten, dass die Verwertung nur im Zeitpunkt des Zahlungsausfalls erfolgt.

3.3.4.2 Besonderheiten der Manzipation von L. Baianius an L. Titius

Die in der *formula Baetica* dokumentierte Manzipation entspricht – wie gesehen (3.3.3.2) – dem auch sonst gültigen Ritual der Manzipation für einen Sesterz (*mancipatio nummo uno*, Z. 1–4). Im Unterschied zu dem bei Gaius bezeugten Vorgehen ist aber in der Beurkundung nicht von fünf Zeugen die Rede, sondern nur von einem Zeugen. Auffällig ist zudem die zunächst rätselhafte Aussage in Z. 5: „L. Baianius [hat] den L. Titius, C. Seius, das Volk und wer sonst benannt werden muss, [als Zeugen] angerufen". Die hier vertretene Ergänzung dieses Satzes mit dem Zusatz „als Zeugen" unterstellt, dass die Protokollierung des Manzipationsvorgangs in Z. 4 noch nicht beendet ist, sondern in Z. 5 fortgesetzt wird. Mit dieser Annahme gehörte also die Anrufung (*dicere*) weiterer Personen und der „Öffentlichkeit" (das Volk) zum Ritual.

Eine Stütze für diese Erklärung ergibt sich, wenn man nicht nur die bereits oben (3.3.3.2) gewürdigte Darstellung des Kaufvorgangs als solchen (Gai. Inst. 1.119) als Teil des Manzipationsrituals ansieht, sondern beachtet, dass dieses auch noch die Vornahme weiterer Erklärungen durch den Veräußerer/Verfügenden beinhaltet. Diese Erklärungen, die das weitere Schicksal des Manzipationsgegenstandes zum Thema haben, werden als *leges dictae* („Nebenbestimmungen") oder *nuncupationes* („öffentliche Bekanntmachungen") bezeichnet. Soweit die Manzipation der Erfüllung eines Kaufvertrages dient, gehören hierzu etwa die Vorgabe, dass die Kaufsache nicht weiterveräußert werden darf oder dass sich der Veräußerer ein bestimmtes (dingliches) Recht an der Kaufsache vorbehält. Bei einem Grundstückskauf ist zudem die Benennung der Grenzen des Grundstücks (*finium demonstratio*) als Teil der öffentlichen Bekanntmachungen bezeugt[64]. Diese Benennung dient nicht nur der Identifizierung der veräußerten Sache, sondern hat auch Bedeutung für die Gewährleistung: Aufgrund der in der Manzipation zugesicherten Grundstücksgröße haftet der Veräußerer – wenn sich das Grundstück als kleiner herausstellt – mit einer besonderen Klage „wegen der Grundstücksgröße" (*actio de modo agri*) auf den doppelten Ersatz des für den fehlenden Teil gezahlten Kaufpreises[65]. Das Beispiel der *finium demonstratio* zeigt, dass die in der Manzipation anwesenden Zeugen nicht nur für die Vornahme des Rituals, sondern gerade für die begleitenden Erklärungen aufgeboten wurden. Dies mag gerade im Rahmen der Manzipation für einen Sesterz (*mancipatio nummo uno*) gelten, die – wie gesehen (3.3.3.2) – ganz verschiedenen Zwecken dienen konnte[66], die gerade in den begleitenden Erklärungen der Parteien ihren Ausdruck erhielten.

Geht man mithin davon aus, dass die Zeugen vor allem für den Beweis der begleitenden Erklärungen benötigt wurden, erscheint es einleuchtend, dass auch die *formula Baetica* den Zweck der Zeugenanrufung durch den Veräußerer L. Baianius nennt. Das tatsächlich aus der Praxis der römischen Provinz stammende Formular wäre insofern präziser als die Beschreibung des Manzipationsaktes in den Institutionen des Gaius (siehe oben 3.3.3.2), die den Zweck der Zeugenanrufung nicht erwähnt. Eine solche

---

64 Daube, David, Finium demonstratio, Journal of Roman Studies 47 (1957) 39–52, bes. 44.
65 Zimmermann, Reinhard, The Law of Obligations. Roman Foundations of the Civilian Tradition, Oxford 1996, 308; Kaser/Knütel/Lohsse, Römisches Privatrecht [22]2021, § 41 Rn. 36.
66 Man denke nur an die Errichtung eines Manzipationstestamentes, vgl. Gai. Inst. 2.104.

Diskrepanz ist allerdings keineswegs erstaunlich, wenn man beachtet, dass die Institutionen als Einführungswerk für Studienanfänger konzipiert sind und sich daher mit elementaren Ausführungen begnügen, während die *formula Baetica* die Anwendung in einem konkreten Fall zeigt.

Unter der Prämisse, dass Z. 5 ebenfalls zur Manzipation hinzuzuzählen ist, enthielte das Formular im übrigen auch die zutreffende Anzahl von Zeugen: Neben dem in Z. 4 genannten anonymen Zeugen (*antestatus*) werden in Z. 5 ein L. Titius, ein C. Seius, das Volk und ein weiterer Zeuge, der noch zu bestimmen sei, angerufen. Auffällig an dieser Nennung ist allein ihre fehlende Bestimmtheit: Sowohl L. Titius als auch C. Seius sind Blankettnamen, die durch die wahren Namen der später zu beteiligenden Zeugen ersetzt werden müssen; auch der anonyme Zeuge aus Z. 4 sowie die sonst noch notwendigen Zeugen in Z. 5 bedürfen weiterer Präzisierung. Diese Beobachtung spricht dafür, dass die Urkunde keine bereits stattgefundene Manzipation dokumentierte, sondern zur Planung eines zukünftigen Geschäftes entworfen wurde (siehe unten 3.3.4.5).

3.3.4.3 Zur Funktion der Regelung der Veräußerungsbefugnis des Titius

Der Schlussteil der *formula Baetica* (Z. 11–17) betrifft die Veräußerungsbefugnis des L. Titius im Fall der Nichtablösung des Kredites durch L. Baianius. Auf den ersten Blick mag die detaillierte Regelung dieser Befugnis erstaunen, da L. Titius – wie oben festgehalten (3.3.3.2) – als Sicherungsnehmer Volleigentum hat und daher mit den übertragenen Sachen nach seinem Belieben verfahren kann. Daher ist zu fragen, welchen Zweck die Bestimmungen zur Verwertung der Sicherungsgegenstände verfolgen. Vordergründig ist an die grundsätzliche Sorge des Kautelarjuristen zu denken, jede Mehrdeutigkeit auszuschließen (siehe oben *mentio heredis*, 3.3.3.5) und späteren Streitigkeiten allenfalls auch durch eine rein deklaratorische Wiederholung der Rechtslage vorzubeugen. Weitergehend ist zu beachten, dass die Interessen des Treugebers es verbieten, dem Sicherungsgeber zu erlauben, die Sicherungsgegenstände einfach anstelle der ausgebliebenen Zahlungen für sich zu behalten[67], denn das Sicherungsgut kann im Wert leicht die Forderung übersteigen[68].

---

67   Diese Regelung eines Verfallspfandes (*lex commissoria*) könnte der Ursprung des Sicherungsrechtes gewesen sein, vgl. Noordraven, Fiduzia 1999, 247 f.; Verhagen, H. L. E, Das Verfallspfand im frühklassischen römischen Recht. Dingliche Sicherheit im Archiv der Sulpicier, Tijdschrift voor Rechtsgeschiedenis 79 (2011) 1–46, bes. 10–21 mwN.

68   Eine Veräußerungspflicht war in diesem Fall (für *pignus* wie für *fiducia*) umstritten, vgl. Pomp. 35 ad Sab. D. 13.7.6pr. „Auch wenn vereinbart worden ist, dass du ein verpfändetes Grund-

Zudem erlaubt die Veräußerungsregelung, die Bedingungen der Verwertung im Einzelnen zu regeln, also den Zugriff des Sicherungsnehmers auf das Sicherungsgut nur unter bestimmten Voraussetzungen zuzulassen. Hierzu gehört zunächst die in Z. 11 f. vorgesehene Beschränkung, dass der Sicherungsnehmer die Fälligkeit der ausstehenden Forderungen abzuwarten hat: Während er als Eigentümer die Sicherungsobjekte jederzeit veräußern könnte, ist ihm dies durch die Sicherungsabrede untersagt. Die Position des Sicherungsnehmers gleicht damit der eines Pfandgläubigers: Auch dieser darf die Pfandsache erst veräußern, wenn der Sicherungsfall eingetreten ist. Im Gegensatz zur Rechtslage beim Pfandrecht fehlt aber hier die dort offenbar standardmäßig vorgesehene Androhung des Pfandverkaufs.

Ebenfalls eine Einschränkung der Eigentümerrechte bedeutet die in Z. 14 vorgesehene Veräußerung gegen Barzahlung (*pecunia praesenti*). Sie speist sich aus der Treuhandabrede, die vom Sicherungsnehmer verlangt, sein Eigentum nach Treu und Glauben (*bona fides*), das heißt unter Beachtung der Interessen des Sicherungsgebers, auszuüben. So sei nur an den Fall gedacht, dass der Wert der Sicherheiten den Wert des Kredites überschreitet. In diesem Fall steht dem Sicherungsgeber eine Klage auf den beim Sicherungsnehmer vorhandenen Mehrwert aus der Veräußerung des Sicherungsgutes zu, die sog. Klage auf den Überschuss (*actio fiduciae* auf das *superfluum*)[69]. Hat der Sicherungsnehmer das Sicherungsgut veräußert ohne einen Gegenwert in sein Vermögen zu erhalten, besteht für den Sicherungsgeber ein erhöhtes Ausfallrisiko: Er ist nicht sicher, seine Forderung durchzusetzen und wenigstens den Restwert aus der Veräußerung der von ihm als Haftungsgrundlage zur Verfügung gestellten Gegenstände zu erhalten. Um dieses Interesse des Sicherungsgebers zu schützen, soll der Sicherungsnehmer wenigstens einen realen Vermögensvorteil für den verwerteten Sicherungsgegenstand erhalten[70].

---

stück verkaufen darfst, bist du darum noch nicht gezwungen, es zu verkaufen, selbst wenn der Verpfänder nicht zahlungsfähig ist, weil die Abrede in deinem Interesse getroffen worden ist. Aber Atilicinus sagt, dass der Gläubiger unter bestimmten Umständen doch gezwungen ist, zu verkaufen; denn was soll gelten, wenn der geschuldete Betrag weit geringer ist als der Wert der Pfandsache und diese heute günstiger verkauft werden kann als später? (…)."

69 Paul. Sent. 2.13.1 „Wenn die zur Sicherheit überlassenen Gegenstände vom Gläubiger veräußert worden sind, hat der Schuldner gegen diesen die Klage auf den Überschuss", dazu Kaser/Knütel/Lohsse, Römisches Privatrecht [22]2021, § 31 Rn. 12.

70 Denn dann kann der Sicherungsnehmer verpflichtet (!) werden, das *superfluum* an den Sicherungsgeber abzuführen; vgl. Ulp. 30 ad ed. D. 13.7.24.2 „Wenn ein Gläubiger die *fiducia* für einen Betrag verkauft hat, der die Schuld übersteigt, aber den Preis noch nicht vom Käufer verlangt hat, stellt sich die Frage, ob er mit der *actio fiduciae* auf Herausgabe des *superfluum*

Die sonstigen Bestimmungen zur Veräußerung sind hingegen im Interesse des Sicherungsnehmers formuliert: So darf er entscheiden, wo und wann er verkauft; zudem darf er – wenn das Sicherungsgut mehrere Sklaven umfasst – auswählen, welchen Sklaven er veräußern will (Z. 13–15). Vor allem aber erlaubt die Vereinbarung dem Sicherungsnehmer zu schlechten Bedingungen zu verkaufen, insbesondere ohne Garantien gegenüber dem Erwerber (siehe oben 3.3.3.7). Indem die Parteien der *formula Baetica* den Sicherungsnehmer von jeglicher Haftungsübernahme für Eviktion befreien, nehmen sie gleichzeitig in Kauf, dass der Erlös aus der Veräußerung des Sicherungsgutes geringer ausfällt, als wenn der Sicherungsnehmer unter voller Übernahme des Eviktionsrisikos veräußerte. Gleichzeitig stellt der Ausschluss dieser Garantien die rasche Verkäuflichkeit des Sicherungsgutes sicher, bedient also die Interessen, die heute bei einem sog. „freihändigen Verkauf" Berücksichtigung finden[71].

3.3.4.4   Einzelbeurkundung oder Formular?

Die Urkunde weist einige Besonderheiten auf, die zu einer intensiven Diskussion darüber geführt haben, ob es sich um ein Formular zum Aushang[72] oder um eine Einzelbeurkundung zwischen zwei Individuen namens Baianius und Titius gehandelt habe. Als Besonderheiten sind vor allem der inhaltliche Widerspruch zwischen der beurkundeten Manzipation eines Sklaven Midas (Z. 3) und der späteren Erwähnung mehrerer (anonymer) Sklaven als Gegenstand der Sicherungsübereignung im Rahmen der Veräußerungsregelung (Z. 10 und Z. 13) zu nennen; auffällig ist weiter die offen-

---

verklagt werden kann, oder ob er entweder warten muss, bis der Käufer bezahlt oder die Klagen gegen den Käufer übernehmen muss. Und ich meine, dass der Gläubiger nicht zur Zahlung gezwungen werden kann, sondern dass entweder der Schuldner warten muss, oder dass, wenn er nicht wartet, ihm die Klagen gegen den Käufer übertragen werden müssen, allerdings auf Gefahr des Verkäufers. Wenn er aber das Geld bereits erhalten hat, muss er das *superfluum* herausgeben." (Übersetzung unter der Annahme, dass der Text nicht – wie in der justinianischen Überlieferung – vom *pignus* handelt, sondern von der *fiducia*, also interpoliert wurde, vgl. Noordraven, Fiduzia 1999, 245 f.)

71 Als „freihändiger Verkauf" wird der Verzicht auf die öffentliche Versteigerung bezeichnet. Er setzt voraus, dass das zu veräußernde Gut einen Marktpreis hat. Auch im römischen Recht war die Versteigerung von Sicherungsgut üblich, vgl. Verhagen, TR 79 (2011) 32–41.

72 Rudorff, Adolf, Ueber die baetische Fiduciartafel. Eine Revision, Zeitschrift für Rechtsgeschichte 11 (1872) 52–107, 78, schließt dies aus den Aufhängevorrichtungen, die noch erkennbar seien; gleichsinnig auch Noordraven, Fiduzia 1999, 126, der dies aber aus den verschiedenen Verpflichtungsarten ableitet.

sichtliche Verwendung von Blankettnamen bei der Beschreibung der mit der Manzipation verbundenen Erklärungen des Veräußerers und Sicherungsgebers Baianius (Z. 5): Titius und Seius sind die beiden Namen, die auch sonst in juristischen Erörterungen als Synonyme für „Max Mustermann" oder „John Doe" stehen[73]. Während „L. Baianius" für den Sicherungsgeber mit hoher Wahrscheinlichkeit ein – wenngleich nicht weiter identifizierbarer – Eigenname ist[74], ist „L. Titius" für den Sicherungsnehmer ein Blankettname, womit nahe liegt, dass das Formular kein tatsächlich stattgefundenes Geschäft beurkundet, sondern eher der Vorbereitung eines solchen dient. Dabei ist insbesondere daran zu denken, dass L. Baianius die Urkunde vorbereiten ließ in der Hoffnung, bald einen geeigneten Geschäftspartner zu finden, der bereit wäre, das Grundstück und den Sklaven als Sicherung gegen die Gewährung von Krediten und Übernahme von Bürgschaften zu übernehmen.

Mit dieser Annahme könnte man auch die Inkonsistenz im Inhalt des Dokumentes hinsichtlich der Sklaven als Sicherungsgegenstände erklären, denn offensichtlich ergibt sich der Widerspruch daraus, dass bei der Konzeption der Veräußerungsrechte des Erwerbers (L. Titius) ein Formular verwendet wurde, das von mehreren Sklaven sprach (Z. 10, Z. 13), während die geplante Manzipation nur einen Sklaven (namens Midas) umfasste (Z. 3). Anstatt von einer allgemeinen Nachlässigkeit des Urkundenschreibers auszugehen, wäre nach alldem auch vorstellbar, dass das geplante Vertragsprojekt des L. Baianius – also die Kreditaufnahme gegen Sicherungsübereignung bei einer noch nicht identifizierten Person – scheiterte, so dass es gar nicht zu einer entsprechenden Beurkundung kam. Die Urkunde bezeugte dann den Stand der Vorbereitungen, böte aber keinen Beleg für einen entsprechenden Geschäftsabschluss. Mangels weitergehender Angaben und Indizien muss diese Überlegung eine plausible Vermutung bleiben.

3.3.4.5 Wirksamkeit des beurkundeten Geschäftes

Wie bereits ausgeführt (oben 3.3.3.2 und 3.3.3.3), besteht die (geplante?) Vertragsbeziehung zwischen L. Baianius und L. Titius aus mehreren verbundenen Geschäften, namentlich aus der Kombination zwischen einer fiduziarischen Manzipation für einen

---

73 Eine Untersuchung dieser Blankettnamen bei Scheibelreiter, Philipp, Identifikation von Vertragspartnern in der römischen Literatur, in: M. Depauw/S. Coussement (Hrsg.), Identifiers and Identification Methods in the Ancient World. Legal Documents in Ancient Societies III, Leuven et al. 2014, 253–283, bes. 258 f.

74 Anders Rudorff, Zeitschrift für Rechtsgeschichte 11 (1872) 77, der annimmt, es handele sich um einen aus Italien übernommenen Blankettnamen.

Sesterz und einer Sicherungsabrede (*pactum fiduciae*) mit ausführlichen Regelungen zur Rechtsstellung des Fiduzianten (Treunehmers). Diese Geschäftsteile können unterschiedlichen Wirksamkeitsanforderungen unterliegen. Namentlich gilt für die Manzipation, dass sie als formstrenges Geschäft des römischen Zivilrechts römischen Bürgern vorbehalten ist, womit sich die Frage stellt, ob die Parteien überhaupt das Bürgerrecht hatten[75]. Die Provinz Hispania Baetica war bereits seit dem 1. Jahrhundert stark romanisiert, was bedeutet, dass es relativ viele Personen mit römischem Bürgerrecht gegeben haben dürfte. Aus einer Rede Ciceros zugunsten eines aus der Baetica stammenden Senators namens Balbus lässt sich schließen, dass die Bewohner der nahe dem Fundort gelegenen Stadt Cadiz (Gades) schon im 1. Jahrhundert v. Chr. das römische Bürgerrecht hatten[76]. Es ist daher möglich, keineswegs aber sicher, dass die Parteien L. Baianius und L. Titius das römische Bürgerrecht hatten.

Das Manzipationsgeschäft selbst wirft allerdings Fragen auf. Wie bereits ausgeführt (siehe oben 3.3.3.2), verlangt die Manzipation die Anwesenheit des Waagehalters (*libripens*) und von mindestens fünf Zeugen (ebenfalls römische Bürger) neben den beiden Protagonisten (Veräußerer und Erwerber). Um eine Manzipation zu beweisen, sollte daher die Anwesenheit dieser Personen auch beurkundet werden (vgl. oben 3.3.3.2). Die *formula Baetica* begnügt sich hingegen mit dem Waagehalter (Z. 4) und einem „Zeugen", dessen Funktion unklar bleibt. Erst in der anschließenden Anrufung (*dicere*) von zwei Personen, dem Volk und „wer sonst benannt werden muss" könnten die fünf Zeugen für das Geschäft etwas verborgen doch noch enthalten sein. Unter der oben formulierten Annahme, dass das Dokument nicht der Beurkundung eines bereits stattgefundenen, sondern der Vorbereitung eines zukünftigen Geschäftes dienen sollte, wäre diese unklare Formulierung vielleicht hinnehmbar und müsste nicht als Hinweis auf die Unwirksamkeit des beurkundeten Vertrages angesehen werden. Man könnte insbesondere erwägen, dass die weiteren Zeugen nach den Umständen noch zu benennen und ihre Namen entsprechend der Verfügbarkeit von geeigneten Personen in die Urkunde eingefügt werden könnten. Unter dieser Prämisse wäre auch die etwas rudimentäre Beurkundung der mit der Manzipation verbundenen Erklärungen kein Grund, dem beurkundeten Geschäftsentwurf pauschal seine Wirksamkeit abzusprechen.

---

75 Zur Beschränkung des *ius civile* auf römische Bürger, vgl. Babusiaux, Römisches Erbrecht ²2021, 39 f.

76 Vgl. Paulus, Christoph, Das römische Bürgerrecht als begehrtes Privileg. Cicero verteidigt Aulus Licinius Archias und Cornelius Balbo, in: U. Manthe/J. von Ungern-Sternberg (Hrsg.), Grosse Prozesse der römischen Antike, München 1997, 100–114.

Erst recht kein Wirksamkeitsproblem stellt die hohe Redundanz der Urkunde dar. Wie bereits ausgeführt nennt sie nicht weniger als drei Arten der Kreditbestellung (siehe oben 3.3.3.4) und ebenfalls drei verschiedene Bürgschaftsformen (siehe oben 3.3.3.5). Diese Häufungen von Synonymen oder nahe verwandten Begriffen sind allerdings auch in der römischen Gesetzessprache häufig und zeigen das Bemühen des Urkundenverfassers, allen Eventualitäten vorzubeugen. Wie auch die Zusicherung an den Sicherungsnehmer am Ende des Dokumentes zeigt (Z. 15–17), ist ein solches Vorgehen überaus ratsam: Hätte der Urkundenverfasser etwa die Bürgenbestellung oder das Sicherungsversprechen nicht erwähnt, wäre sogleich die Frage entstanden, ob der Sicherungsnehmer diese vom Sicherungsgeber verlangen und nicht auch Schadenersatz wegen eines zu geringen Kauferlöses verlangen könnte. Die ausdrückliche Erwähnung aller drei möglichen und üblichen Sicherungsabsprachen im Zusammenhang mit Kauf und Manzipation einer Sache führt somit zu Rechtssicherheit und schließt spätere Streitigkeiten über das Verständnis des Textes aus.

3.3.4.6 Alternative Gestaltungsmöglichkeiten

Anstelle der hier gewählten Sicherungsübereignung hätten die Parteien auch an eine Sicherung durch ein Pfandrecht (*pignus*) denken können: Bei diesem erwirbt der Gläubiger und Pfandnehmer ein beschränktes dingliches Recht an der als Pfand überlassenen Sache, deren Eigentum weiterhin beim Schuldner und Pfandgeber verbleibt. Erst im Falle der Nichterfüllung kann sich der Gläubiger durch Pfandverkauf befriedigen[77]. Das Pfandrecht ist nach römischem Recht sowohl als Faustpfand (*pignus*) als auch als besitzloses Pfand (*hypotheca*) vorstellbar[78], so dass die Wahl der Sicherungsübereignung in der *formula Baetica* nicht allein aus der Tatsache zu erklären ist, dass der Treugeber (und Schuldner) im Besitz der Sache verbleiben wollte.

Der entscheidende Unterschied zwischen dem Pfandrecht – sei es als Faustpfand oder besitzloses Pfand konstruiert – und der hier gewählten Manzipation des Eigentums auf den Treunehmer liegt in der Rangfolge: Beim Pfandrecht gilt das Prinzip der Akzessorietät, was bedeutet, dass das Pfandrecht erst entsteht, wenn die gesicherte Forderung ihrerseits entstanden ist. Soweit also zukünftige Forderungen gesichert

---

77 Zur Vermutung, dass die Pfandverwertung ursprünglich durch den Verfall der Pfandsache ins Eigentum des Pfandnehmers erfolgte, vgl. Kaser, Max, Römisches Privatrecht. Erster Abschnitt: Das altrömische, das vorklassische und klassische Recht, ²1971, § 110.III.2, 470.

78 Marcian. lib. sing. ad form. hyp. D. 20.1.5.1 „Der Unterschied zwischen Pfand (*pignus*) und Hypothek (*hypotheca*) besteht nur dem Namen nach."

werden, kann es sein, dass der Gläubiger einen zwischenzeitlich eingetretenen Pfandrechtserwerb durch Dritte gegen sich gelten lassen muss[79]. Der Gläubiger erwirbt dann nur ein nachrangiges Pfandrecht[80]. Aus dieser Sicht unterstreicht die Wahl der Sicherungsübereignung erneut das Bestreben (des L. Baianius?), dem Sicherungsnehmer und (zukünftigen?) Gläubiger eine möglichst vorteilhafte und damit attraktive Rechtsposition zuzuerkennen. Verbunden mit der offensichtlich großzügigen Veräußerungsregelung, die dem Gläubiger erlaubt, die gesicherten Sachen äußerst günstig (und mit geringem Haftungsrisiko) zu veräußern, gibt die fiduziarische Manzipation dem Sicherungsnehmer einerseits beste Haftungsbedingungen, andererseits den größtmöglichen Handlungsspielraum für die Verwertung des Sicherungsgutes.

3.3.5 Schlussüberlegungen

Die *formula Baetica* ist – vielleicht gerade wegen mancher hier angedeuteten interpretatorischen Schwierigkeiten – ein wichtiges Zeugnis für das römische Recht in der Rechtspraxis des römischen Spaniens im 1. oder 2. Jahrhundert. Sie vermittelt einerseits Einblick in die Arbeit eines Kautelarjuristen, der versuchte, die Lehren des römischen Rechts für die Zwecke seiner Partei (L. Baianius) umzusetzen. Andererseits führt die Inschrift vor Augen, dass die Hinweise, die aus den Institutionen des Gaius und damit der wichtigsten außerhalb der justinianischen Quellen überlieferten Juristenschrift stammen, nicht immer ausreichen, um den ganzen Reichtum eines Rechtsinstitutes in seiner Anwendung und Kontextbezogenheit zu erkennen. Gaius schrieb eine Anfängerschrift und beschränkte sich bewusst auf Grundzüge; die Kautelarpraxis hingegen operierte mit allen Tricks und Möglichkeiten, die das Sicherungsrecht wie auch das Kaufrecht zur Verfügung stellten.

Wenngleich das römische Vorbild heute in der rechtspolitischen Diskussion kein autoritatives Gewicht mehr hat, ist es ein lohnenswertes Unterfangen, sich mittels Hypothesen und der Fortentwicklung von bekannten juristischen Elementen in die Vorstellungswelt eines praktisch tätigen antiken Juristen zu begeben. Gerade die

---

79 Vgl. Gai. lib. sing. de form. hyp. D. 20.4.11pr. „Stärker ist hinsichtlich des Pfandrechts, wer zuerst das Geld als Kredit vergeben hat und an der Sache eine Hypothek erhalten hat, auch wenn zuvor mit einem anderen vereinbart wurde, dass, wenn er von ihm das Geld erhalte, die Sache verpflichtet sei, selbst wenn er es von ihm später erhalten hat. (…)."
80 Zur Entstehung der Rangregelung, vgl. Kaser, Römisches Privatrecht ²1971, § 110.III.1, 467f.

Interpretationsoffenheit vermittelt dabei die wichtigsten Werkzeuge für das Studium des Rechts. Hierzu zählen die Fähigkeit, eine vorgefundene rechtliche Situation unter ganz verschiedenen Aspekten zu würdigen, eine mögliche juristische Erklärung logisch und folgerichtig zu konstruieren und schließlich die Offenheit, andere ergänzende oder auch korrigierende Lösungsansätze zuzulassen oder in den eigenen Ansatz zu integrieren.

3.4 Autoritäten im Recht – Islamische Justizforschung
Nahed Samour

3.4.1 Einleitung

Die Autorität *des* Rechts hängt maßgeblich von den Autoritäten *im* Recht ab, die als Akteure das Recht erstreiten und erschaffen. Die Autorität des Rechts, also der Anspruch des Rechts befolgt zu werden, hängt maßgeblich davon ab, durch wen dieses Recht verhandelt wird und wer dem Recht Geltungskraft verleiht. Dies gilt auch für das islamische Recht, da der religiöse Offenbarungsursprung des Rechts nicht ersetzt, dass das Recht von Menschen interpretiert, angewandt und damit letztlich als Rechtsordnung mit geschaffen wird. Im Folgenden geht es daher weniger um das islamische Recht, als vielmehr um islamische Gerichtsbarkeit und ihre Akteure, also den Rechtsstab.[1]

Der islamische Rechtsstab und die Stellung des Richters in der islamischen Justizforschung wird hier rechtshistorisch, rechtssoziologisch und rechtsvergleichend vorgestellt. Hierzu wird zunächst mit einer Gerichtsszene aus einem Handbuch für Richter eingeführt (3.4.1); Öffentlichkeit und Zugänglichkeit der Moschee als Ort der Rechtsprechung vorgestellt (3.4.2); das Verhältnis von Recht und Religion in der Rechtsprechung erörtert (3.4.3); Amtshierarchie im Verhältnis zum Justizpersonal diskutiert (3.4.4); das richterliche Archiv als Konzept von Kontinuität und Konsistenz demonstriert (3.4.5); und mit Blick auf heutige Forschung und Rechtsprechung Orientalismus im Recht anhand des Begriffs der „Kadi-Justiz" kritisiert (3.4.6).

Der Richter (*qāḍī*) galt lange als die Verkörperung der islamischen Rechtsprechung, obgleich er nicht der einzige war, der Recht gesprochen hat. Seit dem zweiten

---

1 Zum Rechtsstab, Susanne Baer, Rechtssoziologie, 3. Aufl., Baden-Baden 2017, 162; Zu einem christlich-protestantischem Verständnis von Rechtsstab und Bürokratie bei Max Weber, siehe Susanne Baer, Rechtssoziologie, 129–132. Zur europäischen Justizforschung siehe auch Heinz Mohnhaupt, Dieter Simon (Hrsg.), Vorträge zur Justizforschung. Rechtsprechung, Materialien und Studien, Veröffentlichungen des Max-Planck-Instituts für Europäische Rechtsgeschichte, Frankfurt am Main 1992.

Jahrhundert der islamischen Rechtsgeschichte[2] hat es auch die Gerichtsbarkeit des Marktinspektors (*muḥtasib*), der Polizei (*shurṭa*), des Militärs (*qāḍī ʿaskar*) und der Revisionsgerichtsbarkeit gegeben (*mazālim*).[3] Neben der Pluralität des islamischen Rechts entstand also auch eine Pluralität der islamischen Gerichtsbarkeit.

Die Justizgeschichte der ʿAbbāsiden ist dabei von besonderem Interesse, da sich die ʿabbāsidische Herrschaft (132–656/750–1258) der Gerechtigkeit und damit auch der Justiz insbesondere in der Anfangszeit öffentlichkeitswirksam verschrieben hatte. Hierzu gehörte auch, dass der Richter nunmehr zentral vom Kalifen ernannt wurde und nicht mehr lokal von den jeweiligen Gouverneuren.[4] Damit sollte der Richter an Unabhängigkeit gewinnen und nur noch dem Kalifen gegenüber rechenschaftspflichtig sein. Der Richter konnte zudem auf eine Autorität zugreifen, die grundsätzlich männlich und muslimisch konstituiert[5], ethnisch aber durchaus divers zusammengesetzt war.[6]

---

2 Die islamische Zeitrechnung fängt mit dem Jahr der Auswanderung (Hidschra) des Propheten Muhammad von Mekka nach Medina an. Nach gregorianischer Zeitrechnung war das im Jahr 622.

3 Einen Überblick über die verschiedenen Gerichte gibt Erwin Gräf, Gerichtsverfassung und Gerichtsbarkeit im islamischen Recht, Zeitschrift für vergleichende Rechtswissenschaft 58, 1955, 48–78, insbesondere 60. Zu den verschiedenen islamischen Gerichtsbarkeiten gibt es noch zu wenig Forschung. Eine Ausnahme bildet der Marktinspektor (*muḥtasib*) als Teil der islamischen Gerichtbarkeit, Kirsten Stilt, Islamic Law in Action: Authority, Discretion, and Everyday Experiences in Mamluk Egypt, Oxford 2011.

4 Irit Bligh-Abramski, The Judiciary (*qāḍīs*) as a Governmental-Administrative Tool in Early Islam, Journal of the Economic and Social History of the Orient 35, 1992, 40–71.

5 Zu Fragen von Geschlecht und Justiz in der frühen islamischen Rechtsgeschichte, siehe Najma Moosa, Women's eligibility for the qadiship, Awraq 19, 1988, 203–227. Zur Frage, wie Geschlecht vor frühen islamischen Gerichten verhandelt wurde, siehe Mathieu Tillier, Women before the *qāḍī* under the Abbasids, Islamic Law and Society 16, 2009, 280–301. Zu einer transhistorischen Studie muslimischer Richterinnen in muslimischen Gesellschaften, siehe Nik Noriani/Nik Badlishah/Yasmin Masidi, Women as Judges, in: Nik Noriani/Nik Badlishah/Yasmin Masid (Hrsg.), Women as Judges, überarbeitete Auflage, 2009, http://www.sistersinislam.org.my/files/downloads/women_as_judges_final.pdf [letzter Zugriff: 29.09.2021]; Engy Abdelkader, To Judge or Not to Judge: A Comparative Analysis of Islamic Jurisprudential Approaches to Female Judges in the Muslim World (Indonesia, Egypt, and Iran), Fordham International Law Journal, vol. 37, 2014, 1–71. Nicht-Muslime befolgten in „privaten" Rechtsfragen ihre eigene Rechts- und Gerichtsordnung und stellten dort ihre eigenen Richter.

6 Zur Frage von Ethnizität in der Zusammensetzung der ʿabbāsidischen Richterschaft siehe Mathieu Tillier, Les Cadis d'Iraq et l'État Abbasside (132/750–334/945), Institut français du

Obwohl die islamische Rechtsgeschichte den *qāḍī* lange Zeit in den Mittelpunkt stellte[7], handelte der Richter bei der Rechtsprechung nicht allein. Vor dem 2./8. Jahrhundert wurde der Richter laut der Richterchronik von al-Kindī nur von seinem Schreiber, oder Sekretär, unterstützt (*kātib*). Doch im zweiten Jahrhundert des Islam entwickelte sich ein Gerichtspersonal, ein gerichtlicher Rechtsstab, der dem Richter auf verschiedene Weise zur Seite stand.[8]

Der Jurist al-Khaṣṣāf (gestorben 261/874) war einer der ersten Autoren des im frühen 3./9.Jhd aufkommenden Genres „Richtlinien für den Richter" (*adab al-qāḍī*), indem handbuchartig dem Richter ein *code of conduct* oder berufsspezifische Richtlinien zur Rechtsprechung unterbreitet wurden.[9] Al-Khaṣṣāf, der in dieser Frage repräsentativ für die ḥanafitische Rechtsschule geworden ist[10], beschrieb in seinem *adab*

Proche-Orient (ifpo), Damaskus 2009, 367–378. Zur Bedeutung von ethnischen Hintergründen römischer Rechtsautoritäten Wolfgang Kunkel, Die römischen Juristen: Herkunft und soziale Stellung, 2. Aufl. , Köln 1967/2001, 20– 24, 27.

7 Hallaq vergleicht die Definition von Gericht in der europäischen Rechtsgeschichte nach Black's law dictionary mit der islamischen Rechtsgeschichte und argumentiert, dass in der europäischen Rechtsgeschichte dem Gebäude und dem Rechtsstab viel mehr Bedeutung beigemessen wurde als in dem islamischen Beispiel, Wael B. Hallaq, The *qāḍī's diwan (sijill)* before the Ottomans, Bulletin of the School of Oriental and African Studies, 61, 3, 1998, 415–36, insb. 417–420.

8 Al-Kindī, Abu ʿUmar Muhammad ibn Yusuf (gestorben 350/971), oder, siehe Kitāb elʿumarāʾ (el Wulāh) wa Kitāb el Qudāh ol el Kūndī, The governors and judges of Egypt, together with an appendix derived mostly from Rafʿel isr by Ibn Ḥajar, Rhuvon Guest (Hrsg.), Leyden, 1912, 386. Herangezogen werden im Folgenden die Richterchroniken von al-Wakīʿ und al-Kindī, die die Tätigkeiten der Richter, die Reaktionen der Bevölkerung und Kritiken der Rechtsgelehrten dokumentieren.

9 Muhammad Khalil Masud, Adab al-qāḍī, in: Encyclopaedia of Islam, THREE, Kate Fleet/Gudrun Krämer/Denis Matringe/John Nawas/Everett Rowson (Hrsg.) Brill Online, 2007, http://referenceworks.brillonline.com/entries/encyclopaedia-of-islam-3/adab-al-qadi-COM_0106 [letzter Zugriff: 29.09.2021].

10 Die Rechtsschulen waren zu diesem Zeitpunkt in der Entstehung begriffen und entwickelten sich aus lokalen Lesezirkeln (*ḥalaqa*) um diverse Gelehrte heraus. Aus einer großen Vielzahl von Rechtsschulen haben sich mit der Zeit im sunnitischen Islam v. a. die ḥanafitische, mālikitische, shāfiʾitische und ḥanbalitische Rechtsschule herausgebildet, siehe beispielsweise Peri Bearman/Rudolph Peters/Frank Vogel (Hrsg.), The Islamic School of Law, Evolution, Devolution and Progress, Cambridge, Mass. 2005.

al-qāḍī eine Gerichtsszene in der Moschee, dem üblichen Ort für die Rechtsprechung, und bekräftigt darin die Präsenz eines Rechtsstabs, der den Richter bei der Rechtsprechung unterstützte:

> „Bei seiner Ankunft in der Moschee begrüßt der *qāḍī* die Anwesenden, betet zwei oder vier Gebetseinheiten [rakʿa], und bittet Gott, ihm Erfolg zu gewähren und ihn auf den richtigen Weg zu führen, damit er die Wahrheit bewahren und ihn vor Übertretungen bewahren kann. Danach saß er in Richtung der Kaʿba [in Mekka]. Gerichtsdiener standen vor ihm, in einer solchen Entfernung, dass sie das Gespräch des *qāḍī* mit den Prozessbeteiligten hören konnten. Der *qāḍī* platzierte sein tragbares Archiv *(qimṭār)* mit den Gerichtsakten auf seiner rechten Seite. Der Schreiber (*kātib*) saß in der Nähe von ihm, in einer solchen Entfernung, dass der *qāḍī* seine Leistung beobachten konnte, während der stellvertretende Richter (*nāʾib al-qaḍī*) vor ihm stand und die Prozessbeteiligten nacheinander aufrief. Die Wache stand in seiner Nähe. Der *qāḍī* erlaubte es den Juristen[11] (*fuqahāʾ*) [...] in seiner Nähe [zu] sitzen, so dass es für ihn einfacher war, sie in komplizierten Rechtsfragen zu konsultieren. Die beiden Prozessparteien saßen Seite an Seite vor ihnen."[12]

An dieser Gerichtsszene lässt sich einiges über die islamische Justiz in ihrer idealtypischen Gestalt erkennen, vor allem räumlich, personell, über die Ausstattung des Richters, wie auch über das Verhältnis von Recht und Religion.

---

11 Al-Khaṣṣāf erwähnt auch andere „vertrauenswürdige Personen" (*qawm min ahl al-thiqa wa'l-amāna*), die neben dem Richter sitzen. Es bleibt unklar, ob es sich bei seinem Hinweis um professionelle Zeugen (*ʿudūl*), Schreiber, lokale Nobilität, besonders qualifizierte Experten oder eine andere Personengruppe handelt. Al-Khaṣṣāf, Adab al-qāḍī, Rn. 85–86, 80. Al-Khaṣṣāfs Werk ist erhalten geblieben in: al-Jaṣṣāṣ, Abū Bakr Aḥmad b. ʿAlī al-Razi (305/307/981), Sharḥ Adab al-qāḍī (of al-Kitāb Khaṣṣāf d. 261/874), Farḥāt Ziyādeh (Hrsg.), Cairo 1978.
12 Ebd.

3.4.2 Öffentlichkeit und Zugänglichkeit: Die Moschee als Ort der Rechtsprechung:

Die Moschee war grundsätzlich der Ort der Rechtsprechung.[13] Seit den Tagen des Propheten spielte die Moschee (arab. *masjid*) als öffentlicher Raum in muslimischen Gesellschaften eine wichtige Rolle.[14] Die Moschee diente als Gemeinschaftshaus, als Ort des Gebetes, der Bildung und der Zusammenkunft von Gelehrten sowie für die gerichtliche Sitzung der Richter (arab. *majlis*).[15] Der Richter saß in der Moschee für gewöhnlich leicht erhöht auf einem Gebetsteppich.[16]

Dass die Moschee der geeignete Ort für die Rechtsprechung sein sollte, war unter muslimischen Rechtgelehrten nicht von Anfang klar. Die juristische Debatte teilte sich auf zwischen denjenigen Gelehrten, die die Moschee für einen geeigneten Ort hielten (v. a. Gelehrte der ḥanafitischen, mālikitischen und ḥanbalitischen Rechtsschule)[17] und

---

13 Al-Wakīʿ, Muḥammad b. Khalaf (gestorben 306/918), Akhbār al-quḍāṭ ʿAbd al-ʿAzīz/Muṣṭafa al-Marāghī (Hrsg.), 3 Bd. Cairo, 1947–1950. (reprint Beirut, c. 1970), I, 145, 162; II, 22, 125, 303, 316, 427, 428; III, 28, 36, 69, 135, 168, 250, 251, 283, 306; al-Kindī, Kitāb al-Wulāh, 378, 443–444. Irene Schneider, Das Bild des Richters in der „Adab al-Qadi"- Literatur, Köln 1990, 56; Muhammad Khalid Masud, A Study of Wakīʿ's (gest. 306/917) Akhbār al-Quḍāt, in: Peri Bearman/Wolfhart Heinrichs/Bernhard G. Weiss (Hrsg.), The Law Applied, Contextualizing the Islamic Shariʿa. A Volume in Honor of Frank E. Vogel, London 2008, 116–127, hier auf 122. Bevor die Moschee der Ort der Rechtsprechung wurde, wurden Sitzungen auch im Hause des Richters dokumentiert. Gelegentlich haben Richter auf dem Marktplatz und sogar am Straßenrand gerichtliche Entscheidungen getroffen. Zum Marktplatz al-Wakīʿ, Akhbār al-quḍāt, I, 399; III, 206; Masud, A Study of Wakīʿ's, 2008, 122; zum Straßenrand Wakīʿ, Akhbār al-quḍāt, I, 333; Masud, A Study of Wakīʿ's, 2008, 122.
14 Für einen Überblick über die Bedeutung der Moschee in der muslimischen Gesellschaft siehe Robert Hillenbrand, Masdjid. I. In the central Islamic lands, in: P. Bearman/Th. Bianquis/C. E. Bosworth/E. van Donzel/W. P. Heinrichs (Hrsg.), Encyclopaedia of Islam, 2. Aufl., 2009.
15 Zur Bedeutung von Moscheen als Bildungseinrichtungen jener Zeit, siehe bspw. Munir-ud-Din Ahmed, Muslim Education and the Scholars' Social Status up to the 5th Century Muslim Era (11th Century Christian Era) in the Light of Taʾrīkh Baghdād, Zürich 1968, 115–134. Ahmed führt dort 57 Moscheen in Baghdad in der früheren und mittleren abbāsidischen Zeit auf, ihre genaue Lokalität, die ansässigen oder von weit angereisten Gelehrten, die in der jeweiligen Moschee unterrichtet haben, sowie – soweit dokumentiert – die Lehrfächer, die unterrichtet wurden.
16 Al-Kindī, (Fußnote 8), 375.
17 Al-Khaṣṣāf, (Fußnote 11), Rn. 79–80, 84–86.

der Gegenansicht, vor allem vertreten durch Shāfiʿī, einem der großen Rechtsgelehrten seiner Zeit und Namensgeber der shafiitischen Rechtsschule.[18]

Für die ḥanafitische Rechtsschule war die Hauptmoschee der bevorzugte Ort der Rechtsprechung: Die Hauptmoschee war der allgemeine Versammlungsort schlechthin, denn er war für alle zugänglich und somit war öffentliche Präsenz garantiert. Als Ort der Rechtsprechung war die Moschee auch für Nicht-Muslime zugänglich: Christen zum Beispiel konnten die Moschee zur Lösung von Rechtsstreitigkeiten betreten.[19] Ebenso wenig gab es Einschränkungen für Frauen. Das regelmäßige Erscheinen weiblicher Prozessparteien vor dem Gericht scheint diese Regel zu bestätigen.[20] Einige gesellschaftliche Normen hielten jedoch einige Frauen davon ab, vor Gericht (also vor der Moschee) zu erscheinen.[21]

Der renommierte Jurist al-Shāfiʿī (gest. 204/820) war von der Geeignetheit der Moschee als Rechtsprechungsort nicht überzeugt.[22] Er empfahl den Richtern zwar ebenfalls, an einem für alle zugänglichen Ort zu urteilen. Er erwähnte weder die Moschee noch die Wohnung des Richters, betont aber, dass die Gerichtssitzung des Richters mitten in der Stadt stattfinden sollte. Doch dann wird al-Shāfiʿī konkreter und rät dem Richter, nicht in der Moschee zu urteilen, da zu viele Menschen aus anderen Gründen als dem, wofür die Moscheen gebaut wurden, kommen würden. Der Richter sollte Gerechtigkeit an einem angemessenen und komfortablen Ort sprechen, wo er nicht schnell müde würde. Al-Shāfiʿī fügt hinzu, dass er die Rechtsprechung in

---

18 Al-Shāfiʿī, Muḥammād b. Idrīs, Kitāb al- Umm, 8 Bd., 2. Aufl., Beirut 1983, hier VI, 214–215; Irene Schneider, (Fußnote 13), 56–57.
19 Al-Kindī, (Fußnote 8), 390.
20 Weibliche Prozessparteien werden regelmäßig in den Richterchroniken erwähnt. Nicht selten heißt es dort, dass sie ihre Klagen mit einer fordernden Art hervorbrachten, was etwas über ihre Zugehörigkeit zu einer bestimmten sozio-ökonomischen Klasse aussagen dürfte. Über die Fälle, die Frauen vor Gericht brachten, siehe die Übersicht in Mathieu Tillier, Women before the Qāḍī, Islamic Law and Society 16, 2009, 292–293.
21 Ebd., 281, 297–300. Nach einigen rituellen Vorstellungen sollten Frauen nicht die Moschee betreten, wenn sie menstruierten. Zu den rituellen und sozialen Konventionen, die für Frauen ein Hindernis für die Moscheebetretung darstellen konnten, siehe Kevin A. Reinhart, When Women Went to Mosques: al-Aydini on the Duration of Assessments, in: Islamic Legal Interpretation: Muftis and their Fatwas, Muhammad Khalid Masud/Brinkley Messick/David Powers (Hrsg.), Cambridge, Mass. 1996, 116–127; Christopher Melchert, Whether to Keep Women out of the Mosque: A Survey of Medieval Islamic Law., in: Barbara Michalak-Pikulska/Andrzej Pikulski (Hrsg.), Authority, Privacy and Public Order in Islam, Leuven 2006, 59–70.
22 Al-Shāfiʿī, (Fußnote 18), VI, 214–215.

der Moschee zwar mißbilligt (*makrūh*), die Vollstreckung der ḥadd Strafe (größtenteils körperliche Strafen) in der Moschee jedoch noch mehr mißbilligt. Für al-Shāfiʿī lief diese Praxis der Heiligkeit der Moschee zuwider, was für Shāfiʿī ein wesentlicher Grund war, von der Nutzung von Moscheeräumen als Gericht Abstand zu nehmen.

Die juristische Debatte zeigte, dass die räumliche Wahl für die Rechtsprechung vor allem den Anforderungen der Zugänglichkeit und Angemessenheit genügen sollte.[23] Mit der Zugänglichkeit wurde eine wichtige Voraussetzung für ein regelmäßiges Abhalten der richterlichen Sitzungen geschaffen. Angemessenheit war ein zentraler Bestandteil einer offiziellen, öffentlichen Struktur, die jedoch voyeuristische Interessen verhindern sollte, so al-Shāfiʿī. Das *qāḍī* Gericht, das sich in aller Regel in der Hauptmoschee der Stadt befand, war zentral gelegen und musste damit leicht zu finden sein. Es diente damit als öffentlicher Raum *par excellence*: Niemand wurde rechtlich daran gehindert, in der Moschee eine Klage einzureichen oder einfach nur den Klagen anderer zuzuhören.[24] So profitierte auch die bürokratische Autorität des Richters von der Rechtsprechung, die als zugängliche, öffentliche und transparente Institution organisiert war.

3.4.3 Das Verhältnis von Recht und Religion in der Rechtsprechung

Mit der Moschee als Ort der Rechtsprechung eröffnet sich die Frage nach dem Verhältnis von Recht und Religion in der frühen Rechtsprechung. Für einen Richter, der in der Moschee urteilte, können die religiösen Implikationen nicht ignoriert werden. Während die Moschee als multifunktionaler Ort diente – und das Verrichten der Gebete nur ein Teil war –, erinnerte dieser Ort immer an die Gegenwart Gottes. In seinem grundlegenden Werk des 9. Jhd „*Akhbar al-quḍat*" (Richterchroniken) widmet sich al-Wakīʿ ausführlich in dem ersten Kapitel den Ḥadīthen, die dem Propheten oder seinen Gefährten zugeordnet werden. Diese legen die Gewichtigkeit und die hohe Verantwortung des Richtens nahe, die beispielsweise in folgendem Ḥadīth ausgedrückt wird:

> „Es gibt drei Arten von Richtern: zwei [Arten] gehören in die Hölle, einer ins Paradies: die beiden [Arten] in der Hölle sind diejenigen, die gelehrt sind und entgegen ihres Wissens

---

23 Wael B. Hallaq, (Fußnote 7), 418.
24 Mathieu Tillier, (Fußnote 20), 281.

richten und diejenigen, die ignorant und ohne Wissen richten; die Art [der Richter] im Paradies ist gelehrt und richtet nach seinem Wissen."²⁵

Diese Überlieferung beinhaltet eine eindeutige Warnung und eine Sanktionsandrohung für die Richterschaft im Jenseits, nämlich dann, wenn sie selbst vor dem Höchsten Gericht stehen. Die Chancen, dass zwei von drei Richtern in der Hölle enden könnten, falls ihre richterlichen Tätigkeiten nicht dem Maßstab des Wissens entsprachen, machte aus dem Richteramt ein risikoreiches, gefährliches Unterfangen.

Mit dem Wissen um diese Warnung erstaunt es nicht, dass al-Khaṣṣāf dem Richter beim Eintreten in die Moschee empfahl, zwei Gebetseinheiten zu beten, um vor jeder Sitzung um Rechtleitung in der Rechtsprechung zu bitten und ihn vor Fehlinterpretationen des Rechts und Fehlurteilen zu schützen. Die Ausrichtung des Sitzplatzes (häufig auf einem Gebetsteppich) in Richtung der Kaʿba zeugt ebenfalls davon, wie das Religiöse in die rechtliche Autorität des Richters einfloss. Doch sind Rechtsfragen, vor allem wenn sie als praktische (v. a. finanzielle) Streitfragen der Prozessparteien vor Gericht verhandelt wurden, nicht einer absolut religiös-theologischen Sphäre unterworfen worden. Während Recht und Religion nicht immer voneinander getrennt waren, so konnte man sie doch voneinander differenzieren.²⁶

3.4.4 Amtshierarchie und Justizpersonal

Der Richter war grundsätzlich als Einzelrichter tätig. Er wählte seine Mitarbeiter selbst aus und bezahlte sie, das Auswahlverfahren selbst ist jedoch nicht dokumentiert. Wenn die Richter in die Stadt kamen, in der sie neu ernannt wurden, entschieden sie sich oft dafür, Assistenten einzustellen, die den Rat von Personen einholten, von denen sie wussten, dass sie ihnen vertrauen konnten.²⁷

---

25 Al-quḍāt thalātha fa qāḍiyān fī al-nār wa qāḍin fī al-janna, al-Wakīʿ, (Fußnote 13), hier I, 13–19; al-Khaṣṣāf, (Fußnote 11), Rn 5, 33; Dieser Ḥadīth ist auch zu finden bei al-Tirmidhī, al-Sunan, III, 613; Abū Dāʾūd, al-Sunan, III, 299; Ibn Māja, al-Sunan, II, 776. Tillier, (Fußnote 6), 627. Siehe auch Ulrich Rebstock, A Qāḍī's Errors, Islamic Law and Society 6, 1999, 1–37, hier 17.
26 Baber Johansen, Islamic Law: Genres of Legal Literature, Oxford International Encyclopedia of Legal History, Oxford 2009, III, 320–322, hier 321.
27 Siehe auch Mathieu Tillier (Fußnote 6), 399–400.

Der *qāḍī* war frei in der Wahl der Art und Anzahl seiner Unterstützung, aber es scheint, dass der Schreiber *(kātib)*, der stellvertretende Richter *(nā'ib* oder *khalīfat al-qāḍī)*, der Gerichtsdiener *(ḥājib* oder *jilwāz)*, sowie die – in dieser Textquelle nicht erwähnten – gerichtlich zugelassenen Zeugen *(shuhūd al-'udūl)* und das Personal, das mit den Untersuchungen über die Glaubwürdigkeit der Zeugen *(ṣāḥib al-masā'il*[28]*)* betraut war, zunehmend zu einem festen Mitarbeiterstab des *qāḍī* gehörten.[29] Dieses Personal war nur gegenüber dem *qāḍī* als seinem Vorgesetztem rechenschaftspflichtig. Das Justizpersonal wurde aus dem Budget des *qāḍī* bezahlt: Anfang der 140er Jahre/ Ende der 750er Jahre soll in Basra/Irak Richter Sawwar b. 'Abd Allah den Assistenten und Zeugen regelmäßige Gehälter zugeteilt haben.[30] In seiner justizhierarchischen Funktion war der *qāḍī der* einzige, der sie ernennen und ihres Amtes entheben konnte.[31] So wie der *qāḍī* seine Autorität auf seine zentrale Ernennung durch den Kalifen zurückführte (delegierte Autorität), so waren seine Mitarbeiter wiederum einzig der Autorität des Richters unterworfen.

Die Richterchroniken von al-Wakī' (gestorben 306/918) und al-Kindī (gestorben 350/961) konzentrieren sich überwiegend auf Richter und ließen weniger Raum für die Arbeit des untergeordneten Justizpersonals. Ausnahmen wurden jedoch für die Gerichtsschreiber *(kātib)* und (weniger) für die stellvertretenden Richter *(nā'ib)* gemacht, da sie für die Rechtsprechung als relevant angesehen werden müssen. Tatsächlich wurden in vielen Fällen ihre Namen dokumentiert, was von ihrer Wichtigkeit und (lokalen) Bekanntheit zeugt.

Die Rolle des Gerichtsschreibers *(kātib* oder *amīn*[32]*)* wurde in der Rechtsprechung als vorrangig angesehen, oder wie Wael Hallaq es ausdrückt, „ohne ihn würden die

---

28 Nurit Tsafrir, The History of an Islamic School of Law, The Early Spread of Hanafism, Cambridge Mass. 2004, 164, Anmerkung 14.

29 Weitere Mitarbeitertitel waren *al-a'wan* oder *al-ḥājib* (der Gerichtsdiener), *al-bawwāb* oder *al-jilwāz* (der Gerichtsvollzieher), *al-muzakkī* (der geheime Ermittler), *al-mutarjim* (der Dolmetscher), *al-qāsim* (der Verteiler), *amīn al-ḥukm* (die juristischen Treuhänder) und *al-wakīl* (der Agent oder Anwalt). Muhammad Ibrahim H. I. Surty, The Ethical Code and Organised Procedure of Early Islamic Law Courts, with Reference to al-Khaṣṣāf's Adab al-Qāḍī, in: Muhammad Abdel Haleem/Adel Omar Sherif/Kate Daniels (Hrsg.), Criminal Justice in Islam, Judicial Procedure in the Sharī'a, London 2003, 149–166, hier 157.

30 Al-Wakī', (Fußnote 13), II, 58.

31 Wael B. Hallaq, The Origins and Evolution of Islamic Law, Cambridge 2005, 80, 86; Ibrahim H. I. Surty, (Fußnote 29), 157.

32 Al-Wakī' verwendet auch *amīn* (vertrauenswürdig) für *kātib* (Schreiber), (Fußnote 13), II, 58; Masud, (Fußnote 13), 121.

Geschäfte des Gerichts zum Erliegen kommen".³³ Dies wird nicht nur durch die ausführlicheren Berichte belegt, sondern auch durch ihre von den Chronisten aufgeschriebenen Namen. Die Aufgabe des Schreibers bestand darin, die Aussagen der Parteien im Prozess, die Forderung des Klägers, die Verteidigung des Beklagten, die Aussagen der Zeugen und die Entscheidung des Richters vollständig schriftlich festzuhalten.³⁴

Darüber hinaus unterstützte der Schreiber den Richter bei der Abfassung der Urteile: So notierte der ḥanafitische Richter Ibrāhīm ibn al-Jarrāḥ (205–211/820–826) verschiedene Rechtsauffassungen prominenter Juristen auf der Rückseite des Sachverhalts und unterstrich die von ihm bevorzugte Rechtsauffassung. Sein Schreiber nahm dann diesen Hinweis auf und bereitete auf dieser Grundlage das Urteil vor.³⁵ Während der Regierungszeit des Kalifen Abu Jaʿfar (136–158/754–775) schrieb der Schreiber Yazīd b.ʿAbdallāh selbst die Urteile im Namen von Richter Ghawth, ohne sie mit einem Namen zu unterschreiben.³⁶ Einmal übernahm ein Schreiber die Urteilsfindung, während der Richter krank war und nicht lange an den Fällen sitzen konnte.³⁷ In diesen dokumentationswürdigen Ausnahmen haben die Schreiber also die Urteilsverkündung tatsächlich übernommen. Laut al-Kindī hatte der Richter von Ägypten al-ʿUmarī (ernannt 135/752–3) nicht einen, sondern mehrere Schreiber.³⁸

Angesichts der Bedeutung des Schreibers bei der Erstellung von Gerichtsentscheidungen empfahlen die Rechtsgelehrten al-Khaṣṣāf und al-Shāfiʿī dem Richter, bei der Auswahl des Schreibers auf besondere Qualifikationen zu achten, ganz ähnlich wie bei denen der Richter: Der Schreiber sollte ein frommer und ehrlicher Muslim sein und über angemessene Kenntnisse der *Sharīʿa* (vor allem Kenntnisse von Koran, Sunna und Analogieschluss) verfügen.³⁹

Der stellvertretende Richter (*nāʾib al-qāḍī* oder *khalīfat al-qāḍī*) wurde eingestellt, um den Richter in praktischen, organisatorischen Fragen der Urteilsfindung zu unterstützen, die nicht minder wichtig waren, wie z. B. bei der Organisation der Reihenfolge

---

33 Wael B. Hallaq, (Fußnote 7), 422.
34 Al-Khaṣṣāf, (Fußnote 11), Rn. 82, 88.
35 Al-Kindī, (Fußnote 8), 432.
36 Al-Kindī, (Fußnote 8), 359.
37 Al-Kindī, (Fußnote 8), 355.
38 Al-Kindī, (Fußnote 8), 394. Siehe weitere Beispiele für Gerichtsschreiber, al-Kindī, (Fußnote 8), 215, 231; al-Wakīʿ, (Fußnote 13), II, 2, 115; III, 231.
39 Al-Khaṣṣāf, (Fußnote 11), Rn. 33, 53. Ähnliche Qualifikationen für den Schreiber wurden von al-Shāfiʿī, (Fußnote 18), VI, 227, aufgestellt. Siehe auch Jonathan Porter Berkey, Education and Training: Islamic Law, in: Stanley Katz (Hrsg.), The Oxford International Encyclopedia of Legal History, vol. 2, Oxford 2009, 396–397.

der Gerichtssitzungen. Darüber hinaus wurden auch einige stellvertretende Richter für die Rechtsprechung in räumlich großen Gerichtsbarkeiten eingestellt, die der Richter allein nicht abdecken konnte.[40] Einige Stellvertreter erhielten die Befugnis, bestimmte Arten von Streitigkeiten anzuhören, während andere zwar die volle Zuständigkeit hatten, aber räumlich begrenzt wirkten.[41] Stellvertretende Richter konnten von dem Kalifen auch als Nachfolger von Richtern ernannt werden. Zeitweise fungierte der stellvertretende Richter als Interimsrichter, bis ein neuer ernannt wurde.[42] Trotz der wichtigen Rolle, die die stellvertretenden Richter hatten, gibt es nur wenige konkrete Informationen über sie und über den präzisen Rang, den sie in der Hierarchie des Justizpersonals innehatten, beispielsweise zum Gerichtsschreiber.

Der Gerichtskammervorsteher oder Gerichtsdiener (*ḥājib*, manchmal auch *jilwāz*) überwachte die Warteschlange der Prozessparteien und forderte verschiedene Personen auf, vor dem Richter zu erscheinen.[43] Sie fungierten auch als Leibwächter, die den Richter vor den Prozessparteien schützten oder gegebenenfalls von ihnen trennen sollten. Der Rechtsgelehrte al-Shāfiʿī selbst riet dem Richter davon ab, eine *ḥājib* zu nutzen[44]. Die Gründe für die Haltung von al-Shāfiʿī liegen in dem Begriff *ḥājib*, der wörtlich übersetzt Barriere oder Schild bedeutet. Der Richter soll sich weder vor der Öffentlichkeit schützen, noch soll ein *ḥājib* entscheiden oder vorab aussuchen, welche Prozessparteien ihren Fall vor den Richter bringen dürfen. Die Trennung des Richters von der Öffentlichkeit und die Angst, dass der *ḥājib* gar Bestechungsgelder annehmen könnte, um die Prozessparteien zum Richter durchzulassen, sind für Shāfiʿī Gründe, die gegen die Einstellung des Gerichtsdieners durch den Richter sprechen.[45]

---

40 Die räumliche Jurisdiktion der Richter wurde in ihren Ernennungsurkunden festgeschrieben, siehe Schneider, (Fußnote 13), 174–198.
41 Wael B. Hallaq, (Fußnote 31), 80.
42 Isḥāq b. al-Furāt war stellvertretender Richter von Muḥammad b. Masrūq al-Kindī in Ägypten. Als al-Kindī im Jahr 184 aus dem Amt entlassen wurde, übernahm der stellvertretende Richter das Amt und wurde noch im selben Jahr entlassen, al-Wakīʿ, (Fußnote 13), II, 238.
43 Wael B. Hallaq, (Fußnote 31), 85. Zu den Richtern, die Gerichtskammervorsitzende beschäftigen, siehe al-Wakīʿ, (Fußnote 13), II, 37; III, 168; al-Kindī, (Fußnote 8), 386.
44 Al-Shāfiʿī, (Fußnote 18), VI, 220.
45 In etwas später entstandenen, einflussreichen *adab al-qāḍī* Werken von Māwardī und Ibn Abī Dam billigen diese Shāfiʿī Gelehrten einen Kammerherren oder Gerichtsdiener (*ḥājib*), allerdings unter den Bedingungen der politischen Stabilität und nur dann, wenn die *ḥājib* keine ungesetzlichen Schritte unternehmen würde, die die Prozessparteien diskriminieren. In diesem Fall würde eine *ḥājib* tatsächlich dabei helfen, Ordnung in das Verfahren des Gerichts

In al-Khaṣṣāfs Textauszug werden Zeugen nicht genannt, doch werden Zeugen in der islamischen Rechtsgeschichte dem Gericht zugeordnet und daher auch in der *adab al-qāḍī* Literatur erwähnt. Sie legen Zeugnis ab von der allgemeinen Rechtsprechung und der Dokumentation der Beweise, ein Merkmal, das auch im Koran (2:282) festgelegt ist.[46] Als solche beobachteten und kontrollierten sie den rechtmäßigen Ablauf des Gerichtsverfahrens.[47] In dieser Rolle bestätigte und ernannte jeder Richter eine Anzahl von Zeugen für solche Zwecke für sein Gericht. Die Zeugen wurden dadurch zu einem festen Bestandteil des Justizpersonals. Sie dienten auch dazu, am Ende jedes Prozesses ein Gerichtsprotokoll zu unterzeichnen. Sie waren als Gerichtszeugen bekannt *(shuhūd ḥāl)* und erfüllten eine andere Funktion als die Zeugen, die vom Kläger oder Beklagten als Zeugen für einen Sachverhalt oder eine Forderung beschafft wurden. Letztere waren bekannt als *shuhūd ʿayān*.[48] Zusätzliches Justizpersonal jener Zeit war auch bekannt.[49] Nicht-arabischsprachigen Prozessparteien (einige waren möglicher-

---

zu bringen. Beide Juristen führen die Qualifikationen auf, die eine *ḥājib* für ihre Position benötigt. Die Gründe für diese substanzielle Wendung von der klaren Position von Shāfiʿī gegen die Einnahme einer *ḥājib* zu den Zugeständnissen, die zur Genehmigung des Büros von *ḥājib* führen, sind in der faktischen Entwicklung des Büros zu sehen. Schneider, (Fußnote 13), 38–39.

46 Wael B. Hallaq, (Fußnote 31), 61.
47 Irene Schneider, (Fußnote 13), 47; Wael B. Hallaq, (Fußnote 31), 88.
48 Wael B. Hallaq, (Fußnote 31), 61.
49 Zu den weiteren, hier nicht aufgeführtem Personal am Gericht gehören gerichtliche Treuhänder *(amīn al-ḥukm)*, die mit der Verwahrung des Vermögens rechtlich unfähiger Personen, wie z. B. Waisen und Abwesenden, beauftragt wurden, Al-Khaṣṣāf, (Fußnote 11), S. I, 597 (im dritten Jahrhundert des islamischen Kalenders); Surty, (Fußnote 29), 159; Schneider, (Fußnote 13), 120–121; Muhammad Khalid Masud/Rudolph Peters/David S. Powers (Hrsg.), Dispensing Justice in Islam: Qadis and their Judgements, Leiden, 2006, 9, 14, 20–21. Al-Wakīʿ erwähnt auch einen Gefängnisdirektor *(sajjān)* als Gerichtsmitarbeiter und Assistenten des Richters al-Wakīʿ, (Fußnote 13), I, 132; Masud, (Fußnote 13), 121. Der Richter könnte auch Experten für Fragen des Erbrechts oder für Familienangelegenheiten beschäftigen. In Erbschaftsfällen brauchten *qāḍī*s Experten, die das Vermögen unter den Erbberechtigten nach dem Erbschaftsrecht der Sharīʿa aufteilen konnten, genannt Verteiler oder *qāsim*, Surty, (Fußnote 29), 159. In Familienangelegenheiten musste der Richter häufig weibliches Justizpersonal einsetzen. Weibliche Justizexperten wurden benötigt, um Rechtsfragen im Zusammenhang mit Frauenkörpern zu untersuchen (z. B. Jungfräulichkeit, Schwangerschaft, Abtreibung, Geburt, Stillen, sexuelle „Mängel"). Weibliches Justizpersonal wurde auch benötigt, um die Vertrauenswürdigkeit weiblicher Zeugen zu prüfen und um Fragen im Zusammenhang mit häuslichen, privaten oder weiblichen Räumen zu klären. Mathieu Tillier, (2009) (Fußnote 5) 285–287.

weise von weit her und nicht-muslimisch) wurde vom Gericht ein Dolmetscher zur Verfügung gestellt.[50] Zu den anwesenden Personen in richterlichen Sitzungen sollten auch Juristen gehören, die in der Nähe des Richters sitzen sollten, um ihm in schwierigen Rechtsfragen zu helfen. Diese waren keine Mitarbeiter des Gerichts, spielten bei der Rechtsfindung jedoch eine gewichtige Rolle.[51]

Sichtbar wird hier eine frühe Amtshierarchie und Justizbürokratie. Das ʿabbāsidische Gericht bestand aus einer bürokratischen Struktur, die aus einem Richter und einer beliebigen Anzahl von Assistenten bestand (aʿwan), die an der Arbeitsteilung beteiligt waren. Sie alle standen in einem Unterordnungsverhältnis zum Richter, da sie vom Richter ausgewählt, ernannt, bezahlt und beaufsichtigt wurden. Der Richter überwachte die Leistung aller seiner Assistenten oder delegierte Aufsichtsaufgaben an sie.[52] Ihre Aufgabe bestand darin, verschiedene organisatorische Aspekte der Rechtsprechung zu übernehmen, damit sich der Richter auf seine Hauptaufgabe konzentrieren konnte: die Rechtsprechung. Das Justizpersonal stärkte die bürokratische Autorität des Richters, insbesondere wenn die Anzahl und die Aufgaben der Mitarbeiter einen effizienten und schnellen Gerichtsprozess zum Nutzen der gesamten Justizstruktur und der Prozessparteien unterstützten.

So funktionierte eine frühe islamische Justizbürokratie auf der Grundlage von Arbeitsteilung, Amtshierarchie und abgestuften Autoritätsebenen als geordnetes System von Über- und Unterordnung.

---

50   Siehe z. B. al-Wakīʿ, (Fußnote 13), III, 135 zu einem Fall, in dem die Prozessparteien, ein Mann und seine Sklavin, vor dem Richter Ibn Abī Layla aus Sind (dem heutigen Pakistan) waren und einen professionellen Dolmetscher benötigten. Dolmetscher wurden benötigt, wenn die Prozessparteien nicht arabisch sprachen. Über den Übersetzer (*mutarjim*) am Gericht, al-Shāfiʿī, (Fußnote 18), VI, 220; Wael B. Hallaq, (Fußnote 31), 85.
51   Nahed Samour, A Critique of Adjudication: Formative Moments in Early Islamic Legal History, in: Intisar A. Rabb/Abigail Krasner Balbale (Hrsg.), Justice and Leadership in Early Islamic Courts, Cambridge, Mass. 2018, 44–66.
52   Zum Beispiel, als der Richter seine Mitarbeiter anwies, die erneute Vertrauenswürdigkeit der Zeugen zu überwachen, al-Kindī, (Fußnote 8), 417.

3.4.5 Kontinuität und Konsistenz: Das richterliche Archiv (*qimṭār*)

Zu dieser Justizbürokratie gehört auch das richterliche Archiv. Al-Khaṣṣāf erwähnt, dass der Richter sein Archiv (*qimṭār*) mit in die Gerichtssitzung bringen und es rechts neben sich legen soll. Die Gesamtheit der Gerichtsakten wurde vom Richter aufbewahrt und normalerweise in einem tragbaren Aktenarchiv namens *qimṭār* in einem festen Behälter (aus Leder oder Holz) aufbewahrt, um sie vor Beschädigung und Flecken zu schützen. Tatsächlich wird berichtet, dass Richter Masrūq (im Amt 177–184/793–800), der den *qimṭār* als erster in Ägypten als feste Kiste eingeführt hatte, die Kiste an einem festen Ort aufbewahrte und den *qimṭār* immer bei sich hatte, wenn er seine Gerichtssitzungen leitet.[53] Es ist in der Tat sehr wahrscheinlich, dass der Richter den *qimṭār* in seinem Besitz behielt oder ihn bei einer vertrauenswürdigen Person hinterlegt hat. So ist dokumentiert, dass Richter Khālid b. Ṭalīq (ernannt vom Kalif al-Mahdī, gestorben 169/785) von jeder richterlichen Entscheidung zwei Kopien anfertigte, die jeweils von Zeugen beglaubigt wurden. Ein Exemplar wurde im Archiv der Akten aufbewahrt.[54] Kontinuität, Kohärenz und Rechtssicherheit wurden mit dem Archiv also gefördert. Zudem stärkte das Archiv auch die Autorität des Richters, der mit dem Archiv seine Tätigkeiten dokumentierte und damit auch nachvollziehbar machen konnte.

Der *qimṭār* spielte auch eine bildliche Rolle, wenn die Richter darum baten, von ihrem Amt zurückzutreten und den Kalifen um die Annahme des Rücktritts ersuchten. Einige unterstrichen ihre Worte durch die symbolische Geste der Rückgabe des Gerichtsarchivs. So wie Richter Afiya b. Yazīd al-Awdī, der den Kalifen al-Mahdī bat, ihn zu entlassen, indem er ihm seinen *qimṭār* übergab. Dieses tragbare Archiv enthielt die Gerichtsdokumente, die der *qāḍī* während seiner Amtszeit sammelte und versiegelte, und welche er an seinem Wohnort aufbewahrte. Nach seinem Rücktritt wurde er an seinen Nachfolger übergeben.[55]

Dass es kein speziell ausgewiesenes Gerichtsgebäude gab, ist, so Islamwissenschaftler Wael B. Hallaq, wahrscheinlich ein wichtiger Grund dafür, dass so viele Gerichtsakten nicht überlebt haben und aus der verbleibenden Primärliteratur nur sehr schwer zu rekonstruieren sind.[56] Tatsächlich sind Urteile als Primärquellen (und nicht zusammengefasst und paraphrasiert wie bei al-Wakīʿ und al-Kindī) erst nach dem 16. Jahr-

---

53 Al-Kindī, (Fußnote 8), 391–392.
54 Al-Wakīʿ, (Fußnote 13), II, 125; Masud, (Fußnote 13), 122.
55 Al-Khatīb al-Baghdadi (gest. 463/1072), Tarʾīkh Baghdad, Ahmad b. ʿAl (Hrsg.), Cairo 1931, XII, 30; Mathieu Tillier, (Fußnote 6), 255.
56 Wael B. Hallaq, (Fußnote 7), 416.

hundert verfügbar, obwohl es vielfältige Belege dafür gibt, dass die Richter ihre Entscheidungen sorgfältig aufbewahrt haben.[57]

3.4.6 Orientalismus im Recht

Islamische Quellen demonstrieren eine vertiefte Darstellung und Diskussion um die Zugänglichkeit und Öffentlichkeit von Gerichtssitzungen, von einem Justizpersonal und einem richterlichen Archiv zur Kontinuität und Konsistenz der richterlichen Entscheidungen. Dennoch hat sich Max Webers Rede von der „Kadijustiz" im „Orient" zum Sprichwort etabliert, um eine willkürliche, nur an Billigkeitsgesichtspunkten orientierte gerichtliche Entscheidung, in der keinerlei Berechenbarkeit möglich ist, zu beschreiben. Max Weber (1864–1920) wusste offenkundig nicht, wie Justiz in rechtswissenschaftlichen islamischen Quellen dokumentiert wurde und stellt den *qāḍī* – ohne jegliche Nachweise – als Teil eines unberechenbaren Rechtssystems dar: „Die Kadi-Justiz kennt keine rationalen ‚Entscheidungsregeln' und daher auch keine Rechenschaftspflicht".[58] Damit prägt der Begriff eine mangelnde Wertschätzung für Autoritäten und Rechtssysteme durch abwertende, herablassende Vorstellungen und steht damit exemplarisch für einen Orientalismus im Recht. In seiner wegweisenden Kritik des Orientalismus veranschaulicht der Literaturwissenschaftler Edward Said, wie westliche Diskurse den Orient als das epistemologische Gegenbild des „Westens" darstellen und damit alte und neue Kolonialherrschaft legitimieren. Die Orientalisierung führe zu einer Homogenisierung und Essentialisierung des rückständigen und exotischen „Orients" als einer (Rechts-)Kultur, die dagegen dem „Westen" die Attribute „modern", „fortschrittlich" und „rational" zukommen lassen. Der Islam sowie seine Akteure dienen damit vor allem dazu, ein monolithisches Bild der europäischen Moderne gegenüber zu stellen und dieses zu stärken.[59] Das vergleichende Heranzie-

---

57 Muhammad Khalid Masud, Ikhtilaf al-Fuqaha: Diversity in Fiqh as a Social Construction, 80, in: Musawah resource book, Wanted: Equality and Justice in the Muslim Family, Zainah Anwa (Hrsg.), 2009, 65–93. http://www.musawah.org/sites/default/files/WANTED-EN-2edition.pdf [letzter Zugriff: 29.09.2021].
58 Max Weber, Wirtschaft und Gesellschaft, 5. Aufl. Tübingen [1921–22] 1980, 477. Kritisch erläuternder Zusatz in der Max-Weber-Gesamtausgabe, Die Wirtschaftsethik der Weltreligionen. Konfuzianismus und Taoismus. Schriften 1915–1920, Band I/19: Hrsg. v. Helwig Schmidt-Glintzer, in Zus.-Arb. m. Petra Kolonko, Tübingen 1989, 542.
59 Edward Said, Orientalism, New York 1978, 331.

hen des Islams sagt also oftmals mehr über das „eigene" als das „andere" Denk- und Rechtssystem aus.

So hat zum Beispiel der Richter am Obersten Gerichtshof der USA, Felix Frankfurter, in seiner abweichenden Meinung in Terminiello v. Chicago (1949) die Grenzen des Untersuchungsumfangs des Obersten Gerichtshofs angesprochen und festgestellt: „Dies ist ein Überprüfungsgericht, kein von Regeln unbegrenztes Tribunal. Wir sitzen nicht wie ein Kadi, der unter einem Baum sitzt und Gerechtigkeit nach Erwägungen der individuellen Zweckmäßigkeit ausspricht".[60] Das Bild soll suggerieren, dass das Gesetz im islamischen Kontext auf eine prinzipienlose Weise zustande kommt, die eher die Laune des *qāḍī* widerspiegelt als die Anforderungen eines rational zusammenhängenden Rechtssystems. Diese Darstellung fand nicht nur Eingang in das US-amerikanische (Miss-)Verständnis über islamische Justiz und Rechtsprechung. Auch die ehemalige Präsidentin des deutschen Bundesverwaltungsgerichts Marion Eckertz-Höfer stellte fest, dass die Richter nicht auf Willkür zurückgreifen dürfen, weil es dann keine Rechtssicherheit gibt und weil Gewissheit nicht erreicht werden kann: „Diese fehlende und nicht herstellbare Determiniertheit erlaubt den Richtern indes keine Beliebigkeit. Sie erlaubt keine Kadi-Justiz, keine Rechtsprechung auf ein beliebiges, gewillkürtes Ergebnis hin."[61] In ihrem Beitrag „Vom guten Richter" wird damit der *qāḍī* als ahistorischer Gegenpol dargestellt. Werden damit islamische Gerichtsbarkeit, islamisches Recht und womöglich Muslim:innen abgewertet?[62] Muss hier befürchtet werden, dass Kontinuitäten zwischen Kadi-Justiz und deutschen Richterinnen mit Kopftuch dargestellt werden?

Webers Bemerkungen zur „Kadi-Justiz" lassen sich historisch einordnen. Dahinter stand die Hoffnung, dass Gerichte nicht willkürlich urteilen, sondern „ohne Ansehen der Person". Daraus entsteht aber die Gefahr, dass Gerichte entweder zu „Paragra-

---

60 Terminiello v. Chicago, 337 U. 1, 11; 69 S.Ct. 894, 899 (1949). Auch der renommierte US-amerikanische Rechtswissenschaftler Pound sagte abwertend: „The oriental cadi administrating justice at the city gate by the light of nature tempered by the state of his digestion."[Der orientalische Kadi, der am Stadttor Recht spricht im Licht der Natur, welches lediglich durch den Zustand seiner Verdauung gemildert wird]." Roscoe Pound, The Decadence of Equity, Columbia Law Review 5, 1905, 20–35 (21).
61 Marion Eckertz-Höfer, „Vom guten Richter" – Ethos, Unabhängigkeit, Professionalität, Die öffentliche Verwaltung, Zeitschrift für öffentliches Recht und Verwaltungswissenschaften, 62. Jahrgang, Heft 18, September 2009, 729–741 (734).
62 Marion Eckertz-Höfer, Kein Kopftuch auf der Richterbank, Zeitschrift des Deutschen Juristinnenbundes, 1/2018, 1–3; Marion Eckertz-Höfer, Kein Kopftuch auf der Richterbank? DVBl 2018, 537.

phenautomaten"⁶³, „Subsumsionsmaschinen" oder zu Ersatzgesetzgebern werden, und damit eventuell auch ungerecht urteilen.⁶⁴ Webers Bemerkungen erfolgten zu einer Zeit des größeren Vertrauens in einen Prozess der gerichtlichen Rechtsetzung und Rechtsanwendung, oder anders ausgedrückt, zu Zeiten, die kein Bewusstsein für Rechtsunsicherheit kannten.⁶⁵

Heute wissen wir, dass es vielmehr Anhaltspunkte gibt, dass einige wesentliche Charakteristika richterlichen Arbeitens den Einfluss unbewusster Vorurteile begünstigen können, darunter auch die Überzeugung eigener Objektivität.⁶⁶ Wer sich selbst für besonders objektiv hält, ist Studien zufolge aber eher anfällig für den Einfluss unbewusster Vorurteile.⁶⁷ Wer also das eigene Justizsystem für besonders gerecht hält, könnte besonders anfällig sein für den Einfluss unbewusster Vorurteile, die andere Justizsysteme pauschal abwerten.

Mit Blick auf Webers Kadijustiz beschreibt der vergleichende Rechtswissenschaftler John Makdisi das hieraus resultierende Bild der islamischen Richterschaft noch diplomatisch als „wahrlich fehlerhaft".⁶⁸ Farhat Ziadeh, Islamwissenschaftler und Herausgeber von Khaṣṣāf's *Adab al-qāḍī*, wirft US-Richter Frankfurter vor, dass, hätte er Khaṣṣāf statt Weber gelesen, ihm „dieser Fehler nicht passiert" wäre.⁶⁹

---

63 Max Weber (wie Fußnote 58), 826.
64 Vertiefend Regina Ogorek, Richterkönig oder Subsumtionsautomat? Zur Justiztheorie im 19. Jahrhundert, Frankfurt am Main 1986; Neudruck in Aufklärung über Justiz, Vol. 2, Rechtsprechung, Materialien und Studien, Veröffentlichungen des Max-Planck-Instituts für europäische Rechtsgeschichte, Frankfurt am Main 2008.
65 Patrick H. Glenn, Legal Traditions of the World, 4. Aufl., Oxford 2010, 187.
66 Kathleen Jäger, Unbewusste Vorurteile und ihre Bedeutung für den Richter, Deutsche Richterzeitung (DRiZ), 1/2018, 16–17 (insg. 14–17), mit weiteren Nachweisen.
67 Ebenda.
68 John Makdisi, Legal Logic and Equity in Islamic Law, The American Journal of Comparative Law, vol. 33, No. 1, Winter 1985, S 63–92 (64).
69 Farhat J. Ziadeh, Integrity ('Adālah) in Classical Islamic Law, in: Nicolas Heer (Hrsg.), Islamic Law and Jurisprudence. Studies in Honor of Farhat J. Ziadeh, Seattle 1990, 73–93, hier 80.

3.5 Der Gottesfrieden von Le Puy (ca. 976 AD)
Stefan Vogenauer

Vorbemerkung: Der vorliegende Band richtet sich an eine studentische Leserschaft. Die abgedruckten Exegesen sollen exemplarisch dafür stehen, wie man Quellen etwa in Seminararbeiten behandeln kann. Die Herausgeber haben die Autoren ausdrücklich angehalten, Schwierigkeitsgrad und Wissenschaftlichkeit der Beiträge an diesen Leserkreis anzupassen. Es muss sich also um Exegesen handeln, wie sie realistischerweise unter den vorgegebenen Bedingungen (Zeit- und Umfangsbegrenzung) bei den notwendig beschränkten Kenntnissen studentischer Autorinnen und Autoren erwartet werden können.

Als ich bei der Vorbereitung meines Beitrags in meinen Unterlagen zu rechtshistorischen Exegesen blätterte, fiel mir mein erster eigener Versuch in die Hände, den ich fast auf den Tag genau 30 Jahre zuvor verfasst hatte. Es handelte sich um die „Deutschrechtliche Exegese", die Hans Hattenhauer im Wintersemester 1989/90 an der Christian-Albrechts-Universität zu Kiel als zweiwöchige Abschlusshausarbeit zur Erstsemestervorlesung „Deutsche Rechtsgeschichte" gestellt hatte. Die Aufgabe beschränkte sich auf den unten unter Ziffer 3.5.1 wiedergegebenen lateinischen Quellentext sowie die Fundstelle. Der Umfang war auf 15 maschinenschriftliche Seiten (ein Drittel Rand) begrenzt.

Im Hinblick auf die didaktische Zwecksetzung dieses Bandes entschied ich mich, den Text in seiner Originalfassung und mit Hattenhauers Korrekturanmerkungen zu veröffentlichen. Das ist sicherlich ungewöhnlich. Es erschien mir aber nicht zuletzt deshalb gerechtfertigt, weil der Band mit Joachim Rückert einem der unkonventionellsten und experimentierfreudigsten deutschen Rechtshistoriker gewidmet ist. Bekanntlich lernen Studierende am besten aus eigenen Fehlern oder den Fehlern ihrer Kommilitoninnen und Kommilitonen. Es folgt also zunächst der Text der Exegese unter Sichtbarmachung der durch den Korrektor vorgenommenen Streichungen und der durch das Kürzel „H. H." eingeleiteten Korrekturanmerkungen. Angepasst habe ich lediglich die Gliederungsziffern und die Zitierweise der Literaturangaben, um insofern den Vorgaben des Verlags und der Bandherausgeber Rechnung zu tragen. Auch Abkürzungen habe ich aufgelöst. In einer Nachbemerkung gehe ich darauf ein, was ich aus heutiger Perspektive anders machen würde.

Über Guido von Anjou, im ausgehenden zehnten Jahrhundert Bischof der südfranzösischen Diözese Le Puy, ist folgender Text überliefert[1]:

3.5.1 Text

Pontificali igitur cathedra sublimatus, cogitans assidue de tenenda pace, de rebus ecclesiae, quas vi abstulerant raptores hujus terrae, jussit ut omnes milites ac rustici de episcopatu suo convenirent in unum, auditurus ab eis quale sibi de regenda pace darent consilium. Ipse vero apud Brivatensem vicum nepotibus suis mandans congregare excercitum, omnibus de pontificatu suo coadunatis in unum in prata Sancti Germani, quae sunt propre Podium, quaesivit ab eis ut pacem firmarent, res pauperum & ecclesiarum non opprimerent, ablata redderent; sicut decet, fideles christianos, ita se haberent. Quod illi dedignantes jussit exercitum suum a Brivate tota nocte venire mane volens eos constringere ut pacem jurarent, & pro ipsa tenenda obsides darent, rura & castella beatae Mariae & res ecclesiarum quas rapuerant dimitterent, quod factum fuit Deo auxiliante.

3.5.2 Übersetzung

Nachdem er also auf den Bischofsstuhl emporgehoben worden war, und unablässig nachdachte über die Durchsetzung des Friedens und über die Besitztümer der Kirche, die die Räuber dieses Landes hinweggenommen hatten, befahl er, daß alle Ritter und Bauern aus seinem Bistum an einem Ort zusammenkommen sollten, damit er von ihnen höre, was für einen [H. H.: „welchen"] Rat sie ihm bezüglich des Friedens, den er zu errichten habe, gäben. Er selbst aber wies seine Neffen bei dem Dorf Brioude an, ein Heer zu versammeln.

Nachdem alle aus seiner Diözese an einem Ort auf den Wiesen des Heiligen Germanus, die in der Nähe von Le Puy liegen, zusammengeführt worden waren, versuchte er, von ihnen zu erreichen, daß sie den Frieden bestärkten, die Besitztümer der Armen und der Kirchen nicht unterdrückten, das Weggenommene zurückgäben. So, wie es sich für treue Christen zieme, so sollten sie sich verhalten.

---

1 Claude Devic/Joseph Vaissète, Histoire générale de Languedoc, Bd. V, Toulouse 1875, Sp. 15.

Der Gottesfrieden von Le Puy (ca. 976 AD)   325

Weil jene dies zurückwiesen, befahl er, daß sein Heer von Brioude die ganze Nacht hindurch komme, da er sie morgens verpflichten wollte, daß sie auf den Frieden einen Eid ablegten und Geiseln gäben, damit er selbst eingehalten würde, und daß sie auf das Land und die Schutzburg der Heiligen Maria, sowie auf die Besitztümer der Kirchen, die sie geraubt hatten, verzichteten. Und so geschah es mit Gottes Hilfe.

3.5.3 Auslegung

3.5.3.1 Formale Auslegung

3.5.3.1.1 *Literarische Gattung*

Dieser Text ist Teil einer ~~Urkunde~~ [H. H.: „? Chronik"], die Guido in Auftrag gab, um seine Regentschaft zu dokumentieren[2]. Von den Formalia, die eine mittelalterliche Urkunde ausmachen[3], finden sich zwar nur die Datierung und die *subscriptiones* (Unterschriften), da aber nicht bei jeder Urkunde alle Formalia vorliegen müssen, kann hier, vor allem aufgrund der Bezeichnung als *chartula*, vom Vorhandensein dieser literarischen Gattung ausgegangen werden. „Objektive Urkunden", in denen der Aussteller, also derjenige, der den Befehl zur Aufzeichnung gibt, in der dritten Person auftritt, sind im Mittelalter nicht ungewöhnlich[4].

3.5.3.1.2 *Verfasser und Adressaten*

Als Verfasser der Urkunde kann also Guido gelten, auch wenn er sie weder eigenhändig geschrieben noch unterzeichnet hat. Das Schriftstück ist nicht an eine bestimmte Person oder einen Personenkreis adressiert, es wendet sich an die Nachwelt[5].

---

2   Histoire générale de Languedoc, a. a. O., Sp. 19: *hanc chartulam ... Guido episcopus scribere rogavit.*
3   Vgl. Harry Bresslau, Handbuch der Urkundenlehre für Deutschland und Italien, Bd. 1, Leipzig 1958, 47 f.
4   Vgl. Bresslau, a. a. O., 4 f.
5   Urkunden sollen der Nachwelt als Zeugnisse über Vorgänge rechtlicher Natur dienen, dazu vgl. Bresslau, a. a. O., 1.

3.5.3.1.3 Zeit und Ort der Textentstehung

Die Urkunde ist in Le Puy geschrieben[6], dort am 13. April 993[7] von mehreren Domkapitularen (*canonicos* [H. H.: „*canonici*"]) bezeugt und von zehn Adligen (darunter Guidos Mutter Adelaide sowie die im Text genannten Neffen) unterzeichnet worden.

3.5.3.1.4 Stellung im Textzusammenhang

Der Abschnitt *Pontificali igitur … Deo auxiliante* fügt sich bruchlos in die chronologische Beschreibung von Guidos Amtszeit ein.

3.5.3.1.5 Fundstelle, Überlieferung und Echtheit

Das Original der Urkunde existiert nicht mehr. Sie ist in der Chronik des Benediktinerklosters St. Pierre du Puy überliefert worden[8]. Diese Aneinanderreihung verschiedener Urkunden aus der Kirchengeschichte Le Puys zwischen 975 und 1128 ist wahrscheinlich im zweiten Viertel des zwölften Jahrhunderts entstanden. Auch von dieser Chronik ist nur noch eine 1676 von dem Benediktinermönch Dom Estiennot zusammengestellte Abschrift vorhanden[9]. Diese Kopie befindet sich heute in der *Bibliothèque Nationale* in Paris. Sie ist die Grundlage des in der *Histoire générale de Languedoc* abgedruckten Textes.

Die Echtheit der Originalurkunde kann somit nicht mehr festgestellt werden, es gibt allerdings auch keine Gründe, sie in Zweifel zu ziehen. Nicht mehr nachvollziehbar ist auch, ob bei den verschiedenen Abschriften Fehler gemacht worden sind. So weist zum Beispiel das Manuskript von Estiennot an mehreren Stellen Schäden auf[10], so daß die in der *Histoire générale de Languedoc* wiedergegebene Version nicht unbedingt mit dem Original übereinstimmen muß. Auch die Einteilung in Absätze ist erst von den Autoren der *Histoire générale* vorgenommen worden[11].

---

6   Vgl. Histoire générale de Languedoc, a. a. O., Sp. 20: *Actum est … in Aniciensi civitate*.
7   a. a. O.: *idus aprilis … anno incarnationis DCCCCXCIII*.
8   Zum folgenden vgl. Auguste Molinier, Les sources de l'histoire de France, Bd. 2, Paris 1902, 130.
9   Vgl. Schreiben der Bibliothèque Nationale, Paris, 20. 02. 1990, Anhang 6 [nicht abgedruckt].
10 Vgl. Histoire générale de Languedoc, a. a. O., Sp. 14, Fn. 2.
11 Vgl. Schreiben der Bibliothèque Nationale, a. a. O.

Das Wirken der verschiedenen Chronisten scheint jedoch keine Zweifel an der historischen Authenzität der dargestellten Ereignisse zu rechtfertigen. Dies beweist die inhaltliche Übereinstimmung von Teilen des Textes mit anderen Quellen[12].

3.5.3.2 Philologische Auslegung

3.5.3.2.1 Worterklärung, Gegensatzpaare

~~Einige in der Urkunde verwendete Begriffe werden erst durch Einordnung in den zeitgenössischen Bedeutungszusammenhang verständlich~~ [H. H.: „Keine Sprüche machen!"]:
rapina muß nicht einen Raub im modernen Sinn bezeichnen. Die Tatbestandsabgrenzung zum Diebstahl oder zur Selbsthilfe ist hier noch unklar. Vom Verteidiger kann als Raub empfunden werden, was ein Angreifer als rechtmäßige Selbsthilfe ansieht. *rapina* wird deswegen häufig im Sinne der Selbsthilfe gebraucht. Die *raptores* sind somit auch nicht unbedingt Räuber nach heutigem Verständnis[13].
res scheint ebensowenig als juristisch definierter Begriff (*Besitz*) verwendet zu werden. Er umfaßt hier genauso *Eigentum* an Sachen.
obsides sind Menschenpfänder, die sich zur Sicherung eines Anspruchs in der Gewalt des Anspruchsberechtigten befinden. Die Geiselnahme ist im Mittelalter ein gängiges Mittel zur Garantie völkerrechtlicher Ansprüche aller Art[14].
milites bezeichnet die Vertreter der ritterlich-aristokratischen Gruppierung, deren Privilegien im Laufe des zehnten Jahrhunderts erblich geworden sind[15]. Sie unterstehen keiner Grundherrschaft, müssen sich also selbst ausrüsten. Dafür verfügen sie allerdings oft über beträchtlichen Grundbesitz[16].

---

12 In den *cartulares* des Klosters Cormery findet sich z. B. ein Hinweis auf die Zeit, die Guido dort als Abt verbrachte (Pierre, Abel und Nicolas-Charles de Sainte-Marthe, Gallia Christiana qua series omnium archiepiscorum … et Nicolao Sammarthanis, Bd. III, Paris 1656, 301 [H. H.: „Haben Sie das Buch in der Hand gehabt?"]; vgl. Histoire générale de Languedoc, a. a. O., Sp. 14).

13 Vgl. Hans Hattenhauer, Die Bedeutung der Gottes- und Landfrieden für die Gesetzgebung in Deutschland, Diss. Marburg 1958/60, 228 ff.

14 Vgl. Werner Ogris, Geisel, in: Adalbert Erler/Ekkehard Kaufmann (Hrsg.), Handwörterbuch zur Deutschen Rechtsgeschichte, Bd. 1, Berlin 1971, Sp. 1445–1451.

15 Vgl. Pierre-Clément Timbal, Cours d'histoire du droit privé, Paris 1954/55, 159.

16 Vgl. Johannes Fechter, Cluny, Adel und Volk. Studien über das Verhältnis des Klosters zu den Ständen, Diss. Tübingen 1966, 5.

rustices [H. H.: „*rustici*"] sind ~~die Angehörigen eines anderen Standes: Personenrechtlich~~ freie Bauern, deren wirtschaftliche Lage sich erst im Verlauf des zehnten Jahrhunderts von der der Leibeigenen positiv zu unterscheiden begonnen hat[17].

tenenda und *regenda pace* kann bei den im Text geschilderten Zuständen kein *zu erhaltender* oder *zu regierender Friede* sein. Dieser Friede muß erst *durchgesetzt* und *errichtet* werden.

darent [H. H.: „*dare*"] *consilium* kann bedeuten, daß die einberufene Versammlung das Recht entweder zur *Beschlußfassung* oder nur zur *Beratung* hat. Der spätere Gebrauch von *quaesivit ab eis* läßt jedoch vermuten, daß die Menge nur versammelt worden ist, um Guidos Vorschläge zu bestätigen.

constringere könnte hier als *verpflichten* in der römisch-rechtlichen Bedeutung verstanden werden.

beatae Mariae [H. H.: „*beata Maria*"] steht stellvertretend für Le Puy, das im zehnten Jahrhundert wegen des dort im Dom eingerichteten Marienheiligtums auch *Podium beatae Mariae* genannt wird[18].

castella bezeichnet wahrscheinlich den stadtartigen Kathedralbezirk mit den darin befindlichen Hausgrundstücken, der befestigten Charakter besitzt. Der dafür im zehnten Jahrhundert geläufigere Begriff ist jedoch *burgus*[19].

prata Sancti Germani bezeichnen den Versammlungsort, der sich heute nicht mehr genau bestimmen läßt[20]. Interessanter aber ist, daß die nach einem Heiligen benannte Stelle im zehnten Jahrhundert vielleicht sakralen Charakter besitzt und der dort stattfindenden Versammlung Heiligkeit verleiht. Auch der dort geschworene Eid erhält so eine stärkere Bedeutung. Eide werden nicht nur an heiligen Orten, sondern auch zu heiligen Zeiten geschworen. Vielleicht wird deswegen auch *mane*, *morgens*, betont, dem in *tota nocte* noch ein antithetischer Begriff beigeordnet wird.

---

17 Vgl. Timbal, a. a. O., 165 f.

18 Vgl. Reinhold Kaiser, Bischofsherrschaft zwischen Königtum und Fürstenmacht. Studien zur bischöflichen Stadtherrschaft im westfränkisch-französischen Reich im frühen und hohen Mittelalter (Pariser Historische Studien 17), Bonn 1981, 182.

19 Vgl. Kaiser, a. a. O., 180 f. sowie Traute Endemann, Markturkunde und Markt in Frankreich und Burgund vom 9. bis 11. Jahrhundert, Konstanz 1964, 130.

20 Die Literatur übernimmt den Begriff meist wörtlich, vgl. Hartmut Hoffmann, Gottesfriede und Treuga Dei (Schriften der Monumenta Germaniae Historica 20), Stuttgart 1964, 17 und Kaiser, a. a. O., 182. Claude Devic/Joseph Vaissètte berichten von *la plaine de Saint-Germain, à une lieue du Puy* (Histoire générale de Languedoc, Bd. III, Toulouse 1872, 176), was in ungefähr der Lage der heutigen Ortschaft Saint-Germain ca. drei Kilometer östlich von Le Puy entsprechen würde.

exercitum ist nicht näher beschrieben. Es ist erstaunlich, daß Pons und Bertrandus in einer benachbarten Grafschaft ein Heer versammeln können. Vielleicht ist dieses *exercitum* die ritterliche Schutztruppe, die sich seit ungefähr 900 zur Verteidigung der Kirche St. Julien in Brioude verpflichtet hat[21] und jetzt dem bedrängten Nachbarbischof zur Hilfe eilt. Auf jeden Fall muß das Heer sehr stark sein, so stark, daß es die versammelte Ritterschaft des Velay so sehr einschüchtert, daß Kampfhandlungen anscheinend nicht stattfinden.

tote nocte venire ist auch von einem ausschließlich berittenen Heer im zehnten Jahrhundert nicht zu schaffen: Selbst heute beträgt die kürzeste Entfernung zwischen Brioude und Le Puy noch über 60 Kilometer. Möglich ist, daß die Truppen schon in der Nähe bereitstehen, um überraschend eingreifen zu können.

fideles christianos [H. H.: „*christiani*"] läßt sowohl den Aspekt *(Recht-)Gläubigkeit* als auch *Zuverlässigkeit* und *Treue* anklingen. Da Guido als Bischof christlicher Machthaber ist, appelliert er an die Treue zu Gott und zu ihm.

in unum (convenirent/coadunatis) könnte neben dem physischen Zusammenkommen an einem Ort auch ein spirituelles Einigsein im theologischen oder sogar eine Art Einigsein im rechtlichen Sinne bezeichnen. Dafür spricht, daß es zweimal verwendet wird, obwohl *an einem Ort* auch anders ausgedrückt werden könnte.

raptores hujus terrae bezeichnen möglicherweise die *Räuber des Landes*, also des Velay. Der Begriff kann aber auch als Gegensatz zu *res ecclesiae* aufgefaßt werden: Den heiligen Kirchengütern stehen dann die diesseitig-weltlichen *Räuber dieser Erde* gegenüber[22].

pax geht im zehnten Jahrhundert ~~weit~~ [H. H.: „Text?"] über die antik-römische Begrifflichkeit der bloßen Abwesenheit von Krieg hinaus. Im germanischen Denken wird damit die absolute Harmonie, die *ordo* bezeichnet. Dieselbe Bedeutung hat *pax* im kirchlichen Sprachgebrauch: *Friede* ist das Heil[23], das Jesus nach seiner Auferstehung den Jüngern für die folgende Zeit gibt[24] und das die Welt nicht geben kann. Mit der zunehmend an Einfluß gewinnenden cluniazensischen Reformbewegung rückt das Bewußtsein, daß der Friede eine Form der Glorie Gottes auf Erden sei, in den Vordergrund. „*Sine pacem nemo videbit Deum*"[25], dieser Glaube erfüllt viele

---

21 Vgl. Hoffmann, a. a. O., 14 ff.
22 Ein entsprechendes Bibelzitat gibt es jedoch nicht (vgl. F. P. Dutripon, Vulgate editionis bibliorum sacrorum concordantiae, Paris 1880).
23 Vgl. im AT Jesaja 52,7 und Ezechiel 37,26.
24 Vgl. Johannes, 14,27.
25 Vgl. Viktor Achter, Über den Ursprung der Gottesfrieden, Krefeld 1955, 10.

Christen in der Endzeiterwartung um die Jahrtausendwende mit Schrecken. Die Bedeutung von *pax* als Zustand der Ruhe und Eintracht aller Christen ist eng mit dem Gerechtigkeitsbegriff verknüpft und ein zentrales Anliegen Clunys[26].

3.5.3.2.2 Stil und Satzbau

Bei der Betrachtung von Stil und Satzbau fällt Knappheit als beherrschendes Merkmal dieses Urkundenabschnittes auf.

Der Autor verkürzt durch häufigen Gebrauch von Partizipialkonstruktionen, so daß er mit Relativpronomen und Konjunktionen äußerst sparsam umgehen kann. Bei den von *quaesivit ab eis* und *volens eos constringere* abhängigen Konstruktionen entfällt die Konjunktion *ut* bei den jeweils letzten Gliedsätzen. Durch diese unverbundenen Aufzählungen erhält der Text an seinen zentralen Stellen eine geradezu drängende Dynamik.

Dennoch bleibt der Stil unterrichtend und rational. Von dem Pronominaladjektiv *tota* abgesehen, werden insgesamt nur vier Adjektive eingesetzt, und diese beziehen sich sämtlich auf theologische Ausdrücke, denen der Autor anscheinend besondere Bedeutung beimißt.

3.5.3.2.3 Leitbegriff

Schlüsselwort des Textes ist *pax*, das insgesamt viermal und in jedem Satz mindestens einmal vorkommt. *Pax* und *vi* [H. H.: „*vis*"] bilden im ersten Satz ein Gegensatzpaar, das für den ganzen Abschnitt von Bedeutung ist. *Pacem firmarent* und *pacem iurarent* stehen jeweils am Beginn der dreigegliederten Aufzählungen und aus ihnen resultieren die gewünschten Folgen (*res … non opprimerent, ablata redderent, etcetera*).

3.5.3.2.4 Häufig gebrauchte Begriffe

Weitere Wortwiederholungen heben die Begriffe *res* (dreimal in Verbindung mit *ecclesiarum*, einmal zusätzlich mit *pauperum*), *exercitum, in unum* und *jussit* hervor.

Auffällig ist die Häufigkeit der Ausdrücke, die auf die Machtfülle des Bischofs hinweisen. Durch die an den auffälligsten Stellen (Anfang und Ende) des Textes betonten *pontificali cathedra* und *deo auxiliante* legitimiert, handelt er hoheitlich wie ein welt-

---

26 Vgl. Fechter, a. a. O., 73.

licher Herrscher (*jussit, mandans, quaesivit*). Die von ihm Einberufenen werden nicht als Bewohner eines bestimmten Gebietes, sondern nur als *omnes ... de episcopatu* und *omnibus de pontificatu* bezeichnet. Der Herrschaftsbereich ist also untrennbar mit dem bischöflichen Amt verbunden.

Umso schwächer wird dagegen die Stellung der Kirchen dargestellt, deren Besitztümer nur in Verbindung mit *rapuerant, opprimerent* und *abstulerant* genannt werden. Durch die Wendung *pauperum & ecclesiarum* wird suggeriert, daß die Kirche noch schwächer als die Armen ist.

3.5.3.2.5   Nachträglich eingefügt wirkende Textstellen

Die chronologische Darstellung wird nicht unterbrochen. Zwei Textstellen aber wirken fremdartig: *sicut ... haberent* und *quod ... auxiliante* scheinen jeweils nachträglich in die Handlung eingefügt worden zu sein. Es ist möglich, daß eine solche Veränderung von den Redaktoren der Chronik vorgenommen worden ist, die das Geschehen unverfälscht wiedergeben, es aber mit einem theologischen Akzent versehen wollten.

3.5.3.3   Historische Auslegung

3.5.3.3.1   Personen der Handlung

Guido ist ein typischer Vertreter des Episkopats in der gallischen *romania* des Mittelalters. Aus dem adligen Geschlecht Anjou stammend, wird er zum Kirchenmann wohl eher aus politischen denn aus theologischen Erwägungen.

Seit Beginn des zehnten Jahrhunderts stand dem Haus Anjou das Recht zu, in der Benediktinerabtei Cormery[27] die Äbte zu nominieren[28]. Als diese Stellung im Jahr 965 vakant wird, bringt Gauzfredus, Graf von Anjou[29], durch die Ernennung seines Bruders Guido das wohlhabende Kloster unter die Kontrolle seiner Familie.

Obwohl dieser[30] sich bis dahin durch die Auflösung mehrerer Klöster keinen kirchenfreundlichen Ruf erworben hat, wird er in Cormery Laienabt, also ein mit einer

---

27   Vgl. zu den geographischen Bezeichnungen die Karten in Anhang 2. und 3. [nicht abgedruckt].
28   Vgl. G. Devailly, Cormery, in: Lexikon des Mittelalters, Bd. III, München/Zürich 1986, Sp. 239.
29   Vgl. zu den Familienmitgliedern Guidos den Stammbaum in Anhang 1.
30   Vgl. zum folgenden Christian Pfister, Études sur le règne de Robert le Pieux (996–1031), Paris 1885, 61 ff.

Abtei belehnter <u>weltlicher</u> Adliger, und herrscht dort bis 975. Dann erreicht seine Schwester Adelaide, Gräfin im südfranzösischen Gévaudan, daß er im benachbarten Bistum Le Puy zum Bischof gewählt wird. König Lothar gibt die erforderliche Zustimmung gern: Adelaide ist in zweiter Ehe mit seinem Sohn Louis verheiratet. Pons und Bertrandus, Adelaides Söhne aus erster Ehe, erben die Grafschaft Gévaudan, und Pons wird nach dem Tod Guillaumes (nach 982), des dritten Ehemanns von Adelaide, Graf von Brioude.

Bei der Besetzung des Bischofsstuhles ist ausschließlich dynastische Machtpolitik ausschlaggebend. Das beweist auch der – letztlich allerdings vergeblich gebliebene – Versuch Guidos, noch zu Lebzeiten seinen Neffen Stephanus entgegen den kirchenrechtlichen Bestimmungen zum Nachfolger im Bischofsamt zu designieren.

Das Todesdatum Guidos ist umstritten. Möglich ist, daß die in der Chronik des Klosters St. Pierre du Puy überlieferte Urkunde <u>nach</u> seinem Tod verfaßt worden ist, da er sie in Auftrag gegeben, aber nicht unterzeichnet hat, er also im Jahr 993 gestorben ist[31].

3.5.3.3.2 Ort der Handlung

Es fragt sich, welches Interesse die Dynastie von Anjou hat, den Bischofssitz von Le Puy in ihre Hand zu bekommen. [H. H.: „Am Text bleiben!"]

Le Puy, Hauptort des auvergnatischen Velay, hat während des zehnten Jahrhunderts einen starken wirtschaftlichen Aufschwung erlebt. Die Massen der Pilger, die periodisch das Marienheiligtum in Nôtre-Dame du Puy aufsuchen oder seit ungefähr 960 hier den Ausgangspunkt ihrer Pilgerreise nach Santiago de Compostela wählen, bringen dem Marktort Wohlstand.

Von diesem Reichtum profitieren in erster Linie die Bischöfe. Seit dem 8. April 924 sind diese nämlich gleichzeitig weltliche Herrscher der *civitas vellavorum* und besitzen in Le Puy stadtherrliche Rechte. Durch ein von König Rudolf verliehenes *praeceptum immunitas*[32] ist das Bistum von Steuern und Abgaben an den Grafen von Aquitanien, dem sämtliche Eingriffe untersagt sind, befreit worden. Im Immunitätsprivileg sind der Bischofskirche ~~ausdrücklich~~ die gewinnbringenden, fiskalisch nutzbaren Markt-, Zoll- und Münzrechte sowie das Bannrecht und das Recht zum Grundbesitz garantiert[33]. Diese bleiben jedoch streng auf den *burgus*, das heißt den sich eng an den Kathedralbereich anschließenden, befestigten Immunitätsbezirk, beschränkt. Der

---

31 Anders Pfister, a. a. O., 167, der das Todesdatum Guidos auf 996 festlegt.
32 Vgl. Kaiser, a. a. O., 179.
33 Vgl. Endemann, a. a. O., 58.

Der Gottesfrieden von Le Puy (ca. 976 AD)

Bischof hat zwar auch auf dem flachen Land die Grafenstellung, kann dort aber nicht diese speziellen Privilegien ausüben.

3.5.3.3.3 Juristisches Regelungsproblem

Als Guido 975 sein Amt in Le Puy antritt, ist die Stellung des gräflichen Bischofs stark erschüttert. Unser Text berichtet, daß sowohl auf dem Land (*rura*) als auch in der Stadt (*castella*) die Armen und die Kirchen unter Raub (*rapuerant*) und Unterdrückung (*opprimerent*) leiden. ~~Wie ist es dazu gekommen?~~ [H. H.: „Keine Sprüche!"]

Im westfränkischen Reich des zehnten Jahrhunderts existiert keine starke Zentralgewalt. Durch den jahrzehntelangen Kampf um die Königsherrschaft zwischen Karolingern und Robertinern geschwächt, funktioniert [H. H.: „A[usdruck?"] herrschaftliche Organisation nur im überschaubaren Grafschaftsbereich. Doch auch in diesem schreitet in der zweiten Hälfte des Jahrhunderts die Zersplitterung der Macht ~~rapide~~ fort. Das Justizwesen liegt am Boden, Gerichtskompetenzen gelten nur noch für kleinste Bereiche, dem Recht kann keine Geltung verschafft werden. Durch das landesherrliche Versagen ermutigt, greift der Ritterstand, von dem ein ansehnlicher Teil ständig unter Waffen steht, zur Selbsthilfe, um Rechtsbrüche zu bekämpfen [H. H.: „oder zu begehen?"] (*rapuerant*).

Dazu steht ihm ein aus frühester germanischer Zeit stammendes organisiertes Rechtsinstitut zur Verfügung: die Fehde. Sie hatte ursprünglich eine reine Ergänzungsfunktion neben dem ordentlichen Rechtsweg. Die vergebliche Anrufung eines Gerichtes war Voraussetzung für die Rechtmäßigkeit einer Fehde, die dann schriftlich erklärt werden mußte und nicht verheimlicht werden durfte. Zwischen den Fehdegegnern herrschte Kriegszustand, der im Bestreben, den anderen soweit wie möglich zu schädigen, zum Ausdruck kam. Leidtragende waren vor allem die Bauern in den Gebieten der an der Fehde beteiligten Sippen, deren Dörfer verwüstet und Vieh geraubt wurde. Auch Kirchen, die oft in Erbauseinandersetzungen hineingezogen wurden, blieben nicht verschont[34].

Die gegen Ende des zehnten Jahrhunderts oft aus nichtigsten Ursachen entstehenden „Privatkriege"[35] [H. H.: „Anführungszeichen verraten ein schlechtes Gewissen."] des Adels aber haben nichts mehr mit der alten Fehde zu tun. Weder Rechtmäßigkeit

---

34 Zur Fehde vgl. Ekkehard Kaufmann, Fehde, in: Erler/Kaufmann (Hrsg.), a. a. O., Sp. 1083–1093, 1083 f. und A. Boockmann, Fehde, Fehdewesen, in: Lexikon des Mittelalters, Bd. IV, München/Zürich 1989, Sp. 331–334.

35 Heinrich Mitteis, Der Staat des hohen Mittelalters, 4. Aufl., Weimar 1953, 169.

des Anlasses noch Form werden berücksichtigt, das alte Recht zerfällt. Dieser Zerfall ist nicht nur eine Folge der Tatsache, daß es einen ordentlichen Rechtsweg kaum mehr [H. H.: „noch?"] gibt. Vielmehr liegt ihm zugrunde, daß das alte Recht nicht mehr geglaubt wird, daß es entsakralisiert ist[36].

Bei seiner Herrschaftsübernahme zeigt Guido sich entschlossen, das Fehdewesen im Stile eines weltlichen Herrschers gründlich zu bekämpfen und gleichzeitig seine Machtposition zur Territorialherrschaft (*omnibus de pontificatu*) auszuweiten[37].

3.5.3.4 Rechtswissenschaftliche Auslegung

3.5.3.4.1 *Juristische Zentralaussage*

Guido unterbindet im gesamten Bistum die Fehde, tritt durch einen Eid in ein neues Hoheitsverhältnis zum ländlichen Rittertum und vergrößert so seinen tatsächlichen Herrschaftsbereich.

3.5.3.4.2 *Zur Bedeutung des Eides*

Guido ist adliger Kirchenmann, Vertreter derjenigen Schicht, in der sich antik-rationales Denken über Jahrhunderte gehalten hat. Unter der Decke des im Velay herrschenden romanisierten Westgotenrechts leben archaisch-germanische Rechtstraditionen im Gewohnheitsrecht fort. Will Guido neues Recht setzen, so muß er das herrschende Recht brechen. Dessen Überwindung kann nur mit entsprechender Legitimation Erfolg haben. Durch das Schwören eines Eides wird das neue Recht heilig und kann das alte Recht ablösen. Der magische Eid des archaischen Rechts macht die beschworene Aussage zur unanfechtbaren Wahrheit. Die bedingte Selbstverfluchung, in die sich der Schwörende begibt, wirkt auch, wenn sie gegen seinen Willen durch Waffengewalt erzwungen wird. Christlich-ethische Maßstäbe von Gut und Böse gelten hier nicht. Durch den Eid haben sich die *milites ac rustici* verpflichtet (*constringere*), und der Bischof erlangt einen Anspruch auf Einhaltung dieser Verpflichtung (*obsides*).

---

36 Vgl. Achter, a. a. O., 16.
37 „... dort, wo die Bischöfe alle Herrschaftsrechte über ... den alten Zentralort einer Landschaft erlangten, die bischöfliche Stadtherrschaft sich häufig ausweitete zur Territorialherrschaft" (Kaiser, a. a. O., 630).

Geschickt bedient sich der Bischof eines Instituts des archaischen Rechts, um ein anderes Institut desselben abzuschaffen[38]. Hier versucht die Kirche, das sich auflösende Recht durch die Form des Eides in Übereinstimmung mit der christlichen Weltauffassung zu bringen. Der neue christliche Friede kann jetzt ebenso wie das alte Recht geglaubt werden. Der integrierende, weil sowohl der archaischen als auch der christlichen Weltsicht vertraute Gedanke ist derjenige der *pax*.

Mit modernen Begriffen kann dieser Schwur nicht erfaßt werden: Es liegt kein Gesetz vor, denn trotz des hoheitlichen Handelns des Bischofs schwören die Versammelten. Aber auch von einem Vertrag kann hier nicht gesprochen werden, kommt doch der Schwur nur unter Gewaltandrohung zustande. Vielleicht ist die vorliegende Mischform am besten als „Schwurvereinigung" zu kennzeichnen.

3.5.3.4.3 Gottesfrieden

Obwohl der Ausdruck *pax Dei* nicht genannt wird, ist es gerechtfertigt, den von Guido etablierten Zustand als *Gottesfrieden* zu bezeichnen: Der Versuch, mit territorialer Geltung das Fehdewesen einzuschränken und den Besitz für unantastbar zu erklären; der Einfluß eines hoheitlich handelnden, unmißverständlich Befehle aussprechenden Kirchenmannes, der gleichzeitig seine territorialfürstliche Stellung stärken will; das Vorhandensein eines Friedensheeres (?); der Versuch, das herrschende Recht mit Hilfe des *pax*-Gedankens christlichen Maßstäben anzugleichen; die starke Betonung der eidlichen Verpflichtung — dies sind typische Elemente, die sich so oder ähnlich in einer Vielzahl von Texten finden, die in den folgenden zwei Jahrhunderten von der Errichtung eines Gottesfriedens berichten.

3.5.3.4.4 Das Regelungsproblem im Vergleich zum heutigen Recht

Im modernen Staat gibt es kein Recht zur Fehde. Vielmehr ist dem in seinen Rechten verletzten Bürger die Rechtsverfolgung auf eigene Faust grundsätzlich untersagt. Aus dem Gewaltmonopol des Staates resultiert für diesen eine Strafverfolgungspflicht (Legalitätsprinzip, § 152 II StPO).

Zur Wiedergutmachung eines zivilrechtlichen Schadens hat jede Person die Möglichkeit einer gerichtlichen Klage, mit deren Hilfe sie sich einen Vollstreckungstitel

---

38 Anders Bernhard Töpfer, Volk und Kirche zur Zeit der beginnenden Gottesfriedensbewegung, Berlin (Ost) 1957, 90, der im Eid nur „das Bestreben der Kirche, alle verfügbaren moralischen Mittel einzusetzen, um die Beachtung ihrer Forderung zu erzwingen", sieht.

verschaffen kann. Dieser Titel begründet das Recht des Gläubigers auf Durchsetzung seines Anspruchs und verpflichtet zugleich die Vollstreckungsorgane (Gerichtsvollzieher oder Vollstreckungsgericht), die Zwangsvollstreckung durchzuführen. Der Anspruch des Titelinhabers wird mit Hilfe staatlichen Zwangs durchgesetzt.

Rechtsverfolgung auf eigene Faust gestattet der Staat heute nur noch in Ausnahmefällen:
- Selbsthilfe (§§ 229 ff BGB)
- Notwehr (§ 227 BGB, § 32 StGB)
- Besitzkehr, -wehr (§ 859 BGB).

Wesentliche Voraussetzung der Selbsthilfe ist jedoch immer, daß obrigkeitliche Hilfe nicht rechtzeitig zu erlangen ist. Diese Art der Rechtsverfolgung soll Ausnahme bleiben. Immer noch gilt der Grundsatz: Selbsthilfe gefährdet den Frieden.

25. Februar 1990 [Unterschrift]

[H. H.: Wenn man ein Manuskript fertig hat, soll man am Schluß kürzen und den Stil genau überarbeiten. Gut = 14 Punkte]

Der Gottesfrieden von Le Puy (ca. 976 AD) 337

3.5.4 Anhang

1. Das Haus Anjou im zehnten Jahrhundert: Stammbaum

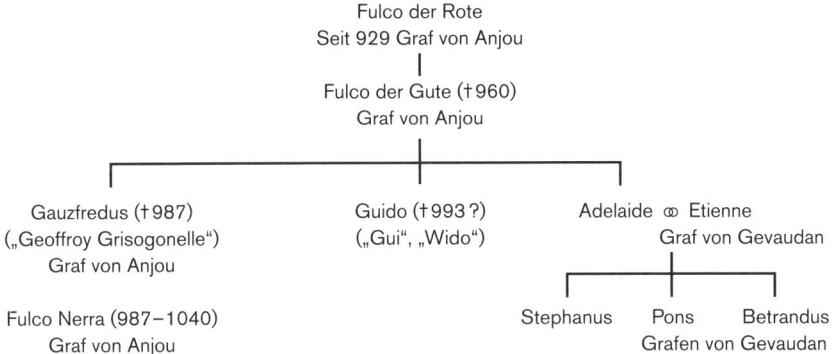

2. Karte „Frankreich und seine Nachbarländer bei der Thronbesteigung Hugo Capets, 987", entnommen aus Franz Schrader, Atlas de géographie historique, Paris 1899 [hier nicht abgedruckt]
3. Detailkarte „Aquitanien, Gascogne und Languedoc", entnommen aus Karl von Spruner/Theodor Menke, Hand-Atlas für die Geschichte des Mittelalters und der neueren Zeit, 3. Aufl., Gotha 1880 [hier nicht abgedruckt]
4. Literaturverzeichnis [hier nicht abgedruckt]
5. Abkürzungsverzeichnis [hier nicht abgedruckt]
6. Schreiben der Bibliothèque Nationale, Paris, 20.02.1990 [hier nicht abgedruckt]

Nachbemerkung

Die Notengebung war für die Verhältnisse des Korrektors großzügig. Hattenhauer, einer der produktivsten, kreativsten, originellsten und meinungsstärksten Rechtshistoriker der zweiten Hälfte des 20. Jahrhunderts, war unter den Studierenden für seine fachliche Strenge ebenso bekannt wie für seine menschliche Wärme. Nicht nur in dieser Hinsicht verkörperte er die alte Ordinarienuniversität[39]. Bei dieser Hausarbeit sah er zwar großzügig über die hölzerne, sich etwas ängstlich um eine möglichst wörtliche Wiedergabe bemühende Auslegung des lateinischen Originals hinweg[40]. Unerbittlich war er aber hinsichtlich der Formalia, auf die sich die Korrekturanmerkungen fast ausschließlich bezogen. Fünf Gruppen von Beanstandungen lassen sich unterscheiden. Erstens sollten lateinische Wörter nicht in Genus, Numerus und Kasus bzw. Verbform der Originalquelle verwendet, sondern an die jeweilige grammatikalische Verwendung im Text der Exegese angepasst werden (*rustici* statt *rustices*, *dare* statt *darent*, usw.). Das ist vielleicht nicht zwingend, aber sicherlich eleganter. Zweitens rügte er ein Fremdzitat (in Fn. 12, in der immerhin die Sekundärquelle laienhaft angegeben war)[41].

---

39 Biographische Angaben bei Jürgen Brand, Ein Kämpfer vor dem Herrn. Hans Hattenhauer 1931–2015, ZRG GA 133 (2016), 815–843 (mit Schriftenverzeichnis); Rainer Polley, In memoriam Hans Hattenhauer (8. 9. 1931–20. 3. 2015), ZRG KA 102 (2016), 548–554; Jan Schröder, Hans Hattenhauer †, JZ 2015, 570 f.

40 Er selbst übersetzte später *pro tenenda pace* und *quaesivit ab eis … ita se haberent* wesentlich freier mit „für die Herstellung des Friedens" und „Er forderte von ihnen, daß sie den Frieden beschworen, die Armen und Kirchen nicht bedrängten, ihnen das Geraubte zurückgäben und sich wie fromme Christen verhielten": Hans Hattenhauer, Europäische Rechtsgeschichte, Heidelberg 1992, 193 (zuletzt 4. Aufl., Heidelberg 2004, 227). Vollständige Übersetzung der Quelle dann in ders., Gottesfrieden und Heiligenverehrung (Berichte aus den Sitzungen der Joachim Jungius-Gesellschaft der Wissenschaft e. V. Jg. 16 Heft 4), Hamburg 1998, 21; leicht voneinander abweichende französische Übersetzungen bei Christian Lauranson-Rosaz, L'Auvergne, in: Michel Zimmermann (Hrsg.), Les sociétés méridionales autour de l'an mil. Répertoire des sources et documents commentés, Paris 1992, 13–54 (49) und Dominique Barthélemy, L'an mil et la paix de Dieu. La France chrétienne et féodale 980–1060, Paris 1999, 309; englische Übersetzung bei Christian Lauranson-Rosaz, Peace from the Mountains: The Auvergnat Origins of the Peace of God, in: Thomas F. Head/Richard A. Landes (Hrsg.), The Peace of God. Social Violence and Religious Response in France Around the Year 1000, Ithaca/NY u. a. 1992, 104–134 (116 f.).

41 Der Hinweis auf die *Gallia Christiana* bezieht sich auf v̊ „Cormeriacum — Cormery", Bd. 2, a. a. O., 299, 301, Nr. 7 <https://books.google.de/books?id=U35QAAAAcAAJ&pg=299> [letzter Zugriff: 29.09.2021].

Anstößig war drittens die scheinbar durch Setzung eines Begriffs in Anführungszeichen erfolgte Distanzierung vom eigenen Text (Nach Fn. 35; hier jedoch zu streng, da ein Zitat). Viertens war die Exegese an zwei Stellen über eine sich eng am Quellentext orientierende Interpretation hinausgegangen (nach Fn. 22, vor Fn. 32). Fünftens strich er Textpassagen, die keinen eigenständigen Informationsgehalt aufwiesen und daher überflüssig waren (vor Fn. 17, nach Fn. 32); gelegentlich verband er diese Streichungen mit der robusten Aufforderung „Keine Sprüche!" (nach Fn. 12, nach Fn. 33). In der Tat wäre die ersatzlose Streichung der beanstandeten Stellen kein Verlust: Berichtenswert ist in einer Exegese nur, was zum unmittelbaren Textverständnis beiträgt.

Diese Korrekturen hätten sich bei genauerer Lektüre von Hattenhauers Anfängerleitfaden „Die deutschrechtliche Exegese" vermeiden lassen[42]. Diese listet in ihrem Anhang 17 „typische Fehler in schriftlichen Exegesen" auf und formuliert hilfreiche Merksätze zur Vermeidung von Missgriffen. Nicht weniger als vier davon finden sich in der Hausarbeit: Fehler Nr. 1 („Ausführungen, die nicht unmittelbar dem Verständnis dienen. Merke: Eine Exegese ist kein Lehrbuch"), Nr. 5 („Weitschweifigkeit und Wortreichtum. Merke: Getretner Quark wird breit nicht stark"), Nr. 10 („Zitate von Zitaten. Merke: Hearsay is no evidence") und Nr. 13 („Anführungszeichen, die nicht der Kennzeichnung von Zitaten dienen. Merke: Wer sich von seinen eigenen Ausführungen distanziert, verrät Unsicherheit")[43].

An diesen Beispielen, wie auch in der abschließenden Beurteilung des Korrektors, werden wichtige Funktionen der juristischen Anfängerexegese deutlich. Es geht nicht nur um das Verständnis der Quelle, sondern auch um das Erlernen guter wissenschaftlicher Praxis sowie eines nüchternen, abgewogenen und schnörkellosen Schreibstils, wie er alle guten juristischen Texte kennzeichnet. Hattenhauer, der sich in seiner Forschung viel mit der deutschen Rechtssprache befasste[44] und in Kiel regelmäßig eine Kleingruppenveranstaltung „Stilübungen für Juristen" nach dem ersten Semester anbot, war gerade Letzteres ein besonderes Anliegen.

---

42 Hans Hattenhauer, Die deutschrechtliche Exegese. Eine Anleitung für Studenten, Karlsruhe 1975.
43 Ebd., 62 f. Vgl. auch ebd., 57 f.
44 Vgl. nur Hans Hattenhauer, Zur Geschichte der deutschen Rechts- und Gesetzessprache (Berichte aus den Sitzungen der Joachim Jungius-Gesellschaft der Wissenschaft e. V. Jg. 5 Heft 2), Hamburg 1987; ders., Stilfehler sind Denkfehler. Eine Stilübung für Juristen und gebildete Laien deutscher Sprache, Frankfurter Allgemeine Zeitung vom 08.12.1995, Nr. 286, 17.

Wie aber ließe sich die Hausarbeit inhaltlich verbessern? Fragwürdig ist sicherlich die enge Anlehnung der Gliederungsziffer 3.5.3 an das „Arbeitsschema", das in Hattenhauers bereits genanntem Leitfaden vorgegeben ist[45]. Heute werden starre Gliederungsvorgaben weitgehend abgelehnt[46]. Jede Quelle ist anders, und das Festhalten am Muster birgt in zweierlei Hinsicht die Gefahr, dass die Exegese den Besonderheiten des auszulegenden Textes nicht gerecht wird. Zum einen werden solche Gesichtspunkte leicht übersehen, die für das Verständnis der betreffenden Quelle relevant sind, obwohl die Mustergliederung sie nicht nennt. Zum anderen besteht das Risiko, dass Punkte der Mustergliederung schematisch abgearbeitet werden, obwohl die Quelle in dieser Hinsicht nichts hergibt. Anfängerinnen und Anfänger werden die Orientierung an derartigen Aufbauvorschlägen dennoch regelmäßig als hilfreich empfinden. Sie sollten nicht als bindende Vorgabe verstanden werden. Hilfreich sind sie aber als Checkliste zur Überprüfung, ob nichts Wichtiges übersehen wurde. Eine rigide Befolgung hatte auch Hattenhauer gar nicht vorgeschlagen. Die Gliederung solle sich bloß „am Prüfungsschema orientieren, ohne es jedoch sklavisch nachzuahmen."[47] Unter dieser Prämisse erscheint die Abfolge der einzelnen Auslegungsschritte in Gliederungsziffer 3.5.3 vertretbar, insbesondere weil sie mehrere Punkte des „Arbeitsschemas", die vorliegend offenkundig nicht einschlägig sind, nicht aufgreift und die Reihenfolge anderer Punkte leicht verändert. Verzichtet werden sollte aber auf den Vergleich mit dem heutigen Recht am Ende der Exegese (Ziffer 3.5.3.4.4). Er bleibt notgedrungen oberflächlich und wird der Problematik auch nicht annähernd gerecht.

Der Sache nach ließe sich dagegen einiges ergänzen. Dabei ist allerdings aus drei Gründen vor überspannten Erwartungen zu warnen. Erstens schöpfte die Exegese die vorgegebene Umfangsbegrenzung bis auf die letzte Zeile aus. Abgesehen von den erwähnten „Sprüchen" des Bearbeiters und dem Vergleich zum gegenwärtigen Recht, die sich ohne Nachteil streichen ließen, wäre für weiterführende Ausführungen also nur wenig Raum. Zweitens war der Forschungsstand bei Abfassung der Arbeit ein anderer als heute, denn in den vergangenen drei Jahrzehnten ist die Literatur zu Gottes- und Landfrieden noch einmal erheblich angewachsen[48]. Drittens machte eine

---

45 Hattenhauer, Exegese, a. a. O., 14 f.
46 So auch die Herausgeber dieses Bandes in ihrer Einführung.
47 Hattenhauer, Exegese, a. a. O., 57; lesenswert auch ebd., 10. Vgl. auch Hans Schlosser, Die deutschrechtliche Exegese, in: ders./Fritz Sturm/Hermann Weber, Die rechtsgeschichtliche Exegese, 2. Aufl., München 1993, 75–109 (81, 86).
48 Für zahlreiche weiterführende Literaturhinweise danke ich ganz herzlich Frau Dr. Jessika Nowak, Universität Basel. Instruktiver Überblick über ältere Forschungsströmungen bei Frederick S.

Bearbeitungszeit von zwei Wochen eine vollständige Erschließung und Beschaffung insbesondere der ausländischen Sekundärliteratur unmöglich. In der Zeit vor der Entstehung des World Wide Web galt dies noch stärker als heute.

In Anbetracht dieser Vorbehalte ist die Erörterung der formalen Gesichtspunkte in Gliederungsziffer 3.5.3.1 weitgehend angemessen, da weder die Quelle noch die einschlägige Sekundärliteratur Bedenken an der Echtheit des Originals nahelegen[49]. Etwas naiv erscheint dagegen die vage Aussage, der auf Geheiß von Bischof Guido entstandene Originaltext richte sich an die „Nachwelt". Gerade im Zusammenhang mit dem bald nach Abfassung eintretenden Tod Guidos ist zu vermuten, dass die Erinnerung an den Eid aus der Anfangszeit seiner Herrschaft[50] dessen Geltungskraft unterstreichen und für die Zukunft festschreiben soll. Plausibel ist dies insbesondere im Zusammenhang mit dem in Ziffer 3.5.3.3.1) angesprochenen Bestreben des Bischofs, seinen Neffen als Nachfolger zu installieren. Aus dieser Perspektive lässt sich die Berufung auf das Geschehen auf den Wiesen des Heiligen Germanus als Bekräftigung des eigenen Herrschaftsanspruchs interpretieren, der auch auf den Nachfolger übergehen soll. Nach diesem Verständnis hätte die Abfassung der Quelle in erster Linie die Funktion, dynastische Machtpolitik zu befördern.

Bei der Erörterung der philologischen Aspekte in Ziffer 3.5.3.2 ist von einem Bearbeiter nach dem ersten Studiensemester ebenfalls nicht viel mehr zu erwarten. Zutreffend

---

Paxton, History, Historians, and the Peace of God, in: Thomas F. Head/Richard A. Landes (Hrsg.), The Peace of God. Social Violence and Religious Response in France Around the Year 1000, Ithaca/NY u. a. 1992, 21–40. Zum Einstieg in die Materie vgl. Francisco Pavone, Gottesfrieden – Mechanismen zum Schutz der Schwachen im Hohen Mittelalter, in: Martin Eckner/Tina Kempin (Hrsg.), Recht des Stärkeren – Recht des Schwächeren, Zürich 2005, 87–109.

49 Die verwendete Quellenedition ist heute online zugänglich (<https://archive.org/details/histoiregnra05viccuoft>). Für eine weitere, fast wortgleiche Edition, s. Ulysse Chevalier (Hrsg.), Cartulaire de l'abbaye de St-Chaffre du Monastier Ordre de Saint-Benoît, suivi de la Chronique de Saint-Pierre du Puy et d'un appendice de chartes, Paris 1884, 152 (<http://www.archive.org/details/cartvlairedelaboochevgoog>). Zur Quelle Christian Lauranson-Rosaz, L'Auvergne et ses marges (Velay, Gévaudan) du VIIIe au XIe siècle. La fin du monde antique?, Le Puy-en-Velay 1987, 414 f.

50 Zur Datierung des Eids Lauranson-Rosaz, L'Auvergne et ses marges, a. a. O., 414–416; ders., Peace from the Mountains, a. a. O., 117; Marcel Roux, Le plaid de Saint-Germain-Laprade, le concile de Saint-Paulien et la Paix de Dieu en Velay, in: La paix de Dieu, Xème-XIème siècles. Actes du colloque organisé au Puy en septembre 1987 par le Conseil Général du Département de la Haute-Loire, Le Puy-en-Velay 1988, 75–85 (77 f.).

wird die spirituelle Dimension der Quelle gesehen und *pax* als Leitbegriff ausgemacht. Die wichtigsten Begriffe werden erörtert, wenn auch nur knapp und im Hinblick auf *res* nicht besonders überzeugend. Die Erörterung der modernen Rechtsbegriffe „Eigentum" und „Besitz" erscheint hier bemüht. Treffender wäre der untechnische Ausdruck „Güter". Nicht erkannt wird vor allem, dass es sich bei den zu schützenden *pauperes* nicht um „Arme" im modernen Sinne handelt. In der Sprache des Früh- und Hochmittelalters sind die *pauperes* alle, die dem Zugriff Mächtigerer schutzlos ausgesetzt sind, seien es wirtschaftlich Schwache oder Vermögende[51]. Damit tritt das Ziel der Friedenseinigung von Le Puy, die Fehde zwischen den *potentes* (so der zeitgenössische Gegenbegriff zu *pauperes*) einzuschränken, deutlicher hervor. Einem in der Privatrechtsgeschichte geschulteren Bearbeiter wäre ferner aufgefallen, dass die Quelle für die angeordnete Rückgabe der weggenommenen Güter nicht das im römischen Recht häufig gebrauchte Verb *restituere*, sondern das eher untechnische *reddere* verwendet[52]. Das deutet darauf hin, dass vor der Wegnahme keine rechtlichen Beziehungen zwischen den Beteiligten bestanden, die nun durch *restitutio* (wie etwa im modernen Bereicherungs- oder Rücktrittsrecht) rückabgewickelt werden müssten.

Darüber hinaus eröffnet die neuere Forschung Interpretationsspielräume für das Verständnis weiterer Schlüsselbegriffe der Quelle. So wird im Hinblick auf die *rustici* bezweifelt, ob der in der Hausarbeit angenommene allgemeine Sprachgebrauch einschlägig ist, es also um „einfache, friedliche Bauern" geht, „die unter der Kriegsführung der Seigneurs zu leiden hatten"[53]. Vielmehr soll es sich im Velay des ausgehenden 10. Jahrhunderts um waffentragende Freie handeln, die Guido in seiner Eigenschaft als weltlicher Herrscher zum Kriegsdienst verpflichtet sind[54]. Umgekehrt sind die *milites* der Epoche nach neuerem Kenntnisstand wohl sozial heterogener als oben dargestellt[55]. Schließlich wird zum Wortfeld *rapina*, *raptores*, *rapere* vertreten,

---

51 K. Militzer, Pauperes, in: Lexikon des Mittelalters, Bd. III, a. a. O., Sp. 1829 f.; Mihai-D. Grigore, Ehre und Gesellschaft. Ehrkonstrukte und soziale Ordnungsvorstellungen am Beispiel des Gottesfriedens, Darmstadt 2009, 368–378.
52 Vgl. Hermann Gottlieb Heumann/Emil Seckel, Handlexikon zu den Quellen des Römischen Rechts, 10. Aufl., Graz 1958, v̊ reddere.
53 So aber noch Grigore, a. a. O., 327.
54 Bernard S. Bachrach, The Northern Origins of the Peace Movement at Le Puy in 975, Historical Reflections/Réflexions Historiques 14 (1987), 405–421 (416).
55 Sébastien Fray, Les milites en pays d'Auvergne et sur ses marges dans la première moitié du Xe siècle d'après la Vita Geraldi, in: Olivier Bruand (Hrsg.), Châteaux, églises et seigneurs en Auvergne au Xe siècle. Lieux de pouvoir et formes d'encadrement, Clermont-Ferrand 2015, 81–91 (91); Christian Lauranson-Rosaz, Et l'Auvergne devint féodale… La mise en place du

damit bezeichneten vergleichbare Texte im zeitgenössischen Sprachgebrauch weder gewöhnliche Raubhandlungen oder Plünderungen noch, wie in der Exegese vermutet, Wegnahmen bei Ausübung der Selbsthilfe. Vielmehr gehe es um die Beeinträchtigung kirchlicher Güter durch weltliche wie geistliche Herrscher, die das ihnen zustehende Recht zur Erhebung von Abgaben für die Finanzierung militärischer Ausgaben in unverhältnismäßiger und daher missbräuchlicher Art und Weise ausübten[56].

Die historische Kontextualisierung in Ziffer 3.5.3.3 fällt sehr knapp aus. Allerdings ist auch heute noch nur wenig mehr über Guido von Anjou – im deutschsprachigen Schrifttum oft Wido genannt – bekannt[57]. Die umfassende Literatur zu Le Puy und Brioude im Mittelalter enthält, soweit ersichtlich, ebensowenig Informationen, die den Eidesschwur in einem anderen Licht darstellen[58]. Auch die neuere Forschung geht davon aus, dass die „Wiesen des Heiligen Germanus" östlich von Le Puy bei der heutigen Ortschaft Saint-Germain-Laprade liegen[59]. Geteilt werden ferner die in der Exegese anklingenden Zweifel, ob es sich bei dem Dorf *Brivatum* tatsächlich

---

système féodal en Auvergne, plus particulièrement en Brivadois et en Velay autour et aux lendemains de l'an mil, in: Bruno Phalip/Jean-Luc Fray/Anne Massoni (Hrsg.), Brioude aux temps féodaux (XIe-XIIIe siècle): cultes, pouvoirs, territoire et société, Clermont-Ferrand 2016, 33–60 (52–55).

56 Sehr detailliert begründet bei Elisabeth Magnou-Nortier, The Enemies of the Peace: Reflections on a Vocabulary, 500–1100, in: Thomas F. Head/Richard A. Landes (Hrsg.), The Peace of God. Social Violence and Religious Response in France Around the Year 1000, Ithaca/NY u. a. 1992, 58–79 (68 f., 76–78). Zusammenfassend dies., L'assemblée du Puy d'octobre 993: concile, plaid ou «paix»?, in: Mélanges de science religieuse 58,1 (2001), 57–70 (65 f. Fn. 34).

57 Vgl. jetzt Gabriel Fournier, Wido, Bischof von Le Puy, in: Lexikon des Mittelalters, Bd. IX, Stuttgart 1998, Sp. 70 f. und bereits Lauranson-Rosaz, L'Auvergne et ses marges, a. a. O., 91, 234–236, 413–431, 461.

58 Vgl. etwa Christian Lauranson-Rosaz, Le Velay de l'An Mil: Le diocèse du Puy à la fin du Xe siècle, in: La paix de Dieu, Xème-XIème siècles. Actes du colloque organisé au Puy en septembre 1987 par le Conseil Général du Département de la Haute-Loire, Le Puy-en-Velay 1988, 9–25; Gabriel Fournier, Le Puy, in: Lexikon des Mittelalters, Bd. V, München/Zürich 1991, Sp. 1904 f.; Xavier Barral i Altet (Hrsg.), La Cathédrale du Puy-en-Velay, Seuil 2000; Pierre Cubizolles, Le diocèse du Puy-en-Velay des origines à nos jours, Nonette 2005; Alain Dubreucq, Christian Lauranson-Rosaz, Bernard Sanial (Hrsg.), Brioude aux temps carolingiens, Le Puy-en-Velay 2010.

59 Vgl. nur Lauranson-Rosaz, Peace from the Mountains, a. a. O., 116 Fn. 42; Dominique Barthélemy, The Peace of God and Bishops at War in the Gallic Lands from the Late Tenth to the Early Twelfth Century, in: Christopher P. Lewis (Hrsg.), Proceedings of the Battle Conference 2009, Woodbridge 2010 (Anglo-Norman Studies 32), 1–23 (7). Vgl. dazu o. Fn. 20;

um das heutige Brioude handelt, wie es das gängige Wörterbuch lateinischer Ortsnamen nahelegt[60]. Dazu findet sich der plausible Vorschlag, damit werde der heutige Flecken Brives-Charensac bezeichnet, der ungefähr auf halbem Weg zwischen Le Puy und Saint-Germain-Laprade liegt[61]. Wie dem auch sei, mittlerweile stehen jedenfalls Landkarten zur Verfügung, auf denen sich die relevanten Orte und Territorien (Brioude, Le Puy, Auvergne, Velay) und ihr Verhältnis zueinander um die erste Jahrtausendwende erheblich besser nachvollziehen lassen als in denjenigen, die der Exegese im Anhang beigefügt waren[62].

Weniger eindeutig müssten heute aber die Ausführungen zum „juristischen Regelungsproblem" in Ziffer 3.5.3.3.3) ausfallen. Hier befindet sich die Exegese noch ganz auf dem Boden der Ansichten zu Ursachen und Ursprüngen des Gottesfriedens, wie sie seit der Mitte des 19. Jahrhunderts lange Zeit fast ausnahmslos vertreten wurden[63]. Danach war Westeuropa um das Jahr 1000 von einem fundamentalen gesellschaftlichen, religiösen, politischen, militärischen und wirtschaftlichen Umbruch charakterisiert. Der Niedergang des Karolingerreichs führte zur Zersplitterung der zentralen

---

allerdings beträgt der Fußweg vom Zentrum Le Puys zum heutigen Dorf acht, nicht drei Kilometer.

60 Johann Georg Theodor Graesse/Friedrich Benedict/Helmut und Sophie Charlotte Plechl, Orbis latinus. Lexikon lateinischer geographischer Namen des Mittelalters und der Neuzeit, Braunschweig 1972, Bd. 1, sub v° Brida, Bitrites, Bridda, Brivas, Brivata, Brivatensis, Brivatum in Avernia.

61 Elisabeth Magnou-Nortier, L'assemblée du Puy, a. a. O., 58 Fn. 2. Anders noch Bachrach, a. a. O., 411.

62 Lauranson-Rosaz, L'Auvergne et ses marges, a. a. O., Beilage im Rückumschlag; ders., Guerre ou paix dans le midi de l'Auvergne au temps d'Odilon de Mercœur? (v. 980–1050), in: Jean Vigier (Hrsg.), Odilon de Mercœur, l'Auvergne et Cluny. La «Paix de Dieu» et l'Europe de l'an mil [Actes du colloque de Lavoûte-Chilhac des 10, 11, et 12 mai 2000], Nonette 2002, 11–32 (13).

63 Neben den in der Exegese zitierten Autoren besonders einflussreich: Georges Duby, La société aux XIe et XIIe siècles dans la région mâconnaise, Paris 1953; charakteristisch etwa noch Jan Dhondt, Das frühe Mittelalter (Fischer Weltgeschichte 10), Frankfurt/M. 1968, 252–258; Herbert Edward John Cowdrey, The Peace and the Truce of God in the Eleventh Century, in: Past and Present 46 (1970), 42–67 (45–48). Ausführliche Darstellung der traditionellen Lehre bei Paxton, a. a. O.; zusammenfassend Lauranson-Rosaz, Peace from the Mountains, a. a. O., 106–110, 113–116 und Michael Frassetto, Violence, Knightly Piety and the Peace of God Movement in Aquitaine, in: Donald J. Kagay/L. J. Andrew Villalon (Hrsg.), The Final Argument. The Imprint of Violence on Society in Medieval and Early Modern Europe, Woodbridge 1998, 13–26 (14 f.).

Herrschaft sowie zum Zerfall des staatlichen Gewaltmonopols und zum Zusammenbruch jeglicher effektiver Rechtsdurchsetzung. Auch das Fehdewesen als alternativer Konfliktlösungsmechanismus versagte. Es kam zu „feudaler Anarchie", die durch „Privatkriege" lokaler Feudalherren vor allem auf Kosten der Kirche und der waffenlosen Bevölkerung charakterisiert war. Reformorientierte südfranzösische Bischöfe ergriffen die Initiative zur Überwindung dieses Machtvakuums. Der Gottesfrieden, eine revolutionär neuartige Institution, war dabei das entscheidende Mittel, das sie gegen die weltlichen Territorialherren einsetzten.

Dieses Narrativ wird erst seit den achtziger Jahren des 20. Jahrhunderts[64] und insbesondere seit der letzten Jahrtausendwende in Frage gestellt[65]. Die neuere Forschung betont in zweierlei Hinsicht Kontinuitäten der Entwicklungslinien. Sie bestreitet erstens, dass die erste Jahrtausendwende eine tiefgreifende Zäsur mit einem weitreichenden gesellschaftlichen Umbruch darstellte, der zu einem Zustand der allgemeinen Rechtlosigkeit führte. Stattdessen habe auch weiterhin eine wirksame obrigkeitliche Kontrolle innerhalb eines grundsätzlich rechtlich verfassten Gemeinwesens bestanden. Die Durchsetzung eines allgemeinen Friedenszustands sei daher gesichert gewesen. Geistlichen und weltlichen Machthabern gemeinsam sei es nicht um die Abschaffung, sondern lediglich um die Kanalisierung des Fehdewesens und der privaten Selbsthilfe gegangen. Zweitens werden Neuartigkeit und zentrale Bedeutung des Gottesfriedens bezweifelt. Bei diesem handele es sich lediglich um eine graduelle Weiterentwicklung

---

64 Hans-Werner Goetz, Kirchenschutz, Rechtswahrung und Reform. Zu den Zielen und zum Wesen der frühen Gottesfriedensbewegung in Frankreich, in: Francia 11 (1983), 193–240 (203–208, 220–229, 238); Susan Reynolds, Kingdoms and Communities in Western Europe, 900–1300, Cambridge 1985, 34 Fn. 82; Bacharach, a. a. O.; Karl Ferdinand Werner, Observations sur le rôle des évêques dans le mouvement de paix aux Xe et XIe siècles, in: Hommage à Raymond Foreville, Paris 1989, 155–195. Angedeutet bereits bei Elisabeth Magnou-Nortier, La place du Concile du Puy (v. 994) dans l'évolution de l'idée de paix, in: Mélanges Jean Dauvillier, Toulouse 1979, 489–506 (495 f.).

65 Grundlegend Barthélemy, L'an mil, a. a. O., 40 und passim; Sylvain Gouguenheim, Les fausses terreurs de l'an mil, Paris 1999. Zusammenfassend Dominique Barthélemy, La paix de Dieu dans le monde de la faide, in: Pierre Bonnassié/Pierre Toubert (Hrsg.), Hommes et sociétés dans l'Europe de l'an mil, Toulouse 2004, 307–315 (308, 311–315) und, sehr dezidiert, ders., The Peace of God, a. a. O., 1–8. Vgl. auch Magnou-Nortier, L'assemblée du Puy, a. a. O., 58 f., 61 f., 68; Hans-Werner Goetz, Die Gottesfriedensbewegung im Licht neuerer Forschungen, in: Arno Buschmann/Elmar Wadle (Hrsg.), Landfrieden. Anspruch und Wirklichkeit (Veröffentlichungen der Sektion für Rechts- und Sozialwissenschaft der Görres-Gesellschaft NF 98), Paderborn u. a. 2002, 31–54 (37–43).

der Eidesleistungen zum Schutze Unbewaffneter, die bereits auf den lokalen Friedensversammlungen des späten Westfrankenreichs erfolgt waren. Die mit den Gottesfrieden bekämpften Handlungsweisen, wie etwa Raubtaten und fehdebegleitende Akte, seien ebenfalls bereits in der zweiten Hälfte des 9. Jahrhunderts durch herrschaftliche Satzungen, die karolingischen Kapitularien, untersagt gewesen. Die Bischöfe hinter den Gottesfrieden wirkten daher auch nicht als Gegenspieler, sondern als Verbündete weltlicher Herrscher. Sie waren häufig, wie Guido, Mitglieder mächtiger gräflicher Dynastien, und die Friedenseide waren gerade dort häufig, wo, wie in Le Puy, geistliche und weltliche Macht in einer Hand lagen.

Diese neueren Erkenntnisse sind keineswegs unumstritten[66]. Sie erzwingen auch kein von der Exegese stark abweichendes Verständnis der in der Quelle geschilderten Eidesleistung. Die Exegese betont ja die einflussreichen dynastischen Verbindungen Guidos, seine Doppelrolle als geistlicher wie weltlicher Fürst und die machtpolitische Dimension seines Handelns. All dies ließe sich aber noch stärker hervorheben, nicht zuletzt seine Herkunft aus dem straffer zentralstaatlich organisierten nordfranzösischen Anjou und seine Einsetzung mit Unterstützung durch den König. Unter diesem Blickwinkel lässt sich Guidos Handeln eher als unverhohlene Durchsetzung fiskalischer Interessen im Auftrag des Königs und mit Unterstützung des Hauses Anjou denn als Schutz kirchlicher Interessen interpretieren[67].

Derartige Erwägungen erfordern eine umfassende Auseinandersetzung mit dem einschlägigen mediävistischen Schrifttum. Je ausführlicher diese erfolgt, desto stärker zeigen sich jedoch die Grenzen der Literaturgattung der Exegese. Ziel ist ja, die Quelle zum Sprechen zu bringen, indem sie möglichst aus sich selbst heraus entwickelt wird. Ein weitgehender Verzicht auf eine Auseinandersetzung mit der Sekundärliteratur wie in der vorliegenden Hausarbeit vermeidet zwar einerseits die Gefahr einer Erörterung von Themen, die im einschlägigen Schrifttum breit erörtert werden, für die die konkrete Quelle aber unergiebig ist. Vorliegend gilt das etwa für den späteren

---

66 Ganz im Sinne der traditionellen Lehre etwa noch Lauranson-Rosaz, Guerre ou Paix, a. a. O., 12, 20–27; ders., Et l'Auvergne devient féodale, a. a. O., 33–36 und passim; Richard A. Landes, The peace of God: demotic millennialism and the religious dynamics of the Central Middle Ages, in: Yvonne Friedman (Hrsg.), Religion and Peace: Historical Aspects, London u. a. 2018, 44–66 (44–51). Abgewogen und vermittelnd Reinhold Kaiser, Gottesfrieden, in: Lexikon des Mittelalters, Bd. IV, a. a. O., Sp. 1587–1591 (1588). Überblick über die historiographischen Strömungen bei Thomas Gergen, The Peace of God and its legal practice in the Eleventh Century, in: Cuadernos de Historia del Derecho 9 (2002), 11–27 (11–16).
67 So dezidiert Bachrach, a. a. O., 411–414, 418–420.

Verlauf der Gottesfriedensbewegung, ihren angeblichen Charakter als „Volksbewegung", etwaige Unterschiede zwischen der Entwicklung in Frankreich und Deutschland und die Abgrenzung zwischen „Gottes-" und „Landfrieden"[68]. Andererseits droht, dass relevante Fragen ganz übersehen werden oder die Auseinandersetzung mit ihnen unvollständig bleibt.

Sichtbar wird dies auch bei der Erörterung der im engeren Sinne juristischen Fragestellungen in Gliederungsziffer 3.5.3.4 der Exegese. Ziffer 3.5.3.4.2) gelingt es noch, beide Risiken zu umschiffen. Dort werden unter der Überschrift „Zur Bedeutung des Eides" zwei in der Forschung vieldiskutierte Themen durchaus nicht ungeschickt miteinander verknüpft, nämlich die der Verpflichtungswirkung des Eides und die des Gesetzescharakters des verkündeten Gottesfriedens. Das Ergebnis stimmt durchaus mit dem neuesten Forschungsstand überein, dem zufolge die Friedenseide verpflichtend waren und die Friedenstexte eine Mischform mit „Gesetz-Einungs-Charakter" darstellten[69].

Schwieriger verhält es sich im Hinblick auf andere Fragen. So wird etwa im Schrifttum fast ausschließlich vertreten, es handele sich bei der Eidesleistung von Le Puy nicht um einen „Gottesfrieden". Als erster solcher Text gilt allgemein der formale Beschluss des Konzils von Charroux vom 1. Juni 989, der abstrakte Friedensregeln aufstellte. In Le Puy sei es dagegen nur um eine „konkrete", „friedensstiftende Maßnahme" gegangen[70]. Zudem sei der erzwungene Eid ungültig gewesen[71]. Die Problematik wird unter

---

68 Gute Überblicke über die einschlägigen Forschungsfragen geben Goetz, Gottesfriedensbewegung, a. a. O., 36–54 und bereits Elmar Wadle, Gottesfrieden und Landfrieden als Gegenstand der Forschung nach 1950, in: Karl Kroeschell/Albrecht Cordes (Hrsg.), Funktion und Form. Quellen- und Methodenprobleme der mittelalterlichen Rechtsgeschichte (Schriften zur Europäischen Rechts- und Verfassungsgeschichte 18), Berlin 1996, 63–91 (84–91).

69 So Goetz, Gottesfriedensbewegung, a. a. O., 47 f. Vgl. auch bereits Hattenhauer, Bedeutung, a. a. O., 118–128, 183–186; Wadle, Gottesfrieden, a. a. O., 85–87; Barthélemy, Peace of God, a. a. O., 2 („diocesan sworn unions").

70 Vgl. nur Hoffmann, a. a. O., 25–27; Pavone, a. a. O., 90; Thomas Gergen, Gottesfrieden, in: Albrecht Cordes u. a. (Hrsg.), Handwörterbuch zur Deutschen Rechtsgeschichte, Bd. II, 2. Aufl., Berlin 2012, Sp. 470–473 (470). Anders v. a. Marc Bloch, La société féodale, Paris 1939, 572 (allerdings mit falscher Datierung); Lauranson-Rosaz, L'Auvergne et ses marges, a. a. O., 412; ders., Peace from the Mountains, a. a. O., 118–121; Roux, a. a. O., 79; Hattenhauer, Europäische Rechtsgeschichte, a. a. O. (1. Aufl., 1992), 192; vage noch ders., Bedeutung, a. a. O., 115. Offengelassen auch bei Barthélemy, L'an mil, a. a. O., 309–311 und Goetz, Gottesfriedensbewegung, a.a.O. 36 Fn. 33 („Beginn oder Vorläufer").

71 Norbert Ohler, „Pax Dei" und „Treuga Dei". Bischöfe übernehmen die vornehmste Aufgabe des Königs, in: Stig Förster/Bernhard R. Kröner/Bernd Wegner (Hrsg.), Krieg und Christentum

Ziffer 3.5.3.4.3) angerissen. Sie lässt sich aber kaum ausgewogen diskutieren, ohne zunächst zu klären, was gemeinhin unter „Gottesfrieden" verstanden wird. Als Minimalkonsens lässt sich wohl festhalten, dass es sich um mittelalterliche Rechtstexte handelt, die die Ausübung von Gewalt im Rahmen der Fehde an bestimmten Orten oder zwischen bestimmten Personengruppen, später auch für bestimmte Zeiträume, untersagen. Sie wurden zunächst von Bischöfen und später auch von weltlichen Herrschern formuliert und von den betroffenen Bevölkerungsgruppen eidlich bekräftigt[72]. Einige Autoren stellen darüber hinaus die formale Beschlussfassung und den hoheitlichen, gesetzesähnlichen Charakter in den Vordergrund[73].

Letztlich hängt die Beantwortung der Frage nach der „Gottesfriedenseigenschaft" des Eids von Le Puy also davon ab, ob ein weiterer oder ein engerer Gottesfriedensbegriff zugrundegelegt wird. Letzterer erscheint zu sehr von einem modernen, positivistischen Rechtsverständnis geprägt, ersterer dagegen stärker im Einklang mit dem mittelalterlichen Rechtsdenken. Die Bejahung der Gottesfriedenseigenschaft in der Exegese ist also sehr gut vertretbar, es unterbleibt aber eine Auseinandersetzung mit den entgegenstehenden Argumenten.

In diesem Zusammenhang fällt auf, dass die Exegese sich nicht näher mit dem eigentlichen Regelungsgehalt des Friedenspaktes auseinandersetzt. Dieser ist sehr unspezifisch. Laut Quellentext verpflichten sich die Beteiligten lediglich zu einem allgemeinen Gewaltverzicht gegenüber den *pauperes* und der Kirche sowie zur Rückgabe geraubter Güter. Über die Sanktionen bei Nichtbefolgung wird nichts genaueres gesagt, obwohl die Verknechtung oder Tötung der gestellten Geiseln impliziert ist. Erst eine Gegenüberstellung des Friedenspaktes von Le Puy mit späteren Gottesfriedenstexten lässt die diesbezügliche Beschränktheit der Quelle erkennen. Bereits die drei *canones* des Konzils von Charroux haben einen stärkeren Rechtsnormcharakter. Sie nennen spezifische Tatbestände und eine Rechtsfolge bei Verletzung, den großen Kirchenbann (*anathema*)[74]. Gottesfrieden der folgenden Jahrzehnte enthielten eine stetige Ausdehnung und Ausdifferenzierung des geschützten Personenkreises, der

---

Religiöse Gewalttheorien in den Kriegserfahrungen des Westens (Krieg in der Geschichte 50), Paderborn u.a. 2009, 305–322 (309, 313). Anders bereits Hattenhauer, Europäische Rechtsgeschichte, a.a.O. (1. Aufl., 1992), 195.

72 Vgl. nur Gergen, Gottesfrieden, a.a.O., Sp. 470.
73 Vgl. etwa Thomas Gergen, Pratique juridique de la Paix et Trêve de Dieu à partir du concile de Charroux (989–1250) (Rechtshistorische Reihe 285), Frankfurt usw. 2004, 15f., 71–73; so auch noch Hattenhauer, Bedeutung, a.a.O., 130.
74 Übersetzt bei Gergen, Pratique, a.a.O., 259.

untersagten Verhaltensweisen und der einschlägigen Sanktionen, mitunter mit gesetzesartigem Aufbau in Artikelfolge und mit reicher Kasuistik. Geschützt wurden etwa auch Witwen, Waisen, Pilger und Kaufleute. Untersagt waren unter anderem Raub von Pferden und Vieh, Belagerung von Festungen sowie Zerstörung und Abbrennen von Gebäuden[75]. Die Sanktionen zielten auf die völlige oder begrenzte Ausstoßung aus der geistigen und weltlichen Gemeinschaft durch Exkommunikation, Kirchenbann, Exilierung und, sofern nicht anders erreichbar, Tötung[76]. All dies lässt sich der Quelle selbst nicht entnehmen. Der Vergleich mit späteren Quellen, die sich mittels Sekundärliteratur erschließen lassen[77], bringt dann auch nicht die Quelle zum Sprechen. Er verdeutlicht jedoch, wo sie schweigt, und trägt auch so zu ihrem Verständnis bei.

---

75 Vgl. etwa die Übersicht über die Beschlüsse der Synode von Le Puy (990 bzw. 994 AD) sowie die 29 canones des Friedenskonzils von Narbonne (1054 AD) bei Dhondt, a. a. O., 252 bzw. Ohler, a. a. O., 305 f.

76 Dietmar Willoweit, Die Sanktionen für Friedensbruch im Kölner Gottesfrieden von 1083, in: ders., Staatsbildung und Jurisprudenz. Spätmittelalter und frühe Neuzeit. Gesammelte Aufsätze, Bd. I, Stockstadt 2009, 37–52 (42–44, 47–50).

77 Einschlägig ist hier insbesondere das Schrifttum zur vieldiskutierten Frage, ob die Gottesfriedenstexte die „Geburtsstunde" des modernen Strafrechts darstellen. Überblicke dazu bei Wadle, Gottesfrieden, a. a. O., 89 f.; Goetz, Gottesfriedensbewegung, a. a. O., 47 f.

3.6 Herrschafts- oder Gesellschaftsvertrag? Die Wahlkapitulation des Hermann von Lobdeburg von 1225
Thomas Pierson

Vorbemerkung: Der Beitrag sucht einen Kompromiss zwischen klassischer Exegese und einer geleiteten Fragestellung neuerer Prüfungspraxis[1]*. In einer Prüfungssituation müsste die Fragestellung im Rahmen eines Bearbeitervermerks expliziert werden*[2]*.*

---

1   Zwar wirkt die Exegese im gegenwärtigen Studienbetrieb gleichzeitig überfordernd – weil sie umfassendere historische und methodische Kenntnisse verlangt – und unfokussiert, da sie weniger auf ein formuliertes Erkenntnisinteresse hinführt und so kaum in das Entwickeln einer wissenschaftlichen Fragestellung einführt. Sie ist aber als Vorarbeit unverzichtbares Grundgerüst, welches das solide Bearbeiten einer Fragestellung erst ermöglicht. Wenn man die Konstituierung des Arbeitsgegenstandes und die Bildung und Überprüfung neuer Fragestellungen und Hypothesen als wesentlichen Aufgabenteil der Exegese ansieht (Gerhard Dilcher, Der rechtshistorische Grundlagenschein, München 1979, 14 f.), wird man in Bearbeitervermerken lediglich eine gewisse Vereinfachung der klassischen Exegeseaufgabe erblicken. Die Entwicklung eigener Fragestellungen und Aufgaben wird Studienanfänger regelmäßig auf Abwege führen, da dies, sofern keine rechtshistorischen Übungen angeboten werden, im Jurastudium weder erlernt noch geübt wird. Tutorien zum Erlernen von Falllösungen ersetzen keine Einführungen in das wissenschaftliche Arbeiten durch Proseminare u. ä.; schwache Seminar- und Schwerpunkthausarbeiten sind die Konsequenz. Im Jurastudium erfüllen die Grundlagenfächer und insbesondere die Rechtsgeschichte diesbezüglich einen wichtigen Zweck. Der hier gewählte Kompromiss besteht in einer ergänzenden typologischen Einordnung, das heißt einer recht allgemeinen, aber für die Ausbildung eines rechtshistorischen Grundverständnisses und einer Schärfung der juristischen Analysekompetenz sinnvollen Fragestellung. Das Konzept einer typologischen Rechtsgeschichte wurde insbesondere von Joachim Rückert geformt und wird hier weiterentwickelt. Es wird sich zeigen, dass die exegetisch gewonnenen Einsichten für ihre Beantwortung zentral sind und dass Quellen auf unterschiedliche Erkenntnisinteressen verschieden antworten, indem eine doppelte Fragestellung und Typisierung gewählt wird, die gleichzeitig den engen Zusammenhang von Privatrechts- und Verfassungsgeschichte unterstreicht.

2   Ich bekam die Quelle 2007 im Rahmen eines Seminars über Widerstandsrecht und Herrschaftsverträge als Seminararbeit von Johannes Fried (Frankfurt) zugeteilt. Einstiegshilfen in Form eines Übersetzungsvorschlags oder Literaturhinweisen gab es damals nicht. Der Beitrag entspricht in Sachen Literaturerschließung etc. meiner damaligen Seminarleistung, lediglich einzelne Neuerscheinungen

3.6.1 Text[3]

Anno 1225., circa finem mensis Februarii.
Articuli, quos Hermannus electus herbipolensis juravit.
Dominus Hermannus *electus herbipolensis articulos subscriptos jurauit. Feodum, quod regale siue regis dicitur, nullatenns ab ecclesia alienabit; et si uiolenter illud sibi aliquis usurpabit, supplicationibus, querimoniis, viribus seu aliis quibuscunque modis ad requirendum illud seu defendum omnimode se exponet. Aduocatias etiam super possessionibus episcopalibus et canonicorum herbipolensium seu claustrorum, seu aliarum ecclesiarum in dyocesi constitutarum, iam non alienatas, seu etiam, quas vacare contigerit, sibi et ecclesie retinebit, ita, quod eas ab ecclesia alienari nullatenus paciatur, nec de eisdem aduocatiis uel aliis feodis aliquam alienationem, que uulgo* dinge *dicitur, faciet, nec eas uno resignante alii conferet; nisi recipiens iure feodali fuerit heres iustus. Item feoda magna, que vacare contigerit, scilicet ultra XX libras in reditibus habentia, nullomodo ab ecclesia alienabit, sine consilio capituli et assensv[!]. Preterea aduocatiam in* Karlestat *cum omnibus suis pertinentiis nequaquam alicui conferet, nec alienari ab ecclesia aliqualiter pacietur, et si qua de ipsa sunt abstracta, pro posse et nosse fideliter repetet et requiret. Castrum in* Arnstein *cum suis pertinentiis, feodum quondam* Sibodonis *de* Luden, *quod comes de* Rienecke *uiolenter detinet, feoda* Vlrici *de* Wisshenvelt, *necnon et castrum in* Frankenberg, *quod* Cunradus *de* Ense *violenter detinet, feodum etiam comitis de* Velburg, *quod etiam idem* C. *de* Ense *detinet, curiam etiam, que quondam fuit comitis* Eckehardi *et castrum, quod marscalcus de* Lure *et filius suus de nouo ceperunt edificare, et siluam* Haseberg, *cum omnibus suis pertinentiis, et castrum* Steina, *quod comes de* Hennenberg *de nouo edificat, et bona in* Nickersvelde, *que uiolenter idem comes detinet, omnibus modis requiret et nullatenus ab ecclesia alienabit. Item beneficia, quae ceperunt uacare per mortem comitis de* Hennenberg, *scilicet* Meiningen *et* Melrichstat *cum suis pertinentiis modis*

---

und didaktisch zu verstehende Einführungshinweise wurden hinzugefügt, so dass die Literaturtiefe entsprechend der Bandkonzeption einer tatsächlichen Studienleistung entspricht. Im Text wollte ich einerseits eher schonende Eingriffe vornehmen, um den Eindruck einer Originalarbeit zu erhalten, zum anderen musste im Hinblick auf die Beitragslänge einiges gekürzt und verknappt und für die Exegese neu geordnet werden. Die Aufgabe einer typologischen Einordnung ist für diesen Beitrag hinzugefügt worden und sie verlange ich in vergleichbarer Weise in Klausuren.

3   Aus: Academia scientiarum boica (Hg.), Monumentorum Boicorum Collectio Nova 10, 1864, Nr. 205, 215 f.

omnibus conseruabit, et nihil ex hiis alienabit. Factum de pecunia de Lambach *secundum formam in capitulo ordinatam et in scripto redactam, ratum obseruabit. Item feoda, que marscalcus de* Lure *habebit ab ecclesia, nullatenus alicui conferet in feodo, cum idem marscalcus iurauerit, se nullatenus alienaturum. Hec omnia iurauit dominus electus predictus super sacra euangelia firmiter et fideliter obseruare.*

3.6.2 Übersetzungsvorschlag

Im Jahre 1225, gegen Ende des Monats Februar Artikel, welche Hermann, der erwählte [Bischof] Würzburgs, beschworen hat
Der erwählte Bischof (dominus) von Würzburg Hermann hat die nachgeschriebenen Artikel geschworen. Er wird keinesfalls ein Lehen, welches Königsgut oder des Königs genannt wird, von der Kirche weggeben. Und wenn irgendeiner gewaltsam sich jenes aneignen wird, sei es mit Bittschriften, Klagen, Gewalt oder auf andere Weise, soll er sich bereitfinden, jenes herauszuverlangen oder auf jegliche Weise zu verteidigen. Auch die Vogteien (Advokatien) über die bischöflichen Besitzungen und Würzburger Kirchen oder Klöster oder die anderen kirchlichen Bauten in der Diözese, sollen nicht mehr in fremde Gewalt geraten, oder auch, falls es sich ereignet, dass diese herrenlos werden, wird er sie für sich und die Kirche zurücknehmen, so, dass keinesfalls verabredet wird, diese von der Kirche wegzugeben: Weder wird er eine Entäußerung dieser Vogteien oder anderen Lehen vornehmen, die gemeinhin Dinge genannt wird, noch wird er diese durch einen Verzicht anderen übertragen; es sei denn, der Empfänger wäre nach Lehnsrecht rechtmäßiger Erbe. Ebenso wird er die großen Lehen, nämlich diejenigen, welche über 20 Pfund an Einkommen haben, wenn sie herrenlos werden, auf keine Weise von der Kirche weggeben ohne Rat und Zustimmung des (Dom-)Kapitels.
Außerdem wird er die Vogtei in Karlstadt mit allen ihren Besitzungen niemals einem anderen übertragen, noch von der Kirche wegzugeben irgendwie vereinbaren, und wenn diese ohne sein Zutun entzogen wurden, wird er sie nach bestem Vermögen und Wissen gehörig zurückverlangen und zurückfordern. Die Burg in Arnstein mit ihren Besitzungen, einstmals ein Lehen des Sibodonis von Luden, das der Graf von Rieneck gewaltsam innehat, die Lehen des Ulrich von Wiesenfeld, und auch die Burg in Frankenberg, die Conrad von Ense gewaltsam innehat, das Lehen auch des Grafen von Velburg, das derselbe C. von Ense ebenfalls gewaltsam innehat, die Residenz auch, die einst des Grafen Eckehard war und die Burg, welche der Marschall von Lure und sein Sohn von neuem zu erbauen begonnen haben, und den

Forst Haseberg mit allen seinen Besitzungen, und die Burg Steina, welche der Graf von Hennenberg von neuem errichtet, und die Güter in Nickersfelden, welche der Graf ebenso gewaltsam innehat, wird er auf jede Weise zurückfordern und keinesfalls von der Kirche entäußern.

Ebenso die Lehen (beneficium), welche durch den Tod des Grafen von Henneberg herrenlos sie übernommen haben, nämlich Meiningen und Mellrichstadt mit ihren Besitzungen, wird er auf jede Weise bewahren, und nichts von diesen weggeben.

Die Verfügung (factum) über das Vermögen von Lambach, die zweite im Kapitel aufgesetzte und in der Schreiberei redigierte Fassung, wird er rechtskräftig bewahren.

Ebenso, die Lehen, die der Marschall von Lure von der Kirche erhalten wird, soll er keinesfalls irgendeinem anderen als Lehen übertragen, sobald derselbe Marschall geschworen haben wird, sich keinesfalls abtrünnig zu machen.

Dies alles hat der wie oben beschrieben erwählte Herr (Bischof) über den heiligen Evangelien fest und treu einzuhalten geschworen.

3.6.3 Inhalt

Die Urkunde ist klar strukturiert. Zunächst heißt es, der erwählte, wohl bereits gewählte Bischof Hermann habe die nachfolgenden Artikel beschworen und sie endet wiederholend mit dem Schwur über dem Evangelium. Dazwischen befinden sich kasuistisch aufgezählte Verpflichtungen, die Hermann eingegangen ist, zunächst in allgemeinerer Form, danach exemplarisch besondere Fälle: Er darf keine Lehen, die Königsgut sind, vergeben und muss Übergriffe abwehren. Gleiches gilt für die Vogteien über die bischöflichen Besitzungen in der Diözese. Soweit Güter an die Kirche zurückfallen, darf er sie nicht mehr weggeben. Lehen zu veräußern oder auf sie zu verzichten ist ihm, außer im Fall berechtigter Erbschaftsansprüche, verboten. Ertragreiche Lehen darf er nur mit Rat und Zustimmung des Domkapitels vergeben.

Die allgemeinen Verpflichtungen werden hinsichtlich speziell aufgelisteter Güter, die, wie man den genannten Konflikten mit regionalen Adligen entnehmen kann, besonders kritische Gewalt- und Besitzverhältnisse aufwiesen, d. h. teilweise (aus Sicht des Domkapitels) widerrechtlich besetzt waren, wiederholt und präzisiert. Außerdem bindet sich Hermann an eine im Domkapitel getroffene Abrede über die Verwendung der aus dem Verkauf des Klosters Lambach[4] erzielten Einnahmen. Die Verpflichtun-

---

4   Zum Verkauf des Klosters Erich Trinks, Beiträge zur Geschichte des Benediktinerklosters Lambach, Jahrbuch des oberösterreichischen Musealvereines 81 (1926), 85–152, 90 ff.

gen lassen sich generalklauselartig dahingehend zusammenfassen, dass Hermann keine kirchlichen Hoheitsrechte aufgeben durfte und verlorene zurückzuerlangen suchen sollte. Die Sicherung der territorialen Integrität des Bistums durch Erhalt und (Rück-) Erwerb von Lehen und anderen Rechten ist das bestimmende, ja das einzige Thema dieser ersten Würzburger Wahlkapitulation.

Die Bestrebungen nach ökonomischer und territorialer Konsolidierung lassen sich durch die Erfahrungen des Domkapitels mit Hermanns Vorgängern, insbesondere seinem Onkel Otto I. erklären; sie sind mithin das Resultat früherer Misswirtschaft. Otto I. hatte die Finanzkraft des Bistums wegen seines Engagements in der Reichspolitik und einer Neigung zu Prunk und Luxus strapaziert und Stiftsgüter verpfändet[5], u. a. auch das Kloster Lambach verkauft. Dem sollte nun vorgebeugt werden, indem das Domkapitel die Eigenmacht des Bischofs begrenzte und eine Konsolidierung der Diözese zum Ziel setzte. Der neue Bischof bekam zwar die Ziele vorgegeben, die Art und Weise der Durchführung blieb ihm dagegen weitgehend überlassen, wenn man vom Zustimmungsvorbehalt bei der Vergabe großer Lehen absieht. Allerdings lässt sich der lokale Würzburger Konflikt in allgemeine historische Entwicklungen einordnen.

3.6.4 Quellenbestimmung

3.6.4.1 Wahlkapitulationen

Die Quelle aus dem Jahr 1225 ist die erste Wahlkapitulation im Bistum Würzburg. Einschlägige Lexika definieren Wahlkapitulationen wie folgt: „Es handelt sich dabei um schriftliche, in Kapitel gegliederte Verträge, die anlässlich einer bevorstehenden Herrscherwahl vom Kreis der Wähler ausgearbeitet und beschworen worden sind"[6].

---

5 Joseph Friedrich Abert, Die Wahlkapitulationen der Würzburger Bischöfe bis zum Ende des XVII. Jahrhunderts (1225–1698). Eine historisch-diplomatische Studie, Würzburg 1905, 32.

6 Hans-Jürgen Becker, Art. „Wahlkapitulation", in: HRG V, Berlin 1998, Sp. 1086–1089, 1086; ähnlich U. Schmidt, Art. „Wahlkapitulation", Abschnitt „Deutsches Reich und kirchlicher Bereich"; in: Lexikon des Mittelalters VIII, München 1997, Sp. 1914 f.; Bezeichnung auch als pacta iurata, „beschworene Vertragsurkunde", s. Hans-Jürgen Becker, Pacta conventa (Wahlkapitulationen) in den weltlichen und geistlichen Staaten Europas, in: P. Prodi, (Hg.), Glaube und Eid: Treueformeln, Glaubensbekenntnisse und Sozialdisziplinierung zwischen Mittelalter und Neuzeit (Schriften des historischen Kollegs: Kolloquien 28), München 1993, 1–10, 1.

Der zeitgenössische Sprachgebrauch tendierte mehrheitlich zum Begriff Wahlhandfesten oder lateinisch pacta conventa und verschob sich erst im 17. Jahrhundert zum Begriff capitulatio[7]. Man grenzt die Aufstellung von Wahlkapitulationen von Wahlabsprachen älterer Zeit ab, an die sie zwar anknüpften, von denen sie sich aber durch zentrale neue Merkmale unterscheiden. Die Kapitulationen betrafen nicht mehr nur Absprachen über den zu wählenden Kandidaten oder Vergünstigungen für die Wahlmänner als Wahlgegenleistung, sondern enthielten „Zusagen des künftigen Herrschers über die Inhalte seiner bevorstehenden Herrschaft", wenngleich Einzelvergünstigungen häufiger Bestandteil blieben. Sie legten die Rechte und Pflichten zwischen dem Herrscher und seinem Wahlkolleg fest[8]. Kapitulation und bloßes Wahlversprechen unterscheiden sich demnach erstens materiell durch die Zusagen bzgl. der Ausübung von Herrschaft, zweitens formal in der Bestätigung durch Urkunde und drittens personell-funktional im Kreis der Versprechensempfänger, die nicht als Individuen, sondern als Vertreter des Regnums auftraten[9]. Die Forschung behandelte ihre Rechtsnatur lange eher randständig, obwohl man z. B. fragen kann, ob ihnen Vertrags- oder Gesetzescharakter zukommt[10].

Konkretisierend verpflichteten sich die Mitglieder des Wählerkollegs für den Fall ihrer Wahl, die Wahlkapitulation als verbindliche Grundlage einzuhalten, wohingegen der Gewählte hernach erneut einen Eid auf die Kapitulation leisten musste, um ihr Verbindlichkeit zu geben. Mit ihrem Eid bildeten die Wähler eine confoederatio (Bund), zugleich entstand eine persönliche Verpflichtung des späteren Herrschers[11]. Das Wählergremium verstand sich gleichzeitig als abgeschlossene Körperschaft und als das Territorium repräsentierenden Stand[12]. Die Würzburger Kapitulation erweist sich so, wenn auch gegenständlich beschränkt, als prototypisch. Für Bischofswahlen sind Wahlkapitulationen seit 1209 bekannt[13], sie ist damit einer der frühesten Quellenbelege.

---

7 Hans Jürgen Becker, Wahlkapitulation und Gesetz, in: O. Behrends/C. Starck (Hgg.), Gesetz und Vertrag I. 11. Symposion der Kommission „Die Funktion des Gesetzes in Geschichte und Gegenwart am 10. und 11. Mai 2002" (Abhandlungen der Akademie der Wissenschaften in Göttingen, Philologisch-Historische Klasse Dritte Folge 262), Göttingen 2004, 91–106, 93 f.
8 Becker, HRG Sp. 1086 f.
9 Becker (1993) 2; demnach war die Entstehung des ausschließlichen Wahlrechts des Domkapitels Grund für das gegenüber kaiserlichen Wahlkapitulationen frühere Aufkommen.
10 Becker (2004) 91.
11 Becker (2004) 96.
12 Becker, HRG Sp. 1086 f.
13 Wahlkapitulation von Verdun, Schmidt Sp. 1416. Zur älteren Zeit Andreas Thier, Hierarchie und Autonomie. Regelungstraditionen der Bischofsbestellung in der Geschichte des kirch-

3.6.4.2 Äußere Form

Es handelt sich um eine hochmittelalterliche Bischofsurkunde, also ein Dokument aus dem römisch-kanonischen Bereich in der Rezeptionszeit[14]. Über die frühen Würzburger Wahlkapitulationen ist aus zeitgenössischen Geheimhaltungsgründen wenig bekannt, nur drei aus dem 13./14. Jahrhundert sind überliefert (1225, 1314, 1345). Allen fehlen gewöhnliche Formmerkmale, nämlich die Beglaubigung durch Zeugen, angehängte Notariatsinstrumente und bei der Kapitulation von 1225 auch das Eingangsprotokoll. Unterschrift, Siegel und dergleichen scheinen nicht vorhanden und der Eid einziges Sicherungsmittel gewesen zu sein[15]. Das in der Edition zugrunde gelegte Wahldatum vom 27. 2. 1225 soll auf einem Konstruktionsfehler beruhen[16]. Allerdings lässt sich das Wahl- und damit auch das Entstehungsdatum der Urkunde eingrenzen, wahrscheinlich fand die Wahl im Februar statt[17].

3.6.4.3 Protagonist

Hermann entstammte der saalburgischen Linie der Edelherren von Lobdeburg, war nach herrschender Auffassung Sohn Hartmanns von Lobdeburg und Neffe, bzw. nach alternativer Deutung Sohn des Bischofs Otto I. von Würzburg (amtierte 1207 bis 1223)[18]. Nachgewiesen sind außerdem ein Bruder Hartmann und eine Schwester Adelheid, Äbtissin von St. Afra in Würzburg. Über Hermanns Leben bis 1225 ist wenig

---

lichen Wahlrechts bis 1140 (Studien zur europäischen Rechtsgeschichte 257), Habil. München 2001/02, Frankfurt 2011.
14 Zur Rezeption die Artikel von H. Kiefner (privatrechtlich) und M. Stolleis (öffentlichrechtlich), in: HRG IV, 1. Aufl. 1990, Sp. 970–995.
15 Zum Ganzen Abert 27 ff.
16 So Alfred Wendehorst, Das Bistum Würzburg Teil 1. Die Bischofsreihe bis 1254 (Germania Sacra N.F.1), Berlin 1962, 212. Die Konstruktion der Monumenta basiert auf der Würzburger Bischofs-Chronik von Lorenz Fries (1489–1550).
17 Theodor Henner, Bischof Hermann I. von Lobdeburg und die Befestigung der Landesherrlichkeit im Hochstift Wirzburg (1225–1254), Habil. Würzburg 1875, 8: Im Dezember 1224 stellte der Amtsvorgänger noch Urkunden aus, Hermann tauchte am 25. April 1225 in der Umgebung Heinrichs VII. als Herpibolensis electus auf.
18 Nach Hans Großkopf, Die Herren von Lobdeburg bei Jena. Ein thüringisch-osterländisches Dynastengeschlecht vom 12. bis zum 15. Jahrhundert, Neustadt a. d. Orla 1929, 25 war Hermann der Sohn des Bischofs und wurde, anders als ein gleichnamiger Cousin (der Propst und Domherr), erst 1225 zum Priester geweiht. Die Frage ist relevant, weil das Domkapitel dann

bekannt, die Nennung der wichtigsten Ereignisse seiner Regierungszeit kaum helfen, sich ein Bild zu machen: Wie seine Vorgänger mischte sich Hermann I. vielfach eher glücklos in die Reichspolitik ein, ohne aber sich oder das Bistum nachhaltig zu beschädigen. Kaum im Amt, begab er sich an den Hof König Heinrichs VII. und begleitete diesen u. a. 1226 zum Hoftag Kaiser Friedrichs II. nach Cremona, ehe er sich für drei Jahre wegen einer Fehde aus der Reichspolitik zurückzog. 1232 vermittelte er zwischen Friedrich II. und dessen Sohn und versprach ersterem beizustehen, ergriff aber beim Aufstand 1234 die Partei des Königs und Sohnes. 1240 versprach Hermann Papst Gregor IX. Beistand und beteiligte sich später nach Aufforderung Papst Innozenz IV. an der Wahl der Gegenkönige Heinrich Raspe (1246) und Wilhelm von Holland (1247) engagiert[19]. Hermann verfolgte also zeitlebens eine antikaiserliche Politik.

3.6.5 Historische Einordnung und Wirkungsgeschichte

3.6.5.1 Historische Einordnung: Entstehungskontext

Nach dem schnellen Tod des Bischofs Dietrich von Homburg (1223–1225) war eine erneute Wahl notwendig geworden[20]. Das Stift selbst hatte zu diesem Zeitpunkt wegen „schlechter Verwaltung" vor einer „Katastrophe" gestanden[21]. Hermann fungierte als Propst von St. Stephan in Bamberg (ab 1220) und seit 1224 auch als Würzburger Archidiakon und war damit selbst Mitglied seines Wahlgremiums. Am 30. Mai 1225 erhielt Hermann die Bestätigung, am 20./21. September in Magdeburg die Priester- und Bischofsweihe durch den päpstlichen Legaten Kardinal Konrad von Urach[22]. Der Wahlvorgang selbst und die Entstehung der Urkunde lassen sich mit einiger Sicherheit durch Vergleiche erschließen: Die Urkunde muss vor der Wahl vorgelegen haben, Ausstellungsort war wahrscheinlich die Kapitelsstube. Noch vor dem Wahlgang legten die Mitglieder des Kapitels für den Fall ihrer Wahl den Schwur ab, sich an die Bedingungen zu halten und nochmals eine öffentliche und mit bischöflichem Siegel verbriefte Urkunde diesbezüglich auszustellen. Der Zeitpunkt der in der Kapitulation

---

     einen Außenstehenden gewählt hätte. Allerdings gibt es für diese Auffassung außer dem Hinweis auf eine späte Priesterweihe keine Belege s. u. bei Anm. 22.
19 Alles nach Wendehorst 212–217.
20 Wendehorst 210.
21 Henner 50.
22 Wendehorst 212 m. w. N.

erwähnten Eidesleistung des Bischofs ist unklar, vermutlich legte er ihn noch in der Kapitelsstube und vor Veröffentlichung des Wahlergebnisses ab[23]. Denn erst durch diesen zweiten „Eid des Elekten" soll das Dokument Geltungskraft und „verfassungsrechtlichen Rang" erlangt haben[24]. Der Bischofseid konnte nicht konstitutiv für die Herrschaftsbegründung wirken, da letztere nach der Wahl nur noch von der päpstlichen Konfirmation abhing. Aufgrund der entscheidenden Bedeutung des zweiten Eids folgten daher in der Regel keine Wahlanzeige, Proklamation oder Amtseinführung vor der Eidesleistung des Elekten – ihr Aufschub war das Druckmittel des Kapitels zur Durchsetzung der Eidesleistung[25].

Die Beschränkung des Wählerkollegiums auf das Domkapitel im 12./13. Jahrhundert begünstigte die Entstehung von Wahlkapitulationen[26]. Dieser Vorgang steht im Zeichen der Klerikalisierung, der Zurückdrängung des Laieneinflusses[27], und ist Ergebnis eines zähen Ringens der Domherren[28]. Aber erst im 15. Jahrhundert waren Kapitulationen in der Reichskirche allgemein verbreitet. Als Würzburger Besonderheit gilt das ausschließliche Wahlrecht des Domkapitels über die Jahrhunderte hinweg, ein Indiz seiner besonders starken Stellung, was die Kapitulationen mehr noch als anderswo zu einem Instrument der „domkapitelischen Interessen"[29] gegenüber Stadt, Landadel und den übrigen Prälaten machte. Man kann es als „nahe liegend" ansehen, dass ein sich stabilisierendes Wahlgremium sich als „homogene Gruppe" zu sehen begann[30]. Neben der Zurückdrängung des Laieneinflusses gehörte der Kampf um die Begrenzung der Vorrechte und Machtbefugnisse des Bischofs und damit die Verteilung der Herrschaftsgewalt zwischen dem Bischof und dem Kollegialorgan Domkapitel zu den historischen Strukturmerkmalen in der Entwicklung der geistlichen Territorien des Heiligen Römischen Reichs und war ein zentrales Motiv der Kapitulationen[31].

---

23 Abert 30; zu Wahlabläufen auch Becker (1993) 5.
24 Becker (1993) 4 f.: der für die Zukunft bestimmte „verfassungsrechtliche Rahmen" tritt in Kraft.
25 Becker (2004) 97, 103.
26 Konstantin Maier, Das Domkapitel von Konstanz und seine Wahlkapitulationen. Ein Beitrag zur Geschichte von Hochstift und Diözese in der Neuzeit, Diss. Tübingen 1984/85, Stuttgart 1990, 9.
27 Klaus Ganzer, Zur Beschränkung der Bischofswahl auf die Domkapitel in Theorie und Praxis des 12. und 13. Jahrhunderts, ZRG (KA) 88 (1971), 22–82 und 89 (1972), 166–197, 197.
28 Ganzer 194.
29 Abert 21, 26.
30 Becker (1993) 1.
31 Dazu Maier 279 u. ö.

3.6.5.2 Wirkungsgeschichte und Rezeption: Erfolg der Regentschaft Hermanns I. im Zeichen der Wahlkapitulation

Das Bistum Würzburg wurde unter Hermann territorial nachhaltig vergrößert, seine Verwaltung ausgebaut. Daher interessiert, welche Rolle die Wahlkapitulation bei der Konsolidierung des zerrütteten Bistums spielte, ob sich Hermann also kapitulationsgemäß verhielt und inwieweit er seine Zusagen erfüllen konnte. Die diesbezüglichen erhaltenen und bekannten Urkunden wurden in der Forschung eingehend erörtert[32]. Die Analyse der Vielzahl von Aktivitäten ergibt nicht nur, dass er sich im Großen und Ganzen an die Kapitulation hielt[33], vielmehr lassen sich auch direkte wie indirekte Bezüge finden. So lieferte sich der Bischof eine „heftige" Fehde mit dem als Besatzer der Burg Arnstein genannten Grafen von Rieneck, infolge derer das Bistum 1243 das halbe Dorf Gemünden a. M. erwerben konnte[34]. Vor allem war der Einzug der Städte Meiningen und Mellrichstadt (1223) nach dem Erlöschen einer Linie der Grafen von Henneberg[35] als Lehen tatsächlich konfliktträchtig und ein Verzicht der Grafen nicht endgültig. Hermann versuchte den hennebergschen Allodialbesitz, der Meiningen von anderen Gebieten des Bistums trennte, durch Aufkäufe zu zerschlagen. Im Dezember 1228 wurden die Würzburger zwar in einer Schlacht durch den Grafen Poppo VII. von Henneberg und Bischof Ekbert von Bamberg besiegt, dennoch musste der Graf im Oktober 1230 im Vergleichswege endgültig auf die Städte verzichten[36]. Hermann hatte eine wichtige Zielvorgabe der Wahlkapitulation erreicht.

Ob es später Konflikte um die Kapitulationsbedingungen gab, ist unbekannt[37], doch Hermann hatte die Ziele als ein führendes Mitglied des Domkapitels selbst mitgeprägt. Im Bistum begann er zwar als Erster die eingangs seiner Herrschaft auf ihrem

---

32 Wendehorst, Abschnitt „territoriale Erwerbungen und innerer Ausbau des Hochstifts", 217–221.
33 Für den Erwerb der Burgen Hildenberg und Lichtenburg mit Besitzungen war die Verpfändung der Münze und anderer Einkünfte notwendig (Wendehorst 218), allerdings wohl im Einvernehmen mit dem Domkapitel. Zur Einhaltung der Kapitulation in der großen Linie Henner 23; nach Abert „strikte Einhaltung zeitlebens" (33).
34 Wendehorst 218.
35 Zu den für Würzburg wichtigen Grafen von Henneberg und ihre Auseinandersetzungen auch mit Hermann Hatto Kallfelz, Die Burggrafen von Würzburg aus dem Hause der Grafen von Henneberg, in: U. Wagner (Hg.), Geschichte der Stadt Würzburg I. Von den Anfängen bis zum Ausbruch des Bürgerkriegs, Stuttgart 2001, 217–230 m. w. N.
36 Alles nach Wendehorst 219.
37 Abert 35.

Zenit angelangte Macht der Archidiakone zurückzudrängen[38], aber ohne die Grenzen der Kapitulation zu übertreten. Die Bischöfe hielten ihre Wahlversprechen wohl auch ein, weil familiärer Druck in Sorge um künftige Bischofswahlchancen ausgeübt wurde[39]. Am 3. März 1254 starb Hermann. Zu diesem Zeitpunkt hatte er das Bistum konsolidiert und ausgebaut, war „zum eigentlichen Schöpfer des Würzburger Staates" geworden[40]. Die besondere Bedeutung seiner Amtszeit wird durch die folgenden zwei prekären Jahrzehnte unterstrichen, in denen der Bischofsstuhl umkämpft blieb[41].

Dem Erfolg seiner Regierung gab die Historiographie verklärende Züge: In einer Habilitation des 19. Jahrhunderts heißt es, „das Hochstift Wirzburg darf es in der That als einen der größten Glücksfälle während der ganzen Zeit seines Bestehens betrachten, dass es in dieser in den tiefsten Tiefen aufgeregten Zeit jenen Mann zum Lenker auserkoren, der das Schiff durch die brausenden Wogen mit unvergleichlicher Sicherheit und Meisterschaft durchsteuerte"[42]. Diente die Wahlkapitulation dabei als Kompass? Selbstverständlich lässt sich kein kausales Verhältnis zwischen der Wahlkapitulation, ihrem Inhalt und der prägenden Amtszeit Hermanns nachweisen; festzuhalten ist aber, dass seine erfolgreiche Politik des territorialen Ausbaus und der Stärkung des Bistums ganz den niedergelegten Intentionen des Domkapitels entsprach. Jedenfalls verfolgte Hermann „das eine Ziel der Vollendung und Befestigung der Landeshoheit" intensiv[43]. Die Wahlkapitulation scheint dabei weniger ein einschränkendes Hindernis als ein Regierungsprogramm gewesen zu sein.

---

38 Julius Krieg, Der Kampf der Bischöfe gegen die Archidiakone im Bistum Würzburg, Amsterdam 1965, 40 f. Die Wahlkapitulationen wurden zu einem wichtigen Verteidigungsinstrument gegen das Machtstreben der Bischöfe, 53.

39 Becker (1993) 6, der einräumt, dass den Beteiligten klar war, dass die Einhaltung immer auch Machtfrage war und später mit weiteren Hilfsmitteln wie kassatorischen Klauseln oder zu stellender Kaution gesichert wurde. Eine bedingte Herrschaftsübertragung war jedoch nicht möglich, da solche Bedingungen als unwirksam galten, Becker (2004) 101.

40 Wendehorst 225.

41 Johannes Merz, Das Herzogtum Franken. Wunschvorstellungen und Konkretationen, in: ders./R. Schuh (Hgg.), Franken im Mittelalter (Hefte zur bayerischen Landesgeschichte 3), Augsburg 2004, 43–58, 52.

42 Henner 7.

43 Henner 9, während „ringsum auf allen Seiten Kampf, Verwirrung und Auflösung drohten" (u. a. der gewaltsame Tod eines nahen Amtsvorgängers).

3.6.6 Vergleichende Einordnung und Gegenwartsbezug

Kapitulationen fanden breite Verwendung auf päpstlicher (ab 1352), königlich/kaiserlicher und bischöflicher Ebene und sind aus vielen europäischen Ländern bekannt[44], d. h. vor allem aus Wahlmonarchien, in denen Herrschaft nicht vererbt wurde. Die königlichen und kaiserlichen Wahlkapitulationen bestätigten und enthielten ab dem 17. Jahrhundert alle älteren und hinzugekommenen Reichsgrundgesetze und gehören damit zu den zentralen Quellen der älteren Verfassungsgeschichte. Da die frühneuzeitlichen Staatsdiener des Reiches die aktuelle Kapitulation beeideten, war sie in mancherlei Hinsicht funktionaler Verfassungsersatz[45]. Die Bedeutung auch für die weltlichen Herrschaften verdeutlicht die Begründung, mit der Franz II. 1806 die Auflösung des Heiligen Römischen Reichs deutscher Nation begründete: Er sah sich durch die Gründung des Rheinbunds und weiterer einschneidender Ereignisse nicht mehr in der Lage, seine in der Kapitulation niedergelegten Pflichten zu erfüllen.

Die bischöflichen Wahlkapitulationen spielten in den lokalen Kämpfen um die Vorherrschaft eine zentrale Rolle. Exemplarisch ist der Bamberger Kapitulationsstreit von 1481/82 zu nennen, in dem nach dem Versuch des Domdekans, dem Bischof Phillip von Henneberg die geistliche Gerichtsbarkeit vollständig zu entziehen, Phillip eine päpstliche Aufhebung seiner Wahlkapitulation erwirken, wenn auch nicht dauerhaft behaupten konnte[46]. Wirksamkeit der und Bindung durch die Kapitulationen blieben ein ständiger Konfliktherd auch im Verhältnis zu Rom und begründeten das Geheimhaltungsbedürfnis mit. 1695 wurden unter Papst Innozenz XII. alle Einigungen, Kapitulationen und Wahlverträge der Domherren während einer Sedisvakanz durch die

---

44 Siehe jetzt Heinz Duchhardt (Hg.) Wahlkapitulationen in Europa, Göttingen 2015, auch mit einem Beitrag von Hans-Jürgen Becker zu den päpstlichen Wahlkapitulationen, 13–34.

45 Zu den Wahlkapitulationen der Könige und Kaiser liegen neue Editionen und Forschung vor: Wolfgang Burgdorf (Bearb.), Die Wahlkapitulationen der römisch-deutschen Könige und Kaiser 1519–1792, Göttingen 2015; ders.: Protokonstitutionalismus. Die Reichsverfassung in den Wahlkapitulationen der römisch-deutschen Könige und Kaiser 1519, Göttingen 2015. *Die Frage, ob Wahlkapitulationen als Verfassungsersatz bezeichnet werden sollten, ist eine der Perspektive. Will man dies vertiefen, sollte man den unterschiedlichen Verfassungsbegriff von Historikern und Juristen beachten. Erstere neigen zu einem weiteren Verfassungsbegriff, der den politisch-rechtlichen Zustand eines Gemeinwesens beschreibt. U. a. wegen solcher Professionsunterschiede kann es sehr nützlich sein, auch bei den Autoren der Sekundärliteratur den professionellen Hintergrund zu ermitteln.*

46 Näher unter https://www.historisches-lexikon-bayerns.de/Lexikon/Bamberg,_Domkapitel#Kampf_um_die_Vorherrschaft_in_Stift_und_Bistum [letzter Zugriff: 29.09.2021].

Bulle „Ecclesiae catholicae" verboten, an die Wahl anschließende Kontrakte sollten in Rom auf ihre Rechtmäßigkeit hin überprüft werden. Trotz einer Bestätigung in einem Exekutionsbrief Kaiser Leopolds I. 1698 blieb das Verbot jedoch bis in die Endphase des Alten Reichs (Reichsdeputationshauptschluss 1803) weitgehend wirkungslos[47].

Heute gibt es keine Wahlkapitulationen mehr. Sehr wohl ist es aber nach wie vor in vielen Lebensbereichen üblich, Wahlabsprachen zu treffen. Auch auf staatlicher Ebene lassen sich funktionale Äquivalente finden. In der Verfassungsgeschichte der Bundesrepublik Deutschland werden seit den 1960er Jahren sogenannte Koalitionsverträge geschlossen, die zwar keine Verträge, sondern bloß rechtlich unverbindliche Absichtserklärungen sind, die aber in vergleichbarer Weise das Regierungshandeln für die jeweilige Legislaturperiode festlegen sollen, ehe im Parlament die Kanzlerwahl i. d. R. durch die Abgeordnetenstimmen der Koalitionsparteien erfolgt[48].

3.6.7 Typologische Einordnung[49]

3.6.7.1 Privatrechtsgeschichte

Ein typologisches Gegensatzpaar lässt sich mit Joachim Rückert in einer Unterscheidung von prinzipiell freiem und gebundenem Privatrecht relativ leicht finden. Ein Freiheitsprinzip muss in den Teilbereichen jeweils typprägend sein, für den Vertrags-

---

47 Maier 209.
48 *Gegenwartsbezüge können unterschiedliche Funktionen erfüllen. Auch wenn sich kein Rechtsvergleich im Sinne einer Falllösung einst und heute anbietet, kann die Suche nach Kontrasten und Parallelen einen lehrreichen Verfremdungseffekt für scheinbare Selbstverständlichkeiten der Gegenwart bewirken.*
49 *Für die Juristenausbildung scheint eine Reduktion auf eine Fragestellung nach wesentlichen Grundprinzipien sinnvoll, d. h. eine Zusammenführung der jeweiligen Erscheinungsformen von Recht auf wenige, zumeist zwei sich wesentlich voneinander unterscheidende Typen, was Interpretation und Einordnung erleichtert und rechtlich schärft, gewissermaßen rückwärts im Krebsgang und im Vergleich zu heute. Dies ist oft lehrreicher und zielführender als der bloße Rechtsvergleich mit Gegenwartsbezug, weil die idealtypische Zuspitzung fundamentale Unterschiede sichtbar macht. Zur Bildung von Idealtypen immer noch lehrreich Max Weber, Die „Objektivität" sozialwissenschaftlicher und sozialpolitischer Erkenntnis, in: Archiv für Sozialwissenschaft und Sozialpolitik 19 (1904), 22–87, 64–85. Für die Rechtsgeschichte durchgeführt in den Skripten von Joachim Rückert, Text- und Arbeitsbuch zur Rechtsgeschichte in Deutschland, Teil 1–5 (Grundlegung, Verfassung, Privatrecht, Strafe, Prozess).*

bereich muss also Vertragsfreiheit als Abschluss- und Inhaltsfreiheit bestehen, und zwar grundsätzlich als gleiche Freiheit für alle. Da das öffentliche Recht nicht lediglich der Sicherung privatindividueller Freiheit dient, muss es kategorial abgegrenzt werden. Die Frage, ob es sich bei den Wahlkapitulationen um freies Vertragsrecht handelt, ist nicht per se anachronistisch, da freie Verträge auch in Epochen gebundenen Privatrechts existieren. Sie sind dann aber nicht epochen- und typprägend, sondern existieren als Ausnahmeerscheinungen, sei es in Form einzelner Freiheiten, sei es in Form kleinerer abgesonderter Rechtsbereiche, kurz: Freiheit ist hier nicht prinzipiell. Vielmehr dominieren ungleiche Bindungen aus Geburt, Stand, Beruf, Volk, Konfession o. ä., die Rechtsstellung ergibt sich aus dem Stand, etwa als Handwerker, Bürger, Bauer, Kaufmann, Kleriker oder Adliger. Öffentliches Recht und Privatrecht sind oft vermischt (z. B. Lehnsrecht, Ämterkauf).

3.6.7.1.1 Vertragscharakter der Würzburger Wahlkapitulation

Mit den bisherigen Erörterungen ist der Rechtscharakter der Wahlkapitulation nicht abschließend bestimmt. Handelte es sich um ein unverbindliches Versprechen, um eine Art (Staats-)Zielbestimmung oder wirklich um einen rechtsverbindlichen Vertrag?

Das signifikante Merkmal, dass alle Wähler vor der Wahl die Einhaltung der schriftlich festgehaltenen Abmachungen durch Unterschrift und Eid zusichern[50], legt es nahe, dieser Absprache Vertragscharakter beizumessen. Durch Überlieferung gesichert ist vorliegend nur der zweite Eid des gewählten Bischofs Hermann. Aber auch wenn die ursprüngliche Wahlabrede nicht schriftlich festgehalten worden sein sollte, spräche dies nicht gegen die Annahme eines Vertrags. Die Formfreiheit als Aspekt der Vertragsfreiheit, nach der auch mündliche Absprachen rechtlich bindend sein können, gehört gerade zu den wesentlichen Prägungen des modernen Rechts durch die römisch-kanonischen Rechtsgelehrten. Im 12. Jahrhundert wurde hier die Lehre entwickelt, dass auch das bloße Versprechen bindend sei (pactum nudum)[51]. Gott unterscheide nicht zwischen Versprechen und Eid. Darüber hinaus erfolgte die Sicherung vorliegend wohl durch Eid. Ein Eid war im Denken verbunden mit Treue – fidelitas[52], auch im Sinne von ‚Vertragstreue'.

---

50 Schmidt Sp. 1914.
51 Hierzu Peter Landau, Art. „pacta sunt servanda", in: HRG, 2. Aufl. Berlin 2017, 26. Lief., Sp. 301 ff.
52 Paolo Prodi, Das Sakrament der Herrschaft. Der politische Eid in der Verfassungsgeschichte des Okzidents, Berlin 1997, 155.

Die Wähler werden den rechtsbindenden Charakter der beeideten Kapitulation erfasst haben, was mit der allmählichen Durchdringung des Bistums mit gelehrtem Recht untermauert werden kann. Auch in Franken begann die Entwicklung des gelehrten Rechtsdenkens in der Kirche, nicht in den Fürstenstaaten[53]. Die Forschung ist sich seines Einflusses auf die Würzburger Bischofskanzlei schon im 13. Jahrhundert gewiss. Unter den Kapitularen, Domizellaren etc. finden sich vielfach „Magister", für die man zumindest Domschulbildung voraussetzen muss, ein Universitätsstudium aber nicht nachweisen kann. Die Rechtskenntnisse der Kanzleischreiber gingen weiter und gegen Ende des Jahrhunderts studierten auch Würzburger Domherren in Bologna[54], ohne dass man schon mit einer großen Anzahl fertiger Juristen im Dienst des Bistums rechnen kann; die „Juridifizierung" der mittelalterlichen Kirche lässt sich besser als ein „allmählicher, sich beschleunigender Prozess" begreifen[55]. Schon 1183 standen die 12 Archidiakonate in Alleinwahrnehmung der Domherren, was auch die Jurisdiktion umfasst. Im 14. Jahrhundert wurden dann untergeordnete Offiziale für diese Aufgabe eingesetzt, für deren nicht sonderlich hohen Rang man aber keine Juristen fand[56].

Einer Deutung als Vertrag steht auch nicht die Charakterisierung als „verfassungsrechtliches Sachprogramm"[57] entgegen – der Verfassungsvertrag ist schon dem Wortlaut nach zumindest für uns als Vertragskonstruktion denkbar. Allerdings sind zwei verschiedene Zeitpunkte zu untersuchen, der Eid des Wählergremiums vor der Wahl und der Eid des gewählten Bischofs im Anschluss an die Wahl. Im ersten Abschnitt handelt es sich tatsächlich um das gegenseitige Versprechen der Wähler, die vorliegende Kapitulation einzuhalten. Da im Prinzip jeder gewählt werden kann, beruht dieser Eid auf einem gegenseitigen Versprechen. Stellt man auf den Eid nach der Wahl ab, fällt auf, dass die Kapitulation fast ausschließlich Pflichten des Bischofs enthält. Von Gegenleistungen ist nicht die Rede. Aber auch im Mittelalter waren Verträge mit einseitigen Leistungspflichten allgemein bekannt, terminologisch contractus unilaterales (ein prominentes Beispiel ist die Schenkung). Sinnvoller erscheint es jedoch, den zweiten Eid bereits als Erfüllung des ersten Versprechens zu verstehen. Die Kapitulation belegt eine Form freier, gesellschaftlicher Einung durch einen Vertrag, der prinzipiell

---

53 Dietmar Willoweit, Juristen im mittelalterlichen Franken – Ausbreitung und Profil einer neuen Elite; in: R.C. Schwinges (Hg.), Gelehrte im Reich. Zur Sozial- und Wirkungsgeschichte akademischer Eliten des 14. bis 16. Jahrhunderts, Berlin 1996, 225–268, 225.
54 Willoweit 237 f.
55 Willoweit 230.
56 Willoweit 226.
57 Becker, HRG Sp. 1087.

auch in einem Verfahrensweg durchgesetzt werden konnte (s. u.). Die Wähler bzw. Vertragspartner konnten sich zu dieser Einung frei entschließen, sie hätten aber auch keine Wahlkapitulation oder eine mit anderem Inhalt vereinbaren können.

3.6.7.1.2 Unterscheidung öffentlich – privat?

Zwar beruht die Kapitulation auf einem freien Vertrag. Auf der anderen Seite sind aber öffentliches und privates Recht nicht unterschieden. Vielmehr wird (nach heutigem Verständnis) über öffentliche Hoheitsrechte durch private Vereinbarung verfügt.

3.6.7.1.3 Sachtyp: freier Vertrag als Freiheitsinsel

Zwar handelt es sich bei der Wahlkapitulation nach Abschluss und Inhalt tatsächlich um einen freien Vertrag. Sie durchbricht den zeitgenössisch dominierenden Typus des gebundenen Vertragsrechts, nicht nur als Einzelfall, sondern grundsätzlich wiederkehrend, was man als Freiheitsinsel bezeichnen könnte. Diese besteht nicht zufällig gerade hier, denn die Akteure sind rechtlich gleichgestellt und handeln in einem speziellen Umfeld als Mitglieder eines Kollektivorgans. Die zeitliche Einordnung in eine Epoche des gebundenen Privatrechts wird durch die fehlende Trennung von öffentlichem Recht und Privatrecht unterstrichen.

3.6.7.2 Verfassungsgeschichte

Die meisten Staaten besitzen heute geschriebene Verfassungen, die einen Kern ähnlicher Regelungsgegenstände enthalten: Grundzüge der Staatsorganisation und der Verwaltung mit ihren Institutionen sowie Menschen- und Grundrechte. Herrschaft wird in solchen Texten immer organisiert, die Garantie von Menschen- und Grundrechten hingegen erscheint als entscheidendes Charakteristikum modernen Verfassungsrechts und daher typprägend. Menschenrechte unterscheiden sich von anderen Rechten als zugleich universal-menschlich (sie sind jedem Menschen als solchem garantiert), juristisch dominant (sie sind unmittelbar geltend und ihre Wahrung unterliegt gerichtlicher Kontrolle) und staatsbezogen (sie wirken im Verhältnis Individuum/‚Staat'). Die Konzentration auf Menschenrechte führt zur typologischen Dichotomie von Verfassungen mit Menschenrechten und Verfassungstexten (allenfalls) mit feudalen, ständisch definierten Grundrechten. Während Menschenrechte als angeboren und damit oft als naturrechtlich verstanden werden, die Texte also die bestehenden Rechte lediglich benennen (deklarativ), werden grundlegende Rechte in ständisch-feudalem Kontext überhaupt erst begründet (konstitutiv), ihre juristische Basis ist etwa der Vertrag bestimmter Stände (Herrschaftsvertrag), gegebenenfalls auch in Form einer Gewährung (Privileg) oder aus Tradition (wohlerworbene Rechte). Menschenrechte hingegen gründen in der Vertragsform auf einem Bund aller als ‚Gesellschaftsvertrag', Form ist der Eid oder die Einung. Dies setzt eine Gleichordnung aller voraus, während der Herrschaftsvertrag aus der Position rechtlicher Verschiedenheit Ungleichheit bestätigt.

3.6.7.2.1 Universalität und Staatsbezug

Die Inhalte der Kapitulation beschränken sich auf Pflichten des Bischofs hinsichtlich seiner künftigen Regierung, sie tragen das „Gepräge der momentanen Notwendigkeit"[58], weil lediglich auf eine Krisensituation reagiert wird, indem sie den Bischof auf den Erhalt und Rückerwerb von Hoheitsrechten verpflichten. Spiegelbildlich zu den Pflichten des Bischofs regelt die Kapitulation die Rechte des Domkapitels als Stand der wahlberechtigten Kleriker und nicht etwa die Rechte aller. Die Entstehung der Kapitulation lässt sich damit auch als Bildung einer ‚Eidgenossenschaft' charakterisieren, exklusiv gegenüber den anderen Akteuren der Region und als Instrument der Interessendurchsetzung des Kapitels.

Die enthaltenen Rechte sind keine staatsbezogene, individuelle Abwehrrechte, vielmehr verteilen die Mitglieder des Domkapitels hoheitsrechtliche Kompetenzen von Bischof und Domkapitel im Wege einer quasi-privaten Vereinbarung.

3.6.7.2.2 Juristische Basis

Die Wahlkapitulation ist als Vertrag zu verstehen. Der Pakt trägt den Charakter einer Einung[59]. Problematischer erscheint die Deutung des anschließenden bischöflichen Eids, er wirkt aus der Perspektive der ursprünglichen Einung eher als äußeres Zeichen der Vertragserfüllung, nicht der Vertragsbegründung. Allerdings muss berücksichtigt werden, dass der neue Bischof zwar ursprünglich zu der Gruppe der Wähler gehört, sich aber im Moment der Wahl aus dieser Gruppe löst und ihnen als Bischof gegenübertritt. Damit wandelt sich die Genossenschaft in eine Herrschaftsbeziehung, deren Inhalt vorher vertraglich festgelegt wurde und nun durch den Bischofseid Allgemeinverbindlichkeit erlangt, womit der Gewählte seine Vertragspflicht erfüllt. Aus der Perspektive des zweiten Eids handelt es sich damit eher um einen Herrschaftsvertrag

---

58   Die nächste überlieferte Kapitulation war inhaltlich weitreichender, Abert 33.
59   Einführend Karl Kroeschell/Albrecht Cordes, Art. Einung, HRG I, 2. A. 2008, Sp. 1306–1310.

zwischen Bischof und Domkapitel. Jedoch geht der Bischofseid über den ursprünglichen Vertrag hinaus. Der Eid der Kapitelsmitglieder mag diese zwar juristisch binden, die Wirkung wäre aber nur inter partes und kann nicht den Außenwirkung entfaltenden öffentlichen Eid des Bischofs ersetzen, weshalb die Kapitulation erst durch den zweiten Eid Verfassungscharakter erlangt.

Die Einung des Wählerkollegs, zu denen der Bischof gehörte, ist damit als Gesellschaftsvertrag interpretierbar, während die Wahlkapitulation mit Außenwirkung zwar als Herrschaftsvertrag zu konstruieren ist, die Inkraftsetzung nach außen aber gleichzeitig bereits die Erfüllung des ersten Versprechens beinhaltet.

3.6.7.2.3 Juristische Dominanz

Im 13. Jahrhundert nehmen die Päpste für sich das Recht in Anspruch, über Eid und Eidbruch zu richten, gleichgültig, ob der Inhalt des Eides „politischer, ziviler, sozialer oder religiöser Art" sei[60]. Damit entsteht eine Sanktionsinstanz, welche die rechtliche Durchsetzbarkeit formal garantiert. Der Bruch des Kapitulationseids wird klagbar, also ein Signal für Verrechtlichung. Gleichzeitig ist dies ein Ausweg aus dem Problem des Gegensatzes zwischen Souveränität des Bischofs und Bindung durch die Kapitulation: Die Anrufung des Papstes war nämlich auch möglich, um festzustellen, ob das Amt durch die Kapitulation unzulässig eingeschränkt wurde[61].

3.6.7.3 Sachtyp: Gesellschaftsvertrag/Herrschaftsvertrag ohne Staat

Der erste Eid auf die Wahlkapitulation ist als Gesellschaftsvertrag der Wähler zu verstehen, wirkt aber nur intern. Durch den Eid des Elekten bekommt die Wahlkapitulation das Gepräge eines Herrschaftsvertrags und durch die daraus resultierende Wirkung für das gesamte Bistum den Charakter eines Verfassungstexts. Ihre Einhaltung ist prinzipiell sanktionsbewehrt. Da die Einung nicht zumindest gedanklich auf dem Willen aller Einwohner des Territoriums, sondern auf ständischer Ebene nur durch einen ausgewählten Kreis von Klerikern erfolgt, handelt es sich um das typische Verfassungsdokument einer Epoche ohne modernes Staatswesen und ohne Menschen- und Grundrechte für alle.

---

60   Prodi 155 f.
61   Becker (1993) 7.

3.7 Die Frankfurter Messeprivilegien von 1240 und 1330
Ralf Seinecke

Diese Exegese verfolgt das Ziel, Neugierde zu wecken und eigenständige Studien anzustoßen. Ihr geht es um Begeisterung fürs Lernen, Wissen und Studieren – „mit heißem Bemühn" (Faust). Sie will Forschungsfragen aufgeben und ein Problembewusstsein wecken. Eindeutige Antworten und gesichertes Wissen forciert sie nicht. Davon gibt es in der Geschichte ohnehin sehr wenig. Die meisten historischen Wahrheiten verlieren sich im Laufe der Zeit oder müssen mindestens differenzierter betrachtet werden. Viele Behauptungen scheitern auch am „Vetorecht der Quellen" (Reinhart Koselleck). Dennoch gibt es – mehr oder weniger – plausible Erkenntnisse, Vermutungen und Zusammenhänge. Auf solche versucht diese Exegese hinzuweisen.

3.7.1 Quellen

3.7.1.1 Das Messeprivileg Friedrichs II. vom 11. Juli 1240

Fr. dei gratia Romanorum imperator semper augustus, Jerusalem et Sicilie rex. Per presens scriptum notum fieri volumus universis, quod nos universos et singulos ad // nundinas aput Frankenfurth venientes sub nostra et imperii protectione recipimus speciali. Mandantes, quatinus nullus sit, qui eos in eundo et redeundo // ab eisdem nundinis molestare in aliquo vel inpedire presumat. Quod qui presumpserit, indignacionem nostri culminis se noverit incursurum. // Ad cuius rei memoriam presens scriptum inde fieri fecimus et sigillo nostre magestatis iussimus communiri. Datum in castris in obsidione Esculi, XI. iulii, XIII. indictionis (BL I 122)
Eine Übersetzung bzw. Paraphrase folgt sogleich am Ende von 3.7.3.1

3.7.1.2 Das Messeprivileg Ludwigs IV., der Bayer, vom 25. April 1330

Wir Ludowich von gotes gnaden Rômischer cheyser, ze allen zeiten merer des reiches. Tůn chůnt offenleich // allen den, di disen brief ansehent oder hôrent lesen, daz wir von besundern gnaden unsern und des reiches ge // trewen, den půrgern ze Franchenfůrt, erlaubt haben und erlauben, daz si von unserm cheyserlichem gwalt in // der stat Franchenfůrt einen margt legen und machen mŭgen, den si alle iar enisten haben sŭllen in der vasten oder in ainer andern zeit in dem iar, als ez in allerbest fŭget, der weren sol viertzehen tag. Und sŭllen den haben zů dem margt, den si von alter gewonheit gehabt habent, mit allen rehten und vreyheit, als si derselbe ir voder margt hat; also daz alle di, di dieselben zwen maercht sůhent, acht tag vor und acht tag hinnach in unserm und des reiches vride und sicherheit sein sŭllen. Und swer der wǎr, der den vride und sicherhait braehe und ŭberfůre oder dieselben bůrger von Franchenfůrt an reht angriffe or si umb wertlich sache fůr gestlich reht laden welt: den můgen diselben bůrger laden fůr unsern schultheizze und ir gericht ze Franchenfůrt. Und swer der ladung niht gehorsam sein wolte, den oder di und ir helfer mŭgen die obgenanten bůrger von Franchenfůrt von unserm gwalt angreiffen an ir leibe und an ir gůt. Und dovon gebieten wir allen unsern und des reichs getrewen, swie di genant sint, vestichlich, daz si an disen unsern gnaden die obgenanten bůrger von Franchenfůrt von unsern wegen schirmen und in beholfen sein, swo si des bedŭrffen, daz si dehain irrung daran gewinnen, als lieb in unser und des reichs hulde sein. Und darůber ze urchůnd geben wir in disen brief, mit unserm cheyserlichem insigel versigeltn. Der geben ist ze Můnichen, do man zalt von Christez gebůrt driutzehen hůndert iar darnach in dem dreyzigstem iar, an der mitwochen nach sant Georii tag; in dem sehtzehendem iar unsers reiches und in dem dritten des cheysertůmes. (BL II 386)
Eine Paraphrase folgt gleich am Ende von 3.7.3.2

3.7.2 Erkenntnisinteresse

Die Frankfurter Messe bietet einen der größten Messeplätze der Welt. Sie beherbergt Weltleitmessen wie die Automechanika oder die Ambiente und Besuchermessen wie die Frankfurter Buchmesse. 2019 erwirtschaftete die Messegesellschaft einen Umsatz von EUR 733 Millionen und einen Überschuss von EUR 54 Millionen. Mehr als 1,8 Millionen Besucher und über 37.000 Aussteller zog es auf 41 Messen. Offensichtlich ist die Frankfurter Messe ein beeindruckendes Unternehmen. Aber was hat das mit der Exegese zweier mittelalterlicher Quellen zu tun?

Nicht wenig. Als Frankfurter ist man versucht zu sagen: Dass mit der Messe, ei, das war schon immer so. In Frankfurt wurde schon immer viel Geld gemacht. Da trafen sich schon immer die Kaufleute und Bankiers. Ein ähnliches Narrativ macht sich auch die Messegesellschaft auf ihrer Homepage zu eigen:
„Seit rund 800 Jahren ist Frankfurt am Main als Messeplatz bekannt. Im Mittelalter trafen sich Händler und Geschäftsleute am Römer, ab 1909 dann an der Festhalle. Die erste schriftlich dokumentierte Erwähnung einer Messe in Frankfurt stammt aus dem Jahr 1150. Hochoffiziell mit Brief und Siegel aus der Taufe gehoben wurde die Frankfurter Herbstmesse am 11. Juli 1240. durch Kaiser Friedrich II.
Rund 90 Jahre später privilegierte Kaiser Ludwig IV. auch die Frankfurter Frühjahrsmesse. Fortan gab es zwei feste Messetermine in Frankfurt. Die Basis für die heutigen Branchenplattformen der Messe Frankfurt war gelegt."

Dankbar greift dieses kleine Marketingstück der Messegesellschaft nach den beiden mittelalterlichen Privilegien und nutzt sie für eine kurze Geschichte der Frankfurter Messe. Die Privilegien stiften bis heute Identität. Aber „hob" Friedrich II. die Frankfurter Herbstmesse wirklich „aus der Taufe"? Und wie „privilegierte" Ludwig IV. die „Frühjahrsmesse"?

Das sind die beiden Ausgangsfragen dieser Exegese. Ein klares Erkenntnis- und Forschungsinteresse schärft beide noch weiter: Die Exegese beschäftigt sich mit der juristischen und ökonomischen Bedeutung der beiden Frankfurter Messeprivilegien von 1240 und 1330 – und zwar anhand von fünf Marktaspekten. Sie konstituieren eine rechtliche Perspektive auf die Messe als Markt und ermöglichen eine normative Analyse der Privilegien (3.7.6). Zugleich ordnen sie die Darstellung ihrer Kontexte (3.7.7). Zuerst aber bedarf es der Übersetzung bzw. einer Paraphrase der beiden Quellen (3.7.3). Andeutungen zu Frankfurt im Spätmittelalter, zu Friedrich II. und Ludwig IV. (3.7.4) sowie Bemerkungen zu Privilegien, Markt und Messe bereiten die Analyse vor (3.7.5).

3.7.3 Übersetzungen und Paraphrasen

3.7.3.1 Das Messeprivileg Friedrichs II. vom 11. Juli 1240

Übersetzungen sind heute ein besonders schwieriges und höchst problematisches Geschäft. In ihnen stecken viele Fallen. Eine Quelle muss nicht nur von einer Sprache in eine andere ‚über setzen'. Sie muss über die Zeiten hinweg vermittelt werden. Sprachen und Zeiten aber sind stets sehr eigen. Die Bedeutungen von Worten hängen an kulturellen Kontexten oder politischen Situationen. Sie schließen an sprachliche

Traditionen an und verweisen – schon in ihrer Zeit – auf unterschiedliche Interpretationen. Quellen sind immer in „Sprachspiele" (Ludwig Wittgenstein) eingebettet.

Diese Probleme wiederholen sich in der heutigen und in jeder historischen Übersetzung. Übersetzungen sind auch nur Texte. Sie werden in einer Sprache und zu einer Zeit verfasst – einer Sprache mit einer eigenen Tradition und zu einer Zeit mit einem eigenen Geist. Quelle und Übersetzung stehen deshalb in einem Verhältnis „doppelter Kontingenz" (Niklas Luhmann). Beide könnten immer anders sein. Und damit wird es kompliziert.

Eine historische Übersetzung des ersten Messeprivilegs aus dem 18. Jahrhundert hilft jetzt in doppelter Weise. Sie gibt Einblick in die Inhalte des Textes und bietet Anschauungsmaterial für die abstrakten Ausführungen. Paul Jacob Marperger hat sie 1711 in seiner „Beschreibung der Messen und Jahr-Märckte" formuliert (204):

„Wir Friderich von Gottes Genaden Römischer Kåyser, zu allen Zeiten Mehrer des Reichs, zu Jerusalem und Sicilien König, thun hiermit kund jedermänniglich, daß wir alle und jede nach der Franckfurter Meß reisende, unter Unsern und des Heil. Römischen Reichs sonderbahren Schutz aufgenommen, befehlen auch hiermit, daß sich niemand unterstehen, dieselbe im hin- oder herreisen, nach oder von gedachten Messen zu, auf einigerley Weise oder Weg zu molestiren, als lieb ihm ist die Vermeidung unserer höchsten Kåyserlichen Ungnade. Dessen zum ewig wåhrenden Gedächtniß, haben wir dieses ausfertigen, und mit unserm Kåyserlichen Insiegel bekräfftigen lassen. Geben im Lager vor Escoli den XI. Julii, in der XIII. Indiction."

Die Übersetzung hilft nicht nur denjenigen, die (mittelalterliches) Latein nicht ganz so flüssig lesen. Sie schlägt eine Brücke aus dem 13. ins 18. Jahrhundert und – dadurch, dass wir uns mit ihr auseinandersetzen – ins 21. Jahrhundert.

An der Übersetzung von „semper augustus" lässt sich das schön zeigen. Marperger übersetzte die Formel in der Tradition von Spätmittelalter und Früher Neuzeit mit „zu allen Zeiten Mehrer des Reichs". Leider ist „semper augustus" nicht ganz eindeutig. Die Formel hat sowohl eine antike römische als auch eine mittelalterlich deutsche Tradition. Den „Ehrennamen" Augustus trug als erster Kaiser Oktavian (Kienast/Eck/Heil 21). Der römische Senat hatte ihm diesen im Jahr 27 v. Chr. verliehen. Deshalb kennen wir den Adoptivsohn Julius Caesars heute als Kaiser Augustus. Der Titel „augustus" stand wohl im Zusammenhang mit dem lateinischen „augere" (dt. „vermehren", „vergrößern"). Heute ist der Wortstamm in „augmented reality" wieder aktuell.

„Semper" (dt. „immer") trat erst später zum „augustus" hinzu – aber eben auch nicht immer. Kaiser Justinian I. verewigte sein „augustus" im Jahr 533, Kaiser Karl der Große verzichtete im frühen 9. Jahrhundert auf das „semper". Im 13. Jahrhundert wurde die Übersetzung von „semper augustus" dann praktisch relevant. Die römisch-deutschen Könige und Kaiser fertigten Urkunden und Privilegien nun auch auf Deutsch aus. Fortan wurde aus „semper augustus" ein „zu allen Zeiten Mehrer des Reiches".

Aber warum das alles? Die beiden Formeln und ihre Bedeutungen spiegeln im römischen, byzantinischen (oströmischen), karolingischen oder staufischen Kaisertum verschiedene religiöse, pragmatische und politische Zusammenhänge. Im religiösen Sinne erhöht und heiligt „semper augustus" den Kaiser als Person, pragmatisch fordert es ihn auf, Kaisertum oder Reich zu vermehren, und politisch verpflichtet es ihn auf Reich, Kaisertum oder Kirche.

Und wie jetzt übersetzen? Eine angemessene Übersetzung des Messeprivilegs von 1240 hängt an seiner historischen Situation, also dem Gebrauch der Formel in der staufischen Kaiserzeit und bei Kaiser Friedrich II. Sie müsste das Verhältnis von Kaiser, Kirche und Reich anno 1240 rekonstruieren und das Beziehungsgeflecht von Kaiser, Papst und Fürsten entschlüsseln. Diese Verhältnisse aber waren im späten Mittelalter immer wieder umkämpft und wurden auch in der Historiographie immer wieder anders erzählt. Eine ernstzunehmende Übersetzung kommt deshalb meist nicht ohne ausführlichen Kommentar aus.

Einen Ausweg aus dieser Tragödie der Übersetzung bietet die Paraphrase. Sie übersetzt bloß Teile der Quelle und überträgt diese sinngemäß. Ihr Sinn hängt an ihrem Erkenntnisinteresse. Deshalb belässt sie Quellenausschnitte häufig in ihrer ursprünglichen Sprache und wird meist in aktuell-sprachliche Sätze eingebettet. Doch selbst in der Paraphrase lauern Gefahren. So wurden in das Privileg von 1240 auch schon einmal *mercatores* (dt. „Kaufleute") hinein ‚parafrisiert' (bei Brübach 88; dazu Rothmann 1998, 21, Fn. 73). Diese wurden durch die Quelle freilich adressiert, genannt wurden sie aber nicht. Hier gilt: Ein jeder liest, was er im Herzen trägt (frei nach Johann Wolfgang von Goethe). Nun aber eine Paraphrase:

„Wir Friedrich, Römischer Kaiser, *semper augustus*, König von Jerusalem und Sizilien, wollen, dass alle, die zur Messe nach Frankfurt kommen, unter unserem und des Reiches Schutz stehen. Niemand soll diejenigen, die zur Messe fahren oder von ihr zurückkehren, stören oder daran hindern. Wer dies tut, verfällt in unsere höchste Ungnade."

3.7.3.2 Das Messeprivileg Ludwigs IV. vom 25. April 1330

Das zweite Messeprivileg ist auf Deutsch verfasst – aber leider nicht im aktuellen Hochdeutsch. Die Sprache des Privilegs von 1330 wird mittelhochdeutsch genannt. Sie ist uns zugleich vertraut und fremd. Das macht das Übersetzen besonders gefährlich. Die Worte, sogar die ungewöhnlichen, scheinen nach ein wenig Überlegung noch immer

Sinn zu ergeben. Aber sie stammen aus einer fundamental verschiedenen Zeit: „margt" ist nicht gleich Markt, die „rehten und vreyheit" gleichen nicht unseren Rechten und unserer Freiheit und „gericht" ist nicht gleich Gericht. All diese Worte sind nur falsche Freunde. Sie legen heutige Bedeutungen nahe, obwohl sie in andere Gesellschafts- und Rechtsvorstellungen eingebettet sind. So meint „Markt" im 14. Jahrhundert vor allem einen Ort – heute hingegen meint der schillernde Begriff sehr viel mehr. „Rechte und Freiheit" des Mittelalters oder auch das Frankfurter „Gericht" sind kaum mit den heutigen Ideen und Institutionen von Recht, Freiheit und Gericht vergleichbar. Normativ und tatsächlich trennen sie Welten. Eine Übersetzung müsste diese epochale Differenz sichtbar machen. Auch hier bietet die Paraphrase nur eine versuchsweise Lösung:

„Wir Ludwig, Römischer Kaiser, erlauben es den Frankfurter Bürgern in der Fasten- oder einer anderen Zeit einen vierzehntägigen Markt zu veranstalten. Diesen Markt dürfen sie neben dem alten Markt einrichten. Ihm stehen alle Rechte und Freiheiten des alten Marktes zu. Insbesondere sollen alle, die diese beiden Märkte besuchen, acht Tage vor und nach dem Markt in unserem und des Reiches Friede und Sicherheit stehen. Wer diesen Frieden bricht und die Sicherheit der Besucher gefährdet oder Frankfurter Bürger angreift und bestiehlt, den dürfen diese vor den Schultheiß und ihr Gericht laden. Wer der Ladung nicht folgt, darf von den Frankfurter Bürgern an Leib und Gut angegriffen werden. Alle unsere und des Reichs getreuen sollen die Frankfurter Bürger schützen und ihnen helfen."

3.7.4 Frankfurt, Friedrich und Ludwig

Den Weg zu diesen beiden Quellen ebnen einige kurze Vorbemerkungen zu Frankfurt und den beiden Kaisern. Selbst solche Vorbemerkungen sind Geschichten. Sie betonen Ereignisse und verschweigen andere. Sie erzählen in eigenem Stil und akzentuieren bewertende Perspektiven. Ein wenig nüchterner – dabei zugleich poetischer – ist der „Stakkato-Stil" (Joachim Rückert):

Frankfurt am Main, erstmals 794 urkundlich erwähnt, Synodus Franconofurtensis, Karl der Große. Im 9. Jahrhundert dann Königspfalz. Die Pfalz war klein. Ihr Areal erstreckte sich vielleicht über 325 × 125 Meter. Die Karolinger besuchten Frankfurt immer wieder, besonders Ludwig der Fromme und Ludwig der Deutsche. Der Deutsche wurde als erster König in Frankfurt gewählt. Das war 855. Die Ottonen vernachlässigten Frankfurt dann wieder, genauso die Salier. Die Königspfalz brannte ab.

Dann erschienen die Staufer. Kaufleute waren wohl schon da. Vermutlich Konrad III. baute im 12. Jahrhundert den Saalhof. Seine Söhne Heinrich (VI.) und Friedrich I. Barbarossa wurden 1147 und 1152 in Frankfurt zu Königen erhoben. Die Staufer förderten nicht nur Frankfurt, sondern auch Friedberg, Gelnhausen und Wetzlar. Damals hieß die ganze Gegend Wetterau – auch Frankfurt. Es folgte eine staufische Stadtmauer im frühen 13. Jahrhundert, wahrscheinlich auch eine staufische Burgmannschaft. Der Kaiserdom, damals noch St.-Bartholomäus-Kirche – nicht Dom – wurde 1239 geweiht.

Er kam aus Apulien. Gleich zweimal wurde Friedrich II. in Frankfurt zum König gewählt. Er gab 1240 das erste Frankfurter Messeprivileg. Zweijährig ließ Vater Heinrich VI. ihn 1196 in Frankfurt zum König wählen. „Stupor mundi" – „Staunen der Welt" nannten ihn die Chronisten. 1198, Heinrich VI. war gestorben, wurde er König von Sizilien. Legenden ranken sich bis heute um ihn. Ein messianisches Kind. Römischer Kaiser, König von Sizilien und König von Jerusalem. 1212 wählten ihn die Fürsten in Frankfurt erneut zum König – diesmal gegen Kaiser Otto IV. Die Königskrone erhielt Friedrich 1212 in Mainz und noch einmal 1215 in Aachen. Otto war kurz zuvor Philipp II. von Frankreich unterlegen. Fortan ignorierte Friedrich II. seinen Kontrahenten bis zu dessen Tod 1218. 1220 krönte Papst Honorius III. König Friedrich II. in Rom zum Kaiser.

Auch Ludwig IV. „der Bayer" wurde vor Frankfurt 1314 zum König gewählt – unglücklicherweise ebenso, d. h. ebenda und ebendann, Friedrich „der Schöne" von Habsburg. Nach langem Taktieren nahm der Bayer den Schönen 1322 gefangen. Sie arrangierten sich in einem Doppelkönigtum. Ludwig wurde 1328 ohne Papst in Rom zum Kaiser gekrönt. Den Papst, Johannes XXII., setzte er konsequent im gleichen Jahr noch ab. Als „der Schöne" 1330 abtrat, blieb Ludwig alleine König und Kaiser.

Diese kurzen Bemerkungen zu Frankfurt, Friedrich und Ludwig helfen in der Exegese nur mittelbar. Sie bilden den Sinn für die Zeit und die Bedeutung von Frankfurt. Für die deutschen Könige und Kaiser war die Stadt nicht nur als Wahlort wichtig. Sie galt schon immer als ökonomisch bedeutende, mittelgroße Stadt. Im 14. Jahrhundert zählte sie ungefähr 10.000 Einwohner. Ganz vorsichtig zeigen diese Vorbemerkungen zudem auf eine Parallele der beiden Privilegien: Friedrich II. und Ludwig der Bayer privilegierten die Frankfurter Messen in Zeiten größerer Stabilität – nicht hingegen während sie noch mit den deutschen Fürsten um ihr Königtum rangen.

3.7.5 Privilegien, Markt und Messe

Aber was sind nun Privilegien? Was zeichnet sie aus? Wie können wir Markt und Messe begreifen? Und was charakterisiert Messeprivilegien?

3.7.5.1 Privilegien

Privilegien stehen heute in einem schlechten Ruf. Wer privilegiert ist, darf sich zwar glücklich schätzen, nicht aber gerecht. Rechtlich fordern demokratisch-liberale Gesellschaften für alle die gleiche Freiheit. Für diese Freiheit steht das allgemeine und abstrakte Gesetz. Partikulare Gesetze oder individuelle Regeln sind diesen Gesellschaften suspekt. Sie drohen den Einen zu benachteiligen oder den Anderen zu bevorzugen. Doch genau das geschah in Privilegien: Eine Herrschaft, z.B. der Kaiser, ein König oder ein Fürst, privilegierte einen oder mehrere Empfänger. Andere mussten sich daran halten. Dieser Form folgten die beiden Privilegien von 1240 und 1330. Einmal privilegierte Kaiser Friedrich II., einmal Ludwig der Bayer. Das Privileg Ludwigs galt den „pûrgern ze Franchenfûrt", das Friedrichs nannte keinen Empfänger. Ganz offensichtlich aber hatten es die Frankfurter erworben.

Vom Mittelalter bis in die Moderne waren Privilegien in ganz Europa eine wichtige Rechtsquelle. Anders als moderne Gesetze aber galten sie nicht allgemein oder territorial. Ihre Normativität war weniger abstrakt. Wie die alte Rechtswelt waren sie personaler. Deshalb bedurften sie mit jedem Herrscherwechsel der Bestätigung: neuer Kaiser, neues Privileg. Das gilt auch für die beiden Privilegien. Sie wurden immer wieder erneuert. Bis 1330 bekannten sich acht Könige zu den Privilegien der Stadt und damit indirekt zum ersten Messeprivileg: Konrad IV. 1242 (BL I 127), Wilhelm 1254 (BL I 180), Richard 1257 (BL I 217), Rudolf 1273 (BL I 322), Adolf 1294 (BL I 655), Albrecht 1299 (BL I 736), Heinrich VII. 1310 (BL I 932) und schließlich Ludwig IV. 1320 (BL II 138). 1336 wurde das Privileg Friedrichs II. von 1240 durch Ludwig IV. im Wortlaut bestätigt (Privilegia 25). Seit 1349 wurden die Märkte und Messen als selbstständige Rechtspositionen in die allgemeinen Privilegienbestätigungen aufgenommen: zuerst Karl IV. (Privilegia 32), dann Wenzel 1384 (Privilegia 206), Ruprecht 1400 (Privilegia 251), Sigismund 1414 (Privilegia 256), Albrecht II. 1438 (Privilegia 290), Friedrich III. 1442 (Privilegia 291), Maximilian 1486 (Privilegia 351) usw. usw.

Das Mittelalter brachte eine große Privilegienvielfalt hervor. Sie wurden von Königen und Kaisern, später auch von Fürsten verliehen. Fürsten, Städte, Klöster oder andere Gruppen nahmen sie entgegen. In der Forschung werden deshalb zahlreiche Privilegienarten unterschieden, z. B. Stadtrechtsprivilegien oder Gerichtsstandsprivilegien. Besonders bekannt sind die *privilegia de non appellando, de non evocando* oder das *privilegium fori*. Die beiden Privilegien von 1240 und 1330 fallen in die Gruppe der Markt- und Messeprivilegien.

3.7.5.2 Markt und Messe

Markt- und Messeprivilegien betrafen Marktflecken, Marktplätze oder Messeorte. Kaiser oder Fürsten gewährten den Herr-, Bürger- oder Ortschaften verschiedene Rechte und Freiheiten am oder zum Markt. Aber was heißt hier Markt? Was meint Messe? Die Begriffe wurden in den Quellen vorausgesetzt. Friedrichs Privileg sprach von „nundinas", Ludwigs 1330 von „margt". Die „nundinae aput Frankenfurth" oder der Frankfurter „margt, den si von alter gewonheit gehabt habent", wurden nicht erläutert. Kaiser und Bürger, Kaufleute und Handwerker kannten ihre Märkte oder gebrauchten bewusst unscharfe Begriffe.

Aus heutiger Perspektive sollten die Begriffe jedoch nicht vollkommen dunkel bleiben – auch wenn sie nicht gleich definiert werden müssen. Wie immer gilt: „Je näher man ein Wort anschaut, desto ferner blickt es zurück" (Karl Kraus). Auch Markt und Messe tun das. Allgemein lässt sich über die alten Messen sagen, sie waren „überregionale, regelmäßig stattfindende Veranstaltungen zum Warenaustausch" (Cordes 1468). Märkte hatten demgegenüber einen lokaleren oder regionaleren Charakter. Die Übergänge zwischen Markt und Messe waren fließend. Auf beiden trafen sich Kaufleute und Handwerker, Fürsten und Bauern, Patrizier und Bürger aus der Gegend und unterschiedlichen Regionen. Auf Märkte zog es vermutlich alle Leute der vormodernen Gesellschaft.

Was Markt und Messe konkret meinen, hängt besonders am Erkenntnisinteresse. Wirtschaftshistorisch lassen sich zum Beispiel sieben Markttypen unterscheiden (Rothmann 2018, 199): „1. den lokalen grundherrschaftlichen Sammeljahrmarkt, 2. den lokalen Versorgungsjahrmarkt, 3. den verkehrsgeographisch bedingten Stationsjahrmarkt, 4. den regionalen Gewerbejahrmarkt, 5. den lokalen und regionalen Ergänzungsjahrmarkt, 6. den überregionalen Verteilermarkt (= Messe)" und „7. die überregionalen Wechselmessen." Das sind viele Märkte. Die wirtschaftshistorische Perspektive differenziert dabei vor allem nach Handelswaren, Handelsmengen und Handelsraum. Ihr Erkenntnisinteresse gilt dem Handel, also den Kaufleuten, Käufern und Gütern – nicht jedoch den rechtlichen Bedingungen von Märkten und Messen.

3.7.6 Die beiden Markt- und Messeprivilegien von 1240 und 1330

Für eine rechtshistorische Untersuchung müssen Märkte und Messen deshalb anders konzipiert werden: z. B. über normative Marktaspekte. Sie helfen, den normativen Gehalt der Privilegien in einer Matrix einzuordnen und schärfer zu analysieren. Aus

Perspektive der Historiographie geht mit einem solchen Vorgehen stets die Gefahr des Anachronismus einher. Denn die Marktaspekte werden aus einer heutigen Forschungsperspektive an die Vergangenheit getragen. Sie wurden eben nicht aus einem mittelalterlichen Marktverständnis – was auch immer dieses wäre und wie auch immer dieses rekonstruiert werden könnte – entwickelt. Dem oben formulierten Erkenntnisinteresse dienen diese Marktaspekte nichtsdestotrotz – und darauf kommt es an: „Though this be madness, yet there is method in't" (Hamlet). Fünf wichtige Marktaspekte sind (1.) der Marktzugang, (2.) die Marktgrenzen, (3.) die Marktpreise, (4.) die Marktprodukte und (5.) die Marktherrschaft. Gemeinsam konstituieren sie eine historische Marktverfassung.

3.7.6.1 Marktzugang

Marktzugang meint zunächst das Recht am Markt zu handeln. In der Vormoderne, also ohne Gewerbefreiheit, war das nicht selbstverständlich. Nicht jeder durfte auf den Markt und nicht jeder kam dorthin. Zunft- und Policeyordnungen regulierten immer auch die Marktakteure, etwa Handwerker, Krämer oder Makler. Andere galten als Stümper oder Pfuscher und wurden vom legalen Marktgeschehen ausgeschlossen.

In den Messewochen war das anders. Das deutete das Privileg von 1330 an. Es „erlaubt" die zweite Messe mit „allen rehten und vreyheit, als si derselber ir voder margt hat". Diese Messefreiheit wurde für die Marktakteure nicht weiter konkretisiert. Wahrscheinlich war sie Rechtsgewohnheit und ihre (unbestimmte) Kenntnis wurde vorausgesetzt. Deshalb könnte sie auch die Handelsfreiheit umfasst haben. Das Privileg von 1240 hingegen schwieg zu allen Freiheiten.

Dafür stand ein anderes Rechtsinstitut im Fokus beider Privilegien: das Geleitrecht, also das Recht zum Schutz der (Markt-)Reisenden. Einerseits schützte es die Marktakteure auf dem Weg zum Markt. Anderseits erlaubte es den Fürsten und Bischöfen, das Geleit zu organisieren und dafür Entgelte zu verlangen. Friedrich II. stellte die Reisenden 1240 „sub nostra et imperii protectione". Für Ludwig den Bayern waren sie 1330 „in unserm und des reiches vride und sicherheit". Dieses Geleitrecht war zentral für Markt und Marktzugang. Es bot der tatsächlichen Sicherheit der Reisenden, etwa durch Berittene und Bewaffnete, eine normative Grundlage. Wurde es beeinträchtigt, durften die Frankfurter Bürger die Übeltäter gerichtlich und notfalls gewalttätig verfolgen und verletzen.

3.7.6.2 Marktgrenzen

Marktgrenzen werden in Raum und Zeit gezogen. Das geschah in beiden Privilegien. Ob 1240 „Frankenfurth" oder 1330 „Franchenfûrt": beide benannten als Marktort die Stadt am Main. Zudem umrissen beide die Marktzeit. Friedrichs Privileg beschränkte sich abstrakt auf die „nundinas", also Markttage, im Plural. Das Privileg Ludwigs hingegen fasste die neue Messe deutlicher. Der neue „margt" sollte „weren … viertzehen tag". Er durfte „alle iar" in der „vasten oder in ainer andern zeit in dem iar, als ez in allerbest fûget", stattfinden. Die neue Messe trat neben den „margt, den" die Frankfurter Bürger „von alter gewonheit gehabt habent".

3.7.6.3 Marktpreise

Markt und Preis liegen heute eng beieinander. Häufig ist Markt nur noch Metapher. Er steht für das sagenhafte Spiel von Angebot und Nachfrage. Der Marktpreis vermählt dann beide. Das war nicht immer so. Lange dominierten Taxen, also statische und fixierte Preistabellen. Philosophisch und christlich diskutierte man einen gerechten als den richtigen Preis. Als Prinzip wurde Preisfreiheit auf dem europäischen Kontinent wohl erst in der Moderne normiert. Allein auf den Messen könnte das in Mittelalter und Früher Neuzeit schon anders gewesen sein. Das Privileg von 1240 schwieg dazu jedoch. Die unbestimmten „rehte" und die „vryheit" hingegen könnten schon 1330 die Preisfreiheit umfasst haben. Ausdrücklich wies das Privileg auf sie jedoch mit keinem Wort hin.

3.7.6.4 Marktprodukte

Produktnormen sind nicht weniger zentral für Märkte als ihre Preise, Grenzen oder Zugänge. Nicht selten konstituieren erst Rechtsnormen ein Produkt, etwa bei Urheberrechten oder Patenten. Zudem machen Produktnormen Preise vergleichbar. Ein hübsches Beispiel bieten Regeln für die Größe von Brötchen. Aus heutiger Sicht ergibt das wenig Sinn. Wem die Brötchen zu klein sind, der kauft eben woanders. Oder: Wer lieber kleine Brötchen backt, der verkauft sie eben billiger. Denkt man aber taxierte, also feststehende Waren- bzw. Brötchenpreise hinzu, wird über die Größe der Brötchen auch der Preis gemacht. In Mittelalter und Früher Neuzeit fanden sich Produktnormen vor allem in Zunft- und Policeyordnungen. Die beiden Privilegien aber schwiegen zu den Produkten.

3.7.6.5 Marktherrschaft

Marktherrschaft bezeichnet schließlich ein weites Feld. Sie umfasst das Recht zum Markt genauso wie das Recht am Markt. Das Recht zum Markt, also das Recht einen Markt oder eine Messe zu veranstalten, wurde in Friedrichs Privileg vorausgesetzt. Es schützte „universos et singulos ad nundinas … venientes", also alle die zur Messe kamen. Einen Messeplatz schuf das Privileg nicht. Dies wird im Kontrast zu Ludwigs Privileg besonders deutlich. Dieses unterschied klar zwischen dem „margt" von „alter gewonheit" und dem „margt", den die Frankfurter Bürger erst noch „legen und machen mügen". Ausdrücklich ging es um die Gestattung des Marktes: „Wir Ludowich … Tůn chunt offenleich … daz wir … erlaubt haben und erlauben".

Ludwigs Privileg gewährte nicht nur ein Recht zum Markt. Es dient auch als Beleg für das Recht am Markt. Während das Privileg von 1240 nur Schutz behauptete, bestimmte das Privileg von 1330 den Verfahrensgang im Fall von Rechtsverletzungen. Wurden „vride und sicherhait" gebrochen, durften die Bürger die Täter „laden für unsern schultheizze und ir gericht ze Franchenfurt". Wurde der Ladung nicht gefolgt, stand den „bůrger von Franchenfurt" das Recht zu, die Täter „von unserm gwalt angreiffen an ir leibe und an ir gůt". Diese Zeilen begründen weder ein Messegericht noch einen Messegerichtsstand. Aber sie gaben Befugnisse und ein Verfahren für den Fall der Verletzung des Geleitrechts vor. Sie fügen sich in die mittelalterlichen Vorstellungen rechtlicher und gerichtlicher Gewalt, wie z. B. Acht und Anleite oder Friede und Fehde, ein.

Ergo: Die beiden Frankfurter Messeprivilegien von 1240 und 1330 sicherten den Marktzugang. Friedrich II. und Ludwig IV. privilegierten die Marktreisenden auf ihren Wegen nach Frankfurt. Einen tatsächlichen Schutz gewährten sie nicht. Normativ erscheint dieser Schutz im Privileg Ludwigs als wichtigstes Recht und wichtigste Freiheit für die neue Fastenmesse. Sie wurde 1330 ausdrücklich erlaubt. Der Verweis auf die Rechtsgewohnheiten der alten Messe und ihre Freiheit blieb für sich allerdings noch vage. Heute bietet er Anlass, den Handels- und Preisfreiheiten auf den mittelalterlichen Messen nachzugehen.

3.7.7 Kontexte

Die beiden Messeprivilegien sprechen zunächst für sich. Ihre Kontexte aber machen ihre Bedeutung besser greifbar. Friedrich II. und Ludwig IV. gaben zahlreiche weitere Privilegien. Sie ermöglichten und begleiteten eine soziale, ökonomische und normative Praxis. Die fünf Marktaspekte bringen auch hier ein wenig Ordnung in das Chaos der Geschichte.

3.7.7.1 Marktzugang

Für das Spätmittelalter kann Marktzugang wörtlich genommen werden. Die Wege waren weder offen, noch sicher. Marktakteure bedurften auf ihren Reisen des Schutzes. Stets drohte Gewalt durch Raubunternehmer oder Herrschaften. Ein Gewaltmonopol fehlte. Oft war Gewalt rechtlich oder gar rechtsplural verfasst. Eben darauf antwortete das Geleit als „friedensstiftende Institution" (Rothmann 2004, 102). Das Geleitrecht war ein wichtiges Rechtsinstitut der mittelalterlichen Reichsverfassung. Normen zur „Art des Geleits der Kurfürsten" („conductus electorum", MGH Font. iur. XI, Buschmann I 111) standen sogar gleich im ersten Abschnitt der Goldenen Bulle von 1356.

1240 folgte das erste Frankfurter Messeprivileg auf zwei wichtige politische und rechtliche Wegmarken Friedrichs II.: das zweite Fürstenprivileg von 1231/32, das sog. *statutum in favorem principum*, und den Mainzer Reichslandfrieden von 1235. Beide beinhalteten Normen zum Geleit. Das *statutum* erkannte das „Geleitrecht der Fürsten durch ihr Territorium" („conductum principum per terram eorum") in Kapitel 14 ausdrücklich an (MGH Const. II 171, Buschmann I 77). Der Reichslandfrieden untersagte in Kapitel 12 das „Geleit gegen Entgelt" („conductum alicui precio"), wenn es nicht „nach Lehnrecht vom Reich empfangen" („nisi ius conducendi teneat ab imperio iure feodali") wurde (MGH Const. II 196, Buschmann I 88). Die normativen Eckpunkte des Geleitrechts standen damit fest. Allein die Fürsten und ihre Vasallen durften Geleit gegen Entgelt anbieten. In diese Rechtslage fügte sich das Messeprivileg von 1240 ein. Das gilt ebenso für die Nennung der Frankfurter Messe in einem Regensburger Messe- und Geleitprivileg von 1227 (BL I 83). Die Privilegien sollten die Marktbesucher schützen. Gerichtet aber waren sie an die Fürsten und Herrschaften. Diese organisierten den bewaffneten Schutz und verdienten zur Messezeit an ihrem Geleit.

Das Geleitprivileg entfaltete seine Normativität nicht nur im Verhältnis von Fürsten und Kaiser. Es leitete eine immer komplexer werdende Geleitpraxis mit Geleitbriefen, Geleitgeld und Geleitwegen. Die wirtschaftshistorische Forschung zeichnet hier ein vielschichtiges Bild. Schon für das frühe 14. Jahrhundert lassen sich Vereinbarungen zwischen Herrschaften über das Geleitwesen und die Geleittarife zur Frankfurter Messe nachweisen. Nach Frankfurt bildeten sich zahlreiche Geleitwege heraus, etwa das „Nürnberger-", das „Augsburg-Ulmer-", das „Kurpfälzische-" oder das „Kölnische-Meßgeleit" (Dietz 1910, 43 f.). Messebesucher aus zahlreichen Städten schlossen sich den Karawanen auf den etablierten Geleitwegen an. Die Geleitherren ihrerseits organisierten Geleitreiter und Pferde. Im späten Mittelalter und in der Frühen Neuzeit setzte sich eine zunehmend institutionalisierte Geleitpraxis durch.

3.7.7.2 Marktgrenzen

Der Marktraum Frankfurt und seine alte Messe bestanden nicht erst seit 1240. Die beiden Quellen bezeugen allein die Privilegierung des Geleits in Friedrichs Zeit. Über die Entstehung und Geschichte der Herbstmesse schweigen sie. Frankfurter Kaufleute und Zoll finden sich schon in Privilegien von 1074, 1180 und 1184 (BL I 17, 26, 27). Das spricht für Handel an einem Frankfurter Markt. Um 1150 wurde die Messe bzw. der Markt der „Gojim, wie in Frankfurt", zum ersten Mal in einem rabbinischen Text genannt (Brücke III 5). Vielleicht hatte Konrad III. die „Frankfurter Alte Messe" eingerichtet (so Orth 1991a, 454).

Zum Marktort zählen nicht nur Raum und Zeit. Märkte und Messen waren in der Vormoderne in ein Geflecht verschiedener Handelsgelegenheiten eingebunden. Das deuteten bereits Rothmanns sieben Markt- und Messetypen an. Für bestimmte Güter entstanden an unterschiedlichen Orten zudem dauerhafte Handelsplätze, etwa für Tuch in Brügge oder für Wein in Frankfurt. In der aktuellen Forschung werden zudem immer wieder Messesysteme diskutiert. Berühmt sind bis heute die mittelalterlichen Messen der Champagne. Seit dem 12. Jahrhundert fanden dort in vier Städten sechs zeitlich aufeinander abgestimmte Messen statt. Solche Messezyklen etablierten sich später auch in Flandern, in England, am Niederrhein – und in der Region um Frankfurt. Aus der Zeit Friedrichs II. stammen Privilegien für Märkte in Oppenheim, Worms und Speyer. Mainz, Gelnhausen und Würzburg unterhielten ebenfalls Jahrmärkte (Nachweise bei Rothmann 2018, 193 f.).

Das zweite Frankfurter Messeprivileg von 1330 fügt sich in dieses Messe- und Privileginnetz ein. Ludwig der Bayer privilegierte nicht allein die Frankfurter Fastenmesse. 1332 verfügte er, dass „bede jarmrkt" in Friedberg nun „vierzehen tag wern sullen" (Foltz 278). Die beiden Friedberger und die beiden Frankfurter Messen gelten heute häufig als Wetterauer Messesystem. Weitere Urkunden belegen Ludwigs systematische Marktpolitik. 1332 bestätigte dieser sowohl den Frankfurtern als auch den Friedbergern, dass die Übertragung ihrer Stadtrechte nicht ihre Messefreiheiten und -rechte umfasste (BL II 434, Foltz 280). 1337 bekannte sich Ludwig noch stärker zur Frankfurter Messe. Er gestand den Frankfurtern zu, dass er „der stat ze Mântze" noch „kainer ander stat oder niemman anders" weder „messe noch margte geben sull", sofern diese „den zwan messen und margten ze Franchenfurt schadeliche sin mugen"

(BL II 606). Diese drei bzw. vier Privilegien von 1332 und 1337 sind wichtig für das Verständnis des Messeprivilegs von 1330. Das Privileg stand nicht für sich. Es war in die städtische und kaiserliche Wirtschaftspolitik eingebettet.

3.7.7.3 Marktpreise

Marktpreise meinen nicht nur Preismechanismen wie z. B. Preistaxen oder das Spiel von Angebot und Nachfrage. Preise sind normativ hoch voraussetzungsvoll. Ihre wichtigsten Voraussetzungen sind Geld, Gewichte und Maße. Sie ermöglichen erst einen quantitativen Vergleich von Gütern. Das macht das Geld- und Münzwesen so wichtig für Märkte und Handel.

Frankfurt war schon im Mittelalter eine Geldstadt. Auf der Messe wurden nicht nur Wechsel und Münzen getauscht. In Frankfurt wurden schon lange reichlich Münzen geprägt (ausführlich Rothmann 1998, 198–267). Ein wenig Stakkato-Poesie muss hier genügen: Auf 1194 datiert die erste urkundliche Erwähnung einer Frankfurter Münze (BL I 33). Geprägt wurden sie vielleicht schon seit den 1160er Jahren. Im 13. Jahrhundert belegen zahlreiche Urkunden die Frankfurter Prägungen, auch eine Urkunde von 1235 (BL I 107). Das *statutum* von 1231/32 und der Mainzer Reichslandfrieden von 1235 beschäftigten sich ebenfalls mit Münzstätten und Prägerechten. Goldmünzen wurden erst später in Frankfurt geschlagen. Das Recht dazu erwarben der Nürnberger Schultheiß und ein Frankfurter Bürger 1340 von Ludwig dem Bayern (BL II 712). Der Markt brauchte die Münze und die Münzen folgten den Märkten.

3.7.7.4 Marktprodukte

Die auf den Messen gehandelten Waren wurden selten ausdrücklich reguliert. Das gilt auch für die Zeit außerhalb der Messen. Die Zunft- und Policeyordnungen boten nur wenige ausdrückliche Produktregeln. Einen mittelbaren Einfluss auf die Produktqualität hatten vor allem die Zunftmeister – und zwar über Zugangsregeln. Jeder Frankfurter Meister hatte als Geselle bei einem anderen Frankfurter Meister zu arbeiten. Erst dann durfte er die Meisterprüfung absolvieren. Das Meisterstück nahmen ihm die zünftigen Meister ab und urteilten so über die Produktqualität.

In den Messezeiten aber gab es keinen Zunftzwang. Auf der Suche nach Qualität halfen dort vor allem Unterkäufer. Sie waren als amtliche Makler den Vertragsparteien gleichermaßen verpflichtet. Zahlreiche Ordnungen versuchten, diese Unabhängigkeit zu sichern. Hinzu kamen möglicherweise Produktregelungen stadtfremder Zünfte. Diese reisten regelmäßig in Karawanen geschlossen nach Frankfurt. Produktnormen ergaben sich zur Messe so vielleicht aus einer sozialen Makler- und überregionalen Zunftpraxis.

3.7.7.5 Marktherrschaft

Beide Messeprivilegien gewährten ein Recht zu Markt und Messe oder setzen es voraus. Ludwigs Privileg gewährte dabei nicht nur Schutz, sondern formulierte zudem ein Verfahren für Geleitverletzungen. Das wird im Vergleich zu Friedrichs Privileg von 1240 besonders deutlich. Ausdrücklich benannte das Privileg von 1330 städtische Institutionen wie „schultheizzen" oder „gericht" und Verfahrensregeln wie die „ladung".

In dieser Zeit kam es zu wichtigen politischen Veränderungen in Frankfurt. Spätestens seit 1220 hatte Friedrich II. die Vogtei in Frankfurt aufgegeben. Eine erste Urkunde des städtischen Gerichts unter dem Vorsitz des Schultheißen ist von 1225 überliefert (BL I 73). Der Rat wurde zuerst 1266 (BL I 263) erwähnt. Zwei Bürgermeister standen der Stadt wohl seit 1310 oder 1311 vor. Und zum Ende des 13. Jahrhunderts hatte das Gericht schon verschiedene Verfahrens- und Sachvorschriften etabliert (BL I 704).

Zwischen 1240 und 1330 hatten sich die institutionellen Bedingungen des Geleitschutzes verschoben. Die umfangreicheren normativen Verfahrensregeln des späteren Privilegs deuten auf ein größeres Vertrauen in das Recht und die institutionelle Bewältigung von Konflikten. Sie belegen auch die normative Relevanz des Privilegs. Warum sonst sollte das zweite Privileg den Verfahrensgang bestimmen? Die Veränderungen in der Stadtverfassung bezeugen schließlich die institutionelle Wirklichkeit der Privilegien. Der Geleitschutz sollte gerichtlich gesichert werden – und es gab Gerichte, Verfahren und Gewalt zur Durchsetzung des privilegierten Rechts.

3.7.8 Was bleibt?

Die Analyse oder Exegese der beiden Messeprivilegien hat zahlreiche Forschungsfragen angedeutet. Allgemein-historisch können sie in die Privilegien-, Wirtschafts-, Friedens- und Reichspolitik der beiden Kaiser eingeordnet werden. Rechtshistorisch fragen sie nach der Rechtsqualität des Privilegs, seiner Institutionen und Verfahren. Wirtschaftshistorisch stehen sie inmitten der Diskussionen um Kaufleute, Handel und Märkte im Mittelalter. Aus Perspektive einer Wirtschaftsrechtsgeschichte bilden sie den Ausgangspunkt von Forschungen zur rechtlichen Verfassung von Märkten.

Die Analyse der beiden Quellen mit Hilfe von normativen Marktaspekten hat ihren ökonomischen Regelungsgehalt weiter geschärft. Im Ergebnis bleiben beide

Messeprivilegien freilich Messeprivilegien. Genauer betrachtet handelt es sich aber nur bei Ludwigs Privileg um ein Messegründungsprivileg. Friedrich II. richtete ohnehin keine Messe ein. Er fand sie vor und stellte ihre Besucher unter seinen Schutz. Aber auch Ludwig stellte Schutz und Geleit der Messebesucher in den Vordergrund. Beide Privilegien könnten deshalb auch Frankfurter Geleitprivilegien genannt werden. Ob nun als Messe- oder Geleitprivilegien: Sie geben spannende Fragen zur mittelalterlichen Messe-, Wirtschafts- und Rechtsgeschichte auf – und sie öffnen ein Tor in eine vergangene Welt und einen historischen Nomos.

3.7.9 Bibliographie

Diese Exegese verzichtet durchgängig auf einen Fußnotenapparat. Allein Quellenbelege und Zitate werden im Text explizit ausgewiesen. Das in der Exegese gebrauchte historische Wissen ist über die folgende Bibliografie verfügbar. Die Titel sollen zugleich einen Einstieg in das Selbststudium anregen und ermöglichen. Sie sind deshalb nach Themen geordnet.

3.7.9.1 Gedruckte Quellen

Boehmer, Johann Friedrich u. Friedrich Lau (Hrsg.), Urkundenbuch der Reichsstadt Frankfurt, Erster Band 794–1314, Zweiter Band 1314–1340, Frankfurt am Main 1905 (im Text zitiert als „BL, Band, Nummer").

Brücke verweist auf die Bände von *Rainer Koch* unten unter 3.7.9.7 Markt- und Messe.

Foltz, Max (Hrsg.), Urkundenbuch der Stadt Friedberg, Marburg 1904.

Privilegia et Pacta Des H. Römischen Reichs-Stadt Franckfurt am Mayn …, Franckfurt am Mayn 1728 (im Text zitiert als „Privilegia, Seite")

Die beiden Fürstenprivilegien Friedrichs II., der Mainzer Reichslandfriede und die Goldene Bulle Karls IV. sind in zahlreichen Quellensammlungen verfügbar. Zu den wichtigsten Editionen zählen die umfangreichen Monumenta Germaniae historica und hier die beiden Bände:

Constitutiones et acta publica imperatorum et regum, II. 1198–1272, hg. v. Ludwig Weiland, Hannover 1896 (im Text zitiert als „MGH Const. II, Nummer"),

Fontes iuris Germanici antiqui in usum scholarum, XI. Bulla aurea Karoli IV. imperatoris anno MCCCLVI promulgata, bearb. v. Wolfgang D. Fritz, Weimar 1972 (im Text zitiert als „MGH Font. iur. XI, Nummer").

Einen einfachen Zugriff auf alle drei mittelalterlichen Quellen ermöglicht:
Buschmann, Arno, Kaiser und Reich. Verfassungsgeschichte des Heiligen Römischen Reiches Deutscher Nation vom Beginn des 12. Jahrhunderts bis zum Jahre 1806 in Dokumenten, Teil I: Vom Wormser Konkordat 1122 bis zum Augsburger Reichsabschied von 1555, 2. Aufl. Baden-Baden 1994.

3.7.9.2 Messe Frankfurt GmbH

Die Daten zur Frankfurter Messe stammen von der Homepage der Messegesellschaft (alle zuletzt abgerufen am 16.12.2020):
https://www.messefrankfurt.com/frankfurt/de/unternehmen/geschichte.html
https://www.messefrankfurt.com/frankfurt/de/presse/presseliste/2019/umsatz-733-millionen.html#download

3.7.9.3 Semper Augustus

Hattenhauer, Hans, Semper Augustus. Zur Rechtsgeschichte des Kaisertitels, in: Festschrift für Martin Heckel zum siebzigsten Geburtstag, hg. v. Karl-Hermann Köstner, Knut Wolfgang Nörr u. Klaus Schlaich, Tübingen 1999, 535–546.
Kienast, Dietmar, Werner Eck u. *Matthäus Heil*, Römische Kaisertabelle. Grundzüge einer römischen Kaiserchronologie, 6. Aufl. Darmstadt 2017, 21 f.

3.7.9.4 Frankfurt am Main

Einen guten Überblick zur Geschichte der Stadt Frankfurt am Main gewährt: Frankfurt am Main. Die Geschichte der Stadt in neun Beiträgen, hg. v. der Frankfurter Historischen Kommission, Sigmaringen 1991. Verwendet wurden daraus die beiden Beiträge von:
Bund, Konrad, Frankfurt am Main im Spätmittelalter 1311–1519, 53–149,
Orth, Elsbet, Frankfurt am Main im Früh- und Hochmittelalter, 9–52, sowie
dies., Freiheit und Stadt: Der Fall Frankfurt, in: Die abendländische Freiheit vom 10. bis zum 14. Jahrhundert, hg. v. Johannes Fried, Sigmaringen 1991, 435–460.

3.7.9.5 Könige und Kaiser

Einen schönen Einstieg in die Welt der mittelalterlichen Könige und Kaiser im Alten Reich ermöglicht der Band: Die deutschen Herrscher des Mittelalters, hg. v. Bernd Schneidmüller u. Stefan Weinfurter, 2. Aufl. München 2018.

Verwendet wurden die Beiträge von:
Althoff, Gerd, Konrad III. (1138–1152). Mit Heinrich (1147–1150), 217–231,
Ehlers, Joachim, Friedrich I. Barbarosssa (1152–1190), 232–257,
ders., Heinrich VI. (1190–1197), 258–271,

Eickels, Klaus von, Otto IV. (1198–1218) und Philipp (1198–1208), 272–292,
Eickels, Klaus von, Friedrich I. (1212–1250). Mit Heinrich (VII.) (1222–1235), 293–314.

3.7.9.6 Privilegien

Einen verlässlichen Überblick über Forschungsstand und Literatur bieten die Artikel im Handwörterbuch zur deutschen Rechtsgeschichte IV, 28. Lieferung:
Battenberg, Friedrich, „Privilegia de non appelando", Sp. 828–830,
ders., „Privilegia de non evocando", Sp. 830–832,
Hecker, Hans-Joachim, „Privileg, mittelalterlich", Sp. 816–821,
Mohnhaupt, Heinz, „Privileg, neuzeitlich", Sp. 801–828,
Oestmann, Peter, „Privilegium fori", Sp. 834–835.

3.7.9.7 Markt- und Messe (in Frankfurt)

Zu Markt und Messe gibt es eine kaum überschaubare Menge an Literatur. Die folgenden Titel haben mit Ausnahme der Lexikonartikel einen Schwerpunkt auf den Frankfurter Messen:
Brübach, Nils, Die Reichsmessen von Frankfurt am Main, Leipzig und Braunschweig (14.–18. Jahrhundert), Stuttgart 1994.
Cordes, Albrecht, Art. „Messe", in: HRG III, 2. Aufl. 2016, Sp. 1468–1473.
Cordes, Albrecht u. Alexander Krey, Art. „Markt", in: HRG III, 2. Aufl. 2016, Sp. 1308–1319.
Koch, Rainer (Hrsg.), Brücke zwischen Völkern – Zur Geschichte der Frankfurter Messe, 3 Bde., Frankfurt am Main 1991.
Rothmann, Michael, Die Frankfurter Messen im Mittelalter, Stuttgart 1998.
Ders., Marktkonzepte in Europa unter besonderer Berücksichtigung des Heiligen Römischen Reiches, in: Europäische Messegeschichte. 9.–19. Jahrhundert, hg. v. Markus A. Denzel, Köln u. a. 2018.
Schneidmüller, Bernd, Die Frankfurter Messen des Mittelalters – Wirtschaftliche Entwicklung, herrschaftliche Privilegierung, regionale Konkurrenz, in: Brücke zwischen den Völkern – Zur Geschichte der Frankfurter Messe, Band I: Frankfurt im Messenetz Europas – Erträge der Forschung, hg. v. Hans Pohl, Frankfurt am Main 1991, 67–84.

3.7.9.8 Geleit

Das Geleit wird in der jüngeren Literatur vernachlässigt. Zahlreiche besonders ältere Titel nennen vor allem die Arbeiten von *Lingelbach* und *Rothmann*:
Dietz, Alexander, Frankfurter Handelsgeschichte, Erster Band, Frankfurt 1910, 41–45,
Lingelbach, Gerhard, Art. „Geleit", in: HRG II, 2. Aufl. 2012, Sp. 37–42,
Rothmann, Michael, Innerer Friede und herrschaftliches Gewaltmonopol. Zur herrschaftlichen Funktion von Fehde und Geleit in Spätmittelalter und beginnender Früher Neuzeit unter besonderer

Berücksichtigung von Frankfurt und dessen Umland, in: „… Ihrer Bürger Freiheit". Frankfurt am Main im Mittelalter, hg. v. Heribert Müller, Frankfurt am Main 2004, 89–124.

Aus der jüngeren Literatur:

Scholz, Luca, Frei und sicher? Geleitschutz und Bewegungshoheit im Alten Reich des späten 16. Jahrhunderts, in: Protegierte und Protektoren. Asymmetrische politische Beziehungen zwischen partnerschaft und Dominanz (16. bis frühes 20. Jahrhundert), Köln u. a. 2016, 333–348,

Straube, Manfred, Geleitwesen und Warenverkehr im thüringisch-sächsischen Raum zu Beginn der Frühen Neuzeit, Köln u. a. 2015.

3.7.9.9   Fürstenprivilegien und Mainzer Reichslandfriede

Buschmann, Arno, Art. „Mainzer Reichslandfrieden", in: HRG III, 2. Aufl. 2016, Sp. 1186–1191,

Dirlmeier, Ulf, Gerhard Fouquet u. Bernd Fuhrmann, Europa im Spätmittelalter 1215–1378 (=Oldenbourg Grundriss der Geschichte 8), 2. Aufl. München 2009,

Klingelhöfer, Erich, Die Reichsgesetze von 1220, 1231/32 und 1235. Ihr Werden und ihre Wirkung im deutschen Staat Friedrichs II., Weimar 1955,

Schubert, Ernst, Fürstliche Herrschaft und Territorium im späten Mittelalter (=Enzyklopädie deutscher Geschichte 35), München 1996.

3.7.9.10 Messesysteme

Irsigler, Franz, Markt- und Messeprivilegien auf Reichsgebiet im Mittelalter, in: Das Privileg im europäischen Vergleich, Band 2, hg. v. Barbara Dölemeyer und Heinz Mohnhaupt, Frankfurt am Main 1999, 189–214.

Pauly, Michel, Vom regionalen Messesystem zum internationalen Netz von Messestädten, in: Netzwerke im europäischen Handel des Mittelalters, hg. v. Gerhard Fouquet und Hans-Jörg Gilomen, Ostfildern 2010, 49–100.

Rothmann, Michael, Marktnetze und Netzwerke im spätmittelalterlichen oberdeutschen Wirtschaftsraum, in: Netzwerke im europäischen Handel des Mittelalters, hg. v. Gerhard Fouquet und Hans-Jörg Gilomen, Ostfildern 2010, 135–188.

3.8 „Lass rynnen, lass rynnen": Ein Selbstmordfall am Chiemsee im Jahr 1521 – Gerichtsverfassung, Geisterfurcht und „Volksgeist" in Bayern um 1500

Hans-Georg Hermann

3.8.1 Quellenzugang

3.8.1.1 Transskription[1]

[fol. 25v] Anno vicesimo primo der wenigern zall des mÿtwochs vor dem heiligen pfingstag der do was deß dreÿzëhenden tags May etc. Begab sich eyn vngelickh[lich]er vnd Beschwärlicher vall Jn vnnser hoffmarch zw Seeprůgg, das ainer genanndt Haÿmeran von Dorff[2] Jm selbs den tot thet vnd Erhieng sich selbß an ein hanndtůech, vnnd vmb frůmes zeÿt khůmen dÿ vnnsern zůe Seeprůgg, aůch des erhengtn Sůn mit Namen Lienhardt von Dorff vnnd Berichten vnns der übeltat so sich ergangen het, Jn beiwëssen doctor Gregorÿ Hofstetter, vnnsers genedigen herrn etc. Leÿbartzt, vnd Cristoffen Mespůecher zu Minichen. Nůn was vnnser Richter Hannß Werdinger[3] nit anhaimbs vnnd in vnnserm vnnd vnnsers geschäfften zůe Cling, zůe dem schigkhten wir vnnsern ambtman Hainrichen Khirchmair eÿllents geen Cling vnd verkhinden Jm den vall, der rait desselben abents geen Seeprůgg. Der Beschaůdt den dodten, fanndt

---

1 Sprache und Orthographie erschweren offenbar sehr den Zugang; im Rahmen einer Klausur, aber selbst auch einer Hausarbeit könnte man den Text schwerlich ohne weitere Hilfestellung (letztlich einer neuhochdeutschen Übertragung) zumuten. Immer hilfreich ist für deutschsprachige Texte dieser Zeit, sie (mehrfach) laut zu lesen.
2 Zum vollständigen Namen vgl. unten Anm. 11.
3 Hans Wertinger ist als Frauenchiemseer Klosterrichter zwischen 1498 und 1527 belegt, vgl. Ernest Geiß, Die Reihenfolge der Gerichts- und Verwaltungsbeamten Altbayerns nach ihrem urkundlichen Vorkommen vom XIII. Jahrhundert bis zum Jahr 1803, 1. Abt. Oberbayern, München 1865, 55.

den sitzen auf einem pethlen an dem hannttůech hanngen, der het einen zipffl des hannttůechs Jn der hanndt, vngeschaffen⁴ gnůg als wir bericht sein,

vnnd ob waren auch desselben mals beÿ dem Beschawen der Lanndtambtman von Cling, genandt Lienhardt Schneider, nit von ambts wegen, sonnder von pets wegen vnnsers Richters, dar zůe Hanns Chiembseer, vnnser Wierdt, Jörg vnnd Christan die Vingkhn, Hanns Zollner, Christan von Dorff, Fritz Vagner, Hanns Praůnsaůg, Haintz Vischer, Hannß vnnd Lienhardt di Hinderßkhürcher, auch Haintz Khirchmair vnnd annder vill mer. Man fanndt aber laÿder khain maill an Jm, Dabeÿ man aigentlich mergkhet, das er Jm den dot selbs than hedt. *[fol.26r]* Auf das Rit vnnser Rÿchter frůe geen Trospůrg vnnd verkhindt das der herrschafft, sonnderlich Matthasern Gössenwerger, der waß derselben zeidt phleger, Nach dem das Darff mit dem hochgericht Jm lanndgericht Trosperg ligt, vnnd die weill der phleger vnnd vnnser Richter dÿ sachen beradtschlagten, lief die Altz an von der Traůn⁵, so groß, das Niemandt zw Roß hin Noch her Macht, also schigkhten der phleger vnd vnnser Richter einen potn geen Bůrgkhaůssen vnd zaigten dem Regimenndt den vall an, dabeÿ wie er Haimeran von Dorff wenig güeter het lassen. Damit man grosse Costung etc.[?] auf Jn lies geen vnnd wer Jr güet Bedůnckhen, Man Schlieg Jn zům fürderlichisten Jn ein vaß vnnd machet zötln an dj pöden, daran stůendt geschriben [„]laß Rÿnnen, laß Rÿnnen [“], vnd fůerdt Jne aůf dz Nägst an den Jn, also liessen es die herrn vom Regimendt zu Bůrgkhaůsen auch beÿ dem anschlag beleiben, auf dz wardt er an dem heilligen pfingstag zw abenndt, alß dÿ sůn wolt zůegeen, eingeschlagen vnnd an den Jn geführt. Roß vnd wagen was des Lienharden von Dorff, damit schigkhten vnnser Richter vnnsern hofmarchsambtman Reitten vnnd sůnst vier etc. die fürtn Jn an den Jn vnnd liessen Jn Rÿnnen, darauf sprach vnnser Richter Lienhardtn von Dorff vmb seins vatters güeter an, der het ein trůhen beÿ Jm gehabt, dÿ versperdt was, darzůe ein trůhen bey dem Schlaipffner Jm landtgericht Cling zůe Preinerstorff, darzůe zehen Reinisch gůlden Schůlt beÿ Eÿncm aůßlëg zůe Traunstain, der des Haimeran Schwester zůe weib hette, dz alles stëllt vnnser Richter dem Lien *[fol.26v]* hardtn Zůe, darfür warde Jme von dem Lienharden betetingt ein Sůma gelts, daůon richtet vnnser Richter all sachen aůß, so Rber den vbeltäter ganngen was zerůng, potnlon, Besöldůnng, kham also an schaden

---

4   Ungeschaffen: deformis, synonym sowohl für häßlich wie aber auch unbekleidet, vgl. Johann Georg Scherz, Glossarium Gemanicum medii aevi, Bd. 2, Straßburg 1784, Sp. 1838; s. a. Alfred Götze, Frühneuhochdeutsches Glossar, 2. Aufl. Bonn 1920, 219.

5   Südlich von Trostberg liegt in Altenmarkt der Zusammenfluß beider Gewässer.

darůon, beÿ der Täding warn Hannß Zollner, Sigmundt Schůßpeckh, Christoff von Dorff, Gugkh von Sell, vnnd der order Schůester[6] von Seeprůgg, dz haben wir fraŵ Vrsůla also verschafft einzůschreiben, ob solcher oder die gleichen väll einer in vnnsers gotshaůs hofmarchen beschäch, dz sich vnnser Nachkhomen darnach wissen zůhalten, wann dÿ Eehafft alveg In der hoffmarch beleiben sollen.

3.8.1.2 Quelleneinordnung mit Abbildung

Die keinen Normentext bietende, sondern erzählende Quelle[7] berichtet von der Abwicklung eines Selbstmordfalles in Seebruck am Chiemsee, einem in Oberbayern liegenden Ort und seinerzeit eine gleichnamige Klosterhofmark, die zum Frauenkloster Frauenchiemsee auf der Fraueninsel gehörte[8]. Der Text findet sich in einer Archivalie des Bayerischen Hauptstaatsarchivs München mit der Signatur BayHStA, Kloster Frauenchiemsee Amtsbücher und Akten 83, fol. 25v-26v[9]. Wie die Signatur schon

---

6 „Order" ist eine Ahle, die zum Vorstechen von Löchern beim Leder dient (vgl. Johann Andreas Schmeller, Bayerisches Wörterbuch, 2. Ausg. München 1872–1877 (ND München 1985), Bd. 1, 151 f. sub „Ort 2".

7 Erstmalig aufmerksam machte auf diesen Text Heinrich Konrad Föringer, Ueber den Gebrauch, Selbstmörder in schwimmenden Fässern zu bestatten, in: Oberbayerisches Archiv Bd. 5 [1844], 407–416. In seiner Edition 409–411 finden sich für den nicht allzu langen Text gegenüber der Vorlage allerdings wohl gut 100 Transkriptionsmängel, zudem punktuell Auslassungen und Fehlzuschreibungen, beibehalten wurde die Großschreibung von Namen.

8 Vgl. Erika Schüler, Art. „Seebruck", in: H.-M. Körner, A. Schmid (Hrsg.), Handbuch der historischen Stätten, Bayern I Altbayern und Schwaben, Stuttgart 2006, 773; Gertrud Wach, Art. Frauenchiemsee, a. a. O. 230 f.; Gertrud Diepolder, Richard v. Dülmen, Adolf Sandberger, Rosenheim. Die Landgerichte Rosenheim und Auerburg und die Herrschaften Hohenaschau und Wildenwart (Historischer Atlas von Bayern, Teil Altbayern [HAB]; 38), München 1978, 152–154; Marita Sagstetter, Hoch- und Niedergerichtsbarkeit im spätmittelalterlichen Herzogtum Bayern (Schriftenreihe zur Bayerischen Landesgeschichte; 120), München 2000, 106–111 [110]; Gertrud Thoma, Klosterbauern zwischen Herrschaft und Genossenschaft – Die Hofmarksordnung von Seebruck auf dem Hintergrund der Gemeindeentwicklung in Bayern im Spätmittelalter, in: John Ragnar Myking, Gertrud Thoma, Tore Iversen (Hrsg.), Bauern zwischen Herrschaft und Genossenschaft, Trondheim 2007, 25–39 (33 Karte zur Belegenheit).

9 Eine konzise Beschreibung der taschenbuchgroßen (21 × 14 cm) und mit 32 Pergamentblättern nicht umfangreichen Handschrift sowie ihrer übrigen Inhalte enthalten die Angaben in der elektronischen Findmitteldatenbank der Generaldirektion der Staatlichen Archive Bayerns unter https://www.gda.bayern.de/findmitteldb/Archivalie/1129548/.

verrät, handelt es sich dabei um ein sog. Amtsbuch. Nach gängiger, wenn auch nicht unbestrittener Definition versteht man darunter einen Quellentyp von buchförmig gebundenem Geschäftsschriftgut als eine Komposition „von Einträgen, die im Zuge verwaltender oder rechtserheblicher Tätigkeiten von Provenienzstellen entstanden sind, die zumindest ansatzweise institutionalisiert und mit herrscherlichen Rechten ausgestattet waren"[10]. Das läßt sich vorliegend – gerade bei einer solchen weiten Definition – bejahen: Die Archivalie wurde über die bloße Abschrift von anderen Rechtsquellen hinaus auch mit Nachträgen aus aktuellen Anlässen für den fortdauernden praktischen Gebrauch geführt, damit „verwaltende Tätigkeit" des Klosters Frauenchiemsee dokumentiert, von diesem also als „Provenienzstelle" herrührend, wobei Frauenchiemsee als Kloster institutionalisiert und als Inhaber mit dem Hofmarksrecht Seebruck auch „mit herrscherlichen Rechten ausgestattet" im Sinne dieser Definition gelten kann. Die Quelle erstreckt sich im wesentlichen wie in der Abbildung auf eine Doppelseite, die je am oberen Rand des Textes besonders eingerichtet ist:

---

10 Vgl. Matthias Bader, Die Urbare Herzog Ludwig des Gebarteten von Bayern-Ingolstadt. Eine hilfswissenschaftliche Untersuchung zu Ausbau und Modernisierung einer Landesherrschaft im Anfang des 15. Jahrhunderts, in: Archiv für Diplomatik 54 (2008) 147–204 (151, mit weiteren Hinweisen); s. a. weiterführend Robert Kretzschmar, Amtsbücher, unter <https://www.leo-bw.de/themenmodul/sudwestdeutsche-archivalienkunde/archivaliengattungen/amtsbucher>, sowie Michael Hochedlinger, Aktenkunde: Urkunden- und Aktenlehre der Neuzeit, Wien u. a. 2009, 33 f., sowie Joachim Wild, Amtsbücher, publiziert am 28. 01. 2014; in: Historisches Lexikon Bayerns, URL: <http://www.historisches-lexikon-bayerns.de/Lexikon/Amtsbücher> (14. 04. 2020).

Abb. 1: Quelle Selbstmord

Ein Selbstmordfall am Chiemsee im Jahr 1521

3.8.1.3 Zum Inhalt im Einzelnen

In der Woche vor Pfingsten im Mai des Jahres 1521 erhängte sich in Seebruck am Chiemsee der Bauer Heymeran [Pluem] von Dorff[11]. Der Ort liegt etwas nördlich des Ortskerns von Seebruck und ist heute ein Teil der Gemeinde[12].

Am Morgen des 13. bzw. 15. Mai[13] meldete der Sohn des Erhängten zusammen mit anderen Angehörigen der Hofmark die „Übeltat" dem Kloster, von wo aus auch der gerade in Amtsgeschäften im Landgericht Cling (bei Wasserburg) befindliche Klosterrichter Wertinger vom Klosteramtmann verständigt wurde. Wertinger ritt am gleichen Abend noch nach Seebruck, zusammen mit dem Clinger Landamtmann, der ihn nicht kraft amtlicher Zuständigkeit, sondern auf seine Bitte hin begleitete. Der Ortstermin erfolgte zusammen mit mindestens den 11 genannten Zeugen, vorgefunden wurde der Tote auf seinem Bett sitzend, in der Hand ein Ende des Handtuches, an dem er hing, aber ohne sichtbare Kennzeichen dafür, dass er sich selbst getötet hatte. Am nächsten Tag ritt Wertinger nach Trostberg zu dem dortigen Pfleger Gössenberger, weil der Tatort in Hinblick auf die Hochgerichtsbarkeit zum Landgericht Trostberg gehörte. Während ihrer Beratung entscheidet man sich wegen des Hochwassers der Alz, einen Boten zur Anzeige des Falles zum (sog.) Regiment nach Burghausen zu

---

11 Aus dem Text selbst ergibt es sich hier nicht, wohl aber durch eine Notiz in der Handschrift weiter vorn (fol.8ᵛ), wo der ganze Name genannt und vermerkt wurde, daß die genauere Darstellung platzbedingt („dann an diesem pletlein hetts nit stat gehabt") sich erst gegen Ende der Handschrift findet, vgl. Föringer, (Anm. 7), 409 Fn. 8.

12 Unklarer daher Föringer (Anm. 7), 409 Fn. 9, der den Ort in einer benachbarten Gemeinde (Eggmühl) lokalisiert, wogegen v. a. die differenzierende Zuordnung der landgerichtlichen Zuständigkeiten in Seebruck/Dorf spricht, wie sie sich aus der Quelle und dem dortigen Hofmarksrecht für Seebruck ergibt (dazu sogleich).

13 Die präsize Datierung steht vor einem gewissen Problem: die Quelle selbst datiert den Mittwoch auf den 13. Mai, was auf einem Irrtum der erst späteren Aufzeichnung des Falles beruhen muß, denn Pfingsten fiel 1525 auf den 19. Mai, der Mittwoch davor war also der 15. Mai, vgl. Hermann Grotefend, Taschenbuch der Zeitrechnung, 14. Aufl. 2007, 162; es wird sich um eine Verwechslung der Wochentage handeln: entweder es war am Montag, den 13. 5., oder es war am Mittwoch, den 15. 5., eine Friktion, die sich nachträglich nicht mehr lösen läßt. Die Jahresangabe ist weniger problematisch, aber auch schon erklärungsbedürftig, weil sie das Jahrhundert gar nicht nennt, sondern nach der „wenigeren zal" erfolgt und eine häufige Datierungsunart des ausgehenden Mittelalters und noch 16. Jh. zeigt, wonach die Jahrhunderte weggelassen wurden (vgl. Grotefend a. a. O., 10 Randbuchstabe b).

schicken, zugleich versehen mit einem Vorschlag zum weiteren Vorgehen: angesichts geringer Nachlaßmasse und zur Vermeidung größerer Kosten sei der Tote „in ein Faß zu schlagen", an dessen Böden Zettel mit der Anweisung „laß rinnen, laß rinnen" zu befestigen und das Faß demnächst dafür an den Inn zu verbringen. Das Regiment billigte den Vorschlag. Er wurde am folgenden Pfingstsonntagabend auf Weisung des Klosterrichters vom Klosteramtmann und 4 Begleitern unter Verwendung des Fuhrwerks des Sohnes vollzogen.

Die anschließend ebenfalls vom Klosterrichter initiierte Nachlaßaufnahme und Abwicklung der Kosten des Verfahrens (etwa des Botenlohnes) unter gerichtlicher Verhandlung („Taiding" mit 5 namentlich aufgeführten Beteiligten aus der Hofmark) konnte kostendeckend durch den Sohn aus dem Nachlaß beglichen werden. Schließlich erfährt man, daß die Aufzeichnung des Falles als Vorlage für gleich gelagerte künftige Fälle und die Dokumentation der Rechtspraxis zugleich der Bewahrung der eigenen Hofmarksrechte dienen sollte[14].

3.8.2 Interpretationsaspekte des Falles

3.8.2.1 Eine formelle Seite der Problemlösung: Kompetenzfragen

Die Fallbehandlung ist in hohem Maße von dem Bestreben bestimmt, Kompetenzen einzuhalten und zu respektieren. Das erklärt sich durch ihre komplizierte Verteilung und unterschiedliche Trägerschaft, funktioniert aber dabei völlig reibungsfrei für die Erhebung der nötigen Informationen, die Erarbeitung der Lösung, der alle Beteiligten gehorchen, alles streng entlang der Zuständigkeiten, die ziemlich komplex sind: als Eckpunkte werden sie von der Kategorie der sog. Vitztumsfälle, dem herzoglich-bayerischen Landgericht mit seiner Hochgerichtskompetenz und der klostereigenen Hofmarksgerichtsbarkeit für Seebruck als Niedergericht[15] bestimmt.

---

14 Die beabsichtigte Sicherung der Rechtlage durch Aufzeichnung des „Valles" von 1521 und die Bevorratung seiner Lösung für künftige entsprechende Fälle bewahrheitete sich übrigens: gut 50 Jahre später folgte die rechtliche Bewältigung eines weiteren Suizids sehr genau dem Muster von 1521, wie ein Eintrag im gleichen kleinen Kodex für 1573 zeigt (fol. 28ʳ-29ʳ).

15 Zu Begriff und Inhalt der „Hofmark" vgl. Sagstetter, Hoch- und Niedergerichtsbarkeit (Anm. 8), 22–27.

Eigentlich gehören Tötungsdelikte nach der der in Bayern seit dem Mittelalter geläufigen Formel von den „drei Dingen" hochgerichtlich an das herzogliche Landgericht[16]. Läßt sich der Suizid als „Untat" (in ihrem Unrechtsgehalt bis weit in die Neuzeit und keineswegs nur in der katholischen oder evangelischen Theologie als gravierendes, auch rechtlich zu ahndendes Delikt betrachtet[17]) recht zwanglos als Tötungsdelikt qualifizieren, liegen die Dinge schon bei der räumlichen Zuständigkeit komplizierter: Ein schmaler Streifen der nördlichen Hofmark mit dem Tatort Dorf gehörte zum Landgericht Trostberg, die restliche Hofmark (wie Seebruck selbst) aber ins Landgericht Cling (zwischen Wasserburg am Inn und Schnaitsee)[18]; dem trug man 1521 sehr genau Rechnung. Doch auch die sachliche Zuständigkeit barg eine Komplikation. Denn für eine Reihe von Delikten war als Katalog sog. „Vitztumhändel" im Laufe des 15. Jahrhunderts eine besondere Zuständigkeit bei den den Landgerichten übergeordneten Rentämtern geschaffen worden. Diese agierten als für bestimmte Bezirke des Herzogtums dezentralisiert eingerichtete Vertretungsbehörden landesherrlichen Regiments, weshalb sie auch als „Vitztumsämter" (*vicedominus*) bezeichnet wurden. In deren Zuständigkeit gehörte der Selbstmord, ausdrücklich erstmals in der niederbayerischen Landesordnung von 1474[19], aber auch den späteren sog. Landesfreiheits-

---

16 Sie umfaßten – nicht so numerisch gemeint, wie es den Anschein haben könnte – nach üblicher Formulierung Diebstahl (mit Straßenraub), Totschlag und Notzucht, vgl. Sagstetter, Hoch- und Niedergerichtsbarkeit (Anm. 8), 45–50; als weiteres Grundlagenwerk und wegen seiner Übersichtlichkeit sehr hilfreich: Sebastian Hiereth, Die bayerische Gerichts- und Verwaltungsorganisation vom 13. bis 19. Jahrhundert, München 1950; für den größeren Kontext vgl. Thomas Simon, Art. Gerichtsbarkeit, in: Enzyklopädie der Neuzeit, Bd. 3, Stuttgart 2006, Sp. 524–528.

17 Vgl. je auch für weiterführende Literatur: Andreas Wacke, Art. „Selbstmord" in: HRG Bd. 4, Berlin 1990, Sp. 1616–1619; Aline Steinbrecher, Art. Selbstmord, Freitod, in: Historisches Lexikon der Schweiz [HLS], [online-Version https://hls-dhs-dss.ch/de/articles/017450/2016-06-22/] [31. 3. 2020]; Alexander Kästner, Art. Selbsttötung, in: Enzyklopädie der Neuzeit, Band 11, Stuttgart 2010, Sp. 1072–1075; Signori, G. (Hrsg.), Trauer, Verzweiflung und Anfechtung. Selbstmord und Selbstmordversuche in mittelalterlichen u. frühneuzeitlichen Gesellschaften, Tübingen 1994.

18 Vgl. Richard v. Dülmen, Traunstein (HAB; 26), München 1970, 101; zu den räumlichen Verhältnissen vgl. unten die Karte bei Anm. 49.

19 „Wer an im selber schuldig wirdet und den tod thwt", vgl. Klaus Peter Follak, Die Bedeutung der Landshuter Landesordnung von 1474 für die Niederbayerische Gerichtsorganisation (Schriftenreihe des Stadtarchivs München; 94), München 1977, 142.

erklärungen[20]. Gerade auch[21] dieser Sonderkompetenz sich vor Ort offenbar sehr bewußt wurde beschlossen, einen Boten trotz widriger Umstände nach Burghausen als Sitz des für diese Region zuständigen Vitztumsamtes/Rentamtes/Regiments zu schicken. Dort erfolgte die Entscheidung (ohne explite Qualifizierung als „Urteil"), die die untergerichtliche Anregung aufgriff.

3.8.2.2 „Rynnenlassen" als materielle Problemlösung: Verbreitung, Rechtsbrauch, abergläubische Gefahrenabwehr?

Das Kloster Frauenchiemsee strebte mit der Eintragung als Muster für künftige solche Fälle primär die Wahrung seiner Hofmarksrechte an, vielleicht auch eine grundsätzliche Einheitlichkeit des Vorgehens. Doch auch schon dort, wo das „Rinnenlassen" von Selbstmördern ganz gängig war, ist mit Mischbefunden zu rechnen. Als – räumlich weit entferntes – Beispiel dafür steht Frankfurt. Dort sah man das Verbrennen von Selbstmörderleichen in einem Fall 1512 offenbar als die regelmäßige Handlungsoption an, wich aber zugunsten des Rinnenlassens doch nicht selten davon ab, wobei unklar bleibt, was jeweils den Ausschlag dafür gab. Allerdings konnte – ganz pragmatisch – niedriger Wasserstand des Maines begründen, doch wieder vom Rinnenlassen abzusehen[22]. Überhaupt nicht scheint es in Nürnberg gebräuchlich gewesen

---

20 Sagstetter, Hoch- und Niedergerichtsbarkeit (Anm. 8), 242 ff. [279].
21 Die aufgezeichneten Hofmarksrechte von 1462 und 1391/98 (vgl. Thoma, Klosterbauern [Anm. 8], 32 ff) enthielten dazu freilich nichts.
22 Folgende Beispiele aus: Achill August Lersner, Chronica der weitberühmten freyen Reichs-Wahl- und Wandels-Stadt Franckfurth am Mayn, Bd. 2 Frankfurt a. M. 1734 (Kap. 34 „Offentliche Delicta und darauf erfolgte Straffen", 680 ff. [ab dem Jahr 1377]): 1488 „hat sich ein Schneiders-Frau / so nit bey Vernunft gewest / selbst erhenckt / ist in ein Faß geschlagen u. in Mayn geworffen worden" [685], 1493 wird aber für einen Suizidenten in Haft bestimmt: „soll man ihn aus dem Thurn ausschleiffen u. verbrennen lassen / doch das Anlitz u. Cörper decken / u. durch die Schmidt-Gassen über den Vieh-Marckt zum Galgen schleiffen" [686], auch 1498 und 1499 werden die zwei Selbstmörder verbrannt [688]; 1510 soll man einen, der sich „selbst leblos gemacht hat … in ein Faß schlagen / und in den Mayn werffen lassen / u. daran schreiben: last furt fahren" [690 f.], 1512 aber wieder: „Alß des Schäffers Hauß-Frai zu Nieder-Ursel sich selbst mit einem Strang lebloß gemacht hat / ist der Rath gemeint / sie wie gewöhnlich ist / verbrennen lassen" [691]; ein weiterer Selbstmord in der Haft ist behandelt wie im Jahr 1493 [691], verbrannt wird auch der Nachtwächter, der sich 1517 im Affen-Turm erhängt hatte [691]; den, der sich 1520 vom St. Katharinenturm zu Tode gestürzt hatte, „soll man … uff das Feld begraben lassen [692]; 1522 erfolgt Verbrennung bei den beiden ersten

zu sein[23], vielleicht wegen der generell weniger Wasser führende Pegnitz (was aber in Nürnberg auch nicht davon abhielt, die Strafe des Ertränkens zu verhängen und zu vollstrecken), ganz anders also als am Main, und das nicht nur in Frankfurt, sondern ausweislich der Praxis auch in mainaufwärts gelegenen Würzburgischen Zent-Gerichten[24] oder in Schweinfurt[25]. Einen Schwerpunkt bildet das Gebiet am Oberrhein und der Schweiz, hier aus dem Aargau mit dem Stadtbuch von Baden (1384) auch als Frühbeleg[26]. Es ist anscheinend überhaupt nur der oberdeutsche Raum, in

> Selbstmorden, im dritten Fall des Jahres aber läßt der Rat „durch den Hencker in ein Faß schlagen / und in Mayn werffen" [692], ebenso 1532, und auch 1536, aber nicht bei einem Selbstmörder später im Jahr , „alß anbracht ist / daß der Mayn jetzo sehr klein", wieder jedoch im Frühjahr 1537, wogegen man für einen, der sich im Gefängniß erhängt hatte, dem Züchtiger befahl „zween Pfosten einzugraben / und ein Holtz darauf zu legen / gleichwie ein Galgen / den dieb daran hangen / und also hangend verbrennen" [sämtlich 693]; wegen Niedrigstand des Mains ist ein Dieb, der ebenso sich in Haft erhängt hatte, „unterm Galgen wegen kleinen Wassers begraben worden" [695], bei gleichem Sachverhalt 1582 jedoch „von dem Nachrichter in ein Faß geschlagen / und in den Mayn geworffen", genauso wie im August dieses Jahres ein anderer Selbstmörder [698]; im Juni 1588 tötet sich ein Betrüger in der Haft „darinen er sich an sein eigen Hembd / welches er darzu verrissen / gehangen / Sontag den 2. Juni / ist er bey Nacht / um weniges uffsehen willen / in ein Faß geschlagen / uff die Brücken durch den Scharff-Richter geführt / und in Mayn geworffen worden" [699], ebenso wie 1598 einen mutmaßlichen Geldfälscher, der sich durch Arsen vergiftet hatte [701], wegen „bösen Verdachts" auf Falschmünzerei und Diebstahl 1610 auch jemanden, der sich „wiewohl gar liederlicher Weise und kniend" erhängt hatte [703]; 1723 werden aber die beiden Fälle in Mai und August nur „auf dem Gutleuth-Hoff" begraben [720]; allgemein hierzu: Karl-Ernst Meinhardt, Das peinliche Strafrecht der freien Reichsstadt Frankfurt am Main im Spiegel der Strafpraxis des 16. und 17. Jahrhunderts, Diss. Frankfurt a. M. 1957.

23 Hier Verbrennung oder mehr oder weniger entlegenes Verscharren, näher vgl. Hermann Knapp, Beiträge zum Alten Nürnberger Kriminalrecht, Berlin 1895, 56; ders., Das alte Nürnberger Kriminalrecht, nach den Rats-Urkunden erläutert, Berlin 1896, 100 f; Jürgen Dieselhorst, Die Bestrafung der Selbstmörder im Territorium der Reichsstadt Nürnberg, in: Mitteilung des Vereins für Geschichte der Stadt Nürnberg 44 (1953), 58–230 [63, 95].

24 Für eine Fülle von Belegen vgl. Hermann Knapp (Hrsg.), Die Zenten des Hochstifts Würzburg, Bd. 1 2. Abt., 1907, 759, 682, 865, 1029, 1039 f., 1066 f., zusammenfassend Bd. 2, 1907, 832–835; s. a. Fritz-Helmut Karraß, Die rechtliche Behandlung der Selbstmörder in der Zentverfassung des Hochstifts Würzburg (1454 bis 1806), Diss. Würzburg 1971, 68–89.

25 Hier anläßlich von Henkersgebühren genannt, vgl. Heinrich Christian Beck, Chronik der Stadt Schweinfurt, Schweinfurt 1841, Sp. 101.

26 Vgl. Friedrich Emil Welti (Hrsg.), Das Stadtrecht von Baden, Arau 1899, 46: „Beschäch öch, da vor gott jemer sy vnd es lang wend, das jeman jn vnser statt vnd vnserm gericht jm selber

dem das Rinnenlassen vorkommt, gegen Osten[27] finden sich Belege für die Donau[28], am Lech[29], an Isar und Inn, vielleicht für das Innviertel[30], aber sogar auch im Dolomitengebiet des Hochstifts Brixen[31]. 1485 kam es zu einem aufsehenerregendem Fall,

---

den tot an tått vnd das kuntlich wåre, den oder die sol man verschlachen jn ein vaß vnd an jetwedern boden ein brieff, was er geän haut, vnd sol man jn låssen uff die Lintmag vnd lauffen rûnnen, vnd sol sin gůt unser herschaft verfallen sin ån gnåd." (digital leicht erreichbar in der Sammlung Schweizerischer Rechtsquellen, vgl. https://www.ssrq-sds-fds.ch/online/AG_I_2.1/AG_I_2.1.pdf [letzter Zugriff: 29.09.2021]).

27 Dieser ganze südöstliche Teil fehlt in der Verbreitungskarte von Alexander Murray, Suicide in the Middle Ages, Vol. II The Curse of Self-Murder, Oxford 2000, 37–40 [39 „Evidence of the barrel ritual"].

28 Vgl. Albert Schilling (Hrsg.), Die religiösen und kirchlichen Zustände der ehemaligen Reichsstadt Biberach vor Einführung der Reformation, geschildert von einem Zeitgenossen, Freiburger Diözesan-Archiv Bd. 19 (1887), 1–191 [123, 188, immerhin bei einer Entfernung von etwa 20 km zwischen Biberach und Donau]; ebenso für Ulm (Hansmartin Ungericht, Der Alte Friedhof in Ulm. Bestattungsriten, Planungen und Grabmale [Forschungen zur Geschichte der Stadt Ulm, Reihe Dokumentation; 3], Stuttgart u. a. 1980, 221 ff.) und Riedlingen („Item als man zalt 1518. Jar an St. Gallen tag, hat sich Hanns Sprislers Tochter zu Erisdorff, Lena gehaissen, selbsten erhenckht, welche durch Maister Georgen zu Riedlingen, und sein Sohn Jacob, auf die Thonau gefiert, und das Wasser abgeschickht worden." s. Stadtbuch Riedlingen, fol.554ʳ [für 1518 Oktober 16], vgl. Das Kopialbuch der Stadt Riedlingen, ed. Ulrich Widmann, elektonisch erreichbar unter http://oberschwaben-portal.de/files/tl_filesOPO/Autoren/Widmann/opo_Widmann2006_KopialbuchRiedlingen.pdf [3.5.20]). Die Literatur berichtet für 1585 auch in Passau von einer Selbstmörderin, die man „in einem Faß ‚rinnen lassen'" habe (vgl. Wolfgang Maria Schmid, Illustrierte Geschichte der Stadt Passau, 1927, 128 [dort allerdings mißverstanden als Ertränkung und ohne weitere Belege]).

29 Eingehend: David Lederer, „Wieder ein Faß aus Augsburg…" – Suizid in der frühneuzeitlichen Lechmetropole, in: Miteilungen des Instituts für Europäische Kulturgeschichte der Universität Augsburg, Bd. 15 (2005), 47–72.

30 Herbert Handlechner, Lochen im Innviertel. Ein Grenzfall zwischen Mattsee und Braunau, in: Mitteilungen der Gesellschaft für Salzburger Landeskunde (MGSL), Bd. 151 (2011), 207–237 [219, jedenfalls Erwähnung eines Fasses 1602, vielleicht auch nur zur „Zwischenlagerung" wie einmal in Aibling 1612 belegt, vgl. Lederer, Aufruhr [Anm. 35], 190, ansonsten Verbrennung oder entlegenes Vergraben].

31 Ausweislich der Statuten (Mitte 16. Jh.) für das Gericht Thurn an der Gader, die alternativ Verbrennung oder „Verschickung" auf dem Wasser vorsehen, im übrigen aber vor allem die Nachlaßfrage thematisieren, sodass nicht klar ist, ob bei nicht vorwerfbarem Selbstmord aus „Blödigkeit" nicht auch eine nicht diffamierende Bestattung in Betracht kommt:

als man einen hochrangigen Kleriker in Basel erhängt auffand[32] und sich der Leiche in einem Faß entledigte. Die Episode findet sich in der Eidgenössischen Chronik des Diebold Schilling sogar illustriert[33].

Die Musterhaftigkeit der Aufzeichnung von 1521 für die Hofmark bezieht sich angesichts der Verteilung der Gerichtsrechte also nicht darauf, daß Selbstmörder regelmäßig im Faß dem Inn anheimgegeben würden, denn darauf erstreckte sich die Entscheidungskompetenz einer bloß mit Niedergerichtsrechten ausgestatteten Klosterhofmark gar nicht, sondern diese lag beim Landgericht bzw. dem „Regiment" als noch einer Ebene darüber. In der Sache selbst gibt es 1521 offenbar keine Probleme damit, dass Hofmarksrichter und Landrichter gemeinsam das Vorgehen anregen. Woher letztlich die Idee stammte, bleibt offen. Dabei findet sich tatsächlich das Rinnenlassen keineswegs unterschiedslos angewandt, wie die Verhältnisse in Frankfurt[34] und auch den Beispielen aus Augsburg und Altbayern zeigen: für die Behandlung von Selbstmordfällen stand grundsätzlich eine ganze Palette von Handlungsoptionen offen, die mehr oder weniger deutlich die Sanktionierung einer solchen „Untat" in der Art der Bestattung spiegeln und je „unehrenhafter" diese ausfällt, desto mehr nimmt sie den Charakter einer – keineswegs nur „rituell" gemeinten – Strafe an[35]: auf dem Friedhof

---

„Die, so inen selbs den tot bedächtlich aus forcht der straf irer verschuldigung thuen oder aber christlichen glauben verlaugnen, die sollen verprennt oder auf freiem fluss des wassers verschickt werden und derselben verlassnen hab und guet, was deren nach dem kosten, der über si erlaufen, der erstlich davon aufgehebt werden soll, sein würde, soll uns in unser kamer haimbgefallen sein.

Wo sich aber ain person nit aus forcht der straf, so er verschult hete, sonder aus krankhaiten des leibs, gebrechtligkaiten irer sinn oder anderer dergleichen plodigkaiten selbs ertödtet, deren erben sollen deshalber an irer erbschaft nicht verhindert, aber der unkosten, so hierüber lauft, von der erbschaft bezalt werden." (vgl. Ignaz v. Zingerle, Josef Egger [Hrsg.], Die tirolischen Weisthümer, Theil 4 Burggrafenamt und Etschland [Österreichische Weisthümer; 5,4], Wien 1888, 624–685 [680 f.]).

32 Vgl. Jürgen Petersohn, Reichsrecht versus Kirchenrecht. Kaiser Friedrich III. im Ringen mit Papst Sixtus IV. um die Strafgewalt über den Basler Konzilspronuntiator Andreas Jamometić 1482–1484 (Regesta Imperii; Beihefte; 35), Köln u. a. 2015, 99 f., 109.

33 Abb. bei Steinbrecher, Selbstmord (Anm. 17), oder direkt im Digitalisat der Handschrift der Zentralbibliothek Luzern (Signatur: Luzern, Korporation Luzern, S 23 fol.) unter https://www.e-codices.unifr.ch/de/kol/S0023–2/190/0/Sequence-1291 [31.3.2020].

34 S. oben Anm. 22.

35 David Lederer, Aufruhr auf dem Friedhof. Pfarrer, Gemeinde und Selbstmord im frühneuzeitlichen Bayern, in: Signori (Hrsg.), Trauer (Anm. 17), 189–209 [196].

in geweihter Erde mit oder ohne Zeremonie, in einem abgelegenen Teil (auch etwa außerhalb, aber) an der Friedhofsmauer, auf dem Friedhof für ungetaufte Kinder[36], an einem „öden" entlegenen Ort, unter dem Galgen oder auf dem Schindanger, durch Verbrennen oder eben das Rinnenlassen. Die Entscheidung konnte jedoch zu Konflikten führen, die den Namen „Friedhofsaufruhr" verdienen, wenn obrigkeitliche Vorstellungen unvereinbar auf solche der Bevölkerung prallten, mochte auch in Bayern das Recht der Sepultur bis noch 1809 und damit nach der Säkularisation als Kirchensache eigentlich in der maßgeblichen Entscheidungskompetenz des Gemeindepriesters liegen[37]. Ein Selbstmord konnte sich offenbar sehr schnell zu einem prekären Krisenfall auswachsen:

Einerseits verbot die volkstümliche Vorstellung von Selbstmördern als konkrete Gefahr für Wetterschäden oder als furchteinflößende Wiedergänger[38], diese Sorge einfach zu ignorieren. Verbrennen der Leiche mochte ein probates Mittel dagegen sein, maximale Sicherheit versprach durch deren maximale Entfernung auch die Verschickung auf dem Wasser, da man davon ausgehen mochte, dass Selbstmörder in ihrem Faß letztlich im Meer landen würden. Hier kommt auch der (sozusagen) „Beipackzettel" ins Spiel. Ganz funktional enthält er den Imperativ, den Toten weitertreiben zu lassen und es ist belegbar, dass dieser immer implizite Imperativ bei Auffindung eines solchen Fasses auch ernst genommen wurde, nämlich etwa in einem Fall in München[39]. Er belegt zugleich, dass das „Rynnenlassen" auch auf der Isar praktiziert wurde[40]. Als sich im Februar 1440 an der Brücke ein Faß verfing und man darin eine

---

36 Für eine konfessionsgeschichtlich aufschlußreiche Variante vgl. unten Anm. 42.
37 Lederer, Aufruhr (Anm. 35), 197.
38 Vgl. hierzu in dem immer noch zentralen Referenzwerk: Geiger, Art. Selbstmörder, in: E. Hoffmann-Krayer, H. Bächtold-Stäubli (Hrsg.), Handwörterbuch des deutschen Aberglaubens, Bd. 7, Berlin u. a. 1935/36, Sp. 1627–1633.
39 Weitere Fälle bei Lederer, „Wieder ein Faß aus Augsburg" (Anm. 29), 51 f.
40 Unklarer die Lage für Regensburg, wo man im Juni 1411 einen Selbstmörder vom Strick abschnitt, ihn in die Donau „slaypfft", und entsprechend nicht ausdrücklich vom Einschlagen in ein Faß dafür die Rede ist, vgl. Thomas Engelke, Eyn grosz alts Statpuech. Das „Gelbe Stadtbuch" der Stadt Regensburg (Regensburger Studien und Quellen zur Kulturgeschichte; 2), Regensburg 1995, 254 Nr. 418 (der die Episode zudem als „Mirakelbericht über einen spektakulären Selbstmord" qualifiziert; ohne diese Einschränkung erwähnt bei Hermann Knapp, Alt-Regensburgs Gerichtsverfassung, Strafverfahren und Strafrecht bis zur Carolina, Berlin 1914, 219).

tote Frau fand[41], erkundigte sich die Stadt beim isaraufwärtigen Landrichter von Wolfratshausen, „was im wissen sey" und bekam von diesem die schriftliche Auskunft, „wie sich dieselb fraw derhangen hiet und die pawrn wollten ye sie nit im veld lassen begraben und nach rat ward im geraten, [sie] auf des wasser ze seczen in ainem vass und farn ze lassen." Daraufhin wurde sie in München neuerlich in das Faß getan und „wider auf dem wasser hingeschupft"[42]. Schon diese Quelle zeigt, dass örtlicher Verbleib von Selbstmörderleichen von der örtlichen Gemeinschaft nicht gern gesehen wurde. Dieser Widerstand aus abergläubischen Motiven traf jedenfalls seit dem späteren 16. Jahrhundert zunehmend auf den Widerstand der die Obrigkeit repräsentierenden Geistlichkeit und Gerichte. So setzte sich zunehmend die Auffassung durch, dass diffamierende Bestattung unangemessen sein konnte, weil nicht jeder Selbstmörder ein Selbst-*Mörder* sein muss, sobald es krankheitsbedingt an einer Schuld für seinen selbst herbeigeführten Tod fehlte und deshalb – als theologisches Argument mit Relevanz für die kirchenrechtliche Frage nach der zulässigen Bestattung – die Tat nicht eine Verzweiflung bewies, die dann ihrerseits fehlenden Glauben manifestierte[43]. Die Kirche opponierte zunehmend auch aus Mißfallen gegenüber einem Aberglauben, der Selbstmörder als „ultragefährliche Wesen" (Hentig)[44] ansah. So sind Fälle dokumentiert, in denen eine mildere obrigkeitliche Entscheidung für eine nicht diffamierende Bestattungsform (und sei es auch nur aus Kostengründen[45]) auf Druck

---

41 Vgl. Helmuth Stahleder, Herzogs- und Bürgerstadt. Die Jahre 1157–1505 (Chronik der Stadt München, Bd. 1), München 1995, 320.

42 Die Behandlung von Selbstmördern in der Frühen Neuzeit folgte auch in München im übrigen keinem erkennbaren Schema, gelegentlich findet sich sogar die Bestattung in geweihter Erde (1475 erfolgt eine entsprechende Beschwerde gegen das Barfüßerkloster der Franziskaner, Stahleder a. a. O. 454 zu 1475 September 8). Im Jahr 1601 fragte die Stadt wegen eine Frau, die sich selbst erstochen hatte, beim Dechant von St. Peter an, ob sie in geweihter Erde bestattet werden dürfe, hilfsweise „die selb in den lutherischen freithof zu legen" (vgl. Stahleder, Bd. 2, 256). Meist entledigte man sich der Leichname jedoch auf dem Richtplatz (so im März 1495, a. a. O. 573: die sich im Hause des Malers und Geschichtsschreibers Ulrich Fuetrer erhängte Dienstmagd wird dort verscharrt,; s. a. Stahleder, Chronik, Bd. 2 462 und 465 [beide im Jahr 1633]), anscheinend aber doch auch durch Preisgabe auf der Isar, anscheinend sogar auf Flößen (so Stahleder, Chronik Bd. 1, 320). Akut Selbstmordgefährdete wurden unter Bewachung gehalten (Stahleder, Chronik Bd. 2, 200 zum Jahr 1588, 287 zu 1605).

43 Vgl. dazu exemplarisch etwa Anm. 31.

44 Hans v. Hentig, Die Strafe, Bd. 1 Frühformen und Kulturgeschichtliche Zusammenhänge, Berlin u. a. 1954, 201.

45 Lederer, Aufruhr (Anm. 35), 191.

der Bevölkerung revidiert wurde[46], soweit diese nicht gleich zur Selbsthilfe griff, die Leiche exhumierte und sich ihrer flußabwärts entledigte – wie es sogar noch 1818 in der Pfarrei Ersingen an der oberen Donau passierte[47]. Ein Interessengleichlauf zwischen abergläubisch erwünschter Wegschaffung der Selbstmörders aus der Gemeinschaft und nachträglicher Bestrafung konnte das Vorgehen aber auch begünstigen[48].

Von solchen Spannungen ist im Seebrucker Fall nichts zu spüren. Die Aufzeichnung ist von einer nüchternen Sachbehandlung gekennzeichnet, die auch die gerichtlichen Erhebungen im Nachgang umfaßt. Den Sohn zieht man als Erben zur Deckung der Verfahrenskosten heran, klärt das Ganze in einem gerichtsförmigen Termin (Taiding), jetzt ohne Landgerichtsbeteiligung allein durch den Klosterrichter. Letztlich gelingt es, diese Kosten aus dem Nachlaß zu decken, ihre Höhe ergibt sich nicht zuletzt aus dem Umstand der ganz erheblichen räumlichen Dimension der Verfahrensschritte, bei deren Bewältigung von Beteiligten insgesamt mindestens 200 Kilometer zu bewältigen waren[49]:

---

46 Vgl. David Lederer, Madness, Religion and the State in Early Modern Europe. A Bavarian Beacon, 2006, 244: „burial of a suicide in hallowed ground represented a casus belli in the popular mind".

47 Hier wurde der Leichnam allerdings zerstückelt und in einem Sack preisgegeben; der trug allerdings eine Eigentümerkennzeichnung, weshalb man den Tätern rasch auf die Spur kam, als der Sack angeschwemmt wurde (vgl. Seuffer, Major Carl von Boltes Leichnam ausgegraben, um Hagelschlag abzuweren, in: Alemannia, Zeitschrift für Sprache, Litteratur und Volkskunde des Elsasses Oberrheins und Schwabens, Bd. 8, 1880, 129–131).

48 Wenn bspw. die Obrigkeit das „Rinnenlassen" unter Exhumierung des schon begrabenen Selbstmörders anordnet: 1553 tötete Jacob Müller, Bärenwirt in Reichenweier/Elsaß, seine schwangere Frau und erstach sich dann auch selbst, worauf „[....] ein Oberkeit erkent das man in wider auß dem ertreich sol aus graben und auff ein wasser schlahen, das ist geschen, wie wol er mer dann achttag in dem erdttrich gelegen ist." Man hatte zunächst angenommen, die Eheleute seien von Arbeitern ihrer Weingüter ermordet worden. Der Fall erfuhr als Flugblatt überregionale Verbreitung, vgl. Germanisches Nationalmuseum Nürnberg, Graphische Sammlung, Inventarnummer: HB2837, erreichbar unter http://objektkatalog.gnm.de/objekt/HB2837 [3.5.20].

49 Das folgende Bewegungs- und Entfernungsprofil beruht auf einer Basiskarte und Vermessungswerkzeugen des bayerischen Landesvermessungamtes (https://geoportal.bayern.de/bayernatlas [letzter Zugriff: 29.09.2021]). Für die Entfernungen schon nur als Luftlinienentfernung ergeben sich: Seebruck/Dorf-Gstadt/Frauenchiemsee ca. 7 km; Seebruck/Dorf-Inn ca. 23 km; Seebruck/Dorf-Kling ca. 18 km; Kling-Trostberg ca. 17 km; Kling-Burghausen ca. 36 km; Seebruck/Dorf-Trostberg ca. 11 km; Trostberg-Burghausen jenseits der Alz ca. 21 km; Trostberg-Burghausen diesseits der Alz über Garching ca. 30 km.

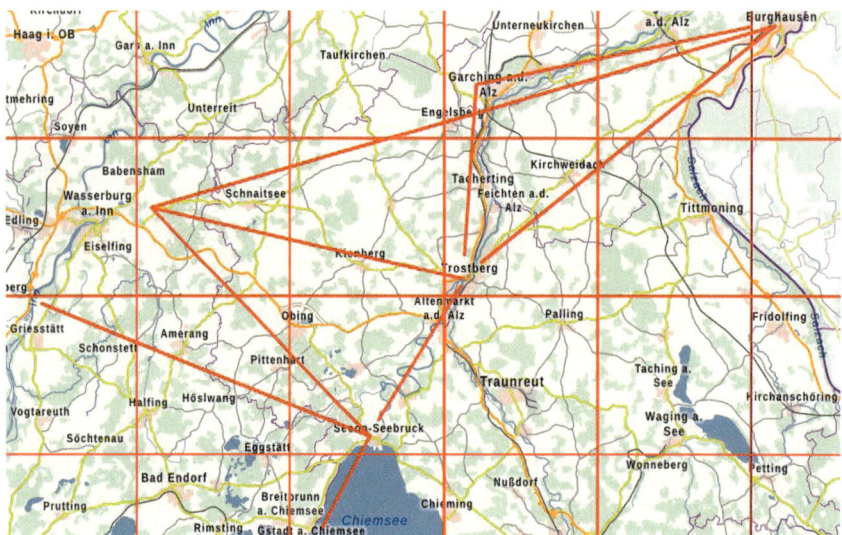

Abb. 2: Karte mit Entfernungen

Der Blick auf auch diesen Aspekt ist nicht nur Spielerei, sondern zeigt, wie die Kosten der durch die Zuständigkeitsstruktur bedingt notwendigen Mobilität zu einem beachtlichen Posten werden. Damit wird entsprechend nachvollziehbar, wenn zur Kostendämpfung der Tote mit dem Fuhrwerk des Sohnes (der als Erbe für solche Nachlaßschulden haften wird) zum Inn transportiert wurde. Die Abwicklung zeigt nochmals, wie reibungslos die beteiligten Instanzen kooperieren, aber auch die Rechtssphären sich gegenseitig respektieren[50]: Man hört nichts davon, daß die landesherrliche Seite etwa auf den Nachlaß hätte zugreifen wollen[51], sie zieht auch nicht den ganzen Fall an sich, sondern liefert nur die als verbindlich akzeptierte Lösung, soweit Hochgerichtskompetenz im Raum steht; die Abwicklung bleibt beim Kloster als Inhaber der Hofmarkrechts, aber auch hier bleibt der Nachlaß (abzüglich der Aufwendungen für das Verfahren) dem Erben ungeschmälert.

---

50 Das war keineswegs durchgängige Praxis, für Reibungen vgl. etwa Tertulliana Burkard, Die Landgerichte Wasserburg und Kling (HAB; 15), München 1965, 160–165.

51 Sehr oft spielt die Frage der Konfiskation des Nachlasses von Selbstmördern demgegenüber eine sichtbare Rolle, so schon im Stadtrecht von Baden (vgl. Anm. 26 a. E.) oder in Quelle Anm. 31.

3.8.2.3 „Volksgeist"

Föringer[52] war sich 1844 ziemlich sicher, mit dem „Rinnenlassen" etwas vor sich zu haben, das sich archaisch aus dem Volk und aus seinem Rechtsbewußtsein entstandenem Recht erklären läßt, denn

> „[Rechtsgewohnheiten und Landesgebräuche] fließen aus tiefer [gesperrt] liegender Quelle, aus des Volkes innerstem, eigensten Leben, an den unsichtbare Fäden stillschweigend fortgeerbter Erinnerung zusammenhängend mit den Tagen fernster Vergangenheit. Und auf diesem geschichtlichen [gesperrt] Fundamente nationaler [gesperrt] Sinnesweise und Gewohnheit, auf dem gemeinsamen deutschen Rechtsbewußtsein [beides gesperrt], das am Inn so gut zu Hause ist, wie am Rhein, scheint auch der fragliche Bestattungs-Gebrauch zu beruhen, und aus der analogen [gesperrt] Anwendung der hier einschlägigen Grundsätze zu beruhen."

Als solche Grundsätze deutet er Arten der Preisgabe von Straftätern in Schiffen[53], wobei gelegentlich dem Zufall überlassen bliebe, ob sie nicht sogar gerettet werden[54]. Diese positive Interpretation hat in der Literatur allerdings überwiegend keinen Anklang gefunden[55]. Was Föringer beschreibt, zeigt auf einer Metaebene ihn selbst als Kind seiner Zeit, seine Laufbahn als Bibliothekar der königlichen Hofbibliothek in München läßt leicht übersehen, daß er Jura studiert hatte[56]. Er ist offensichtlich Anhänger von Vorstellungen, die als Urgrund der Rechtsentstehung (auch wenn er den Begriff nicht nennt) etwas wie den „Volksgeist" identifizierten, einer Figur also, die in der historischen Rechtsschule[57] zentrale Bedeutung gewann und ein Dreh- und Angel-

---

52 Vgl. Anm. 7, 413 f.
53 Vgl. Anm. 7, 414–416.
54 Das bedeutet für die „Analogie", daß eine Chance bestand, eine angeschwemmte Leiche würde mangels Kenntnis des Selbstmordes „ordentlich" bestattet werden können.
55 Zur Deutungskontroverse des Rinnenlassens als nur Schimpf oder auch Chance vgl. schon Eduard Osenbrüggen, Studien zur deutschen und schweizerischen Rechtsgeschichte, Schaffhausen, 340–345 (m. w. Nachw.).
56 Christian Haeutle, Heinrich Konrad Föringer. Eine Lebens-Scizze, in: 42. und 43. Jahresbericht des Historischen Vereins von Oberbayern, München 1881, 197 ff.
57 Vgl. Joachim Rückert, Art. Historische Rechtsschule, HRG Bd. 2, 2. Aufl. 2012 Berlin, Sp. 1048–1055; monographisch jetzt Hans-Peter Haferkamp, Die Historische Rechtsschule (Studien zur Europäischen Rechtsgeschichte, 310), Frankfurt a. M. 2018.

punkt ihrer Rechtstheorie wurde[58]. Volksgeist ist dabei nicht mit Volkstümlichkeit zu verwechseln – die Definitionsmacht für die Bedingungen der Rechtserkenntnis und die dafür maßgebliche Rolle historischer Analyse nahm die Rechtswissenschaft der historischen Schule vielmehr auch unter solchen romantisch mit beeinflußten Prämissen uneingeschränkt für sich selbst in Anspruch. Dennoch könnte man fragen, wie viel „Rinnenlassen" überhaupt – jenseits seiner „gewohnheitsmäßigen" Verbreitung – tatsächlich mit Recht zu tun hat; doch trotz der Skepsis als Zeugnisse sensationssüchtiger (Stadt-)Chronisten, die in der Literatur gelegentlich sichtbar wird[59], sollte man weder die praktische Präsenz des „Rynnen lassen" noch seinen Niederschlag in seriellen wie normativen Quellen (wie in Baden 1384[60]) kleinreden. Bemerkenswert ist dabei nicht zuletzt, wie abergläubische Prämissen in die säkulare Rechtsetzung und Rechtspraxis so nachhaltig einsickerten. Den rechtlichen Charakter des Rinnenlassens kann man bejahen, die Einschätzung Föringers als *volkstypisches* Gewohnheitsrecht muß sich aber die Frage gefallen lassen, warum das Rinnenlassen so deutlich auf den oberdeutschen Raum beschränkt war, also weder in Deutschland insgesamt und wohl erst recht nicht der „Nation" anzutreffen ist.

3.8.3 Resümee, mit unerwartetem Aktualitätsbezug: Das Recht auf den selbstbestimmten Tod

Die Quelle läßt nicht den geringsten Zweifel daran, dass der Selbstmord des Heimeran als Untat zu mißbilligen ist, undenkbar der Gedanke, dass Suizid auch Ausdruck von individueller Freiheit sein oder als „Recht auf einen selbstbestimmten Tod" Anerkennung finden könnte, sollte oder gar müßte. Selbst der Weg zur einer die Rechtsordnung bestimmenden säkularen Entponalisierung des Suizids, war sichtlich noch sehr weit

---

58 Schon diese Engführung ist unterkomplex für das Verwendungsspektrum und den Boom, den der Begriff erlebte, weiterführend dazu K. H. L. Welker, Art. Volksgeist, in: HRG Bd. 5, 1998 Berlin, Sp. 986–990; vor allem begriffsgeschichtlich näher: Hermann U. Kantorowicz, Volksgeist und historische Rechtsschule, in: Historische Zeitschrift, 108 (1912), 295–325; für das Instrumentalisierungspotential vgl. Joachim Rückert, Das „gesunde Volksempfinden" – eine Erbschaft Savignys?, in: ZRG GA 103 (1986) 199–247.
59 Vgl. Gabriela Signori, Rechtskonstruktionen und religiöse Fiktionen. Bemerkungen zur Selbstmordfrage im Mittelalter, in: dies. (Hrsg.) Trauer (Anm.17), 9–54 [32], die davon ausgeht, daß die Aufzeichnungen ritueller Bestrafungen an Leichen von Selbstmördern „in spätmittelalterlichen Rechtsbüchern primär der Abschreckung dienten".
60 Vgl. oben Anm. 26.

Dabei kannte schon die Antike den Zwang zu leben sogar als Fluch: Nach Bericht von Cassio Dio wünschte der wegen Hochverrats hingerichtete Senator Lucius Servianus (†136 n. Chr.) dem kranken Kaiser, selbst nicht sterben zu können, wenn er es will[61]. Doch die Dinge haben sich gründlich geändert. Wie gründlich, zeigt in allerjüngster Zeit[62] das Urteil des Bundesverfassungsgerichts vom 26. Februar 2020 (2 BvR 2347/15) mit zwei fundamentalen Leitsätzen zutiefst existentieller Reichweite:

„1. a) Das allgemeine Persönlichkeitsrecht (Art. 2 Abs. 1 i. V. m. Art. 1 Abs. 1 GG) umfasst als Ausdruck persönlicher Autonomie ein Recht auf selbstbestimmtes Sterben.

b) Das Recht auf selbstbestimmtes Sterben schließt die Freiheit ein, sich das Leben zu nehmen. Die Entscheidung des Einzelnen, seinem Leben entsprechend seinem Verständnis von Lebensqualität und Sinnhaftigkeit der eigenen Existenz ein Ende zu setzen, ist im Ausgangspunkt als Akt autonomer Selbstbestimmung von Staat und Gesellschaft zu respektieren.

[…]."

---

61 Zu Servianus vgl. Werner Eck: Iulius II 141, in: Der Neue Pauly, Band 6, Stuttgart 1999, Sp. 43; zur entsprechenden Stelle vgl. Earnest Cary (Übers.), Dio's Roman History, Bd. 8, London u. a. 1925, Buch 69, Rn. 17, 455: „Servianus before being executed […] exclaimed: ‚That I am guilty of no wrong, ye, O Gods, are well aware; as for Hadrian, this is my only prayer, that he may long for death but be unable to die.' And, indeed, Hadrian did linger on a long time in his illness, and often prayed that he might expire, and often desired to kill himself."

62 Für eine ganz konträre, auch schon verfassungsrechtliche Sicht auf das Problem vgl. aber etwa Gerd Roellecke, Gibt es ein „Recht auf den Tod"?, in: Albin Eser (Hrsg.), Suizid und Euthanasie als human- und sozialwissenschaftliches Problem, Stuttgart 1976, 336–346.

3.9 Straßenterror und Wirtschaftskriminalität
Jan Thiessen

Vorbemerkung: Der besondere didaktische Wert der Quelle besteht darin, dass sie Politik, Wirtschaft, Gesellschaft und Recht in ihrem historischen Zusammenwirken auf engstem Raum verbindet. Wirtschaftliche Not beförderte vielfachen Rechtsbruch – sei es durch bis dahin angesehene Unternehmer und Manager, sei es durch politische Extremisten von links und rechts. Auf diesen Rechtsbruch reagierte die Rechtspolitik mit neuer Rechtsetzung, hier mit einer Beschränkung von Verfahrensgrundrechten. Was zum Schutz der demokratischen Republik gedacht war, bereitete der völkischen Diktatur den Boden. Abstrakte Normen, die gegen dramatisch beschriebenes individuelles Unrecht gerichtet waren, boten eine Grundlage für institutionalisiertes Justizunrecht.

Verlautbarung der Reichsregierung über die Einrichtung von Sondergerichten vom 19. September 1931, in: Koops (Bearb.), Akten der Reichskanzlei. Weimarer Republik, herausgegeben für die Historische Kommission bei der Bayerischen Akademie der Wissenschaften von Karl Dietrich Erdmann und für das Bundesarchiv von Hans Booms, 1982, Dokument Nr. 477, 1711 Fn. 1, abrufbar unter https://www.bundesarchiv.de/aktenreichskanzlei/1919–1933/0000/bru/bru2p/kap1_1/kap2_225/para3_1.html (16. 3. 2020):

> „Es ist in letzter Zeit eine so weitgehende Mißachtung der Gesetze und ein so erschreckender Mangel an gesundem Gemeinschaftsgefühl und staatsbürgerlicher Gesinnung hervorgetreten, daß durchgreifende Abwehrmaßnahmen unerläßlich sind. Die Reichsregierung hat sich daher entschlossen, zum Schutze der öffentlichen Sicherheit und zur Reinerhaltung der deutschen Wirtschaft und der öffentlichen Steuermoral dem Herrn Reichspräsidenten den Erlaß einer Notverordnung über die Errichtung von Sondergerichten vorzuschlagen. Die Sondergerichte sollen in einem auf das äußerste beschleunigten Verfahren zur Aburteilung von gröblichen Terrorakten und Gewalttätigkeit sowie von schweren Fällen verbrecherischer geschäftlicher Mißwirtschaft oder Steuer- und Devisenhinterziehung berufen sein".

3.9.1 Kurzzusammenfassung der Quelle[1]

Mit der Quelle kündigt die Reichsregierung der späten Weimarer Republik am 19. September 1931 die Einrichtung von Sondergerichten an, die Straßenterror und Wirtschaftskriminalität abseits der ordentlichen Gerichtsbarkeit ahnden sollen.

3.9.2 allgemeine Beschreibung: Art der Quelle, Autor, Adressat, Zeit, Ort

Die Quelle ist in ihrer Art ungewöhnlich. Es handelt sich nicht um die angekündigte Notverordnung als solche[2], auch nicht um den in der Quelle in Aussicht genommenen Vorschlag der Reichsregierung an den Reichspräsidenten, eine diesbezügliche Notverordnung zu erlassen, sondern um die bloße „Verlautbarung" der Absicht der Reichsregierung, dass sie dem Reichspräsidenten den Erlass einer Notverordnung vorschlagen wolle. Kurz vor seinem Rücktritt kommunizierte hier das erste Kabinett des Weimarer Reichskanzlers Heinrich Brüning[3] mit der Öffentlichkeit durch eine private Nachrichtenagentur, um eine regierungsamtliche Erklärung bekannt zu machen, in der sie ihren Entschluss zum Vorschlag zum Erlass einer Notverordnung begründet.

„Wolff's Telegraphisches Bureau" war 1848/49 gegründet worden und stand aufgrund vertraglicher Absprachen, finanzieller Unterstützung und zunehmender Aktienbeteiligung unter dem Einfluss der Reichsregierung, die ihrerseits ausschließlich „Wolff's Telegraphisches Bureau" mit der Verbreitung amtlicher Mitteilungen betraute.[4] Insofern war es folgerichtig, dass auch die hier zu besprechende Verlautbarung auf diesem Weg veröffentlicht wurde.

Der Verlautbarung lag eine Ministerbesprechung zugrunde, welche die Reichsregierung am 19. September 1931 abhielt. In dieser Besprechung verlas der Reichsjus-

---

1 Die Überschriften in eckigen Klammern bezeichnen eher didaktische als inhaltliche Gliederungspunkte. Gewisse Wiederholungen von Gedanken, die in unterschiedlicher Tiefe in mehreren Abschnitten erscheinen, sind gewollt.
2 Sechster Teil Kapitel II der Dritten Verordnung des Reichspräsidenten zur Sicherung von Wirtschaft und Finanzen und zur Bekämpfung politischer Ausschreitungen vom 6. Oktober 1931, RGBl. I, 537, 565.
3 Herbert Hömig, Brüning. Kanzler in der Krise der Republik. Eine Weimarer Biographie, 2000, 378 ff.; Peer Oliver Volkmann, Heinrich Brüning (1885–1970). Nationalist ohne Heimat. Eine Teilbiographie, 2007, 200 ff.
4 Dieter Basse, Wolff's Telegraphisches Bureau 1849 bis 1933. Agenturpublizistik zwischen Politik und Wirtschaft, 1991, 15 ff., 59 ff., 98 ff., 202 ff., 238 ff.

tizminister Curt Joël[5] den in seinem Ministerium verfassten Entwurf. Der parteilose Reichswehrminister Wilhelm Groener[6] „schlug vor, im Eingang der Verlautbarung auch die böswillige Mißachtung der Gesetze besonders hervorzuheben". Der Zentrumspolitiker Theodor von Guérard[7] regte in seiner Eigenschaft als Reichsverkehrsminister an, „am Schlusse der Verlautbarung außer den Terrorakten auch die Straßenausschreitungen zu nennen".[8]

3.9.3 wesentliche Inhalte der Quelle

Die Verlautbarung blickt zurück auf die seit Beginn der Weltwirtschaftskrise fortschreitende Erosion der staatlichen Ordnung, die sich in einem zunehmend als rechtlos empfundenen Zustand äußerte, als deren sichtbarste Phänomene Straßenterror und Wirtschaftskriminalität galten. Abhilfe suchte die Reichsregierung in einer Notverordnung, aufgrund derer Sondergerichte einzurichten seien, die ‚kurzen Prozess' mit den Delinquenten machen sollten. Vorerst wurde in der Quelle lediglich die politische Absicht bekundet, eine solche Notverordnung herbeizuführen.

3.9.4 eventuell: sprachliche und methodische Besonderheiten

Der Text der Verlautbarung ist, gemessen daran, dass sie einen Rechtsakt in einem parlamentarisch-demokratischen System betrifft, ausgesprochen moralisierend, pathetisch, emotional und eindringlich gehalten („erschreckender Mangel", „gesundes Gemeinschaftsgefühl", „staatsbürgerliche Gesinnung"; „durchgreifende Abwehrmaßnahmen unerlässlich", „Reinerhaltung der deutschen Wirtschaft und der öffentlichen

---

5   Klaus-Detlev Godau-Schüttke, Rechtsverwalter des Reiches. Staatssekretär Dr. Curt Joël, 1981.
6   Johannes Hürter, Wilhelm Groener. Reichswehrminister am Ende der Weimarer Republik (1928–1932), 1993, 260 ff.
7   Josef Becker, in: Neue Deutsche Biographie, Band 7, 1966, 280 f.
8   Koops (Bearb.), Akten der Reichskanzlei. Weimarer Republik, herausgegeben für die Historische Kommission bei der Bayerischen Akademie der Wissenschaften von Karl Dietrich Erdmann und für das Bundesarchiv von Hans Booms, 1982, Dokument Nr. 477, 1711, abrufbar unter https://www.bundesarchiv.de/aktenreichskanzlei/1919–1933/0000/bru/bru2p/kap1_1/kap2_225/para3_1.html (16.3.2020).

Steuermoral", „auf das äußerste beschleunigtes Verfahren", „gröbliche Terrorakte und Gewalttätigkeit", „schwere Fälle verbrecherischer [...] Misswirtschaft").

Offenkundig bediente sich die Reichsregierung in doppelter Hinsicht eines Mediums zwischen ihr selbst und dem von ihr initiierten Rechtsakt, nämlich erstens einer amtlichen Begründung für den künftigen Rechtsakt und zweitens einer Nachrichtenagentur. Beides nutzte sie, um sich von der nüchternen Rechtssprache zu lösen.

Die wenige Wochen später erlassene Notverordnung hatte diesen Tonfall nicht, sondern beschränkte sich auf wenige knappe, abstrakt und vage gehaltene Sätze:

> „(1) Die Reichsregierung wird ermächtigt, zur Aburteilung strafbarer Handlungen in Bezirken, in denen ein Bedürfnis dafür hervortritt, Sondergerichte zu bilden.
> (2) Die Sondergerichte sind als Gerichte der Länder zu bilden. Die Reichsregierung bestimmt im Benehmen mit den Landesregierungen die Bezirke und den Sitz der Sondergerichte.
> (3) Die Reichsregierung wird ferner ermächtigt, Vorschriften über die Zusammensetzung der Sondergerichte, ihre Zuständigkeit und das Verfahren zu erlassen.
> (4) [...]".[9]

Reichsjustizminister Curt Joël hatte zunächst einen Entwurf vorgelegt, der allein Delikte im ursprünglich behandelten Rahmen von Wirtschaftskriminalität und Straßenterror einbezog (betrügerischen Bankrott, Unterschlagung fremder Wertpapiere und Devisenvergehen, Sprengstoffattentate, Raub, Brandstiftung, Transportgefährdung, Aufruhr, schweren Haus- und Landfriedensbruch, Personenschäden, Aufreizung zum Klassenkampf und unerlaubten Schußwaffengebrauch). Dieser Entwurf war im Kabinett jedoch sehr umstritten. Bayern bestritt die Kompetenz des Reichs, Sondergerichte einzurichten, während Preußen bereits kein Bedürfnis für Sondergerichte sah. Reichsverkehrsminister Theodor von Guérard favorisierte im Gegenteil eine allgemeine Befugnis der Reichsregierung, Sondergerichte zur Aburteilung bestimmter Straftaten zu bilden, ohne sich zu einzelnen in Betracht kommenden Delikten zu äußern. Diese von Justizminister Joël selbst vorgeschlagene Alternative zu seinem engeren Entwurf wurde vom Kabinett beschlossen, nachdem Reichswehrminister Wilhelm Groener erklärt hatte, dass er Sondergerichte für unverzichtbar halte.[10]

---

9 Wie Fn. 2.
10 Ministerbesprechung vom 29. September 1931, in: Koops (Fn. 8), Dokument Nr. 493, 1756 f., abrufbar unter https://www.bundesarchiv.de/aktenreichskanzlei/1919–1933/0il11/bru/bru2p/kap1_1/kap2_241/para3_1.html (16. 3. 2020).

3.9.5 Erläuterung des (rechts-)historischen Kontexts und ‚Einbettung' der Quelle in den Kontext

Die Quelle führt in die Spätphase der Weimarer Republik.[11] Die Reichsregierung unter Kanzler Heinrich Brüning hatte von Anfang an keine parlamentarische Mehrheit. Da unter diesen Umständen eine reguläre parlamentarische Gesetzgebungstätigkeit nicht möglich war, nutzten Reichsregierung und Reichspräsident Art. 48 Abs. 2 der Weimarer Verfassung. Nach dieser Vorschrift konnte der Reichspräsident, „wenn im Deutschen Reiche die öffentliche Sicherheit und Ordnung erheblich gestört oder gefährdet wird, die zur Wiederherstellung der öffentlichen Sicherheit und Ordnung nötigen Maßnahmen treffen". Auf dieser Grundlage durfte der Reichspräsident nach verbreitetem Verständnis Notverordnungen erlassen, die ohne Zustimmung des Reichstags gesetzesgleiche Wirkung hatten. Die Befugnis zum Erlass von Notverordnungen war zwar nach dem Normtext des Art. 48 Abs. 2 WRV auf wenige Ausnahmefälle beschränkt. Reichsregierung, Reichspräsident, Staatsgerichtshof und nicht zuletzt weite Teile der Staatsrechtslehre sahen diese Voraussetzungen aber zumeist als gegeben an. In der Tradition der zuvor in Krieg und Krisen erprobten Ermächtigungsgesetze mussten die per Notverordnung erlassenen Rechtsnormen zwar aufgehoben werden, wenn die Mehrheit des Reichstags dies verlangte (Art. 48 Abs. 3 Satz 2 WRV). Hierzu kam es jedoch unter Kanzler Brüning nicht. Der Mangel an parlamentarischer Mehrheit, der den Bedarf für Notverordnungen erst hervorgerufen hatte, setzte sich darin fort, dass eine Mehrheit auch gegen die Notverordnungen nicht zustande kam. Die Sozialdemokraten waren zwar nicht an der Regierung beteiligt, stimmten zu dieser Zeit aber auch nicht mit den anderen Oppositionsfraktionen.

So entstanden – ähnlich wie am Anfang der Weimarer Republik so nun auch an deren Ende – in kurzer Folge zahlreiche Notverordnungen.[12] Diese waren weitaus

---

11 Zum folgenden Abschnitt Peter Blomeyer, Der Notstand in den letzten Jahren von Weimar. Die Bedeutung von Recht, Lehre und Praxis der Notstandsgewalt für den Untergang der Weimarer Republik und die Machtübernahme durch die Nationalsozialisten. Eine Studie zum Verhältnis von Macht und Recht, 1999, 62 ff., 85 ff., 191 ff.; Dieter Grimm, in: Horst Dreier/Christian Waldhoff (Hrsg.), Das Wagnis der Demokratie. Eine Anatomie der Weimarer Reichsverfassung, 2018, 263 ff.; Christoph Gusy, 100 Jahre Weimarer Verfassung. Eine gute Verfassung in schlechter Zeit, 2018, 186 ff., 197 ff., 212 ff., 278 f.

12 Christian Gellinek, Philipp Scheidemann. Gedächtnis und Erinnerung, 2006, 52 ff.; Wolfram Pyta, Hindenburg. Herrschaft zwischen Hohenzollern und Hitler, 2007, 555 ff., 577 ff.; Peter Graf Kielmannsegg, in: Horst Dreier/Christian Waldhoff (Hrsg.), Das Wagnis der Demokratie. Eine Anatomie der Weimarer Reichsverfassung, 2018, 219, 232 ff.

umfangreicher, als sie hier wiedergegeben werden können. Einen wesentlichen Gegenstand der in der vorliegenden Exegese erwähnten Notverordnungen bildeten Sparmaßnahmen zur Konsolidierung der öffentlichen Haushalte, aber auch zur öffentlichen Arbeitsbeschaffung sowie Maßnahmen der Wirtschaftsregulierung. So durften staatliche und private Unternehmen die Gehälter und Renten ihrer Arbeitnehmer herabsetzen. Aktiengesellschaften wurden strengeren Anforderungen an die Rechnungslegung unterworfen und mussten insbesondere Verflechtungen mit anderen Gesellschaften offenlegen; Verstöße wurden strenger bestraft. Äußerst umstritten war, ob die Kreditbeschaffung seitens des Reichs im Wege der Notverordnung beschlossen werden durfte, da hierdurch die Budgethoheit des Parlaments in Frage gestellt war. Allgemein war zweifelhaft, ob die Regierung Brüning überhaupt verfassungsmäßig handeln konnte, da weder parlamentarisches Vertrauen noch parlamentarische Kontrolle gewährleistet waren, solange der Reichspräsident die von der Regierung erwünschten Notverordnungen erließ und dem dagegen opponierenden Parlament mit Auflösung drohte.

Die politische Polarisierung am Ende der Weimarer Republik wurde befördert durch die dramatische wirtschaftliche Lage.[13] Seit 1929 hatte sich die „Große Depression", von den Vereinigten Staaten ausgehend, als Weltwirtschaftskrise insbesondere in Deutschland verheerend ausgewirkt. Nachdem im Herbst 1923 die an den ersten Weltkrieg anschließende Hyperinflation gestoppt werden konnte, investierten namentlich US-amerikanische Anleger in die deutsche Wirtschaft. Allerdings handelte es sich hierbei vielfach um kurzfristige Anlagen, die in dem Maße abgezogen wurden, in dem die amerikanische Wirtschaft selbst sich in der Krise befand. Die daraus entstehende Kapitalnot trieb große Unternehmen, Versicherungen und Banken in die Insolvenz. Dabei ergab sich, dass die Kapitalausstattung dieser Unternehmen durch wechselseitige Verflechtungen und durch den Erwerb eigener Aktien intransparent war. Mitgliedern der Geschäftsleitungs- und Aufsichtsorgane insolventer Gesellschaften wurde der Vorwurf gemacht, die Vermögenslage der Gesellschaften in strafbarer Weise verschleiert zu haben. In der Folge mussten Banken fusionieren und teilverstaatlicht werden. Steuererhöhungen und die bereits seit dem ersten Weltkrieg praktizierte Devisenbewirtschaftung, durch die der Handel mit ausländischen Währungen reguliert wurde, setzten Anreize für Kapitalflucht, also die Verbringung des Vermögens von Deutschen ins Ausland. Die Arbeitslosenzahl stieg auf den Höchstwert von sechs Millionen. Para-

---

13 Zu den folgenden beiden Abschnitten Jan-Otmar Hesse/Roman Köster/Werner Plumpe, Die Große Depression. Weltwirtschaftskrise 1929–1939, 2014, 29, 53 ff., 64 ff., 71 ff.; Tobias Straumann, 1931. Debt, Crisis, and the Rise of Hitler, 2019, 190 ff.

militärische Verbände von Kommunisten und Nationalsozialisten lieferten einander blutige Straßenschlachten.

3.9.6 Wirkungsgeschichte, eventuell: Gegenwartsbezug

Da die andauernde Wirtschaftskrise zu wiederkehrenden Regierungskrisen führte, löste der Reichspräsident Paul von Hindenburg in kurzer Folge mehrfach den Reichstag auf. Von Wahl zu Wahl konnte die NSDAP ihr Wahlergebnis erhöhen (abgesehen von der Reichstagswahl im Herbst 1932), so dass nationalkonservative Kreise die NSDAP in die Reichsregierung einbinden wollten. Schließlich ernannte Hindenburg am 30. Januar 1933 Hitler zum Reichskanzler.[14]

Die in der Quelle angekündigten Sondergerichte wurden im Sommer 1932 eingerichtet.[15] Die hierfür im Herbst 1931 geschaffene Rechtsgrundlage nutzten die Nationalsozialisten nach ihrer Machtübernahme für die Schaffung weiterer Sondergerichte, die sie gegen ihre politischen Gegner einsetzten.[16] Die in der Quelle erwähnte „Steuer- und Devisenhinterziehung" wurde mit besonderen Steuerstrafvorschriften[17], einer „Reichsfluchtsteuer"[18] und einem verschärften Devisenrecht[19] geahndet. Beides wurde

---

14 Zum Zusammenhang von Machtübernahme und Notverordnungspolitik Irene Strenge, Machtübernahme 1933 – Alles auf legalem Weg?, 2002, 99 ff., 134 ff.
15 Verordnung der Reichsregierung über die Bildung von Sondergerichten vom 9. August 1932, RGBl. I, 404.
16 Ausdrücklich auf der Grundlage der in Fn. 2 zitierten Quelle ergingen die Verordnung der Reichsregierung über die Bildung von Sondergerichten vom 21. März 1933, RGBl. I, 136, und die Verordnung der Reichsregierung über die Zuständigkeit der Sondergerichte vom 20. Dezember 1934, RGBl. I, 4; ohne Berufung auf diese Grundlage erfolgte die Bildung des Volksgerichtshofs durch Artikel III des Gesetzes zur Änderung von Vorschriften des Strafrechts und des Strafverfahrens vom 24. April 1934, RGBl. I, 341, 345.
17 Dritter Teil § 15 der Verordnung des Reichspräsidenten über Aktienrecht, Bankenaufsicht und über eine Steueramnestie vom 19. September 1931, RGBl. I, 507 f.
18 Siebenter Teil Kapitel III der Vierten Verordnung des Reichspräsidenten zur Sicherung von Wirtschaft und Finanzen und zum Schutze des inneren Friedens vom 8. Dezember 1931, RGBl. I, 699, 731.
19 Verordnung des Reichspräsidenten zur Abänderung der Verordnung über die Devisenbewirtschaftung vom 1. August 1931 (Reichsgesetzbl. I 421) und über die beschleunigte Aburteilung von Zuwiderhandlungen gegen diese Verordnung durch Schnellgerichte vom 17. November 1931, RGBl. I, 679. Gemeint war hier das Schnellverfahren nach §§ 212 ff. StPO a. F. (vgl. heute §§

nach 1933 zur Ausplünderung derjenigen eingesetzt, die von den Nationalsozialisten als Juden verfolgt wurden und deshalb Deutschland verlassen wollten.[20] Das alte, auch in der Weltwirtschaftskrise präsente antisemitische Stereotyp des „jüdischen Finanzkapitals"[21] wurde nach 1933 erneut genutzt, um die Verfolgung und Entrechtung der jüdischen Deutschen zu begründen[22].

Die Weltwirtschaftskrise von 1931 wurde in der Finanz- und Wirtschaftskrise seit 2007/08 in Bezug genommen, um historische Parallelen zu ziehen.[23] Erneut wurden Vorwürfe gegen Manager und Banken erhoben. Angesichts der gegenwärtigen Polarisierung der Gesellschaft werden Vergleiche mit den Verhältnissen der späten Weimarer Republik angestellt.[24]

---

417 ff. StPO); Schnellgerichte sind nicht zu verwechseln mit Sondergerichten. Näher zur Entstehung der Notverordnung vom 17. November 1931 Ministerbesprechung vom 16. November 1931, in: Koops (Fn. 8), Dokument Nr. 555, 1970, abrufbar unter https://www.bundesarchiv.de/aktenreichskanzlei/1919–1933/0000/bru/bru3p/kap1_1/kap2_41/para3_3.html (16. 3. 2020).

20 Gesetz zur Änderung der Vorschriften über die Reichsfluchtsteuer vom 18. Mai 1934, RGBl. I, 392; Dorothee Mußgnug, Die Reichsfluchtsteuer 1931–1953, 1993, 30 ff.; Axel Drecoll, Der Fiskus als Verfolger. Die steuerliche Diskriminierung der Juden in Bayern 1933–1941/42, 2009, 125 ff.; Christiane Kuller, Bürokratie und Verbrechen. Antisemitische Finanzpolitik und Verwaltungspraxis im nationalsozialistischen Deutschland, 2013, 133 ff., 185 ff.

21 Hans Buchner, Die goldene Internationale. Vom Finanzkapital, Tributsystem und seinen Trägern, 2. Auflage 1931.

22 Matthew Lange, in: Wolfgang Benz (Hrsg.), Handbuch des Antisemitismus. Judenfeindschaft in Geschichte und Gegenwart, Band 3, 2010, 111 ff.; Hans-Christian Petersen, in: Nicolas Berg (Hrsg.), Kapitalismusdebatten um 1900 – Über antisemisierende Semantiken des Jüdischen, 2011, 409 ff.

23 Johannes Bähr/Bernd Rudolph, 1931 – Finanzkrisen – 2008, 2011, 243 ff.

24 Andreas Wirsching/Berthold Kohler/Ulrich Wilhelm (Hrsg.), Weimarer Verhältnisse? Historische Lektionen für unsere Demokratie, 2018.

4 Wissenschaftsgeschichte

4.1 Es geht immer um die Wurst! Daniel Freses „Veritas, Iustitia und Confessio" (1578)
Mathias Schmoeckel

4.1.1 Einführung

Zu den großen Rathäusern Deutschlands gehört jenes von Lüneburg, das von 1230 an immer weiter wuchs, keine Kriegsschäden erlitt und daher heute besonders gut erhalten ist[1]. Dies gilt auch für die Geschichte seiner Restaurierungen[2]. Die Gebäude der Rathäuser[3], doch mehr noch ihre reichen Ausstattungen enthalten zahlreiche Ölbilder und Fresken etc., deren (rechts-) ikonologischer Schatz bislang noch nicht gehoben wurde. Die Chancen der Rechtsikonographie wurden jedoch immer wieder erkannt[4].

Das Lüneburger Rathaus ist ein Komplex verschiedener Bauten mit Bauteilen aus unterschiedlichen Jahrhunderten für eine Fülle von Gerichten und Ämtern mit ständig wechselnden Zuständigkeiten und Zusammensetzungen[5]. Das „neue Rathaus"

---

1 Stephan Albrecht, Mittelalterlicher Rathausbau in Norddeutschland, in: U. Schädler-Saub/ A. Weyer (Hg.), Mittelalterliche Rathäuser in Niedersachsen und Bremen: Geschichte, Kunst, Erhaltung, Band 2, Petersberg 2003, 25–34.
2 Bernd Adam u.a.: Lüneburg, Rathaus, in: U. Schädler-Saub/A. Weyer (Hg.), Mittelalterliche Rathäuser in Niedersachsen und Bremen: Geschichte, Kunst, Erhaltung, Band 2, Petersberg 2003, 146–169, hier 150f; Stephan Albrecht, Mittelalterliche Rathäuser in Deutschland. Architektur und Funktion, Darmstadt 2004, 100–103.
3 Jürgen Paul, Rathaus und Markt, in: C. Meckseper (Hg.), Stadt im Wandel, Kunst und Kultur des Bürgertums in Nordwestdeutschland, Ausstellungskatalog, Band 4, Stuttgart – Bad Cannstatt 1985, 89–118, 101 ff insbesondere zum Lüneburger Rathaus.
4 Joachim Rückert/Beate Ritzke/Lena Foljanty, Savigny-Porträts, (Studien zur Europäischen Rechtsgeschichte, 266), Frankfurt a.M. 2011.
5 Karl Kroeschell, recht unde unrecht der sassen. Rechtsgeschichte Niedersachsens, Göttingen 2005, 181, 219, betont, wie wenig wir zur Gerichtspraxis dieser Zeit wissen.

von 1564 wurde als dreigeschossiger Backsteinbau mit 18 Fensterachsen gebaut[6]. Im Untergeschoss nach außen[7] befand sich das Niedergericht[8], im ersten Geschoss des neuen Kämmereiflügels[9] befinden sich bis heute die „Große Ratsstube" sowie weitere Zimmer mit ergänzenden Funktionen wie die Bürgermeisterkammer für Besprechungen im kleineren Kreis oder die Collectorei[10] oder die Schreibstube[11]. Das Niedergericht und seine Funktionen sollen hier nicht weiter behandelt werden. Stattdessen soll nun eine Darstellung der „Iustitia und Confessio" untersucht werden, die sich in der „Großen Ratsstube" befindet.

Die „Große Ratsstube" misst 10,5 m mal 9,5 m, in der Höhe 4,5 m. Nach dem Abschluss der Bauarbeiten bis 1567 wurden die Arbeiten an der Ausstattung bis 1578 durchgeführt[12]. Die „Große Ratsstube" war bis zum weiteren Ausbau des Rathauses mit seinem Fürstensaal der Fest- und Repräsentationssaal der Stadt. Der Raum wurde vor allem für die Ratssitzungen genutzt, aber auch für Festivitäten wie Bankette oder Huldigungen, z. B. 1706 für Kurfürst Georg Ludwig[13]. Gleichzeitig konnte der Rat hier auch Gerichtsfunktionen wahrnehmen, so dass dort auch das Hochgericht tagen konnte. Dies galt wegen des Ofens in diesem Raum insbesondere während des Winters. Im Sommer wurden zunächst die älteren, anderen Räume weiter genutzt[14]. Der

---

6 Adam, Die bauliche Entwicklung (Fn. 9), 127 zur baulichen Entwicklung, 144.
7 Ikonographisch nunmehr Ann-Kathrin Hubrich, Multi-Layered Functions of Early Modern Courtroom Equipment: Lüneburg for Example, in: St. Huygeaert u a. (Hg.), The Art of Law. Artistic Representations and Iconography of Law and Justice in Context, from the Middle Ages to the First World War, (Ius Gentium, 66), Bruges 2018, 149–166.
8 Dazu Joachim Ganzert, Herrschaft als Vergegenwärtigung. Zum Niedergericht im Lüneburger Rathaus und zur Archetypik sakraler Herrschaftslegitimation, in: ders. (Hg.), Das Lüneburger Rathaus. Ergebnisse der Untersuchungen 2008 bis 2011, Band 2, Petersberg 2014, 157–145.
9 Bernd Adam, Die bauliche Entwicklung des Rathauskomplexes am Ochsenmarkt, in: J. Ganzert (Hg.), Das Lüneburger Rathaus. Ergebnisse der Untersuchungen 20087 bis 2011, Band 1, Petersberg 2014, 124.
10 Adam, Die bauliche Entwicklung (Fn. 9), 157.
11 Vgl. Kroeschell, recht unde unrecht der sassen (Fn. 5), 136.
12 Barbara Uppenkamp, Politische Ikonographie im Rathaus zu Lüneburg, in: J. Ganzert (Hg.), Das Lüneburger Rathaus. Ergebnisse der Untersuchungen 2008 bis 2011, Band 2, Petersberg 2014, 247–353.
13 Adam, Die bauliche Entwicklung (Fn. 9), 163.
14 Bernd Adam, Verteilung historischer Nutzungen und Raumgruppenbildung im Lüneburger Rathaus, in: J. Ganzert (Hg.), Das Lüneburger Rathaus. Ergebnisse der Untersuchungen 2008 bis 2011, Band 3, Petersberg 2015, 145–205, 197.

eigentliche Ort für das Hochgericht blieb zunächst die berühmte Gerichtslaube, die um 1330 erbaut wurde. Deshalb stehen in der „Großen Ratsstube" eher die Fragen der rechten Regierung im Zentrum der luxuriösen Ausstattung dieses Saales. Immer häufiger wurde die Große Ratsstube jedoch wegen ihrer Bequemlichkeiten als Ort der hohen Gerichtsbarkeit genutzt; es bürgerte sich sogar der Name „Laube" für diesen Saal ein[15]. Die reiche Ausstattung diente und dient also vornehmlich der Repräsentation, ferner der Illustration dessen, was im Raum geschehen soll, ebenso jedoch der Ermahnung der Ratsherren, weniger dagegen den Funktionen des Hochgerichts wie die prachtvolle mittelalterliche Gerichtslaube[16] oder Freses eigenes Hauptwerk im oberen Treppenhaus der Eingangshalle des Lüneburger Rathauses[17].

Auf dem Boden wurden Tonfliesen gelegt[18]. Als Schnitzer wurde Albert von Soest (vor 1550–1588?)[19] gewonnen, der von 1568 bis 1582 jedenfalls in Lüneburg nachweisbar ist. Das Ratsgestühl wurde schon 1567 fertig gestellt, hinzu traten Wandvertäfelungen ebenfalls aus Eichenholz. Nur die Ostwand wurde damit zunächst nicht ausgestattet, weil sich hier ein Ofen befand. Dieser wurde erst um 1900 entfernt. Auch die kostbar geschnitzte Kassettendecke mit vergoldeten Rosetten wurde von Albert von Soest gestaltet. Ein besonderes Meisterwerk ist vor allem die Eingangstür mit den drehbaren Säulen an der Seite, die wie Zepter der Stadt wirken.

Von 1573 bis 1578 schuf Daniel Frese (1540–1611)[20] die Bilder, die über dem Gestühl die Wände fast vollständig bedecken[21]. Das Gestühl reicht dabei 2,45 m hoch; die einzelnen Darstellungen sind also deutlich höher als die Betrachter. Mit 1,5 m Höhe der Leinwand-Gemälde sind diese aber auch selbst so groß, so dass sie auch von einer mittleren Distanz der sitzenden Ratsmitglieder gut betrachtet werden können.

---

15 Paul, Rathaus und Markt (Fn. 3), 103.
16 Wolfgang Pfeiffer, Zu den Wand- und Deckenbildern der Lüneburger Gerichtslaube, Lüneburger Blätter 11/12 (1961), 13–29.
17 Dazu Friedrich Gross, Lutherische Gerechtigkeit für einen Apelles von Lüneburg? Zum stiefmütterlich behandelten Hauptwerk von Daniel Frese im Rathaus der Salzstadt, Niederdeutsche Beiträge zur Kunstgeschichte 39 (2000), 29–77.
18 Adam, Die bauliche Entwicklung (Fn. 9), 160.
19 Karl Ernst Hermann Krause, Art. Soest, Albert van, ADB, Band 34, Leipzig 1892, 537 f; Georg Winter, Art. Albert von Soest, NDB, Band 1, Berlin 1953, 135 f.
20 Karl Ernst Hermann Krause, Art. Daniel Frese, ADB, Band 7, Leipzig 1877, 352; Editha Holm, Art. Daniel Fre(e)se, NDB, Band 5, Berlin 1961, 404 f; Friedrich Gross, Frese, Daniel, in: Allgemeines Künstlerlexikon. Die Bildenden Künstler aller Zeiten und Völker (AKL), Band 44, München u. a. 2005, 455–457.
21 Adam, Die bauliche Entwicklung (Fn. 9), 161.

Große Fenster mit venezianischem Glas gaben ursprünglich viel Licht und garantierten damit eine gute Lesbarkeit der zahllosen Darstellungen. Erst später wurden die Fenster verkleinert.

Der Gesamteindruck des Raumes ist überwältigend. Der große Raum kommt nach wie vor ohne Stützen aus. Der Reichtum der Schnitzereien im harten Eichenholz und die auf Rot, Gold und Schwarz konzentrierte Farbigkeit der Gemälde schaffen den Eindruck von Wohlstand und Macht. Offenbar gaben die wenigen Geschlechter der ratsfähigen Familien sehr viel Geld aus, um nicht nur für Infrastruktur, Ordnung und Wohlstand, sondern auch Kunst und städtische Repräsentation zu sorgen[22].

Die außergewöhnlich reiche Ausstattung dieses Raumes bringt es mit sich, dass die Fülle der einzelnen Darstellungen die Wahrnehmung der kostbaren Details fast erschlägt[23]. Beschreibungen des Raumes werden zu langen Aufzählungen, welche die Aufmerksamkeit für die einzelnen Darstellungen fast ersticken. Wegen der prächtigen originalen Ausstattung gilt dieser Saal, in dem noch heute Sitzungen durchgeführt werden können, als Meisterwerk der Renaissance.

An der Ostwand befindet sich als erstes Gemälde, wenn man hier den Rundgang beginnt, eine Darstellung von den drei Personifikationen der „Veritas, Iustitia und Confessio". Allein dieses Bild soll im Folgenden Gegenstand meiner Untersuchung sein. Es gibt im Lüneburger Rathaus eine solche Fülle von Darstellungen selbst zu allgemeinen Themen wie der Gerechtigkeit[24], die wiederum die nötige Aufmerksamkeit für jede einzelne Darstellung reduzieren. So gibt es bisher keine Untersuchung dieses Gemäldes. Gerade die Selbstdarstellung der Stadt als Inhaberin der Hohen Gerichtsbarkeit lud dazu ein, diesen Teil der Tätigkeit nach außen ikonographisch zu betonen[25].

---

22 Carolin Sophie Prinzhorn, Der Rat in der Stadt – Das städtische Bauwesen im Spiegel der Baubuchüberlieferung 1409 bis 1499, in: J. Ganzert (Hg.), Das Lüneburger Rathaus. Ergebnisse der Untersuchungen 2008 bis 2011, Band 3, Petersberg 2015, 77–124, 124.
23 Vgl. zur Einleitung Barbara Uppenkamp, Politische Ikonographie im Rathaus zu Lüneburg, in: J. Ganzert (Hg.), Das Lüneburger Rathaus. Ergebnisse der Untersuchungen 2008 bis 2011, Band 2, Petersberg 2014, 247–353, 308 ff.
24 Vgl. eine Übersicht bei Melanie Damm, Iuste iudicate filii hominum: die Darstellung von Gerechtigkeit in der Kunst am Beispiel einer Bildergruppe im Kölner Rathaus, (Kunstgeschichte, 71), Bonn Diss. phil 1999, Münster u. a. 2000, 61 f.
25 Ulrich Meier, Freiheit und Recht, Rat und Tat, in: U. Schädler-Saub/A. Weyer (Hg.), Mittelalterliche Rathäuser in Niedersachsen und Bremen: Geschichte, Kunst, Erhaltung, Band 2, Petersberg 2003, 35–48, 43.

Es geht immer um die Wurst! Daniel Freses „Veritas, Iustitia und Confessio" (1578)   421

Abb. 1: Daniel Frese: Veritas, Iustitia und Confessio, 1578. Foto: Dank an Dr. Vincent Nossek, Hamburg, für das Foto im Sommer 2018 und an die Stadt Lüneburg für die Erlaubnis, diese Bilder zu fotografieren. Philip Schopen konnte die Qualität des Bildes durch eine elektronische Nachbearbeitung deutlich verbessern. © Schmoeckel

4.1.2 Beschreibung von „Veritas, Iustitia und Confessio" und Umgebung

Die Position schräg zu den Fenstern in der Höhe des Raumes verhindert eine einfache Ablichtung dieses Gemäldes; das Licht der Fenster spiegelt sich auf seiner Oberfläche. Der breite Rahmen enthält mehrere goldene Profilleisten und eine breite schwarze Platte mit goldenen Motiven in den Ecken und in der Mitte. In den folgenden Gemälden werden folgende Themen behandelt:
- eine Allegorie des Friedens,
- eine Allegorie des Gemeinwesens,
- eine Allegorie der Reichsverfassung,
- eine Allegorie der Stadt Gottes,

- eine Allegorie der Weisheit,
- eine Allegorie des Staatsschiffes (= Allegorie bis Plato)
- eine Allegorie der vier Weltreiche sowie
- das himmlische Jerusalem und das kommende Reich Christi.

Auf der Nordwand folgen Darstellungen von Moses, David sowie den Aposteln Petrus und Paulus.

In unserem Bild trennt ein Bogen goldenen Lichts einen Halbkreis oben vom Rest des Bildes. In dessen Mitte sitzt eine kleine Jesus-Gestalt als Weltenrichter mit entblößter Brust, aber dem roten Mantel eines Richters. Er hält ein rotes Herz in seiner Rechten. Eine Lilie schwebt rechts von ihm, ein Flammenschwert an seiner linken Seite. Der Halbkreis eines Wolkenbandes enthält die Worte: Ir Haltet das Gericht nicht den Menschen sondern / dem Herrn vnd er ist mit euch im Gericht, Cronica . XIX

Unterhalb des Weltenrichters stehen drei Frauengestalten:

1.) die in Gold und Rot gekleidete Veritas, die ein Winkelmaß mit ihrer Rechten schultert und mit dem Zeigefinger der anderen Hand nach oben auf Christus als Richter weist und so als Wahrheit charakterisiert wird,

2.) die in Rot und Grün reich gekleidete und geschmückte Iustitia, die ihre Attribute Schwert und Waage in den Händen hält, sowie

3.) die überwiegend weiß gewandete Confessio, deren einzig sichtbare rechte Hand eine Wurst in den Händen hält. In ihrem Mund sieht man ihre Zunge, offenbar spricht sie gerade.

In der Mitte des Bildes ist die einzig sitzende Gestalt, ein Mann in römischem Brustpanzer, einem Turban sowie einem langen, hell- und dunkelrot gestreiften Umhang, der über die bloßen Beine zurückgeschlagen liegt. Der goldfarbene Thron ist nur am Rand zu erkennen. Sein Gürtel bezeichnet ihn als „IUSTUS IUDEX". Mit seinem linken Fuß stößt er einen großen Beutel mit Goldmünzen um, die zu Boden fließen. Offensichtlich ist dieser Richter unbestechlich. Mit seiner rechten Hand hält er eine Zeituhr, mit der anderen Hand verdeckt er sein Ohr, sein Blick geht geradeaus zum Betrachter an den beiden mit antikisierenden Waffen und Panzern gekleideten Männern vorbei. Ausweislich ihrer hinteren Hände und deren Gesten diskutieren sie mit ihm; die vorderen Hände halten vielleicht ihre Kopfbedeckung. Die Geste des linken scheint eher abwartend, während der rechte Mann deutlicher argumentiert; wahrscheinlich plädiert er gerade für seine Sache. Der Richter ist anscheinend bereit, jedem für eine bestimmte Zeit abwechselnd die uneingeschränkte Aufmerksamkeit zu leihen nach dem Motto „audiatur et altera pars".

Das Bild trägt unter dem Podest des Throns die Schrift „Dan(iel) F(rese) inventor 1578", notiert also Maler und Jahr der Entstehung. Es bestätigt die oben gesammelten Informationen zur Entstehung des Bildes. Darunter folgt noch ein schwarzes Feld mit einer goldenen Inschrift aus Jesus Sirach: „Las dich keine Person bewegen dir zu schaden noch erschrecken dir / zum verderben (Sondern bekenne das Recht freij wenn man den / Leuten helffen sol den durch Bekenntnis wird die Wahrh(eit) un(d) da(s) recht offenba(r) / Syrach" (4.26).

4.1.3 Ikonographie

Um das Bild besser zu verstehen, ist jetzt auf die einzelnen Elemente einzugehen. Nach Erwin Panofsky (1892–1968) sollen Bilder in einem dreischrittigen Analyseverfahren untersucht werden: Nach der einfachen Beschreibung der Phänomene (Phänomensinn) folgen zunächst die Ikonographie sowie dann die Ikonologie[26]. Die Ikonographie (Bedeutungssinn) beschreibt, wie etwas dargestellt wird. Diese Methode dient dazu, die Elemente des Bildes zu identifizieren und zu deuten. Neben den Namen, die hier im Bild teilweise geschrieben stehen, können die von den Personen getragenen Attribute und Kleider zur Deutung der Person und der Bildinhalte dienen. Die Ikonologie (Deutungssinn) dagegen versucht, die Bedeutung der Gegenstände zu erklären. Das Bild wird dabei selbst als Dokument z. B. seiner Zeit und seines Kontexts begriffen, dessen Inhalt zu entschlüsseln ist. Die kunsthistorischen Methoden bilden dabei die Voraussetzungen für die darauf folgende rechtshistorische Deutung[27].

Die Ikonographie wird hier durch die Benennung einiger Personen erleichtert. Im Übrigen geht es hier um ihre Attribute und Kleidung. Die meisten Elemente, welche die Personen charakterisieren, sind ikonographisch eher gewöhnlich bzw. leicht zu verstehen, ja gerade konventionell[28]. Das gilt insbesondere für den kleinen Weltenrichter im roten Mantel, bloßem Torso und in Begleitung von Lilie und Flammenschwert,

---

26 Erwin Panofsky, Sinn und Deutung in der bildenden Kunst, Köln 1975, 38 ff.
27 Zu diesem Verhältnis grundsätzlich und mustergültig Pierre Friedrich, Betrachtungen eines unpolitischen Bildungsprogramms. Die Darstellung der Volksgesetzgebung Karls des Großen im Plenarsaal des Oberlandesgerichts Düsseldorf, (Rechtsgeschichtliche Schriften, 31), Köln/Weimar/Wien 2015, 44 ff.
28 Verwendet wurden u. a. Andreas Alciatus, Emblematum Libellus, Paris 1542 ND Darmstadt 1997; Emblemata. Handbuch zur Sinnbildkunst des XVI. und XVII Jahrhunderts, ed. Arthur Henkel/Albrecht Schöne, Stuttgart 1967/1996.

dessen berühmte Darstellung so schon in der Gerichtslaube des Rathauses zu finden ist, also im berühmten Bild des Jüngsten Gerichts von 1495[29]. Ohnehin handelt es sich um eine weit verbreitete Darstellungsweise des 14. und 15. Jahrhunderts. Das Winkelmaß wird zwar oft auch für die Gerechtigkeit genutzt, hier wird mit dem Hinweis auf „den rechten Winkel" jedoch die Wahrheit charakterisiert. Sogar das weiße Kleid für Veritas ist ebenso wie das goldene Gewand für Iustitia gängige Darstellungsweise für diese Personifikationen[30]. Frese vermied offenbar Abweichungen von der üblichen Darstellungsweise, wahrscheinlich um seine Aussage so besonders klar werden zu lassen.

Diese Gewöhnlichkeit der Darstellung gilt besonders für die Attribute der Iustitia, bei denen es sich traditionell um das Schwert, das Buch und die Waage[31] handelt. Sie finden sich bis auf das Buch auch hier. Die Iustitia konnte dabei lange Zeit über mit und ohne Augenbinde dargestellt werden. Sollte die Gerechtigkeit „ohne Ansehung der Personen", also blind, oder möglichst umsichtig bei der Betrachtung der Parteien vorgehen? Die vergangenen Darstellungen dieser Frage sahen in der Binde seit der Forschung durch Ernst von Moeller ein typisches Attribut seit der Reformation. Diese von Gierke bis Stolleis oft zitierte Deutung konnte inzwischen widerlegt werden; vielmehr gab es nebeneinander beide Darstellungsweisen[32]. Die Darstellung ohne Augenbinde ist also nicht außergewöhnlich[33]. Sie bedeutet jedoch, dass das Augenmerk der Gerechtigkeit auf den Personen und Personifikationen ruht, die sie begleiten.

Seit dem 12. Jahrhundert vertritt die Iustitia, begleitet von zwei Personifikationen, auch den Weltenrichter als Mitte eines Gerichtsbildes[34]. Bei den Begleitpersonen handelte es sich früher z. B. um die Personifikationen der *misericordia* und *pietas* sowie der Tugenden[35]. Die Gerechtigkeit war dabei wie die anderen Darstellungen eine Personifikation einer Tugend, doch wurde ihr insoweit eine führende Position gerade gegenüber den anderen Tugenden eingeräumt.

---

29 Georg Tröscher, Weltgerichtsbilder in Rathäusern und Gerichtsstätten, Wallraf-Richartz-Jahrbuch 11 (1993), 139–212, 187.
30 Cesare Ripa, Iconologia. Ovvero descrizione delle immagini cavate dall'anticità e da altri luoghi, Rom 1593 ND Gorgonzola 2006, 108, 284.
31 Vgl. die Beschreibung dieser Ikonographie bei Friedrich, Betrachtungen eines unpolitischen Bildungsprogramms (Fn. 27), 65 ff.
32 Friedrich, Betrachtungen eines unpolitischen Bildungsprogramms (Fn. 27), 312.
33 Anders bei Valéry Hayaert, The Paradoxes of Lady Justice's Blindfold, in: St. Huygeaert u. a. (Hg.), The Art of Law. Artistic Representations and Iconography of Law and Justice in Context, from the Middle Ages to the First World War, (Ius Gentium, 66), Bruges 2018, 218–221.
34 Friedrich, Betrachtungen eines unpolitischen Bildungsprogramms (Fn. 27),70 mit Abb. 6.
35 Friedrich, Betrachtungen eines unpolitischen Bildungsprogramms (Fn. 27), 70.

Der Richter in der Mitte des Bildes trägt wie Christus den roten Mantel der Richter. Sein Umhang ist allerdings gestreift. Das war im 15. Jahrhundert ein modisches Attribut und wurde zu dieser Zeit deswegen teilweise kritisiert; im 16. Jahrhundert war dieses Element jedoch nur noch ein Zeichen von Wohlstand und Weltlichkeit[36]. Es unterscheidet damit den hochgestellten menschlichen vom ewigen Richter. Die Parteien links und rechts sind mit Waffen und Panzer ausgestattet, sie sind also bereit zum Konflikt bzw. Kampf. Ihr Konflikt ist damit durchaus ernst zu nehmen. Das gleiche gilt mithin für die Aufgabe des Richters, um Frieden in der Welt zu halten.

Es gibt jedoch zwei Elemente, die ikonographisch ganz ungewöhnlich sind. Dies betrifft zunächst die Anwesenheit der Confessio. Hierbei handelt es sich um eine Darstellungsweise, die jedenfalls bisher in der Literatur noch nicht beschrieben wurde[37]. Klassisch seit dem 12. Jahrhundert ist die Darstellung der Iustitia als Personifikation des Weltenrichters. In unserem Bild hier wird der Bezug durch die Einblendung Christi als Weltenrichter im oberen Teil des Bildes überdeutlich gemacht. Dabei wird die Gerechtigkeit seit dem 12. Jahrhundert meist von übrigen Tugenden oder der *pietas* und der *misericordia*[38] begleitet. Damit wurde inhaltlich deutlich gemacht, dass ein christlicher Richter Frömmigkeit und Mitleid verfügen müsse, um ein gutes Urteil zu fällen[39]. Die hier gewählte Begleitung betont dagegen mehr das Ergebnis der Urteilsfindung. Seit den Kirchenvätern kommt es auf die Wahrheit der Urteile, also deren Übereinstimmung mit der angenommenen objektiven Wahrheit an[40]. Der Umstand, dass die Confessio neben der Veritas steht, bedeutet, dass die Religion in der Form der richtigen Konfession ebenso das richtige Urteil gewährleistet wie die Wahrheit. Die Konfession in Lüneburg 1578 bezog sich auf Martin Luther und die Confessio Augustana von 1530. Frese sagte hiermit, dass die „richtige" Konfession Lüneburgs, also die lutherische, für die Gewährleistung der Gerechtigkeit der Rechtsprechung in der Stadt ebenso wichtig war wie die Suche nach der Wahrheit.

---

36 Verena Schmid Blumer, Ikonographie und Sprachbild: Zur reformatorischen Flugschrift »Der gestryfft Schwitzer Baur«, (Frühe Neuzeit 84), Tübingen 2004, 237.
37 Nach Susanne Wegmann, Der sichtbare Glaube. Das Bild in den lutherischen Kirchen des 16. Jahrhunderts, (Spätmittelalter, Humanismus, Reformation, 93), Tübingen 2016, 100 f, kommen die *confessio*-Darstellungen erst zum Ende des 16. Jahrhunderts auf. Tatsächlich müsste man wohl erst viel stärker eine Anamnese des ungehobenen Schatzes gerade der säkularen Darstellungen betreiben.
38 Friedrich, Betrachtungen eines unpolitischen Bildungsprogramms (Fn. 27), 70.
39 Vgl. Verf., Die Jugend der Justitia. Archäologie der Gerechtigkeit im Prozessrecht der Patristik, Tübingen 2013, 92 f.
40 Verf., Die Jugend der Justitia (Fn. 39), 107 f.

Ungewöhnlich ist ferner die ikonographische Darstellung der Confessio, auch wenn die Seltenheit dieser Personifikation schon an sich gewöhnliche Attribute verhindert. Während die linke Hand verborgen ist, hält die rechte Hand eine rötliche, eher dickliche Wurst nach oben. Die Wurst ist ein ganz und gar ungewöhnliches Attribut. Dabei gibt es drei mögliche Anknüpfungspunkte; denn eine kritische Konnotation wie beim „Hanswurst" kann hier ausgeschlossen werden[41]. Zum einen gibt es mindestens seit dem 17. Jahrhundert eine „Lutherwurst"[42]; die Wurst würde also explizit auf die lutherische Konfession verweisen. Doch gibt es keinen Beweis für eine solche weite, allgemeine Verbreitung der Wurst. In Luthers Welt war die Wurst sicher ein alltägliches Element der Ernährung, das auch in seinen Schriften mitunter vorkommt[43]. Doch wird diese einzelne Erwähnung noch nicht dazu führen dürfen, die Wurst als Zeichen für Luther anzusehen. Sie beziehen sich ohnehin eher auf Fragen des Abendmahls oder auf die unbeholfene Gestalt des „Hans Wurst".

Viel entscheidender war dagegen das „Züricher Wurstessen": Ein bekannter Züricher Verleger verstieß am ersten Sonntag der Fastenzeit 1522 mit mehreren Mitgliedern des Züricher Rats in Anwesenheit einiger Geistlicher gegen das Fastengebot, indem er so quasi öffentlich die Regeln der traditionellen Frömmigkeit und der Kirche verletzte. Dieses Ereignis löste die Reformation in Zürich aus. Der Rat nahm Untersuchungen auf und Ulrich Zwingli nahm in einer der nächsten Predigten dazu Stellung. Dadurch nahm dieses Wurstessen allmählich in der Schweiz die Stellung ein, die in Deutschland dem Wittenberger Thesenanschlag zukommt[44]. Umso unpassender scheint die Wurst auf einem Bild des Lüneburger Rats, wenn man den norddeutschen Protestantismus allein als Luthertum deutet.

---

41 Mark U. Edwards, Luther's Last Battles: Politics and Polemics 1531–46, Minneapolis 2005, 150.
42 Wolfger Pöhlmann, Es geht um die Wurst. Eine deutsche Kulturgeschichte, München 2017, im Kapitel „Ein Gaumenschmauss als Glaubensbekenntnis".
43 Martin Luther, Das Diese wort Christi (das Ist mein leib &c.) noch fest stehen widder die schwermgeister, in: WA Schriften, 23. Band, Predigten und Schriften 1527, 116 Z.4/199 Z.27.
44 Hulreich Zwingli, Von Erkiesung und Fryheit der Spysen, in: ders., Huldreich Zwinglis sämtliche Werke, Band 1 (CR, 88), Berlin 1905, [http://www.irg.uzh.ch/static/zwingli-werke/index.php?n=Werk.8, zuletzt 3. 3. 2020]; Matthias Reuter, Wurstessen, in: G. W. Locher (Hg.), Zwingli-Lexikon von A bis Z. 2016; Gottfried W. Locher, Die Zwinglische Reformation im Rahmen der europäischen Kirchengeschichte. Göttingen/Zürich 1979, 95–98, insbesondere Fn. 55.

Allerdings wurde die Reformation in Lüneburg nicht von Luther oder einem seiner Schüler, sondern von Urbanus Rhegius (1498–1541)[45] eingeführt. Er war bereits Pfarrer von Augsburg, als die Diskussion in Deutschland zur Reformation begann. In den süddeutschen Städten war zunächst der Einfluss von Zürich groß[46]. Rhegius nahm ab 1524 am Streit über das Abendmahl zwischen Luther und Zwingli teil und folgte dabei zunächst eher Zwinglis Argumentation, bevor er endgültig die Seite Luthers wählte[47]. Er versuchte hier, zwischen Luther und Zwingli zu vermitteln[48]. 1530 nahm Rhegius an der Ausarbeitung der Confessio Augustana teil, musste jedoch darum Augsburg verlassen. Alsbald wurde er vom Herzog von Braunschweig-Lüneburg nach Celle als Hofprediger eingeladen. So wurde er der Reformator auch von Hannover und Lüneburg[49]. Mit Rhegius wurden also die Ursprünge der Reformation in Lüneburg bekannt. Somit kann man auch in Lüneburg die Wurst als Zeichen der Reformation als bekannt voraussetzen. Das galt im Übrigen auch bei Luthers Feinden. Noch am Beginn des 17. Jahrhundert wurde Luthers Lied „Erhalt uns, Herr, bei deinem Wort" auf der römisch-katholischen Seite verballhornt zu „Erhalt uns, Herr, bei deiner Wurst"[50].

---

45 Zu ihm vgl. Julius August Wagemann, Art. Rhegius, Urbanus, ADB, Band 28, Leipzig 1889, 374–378; Hellmut Zschoch, Art. Rhegius, Urbanus, in: Biographisch-Bibliographisches Kirchenlexikon, Band 8, Herzberg 1994, 122–134; Matthias Blazek, Eine Säule des Luthertums – Predigersohn Urbanus Rhegius brachte Reformation nach Celle, Sachsenspiegel 52, Cellesche Zeitung vom 31. Dezember 2016; Scott H. Hendrix, Art. Rhegius, Urbanus, in: TRE Band 29, 1998, 155–157.

46 Karl Theodor Keim, Schwäbische Reformationsgeschichte bis zum Augsburger Reichstag, Tübingen 1855, 53, 57 f.

47 Keim, Schwäbische Reformationsgeschichte (Fn. 46), 56.

48 Hellmut Zschoch, Reformatorische Existenz und konfessionelle Identität. Urbanus Rhegius als evangelischer Theologe in den Jahren 1520 bis 1530, (Beiträge zur historischen Theologie 88), Tübingen 1995, 166; Maximilian Liebmann, Urbanus Rhegius und die Anfänge der Reformation. Beiträge zu seinem Leben, seiner Lehre und seinem Wirken bis zum Augsburger Reichstag von 1530, Münster 1980, 181 ff.

49 Matthias Blazek, Eine Säule des Luthertums – Predigersohn Urbanus Rhegius brachte Reformation nach Celle. Sachsenspiegel 52, Cellesche Zeitung vom 31. Dezember 2016; Dietmar Lamprecht, Urbanus Rhegius: der vergessene Reformator der Lüneburger Heide; eine Erinnerung, Hermannsburg 1980.

50 Nina-Maria Klug, „Erhalt uns Herr bei deiner Wurst". Zur öffentlichkeitswirksamen Darstellung des konfessionellen Gegenübers im konfessionspolemischen Flugblatt zum Reformationsjubiläum 1617, in: M. Garloff/Chr. Vokmar Witt (Hg.), Confessio im Konflikt. Religiöse Selbst- und Fremdwahrnehmung in der Frühen Neuzeit. Ein Studienbuch, Göttingen 2019, 119–143, 135.

Wer das Wort für Wurst eintauscht, so darf man es verstehen, versündigt sich klar gegen die Religion.

Die Gestalt der Confessio mit der Wurst repräsentiert damit zwar eindeutig die Reformation. Damit nutzte Frese nicht die von Cranach und anderen entwickelten Bilder und Symbole, welche die Reformation ab 1520 im Reich und darüber hinaus bekannt machten. Kein einziges dieser berühmten und mittlerweile allgemein verbreiteten Bildelemente taucht hier auf[51]. Die Ablehnung der Zeremonialgesetze der Tradition verdeutlicht das Vertrauen auf die Rechtfertigung durch Christus. Die Präsenz des Weltenrichters, auf den die Kurve der Wurst verweist, repräsentiert also den Grundsatz des „solus Christus" bzw. der durch ihn ausgeübten Gnade (*sola gratia*). Gute Werke bestehen daher nicht mehr in der Erfüllung göttlicher Gesetze, vielmehr soll das vom Gesetz befreite Gewissen ermöglichen, die für den Nächsten heilsamen Taten zu tun[52].

Für Zwingli ging es damit um die Freiheit des Glaubens, während Luther das Fasten selbst noch als Mittel zur Tötung des eigenen Fleisches schätzte. Doch später konvergierten die Auffassungen beider zum Fasten[53]. Die Wurst verdeutlicht, dass es nicht um äußeres Verhalten und deren Konformität mit der Religion geht, sondern um den Glauben. Allein der Glaube (*sola fide*) kann dem Menschen das freie Geschenk Gottes (*sola gratia*) der Rechtfertigung einbringen. Während Luther damit vor allem die Möglichkeit abtat, sich selbst durch Wohlverhalten zur Rechtfertigung zu bringen, wollte Zwingli schon eher ethische Folgen des Glaubens betonen[54].

Die Wurst verweist also sicher auf den deutschen Protestantismus, ist aber kaum als klares Zeichen des Luthertums zu deuten. Auch Rhegius schien eher Zwinglis Schrift von der Freiheit der Speisen zu folgen, insbesondere bei seinem Verständnis des Glau-

---

51   Zur Einführung in die Reformationsgeschichte aus kunsthistorischer Perspektive vgl. Birgit Ulrike Münch, Geteiltes Leid. Die Passion Christi in Bildern und Texten der Konfessionalisierung, Regensburg 2009. Einen Überblick über die neuen protestantischen Bildtypen gibt dies., On the Existence of 'Confessional Typology' in Lutheran Texts and Biblical Images, in: D. Eichberger/S. Perlove (Hg.), Visual Typology in Early Modern Europe: Continuity and Expansion, Turnhout 2018, 177–190. Allgemein zum Thema Joseph Leo Koerner, Die Reformation

52   Hellmut Zschoch, Reformatorische Existenz und konfessionelle Identität. Urbanus Rhegius als evangelischer Theologe in den Jahren 1520 bis 1530, (Beiträge zur historischen Theologie, 88), Tübingen 1995, 163.

53   Otto Seitz, Die Theologie des Urbanus Rhegius speziell sein Verhältnis zu Luther und zu Zwingli, Gotha 1898, 54.

54   Seitz, Die Theologie des Urbanus Rhegius (Fn. 53), 68.

bens als Vertrauen auf Gott[55]. Mit dem Züricher Wurstessen und der Ablehnung der Fastenregeln verweist die Wurst mehr auf die „Reformation des Lebens" als auf die „Reformation der Kirche". Solche Hinweise rücken Freses Confessio also eher in den Kontext reformierter Bekenntnisse als zur Augsburgischen Konfession.

4.1.4 Ikonologie

Nach der Klärung der Personifikationen und Attribute sind nun die Ergebnisse zusammenzufügen. Was wollte Frese mit diesem Bild also aussagen und wofür steht letztlich dieses Bild? Wofür hing also das Bild in der Großen Ratsstube? Hier geht es Panofsky nachfolgend um den Deutungssinn des Bildes als Dokument. Schon allgemein kann man festhalten, dass die Reformation besonders in der Tradition Luthers der öffentlichen Kommunikation durch Bilder einen großen Stellenwert zumaß[56].

Deutlich steht hier die weltliche Gerechtigkeit unter dem Weltenrichter und dem Gebot der Gerechtigkeit. Diese Unterordnung wird hier ganz bildlich verdeutlicht. Der Rat der Stadt als weltlicher Richter in Lüneburg steht unter dem Prinzip der Gerechtigkeit, gleichzeitig aber auch an der Stelle des Weltenrichters[57]. Die Ermahnung des Rats als Inhaber der höheren Gerichtsgewalt ist damit deutlich.

Die größte Besonderheit des Gemäldes liegt in der Verbindung der Justitia mit der Wahrheit und der Confessio, wobei diese Konfession eindeutig mit der Reformation in Verbindung gebracht werden muss. Bereits in der Antike wurde von den Kirchenvätern betont, dass die richtige Religion (*fides*) die Qualität des guten Richters ausmache: Menschenkenntnis, die Einschätzung menschlicher Qualitäten und Pflichten gegenüber Gott und der Gesellschaft, all dies sollte aus dem richtigen Glauben des Richters resultieren[58].

Mit der Spaltung der Reformation stellte sich die Frage, wie die Rechtsordnung sich gegenüber der Spaltung der christlichen Religion verhalten sollte. Vor wenigen Jahren ließ sich nun zeigen, dass die von der Reformation veranlassten Unterschiede im Recht nicht nur die Organisation der Kirche oder das Eherecht betrafen. Schon wegen der neuen Grundlegung der Wissenschaft ergab sich in Wittenberg der Ansatz

---

55 Seitz, Die Theologie des Urbanus Rhegius (Fn. 53), 70.
56 Wegmann, Der sichtbare Glaube (Fn. 37), 3 ff auch zur jüngeren kunsthistorischen Forschung.
57 Zur Position des weltlichen Richters an der Stelle Gottes vgl. Verf., Die Jugend der Justitia (Fn. 39), 61 ff, sowie die dort angegebene Literatur.
58 Verf., Die Jugend der Justitia (Fn. 39), 92.

einer neuen Jurisprudenz, die zwangsläufig über die grundlegenden Fragen der Methodik, Rechtsquellen, Rechtsgeschichte etc. zu einer vollständig neuen Rechtsordnung nach lutherischen, später auch nach anderen reformierten Vorgaben führen musste. Dies zu beweisen, war die Grundlage meiner Arbeit „Recht der Reformation". Das Problem dieser Darstellung war jedoch, dass es kaum zeitgenössische Beweise für die Spaltung der Rechtsordnung gab. Erst zum 18. Jahrhundert ließ sich zeigen, dass bewusst an der Überwindung gearbeitet wurde[59]. Bis dahin überwogen Polemiken zwischen den Fraktionen.

Die Trouvaille der „Iustitia und Confessio" in der Großen Ratsstube mit der Datierung von 1578 bietet die rare Chance eines Beweises, dass den Menschen die Abhängigkeit der Rechtsprechung und Rechtsordnung von der Konfession bekannt war. Insoweit illustriert dieses Bild nicht nur die Verbindung von reformierter Religion und Recht, sondern dokumentiert vor allem auch das Bewusstsein der Zeitgenossen, die Abhängigkeit der neu entstehenden modernen Rechtsordnung von der neuen Konfession zu kennen.

Die moderne Bundesrepublik neigt aufgrund ihrer Geschichte der konfessionellen Spaltung dazu, die Bedeutung von Religion und Konfession herunterzuspielen. Selbst moderne historische Lexika erwähnen diese konfessionelle Zugehörigkeit oft nicht mehr. Die Beschäftigung mit den konfessionellen Grundlagen und ihren Auswirkungen auf die Rechtsordnung zeigen dagegen, wie abhängig das Recht in seinem Selbstverständnis und seinen Lehren von Theologie und Epistemologie ist.

4.1.5 Zusammenfassung

Permanent sind wir von Quellen der Rechtsgeschichte umgeben, meist mehr als wir dies ahnen. Sehen kann man nur, was man auch erkennt. Dazu gehören nicht nur Texte, sondern alle Quellen menschlicher Erkenntnisse, und eben auch Bilder, Gegenstände aus dem Alltags- und Rechtsleben bis hin zu Landkarten und vielem mehr. Neue Erkenntnisse brauchen neue Gedankenanstöße, rein dogmatische Diskussionen führen dagegen kaum zur Genese neuer Rechtslehren.

Es sind gerade die Quellen, die uns helfen, über das bestehende Wissen hinauszukommen. Je fremder sie uns scheinen, umso mehr haben sie uns zu berichten. So vieles mehr kann die Rechtsgeschichte also noch entdecken und fruchtbar machen.

---

59 Verf., Recht der Reformation. Die epistemologische Revolution der Wissenschaft und die Spaltung der Rechtsordnung in der Frühen Neuzeit, Tübingen 2014.

Die Verhandlung grundlegender Fragen, etwa nach der Erkenntnis der Wahrheit, zeigt, wie sich Recht fundamental verändern kann und neue Vorstellungen von Rechtsordnung und Gerechtigkeit entstehen. Man könnte auch sagen, dass es selbst bei solchen zunächst fernliegenden Themen immer um das Verständnis unseres Rechts und Lebens geht. Mit einem Augenzwinkern könnte man formulieren, dass es bei diesen Fragen immer um die Wurst geht.

4.2 Das Gutachten der Vorkommission für ein Bürgerliches Gesetzbuch für das Deutsche Reich vom 15. April 1874
Tilman Repgen

4.2.1 Einleitung

4.2.1.1 Vorbemerkung

Gesetzgebung ist ein eminent politischer Vorgang zur Regelung des Zusammenlebens, idealiter orientiert am Gemeinwohl, das nicht zufällig Bestandteil einer klassischen Definition des Gesetzesbegriffs war[1]. Das hier zu behandelnde „Gutachten der Vorkommission" vom 15. April 1874[2] ist ein aufschlussreiches politisches Schlüsseldokument für die Entstehung und das Verständnis des BGB.

---

1   Thomas von Aquin, Summa theologiae II-I, q. 90, a. 4 resp.; dabei wird nicht verkannt, dass die materiale Anforderung an das Gesetz in den neuzeitlichen Diskussionen bis heute durch einen weitgehend formalen Gesetzesbegriff verdrängt worden ist. Für einen Überblick: Wolfgang Krawietz, Art. Gesetz I., in: Historisches Wörterbuch der Philosophie, hrsg. von Joachim Ritter, Bd. 3, Darmstadt 1974, Sp. 480–493; vgl. aber auch die materiale Rückbindung des Herrschers (und damit auch des Gesetzes) z. B. bei Bodin, dazu hier nur Rolf Grawert, Art. Gesetz, in: Geschichtliche Grundbegriffe, hrsg. von Otto Brunner u. a., Bd. 2, Stuttgart 1975, 863–922, hier 882.
2   Levin Goldschmidt/Hermann Ludwig von Schelling/Franz von Kübel/Ludwig Ritter von Neumayr/Anton von Weber, Gutachten der Vorkommission vom 15. 4. 1874, in: Die Beratung des Bürgerlichen Gesetzbuchs in systematischer Zusammenstellung der unveröffentlichten Quellen. Bd. 1: Materialien zur Entstehungsgeschichte des BGB – Einführung, Biographien, Materialien, hrsg. von Horst Heinrich Jakobs und Werner Schubert, Berlin-New York 1978, 170–185. – Das Gutachten wurde zunächst als Bundesratsdrucksache veröffentlicht; wenig später erfolgte eine Publikation in: Levin Goldschmidt, Die Codification des Deutschen bürgerlichen und Handelsrechts, in: ZHR 20 (1875), 134–171 [Wiedergabe des Gutachtens 137–153]; Franz von Kübel, Das Reichscivilgesetzbuch, in: Württembergisches Gerichtsblatt 9 (1875), 4–25 [Wiedergabe des Gutachtens 6–25]; Henning Rassow, Die Verhandlungen der Kommission zur Ausarbeitung eines bürgerlichen Gesetzbuchs für Deutschland, in: Gruchot 21

4.2.1.2 Einordnung der Quelle in den Kontext

„Am Anfang war Bismarck."[3] So beginnt Thomas Nipperdey seine Darstellung des Weges Deutschlands zur Reichsgründung in den Jahren 1866–1871. In der Tat hat Bismarck diese politische Geschichte wie kein anderer bestimmt. Unter seiner Führung hatte Preußen endgültig die Vorherrschaft in Deutschland errungen. Österreich musste nach dem verlorenen „Deutschen Krieg" alle diesbezüglichen Ambitionen aufgeben. Im Bundesschluss vom 18. August 1866 wurde die „kleindeutsche" Lösung Realität. Nun galt es, das neue Machtgefüge zu stabilisieren – und das war nicht nur eine Frage der Außenpolitik, sondern wesentlich auch der Innen- und Verfassungspolitik, die offen bleiben sollte für eine Aufnahme der süddeutschen Staaten in den Bund[4].

Wesentlicher Motor der deutschen Politik im 19. Jahrhundert war die Schaffung eines Nationalstaats[5]. Das war 1866/67 mit dem Norddeutschen Bund gelungen, aber es brauchte eine Balance mit den Interessen der einzelnen Bundesstaaten[6]. Die starke bürgerliche Nationalbewegung war zwar „konstitutives Element dieser Gründung"[7], aber nur im Hintergrund[8]. Die Einzelstaaten im Reich hatten ihre jeweiligen Partikularinteressen nicht verloren. Durch den Bundesrat hatten sie (einen im Laufe der Jahre nachlassenden) Einfluss auf die zentralen Entscheidungen im Reich. Gegen den

---

(1877), 167–244 [Wiedergabe des Gutachtens 175–195]; Levin Goldschmidt, Ueber Plan und Methode, in: Vermischte Schriften, Bd. 1, Berlin 1901, 511–533. – Lektürehinweis: Der Text kann aufgrund seines Umfangs hier nur auszugsweise wiedergegeben werden. Die vorherige Lektüre des *gesamten* Gutachtens wird hier vorausgesetzt. Eine gedrängte Analyse bietet Hans-Peter Benöhr, Die Grundlage des BGB – Das Gutachten der Vorkommission von 1874, in: JuS 1977, 79–82.

3 Thomas Nipperdey, Deutsche Geschichte 1866–1918, Bd. II: Machtstaat vor der Demokratie, München 1998, 11.
4 Nipperdey, Deutsche Geschichte 1866–1918, Bd. II (wie Fn. 3), 13, 40, 45.
5 Nipperdey, Deutsche Geschichte 1866–1918, Bd. II (wie Fn. 3), 84, der zugleich und mit Recht daran erinnert, dass das kein „deutscher Sonderweg" im 19. Jahrhundert war, sondern der Nationalstaat in ganz Europa als Ideal verstanden wurde.
6 Überblick zur Reichsgründung selbst bei Nipperdey, Deutsche Geschichte 1866–1918, Bd. II (wie Fn. 3), 75–84.
7 Nipperdey, Deutsche Geschichte 1866–1918, Bd. II (wie Fn. 3), 80.
8 Nipperdey, Deutsche Geschichte 1866–1918, Bd. II (wie Fn. 3), 108: „Die Verfassung von 1867/71 war, …, ein Kompromiß zwischen der revolutionär umgeformten konservativen Monarchie und dem Juniorpartner der nationalen und liberalen Bewegung des Bürgertums."

Mehrheitswillen der Bundesstaaten konnten keine Reichsgesetze beschlossen werden. Allerdings hatte der Bundesrat keine eigene Verwaltungsorganisation, so dass seine tatsächliche Abhängigkeit von den Reichsämtern und preußischen Ministerien nicht zu leugnen ist. Andererseits gab es auch keine Gesetze ohne den Reichstag, der zwar nicht unmittelbar wie in einer parlamentarischen Demokratie die Reichsleitung kontrollieren konnte, aber ohne den die Regierung auch nicht auskam.

Liberales Bürgertum, Nationalbewegung und monarchischer Obrigkeitsstaat waren sich in diesem schwierig ausbalancierten Verfassungsgefüge darüber einig, dass politisches Handeln nach Gesetz und Recht, also *rechtsstaatlich* geschehen sollte. Dazu erschien die Schaffung von Rechtseinheit als ein Gebot der Stunde[9]. Wichtige Projekte der Anfangsjahre waren das Reichsstrafgesetzbuch von 1871, das Handelsgesetzbuch von 1872 – beide Gesetze waren noch Übernahmen aus Norddeutschem bzw. Deutschem Bund – und dann, unübersehbar wichtig, die „Justizgesetze" von 1877: Zivil- und Strafprozessordnung, Konkursordnung und Gerichtsverfassungsgesetz[10].

Während noch § 64 der Frankfurter Reichsverfassung von 1849 dem Reich die Gesetzgebungskompetenz für das ganze bürgerliche Recht zuerkennen wollte, blieb es in Art. 4 Nr. 13 der Verfassung des Kaiserreichs vom 16. April 1871 bei der Formulierung aus dem Norddeutschen Bund, wonach die Gesetzgebungskompetenz insoweit nur das „Obligationenrecht" einschloss. Die Regelung von 1849 deutete jedoch schon darauf hin, dass die deutsche Nationalbewegung der Rechtseinheit auch im bürgerlichen Recht einen hohen Stellenwert einräumte. Hatte es Bismarck noch für klug gehalten, mit Rücksicht auf die Partikularinteressen insbesondere der süddeutschen Staaten[11] die Gesetzgebungskompetenz auf die für den Wirtschaftsverkehr unbedingt nötigen Gegenstände zu beschränken, so entfiel dieser Grund nach der Reichsgründung und die Nationalliberalen griffen die frühere Forderung wieder auf. Sie fanden wiederholt im Reichstag die Mehrheit für eine verfassungsändernde Ausdehnung der

---

9   Nipperdey, Deutsche Geschichte 1866–1918, Bd. II (wie Fn. 3), 182.
10 Reichsstrafgesetzbuch v. 15. 5. 1871, RGBl 1871, 127–205; GerichtsverfassungsG v. 27. 1. 1877, RGBl 1877, 41–76; Civilprozeßordnung v. 30. 1. 1877, RGBl 1877, 83–243; Strafprozeßordnung v. 1. 2. 1877, RGBl 1877, 253–346; Konkursordnung v. 10. 2. 1877, RGBl 1877, 351–389.
11 Vgl. etwa die Überlegungen von Minister Martin Friedrich Delbrück im Bundesratsausschuss für Verfassung und Justizwesen am 9. 12. 1871, im Bericht von Friedrich Krüger (Lübeck), in: Materialien zur Entstehungsgeschichte des BGB (wie Fn. 2), 127–130, hier 128.

Gesetzgebungskompetenz auf das gesamte bürgerliche Recht. Am 12. Dezember 1873 stimmte nun auch der Bundesrat zu[12]. Jetzt musste es ihm zur Wahrung der Interessen der Einzelstaaten darum gehen, die Gesetzesinitiative in der Hand zu halten[13]. Es war daher folgerichtig und im Bundesrat zusammen mit der Zustimmung zur Änderung der Gesetzgebungskompetenz bereits verabredet[14], dass der Bundesrat ein Gutachten über die Art und Weise der Vorbereitung des Gesetzes eingeholt hat[15]. Und genau um dieses Gutachten soll es im Folgenden gehen.

4.2.2 Die Quelle

„In Ausführung des durch Beschluß des Hohen Bundesraths vom 28. Februar d. J. den Unterzeichneten ertheilten Auftrags, über Plan und Methode, nach welchem bei Aufstellung des Entwurfs eines deutschen bürgerlichen Gesetzbuchs zu verfahren sei, gutachtliche Vorschläge zu machen, beehren sich dieselben als das Ergebniß ihrer Berathungen dem Hohen Bundesrath die in der Anlage folgenden Vorschläge zu unterbreiten, denselben einige erläuternde Bemerkungen vorausschickend."[16]

Wie bei einem ordentlichen Gutachten nicht anders zu erwarten, beschrieb der Text eingangs die gestellte Aufgabe, nämlich „Plan und Methode" für die Ausarbeitung eines Entwurfs für bürgerliches Gesetzbuch für das deutsche Reich zu entwickeln. Die

---

12 Dazu Adolf Laufs, Die Begründung der Reichskompetenz für das gesamte bürgerliche Recht, in: JuS 1973, 740–744, hier 742–744; Hans Schulte-Nölke, Das Reichsjustizamt und die Entstehung des Bürgerlichen Gesetzbuchs, Frankfurt am Main 1995, 78–99.
13 Das gilt, auch wenn von Anfang an klar war, dass der Bundesrat ohne eigenen Verwaltungsapparat kaum geeignet sein würde, diese Aufgabe zu tragen. Am Ende erwies sich das Reichsjustizamt als notwendig, um das Gesetzgebungsprojekt trotz der heftigen Kritik nach der Publikation des ersten Entwurfs 1888 zu retten. Dazu im Einzelnen Schulte-Nölke, Das Reichsjustizamt (wie Fn. 12).
14 Vgl. die Protokolle der Bundesratssitzungen vom 2. 4. und 12. 12. 1873, in: Materialien zur Entstehungsgeschichte des BGB (wie Fn. 2), 158 f.
15 Die Einsetzung der Kommission geschah aufgrund eines Beschlusses des Bundesrats vom 28. 2. 1874, vgl. Protokoll, in: Materialien zur Entstehungsgeschichte des BGB (wie Fn. 2), 163.
16 Gutachten der Vorkommission (wie Fn. 2), 170.

darauf zielenden Vorschläge waren thesenartig den weitaus umfangreicheren „erläuternden Bemerkungen" des Gutachtens angehängt[17].

Hier soll es um einen Ausschnitt aus diesen „erläuternden Bemerkungen" gehen, da sie stärker programmatischen Charakter haben und deshalb aufschlussreicher für das Verständnis des Endprodukts, nämlich des BGB sind. Die Quelle ist nicht durch Überschriften oder wenigstens Nummern gegliedert, sondern einzig durch Absätze und gelegentliche Gedankenstriche[18].

4.2.2.1 Allgemeine Anforderungen an die Bewältigung der Aufgabe, ein bürgerliches Gesetzbuch für das deutsche Reich zu entwerfen

„Die Unterzeichneten gehen davon aus, daß ihnen nicht obliegt, sich über die Nothwendigkeit und Zweckmäßigkeit eines deutschen bürgerlichen Gesetzbuchs zu äußern, sie vielmehr lediglich den Umfang der an sich feststehenden Aufgabe im Allgemeinen zu begrenzen und den Weg zu bezeichnen haben, auf welchem die Lösung derselben am sichersten, am besten und am schleunigsten zu erreichen sein dürfte."[19]

Die Gutachter stellten sofort und ohne weitere Argumentation außer Streit, dass eine Kodifikation des bürgerlichen Rechts geschaffen werden solle. Das war zwar nach den politischen Diskussionen zuvor im Reichstag naheliegend, aber keineswegs zwingend[20]. Johannes Miquel, der maßgeblich den Antrag auf Erweiterung der Reichskompetenz in der Verfassung vorbereitet hat, hatte schon in der Reichstagsdebatte am 19. April 1869 zwar davon gesprochen, es sei jetzt aufgrund der Entwicklung der Rechtswissenschaft möglich, „ein einheitliches Recht, wissenschaftlich dargestellt im Bewußtsein des Volkes ruhend, zu kodifiziren"[21]. Gleichzeitig hatte Miquel aber erklärt, dass dieses Vorhaben „nicht von heute auf morgen stattshaben könnte"; er denke nicht

---

17 „Erläuternde Bemerkungen" in: Gutachten der Vorkommission (wie Fn. 2), 170–182, „Vorschläge", 182–185.
18 Für die Lektüre der unübersichtlichen Quelle dürfte es nützlich sein, Überschriften zu ergänzen oder doch wenigstens Kernbegriffe hervorzuheben.
19 Gutachten der Vorkommission (wie Fn. 2), 170.
20 Zur Entwicklung der Diskussion im 19. Jh. vgl. Reinhard Zimmermann, Das Bürgerliche Gesetzbuch und die Entwicklung des Bürgerlichen Rechts, in: Historisch-kritischer Kommentar zum BGB, hrsg. von Mathias Schmoeckel u. a., Bd. I: Allgemeiner Teil, §§ 1–240, Tübingen 2003, 1–33, Rn. 8 f.
21 RT-Protokolle, 22. Sitzung vom 19. 4. 1869, 447, hier und im Folgenden zitiert nach: Stenographische Berichte über die Verhandlungen des Reichstages des Norddeutschen Bundes

daran, „daß es unsere Aufgabe wäre, praktisch ohne Weiteres an die Kodifikation zu gehen", sondern es bedürfe einer Vorbereitung von vielleicht zehn bis zwanzig Jahren[22]. Auch der Abgeordnete Hermann Schulze-Delitzsch hatte in der Debatte betont, es gehe vor allem darum, die Reichskompetenz für das Zivilrecht zu schaffen, aber die Vorbereitung einer Kodifikation benötige Jahrzehnte[23]. Der Abgeordnete Karl Braun hatte gemeint, es könnten doch ohnehin nur „Spezialgesetze" erlassen werden, für die ein besonderes Bedürfnis bestehe. Eine Kodifikation sei „thatsächlich unmöglich"[24]. In späteren Debatten im Reichstag wurde freilich deutlich, dass es doch eher auf eine Kodifikation hinauslaufen würde[25]. Jedenfalls war es ein geschickter Schachzug der Gutachter, die Frage des „Ob" einer Kodifikation sofort eingangs auszuschalten[26].

Die „Aufgabe" der Vorbereitung der Kodifikation beschrieben die Autoren unserer Quelle so:

„Sie [sc. die Gutachter] halten dafür, es werde das künftige Gesetzbuch den berechtigten Wünschen der deutschen Nation, den Interessen aller Einzelstaaten, den Anforderungen der Wissenschaft und der Rechtsübung nur unter der Voraussetzung entsprechen, daß an den bewährten gemeinschaftlichen Instituten und Sätzen der innerhalb des Deutschen Reichs bestehenden Civilrechts-Systeme festgehalten, bei Divergenzen Entscheidung in erster Linie nach Rücksicht des Bedürfnisses und der Zweckmäßigkeit, in zweiter Linie nach juristisch-logischer Folgerichtigkeit getroffen, daß mit schonender Rücksicht auf das überlieferte Recht und eigenthümliche örtliche Verhältnisse die energische und konsequente Durchführung der den Verhältnissen der Gegenwart entsprechenden Rechtsprinzipien verbunden wird; endlich daß die Formulirung der aufzunehmenden Rechtssätze sich gleichmäßig von einer

---

(Bd. 7/1869), I. Legislatur-Periode – Session 1869. Erster Band, Berlin 1869, 445–470 (online: urn:nbn:de:bvb:12-bsb00018291-8; Zugriff 14. 1. 2020).
22 Miquel, 19. 4. 1869, RT-Protokolle (wie Fn. 21), 447.
23 Schulze-Delitzsch, 19. 4. 1869, RT-Protokolle (wie Fn. 21), 457.
24 Braun, 19. 4. 1869, RT-Protokolle (wie Fn. 21), 462.
25 Vgl. RT-Protokolle, 18. Sitzung vom 9. November 1871, in: Stenographische Berichte über die Verhandlungen des Deutschen Reichstages (Bd. 22/1871), I. Legislatur-Periode – II. Session 1871, Erster Band, Berlin 1871, 205–224 (online: urn:nbn:de:bvb:12-bsb00018331-6; Zugriff 8. 2. 2020), z. B. Freiherr Schenk von Stauffenberg, 221.
26 Der polyvalente „Kodifikationsstreit" (dazu Joachim Rückert, Kodifikationsstreit, in: Handwörterbuch zur deutschen Rechtsgeschichte, hrsg. von Albrecht Cordes u. a., Bd. II, Berlin 2012, Sp. 1930–1934) selbst war damit natürlich nicht erledigt, aber die Frage war so für dieses Gesetzgebungsprojekt irrelevant geworden.

gelehrten Geheimsprache, wie von einer die unentbehrliche technische Bestimmtheit und Genauigkeit verwischenden sogenannten Popularisirung fern hält, vielmehr gedrungene Kürze und eine zwar gemeinverständliche, aber in konsequenter Technik durchgeführte Rechtssprache erstrebt wird."[27]

Dieser bandwurmartige Satz benennt die qualitativen Anforderungen an den Gesetzesentwurf. Sie lassen sich in politische und inhaltlich-juristische Merkmale aufgliedern.

Politisch sollte der Entwurf die oben angedeuteten gegenläufigen Interessen der Nationalbewegung und der Einzelstaaten befriedigen. Außerdem sollte er für Rechtswissenschaft und -praxis gleichermaßen tauglich sein. Die Rechtswissenschaft ist seit ihrer Entstehung in Bologna im 11./12. Jahrhundert[28] eine Textwissenschaft, befasst mit der Auslegung und Anwendung normativer Texte. Es war klar, dass eine Kodifikation des Zivilrechts das Objekt der (Zivil-)Rechtswissenschaft ändern würde, die sich bis dahin ganz überwiegend mit den Texten des römischen Rechts, wie es im Corpus iuris civilis überliefert worden ist, befasst hatte[29]. Tatsächlich wechselte schlagartig nach der Publikation des ersten Entwurfs eines bürgerlichen Gesetzbuchs für das deutsche Reich im Frühjahr 1888 der normative Leittext der Zivilrechtswissenschaft in Deutschland. Fortan behandelte die Mehrzahl der Publikationen zunächst den Entwurf, dann seit 1896 den Text des BGB selbst.

Im den *qualitativ-inhaltlichen* Aspekten gewidmeten folgenden Teilsatz wurde dann ausgeführt, was geschehen muss, um das politische Ziel zu erreichen. Die vielleicht wichtigste Weichenstellung wurde dabei gar nicht explizit: Es sollte nur das in Deutschland *bestehende* Privatrecht aufgezeichnet und vereinheitlicht werden, aber *nicht neues* Recht geschaffen werden. Nichts anderes meinte die Rede davon, dass „an

---

27 Gutachten der Vorkommission (wie Fn. 2), 170.
28 Für einen Überblick: Tilman Repgen, Ius commune, in: Usus modernus pandectarum. Römisches Recht, Deutsches Recht und Naturrecht in der Frühen Neuzeit. Klaus Luig zum 70. Geburtstag, hrsg. von Hans-Peter Haferkamp u. a., Köln 2007, 156–173; Nils Jansen, Ius commune (Gemeines Recht), in: Handwörterbuch des Europäischen Privatrechts, hrsg. von Jürgen Basedow u. a., Bd. I, Tübingen 2009, 916–920; Martin Avenarius, Glossatoren, in: Handwörterbuch zur deutschen Rechtsgeschichte, hrsg. von Albrecht Cordes u. a., Bd. 1, Berlin 2009, Sp. 408–412; kritisch zur Beschreibung einer Kontinuität der Rechtswissenschaft, durchgeführt am Beispiel der Risikoverteilung im Dienstvertrag Joachim Rückert, Denktraditionen, Schulbildungen und Arbeitsweisen in der „Rechtswissenschaft" – gestern und heute, in: Selbstreflexion der Rechtswissenschaft, hrsg. von Eric Hilgendorf und Helmuth Schulze-Fielitz, Tübingen 2015, 13–51.
29 Vgl. etwa Friedenthal, 9. 11. 1871, RT-Protokolle (wie Fn. 25), 212.

den bewährten gemeinschaftlichen Instituten und Sätzen der innerhalb des Deutschen Reichs bestehenden Civilrechts-Systeme festgehalten" werden solle.

Erläuterungsbedürftig ist sicherlich der Begriff „Institut". Puchta hatte in seinem Cursus der Institutionen gesagt:

> „Rechtssätze, die das Recht eines Volkes bilden, sammeln sich in gewissen Massen, nach den Verhältnissen, die sie bestimmen, und solche Massen von Rechtssätzen heißen Rechtsinstitute."[30]

So sind beispielsweise Kauf, Miete, Eigentum und Ehe „Rechtsinstitute". Die diese betreffenden Regeln haben einen inneren Zusammenhang, den Savigny eigens betont hatte:

> „[...] die Rechtsregel [...] hat ihre tiefere Grundlage in der Anschauung des Rechtsinstituts, [...]. Wenn wir also nicht bey der unmittelbaren Erscheinung stehen bleiben, sondern auf das Wesen der Sache eingehen, so erkennen wir, daß in der That jedes Rechtsverhältniß unter einem entsprechenden Rechtsinstitut, als seinem Typus, steht, und von diesem auf gleiche Weise beherrscht wird, wie das einzelne Rechtsurtheil von der Rechtsregel."[31]

Zeitgenössisch war also klar, dass die Rechtsinstitute mehr sind als die Aneinanderreihung von Rechtsregeln, wie sie ein Gesetz oberflächlich bietet, sondern dass die Regeln durch einen inneren, wesensmäßigen Zusammenhang derart verbunden sind, dass sich der Inhalt der Regeln wiederum auch aus diesem Zusammenhang erhellt.

Indem das Gutachten diese Terminologie aufgriff, stellte es sich in den Kontext der historischen Rechtsschule[32]. Legitime Rechtsquelle war in dieser Perspektive letztlich

---

30   Georg Friedrich Puchta, Cursus der Institutionen, Bd. 1: Einleitung in die Rechtswissenschaft und Geschichte des Rechts bey dem römischen Volk, § 6, Leipzig 1841, 12.

31   Friedrich Carl von Savigny, System des heutigen Römischen Rechts, Bd. 1, Berlin 1840, § 5, 9 f.

32   Für einen Überblick Joachim Rückert, Historische Rechtsschule, in: Handwörterbuch zur deutschen Rechtsgeschichte, Bd. II (wie Fn. 26), Sp. 1048–1055; weiterführend Hans-Peter Haferkamp, Die Historische Rechtsschule, Frankfurt am Main 2018. – Der obige Befund gilt trotz der praktischen Relativierung der Bedeutung „immanenten Rechts", gemeint ist das Recht im Volksbewusstsein, durch den Verfasser des Gutachtens, Levin Goldschmidt (s. unten Fn. 58). Goldschmidt meinte, das Recht bedürfe zu seiner Anwendbarkeit der Positivierung, vgl. mit Nachweisen Lothar Weyhe, Levin Goldschmidt. Ein Gelehrtenleben in Deutschland, Berlin 1996, 474 f.; zu Goldschmidts Methode auch Joachim Rückert, Handelsrechtsbildung

nur das Volksbewusstsein, der Volksgeist³³. Gesetzgebung konnte demnach nur dann gelingen, wenn sie ausspricht, was das Volksbewusstsein als Recht auffasst.

So hatte es auch der Reichstagsabgeordnete Friedrich Oskar Schwarze 1869 in einer Debatte um die Gesetzgebungskompetenz des Bundes für das gesamte bürgerliche Recht ausgedrückt:

> „Wir können das Recht nicht machen, sondern das Recht muß in dem Volke wachsen, wir wollen das Recht, das aus dem Volke hervorwächst, in die juristische Form bringen, aber wir können uns nicht einbilden, daß wir ein Gesetz machen können, wodurch gewissermaßen dem Rechtsbewußtsein und dem Rechtssinn des Volkes entgegengetreten wird."³⁴

Dieses im Volk entstandene Recht war freilich nicht in einem bloß empirischen Sinn zu verstehen, sondern konnte nach der Auffassung der Historischen Rechtsschule nur durch die Wissenschaft hervorgebracht werden. Und genau diesem Anspruch sollte dann wiederum die Vorbereitung des Bürgerlichen Gesetzbuchs genügen, indem sie dieses „bestehende" Recht unter konsequenter Berücksichtigung der „den Verhältnissen der Gegenwart entsprechenden Rechtsprinzipien" ausarbeitete³⁵. Das bestehende Recht sollte nicht blind kodifiziert, sondern – wo es Unterschiede in der Rechtstradition in Deutschland gab – nach „Bedürfnis", „Zweckmäßigkeit" und „Folgerich-

---

und Modernisierung des Handelsrechts durch Wissenschaft zwischen ca. 1800 und 1900, in: Modernisierung des Handelsrechts im 19. Jahrhundert, hrsg. von Karl Otto Scherner, Heidelberg 1993, 19–66, hier 47 f.

33 Vgl. nur Savigny, System I (wie Fn. 31), 14: „Vielmehr ist es der in allen Einzelnen gemeinschaftlich lebende und wirkende Volksgeist, der das positive Recht erzeugt, [...]." Mit Recht differenzierend insbesondere für die Zeit vor 1820 Haferkamp, Historische Rechtsschule (wie Fn. 32), 125–128.

34 Schwarze, 19.4.1869, RT-Protokolle (wie Fn. 21), 463. Vgl. auch ähnlich die Abgeordneten Miquel, Friedenthal und von Helldorf, 9.11.1871, RT-Protokolle (wie Fn. 25), 207, 209, 211 f., 214.

35 Dazu erläuterte Friedrich von Liebe, „Bericht" des Justizausschusses vom 9.6.1874, in: Materialien zur Entstehungsgeschichte des BGB (wie Fn. 2). 188–199, hier 195: „Das Recht selbst besteht nicht aus einzelnen Rechtssätzen, sondern diese ordnen sich [...] zu Rechtsinstituten zusammen. Diese scharf aufzufassen und die leitenden Prinzipien zu geben, [...] mag die Hauptaufgabe [...] sein." Der Bericht lag als Bundesratsdrucksache Nr. 78 beim Beschluss über die Einsetzung der 1. Kommission vor. Auch gedruckt bei: von Kübel, Reichscivilgesetzbuch (wie Fn. 2), 35–59; Rassow, Verhandlungen (wie Fn. 2), 195–214 und bei Goldschmidt, Die Codification (wie Fn. 2), 153–171.

tigkeit" ausgewählt werden. Örtliche Besonderheiten verdienten dabei „schonende Rücksicht", denn es war klar, dass das Gesetz nur mit Zustimmung des Bundesrats in Kraft treten könnte. Die Bundesstaaten durften daher in ihren berechtigten Interessen nicht übergangen werden.

Im letzten Halbsatz des zitierten Abschnitts ging es dann um die *Form* des Gesetzes. Die Gutachter empfahlen einen Mittelweg zwischen „Geheimsprache" und „Popularisirung", „gedrungene[r] Kürze" und „konsequente[r] Technik", dabei aber „gemeinverständlich". Hatte später die Kritik gerade die Allgemeinverständlichkeit vermisst und die Sprache des Entwurfs für zu technisch gehalten[36], so war man im Laufe des 20. Jahrhunderts zur Überzeugung gelangt, das Gesetz sei für die Fachleute besonders gut brauchbar gerade aufgrund seiner vollendeten Technik und präzisen Sprache[37]. Die Verbindung technischer Perfektion mit volkstümlicher Allgemeinverständlichkeit musste eine Phantasmagorie bleiben.

4.2.2.2 Die Durchführung der Aufgabe

Der nächste Abschnitt des Gutachtens betraf dann die Durchführung der Aufgabe, einen Gesetzesentwurf zu schreiben:

„So stellt sich die zu lösende Aufgabe im Wesentlichen als eine dreifache:
Es ist der Gesammtbestand der innerhalb des Deutschen Reichs geltenden Privatrechtsnormen mit Rücksicht auf deren Zweckmäßigkeit, innere Wahrheit und folgerichtige Durchführung zu untersuchen.
Es ist sorgsam zu prüfen, wieweit die von der gemeinsamen Grundlage des sogenannten gemeinen Rechts (gemeinen Civilrechts und deutschen Privatrechts) abweichenden Bestimmungen der neueren großen Civilgesetzgebungen, der Landesgesetze und der etwaigen Reichsgesetze beizubehalten seien, oder ob und welche Ausgleichung zu versuchen sei.
Es ist endlich auf die richtige Formgebung und Anordnung die höchstmögliche Sorgfalt zu verwenden."[38]

---

36 Vgl. die Nachweise bei Albert Achilles/Karl Heinrich Börner/Hermann Struckmann, Zusammenstellung der gutachtlichen Aeußerungen zu dem Entwurf eines Bürgerlichen Gesetzbuchs, gefertigt im Reichs-Justizamt, Berlin 1890/91, Bd. 1, 13–15 und Bd. 6, 8.
37 Vgl. etwa Joachim Rückert, Das BGB und seine Prinzipien, in: Historisch-kritischer Kommentar zum BGB (wie Fn. 20), 34–122, Rn. 25, insbes. Fn. 45; Zimmermann, Das Bürgerliche Gesetzbuch (wie Fn. 20), Rn. 26.
38 Gutachten der Vorkommission (wie Fn. 2), 170 f.

Das sind kurze Sätze für ein gigantisches Projekt.

(1) Entsprechend der oben angedeuteten Auffassung vom Rechtsbegriff[39] musste es notwendig darum gehen, den Ist-Zustand im Reich wissenschaftlich zu erfassen[40]. Kein Mensch, kein Buch, dass damals diese Zusammenschau des geltenden Privatrechts geleistet hätte. Diese Aufgabe haben später die „Redaktoren" der Teilentwürfe übernommen und ihre „Motive" (=Begründungen) bilden die Summe dieses Rechtsvergleichs[41]. Zudem sollten bei der Rechtsvergleichung als analytischer Maßstab „Zweckmäßigkeit, innere Wahrheit und folgerichtige Durchführung" angewendet werden. „Innere Wahrheit" ist vielschichtig. Jedenfalls war damit die „Stimmigkeit" einer Regel im Gesamten eines Rechtsinstituts gemeint, also ob eine Vorschrift zur Grundidee eines Rechtsinstituts passt[42]. Es ist zuzugeben, dass diese Maßstäbe nicht trennscharf sind – ebenso wenig wie das auch mehrfach erwähnte „Bedürfnis"[43] –, aber sie waren klug gewählt, weil sie die Entwurfsverfasser zu Auseinandersetzung und Argumentation zwangen.

(2) Nach der Prüfung der jeweiligen Rechtssätze in den verschiedenen Privatrechtssystemen in Deutschland musste die Frage entschieden werden, „wieweit die von der gemeinsamen Grundlage des … gemeinen Rechts … abweichenden Bestimmungen" Berücksichtigung finden könnten. Im Zweifel sollte der Entwurf die gemeinrechtlichen Lösungen übernehmen, sich also am römischen Recht, wie es die Pandektenwissenschaft des 19. Jahrhundert entfaltet hatte, orientieren. Das war von ganz grundsätzlicher Bedeutung für das spätere Gesetz, dessen Entwurf dann der Germanist Otto

---

39 Nach Fn. 32.
40 Die Idee einer vorgängigen Rechtsvergleichung lag angesichts des insoweit noch wirksamen Rechtsbegriffs der historischen Schule auf der Hand. Sie wurde auch schon im Vorfeld der Vorkommission formuliert, vgl. etwa Friedrich von Liebe, Bericht vom 8. 2. 1871 über die Sitzung des Justizausschusses, in: Materialien zur Entstehungsgeschichte des BGB (wie Fn. 2), 161 f., hier 162 (Minister Abeken).
41 Gedruckt in: Vorentwürfe der Redaktoren zum BGB, hrsg. von Werner Schubert, Berlin 1980 ff.
42 Es klingt hier auch die Idee der Gerechtigkeit an, die seit Aristoteles mit τὸ ἴσον in Zusammenhang gebracht wird, das man am besten mit „das, was stimmt" übersetzt, vgl. Otto Küster, Über die beiden Erscheinungsformen der Gerechtigkeit, nach Aristoteles, in: Funktionswandel der Privatrechtsinstitutionen. Festschrift für Ludwig Raiser zum 70. Geburtstag, hrsg. von Fritz Baur, Tübingen 1974, 541–558, hier 542 f.
43 Zum Begriff: Hans-Peter Haferkamp, „Needs" – Pandectists Between Norm and Reality, in: Interpretation of Law in the Age of Enlightenment. Form the Rule of the King to the Rule of Law, hrsg. von Morigiwa Yasutomo, Michael Stolleis und Jean-Louis Halpérin, Dordrecht u. a. 2011, 107–121.

Gierke als ein „in Gesetzesparagraphen gegossenes Pandektenkompendium"[44] kritisiert hat. Letztlich hatte das Gutachten der Vorkommission genau das von den Entwurfsverfassern verlangt. Der im Stile einer Beweislastverteilung gewählte Ausdruck „wieweit […] abweichende Bestimmungen […] beizubehalten seien", forderte für jede Abweichung vom gemeinen Recht eine Begründung. Zwar war im Klammerzusatz der Begriff des „gemeinen Rechts" unter Einschluss des „deutschen Privatrechts" gefasst worden, aber trotz aller Bemühungen des 18. und 19. Jahrhunderts um die Auffindung von dessen Inhalten ist niemals ein Konsens über dieselben entstanden[45], so dass die deutsche Rechtstradition nur in Gestalt der partikularen Gesetzgebung Berücksichtigung gefunden hat.

(3) Schließlich war von richtiger Formgebung wie schon im Abschnitt zuvor die Rede. Jetzt erinnerte das Gutachten an den zeitlichen Aspekt, dass die Kodifikation so gestaltet sein müsse, dass sie „mindestens auf Menschenalter"[46] Bestand haben könne[47].

4.2.2.3 Weitere Abschnitte

Das Gutachten meinte sodann, es verbiete sich als Grundlage für die Kodifikation eines der in Deutschland *bestehenden Zivilgesetzbücher* heranzuziehen. Weder der bayerische Codex Maximilianeus noch das preußische Allgemeine Landrecht noch der französische Code civil seien brauchbar; auch die Entwürfe aus Hessen, Bayern, das sächsische BGB und der Dresdner Entwurf könnten nur „neben der Theorie und

---

44 Otto Gierke, Der Entwurf eines bürgerlichen Gesetzbuchs für das deutsche Reich, Leipzig 1889, 2.
45 Zum Begriff Klaus Luig, Deutsches Privatrecht, in: Handwörterbuch zur deutschen Rechtsgeschichte, Bd. I (wie Fn. 28), Sp. 993–1003; Tilman Repgen, Offene Fragen – Partikulares deutsches Privatrecht in der inneren Rechtsgeschichte, in: Die Langenbeck'sche Glosse zum Hamburger Stadtrecht von 1497, hrsg. von Frank Eichler, Hamburg 2008, 26–39, hier 26–31. Vgl. aber zeitgenössisch die formelhaften Ausführungen von Miquel, 9. 11. 1871, RT-Protokolle (wie Fn. 25), 207: „gemeines deutsches Rechtsgefühl und Recht", gebildet aus preußischem Landrecht, Code civil und römischem Recht; ähnlich Schwarze, 9. 11. 1871, RT-Protokolle (wie Fn. 25), 219: „wir haben aus dem gemeinsamen Rechte in Deutschland, wie es uns aus den verschiedenen Quellen zugeflossen ist, […] ein gemeinsames Recht aufgebaut, […] das wir als gemeines deutsches Recht bezeichnen dürfen."
46 Gutachten der Vorkommission (wie Fn. 2), 171.
47 Weiterführende Gedanken zur Formgebung bei von Liebe, Bericht vom 9. 6. 1874 (wie Fn. 35), 193–195.

Uebung des gemeinen Rechts als Bausteine" verwertet werden[48]. Vergleichend sollten ausländische Kodifikationen wie das österreichische Allgemeine Bürgerliche Gesetzbuch herangezogen werden[49].

Getrennt durch einen kleinen Gedankenstrich wendete sich das Gutachten sehr ausführlich der Frage des Umfangs bzw. Gegenstands der Kodifikation und bezeichnete die auszuklammernden Materien wie das Handelsrecht, Fragliches wie etwa das Urheberrecht und Notwendiges wie das gesamte Familien- und Erbrecht[50]. Wichtig gerade im Hinblick auf die spätere Diskussion über den „römischrechtlichen" Charakter des BGB war, dass die Vorkommission die „im Absterben begriffenen Institute" wie Lehnsrecht, Erbzins und Familienfideikommiss von Anfang an ausgeschlossen hat[51].

In einem fünften Abschnitt klärte das Gutachten die *Methode der Anfertigung des Entwurfs*[52]. Es schlug vor, eine Kommission mit neun Mitgliedern einzurichten und die einzelnen Teile jeweils durch einen „Redaktor" vorbereiten zu lassen[53]. Die Befürwortung einer Kommission anstelle eines einzelnen Entwurfsverfassers geschah mit Rücksicht auf den Umfang der Vorarbeiten, aber auch darauf, dass man – gerade im Bundesrat – die Bevorzugung einer bestimmten Partikularrechtsordnung und damit eines Bundesstaates vermeiden wollte. Zu diesem Abschnitt des Gutachtens mag man auch noch die Überlegungen zur Anfertigung eines Allgemeinen Teils zählen[54]. Ausdrücklich rieten die Gutachter davon ab, vor Abschluss der Beratungen der Gesetzeskommission Einzelheiten zu publizieren[55]. Das hatte zur Folge, dass die Kommission gewissermaßen im Verborgenen[56] arbeitete und die Veröffentlichung des Entwurfs 1888 einer Überraschung der Öffentlichkeit gleichkam.

---

48 Gutachten der Vorkommission (wie Fn. 2), 172.
49 Gutachten der Vorkommission (wie Fn. 2), 172.
50 Gutachten der Vorkommission (wie Fn. 2), 172–176.
51 Gutachten der Vorkommission (wie Fn. 2), 174.
52 Gutachten der Vorkommission (wie Fn. 2), 176–179.
53 Der Bundesrat entschloss sich in seiner Sitzung vom 22.6.1874 entsprechend dem Vorschlag seines Ausschusses für Justizwesen zur Bildung einer elfköpfigen Kommission, vgl. Rassow, Verhandlungen (wie Fn. 2), 214 f.
54 Gutachten der Vorkommission (wie Fn. 2), 179. Sehr viel weitergehend zu dieser Frage war der von von Liebe verfasste Bericht vom 9.6.1874 (wie Fn. 35), 192 f.
55 Gutachten der Vorkommission (wie Fn. 2), 179.
56 Über die ersten acht Sitzungen informierte noch eine Beilage zum Reichs-Anzeiger vom 13.1.1877, vgl. Rassow, Verhandlungen (wie Fn. 2), 215.

Im Schlussteil des Gutachtens ging es dann um *Vorbereitung anderer zivilrechtlicher Gesetze* im Zusammenhang mit dem BGB, nämlich die Revision des Handelsrechts und anderer wirtschaftsrechtlicher Materien[57].

4.2.3 Erträge

Das Gutachten der Vorkommission von 1874 enthielt das Arbeitsprogramm für die spätere 1. Kommission zur Erstellung eines Entwurfs eines bürgerlichen Gesetzbuchs. Die Vorkommission, bestehend aus Levin Goldschmidt, Hermann Ludwig von Schelling, Franz von Kübel, Ludwig Ritter von Neumayr und Anton von Weber[58], hatte damit nicht nur den Weg zur Erstellung des späteren BGB gewiesen, indem sie wichtige Fragen, wie z. B. Einzelverfasser oder Kommission, vorentschied, sondern sie beeinflusste ganz entscheidend auch das Produkt dieser Arbeit selbst. Als wichtigster Punkt kann dabei gelten, dass die Vorkommission es ablehnte, eine der bereits vorhandenen modernen Kodifikationen des Zivilrechts zur Grundlage des Gesetzbuchs zu machen, sondern – ganz auf dem Boden von Historischer Rechtsschule und Pandektenwissenschaft – das gemeine Recht als Ausgangspunkt festlegte. Das geschah natürlich vor dem Hintergrund der juristischen Ausbildung, die die Gutachter selbst an den Universitäten des 19. Jahrhunderts erlebt hatten. Es hatte aber auch einen guten politischen Sinn, der den politischen Kontext der Gesetzgebung in Erinnerung ruft: Einheit auf dem Gebiet des Privatrechts war zwar ein seit langem ersehnter Zustand der Nationalbewegung, aber das Gesetz benötigte auch die Zustimmung des Bundesrats. Ein Übergewicht der Berücksichtigung partikularer Rechtsordnungen hätte dort kaum auf eine Mehrheit rechnen können. In vorsichtiger Weise hat das Gutachten einen Weg gewiesen, wie man zu einem Ausgleich gegenläufiger Interessen finden konnte. So ist das Gutachten auch ein Lehrstück für die politische Dimension der Gesetzgebungskunst.

---

57 Gutachten der Vorkommission (wie Fn. 2), 179–181.
58 Biographische Informationen bei Rosemarie Jahnel, Kurzbiographien der Verfasser des Bürgerlichen Gesetzbuchs, in: Materialien zur Entstehungsgeschichte des BGB (wie Fn. 2), 69–72. Goldschmidt hatte den Entwurf für das Gutachten gefertigt, l. c. 70. Er hatte sich für diese Aufgabe nicht zuletzt mit einem Vortrag am 11.3.1872 in Leipzig qualifiziert: Die Notwendigkeit eines deutschen Zivilgesetzbuches, in: Im neuen Reich. Wochenschrift für das Leben des deutschen Volkes in Staat, Wissenschaft und Kunst 2,1 (1872), 473–489, vgl. Rassow, Verhandlungen (wie Fn. 2), 172. Zu Goldschmidt Susanne Lepsius, Levin Goldschmidt, in: Handwörterbuch zur deutschen Rechtsgeschichte (wie Fn. 28), Sp. 459–463 mwN.

4.3 Jherings Brief an Bismarck vom 15. September 1888[1]
Hans-Peter Haferkamp

4.3.1 Die Quelle

A) An den Fürsten Bismarck.

Karlsbad, den 15. September 1888.

Durchlauchtigster Fürst!

B) Ew. Durchlaucht haben mir aus Anlaß meiner siebenzigjährigen Geburtstagsfeier einen Beweis Ihrer geneigten Gesinnung zuteil werden lassen, dessen ich mich in meinen kühnsten Erwartungen nicht versehen hatte, und der auch meine Mitbürger in Göttingen in einer Weise überrascht hat, daß sie der Nachricht den Glauben versagten, und daß es erst der Vorweisung des Dokuments an den Redakteur unserer Zeitung bedurft hat, um sie eines Besseren zu belehren.
Als ich die Ehre hatte, Ew. Durchlaucht als Dekan der juristischen Fakultät das Doktordiplom zu überreichen, zu dessen Urheber und Träger eine der glücklichsten Fügungen meines Lebens mich bestimmt hatte, geschah es mit dem Gefühl, vor unendlich vielen begnadet zu sein; ein unerfüllter Wunsch, mit dem ich mich seit Jahren getragen hatte, Ew. Durchlaucht zu sehen und sprechen zu hören, war in einer Weise verwirklicht worden, wie ich es bis dahin nie für möglich gehalten hatte. Die Stunden, welche ich das Glück hatte, an der gastlichen Tafel Ew. Durchlaucht zu verbringen, bilden einen Glanzpunkt meines Lebens, und ich habe durch nur für die Meinigen bestimmte Aufzeichnungen dafür gesorgt, daß

---

[1] Abgedruckt in Helene Ehrenberg, Rudolf von Jhering in Briefen an seine Freunde, Leipzig 1913, 441 ff.

die Erinnerung daran in meiner Familie nie untergehen wird. Zu diesem Schriftstück ist nunmehr das mit Ew. Durchlaucht eigenhändiger Unterschrift versehene Glückwunschschreiben als wertvolles Dokument hinzugekommen.

Ew. Durchlaucht haben mich darin mit dem Ihnen eignen Humor wie einst bei dem persönlichen Abschiede als Herr Kollege angeredet und damit selber verschuldet, wenn ich die Gelegenheit, die sich mir geboten hat und nie wieder bieten wird, benutze, mich über die Bedeutung, welche Ew. Durchlaucht für meinen ganzen Menschen gewonnen haben, in einer Weise auszusprechen, wie ich es sonst nie gewagt haben würde.

C) In meiner Natur liegt der Drang, mich an der menschlichen Größe aufzurichten, ich kenne nichts Höheres, als mich an den großen Erscheinungen der Geschichte zu erheben und mich bewundernd vor ihnen zu beugen. Bis in die Mitte des Lebens hinein habe ich mich mit diesem Bedürfnis in die Vergangenheit flüchten müssen, meine Bewunderung und Verehrung gehörte den Toten. Da hat es die Vorsehung gefügt, daß zwei Männer erschienen sind, an denen mein Herzenswunsch sich erfüllen sollte: Kaiser Wilhelm I. und Ew. Durchlaucht.

Als Student in Göttingen habe ich den Umsturz des Staatsgrundgesetzes und die Vertreibung der sieben Professoren durch König Ernst August miterlebt, im Mannesalter als geborener Hannoveraner den König Georg V., als Professor in Gießen die Mißwirtschaft in dem benachbarten Kurhessen. Kein Wunder, daß ich, der ich die Monarchie von dieser Seite hatte kennen lernen, ihr nicht ergeben war, und nie hätte ich damals geglaubt, daß ich noch einmal die tiefste Verehrung und innigste Liebe für ein gekröntes Haupt empfinden und der begeistertste Anhänger der Monarchie werden würde. Diesen Umschwung in meiner ganzen Anschauungsweise und Gesinnung – den gewaltigsten meines ganzen Lebens – verdanke ich Kaiser Wilhelm. Seine historische Bedeutung ragt in meinen Augen über das, was er in Deutschland geworden ist, weit hinaus; er hat in einer Zeit, wo sich der Sinn der Völker mehr und mehr der Monarchie abwandte, diese wieder zu Ehren gebracht und ihr einen neuen moralischen Halt und eine Kräftigung gewährt, welche nicht bloß die Träger von Kronen, sondern auch die Völker weit über Deutschlands Grenzen hinaus zu seinen Schuldnern macht.

D) Inbezug auf Ew. Durchlaucht würde ich glauben, mich einer Trivialität schuldig zu machen, wenn ich den Gefühlen der tiefsten Verehrung und höchsten Bewunderung, die mich für Ew. Durchlaucht beseelen, Ausdruck geben wollte; aber dem Gefühl der innigsten Dankbarkeit glaubte ich ihn verleihen zu dürfen, ich muß dem Manne, dem ich ein Vaterland verdanke, sagen, daß von allem, was mir in meinem Leben zuteil geworden ist, dies Gut so unvergleichlich das höchste gewesen ist, daß, auch wenn mein Leben ebenso reich an Leiden, Kummer, Enttäuschungen gewesen wäre, wie es reich gewesen ist an Freude, Glück, Erfolgen, doch der Tag, wo ich das Deutsche Reich erlebt habe, alles, was mich persönlich betroffen, ausgeglichen haben würde.

Verstatten Ew. Durchlaucht mir jetzt, auch dem Ausdruck zu geben, was Sie mir geworden sind. An Ihnen habe ich gelernt, wie man, ohne ein Gefühl der Beschämung zu empfinden, neidlos und mit innigem Dank gegen Gott die geistige Überlegenheit, die volle Größe einer gewaltigen, gottbegnadeten Persönlichkeit empfinden und anerkennen kann. Unserer heutigen Zeit ist eine solche Gesinnung leider wenig zu eigen, und Ew. Durchlaucht haben dies in einer Weise erfahren, die mich aufs höchste erbittert hat. Mir wird es nicht an der Gelegenheit fehlen, von den Gesinnungen, die ich hier ausgesprochen habe, im Zusammenhang meiner wissenschaftlichen Forschungen öffentlich Zeugnis abzulegen. Gegenüber der öden Verherrlichung von Prinzipien und toten Formeln hoffe ich auf den Segen einer gewaltigen Persönlichkeit, der meines Erachtens für Mit- und Nachwelt mehr lebendige Kraft entströmt als allen moralischen und politischen Destillationsprodukten, in das richtige Licht setzen zu können.

Aber nicht bloß der Mensch, auch der Jurist ist sich des hohen Einflusses bewusst geworden, den Ew. Durchlaucht auf ihn ausgeübt haben. In dem Kampfe, den er seit Jahren gegen die zurzeit noch herrschende unfruchtbare Richtung innerhalb der Jurisprudenz führt, welche über dem Blendwerk logischer Konsequenz und abstrakter Prinzipien des Blickes für die realen Dinge verlustig gegangen ist, hat ihn stets der Gedanke beseelt und gestählt, daß er innerhalb seiner beschränkten Sphäre nur den Anregungen gefolgt ist, die der große Meister der Realpolitik ihm gegeben hat. Er lebt der Überzeugung, daß sich das Vorbild Ew. Durchlaucht auch bei der jüngeren Generation fruchtbar erweisen und daß in der Rechtswissenschaft ein Umschwung eintreten wird, den man dermaleinst als den Übergang von der formalistischen zur realistischen Methode bezeichnen wird.

E) Sollte ich Ew. Durchlaucht durch meine Ausführungen ermüdet haben, so mag mir zur Entschuldigung gereichen, daß ich einem Stande angehöre, der einmal das Vorrecht dazu hat und Sie auf dem Katheder wie auf der Tribüne schon daran gewöhnt haben dürfte. Ich meinerseits will aber nicht versäumen, etwas zu tun, was meine Kollegen nicht zu tun pflegen: Ew. Durchlaucht wegen meines Vortrages um Nachsicht bitten.

Indem ich Ew. Durchlaucht nochmals meinen wärmsten, durch meine hiesige Kur leider verspäteten Dank für das mir gewährte unschätzbare Zeichen Ihrer geneigten Gesinnung ausspreche, verharre ich mit tiefster Ehrerbietung

Ew. Durchlaucht

gehorsamster R. v. Jhering.

4.3.2 Interpretation

4.3.2.1 Einleitung

Am 15. September 1888 schrieb der damals schon weltberühmte Göttinger Professor der Rechte, Rudolf v. Jhering an den damaligen Reichskanzler Otto v. Bismarck einen inhaltsreichen Brief, der wie wenige damalige Texte den Versuch unternahm, juristische Methode und Politik in einen Zusammenhang zu bringen. Bismarck stand auf der Höhe seines Ruhms. Er galt als der Einiger und Gründer des Deutschen Reiches und wurde als genialer Staatsmann verehrt. Im „Dreikaiserjahr" 1888 war sein Gönner Wilhelm I. im März gestorben und auch die Regentschaft von Wilhelms bereits todkranken Bruder Friedrich III. dauerte nur bis Juni. Seitdem herrschte der bei Antritt der Regentschaft erst 29-jährige Wilhelm II., mit dem Bismarck bis zu seiner Entlassung im Jahr 1890 zunehmend konfliktreich zusammenarbeitete.

Jhering wiederum war im Jahr 1888, nachdem Friedrich Carl v. Savigny 1861 gestorben war, der wohl weltweit berühmteste lebende deutsche Jurist. Die Liste seiner epochalen Rechtstexte ist lang[2]. Zwischen 1852 und 1865 war sein „Geist des römischen Rechts auf den verschiedenen Stufen seiner Entwicklung" erschienen, in dem Jhering versuchte, das „Unvergängliche" im römischen Recht durch eine „geschichtsphilosophische" Darstellung von dessen Geschichte herauszuarbeiten. 1872 hielt er in Wien seinen Vortrag „Der Kampf ums Recht", der bereits 1890 in siebzehn Sprachen übersetzt war und heute die wohl weltweit bekannteste Schrift eines deutschen Juristen überhaupt darstellt. Zwischen 1877 und 1883 ging er im „Zweck im Recht" auf die Suche nach den gesellschaftlichen Kausalfaktoren des Rechts, was – unterstützt von seiner 1884 erschienenen Polemik „Scherz und Ernst in der Jurisprudenz" – ganz ent-

---

[2] Einführend Okko Behrends, Art. Jhering in: Handwörterbuch zur deutschen Rechtsgeschichte, Bd. 2, 2. Aufl. Berlin 2012, Sp. 1366 ff.

scheidend zu dem Methodenwandel in der deutschen Rechtswissenschaft beitrug, den er im vorliegenden Brief thematisiert. Neben diesen Programmschriften war Jhering auch einer der produktivsten Privatrechtsdogmatiker des 19. Jahrhunderts. Genannt sei nur seine (heute freilich relativierte) „Entdeckung" der culpa in contrahendo und die auf ihn zurückgehende Unterscheidung von objektiver Rechtswidrigkeit und Schuld.

4.3.2.2 Zum Brief

4.3.2.2.1 *Jhering und Bismarck*

Im Abschnitt B bezieht sich Jhering auf die Vorgeschichte dieses Briefes. Ausgangspunkt ist ein Brief Bismarcks, in dem dieser Jhering zu dessen 70. Geburtstag gratulierte[3].

„Verehrter Herr Kollege,

ich bitte Sie, meine verbindlichsten Glückwünsche entgegenzunehmen zu ihrem siebzigjährigen Geburtstage, an welchem sie mit Stolz auf ein langes Leben reicher Erfolge als Schriftsteller, Lehrer und Patriot zurückblicken können. Es gereicht mir zur besonderen Befriedigung, vermögen der mir von der Georgia Augusta gewährten Auszeichnung mit Ihnen gleichzeitig der Hochschule wieder anzugehören, die ich vor 55 Jahren als Student verließ.

v. Bismarck"

Jhering fühlte sich durch dieses Schreiben außerordentlich geehrt. Seine Einstellung zu Bismarck hatte sich langsam gewandelt[4]. Noch 1864 hatte er ihn für einen „Charlatan" gehalten[5]. Nach dem unerwarteten Sieg über Österreich 1866 hatte sich Jhering aber erstmals vor dem „Genie eines Bismarck"[6] verbeugt. Seit dieser Zeit bewunderte er Bismarck als „Meister der Realpolitik", wie es vorliegend im Brief unter D) heißt. Nach der Reichsgründung 1871 war Bismarck für Jhering, wie für weite Teile des Bürgertums, der Mann, „dem ich ein Vaterland verdanke" (D).

---

3   Text abgedruckt in: Ehrenberg (Fn. 1), 445.
4   Hierzu Ulrich Falk, Von Dienern des Staates und anderen Richtern, in: André Gouron et al., Europäische und amerikanische Richterbilder, Frankfurt a. M. 1996, 275; Mario Losano, Studien zu Jhering und Gerber. Teil 2, Ebelsbach 1984, 20 ff.
5   Brief an Windscheid vom 20. 3. 1864, in: Ehrenberg (Fn. 1), 165.
6   Brief an Windscheid vom 19. 8. 1866, in: Ehrenberg (Fn. 1), 206 f.

Jhering unternahm seit dieser Zeit den Versuch, Bismarck persönlich kennen zu lernen. 1885 ergab sich die Möglichkeit, da die Göttinger Fakultät, deren Dekan Jhering zu diesem Zeitpunkt war, beschloss, Bismarck, der zwischen 1832 und 1833 in Göttingen Rechtswissenschaften studiert hatte, zu dessen 70. Geburtstag die Ehrendoktorwürde zu verleihen. Über Kontakte gelang es Jhering, die Urkunde Bismarck bei einem privaten Essen in dessen Familienkreis überreichen zu können. Über diese Stunden mit dem Privatmann Bismarck fertigte er eine umfassende Aufzeichnung für seine Familie, die deutlich machte, wie sehr Jhering von Bismarck beeindruckt worden war.[7] Jherings vorliegender Brief verweist auf diese Zeit an Bismarcks „gastlicher Tafel", die er zu den „Glanzpunkten" seines Lebens zähle, mehrfach. Sein Hinweis, Bismarck habe ihn bei seinem Abschied „als Herr Kollege angeredet" (B), spielte auf eine Begebenheit während dieses Besuchs an. Jhering selbst zufolge habe Bismarck nach Überreichung der Doktorurkunde „scherzhaft" bemerkt: „Ich kann sie ja fortan als Herr College begrüßen", worauf er erwidert habe: „Ich bedaure nur, daß dies nicht auch meinerseits geschehen kann"[8]. Ob er damit den gegenüber einem Professor höheren Rang des Reichskanzlers und Fürsten meinte oder ob er, wie andere annehmen[9], Bismarck darauf hinweisen wollte, dass ein Doktor im Rang unter einem Professor steht, wird nicht ganz deutlich. Klar war aber jedenfalls, dass Bismarcks Gratulation zu Jherings Geburtstag, also der Anlass dieses vorliegenden Briefes, mit der Anrede „Verehrter Herr Kollege" deutlich machte, dass Bismarck diese Geschichte in guter Erinnerung hatte.

4.3.2.2.2 *Jherings politischer Wandel*

In Abschnitt C) schildert Jhering den Wandel seiner politischen Anschauung von einem liberalen Skeptiker der Monarchie hin zu einem glühenden Anhänger Wilhelms I. Er berichtet dabei von seinen Erfahrungen als Student in Göttingen und als junger Professor in Gießen. In Göttingen wurde Jhering am 14. Dezember 1837 Zeuge der Entlassung der „Göttinger Sieben" durch den hannoverschen König Ernst August. Nachdem dieser, kurz nach Antritt seiner Regierung, im September verkündete, die

---

7   Trotz ausdrücklichen Verbotes Jherings wurden diese Aufzeichnungen mehrfach veröffentlicht. Ich zitiere hier aus: K. A. Bettermann und W. Blasius, Rudolf von Jhering über seinen Besuch bei Otto von Bismarck, Nachrichten der Gießener Hochschulgesellschaft Bd. 30, 1961, 140 ff.
8   Ebda. 162.
9   Okko Behrends (Hg.), Rudolf von Jhering. Beiträge und Zeugnisse aus Anlaß der einhundertsten Wiederkehr seines Todestages am 17. 9. 1992, 2. Aufl. Göttingen 1993, 85.

Wirkung der von seinem Bruder Wilhelm IV. 1831 aufgerichteten Verfassung sei nun „erloschen", protestierten die Göttinger Professoren Gervinus, Wilhelm und Jacob Grimm, Albrecht, Dahlmann, Ewald und Weber hiergegen und wurden daraufhin vom König entlassen und des Landes verwiesen. Jhering erfuhr hiervon im Hause seines Lehrers Christian Friedrich Mühlenbruch, bei dessen Hauskonzerten Jhering als Pianist beteiligt war[10]. Mühlenbruch stellte sich sofort auf die Seite des Königs und verurteilte das Vorgehen seiner Professorenkollegen auch öffentlich[11]. Auf der anderen Seite stand Jherings von ihm verehrter Lehrer Johann Heinrich Thöl. Thöls Pandekten-Praktikum hatte in Jhering, auf den seine Studienaufenthalte in Heidelberg und München eher abschreckend gewirkt hatten, zum ersten Mal Begeisterung für die Jurisprudenz erzeugt. Thöl gehörte zu den „Göttinger Sechs", die sich öffentlich gegen die Entlassung aussprachen. Er wurde vom König damit bestraft, dass er als Extraordinarius weitere vier Jahre ohne Gehalt blieb[12]. Wie Jhering zu diesem Disput damals stand, ist unsicher. In seinen Tagebüchern erwähnte er die Entlassung Dahlmanns nur knapp[13] und war mit privaten Themen beschäftigt. Zeitgenössische Stellungnahmen Jherings sind nicht überliefert. Jherings Biograf Michael Kuntze urteilt über diesen Tag: „Die Politik lässt ihn kalt; was ihn aufwühlt ist privater Kummer"[14]. Im vorliegenden Brief zurückblickend, sah es Jhering jedenfalls anders[15]. Nun stellte er es so dar, dass er infolge dieses Ereignisses der Monarchie lange „nicht ergeben", C), gewesen sei. Auch der zweite Hinweis auf die „Mißwirtschaft in dem benachbarten Kurhessen" bleibt vage. Hessen-Kassel galt in den 1860er Jahren als wirtschaftlich und politisch rückständig, sein von seinem Gottesgnadentum überzeugter Kurfürst Friedrich Wilhelm I. als arrogant und selbstüberschätzend. Er bekämpfte die fortschrittliche Verfassung von 1831, setzte sie vorübergehend außer Kraft und regierte über Notverordnungen, die zeitweise weder von der Justiz noch vom Militär anerkannt wurden. Zugleich war er für seine Mätressenwirtschaft im Volk verhasst. So einsichtig Jherings Hinweis auf seinen Eindruck von „Kurhessen" also ist, genauer nachweisen lässt er

---

10   Michael Kuntze, Rudolf von Jhering – Ein Lebensbild, in: Behrends (Fn. 9), 12.
11   Zu den Hintergründen Otto Mejer, Art. Mühlenbruch, in: ADB 22, 1885, 466 f.
12   Hierzu Friedrich Gercke, Heinrich Thöl. Ein Göttinger Rechtsgelehrter, Göttingen 1931, 16 ff.
13   Tagebucheintrag faksimiliert in: Behrends (Fn. 9), 63.
14   Kuntze (Fn. 10), 12.
15   Eine durchlaufende Skepsis gegenüber Verfassungen bei Jhering sieht Christoph-Eric Mecke, Begriff des Rechts und Methode der Rechtswissenschaft bei Rudolf von Jhering, Göttingen 2018, 168 Fn. 778.

sich in Jherings Aussagen aus den 1860er Jahren, soweit ich feststellen konnte, nicht. Die Briefe, die Jhering, der zwischen 1852 und 1868 Professor in Gießen war[16], damals etwa an den befreundeten und politisch tätigen Carl Friedrich v. Gerber schrieb, enthalten keine Hinweise auf Kurhessen[17].

Klar ist aber jedenfalls, dass sich Jhering seit dem Krieg mit Österreich und der Gründung des Norddeutschen Bundes mit der Monarchie aussöhnte. 1867 brachte er diese Einheitsbegeisterung zum Ausdruck, als er – erfolglos – sogar für den Reichstag des Norddeutschen Bundes kandidierte[18]. Den Krieg gegen Frankreich hatte Jhering hoffnungsfroh begrüßt und die „Siegesnachricht von Weißenburg", der Schlacht, in der erstmals ein gesamtdeutsches Heer eine Schlacht im Krieg gegen Frankreich gewann, hatte ihm 1870 „Freudentränen"[19] ausgepresst. Nach der Niederlage Frankreichs schwärmte er von der „großen Zeit, die über Deutschland gekommen ist": „Welcher Blick in die Zukunft öffnet sich einem, und wie beruhigt kann man seinen Lebenslauf schließen, wenn das letzte Stündlein gekommen"[20]. Das bedeutete auch die Aussöhnung mit dem König und eben Bismarck. Im Brief betonte Jhering (unter C):

> „In meiner Natur liegt der Drang, mich an der menschlichen Größe aufzurichten, ich kenne nichts Höheres, als mich an den großen Erscheinungen der Geschichte zu erheben und mich bewundernd vor ihnen zu beugen. Bis in die Mitte des Lebens hinein habe ich mich mit diesem Bedürfnis in die Vergangenheit flüchten müssen, meine Bewunderung und Verehrung gehörte den Toten. Da hat es die Vorsehung gefügt, daß zwei Männer erschienen sind, an denen mein Herzenswunsch sich erfüllen sollte: Kaiser Wilhelm I. und Ew. Durchlaucht."

Im Text für die Familie über seinen Besuch bei Bismarck machte Jhering deutlich, wie wichtig ihm dieser Aspekt war. Er beschrieb den Moment, in dem er Bismarck gegenüberstand:

---

16 Diethelm Klippel u. Cordelia Kröger-Schrader, Rudolf von Jhering an der Juristischen Fakultät der Ludwigs-Universität Gießen (1852–1868), in: Behrends (Fn. 9), 31 ff.
17 Vgl. das Stichwortregister der Briefe bei Mario Losano, Studien zu Jhering und Gerber. Teil 2, Ebelsbach 1984, 423, das nur zwei nichtssagende Hinweise auf Kurhessen und keinen auf den während Jherings Zeit in Gießen regierenden Kurfüsten von Hessen-Kassel Friedrich Wilhelm I. enthält.
18 Näher Losano (Fn. 16), 196 f.
19 Brief an Oskar Bülow vom 5.8.1870, in: Ehrenberg (Fn. 1), 250.
20 Brief an Windscheid vom 31.1.1871, in: Ehrenberg (Fn. 1), 206 f.

„Es war mir zu Muthe, als ob die Geschichte selber Fleisch und Blut angenommen habe und an mich herantrete. Die hohe Stellung der Großen dieser Erde hat mich nie mit dem Gefühl der Befangenheit erfüllt, ich habe vor manchen derselben z. B. dem verstorbenen König von Preußen, dem Kaiser von Österreich gestanden, ohne einen geistigen Druck zu empfinden, ohne eingeschüchtert zu sein, und ich habe mich mit voller Unbefangenheit mit Ihnen unterhalten. Nur die persönliche Größe hat mir in meinem Leben zu imponiren vermocht, nur sie hat mich befangen gemacht, weil sie mich mit dem Gefühl der eigenen Kleinheit erfüllte. In meinen jungen Jahren geschah es mir bei den hervorragenden meiner Lehrer […]. Vor ihnen schrumpfte mein Selbstbewusstsein in einer Weise zusammen, daß ich ganz verlegen und gefangen ward, und selbst noch im späteren Leben habe ich bei hervorragenden Künstlern und Gelehrten, mit denen ich zusammentraf, […] ein Gefühl der Befangenheit zu überwinden gehabt, während ich bei den Großen dieser Erde die Empfindung hatte: ihre Größe ist Sache des Zufalls, der äußeren Stellung, nicht eigenes Verdienst, und bei aller äußeren Devotion, die ich Ihnen erwies, habe ich mich doch innerlich ihnen gegenüber nicht anders gefühlt, als wenn ich mich mit meines Gleichen zu unterhalten hätte. Nie im Leben habe ich aber ein solches Gefühl der eigenen Nichtigkeit empfunden als in jenem Moment. […] diesen einzigen Mann hinweggedacht, und die Welt trüge eine andere Gestalt an sich, er gehört zu den Männern wie Alexander, Caesar, Napoleon, deren Namen so lange die Menschheit lebt, auf Erden stets genannt werden wird."[21]

Jherings Bewunderung für Bismarck und den König bedeutet auch ein grenzenloses Vertrauen in die Richtigkeit der von diesen getroffenen Entscheidungen. Jhering setzte nun auf eine „gewaltige Persönlichkeit" als Staatslenker. Damit verschob sich sein politisches Koordinatensystem.

4.3.2.2.3 Jhering und die Begriffsjurisprudenz

Die Hinwendung zu den Großen Männern, die Geschichte machen, die Jhering zu einem „begeisterten Anhänger der Monarchie" werden ließ, mit einem Urvertrauen in deren Leistungsfähigkeit, rückt den Bereich des Briefes in den Blick, der zu seiner Auswahl geführt hat.

„[…] nie hätte damals ich geglaubt, daß ich noch einmal die tiefste Verehrung und innigste Liebe für ein gekröntes Haupt empfinden und der begeisterte Anhänger der Monarchie wer-

---

21 K. A. Bettermann und W. Blasius (Fn. 7), 149.

den würde. Diesen Umschwung in meiner ganzen Anschauungsweise und Gesinnung – den gewaltigsten meines ganzen Lebens – verdanke ich Kaiser Wilhelm. Es wird mir nicht an der Gelegenheit fehlen, von den Gesinnungen, die ich hier ausgesprochen habe, im Zusammenhang meiner wissenschaftlichen Forschungen öffentlich Zeugnis abzulegen. Gegenüber der öden Verherrlichung von Prinzipien und toten Formeln hoffe ich auf den Segen einer gewaltigen Persönlichkeit, der meines Erachtens für Mit- und Nachwelt mehr lebendige Kraft entströmt als allen moralischen und politischen Destillationsprodukten […] In dem Kampfe, den er [sc. Ich, also Jhering] seit Jahren gegen die zurzeit noch herrschende unfruchtbare Richtung innerhalb der Jurisprudenz führt, welche über dem Blendwerk logischer Konsequenz und abstrakter Prinzipien des Blickes für die realen Dinge verlustig gegangen ist, hat ihn stets der Gedanke beseelt und gestählt, daß er innerhalb seiner beschränkten Sphäre nur den Anregungen gefolgt ist, die der große Meister der Realpolitik ihm gegeben hat. Er lebt der Überzeugung, […] daß in der Rechtswissenschaft ein Umschwung eintreten wird, den man dermaleinst als den Übergang von der formalistischen zur realistischen Methode bezeichnen wird."

Auf den ersten Blick erzählte Jhering hier die oft gehörte Geschichte seines methodischen „Umschwungs". Während er 1856–1858 mit seiner „naturhistorischen Methode" dafür plädiert hatte[22], die „juristische Konstruktion" neuen Rechts durch logische Bearbeitung des vorhandenen Rechts voranzutreiben, hatte ihn ein Gutachten in der Silvesternacht 1859[23] eines Besseren belehrt. Hier fühlte er sich durch eine eigene frühere dogmatische Untersuchung[24] in ein Ergebnis gedrängt, das offensichtlich ungerecht und weltfremd war. Zunächst anonym[25], 1865 dann öffentlich[26], begann er seinen Kampf gegen das „Blendwerk logischer Konsequenz", das er im Brief nennt und dem er 1884 publikumswirksam den im 20. Jahrhundert so verschrienen Spottnamen der

---

22 Jhering, Unsere Aufgabe, JhJb 1, 1856, 1 ff; ders., Geist des römischen Rechts auf den verschiedenen Stufen seiner Entwicklung, Bd. II 2, Leipzig 1858, §§ 38–41.
23 Das Gutachten wurde inzwischen veröffentlicht durch Inge Kroppenberg, Die Plastik des Rechts. Sammlung und System bei Rudolf von Jhering, Berlin 2015.
24 Jhering, In wie weit muß der, welcher eine Sache zu leisten hat, den mit ihr gemachten Gewinn herausgeben?, in: ders., Abhandlungen aus dem Römischen Recht, Leipzig 1844, 1 ff.
25 Vertrauliche Briefe über die heutige Jurisprudenz. Von einem Unbekannten, 1861 ff.; Wiederabdruck in Jhering, Scherz und Ernst in der Jurisprudenz, Leipzig 1884, 3 ff.
26 Jhering, Geist des römischen Rechts auf den verschiedenen Stufen seiner Entwicklung, Bd. III 1, Leipzig 1865, § 59, 299: „Blendwerk der juristischen Dialektik".

„Begriffsjurisprudenz"[27] gab. Bis heute wird darum gestritten[28], inwiefern diese Selbststilisierung Jherings als Bekehrter stimmt. Diese ganze Debatte ist es jedoch nicht, die gerade diese Briefstelle interessant macht. Jherings Leittexte zur juristischen Methode sind andere. Vielmehr ist hier, in diesem Brief, der zentrale Ort, an dem Jhering die von ihm sonst durchweg betonte Perspektive verließ und seinen Kampf gegen „Begriffsjurisprudenz" nicht nur als einen Kampf um die richtige Methode schildert, sondern auch als eine politische Entscheidung.

Es lohnt sich, diesem Gedanken Jherings nachzuspüren. Was hat also Jherings Hinwendung zu Staat und zur Monarchie mit seiner zeitgleichen Abkehr von der „formalistischen" und Hinwendung zur „realistischen" Methode zu tun? Verbindet man die Gedanken Jherings, so ergibt sich folgender Zusammenhang: Zu der Zeit, zu der er dem Staat misstraute, hing er an „Prinzipien" und „Formeln" und an „logischer Konsequenz". Mit der Hinwendung zum Staat trat an deren Stelle der „Segen einer gewaltigen Persönlichkeit": Bismarck, Wilhelm I. und die Begeisterung für „Realpolitik".

Was hat Logik mit Staatsskepsis zu tun?

1858 erschien der zweite Band von Jherings „Geist des römischen Rechts auf den verschiedenen Stufen seiner Entwicklung"[29]. Dies lag vor seiner Bekehrung zur Macht des Herrschers. Und dies zeigte auch sein Text. In Kapitel 45 diskutierte er die Liebe der Römer zu Formen ihrer Geschäfte, ihren „Formalismus". Man verlangte vorgegebene Wortformeln, und unterstrich diese bei manchen Geschäften durch Berührungen mit der Hand oder einem Stab. Man band die Wirksamkeit daneben an Zeugen oder die Mitwirkung eines Magistrats oder die Eintragung in ein bestimmtes Buch. Jhering deutete diese auf den ersten Blick altertümlichen und umständlichen Formanforderungen als „Palladium" der Freiheit eines Volkes. Formen seien „eine Schutzmauer gegen äußere Angriffe, – sie lassen sich nur brechen, nicht biegen". Es sei daher kein Zufall, dass die Beseitigung der „Formen und Formeln des alten Rechts […] gerade in eine Zeit fällt, wo sich das souveräne Belieben unverhüllt und offen als oberstes staats-

---

27 Jhering, Scherz und Ernst (Fn. 24), 330; zur Genese dieses Bildes Hans-Peter Haferkamp, Art. Begriffsjurisprudenz, in: Enzyklopädie zur Rechtsphilosophie, Erstpublikation 6. April 2011, (http://enzyklopaedie-rechtsphilosophie.net/component/content/article/19-beitraege/96-begriffsjurisprudenz [letzter Zugriff: 29.09.2021]).

28 Vgl. nur einerseits Joachim Rückert, Der Geist des Rechts in Jherings „Geist" und Jherings „Zweck", in: Rechtsgeschichte 5, 2004, 128 f.; andererseits Okko Behrends, Jherings „Umschwung", in: ZRG RA 134, 2017, 539 ff.

29 Jhering, Geist des römischen Rechts auf den verschiedenen Stufen seiner Entwicklung, jeweils Leipzig, Bd. I, 1852, Bd. II 1, 1854, Bd. II 2, 1858, Bd. III 1, 1865.

rechtliches Princip auf den Thron gesetzt hatte: die Zeit der byzantinischen Kaiser"[30]. Damit spielte Jhering darauf an, dass die spätantiken Kaiser, allen voran Justinian, die älteren Formvorschriften, wie etwa die Libralakte, zunehmend beseitigten. Max Weber war nicht der Einzige, der Jherings bald berühmt werdende Äußerungen von der Form als „geschworene Feindin der Willkür" und „Zwillingsschwester der Freiheit"[31] jedoch weiter verstand, als sie Jhering 1858 direkt formulierte. Er warnte 1902 davor[32], formales Denken insgesamt, also die begriffliche Behandlung des Rechts als kohärentes System zu verlassen und sich der Willkür von Herrschern und Richtern auszusetzen. Weber erweiterte damit den Blick auf Formalismus als Systemdenken. Das passte auch gut zum Bild der byzantinischen Herrscher, denen man – auch dies sollte ein großes Angstbild im 20. Jahrhundert werden[33] – vorwarf, an die Stelle der fein konstruierten römischen Zivilrechtsdogmatik immer stärker bloße Billigkeitserwägungen um Aequitas und bona fides gesetzt zu haben. Dass Jhering auch dieses weite Verständnis von Formalismus als „bürgerliches Formalprogramm" klar vor Augen stand, macht 1888 sein Brief deutlich. Was er nun als „öde Verherrlichung von Prinzipien und toten Formeln" und „Blendwerk logischer Konsequenz und abstrakter Prinzipien" verteufelte, war sein altes Konzept, mit dem er das Privatrecht gegen willkürliche Staatseingriffe, wie den Verfassungsbruch in Göttingen, schützen wollte.

Es war sein Lehrer, Georg Friedrich Puchta, dem er den ersten Band des „Geistes" noch gewidmet hatte, der wie wohl kein anderer Pandektenwissenschaftler die Idee der Bindung der Justiz und des Staates an kohärente Denkzusammenhänge sogar gegenüber Verfassungen zum stärksten Schutzwall der liberalen Gesellschaft machte[34]. 1846 betonte er in einem Brief: „Der Jurist [...] hat das Interesse, [...] den Begriff des Rechts streng und rein zu fassen und seine Übergänge in andere Gebiete als Modifikationen jenes Begriffs zu behandeln und damit zugleich in ihre erforderlichen Schranken einzuschließen. Dieses Interesse ist ein theoretisches – von ihrem Standpunkt aus ist

---

30 Jhering, Geist des römischen Rechts auf den verschiedenen Stufen seiner Entwicklung, Bd. II 2 (Fn. 21), 497.
31 Jhering, Geist des römischen Rechts auf den verschiedenen Stufen seiner Entwicklung, Bd. II 2 (Fn. 21), 497.
32 Max Weber, Rezension Lotmar, in: Archiv für soziale Gesetzgebung 17, 1902, 723 ff.
33 Hierzu Hans-Peter Haferkamp, Byzantium! *Bona fides* between Rome and Twentieth-Century Germany, in: Kaius Tuori and Heta Björklund (Hgg.), Roman Law and the Idea of Europe, London u. a. 2018, 145 ff.
34 Hans-Peter Haferkamp, Georg Friedrich Puchta und die ‚Begriffsjurisprudenz', Frankfurt a. M. 2004, 434 ff.

ein Rechtssystem unmöglich –, und es ist ein praktisches, das Recht sicherzustellen, gegen die Staatskünstler, mögen sie in der Jakobinermütze oder in der Tiara auftreten"[35]. Wie nah Jhering politisch zunächst der dahinterstehenden Positionierung für die sich selbst organisierende Privatrechtsgesellschaft und einen Staat, der Freiheit nicht willkürlich beschränken sollte, stand, zeigte sich in „manchen Seitenblicken auf die heutige Zeit"[36], die Jherings „Geist" durchzogen. Geradezu zum Bekenntnis für das „System der Freiheit" geriet ihm 1854 der § 30 des zweiten Buchs. Im System der Freiheit, so Jhering, beschränkt „die Gesetzgebung sich im wesentlichen darauf, die Voraussetzungen für die Verfolgung" aller Zwecke und Aufgaben der Gemeinschaft „herzustellen und zu erhalten und höchstens eine indirekte Beihülfe zu gewähren, die eigentliche Arbeit aber der freien Tätigkeit des Volks (der Einzelnen, Corporationen, Gemeinden u. s. w.) zu überlassen, so dass also diese Tätigkeit als die eigentliche vis agens des ganzen Systems erscheint"[37]. Demgegenüber stand das „System der Unfreiheit", indem der Staat sich nicht auf „das Walten der bloßen Subjektivität" verließ, sondern durch Gesetz und Zwang die „Herrschaft objektiver sittlicher Principien" sicherstellte[38]. Vehement trat Jhering der naheliegenden Folgerung entgegen, dass ein System der Freiheit bloße Hofierung des Egoismus sei. „Diese schöpferische Thätigkeit zu entfalten, ist das höchste Recht des Menschen und ein unentbehrliches Mittel zu seiner sittlichen Selbsterziehung. Sie setzt die Freiheit, also auch den Missbrauch derselben, die Wahl des Schlechten, Zweckwidrigen, Unverständigen u. s. w. voraus, denn als unsere Schöpfung läßt sich nur das betrachten, was frei aus der Persönlichkeit hervorgegangen ist. Den Menschen zum Guten, Vernünftigen u. s. w. zwingen, ist […] darum eine Versündigung gegen seine Bestimmung […], weil ihm damit die Möglichkeit das Gute aus eignem Antriebe zu thun, entzogen wird"[39]. Auch hier zeigte

---

35 Abgedruckt in: Hans Liermann und Hans Joachim Schoeps, Materialien zur preußischen Ehescheidungsreform im Vormärz, Göttingen 1961, 501.

36 Jhering, Geist des römischen Rechts auf den verschiedenen Stufen seiner Entwicklung, Bd. II 1, Leipzig 1854, 128, Fn. 145.

37 Jhering, Geist des römischen Rechts auf den verschiedenen Stufen seiner Entwicklung, Bd. II 1 (Fn. 36), 124; vgl. auch Jherings vehementes Eintreten für ein weitgehendes richterliches Prüfungsrecht auf dem 3. Juristentag 1862: Verhandlungen des 3. Deutschen Juristentages 1, 1862, Stenographische Berichte, 14, 52 ff.; hierzu Regina Ogorek, Richterliche Normenkontrolle im 19. Jahrhundert, in: ZNR 11, 1989, 36 ff.

38 Jhering, Geist des römischen Rechts auf den verschiedenen Stufen seiner Entwicklung, Bd. II 1 (Fn. 36), 125.

39 Jhering, Geist des römischen Rechts auf den verschiedenen Stufen seiner Entwicklung, Bd. II 1 (Fn. 36), 130.

sich Jhering noch ganz in der Welt seiner Lehrer. Die Freiheit zum Guten als Kern einer Gesellschaft von Menschen, die sich innerlich sittlich vervollkommnet anstatt zur Sittlichkeit äußerlich gezwungen zu werden, war eine Grundüberzeugung der Historischen Rechtsschule[40]. Gerade mit Blick auf Rom schwärmte Jhering von der sittlichen Kraft eines solchen Systems der Freiheit, die gerade nicht zur rücksichtslosen Ausbeutung anderer durch subjektive Rechte geführt habe:

> „Die fixe Idee, von der man sich nicht losmachen kann, ist die: ein Mißbrauch jener Gewalt war rechtlich möglich, folglich fanden die Römer nichts Anstößiges darin. Unwillkürlich folgert man aus der rechtlichen Möglichkeit des Mißbrauchs die reale Möglichkeit ja die Wirklichkeit desselben. So entsteht ein Bild von den Römern und der römischen Sittlichkeit, das von der Wahrheit unendlich entfernt und eine wahre Fratze ist. [...] Von den mannigfachen Beschränkungen der subjektiven Gewalt, von den besonderen Voraussetzungen, von denen die Ausübung gewisser Rechte nicht de jure, aber de facto abhing u. s. w., von alle dem nehmen wir in der juristischen Theorie nichts wahr, aber der Römer hatte dies alles vor Augen. Denn jene abstrakte Freiheit des Rechts fand faktisch im römischen Leben Maß und Ziel"[41].

Als solche selbstgesetzten Grenzen der Gesellschaft nannte Jhering „die öffentliche Meinung, die herrschenden Begriffe von Ehre u. s. w."[42]. Selbstgesetzte Sittlichkeit war Jherings Antwort auf die Angst vor den freigesetzten Egoismen der Gesellschaft. Die Ansicht von der „alles verschlingenden und alles aus sich erst wieder gebärenden Omnipotenz des Staats ist trotz der glänzenden Maske, durch die sie so gern zu täuschen sucht, aller jener hochtönenden Phrasen von Volkswohl, Befolgung objektiver Prinzipien, Sittengesetz – sie ist und bleibt die wahre Ausgeburt der Willkür [...] Sie anzunehmen bedeutet für das Individuum einen Verrat an sich selbst und seiner Bestimmung, einen sittlichen Selbstmord!". Das war 1854: Das System der Freiheit und das System der Begriffe und Prinzipien arbeiteten Hand in Hand für eine sich selbst organisierende, vom Staat ermöglichte Gesellschaft. Privatrecht als Königsdisziplin.

---

40 Zur im Übrigen bereits frühen Kritik Jherings an der Historischen Rechtsschule: Christoph Mecke, Rudolf von Jhering. Anonym publizierte Frühschriften und unveröffentlichte Handschriften aus seinem Nachlaß, Göttingen 2010, 109 ff.

41 Jhering, Geist des römischen Rechts auf den verschiedenen Stufen seiner Entwicklung, Bd. II 1 (Fn. 36), 144 f.

42 Jhering, Geist des römischen Rechts auf den verschiedenen Stufen seiner Entwicklung, Bd. II 1 (Fn. 36), 145.

1888 war alles anders. Nun umgab den Staat ein sittlicher Klang, und die Freiheit, für die Jhering jetzt eintrat, war die Freiheit der großen Persönlichkeit, in deren Hände Jhering das Geschick der Gesellschaft legte. Rochaus Begriff der „Realpolitik"[43], die Bismarck Jhering gelehrt hatte, war gerade die Orientierung an faktischen Möglichkeiten und nicht an Zusagen und festen Regeln. Dies hatte Jhering bei Kriegsbeginn mit Österreich 1866 noch dazu gebracht, Bismarcks Bruch der Bündnisse mit Österreich[44] als „Frevel an allen Grundsätzen des Rechts und der Moral"[45] zu verurteilen. Nun, nach der Reichsgründung, schien Jhering Realpolitik, und nicht Vorhersehbarkeit und Worthalten, als goldene Regel der Politik.

Jhering wurde nun zugleich Zeuge, wie das große liberale Projekt immer stärker in Schieflage geriet. Die großen ökonomischen Krisen seit 1873 zerstörten Jherings Glauben, dass „Selbstvertrauen […] Unternehmungsgeist […] Thatkraft […] nur auf dem Boden der Freiheit" gedeihen würden[46]. Auch die soziale Frage und der Aufstieg der Sozialdemokratie ließ ihn 1886 warnen, die Gesellschaft habe „die größte Ursache auf ihrer Hut zu sein"[47]. Hatte er 1854 die auch sittliche Selbststeuerung der Gesellschaft dem Individuum und hilfsweise der „öffentlichen Meinung" den „herrschenden Begriffen von Ehre u.s.w." überlassen[48] und 1865 schon zweifelnder subjektive Rechte an die gesellschaftliche Zuweisung von „Nutzen, Gut, Wert, Genuß, Interesse"[49] gebunden, so führte sein vertiefender Blick in das, was als „Zweck" die Gesellschaft wirklich innerlich zusammenhält (Egoismus, Lohn, individueller oder gesellschaftlicher Zwang), seit Mitte der 1870er Jahre zur Ernüchterung: Das „sociale Leistungsvermögen des Egoismus" habe, so meinte er 1883, seine „Unzulänglichkeit" erwiesen[50]. Überall Marktversagen: „Zu lange schon hat unsere Gesetzgebung müßig mit zugesehen, wie Unzuverlässigkeit, Unehrlichkeit, Betrug in Vertragsverhältnissen immer frecher ihr Haupt erhoben und einen Zustand herbeigeführt haben,

---

43 August Ludwig von Rochau, Grundsätze der Realpolitik, angewendet auf die staatlichen Zustände Deutschlands, 1. Aufl., Stuttgart 1853.
44 Zu den Hintergründen Klaus-Jürgen Bremm, 1866. Bismarcks Krieg gegen die Habsburger, Darmstadt 2016, 243 ff.
45 Brief an Glaser vom 1. Mai 1866, in: Ehrenberg (Fn. 1), 196.
46 Jhering, Geist des römischen Rechts auf den verschiedenen Stufen seiner Entwicklung (Fn. 21), 129.
47 Jhering, Der Zweck im Recht, Bd. 2, 2. Aufl., Leipzig 1886, 173.
48 Vgl. oben 458.
49 Jhering, Geist des römischen Rechts auf den verschiedenen Stufen seiner Entwicklung, Bd. III 1 (Fn. 26), 1865, 317.
50 Jhering, Der Zweck im Recht, Bd. 2 (Fn. 47), 3.

der einem ehrlichen Menschen schier das Leben verleiden kann"⁵¹. Das war erneut Zustimmung zu Bismarck, der mit seiner konservativen Wende 1878 zur staatlichen Intervention in den Markt übergegangen war und innenpolitisch durch die Sozialistengesetze und den Kulturkampf den starken Staat gegen Kritiker mobilisierte. Dies war auch „Realpolitik". In Jherings Schriften machte der Staat nun „eine glänzende Karriere"⁵². Jherings „System der Freiheit" verschwand für Jhering bereits 1877 in den Fängen des aufziehenden Interventionsstaates⁵³, der mit immensen Haushaltsmitteln⁵⁴ und umfassendem Regelungsanspruch die Gesellschaft steuert: „Der Staat ist der, der alle Zwecke der Gesellschaft verschlingt; wenn der Schluß von der Vergangenheit auf die Zukunft ein berechtigter ist, so wird er am Ende die ganze Gesellschaft in sich aufgenommen haben"⁵⁵. Die „sorgsame Ueberwachung des Vereinswesens"⁵⁶, die „bei uns leider viel zu wenig streng gehandhabte Theaterpolizei und Theaterzensur"⁵⁷ waren Ausdruck des neuen Rechtsbegriffs von Jhering, mit dem er sich in den aufkommenden staatsvoluntaristischen Rechtsbegriff⁵⁸ einreihte: „Recht ist der Inbegriff der in einem Staate geltenden Zwangsnormen"⁵⁹, was bedeutete, „dass der Staat die alleinige Quelle des Rechts ist"⁶⁰. Dem Staat oblag „die Sicherung der Lebensbedingungen der Gesellschaft in Form des Zwanges"⁶¹. Das alte Projekt, die liberalen Freiheitsräume gegen den Staat durch rationale wissenschaftliche Selbstorganisation des Rechts: System, Begriff, Prinzip und Form („lassen sich nur brechen, nicht biegen"⁶²) abzuschirmen, tauchte im „Zweck des Rechts" nicht mehr auf. Rechtssicherheit, an deren Bedeutung für die bürgerliche Gesellschaft Jhering festhielt, bot nun das Gesetz, weshalb Jhering gerade im Zivilrecht auf den besonders streng gebundenen Richter

---

51 Jhering, Der Zweck im Recht, Bd. 1, Leipzig 1877, 479.
52 Falk (Fn. 4), 275, dessen exzellenter Analyse ich hier weitgehend folge.
53 Vgl. Jhering, Der Zweck im Recht, Bd. 1 (Fn. 51), hier nach 4. Aufl. 1903, 403: „Unser heutiges Recht hat die privatrechtlichen Beschränkungen des Individuums im Interesse der Gesellschaft noch beträchtlich vermehrt".
54 Vgl. Jhering, Der Zweck im Recht, Bd. 1 (Fn. 51), 400: „jede neue Aufgabe aber beziffert sich im Staatsbudget nach Millionen".
55 Jhering, Der Zweck im Recht, Bd. 1 (Fn. 51), 304 f.
56 Jhering, Der Zweck im Recht, Bd. 1 , hier nach 3. Aufl. 1886, 317; Falk (Fn. 4), 276.
57 Jhering, Der Zweck im Recht, Bd. 2 (Fn. 47), 123; Falk (Fn. 4), 276.
58 Zu den Spielarten Jan Schröder, Recht als Wissenschaft, 2. Aufl. München 2012, 281 ff.
59 Jhering, Der Zweck im Recht, Bd. 1 (Fn. 51), 318.
60 Jhering, Der Zweck im Recht, Bd. 1 (Fn. 51), 319.
61 Jhering, Der Zweck im Recht, Bd. 1 (Fn. 51), 434.
62 Oben 456.

setzte: „wir ziehen im Civilrecht das ungerechte oder unbillige Gesetz der über das Gesetz sich erhebenden Billigkeit oder Gerechtigkeit vor"[63].

Das war der politische Kontext, vor dem Jhering 1884 mit großem Publikumserfolg dogmatisches Arbeiten als weltfremde „Begriffsjurisprudenz" lächerlich machte. Zur Wirkung trug bei, dass Jhering hier behauptete, dass „bei der legislativen Gestaltung" bestimmter Rechtsinstitute „andere Gesichtspunkte in Betracht kamen, als das Interesse an einer apriorischen logischen Konstruktion, davon hatte ich damals keine Ahnung"[64]. Wer Jherings Schriften aus den 1850er Jahren liest, wird an eine solche sich selbst rückblickend attestierte Naivität kaum glauben. Vielmehr war Jhering Teil einer Veränderung des Rechtssystems. Die Versuche, ein nationales Privatrecht ohne Nationalstaat auf Basis antiker Quellen zu konstruieren[65], waren 1871 beendet. Nun war der Nationalstaat am Zug. Damit verschwand auch wissenschaftlich der Glaube, mit juristischer Dogmatik über ein Verfahren zu verfügen, welches geeignet sei, die Fülle der widersprüchlichen Ansichten in einem auf so weichem Grund gebauten wissenschaftlichen Recht einzuhegen und das Privatrecht zu stabilisieren. Der Verlust dieses Glaubens hing mit einem Wandel der Wissenschaftstheorie zusammen, aber eben auch mit einer Abwendung vom Recht der Wissenschaft hin zum staatlichen Gesetz, dem man nun den Zugriff auf die ehemals so idealisierte liberale Gesellschaft zugestand. Auch das Selbstbewusstsein des begnadeten Dogmatikers Jhering war angesichts der neuen Rechtsquelle verflogen: „Doktrinäre Formulierungen und Abstraktionen, welche […] zu einem Widerspruch mit dem erklärten Willen des Gesetzes führen, sprechen sich damit selbst ihr Urteil"[66].

Hier wurde nicht entdeckt, entlarvt, bekehrt: Hier erzwang ein Kontextwandel, dass eine Wissenschaftswelt unterging und eine neue begann. Und so ist es der besondere Nutzen des vorliegenden Briefes von Jhering an Bismarck, dass hier die politischen Hintergründe für und gegen „Begriffsjurisprudenz" in der entlarvenden Offenheit angesprochen wurden, die Jhering öffentlich sonst vermied.

---

63 Jhering, Der Zweck im Recht, Bd. 1 (Fn. 51), 425; ganz anders im Strafrecht vgl. Falk (Fn. 4), 278 f.
64 Jhering, Scherz und Ernst in der Jurisprudenz (Fn. 25), 338.
65 Hierzu Hans-Peter Haferkamp, Die Historische Rechtsschule, Frankfurt a. M. 2018, 62 ff.
66 Jhering, Scherz und Ernst in der Jurisprudenz (Fn. 25), 346.

4.4 Anita Augspurgs „Die Frau in der Advokatenrobe" (1904). Der Kampf der Frauen um Zugang zu den juristischen Berufen – eine europäisch-verflochtene Geschichte
Lena Foljanty

Wie so manche dem öffentlichen Dienst geweihten Gebäude zeichnet sich auch der Justizpalast in Paris vor dem, was wir ihm in Berlin zum Vergleich stellen können, durch Großräumigkeit, imposante Würde und vor allem durch Rücksichtnahme auf das Bedürfnis des Publikums aus, das ja in der Republik freilich den Souverän verkörpert.

Betrachten wir die engen, lichtlosen Gänge unseres Hauptgerichtsgebäudes in Moabit, dessen schmutzige, verwahrloste Wände und Böden, die armseligen Armesünderbänklein in den Korridoren, auf denen Parteien, Zeugen und Zuhörer sich drängen, so dass die Anwälte mit offenbarem Widerwillen gegen diese würdelose Umgebung so flüchtig wie möglich hindurcheilen und die häufig noch so nötige wichtige Zwiesprache mit ihren Klienten auf das knappste Maß beschränken, weil kein Wort gewechselt werden kann, ohne das Ohr Dritter zu erreichen. Und schreiten wir die breite Marmortreppe des Palais de la Justice hinauf, passieren wir die hohe, säulengetragene Vorhalle und gelangen in die prächtige Salle des Pas Perdus, die Wartehalle des Palastes, wo die zahlreichen Gruppen konferierender Advokaten und Parteien sich geradezu verlieren auf der weiten Marmorfläche der Halle, in den Winkeln und Nischen. Wir werden nicht lange zweifeln, wo der Würde der Justiz die angemessenere Stätte bereitet ist, und werden mit einem Seufzer wünschen, dass doch auch unserem Volke so königliche Räume zu Verfügung gestellt wären; es würde auch lernen, sich königlicher in ihnen zu bewegen. — Aber noch ein anderes wünsche ich ihm von Paris nach Berlin importieren zu können, nämlich die Frauengestalten, die sich in Robe und Barett, ebenfalls umringt von Klienten, in der Salle des Pas Perdus bewegen oder den Verhandlungszimmern zuschreiten, wo sie plädieren sollen — die weiblichen Advokaten.

Auszug aus: Anita Augspurg, Die Frau in der Advokatenrobe, Der Tag Nr. 255 vom 3. 6. 1904 (Frauenseite: Der Kampf der Frau), Nachdruck in: Anita Augspurg, Rechtspolitische Schriften. Kommentierte Studienausgabe, hrsg. v. Christiane Henke, 2013, 50–52.

Es handelt sich um einen essayistischen Text, der im Jahr 1904 auf der Frauenseite der Berliner Tageszeitung „Der Tag" erschienen ist. Ein konkreter Anlass für den Text ist nicht erkennbar, er steht jedoch im Kontext des Kampfes der Frauen um Gleichberechtigung, der um die Wende zum 20. Jahrhundert einen Höhepunkt erfuhr. Die Autorin Anita Augspurg ist einer der führenden Köpfe der Bewegung. Sie fordert in diesem Text den gleichberechtigten Zugang zur Rechtsanwaltschaft. Die Möglichkeit, an Rechtspraxis und Rechtsprechung mitzuwirken, war aus ihrer Sicht eine zentrale Forderung im Kampf um gleiche Rechte, denn „[d]ie Frauenfrage ist [...] Rechtsfrage, weil nur von der Grundlage verbürgter Rechte an ihre sichere Lösung überhaupt gedacht werden kann."[1]

Didaktischer Hinweis: Es wird im Folgenden nicht einem vorgegebenen Aufbauschema gefolgt, sondern vielmehr eine eigenständige Struktur entwickelt, die der Quelle wie auch der Anforderung, sie exegetisch zu erschließen, gerecht wird. Unerlässlich sind dabei Ausführungen zur Autorin (1.) sowie eine formale Einordnung der Textgattung (hier bereits in der Einleitung). Daneben gilt es, relevante soziale oder politische Kontexte herauszuarbeiten (2.), die Argumentation der Autorin zu analysieren (3.) und Erklärungsansätze für das Problem, zu dem sie Stellung nimmt, zu diskutieren (4.).

4.4.1 Die Autorin: Anita Augspurg (1857–1943)

Geboren 1857 in Verden an der Aller, absolvierte Anita Augspurg zunächst eine Lehrerinnenausbildung in Berlin. Sie folgte dann jedoch ihren künstlerischen Neigungen, nahm Schauspielunterricht und trat an verschiedenen Theatern auf, bis sie gemeinsam mit ihrer Partnerin, der Frauenrechtlerin Sophia Goudstikker, in München ein Fotoatelier eröffnete. 1893 immatrikulierte sie sich an der Universität Zurich für Rechtswissenschaft, wo, anders als in Deutschland, zu diesem Zeitpunkt Frauen bereits zum Studium zugelassen waren. Sie promovierte 1897 mit einer Arbeit zum englischen Parlamentarismus und war damit nach Anna Mackenroth die zweite Deutsche, die in Zürich einen juristischen Abschluss machte.[2]

Augspurg engagierte sich schon vor Beginn ihres rechtswissenschaftlichen Studiums in der Frauenbewegung. Innerhalb der Frauenbewegung gehörte sie dem radikalen

---

1 Anita Augspurg, Gebt acht, solange noch Zeit ist! (1895), Abdruck in: dies., Rechtspolitische Schriften, hrsg. v. Christiane Henke, 2013, 88 (ebd.).
2 Christiane Henke, Einleitung, in: Augspurg, Rechtspolitische Schriften, hrsg. v. Christiane Henke, 2013, 9.

Flügel an. Sie setzte sich für das Recht von Frauen auf Bildung und Erwerbstätigkeit ein und war eine der Wortführerinnen in der Kampagne gegen das Ehe- und Familienrecht des Bürgerlichen Gesetzbuches. Eine Ehe nach dem Bürgerlichen Gesetzbuch einzugehen, bedeute für Frauen „den gesetzlichen Verzicht auf ihre Rechtsexistenz". Sie riet Frauen daher ausdrücklich davon ab, sich darauf einzulassen.[3] Während die meisten Vertreterinnen der Frauenbewegung Gütertrennung forderten, ging Augspurg einen Schritt weiter und entwickelte ein Modell, das dem Zugewinnausgleich nahekam.[4] Daneben engagierte sie sich gegen die staatliche Reglementierung der Prostitution, trat für das Frauenwahlrecht ein und war eine der Mitinitiatorinnen der Frauenfriedenskonferenz, die 1915 in Den Haag stattfand. 1933 emigrierte Augspurg in die Schweiz, wo sie 1943 im hohen Alter verstarb.

4.4.2 Kontext: Der Kampf um Frauenrechte in den deutschsprachigen Ländern

Der Text stammt aus einer Zeit, in der Augspurg intensiv publizistisch aktiv war. Er spricht ein Thema an, das ihr nicht nur politisch, sondern auch aufgrund eigener Geschichte ein besonderes Anliegen war: der Zugang der Frauen zu den juristischen Berufen. Als promovierte Juristin war es ihr sowohl in der Schweiz, wo sie studiert hatte, als auch in Deutschland verwehrt geblieben, einen juristischen Beruf zu ergreifen. Augspurg verweist in ihrem Text auf Frankreich, wo die ersten Frauen bereits als Anwältinnen praktizierten. Sie nutzt den Vergleich, um die Situation in Deutschland zu kritisieren.

Tatsächlich war Deutschland im europäischen Vergleich alles andere als ein Vorreiter bei der Zulassung von Frauen zum Jurastudium sowie zu den juristischen Berufen. Wie Anita Augspurg gingen die ersten deutschen Juristinnen zum Studium nach Zürich, wo Frauen bereits seit 1867 zum Studium zugelassen waren. In Deutschland war dies im ausgehenden 19. Jahrhundert noch nicht der Fall. Erst im Jahr 1900 öffnete Baden als erstes Land die Universitäten für Frauen. Im Laufe des ersten Jahrzehnts des 20. Jahrhunderts folgten alle übrigen Länder, zuletzt 1908 Preußen, Hessen und

---

3   Anita Augspurg, Ein typischer Fall der Gegenwart, in: Meder/Duncker/Czelk (Hg.), Die Rechtsstellung der Frau um 1900, 2010, 51 (52).
4   Henke (wie Fn. 2), 11.

Elsaß-Lothringen, 1909 schließlich Mecklenburg.[5] Zum Staatsexamen wurden Frauen in Deutschland jedoch erst 1912 zugelassen. Die Weimarer Republik ermöglichte es Frauen ab 1919, den juristischen Vorbereitungsdienst zu absolvieren, der Zugang zum Richteramt und zur Anwaltschaft blieb ihnen jedoch abermals verwehrt.[6] Erst 1922 fiel diese entscheidende Barriere, nicht zuletzt durch das Engagement Gustav Radbruchs, der zu diesem Zeitpunkt Reichstjustizminister war.[7]

In der Schweiz sah dies nicht anders aus. Die Universität Zürich hatte bereits früh Frauen zum Jurastudium zugelassen, von der praktischen Tätigkeit als Anwältin oder Richterin blieben Frauen jedoch ausgeschlossen. Emilie Kempin-Spyri, die im Jahr 1887, also zehn Jahre vor Anita Augspurg, als erste Frau an der Juristischen Fakultät der Universität Zürich promoviert hatte, beschritt vergeblich den Rechtsweg, um als Anwältin vor Gericht auftreten zu dürfen. Vor dem Schweizer Bundesgericht vertrat sie die Auffassung, dass die Schweizer Bundesverfassung in Art. 4 die volle rechtliche Gleichstellung der Geschlechter fordere und Frauen damit zur gerichtlichen Vertretung befugt sein müssten. Diese Auffassung sei „eben so neu als kühn" urteilte das Schweizer Bundesgericht in seinem Urteil vom 29. Januar 1887.[8]

4.4.3 Argumentationsanalyse: Der europäische Vergleich als Instrument der Rechtskritik

Dass Augspurg in dieser Situation den Blick nach Frankreich wendet, ist kein Zufall. Ähnlich wie die Züricher Fakultät hatte die Pariser Fakultät bereits in den 1870er Jahren Frauen als Hörerinnen zugelassen. Die erste Frau promovierte hier 1890 – es handelte sich um die Rumänin Sarmisa Bilcesco, die nach ihrem Abschluss in ihrem Heimatland um Zulassung zur Anwaltschaft kämpfte. Es folgte zwei Jahre später

---

5   Anne Schlüter (Hg.), Pionierinnen – Feministinnen – Karrierefrauen? Zur Geschichte des Frauenstudiums in Deutschland, 1992.
6   Zugang zur akademischen Lehre und Forschung erhielten Frauen erst deutlich später, die erste Frau konnte sich 1946 an einer deutschen juristischen Fakultät habilitieren, siehe Ulrike Lembke, Magdalene Schoch (1897–1987). Erste habilitierte Juristin und „freiwillige" Emigrantin, in: Redaktion Kritische Justiz (Hg.), Streitbare Juristinnen Bd. 2, 2016, 446 ff. Zum schwierigen Weg der Frauen in der Rechtswissenschauft, siehe Ulrike Schultz u. a. (Hg.), De jure und de facto. Professorinnen in der Rechtswissenschaft, 2018, 76 f.
7   Marion Röwekamp, Die ersten deutschen Juristinnen, 2011, 323 ff.
8   BGE 13 I 1, Urteil vom 29.1.1887.

Jeanne Chauvin, auf die sich Augspurg in ihrem Text nach der hier abgedruckten Einleitungspassage bezieht.

Jeanne Chauvin war nach ihrer *licence* in Philosophie und Rechtswissenschaft sowie nach ihrer juristischen Promotion zunächst als Dozentin an höheren Mädchenschulen tätig. Als sie 1897 die Aufnahme in die Anwaltschaft beantragte, zeigte sich, dass Anwaltskammer und die Justiz keineswegs so liberal bei der Zulassung von Frauen waren wie die Universität. Die Anwaltskammer verweigerte es ihr, den für die Aufnahme in die Anwaltschaft nötigen Eid abzulegen, da die anwaltliche Tätigkeit Männern vorbehalten sei. Die Entscheidung wurde durch die *Cour d'appel* von Paris bestätigt.[9] Jeanne Chauvin kämpfte für eine Änderung der Rechtslage und war erfolgreich: Die nach der Dreyfus-Affaire deutlich liberaler und linker zusamengesetzte *Assemblée nationale* verabschiedete 1899 ein Gesetz, welches Frauen die anwaltliche Tätigkeit erlaubte. Das Gesetz wurde im November 1900 vom *Sénat* bestätigt und trat damit in Kraft.[10] Im Dezember 1900 wurden Sonia Olga Balachowsky-Petit und Jeanne Chauvin als erste Anwältinnen vereidigt.

Frankreich war neben Schweden der erste europäische Staat, der es Frauen erlaubte, als Rechtsanwältinnen tätig zu sein.[11] Für die deutsche Frauenbewegung war Frankreich damit eine wichtige Referenz in ihrem Kampf um Zulassung von Frauen zu den juristischen Berufen. Die Frauenbewegung war zu dieser Zeit europaweit und sogar transatlantisch vernetzt. Aktivistinnen trafen sich auf internationalen Frauenkongressen, unternahmen Studienreisen, korrespondierten grenzüberschreitend und berichteten über das, was in anderen Ländern bereits erreicht worden war, in ihren Publikationsorganen.[12] So auch Anita Augspurg, die in dieser Hinsicht eine der umtriebigsten Gestalten der Frauenbewegung in Deutschland war. In ihren zahlreichen Schriften nutzte sie den internationalen Vergleich als Instrument, um ihrer Kritik an den Missständen im eigenen Land Nachdruck zu verleihen.[13] In dem hier nicht abgedruckten

---

9 Ilse Costas, Gesellschaftliche Umbrüche und das Verhältnis von Profession und Geschlecht, in: Angelika Wetterer (Hg.), Die soziale Konstruktion von Geschlecht in Professionalisierungsprozessen, 1995, 121 (126).
10 Sara L. Kimble, in: The Rise of „Modern Portias": Feminist Legal Activism in Republican France, 1890s–1940s, in: dies./Marion Röwekamp (Hg.), New Perspectives on Women's Legal History, 2017, 125–151.
11 Röwekamp (wie Fn. 7), 182.
12 Katja Koblitz, Zur internationalen Verflechtung der deutschen Frauenbewegung, in: Historisches Museum Frankfurt/Dorothee Linnemann (Hg.), Damenwahl!, 2018, 78 ff.
13 Siehe ihre Texte in der nun verfügbaren kommentierten Studienausgabe, hrsg. von Christiane Henke (Fn. 2).

Hauptteil des Textes schildert sie den erfolgreichen Kampf von Jeanne Chauvin und schließt mit den Worten:

„Die Zirkel der Länder wird von Westen, Süden und Osten her immer enger, die ihrer weibliche[n] Bevölkerung die Gerechtigkeit weiblicher Anwälte zuteil werden lassen: Skandinavien, Holland, Frankreich, Schweiz, Italien, Rumänien haben diesen Schritt bereits in gesetzlichen Formen getan. England befindet sich merkwürdigerweise bei dieser Gelegenheit mit den traditionellen Kultstätten der Reaktion, Österreich, Deutschland, Russland im Bunde. Es wäre an der Zeit, dass man bei uns die Hebel einzusetzen begänne, um einer gerechten und notwendigen Reform die Bahn frei zu machen, denn das Recht der Frauen ist in den Händen der Männer meist übel gewahrt."

Die Frage der Zulassung von Frauen zum juristischen Studium und zu den juristischen Berufen war eine, die Aktivistinnen in ganz Europa bewegte und in der sich ein vergleichender Blick geradezu anbot. Zwischen 1880 und 1920 tauchten in den meisten Ländern Frauen auf, die Einlass in die bis dahin Männern vorbehaltenen Welt der Jurisprudenz begehrten – akademisch wie praktisch. Explizite Verbote für Frauen, als Rechtsanwältinnen tätig zu werden, gab es soweit ersichtlich nirgends; Frauen waren schlicht nicht vorgesehen.[14]

Die Regelungslücke wurde offenbar, als sie Einlass in die Welt der juristischen Berufe begehrten. Justiz und Gesetzgebung reagierten in den meisten europäischen Ländern ablehnend: Die ersten Juristinnen stießen fast überall auf Widerstände. Einzig in den Niederlanden mussten sie weder auf dem Rechtsweg für ihre Zulassung kämpfen noch den Gesetzgeber zur Unterstützung rufen.[15] Wo die Justiz zu entscheiden hatte, wurde Frauen der Zugang versagt – nicht nur in der Schweiz, sondern auch in Italien und Belgien; auch in England wurde der gleichberechtigte Zugang zur Anwaltschaft mangels entsprechenden Präjudizes abgelehnt und in Schottland stellte das angerufene Gericht fest, dass Frauen keine Personen im Sinne des einschlägigen Gesetzes seien.[16] Anders

---

14 Zu dem Phänomen, dass das Selbstverständliche oft ungeregelt bleibt und damit die rechtshistorische Forschung vor Herausforderungen stellt David Daube, Das Selbstverständliche in der Rechtsgeschichte, in: ZRG (RA), Bd. 90 (1973), 1–13.
15 Schweden 1897 durch Gesetzgebung, Frankreich 1900 durch Gesetzgebung, Norwegen 1904 durch Gesetzgebung, Dänemark 1906, siehe dazu James C. Albisetti, Portia ante portas, in: Journal of Social History, Bd. 33, Nr. 4 (2000), 825 (837). Zu den Niederlanden ebenfalls ebd.
16 Albisetti (wie Fn. 15), 832 f.

in Frankreich und in den skandinavischen Ländern, wo der Gesetzgeber zugunsten der Frauen eingriff: In Schweden wurden Frauen 1897 zur Anwaltschaft zugelassen, in Frankreich 1900, in Norwegen 1904 und in Dänemark 1906.[17]

In den übrigen europäischen Ländern bewegte sich zunächst nichts. Zum Durchbruch kam es erst mit den politischen Umwälzungen nach Ende des Ersten Weltkrieges. In Spanien wurden Frauen 1918 zur Anwaltschaft zugelassen, in Italien, England[18] und Österreich 1919, in Deutschland und Belgien 1922.[19] Die meisten osteuropäischen Länder folgten im Laufe der 1920er Jahre.[20] In der Sowjetunion wurden Frauen unmittelbar nach der Oktoberrevolution im Jahr 1917 zur Anwaltschaft zugelassen.[21]

Didaktischer Hinweis: Wichtig ist es hier, zunächst zu analysieren, wofür der Vergleich mit Frankreich in der Argumentation dient und warum die Autorin ihn so stark macht. Daneben muss aber auch der Umstand, dass sie vergleichend argumentiert, seinerseits kontextualisiert werden. Hierfür gilt es herauszuarbeiten, dass die Frauenbewegung dieser Zeit europaweit vernetzt war und damit das Wissen um errungene Erfolge in anderen Ländern in der politischen Auseinandersetzung im eigenen Land genutzt werden konnte. Will man dies vertiefen, lohnt es sich, an die Methodik der Verflechtungsgeschichte oder auch histoire croisée anzuknüpfen.[22]

---

17 Albisetti (wie Fn. 15), 837.
18 Den Beruf des Solicitors durften sie bereits ab 1912 ausüben.
19 Albisetti (wie Fn. 15), 829 ff.
20 Albisetti (wie Fn. 15), 838.
21 Albisetti (wie Fn. 15), 833 f.
22 Grundlegend Michael Werner/Bénédicte Zimmermann, Vergleich, Transfer, Verflechtung. Der Ansatz der Histoire croisée und die Herausforderung des Transnationalen, in: Geschichte und Gesellschaft, 28. Jg. (2002), 607–636; für die Rechtsgeschichte in eine ähnliche Richtung Thomas Duve, Von der europäischen Rechtsgeschichte zu einer Rechtsgeschichte Europas in globaler Perspektive, in: Rg 20 (2012), 18–71; ders. (Hg.), Entanglements in Legal History, 2014.

4.4.4 Erklärungsansätze: Europäische Gleichzeitigkeit oder Ungleichzeitigkeit?

Dem Vergleich ist eigen, dass man die Ähnlichkeit oder Unähnlichkeit betonen kann.[23] In unserem Fall sticht zunächst die Gleichzeitigkeit und damit die Ähnlichkeit ins Auge: In allen europäischen Ländern begannen Frauen etwa zur gleichen Zeit, Zugang zu den juristischen Berufen zu begehren. Wann sich in ihrem Kampf der Erfolg einstellte, unterscheidet sich aber deutlich: Es lässt sich hier eine Kluft von immerhin fast drei Jahrzehnten zwischen den ersten und den letzten Ländern feststellen. Wie lässt sich das erklären?

Didaktischer Hinweis: Ein Vergleich ist dann instruktiv, wenn nicht nur Gemeinsamkeiten und Unterschiede dargestellt werden, sondern wenn nach den Ursachen für eben diese gefragt wird. Vorliegend nimmt die Quelle selbst keine solche Analyse vor, sie lädt aber dazu ein, im Rahmen der Exegese den Ursachen für die Unterschiede nachzugehen.

4.4.4.1 Ökonomische und gesellschaftliche Faktoren

Die Gründe für die Ungleichzeitigkeit sind vielschichtig. In der Forschung sind verschiedene Erklärungsansätze geprüft und verworfen worden. So war die ökonomische Entwicklung eines Landes wohl nicht ausschlaggebend für eine liberale Politik bei der Zulassung von Frauen – dies zeigt sich schon mit Blick auf England, das in seiner ökonomischen Entwicklung in Europa führend war, aber erst spät Frauen zur Anwaltschaft zuließ.[24] Auch die Konfession spielte nur bedingt eine Rolle. Zwar lässt sich beobachten, dass die katholischen Länder überwiegend erst spät Frauen zuließen, während die protestantischen Länder Skandinaviens diesen Schritt deutlich früher vollzogen. Frankreich als katholisch geprägtes Land durchbricht diese Regel aber ebenso wie England und Preußen als protestantisch geprägte Länder.[25]

---

23 In der Rechtsvergleichung stehen sich hier zwei diametral entgegengesetzte Ansätze gegenüber: Während Zweigert/Kötz, Einführung in die Rechtsvergleichung, 3. Aufl. 1996 fordert, in erster Linie die Ähnlichkeit den Blick zu nehmen, muss der Vergleich nach Pierre Legrand stets von der Unähnlichkeit ausgehen, da andernfalls kulturelle Differenzen nivelliert werden, in: Le droit comparé, 1999.
24 Albisetti (wie Fn. 15), 846.
25 Albisetti (wie Fn. 15), 846.

4.4.4.2 Argumentationsstrategien der Frauenbewegung

Dagegen ist zu vermuten, dass die Art und Weise, wie die Frauenbewegung im jeweiligen Land agierte, Einfluss darauf hatte, ob Frauen früh oder erst spät zu den juristischen Berufen zugelassen wurden. Die Soziologin Ilse Costas hat zeigen können, dass Frauen in den Ländern, in denen die Frauenbewegung einen ausgeprägt liberalen Gleichheitsansatz vertrat, früher Zutritt zu den Universitäten erhielten.[26] Auch in den Debatten um die Zulassung von Frauen zu den juristischen Berufen erwies sich ein liberaler Gleichheitsansatz als hilfreich.[27] Beispiele hierfür sind die USA und Frankreich, wo sich die Frauenbewegung auf naturrechtlich fundierte allgemeine Menschenrechte berief, wie sie in den Revolutionsverfassungen niedergelegt worden waren. Alle Menschen seien gleich, es gebe daher keinen Grund, Frauen aus bestimmten Feldern und von bestimmten Tätigkeiten auszuschließen.

In Deutschland war die Frauenbewegung gespalten in einen bürgerlichen und einen radikalen Flügel.[28] Der zahlenmäßig gewichtigere bürgerliche Flügel war zurückhaltend mit der Forderung nach umfassend gleichen Rechten. Er berief sich vielmehr auf die Unterschiede der Geschlechter. Die Forderung nach Gleichheit war damit notwendig abgeschwächt: Nur dort, wo Frauen in ihrer Andersartigkeit etwas Wesentliches hinzufügen zu können, sollten sie gleichberechtigt teilhaben können.[29] Auch in der Debatte um die Zulassung von Frauen zu den juristischen Berufen in den frühen 1920er Jahren fällt in Deutschland auf, dass Differenzargumente eine herausgehobene Rolle spielten – auf Seiten derer, die gegen eine Öffnung der juristischen Berufe waren, wie auch auf Seiten derer, die sich dafür aussprachen.

4.4.4.3 Strukturen des Bildungs- und Ausbildungswesens

Den größten Unterschied machen aber wohl die Strukturen des Bildungs- und Ausbildungswesens im jeweiligen Land. Wo, wie in Preußen, die Zugänge zu den verschiedenen Etappen des Bildungssystems genau geregelt waren, war es für Frauen schwieriger,

---

26 Ilse Costas, Die Öffnung der Universitäten für Frauen, in: Leviathan Bd. 23, Nr. 4 (1995), 496–516.
27 Ilse Costas, Gesellschaftliche Umbrüche und das Verhältnis von Geschlecht und Profession. Die juristische Profession im deutsch-französischen Vergleich, in: Angelika Wetterer (Hg.), Die soziale Konstruktion von Geschlecht in Professionalisierungsprozessen, 1995, 121 (129).
28 Siehe nur Ute Gerhard, Unerhört. Die Geschichte der deutschen Frauenbewegung, 1996.
29 Costas (wie Fn. 26), 498.

die nötigen Voraussetzungen zu erfüllen. Hier musste die Frauenbewegung zunächst für das Recht der Mädchen erkämpfen, einen gleichwertigen und zum Universitätsstudium berechtigenden Schulabschluss zu erwerben.[30] In Ländern, in denen das Bildungswesen weniger durchreglementiert war und universitäre Bildung einen weniger hohen Stellenwert hatte, war es einfacher für Frauen, einen Studienplatz zu erhalten, so in den USA, wo deutlich früher als in Europa die ersten Frauen studieren konnten.[31]

Das gleiche galt für die juristischen Berufe. Je institutionalisierter die Profession und durchreglementierter der Zugang zu ihr war, desto schwieriger war es für Frauen, Zutritt zu erhalten. Auch hier waren die Hürden für Frauen in Deutschland besonders hoch: Die Berechtigung zum Jurastudium reichte nicht aus, es musste auch das Recht, die Staatsexamina abzulegen und den Vorbereitungsdienst zu absolvieren, erkämpft werden.

4.4.4.4 Autonomie und Prestige der juristischen Professionen

Ob die Zulassung von Frauen zu den juristischen Berufen erstritten werden konnte, hing jedoch nicht nur davon ab, wie hoch die rechtlichen Barrieren waren, die es zu beseitigen galt. Vielmehr spielten auch sogenannte „weiche" Faktoren eine Rolle. Die Widerstände gegen eine Zulassung von Frauen waren dann besonders hoch, wenn es galt, eine Machtposition und knappe Ressourcen zu verteidigen.[32]

Dies lässt sich gut beobachten am Unterschied zwischen Deutschland und Frankreich. In Frankreich war die Anwaltschaft nach der Revolution wieder erschaffen worden. Sie wurde als zweigeteilte Profession konzipiert. Die *avoués* waren für die schriftliche Verfahrensvorbereitung zuständig. Sie garantierten damit, dass die Formen eingehalten wurden, wenn sich Bürger/innen selbst vor Gericht vertraten. Die *avocats* waren für zur Vertretung vor Gericht befugt. Anders als die *avoués* mussten sie mindestens drei Jahre an einer juristischen Fakultät studiert und eine *licence* erworben haben. Sie mussten außerdem eine praktische Ausbildung durchlaufen, das *stage*. Einmal *avocat*, wurde man Mitglied in der Anwaltskammer, dem *barreau*, des jeweiligen Gerichtsbezirks, wo sich die Anwälte selbst organisierten.

Die Anwaltschaft war in Frankreich im 19. und frühen 20. Jahrhundert vergleichsweise schwach institutionalisiert. Der Staat regelte zwar den Zugang zur und die Organisation der Anwaltschaft, allerdings gab es durchaus Freiräume. So war das *stage* kaum

---

30 Costas (wie Fn. 27), 126.
31 Mary Jane Mossman, The First Women Lawyers, 2006, 23 ff.; Costas (wie Fn. 26), 501 ff.
32 Costas (wie Fn. 27), 122.

strukturiert, der staatliche Einfluss auf die Ausbildung entsprechend gering.[33] Einen *numerus clausus* bei der Anwaltszulassung gab es nicht. Wer die Zulassungskriterien erfüllte und einen Eid auf die Verfassung vor der Anwaltskammer ablegte, durfte praktizieren. Anders als die *avoués* wurden die *avocats* nicht als Teil des staatlichen Justizapparats gesehen, sondern als freier Beruf,[34] der zwar nicht frei von staatlicher Reglementierung war, sich aber weitgehend selbst organisierte. Anwälte genossen oft politischen Einfluss, insbesondere in der Dritten Republik ab 1871, die auch als *la république des avocats* bezeichnet wird.[35]

Während in Frankreich die Balance zwischen staatlicher Reglementierung und Autonomie mit kleineren Schwankungen über das 19. Jahrhundert hinweg stabil war, war sie in Deutschland hart umkämpft. Die Justizkommissare, die die Allgemeine Gerichtsordnung für die Preußischen Staaten vorsah, waren Staatsdiener. Die Gebühren waren staatlich festgesetzt und sie unterstanden den Gerichten.[36] Erst nach und nach konnte die Autonomie der Anwaltschaft erstritten werden. 1847 wurden Ehrenräte geschaffen und damit die Disziplinargewalt in die Hände der Anwaltschaft gegeben,[37] 1867 eine Anwaltskammerverfassung erlassen. Erst mit der Reichsrechtsanwaltsordnung von 1878 gelang der Durchbruch: Die Rechtsanwaltschaft wurde zum freien Beruf. Im Gegensatz zu Frankreich waren in Deutschland um die Jahrhundertwende die Autonomie der Profession und das damit verbundene Prestige also noch neue und gerade erst erkämpfte Errungenschaften: Die Anwaltschaft hatte das sie über viele Jahre prägende staatliche Gängelband gerade erst abgeschüttelt.

Was bedeutet dies für den Zugang von Frauen zur Anwaltschaft? Der Zugang zur Anwaltschaft war in Frankreich weniger reglementiert, die Hürde für Frauen damit niedriger als in Deutschland, wo der Karriereweg mit Staatsexamina und Vorbereitungsdienst genau geregelt war.[38] Die Durchlässigkeit zwischen Anwaltschaft und Politik deutet darauf hin, dass sich die Profession in Frankreich zudem nicht als „geschlossene Gesellschaft" sah und dass Anwälte ihr Prestige nicht nur durch die anwaltliche,

---

33 Jean-Louis Halpérin (Hg.), Avocats et notaires en Europe, 1996, 99 f.
34 Halpérin (wie Fn. 33), 83.
35 Gilles Le Béguec, La République des avocats, 2003.
36 Andreas Wolfgang Wiedemann, Preußische Justizreformen und die Entwicklung zum Anwaltsnotariat in Altpreußen, 2003, 144 ff.
37 Halpérin (wie Fn. 33), 100; vgl. auch Joachim Rückert, Die deutsche Nationalversammlung 1848/49 und die Advokaten, in: AnwBl 2014, 982–990.
38 Costas (wie Fn. 27), 126 f.

sondern auch durch politische Tätigkeit gewannen.[39] Dies wird es Frauen ebenfalls einfacher gemacht haben, Zugang zu erhalten. Die deutsche Anwaltschaft war dagegen durch ihre Geschichte von einem ambivalenten Verhältnis zum Staat gekennzeichnet. Während sie einerseits nach Autonomie strebte und sich vom Staat zu lösen suchte, vermittelte ihr der Staat doch auch Anerkennung und Prestige. Zudem war in Deutschland das Erkämpfte zu dem Zeitpunkt, da Frauen Zugang zu den juristischen Berufen begehrten, noch prekär. Dass der juristische Arbeitsmarkt als eng galt und besorgt eine „Juristenschwemme" konstatiert wurde, machte es nicht besser.[40] Es gab aus Sicht der Anwaltschaft in Deutschland mehr zu verteidigen, als dies in Frankreich der Fall war.

Der Vergleich zeigt, dass Professionalisierung, verstanden als Institutionalisierung der Professionen etwa durch Regelung des Zugangs, durch Gewährung von Selbstorganisationsrechten und Autonomie, sowie durch Vermittlung machtvollen Prestiges, Frauen nicht unbedingt dienlich war, wollten sie in die Profession aufgenommen werden. Gerade die Neuformierung der Profession als freier Beruf war in Deutschland ein Faktor, der es Frauen schwer machte, zugelassen zu werden. Professionalisierung in dem skizzierten Sinne erschwerte ihnen den Weg in die Anwaltschaft.

Ein für diese These illustratives Beispiel liefert Japan. Obgleich fern von Europa, sah sich Japan im letzten Drittel des 19. Jahrhunderts gedrängt, seine Rechtsordnung an europäische Standards anzupassen. In diesem Zuge wurden auch die juristischen Professionen neu konzipiert. Hatten zuvor Herbergsbetreiber am Gerichtsort Rechtsbeistand geleistet und hierbei teilweise anwaltliche, teilweise gerichtliche Funktionen übernommen, wurde in den 1870er Jahren der Beruf des Rechtsanwalts neu geschaffen. Der Institutionalisierungsgrad war zunächst gering: Um den Beruf zu ergreifen, war es zu Beginn der 1870er Jahre weder nötig, ein Studium absolviert noch eine Prüfung abgelegt zu haben. Für diese frühe Reformphase lässt sich feststellen, dass – wenn auch nur vereinzelt – einige Frauen als Rechtsanwältinnen tätig waren.[41] Ab 1876 wurde eine Registrierung verlangt, 1881 wurde schließlich eine Zulassungsprüfung eingeführt. In diesem Professionalisierungsprozess gewann die Profession an Kontur, indem der Zugang zu ihr gesetzlich geregelt wurde. Frauen wurden in diesem Zuge allerdings aus der Profession ausgeschlossen.

---

39 Costas (wie Fn. 27), 125; Michael Burrage, in: Richard L. Abel/Philip S. C. Lewis (Hg.), Lawyers in Society, Bd. 3, 1989, 334 f.
40 Thomas Kolbeck, Juristenschwemmen. Untersuchungen über den juristischen Arbeitsmarkt im 19. und 20. Jahrhundert, 1978, 73 ff., 89 ff.
41 Darryl Flaherty, Public Law, Private Practice, 2013, 109 ff.

4.4.5 Fazit

Die Quelle vermittelt einen Eindruck davon, dass es um die Wende vom 19. zum 20. Jahrhundert einen regen Austausch im Kampf um Gleichberechtigung der Frauen zwischen den europäischen Ländern gegeben hat. Rechtsvergleichung diente den Akteur/innen damals als Instrument für Rechtskritik im eigenen Land. Uns Heutigen zeigt die Quelle anschaulich, dass der historische Rechtsvergleich eine Methode ist, die es erlaubt, Faktoren herauszuarbeiten, die eine bestimmte Entwicklung begünstigt oder gehemmt haben – hier die Zulassung von Frauen zur Anwaltschaft. Sie wurde in Europa zwar überall in den Jahrzehnten um 1900 erstritten, hinsichtlich des konkreten Zeitpunkts wie auch der Intensität der Widerstände gab es aber deutliche Unterschiede. Die exegetische Arbeit bestand darin, dies zunächst herauszuarbeiten und sodann Faktoren zu benennen und zu prüfen, die diese Unterschiede erklären können. Zu nennen waren ökonomische und religiöse Faktoren, die Argumentationsweise der Frauenbewegung, die Struktur des allgemeinen Bildungswesens sowie der juristischen Ausbildung, die Autonomie und das Prestige der Profession sowie die Arbeitsmarktsituation. So lässt sich zeigen, dass die Professionalisierung der Anwaltschaft durch Selbstorganisation oder durch staatliche Regulierung zu einer Schließung des Berufsstandes führen konnte, die es Frauen schwieriger machte, Zugang zu erhalten.

Die Quelle vermittelt aber noch etwas anderes: Die Autorin Anita Augspurg macht in diesen ersten zwei Absätzen ihres Textes deutlich, dass das Recht mehr ist als nur das Gesetz, das vom Parlament erlassen wird, oder der Urteilsspruch, der am Ende eines Gerichtsverfahrens steht. Mit ihrer Beschreibung der Räumlichkeiten, in denen über Recht und Unrecht verhandelt wird, und der Personen, die sich in diesen bewegen, macht sie vielmehr deutlich, dass das Recht diskursiv geschaffen wird. Eine Justiz in einem demokratischen Staatswesen, die dem Volk als Souverän dient, muss einen Raum bieten, in dem sowohl die vertrauliche Absprache zwischen Parteien und Anwält*innen als auch die kraftvolle öffentliche Rede möglich ist. Männer und Frauen müssen hierfür gleichberechtigten Zugang haben ebenso wie Schwarze und Weiße oder Menschen unterschiedlicher Religion – um die heute aktuellen Fragen beim Zugang zu den juristischen Berufen anzureißen.[42] Denn alle, die den diskursiven Raum des Rechts betreten dürfen, sind beteiligt daran, dem Recht in der Gesellschaft eine Gestalt

---

42 Iyiola Solanke, Where are the Black Lawyers in Germany?, in: Maureen Maisha Eggers u. a. (Hg.), Mythen, Masken und Subjekte, 2005, 179–188; zur aktuellen Debatte um die Frage, ob Richterinnen mit Kopftuch Recht sprechen dürften siehe nur den Schwerpunkt in der Zeitschrift des Deutschen Juristinnenbundes 1/2018, hrsg. v. Ulrike Lembke.

zu geben, und entscheiden damit am Ende über Recht und Unrecht. Diese Aspekte können ebenfalls zum Gegenstand der Exegese gemacht werden.

4.4.6 Weiterführende Literatur

Der Kampf um den Zugang der Frauen zu den juristischen Berufen ist umfassend dargestellt in *Marion Röwekamp*, Die ersten deutschen Juristinnen. Eine Geschichte ihrer Professionalisierung und Emanzipation (1900–1945), 2011. Europäisch-vergleichend *Ilse Costas*, Gesellschaftliche Umbrüche und das Verhältnis von Geschlecht und Profession. Die juristische Profession im deutsch-französischen Vergleich, in: Angelika Wetterer (Hg.), Die soziale Konstruktion von Geschlecht in Professionalisierungsprozessen, 1995, 121–138 und *James C. Albisetti,* Portia Ante Portas. Women and the Legal Profession in Europe 1870–1925, in: Journal of Social History, Bd. 33, Nr. 4 (Sommer 2000), 825–857. Für biographische Einblicke ist das Nachschlagewerk *Deutscher Juristinnenbund/Marion Röwekamp* (Hg.), Juristinnen. Lexikon zu Leben und Werk, 2005 zu empfehlen, daneben für die anglo-amerikanischen Länder sowie für Frankreich die Studie von *Mary Jane Mossmann*, The First Women Lawyers. A Comparative Study of Gender, Law and the Legal Professions, 2006. Das Leben der ersten deutschsprachigen Juristin Emily Kempin-Spyri ist eingehend geschildert in der allen Jurastudierenden zu empfehlenden Romanbiographie von *Eveline Hasler*, Die Wachsflügelfrau. Geschichte der Emilie Kempin-Spyri. Roman, 1995. Zur Geschichte der ersten Frauenbewegung ist lesenswert *Ute Gerhard*, Unerhört. Die Geschichte der deutschen Frauenbewegung, 1992; konzentriert auf die rechtspolitischen Aktivitäten *Christiane Berneike*, Die Frauenfrage ist Rechtsfrage. Die Juristinnen der deutschen Frauenbewegung und das Bürgerliche Gesetzbuch, 1995. Eine reiche Quellensammlung zum gesamten Themenspektrum der Frauenbewegung bietet *Stephan Meder/Arne Duncker/Andrea Czelk* (Hg.), Die Rechtsstellung der Frau um 1900. Eine kommentierte Quellensammlung, 2010. Die Schriften von *Anita Augspur* sind nun ediert und kommentiert verfügbar: Rechtspolitische Schriften. Kommentierte Studienausgabe, hrsg. v. Christiane Henke, 2013.

4.5 Franz Schlegelberger: Abschied vom BGB (1937)
Sibylle Hofer

Aufgabe:

Der Vortrag von Franz Schlegelberger mit dem Titel „Abschied vom BGB" (Berlin 1937) ist unter folgenden Gesichtspunkten zu analysieren:
1) Welche Forderung kam im Titel des Vortrags zum Ausdruck?
2) Welche Kritikpunkte brachte Schlegelberger gegen das BGB vor?
3) Welche Vorstellungen hatte Schlegelberger in Bezug auf die zukünftige Gesetzgebung im Bereich des Zivilrechts?

Der Text umfasst im Original 27 Seiten. Im Folgenden werden aus Platzgründen nur einzelne Passagen abgedruckt. Die Zahlen in eckigen Klammern geben jeweils die Seite an, auf welcher die ausgewählte Passage im Original zu finden ist. Die Auszüge sollen als erste Orientierung über die Quelle dienen. Für die Bearbeitung der Fragen im Rahmen einer Hausarbeit sind allerdings nicht nur die abgedruckten Passagen, sondern der gesamte Text zu berücksichtigen.

Bei der anschließenden Exegese steht – entsprechend der Aufgabenstellung – die Interpretation der Quelle im Mittelpunkt. Angaben von Sekundärliteratur sind auf ein Minimum beschränkt. Genannt werden vor allem solche Werke, die weitere Nachweise enthalten. Für eine vertiefte Bearbeitung der Aufgabe wäre diesen Nachweisen nachzugehen. Außerdem erfolgen an einigen Stellen „weiterführende (Literatur-)Hinweise". Sie betreffen Aspekte, die für die Bearbeitung der Fragen nur am Rande bedeutsam sind. Derartige Hinweise sind für Interessierte gedacht, die sich eingehender über diese Aspekte informieren möchten.

[3] „Wer das Wesen des Rechts nicht außerhalb des Volkslebens sucht, sondern in ihm nur eine besondere Anschauung des Lebens unter ordnenden Gesichtspunkten erblickt, muß aufs tiefste davon überzeugt sein, daß die Rechtsentwicklung zwangsläufig durch den Wandel der Lebensauffassung und durch die Richtung der völkischen Lebensziele bestimmt wird. Die seelische und sittliche Wiedergeburt des deutschen Volkes, ein Vorgang von weltgeschichtlicher Bedeutung, hat mit elementarer Gewalt

auch einen Wandel der Rechtsauffassung zur Folge gehabt, der in seiner Tiefe in der modernen Rechtsgeschichte ohne Beispiel ist. Wir Deutschen sind wieder frei geworden vom Kultus des eigenen Ich und der Sorge um die Meinung der Masse, d. h. einer Ichvielheit. Wir haben uns wiederbesonnen auf die Wurzeln unserer Kraft, auf unsere Verbundenheit mit dem Volke. Der Gleichklang zwischen dem Herzschlag des Volkes und dem Herzschlag des einzelnen ist wieder hergestellt. Das Bewußtsein der Volksverbundenheit läßt uns vordringen zur Seele des eigenen Volkes. Die Volksgemeinschaft ist nicht mehr ein Traum, sondern eine beglückende Wirklichkeit. Sie ist der Leitgedanke des neuen deutschen Lebensstils. Sie gibt gleichzeitig den Blickpunkt, nach dem sich unser Recht neu ausrichtet."

[5] „Schon in der Einleitung zum Preußischen Allgemeinen Landrecht von 1794 konnte man lesen: ‚Einzelne Rechte und Vorteile der Mitglieder des Volkes müssen den Rechten und Pflichten zur Beförderung des gemeinschaftlichen Wohles nachstehen, wenn zwischen beiden ein wirklicher Widerspruch eintritt'. Welch ein Unterschied aber, wenn das Parteiprogramm die Forderung aufstellt: ‚Gemeinnutz geht vor Eigennutz'. Denn diese Forderung betrifft nicht nur das rechtlich geordnete Leben, ist nicht erst ein Rechts-, sondern schon ein Glaubenssatz, der nicht erst das [6] Handeln, sondern schon das Denken der Volksgenossen bestimmen (…) soll (…)."

[8] „Wenn ich vorhin auf den Eigentumsbegriff des BGB. hingewiesen habe, so habe ich nur ein Beispiel für seine Erneuerungsbedürftigkeit gegeben. Diese Umschreibung des Eigentumsinhalts fällt im Rahmen des gesamten BGB. gar nicht auf. Sie ist nur eins der vielen Kennzeichen für den übersteigerten Individualismus dieses Gesetzbuchs. Freilich zeigen sich auch Beschränkungen des Eigentums, und namentlich auf dem Gebiet des Schuldrechts soziale Schutzbestimmungen, wie z. B. über den Wucher, über die Herabsetzung von Vertragsstrafen, über Mieterschutz und Schutz der Dienstverpflichteten. Dabei handelt es sich jedoch ersichtlich um Konzessionen, die an der Geltung des Individualitätsgrundsatzes an sich nichts ändern, ja diesen gerade durch Verhütung von Übertreibungen festigen sollen. Zwar hatte auf fast allen Gebieten des bürgerlichen Rechts, zum Teil schon vor dem Kriege beginnend, durch die Gesetzgebung der Kriegs- und Nachkriegszeit gefördert, eine Abkehr von der individualistischen Einstellung des Rechts zum Gemeinschaftsgedanken eingesetzt. Diese Bewegung ist aber in ihren Anfängen stecken geblieben. Dem Dritten Reich ist die Aufgabe zugefallen, hier grundsätzlichen Wandel zu schaffen und den Grundsatz des BGB.: Freiheit von der Gemeinschaft durch den Grundsatz: Freiheit in der Gemeinschaft abzulösen."

[10] „Das BGB. arbeitet viel zu sehr mit lebensfremden Begriffen. Gewiß kann die Gesetzgebung auf begriffliche Zusammenfassungen nicht verzichten. Sie bedarf ihrer

zur Einteilung, Ordnung und praktischen Verwertung des Rechtsstoffes. Ein Recht ohne die Begriffe Eigentum, Vertrag, Verwandtschaft usw. könnte ich mir nicht denken. Diese Begriffe dürfen aber nur aus dem Leben selbst gewonnen werden."

[14] „Dem BGB. ist aber Eigentum gleich Eigentum, Miete gleich Miete, Vertrag gleich Vertrag. Ob ich Eigentümer einer Kiste Zigarren oder eines Grundstücks bin, meine Rechtslage ist die gleiche. Ich kann ‚soweit nicht das Gesetz oder Rechte Dritter entgegenstehen', ‚mit der Sache', ‚nach Belieben verfahren und andere von jeder Einwirkung aussschließen'. Daß es sich in einem Falle um landläufiges Konsumgut, im anderen um ein Stück des geheiligten Heimatbodens handelt, ist gleichgültig. Das Grundstück ist eine Sache. Der Tatbestand des allgemeinen Eigentumsbegriffs ist also gegeben. Damit ist für Juristen die Angelegenheit erledigt, Gefühlswerte haben für die Rechtsbetrachtung auszuscheiden, aber ebensowenig hat der Unterschied der wirtschaftlichen Bedeutung der Sache hier etwas zu sagen – so meint das BGB. Das deutsche Volk ist anderer Ansicht. Ihm liegt der Grundbesitz auf einer höheren Ebene als die Zigarren, ihm ist er ein Stück der heimatlichen Erde, an deren Verteilung die ganze Volksgemeinschaft beteiligt ist. Es duldet nicht, daß der Grundbesitz auf dem Wege über einen [15] Rechtsbegriff rechtlich wie eine Ware behandelt wird. (…) Die Miete eines Kraftwagens, eines Buches, eines Tanzlokals, eines Arbeitsraumes, einer Wohnung, alles wird nach der gleichen Schablone behandelt, und doch leuchtete es ein, daß nach gesundem Volksempfinden die Miete einer Wohnstätte auch rechtlich etwas anderes ist als die Miete eines Autos für eine Sonntagsfahrt, daß es sich hierbei um zwei unvergleichbare Lebensvorgänge handelt. "

[17] „Die großen Richtlinien, die für die Umgestaltung des Privatrechts maßgebend sein müssen, die Abkehr vom Indi[18]vidualismus zum deutschen Gemeinschaftsgedanken und die Anpassung der Rechtsgebote an die richtige Bewertung der Lebensgüter habe ich bereits aufgezeigt. Ich habe aber noch zu folgender, sich ganz von selbst aufdrängender Fragestellung zu nehmen.

Soll und kann der Nachfolger des vor 40 Jahren geschaffenen Bürgerlichen Gesetzbuchs eine Kodifikation gleicher Art, also wieder ein BGB. sein? Ich stehe nicht an zu erklären, daß ich eine solche Lösung der Erneuerungsaufgabe für eine Unmöglichkeit halte und daß die Reform auf diesem Wege unfehlbar scheitern müßte.

Je mehr man sich in die Gründe vertieft, die dem BGB. der Jahrhundertwende ein frühes Ende bereiten müssen, je deutlicher erkennt man, daß die von seinen Verfassern geleistete gewaltige Arbeit zu einem Mißerfolg führen mußte, weil die Problemstellung falsch war. Es ist nicht möglich, das Ehe- und Familienrecht in demselben Gesetz zu behandeln wie den Kaufvertrag, nicht möglich, dem Grundeigentum in demselben Gesetz das rechtliche Schicksal zu bereiten, wie einer Fabrikware. "

[21] „Ich behaupte, es ist gut und notwendig, daß der Allgemeine Teil nicht wiederkehrt, denn er ist ein Sammelplatz für blutlose Begriffe, die dann nicht Werkzeug sondern Meister werden und die Gefahrenquelle für die Umfälschung eines Gesetzes in ein Lehrbuch."

4.5.1 Einleitung

4.5.1.1 Franz Schlegelberger (1876–1970)

Franz Schlegelberger[1] studierte in Königsberg und Berlin Rechtswissenschaft. Nach Tätigkeiten als Richter arbeitete er seit 1918 im Reichsjustizministerium; 1931 wurde er zum Staatssekretär ernannt[2]. Das Amt behielt er auch unter der Herrschaft der Nationalsozialisten. Als Staatssekretär war Schlegelberger an der Ausarbeitung zahlreicher Gesetzentwürfe beteiligt, wobei sich seine Zuständigkeit vor allem auf das Zivilrecht erstreckte[3]. Nach dem Tod des Justizministers Franz Gürtner betraute Hitler 1941 Franz Schlegelberger kommissarisch mit der Leitung des Reichsjustizministeriums. In dieser Position brachte Schlegelberger die Justiz dazu, Hitlers Kritik an Strafurteilen

---

1 *Didaktische Hinweise*: Es ist angebracht, sich einleitend kurz zum Lebenslauf des Autors einer zu bearbeitenden Quelle zu äußern. Dies dient der biographischen und historischen Einordnung des Textes. Allerdings ist darauf zu achten, dass solche Ausführungen nicht ausufern. So dürfen etwa im konkreten Fall die Monographien, die über Schlegelberger verfasst wurden, nicht dazu verleiten, eingehend dessen Lebensweg zu schildern. Es sind nur solche biographischen Elemente anzusprechen, die als Hintergrund für das Verständnis des Textes von Bedeutung sind
Außerdem ist bei der Verwendung von Sekundärliteratur zu bedenken, ob die Ausführungen eventuell durch eine einseitige Sicht des jeweiligen Autors geprägt sind. Im konkreten Fall erhält man dazu Hinweise bei Arne Wulff, Staatssekretär Prof. Dr. Dr. h. c. Franz Schlegelberger 1876–1970, Frankfurt/Main u. a. 1991, 13; Michael Förster, Jurist im Dienst des Unrechts. Leben und Werk des ehemaligen Staatssekretärs im Reichsjustizministerium, Franz Schlegelberger (1876–1970), Baden-Baden 1995, 9 f.

2 Zum Lebenslauf Andreas Thier, Schlegelberger, Franz, in: Neue Deutsche Biographie 23 (2007), 44–45; Wulff, wie Fn. 1, 14 ff.; Förster, wie Fn. 1, 11 ff.

3 Wulff, wie Fn. 1, 37; Förster, wie Fn. 1, 49. *Weiterführender Literaturhinweis*: Zu Schlegelbergers Tätigkeit als Staatssekretär im Hinblick auf Justizangelegenheiten vgl. Lothar Gruchmann, Justiz im Dritten Reich 1933–1940. Anpassung und Unterwerfung in der Ära Gürtner, 3. Aufl., München 2001 (s. Personenregister).

Rechnung zu tragen[4]. Außerdem ergingen während seiner Geschäftsführung etliche Sondergesetze, welche die Bevölkerung im besetzten Polen diskriminierten[5]. Als sich abzeichnete, dass Otto Thierack zum neuen Justizminister ernannt werden würde, ließ sich Schlegelberger 1942 pensionieren.

Nach 1945 wurde Schlegelberger für seine Tätigkeit während der Zeit des Nationalsozialismus zur Verantwortung gezogen. Er war einer der Angeklagten im sog. Juristenprozess. Dabei handelte es sich um ein Strafverfahren gegen hochrangige Juristen wegen ihrer Beteiligung am nationalsozialistischen Rechtssystem. Die Verhandlungen erfolgten 1947 in Nürnberg vor einem amerikanischen Militärgerichtshof. Das Gericht befand Schlegelberger des Kriegsverbrechens sowie des Verbrechens gegen die Menschlichkeit für schuldig und verurteilte ihn zu lebenslanger Haft[6]. Auf Grund von Haftunfähigkeit wurde Schlegelberger 1951 aus dem Gefängnis entlassen.

4.5.1.2 Schlegelbergers Werke

Schlegelberger hat etliche Werke veröffentlicht[7]. Deren Themen standen in enger Verbindung mit seinen beruflichen Tätigkeiten. Während der Ausübung des Richteramts verfasste Schlegelberger insbesondere Beiträge zum Recht der Freiwilligen Gerichtsbarkeit; seit dem Wechsel ins Reichsjustizministerium stand das Wirtschaftsrecht im Zentrum seiner Publikationen[8]. Schlegelberger äußerte sich vor allem in Form von

---

4   *Weiterführender Quellenhinweis*: Werner Schubert (Hg.), Das Reichsjustizministerium und die höheren Justizbehörden in der NS-Zeit (1935–1944). Protokolle und Mitschriften der Arbeitstagungen der Reichsjustizminister mit den Präsidenten der Oberlandesgerichte, des Volksgerichtshofs, des Reichsgerichts sowie mit den Generalstaatsanwälten, Frankfurt/Main 2015, 175 ff.
5   Förster, wie Fn. 1, 127 ff.
6   Zum Verfahren gegen Schlegelberger vgl. Wulff, wie Fn. 1, 65 ff.; Lore Maria Peschel-Gutzeit (Hg.), Das Nürnberger Juristenurteil von 1947, Baden-Baden 1996, 13 ff., 143 ff. (Edition der Urteilspassagen, die Schlegelberger betrafen).
7   Vgl. Werkverzeichnis bei Förster, wie Fn. 1, 177 ff.
    Didaktischer Hinweis: Bildet ein bestimmtes Werk den Gegenstand der Exegese, empfiehlt es sich trotzdem, auch ein Blick auf andere Publikationen desselben Autors zu werfen. Es kann nämlich sein, dass in anderen Publikationen ähnliche Gedanken geäußert werden und diese dabei eventuell deutlicher formuliert sind.
8   Das Wirtschaftsrecht stand anfänglich im Mittelpunkt von Schlegelbergers Arbeit im Reichsjustizministerium, Wulff, wie Fn. 1, 23. Der Schwerpunkt seiner Tätigkeiten spiegelt sich auch

Gesetzeskommentaren. Darüber hinaus regte er umfangreiche Projekte an, die er als Herausgeber betreute. 1927 begründete er das „Rechtsvergleichende Handwörterbuch für das Zivil- und Handelsrechts des In- und Auslands"[9] und 1938 einen Kommentar zum Handelsgesetzbuch. Dieser Kommentar wurde unter Schlegelbergers Namen bis in die jüngste Zeit fortgeführt[10].

Schlegelbergers Werkliste umfasst zudem etliche Aufsätze. Sie beruhen nicht selten auf Vorträgen, zu denen Schlegelberger in seiner Eigenschaft als Staatssekretär des Reichsjustizministeriums eingeladen worden war. Thematische Schwerpunkte bildeten die richterliche Rechtsanwendung sowie allgemeine Fragen der Gesetzgebung. Besondere Beachtung fand der Beitrag mit dem Titel „Abschied vom BGB". Dabei handelte es sich um einen Vortrag, den Schlegelberger am 25. Januar 1937 an der Universität Heidelberg gehalten hatte. Auszüge des Textes wurden kurze Zeit später in einer juristischen Zeitschrift abgedruckt[11]; und noch im gleichen Jahr erschien eine um Fußnoten ergänzte Fassung des vollständigen Wortlauts.

4.5.2 Welche Forderung kam im Titel des Vortrags zum Ausdruck?

4.5.2.1 Ablösung des BGB

Der Begriff „Abschied" im Vortragstitel ist dahingehend zu verstehen, dass das BGB außer Kraft gesetzt werden soll. Die Regelungen zentraler Bereiche des Zivilrechts können allerdings nicht einfach ersatzlos gestrichen werden. Daher beinhaltete[12] die

---

in dem Thema des Lehrauftrags wider, den Schlegelberger 1922 an der Universität Berlin erhielt: Industrie- und Wirtschaftsrecht sowie das Recht der freiwilligen Gerichtsbarkeit (Förster, wie Fn. 1, 26 f.).

9 Auf einen Beitrag in diesem Sammelwerk verweist Schlegelberger in der Schriftfassung seines Vortrags (Franz Schlegelberger, Abschied vom BGB, Berlin 1937, 27, Fn. 1).

10 Die 5. Auflage erschien zwischen 1973 und 1992.

11 Der teilweise Abdruck erfolgte in der Zeitschrift „Deutsche Justiz. Rechtspflege und Rechtspolitik. Amtliches Blatt der Deutschen Rechtspflege" 1937, 168–169. Dieser Abdruck war mit einleitenden Bemerkungen der Redaktion versehen, die unter anderem über den Zuhörerkreis informierten. Danach waren beim Vortrag in Heidelberg neben Studierenden auch „Vertreter von Staat und Partei" sowie Richter und Staatsanwälte anwesend (168).

12 *Didaktischer Hinweis: Im Hinblick auf das Tempus gibt es zwei Möglichkeiten. Zum einen kann für Ausführungen, die sich auf einen historischen Text beziehen, die Vergangenheitsform verwendet*

Forderung nach einer Abschaffung des BGB als Kehrseite auch die Forderung, neue Gesetze zu erlassen, welche an die Stelle der bisherigen Zivilrechtskodifikation treten sollten. Insofern sprach Schlegelberger statt vom „Abschied" gleichbedeutend auch von einer „Ablösung" des BGB[13] bzw. von einem „Neubau des Rechts"[14].

4.5.2.2 Die damalige Rechtslage

Die Forderung ist vor dem Hintergrund der damaligen Rechtslage im Hinblick auf das Zivilrecht zu sehen. Das BGB war seit dem 1. Januar 1900 in Kraft. Es handelte sich um ein Gesetz aus der Zeit des Deutschen Reichs, das 1871 gegründet worden war. Eine Verfassungsänderung im Jahr 1873 hatte dazu geführt, dass das Reich die Gesetzgebungskompetenz für das gesamte Zivilrecht erhielt und somit eine Kodifikation dieses Rechtsgebiets erlassen konnte, die im ganzen Reichsgebiet galt[15]. Das Ende des Deutschen Reichs durch die Gründung der sog. Weimarer Republik (1919) hatte insoweit keine Auswirkungen. Das BGB galt auch nach 1919 weiter[16]. Daran änderte auch der Ausbau der nationalsozialistischen Herrschaft nach 1933 nichts. Allerdings waren zwischen 1933 und dem Zeitpunkt von Schlegelbergers Vortrag einige Sondergesetze ergangen, die einzelne Bestimmungen des BGB verdrängten[17]. Betroffen waren

---

werden. Zum anderen kann insoweit aber auch das (sog. historische) Präsens benutzt werden. Interpretationen sowie allgemeingültige Aussagen sind in jedem Fall im Präsens zu verfassen. Werden Aussagen aus dem zu interpretierenden Text nicht wörtlich zitiert, sondern deren Inhalt referiert, ist die indirekte Rede zu gebrauchen, d. h. die Passagen sind im Konjunktiv zu schreiben.

13 Schlegelberger, wie Fn. 9, 15.

14 Schlegelberger, wie Fn. 9, 16. Vgl. auch 10 („Neuordnung des Rechts"); 17 („Schaffung des neuen Rechts"); 18 („Nachfolger des vor 40 Jahren geschaffenen Bürgerlichen Gesetzbuchs"). Der Vortrag, welcher der Publikation zugrunde lag, trug denn auch den Titel „Die Neuordnung des 'bürgerlichen' Rechts" (Deutsche Justiz, wie Fn. 11, 168).

15 Zur Entstehungsgeschichte des BGB vgl. Tilmann Repgen, Bürgerliches Gesetzbuch, in: Handwörterbuch zur deutschen Rechtsgeschichte, Bd. I, 2. Aufl., Berlin 2004, Sp. 752–765 mit weiteren Nachweisen.
Didaktischer Hinweis: Auf lange Ausführungen zur Entstehung des BGB oder zu dessen Inhalt ist zu verzichten. Solche Ausführungen sind nicht von der Fragestellung veranlasst.

16 Art. 178 Abs. 2 Weimarer Reichsverfassung vom 11.8.1919 stellte klar, dass Gesetze des Deutschen Reichs fortgalten, sofern sie nicht der Verfassung widersprachen.

17 Vgl. den Hinweis bei Schlegelberger, wie Fn. 9, 24 f.

insbesondere das Eigentum an landwirtschaftlichen Grundstücken[18], der Arbeitsvertrag[19] sowie die Eheschließung[20].

4.5.3 Welche Kritikpunkte brachte Schlegelberger gegen das BGB vor?

Schlegelberger kritisierte das BGB in verschiedener Hinsicht. Seine Beanstandungen richteten sich einerseits gegen die Gesetzgebungstechnik (nachfolgend 4.5.3.2 und 4.5.3.3) und andererseits gegen die grundsätzliche Konzeption (nachfolgend 4.5.3.1)[21].

4.5.3.1 Grundsätzliche Konzeption

Mehrfach bemerkte Schlegelberger, dass das BGB durch einen „übersteigerten Individualismus" gekennzeichnet sei[22]. Das „Interesse des einzelnen"[23] bzw. der „Nutzen des einzelnen"[24] bildeten den zentralen Gesichtspunkt bei der Rechtsgestaltung. Damit sprach Schlegelberger die grundsätzliche Konzeption des Gesetzbuchs an[25]. Die Regelungen des BGB beruhten (und beruhen bis heute weitgehend) auf dem Prinzip der

---

18 Reichserbhofgesetz vom 29.9.1933 (Reichsgesetzblatt [RGBl] 1933 I, 685). Dieses Gesetz erwähnte Schlegelberger im Vortrag ausdrücklich (Schlegelberger, wie Fn. 9, 24).
19 Gesetz zur Ordnung der nationalen Arbeit vom 20.1.1934 (RGBl 1934 I, 45). Auf dieses Gesetz wies Schlegelberger im Vortrag indirekt hin (Schlegelberger, wie Fn. 9, 22; vgl. auch die Thematisierung des Arbeitsrechts 4, 10).
20 Gesetz zum Schutze des deutschen Blutes und der deutschen Ehre vom 15.9.1935 (RGBl 1935 I, 1146). Dieses Gesetz gehörte zu den sog. Nürnberger Gesetzen (benannt nach dem Ort, an dem der Reichstag die Gesetze verabschiedete).
21 *Didaktischer Hinweis: Es kommt bei der Beantwortung dieser Frage darauf an, die zahlreichen Details, die Schlegelberger an verschiedenen Stellen in seinem Vortrag erwähnte, zusammenzuführen und auf große Linien zu bringen.*
22 Schlegelberger, wie Fn. 9, 8. Vgl. dort auch die Formulierungen „Geltung des Individualitätsgrundsatzes"; „individualistische Einstellung" sowie das Stichwort „Individualismus" auf 10, 17/18.
23 Schlegelberger, wie Fn. 9, 4, 5.
24 Schlegelberger, wie Fn. 9, 5.
25 Vgl. auch Schlegelberger, wie Fn. 9, 8, die Stichworte „grundsätzlicher Wandel", „Grundsatz des BGB".

Privatautonomie²⁶. Die einzelne Person hat grundsätzlich die Möglichkeit, ihre privaten Rechtsbeziehungen frei zu gestalten. Es besteht beispielsweise Vertragsfreiheit, Testierfreiheit und Vereinigungsfreiheit. Diese Freiheiten werden im BGB zwar nicht ausdrücklich erwähnt, jedoch bei den einzelnen Bestimmungen der Sache nach vorausgesetzt. Demgegenüber kommt ein weiterer Aspekt der Privatautonomie – die Eigentumsfreiheit im Sinn einer Verfügungsfreiheit des Eigentümers – in § 903 Abs. 1 BGB klar zum Ausdruck: „Der Eigentümer einer Sache kann, soweit nicht das Gesetz oder Rechte Dritter entgegenstehen, mit der Sache nach Belieben verfahren". Diese Norm zitierte Schlegelberger denn auch in seinem Beitrag mehrfach zur Charakterisierung des BGB[27].

Schlegelberger brachte die Konzeption des BGB auf die Formel „Freiheit von der Gemeinschaft"[28]. In dieser Umschreibung kam seine Ansicht zum Ausdruck, dass die Interessen der Gemeinschaft nicht ausreichend berücksichtigt würden. Schlegelberger gab zwar zu, dass das Gesetz auch „soziale Schutzbestimmungen" enthalte[29] und damit Interessen der Gemeinschaft Rechnung trage. Er monierte jedoch den Stellenwert solcher Aspekte. Soziale Schutzbestimmungen hätten im BGB die Gestalt von punktuellen Einschränkungen der privaten Gestaltungsfreiheit[30]. Nach Schlegelbergers Meinung müsste dem Gemeinschaftsinteresse jedoch die Bedeutung eines Prinzips zukommen[31].

4.5.3.2 Begrifflichkeit

Lebensfremde Begriffe

Schlegelberger hob in seinem Vortrag immer wieder hervor, dass das BGB „viel zu sehr mit lebensfremden Begriffen" arbeite[32]. Zur Verdeutlichung dieses Aspekts verwendete er auch das Bild, dass dem Gesetz das „Blut" fehle: Die Begriffswelt des BGB erwecke den Eindruck, „daß hier Piranhas am blutvollen Leben ganze Arbeit geleistet

---

26 Vgl. nur Joachim Rückert, Das BGB und seine Prinzipien: Aufgabe, Lösung, Erfolg, in: Mathias Schmoeckel/Joachim Rückert/Reinhard Zimmermann (Hg.), Historisch-kritischer Kommentar zum BGB, Bd. I Allgemeiner Teil, Tübingen 2003, 34–122, 53 ff.
27 Schlegelberger, wie Fn. 9, 6/7, und nochmals auszugsweise 14.
28 Schlegelberger, wie Fn. 9, 8.
29 Schlegelberger, wie Fn. 9, 8.
30 Schlegelberger, wie Fn. 9, 8: „Dabei handelt es sich jedoch ersichtlich um Konzessionen, die an der Geltung des Individualitätsgrundsatzes an sich nichts ändern".
31 Vgl. dazu unten 4.5.4.2 (Freiheit in der Gemeinschaft).
32 Schlegelberger, wie Fn. 9, 10. Vgl. dort auch die Beschreibung des BGB als „Gesetzbuch der Konstruktionen und der Abstraktionen".

haben"[33]; der Allgemeine Teil sei ein „Sammelplatz für blutlose Begriffe"[34]. Hinter derartigen Äußerungen standen zwei Kritikpunkte: Zum einen bemängelte Schlegelberger, dass das Gesetz aufgrund seiner Begrifflichkeit von der Bevölkerung nicht verstanden werde[35]. Das BGB erfülle daher nicht die Aufgabe, „das ganze Volk über die Grundlage und den Zusammenhang der Rechtsordnung zu belehren"[36]. Es habe vielmehr den Charakter eines juristischen Lehrbuchs[37]. Zum anderen verband Schlegelberger mit dem Hinweis auf die lebensfremde Begrifflichkeit einen inhaltlichen Aspekt. Sein Vorwurf lautete, dass die Kodifikation die Lebensgüter nicht zutreffend bewerte[38].

Der Eigentumsbegriff als Beispiel

Als Hauptbeispiel führte Schlegelberger immer wieder den Eigentumsbegriff an. Er wies darauf hin, dass das BGB einen einheitlichen Eigentumsbegriff verwende. Dies habe zur Folge, dass für alle Sachen dieselben Regelungen gelten: „Ob ich Eigentümer einer Kiste Zigarren oder eines Grundstücks bin, meine Rechtslage ist die gleiche."[39] Dem setzte Schlegelberger entgegen: „Ihm [sc. dem Volk] liegt der Grundbesitz auf einer höheren Ebene als die Zigarren, ihm ist er ein Stück der heimatlichen Erde, an deren Verteilung die ganze Volksgemeinschaft beteiligt ist. Es duldet nicht, daß der Grundbesitz auf dem Wege über einen Rechtsbegriff rechtlich wie eine Ware behandelt wird."[40] Den Eigentumsbegriff sah Schlegelberger somit aus dem Grund als lebensfremd an, weil er nicht der unterschiedlichen Bedeutung der einzelnen Eigentumsgegenstände Rechnung trage. Dabei setzte Schlegelberger den Eigentumsbegriff mit dem Prinzip der Verfügungsfreiheit gleich[41]. Im Kern richtete sich seine Ablehnung des Eigentumsbegriffs gegen den Umstand, dass der Grundsatz der Verfügungsfreiheit im BGB für alle Sachen gilt. Demgegenüber vertrat Schlegelberger die Ansicht, dass etwa Grundbesitz nicht „rechtlich wie eine Ware behandelt" werden dürfe. Vielmehr

---

33 Schlegelberger, wie Fn. 9, 12. Vgl. dort auch die Formulierungen „diese Abstraktion ertötet noch den letzten Rest von Blut und Fleisch"; „der skelettierende Zubehörbegriff".
34 Schlegelberger, wie Fn. 9, 21.
35 Schlegelberger, wie Fn. 9, 11: „(…) wer im Volke versteht es wohl, wenn man seinen Weinberg eine 'unbewegliche Sache' nennt".
36 Schlegelberger, wie Fn. 9, 12. Vgl. auch 13 „volkstümliches" Gesetz.
37 Schlegelberger, wie Fn. 9, 12, 13, 21.
38 Vgl. nur Schlegelberger, wie Fn. 9, 10, 18.
39 Schlegelberger, wie Fn. 9, 14. Vgl. auch 10, 11.
40 Schlegelberger, wie Fn. 9, 14f.
41 Schlegelberger, wie Fn. 9, 14.

sei der Umfang der Verfügungsmöglichkeiten abzustufen. Maßstab habe dabei die Bedeutung zu sein, welche die einzelnen Gegenstände für die Gemeinschaft hätten[42]. Die Hervorhebung der Gemeinschaftsinteressen macht deutlich, das Schlegelbergers Kritik an der Begrifflichkeit in engem Zusammenhang mit seiner Kritik an der grundsätzlichen Konzeption stand[43].

4.5.3.3 Systematik

Neben der Begrifflichkeit griff Schlegelberger auch die Systematik des BGB an. Er wies darauf hin, dass inhaltlich Zusammengehörendes an unterschiedlichen Stellen behandelt werde[44]. Dabei hatte er zwei Aspekte im Blick: den Allgemeinen Teil des BGB sowie die Anordnung der besonderen Rechtsgebiete. Schlegelberger monierte, dass bei der Beurteilung eines Sachverhalts nicht selten Regelungen aus dem Allgemeinen Teil mit Regelungen aus anderen Gesetzesteilen, wie etwa dem Besonderen Schuldrecht, verbunden werden müssen[45]. Zudem sah es Schlegelberger als unzutreffende Bewertung der Lebensgüter an, dass das Vermögensrecht, d. h. das Schuldrecht, als erstes besonderes Rechtsgebiet geregelt wird. Stattdessen hätten aus seiner Sicht wichtigere Werte, wie etwa die Familie, am Beginn zu stehen[46]. Die Bemerkungen zur Systematik liefen somit auf dieselben Kritikpunkte hinaus wie der Vorwurf einer lebensfremden Begrifflichkeit[47]: Unverständlichkeit und unzutreffende Gewichtung von Lebensgütern.

---

42 Schlegelberger, wie Fn. 9, 14, sowie die Beispiele auf 5. Vgl. dazu auch unten 4.5.4.2 (Reichserbhofgesetz).
43 S. o. 4.5.3.1.
44 Schlegelberger, wie Fn. 9, 13.
45 Schlegelberger, wie Fn. 9, 13.
46 Schlegelberger, wie Fn. 9, 9.
47 S. o. 4.5.3.2.

4.5.3.4 Zusammenfassung

Schlegelberger kritisierte das BGB sowohl in formaler als auch in inhaltlicher Hinsicht[48]. Entscheidend für beide Perspektiven war seine Ablehnung der grundsätzlichen Konzeption des BGB und damit die Ablehnung einer Rechtsgestaltung, der das Prinzip der Privatautonomie zugrunde liegt.

4.5.4 Welche Vorstellungen hatte Schlegelberger in Bezug auf die zukünftige Gesetzgebung im Bereich des Zivilrechts?

Schlegelbergers Vorstellungen für die Neugestaltung des Zivilrechts ergeben sich zum einen aus seiner Kritik am BGB, das ihm als Gegenbild für die zukünftige Rechtsgestaltung diente. Zum anderen formulierte Schlegelberger aber auch ausdrücklich Richtlinien für zukünftige Gesetzgebungen.

4.5.4.1 Lebensnähe

Recht und Leben

Während Schlegelberger am BGB die Lebensfremdheit von Begriffen und Wertungen kritisierte[49], ging er für die Zukunft davon aus, dass das Recht dem Leben zu entsprechen habe. Dieser Gedanke erhielt schon dadurch eine besondere Betonung, dass er

---

48 *Weiterführender Hinweis: Die Kritikpunkte, die Schlegelberger äusserte, waren keineswegs neu. Sie sind bereits in der Diskussion der Entstehungszeit des BGB zu finden (vgl. Repgen, wie Fn. 15, mit weiteren Hinweisen). Schlegelberger lehnte sich vor allem an Äusserungen von Otto von Gierke an (s. nur die ausdrücklichen Nachweise bei Schlegelberger, wie Fn. 9, 27, Fn. 6, 7, 11). Gierke hatte sich ausführlich mit dem ersten Entwurf des BGB auseinandergesetzt (Der Entwurf eines Bürgerlichen Gesetzbuchs und das Deutsche Reich, Leipzig 1889) und seine Kritik in einem vielzitierten Vortrag auf den Punkt gebracht (Die soziale Aufgabe des Privatrechts, Berlin 1889).*
Auch Schlegelberger äusserte sich mehrfach zum BGB. Die Gedanken, die in dem Vortrag „Abschied vom BGB" zu finden sind, enthielt etwa auch schon die Rede „Der Beruf unserer Zeit zur Gesetzgebung", die Schlegelberger 1934 gehalten hat (erschienen im Separatdruck, Berlin 1937; ausserdem abgedruckt im Jahrbuch der Akademie für Deutsches Recht 1933/34, 99–110; vgl. dazu Förster, wie Fn. 1, 43 f.). Auf diese Rede nahm Schlegelberger denn auch in der Schriftfassung des Vortrags von 1937 Bezug (Schlegelberger, wie Fn. 9, 27, Fn. 4).

49 S. o. 4.5.3.2.

den Vortrag einleitete. Bereits im ersten Satz seines Vortrags brachte Schlegelberger die Ansicht zum Ausdruck, das Recht stelle eine „besondere Anschauung des Lebens" dar[50]. Daraus folgerte er, dass die Lebensauffassung für die inhaltliche Gestaltung von Gesetzen maßgebend sein sollte. Daher führe auch jede Veränderung der Lebensauffassung zu einer Veränderung der Rechtsauffassung[51], welcher die Gesetzgebung Rechnung zu tragen habe[52].

Aktuelle Lebensauffassung

Aus der Verbindung von Recht und Lebensauffassung ergab sich die Konsequenz, dass für eine Neugestaltung des Zivilrechts die aktuelle Lebensauffassung im Hinblick auf die einzelnen Regelungsbereiche auszumachen sei. Damit stellt sich die Frage, wie dies geschehen soll. Schlegelbergers Antwort auf diese Frage zeigt sich daran, wie er die Lebensauffassung seiner Zeit charakterisierte. Aufschlussreich sind insofern Hinweise auf Texte, die nicht unmittelbar das Recht betreffen. Mehrfach zitierte Schlegelberger Bemerkungen von Hitler[53] und nahm Bezug auf das Parteiprogramm der NSDAP. Die Sätze des Parteiprogramms kennzeichnete er als Glaubenssätze[54] bzw. als „Sittenordnung und Weltanschauung"[55]. Diese Bemerkungen machen klar, dass Schlegelberger die Lebensauffassung mit den Vorstellungen der politischen Macht gleichsetzte.

Gleichzeitig verwies Schlegelberger zur Feststellung der Lebens- bzw. Rechtsauffassung auf die Vorstellungen des Volks[56]. Ein Beispiel dafür ist die Bemerkung: „(…) und doch leuchtet ein, daß nach gesundem Volksempfinden die Miete einer Wohnstätte auch rechtlich etwas anderes ist als die Miete eines Autos für eine Sonntagsfahrt"[57]. Bezeichnend an diesem Satz ist die Verwendung des Ausdrucks „gesundes Volksempfinden"[58]. Damit nahm Schlegelberger einen Begriff auf, der sich vielfach

---

50 Schlegelberger, wie Fn. 9, 3.
51 Schlegelberger, wie Fn. 9, 3, 6.
52 Schlegelberger, wie Fn. 9, 6, 7.
53 Schlegelberger, wie Fn. 9, 6, 16 f.
54 Schlegelberger, wie Fn. 9, 5.
55 Schlegelberger, wie Fn. 9, 7.
56 Vgl. etwa Schlegelberger, wie Fn. 9, 14: „Das deutsche Volk ist anderer Ansicht" als die Juristen bzw. das BGB.
57 Schlegelberger, wie Fn. 9, 15.
58 Der Ausdruck „gesundes Volksempfinden" wird auch noch an anderer Stelle im Vortrag verwendet, Schlegelberger, wie Fn. 9, 11. Der Sache nach kommt er außerdem zum Ausdruck im Stichwort „Gesundung" des Rechts, das mit „Volksnähe" gleichgesetzt wird (22).

als Generalklausel in deutschen Gesetzen findet, die nach 1933 erlassen wurden[59]. Die Formulierung „gesundes Volksempfinden" weist darauf hin, dass als Maßstab für die Beurteilung eines Sachverhalts nicht jede herrschende Ansicht herangezogen werden soll, sondern nur eine solche, die als „gesund" zu beurteilen ist. Andere, als „krank" einzustufende Vorstellungen sind nicht zu berücksichtigen. Für die Bestimmung der Volksanschauung wird somit eine Bewertung verlangt. Dabei stand außer Frage, dass im „Staat Adolf Hitlers"[60] die von diesem vorgegebenen Wertungen zugrunde zu legen seien. Somit führte auch Schlegelberges Blick auf die Volksauffassung letztlich dazu, der nationalsozialistischen Ideologie Eingang in die Rechtsgestaltung zu verschaffen.

Inhaltliche Konsequenzen

Welche Konsequenzen der Neuansatz für die inhaltliche Ausgestaltung des Zivilrechts habe, deutete Schlegelberger nur an. Als Beispiele erwähnte er einen allgemeinen Schutz der Persönlichkeit, insbesondere der Ehre[61], sowie den Gedanken der Treue als Basis des Gesellschaftsrechts[62]. Bedeutsam ist zudem sein Hinweis auf „die einigende Kraft gleichen Blutes, gleicher Rasse"[63]. Er macht deutlich, dass über die Verbindung von Recht und Leben auch die nationalsozialistische Rassenideologie Eingang in das Privatrecht finden konnte. Der Sache nach bedeutete dies eine Aufhebung der in § 1 BGB vorausgesetzten allgemeinen gleichen Rechtsfähigkeit[64]. Zum Zeitpunkt, in dem Schlegelberger seinen Vortrag hielt, war eine solche Aufhebung etwa im Ehe-

---

59 Erwähnt seien nur zwei Beispiele: Neugestaltung von § 2 Reichsstrafgesetzbuch durch das Gesetz zur Änderung des Strafgesetzbuchs vom 28. 6. 1935 (RGBl 1935 I, 839): „Bestraft wird, wer eine Tat begeht, die das Gesetz für strafbar erklärt oder die nach dem Grundgedanken eines Strafgesetzes und nach *gesundem Volksempfinden* eine Bestrafung verdient." Gesetz über den Ausgleich bürgerlich-rechtlicher Ansprüche vom 13. 12. 1934 (RGBl 1934 I, 1235), Präambel: „Besondere Nachteile, die einzelnen durch politische Vorgänge der nationalsozialistischen Erhebung zugefügt worden sind, sollen zu Lasten der Allgemeinheit ausgeglichen werden, soweit dieser Ausgleich nach *gesundem Volksempfinden* zur Beseitigung unbilliger Härten erforderlich ist."
60 Schlegelberger, wie Fn. 9, 6.
61 Schlegelberger, wie Fn. 9, 9, 22.
62 Schlegelberger, wie Fn. 9, 22.
63 Schlegelberger, wie Fn. 9, 9.
64 Vgl. Sibylle Hofer, Leitfaden der Rechtsgeschichte. Quellen und Grundzüge der Rechtsordnung, Wien u. a. 2019, Rn. 393, 395.

recht Realität geworden. 1935 hatte ein Gesetz „Eheschließungen zwischen Juden und Staatsangehörigen deutschen oder artverwandten Blutes" verboten[65].

4.5.4.2 Grundsätzliche Konzeption

Freiheit in der Gemeinschaft

Die Auswirkungen, welche die Verbindung von Recht und Ideologie hatte, werden besonders sichtbar bei Schlegelbergers Ausführungen zur grundsätzlichen Konzeption des zukünftigen Zivilrechts. Als „Leitgedanke des neuen deutschen Lebensstils" bestimmte Schlegelberger den Gedanken der Volksgemeinschaft[66]. Daraus folgerte er für die Konzeption des Zivilrechts, dass der Grundsatz „Freiheit in der Gemeinschaft" zu verwirklichen sei[67]. Auf den ersten Blick mag die Veränderung gegenüber der Beschreibung der BGB-Konzeption („Freiheit von der Gemeinschaft") nicht allzu groß erscheinen, da weiterhin die Freiheit – d. h. die individuelle Gestaltungsmöglichkeit – erwähnt wird[68]. Bei näherem Hinsehen zeigt sich jedoch, dass ein gewichtiger Unterschied zwischen beiden Konzeptionen besteht. Bei dem Ansatz „Freiheit in der Gemeinschaft" wird der Gemeinschaftsgedanke als Prinzip neben den Grundsatz der Privatautonomie gestellt. Dabei ging Schlegelberger von einer Rangordnung beider Grundgedanken aus. Dem Nutzen bzw. den Interessen der Gemeinschaft maß er Vorrang vor dem Grundsatz der individuellen Freiheit zu: „Und das ist das Kennzeichnende für die seelische und sittliche Haltung des wiedererstandenen deutschen Volkes (…), daß es mit immer steigender Kraft den allgemeinen Nutzen über den Nutzen des einzelnen triumphieren läßt"[69]. Im Hinblick auf privatrechtliche Handlungen bedeutet dieser Gedanke, dass individuelle Gestaltungen nur insoweit anzuerkennen sind, als sie den Gemeinschaftsinteressen entsprechen. Der Spielraum von Privatpersonen ist in dieser Konzeption somit von vornherein begrenzt. Dabei kann die Begrenzung so weit gehen, dass überhaupt keine Gestaltungsmöglichkeiten mehr bestehen.

---

65 § 1 Gesetz vom 15. 9. 1935 (s. Fn. 20).
66 Schlegelberger, wie Fn. 9, 3; ähnlich 6.
67 Schlegelberger, wie Fn. 9, 8.
68 Vgl. auch Schlegelberger, wie Fn. 9, 9, wo der neue Zustand durch den Begriff „Freiheit" gekennzeichnet wird.
69 Schlegelberger, wie Fn. 9, 5.

Das Reichserbhofgesetz als Beispiel

Ein deutliches Beispiel für die Konzeption „Freiheit in der Gemeinschaft" und deren Auswirkungen stellt das Reichserbhofgesetz dar, das 1933 erlassen wurde[70]. Das Gesetz galt unter nationalsozialistischen Juristen als Muster für die Ordnung eines Lebensbereichs nach zeitgemäßen Gesichtspunkten[71]. Schlegelberger erwähnte das Reichserbhofgesetz in seinem Vortrag von 1937 mehrfach direkt[72] bzw. indirekt[73]. Es diente ihm als Beispiel für eine Neugestaltung des Eigentumsrechts, bei welcher der Umfang der Verfügungsmöglichkeiten mit Blick auf die Bedeutung der Sache festgelegt werde. Das Reichserbhofgesetz gewährte den Eigentümern von landwirtschaftlich genutzten Grundstücken letztlich keinerlei Verfügungsfreiheit. Solche Grundstücke konnten weder veräußert noch belastet werden; auch eine testamentarische Erbfolgeregelung war ausgeschlossen. Als Legitimation diente die Bedeutung derartiger Grundstücke für die Ernährung der Bevölkerung[74].

---

70 S. o. Fn. 18.

71 Vgl. dazu Jürgen Weitzel, Sonderprivatrecht aus konkretem Ordnungsdenken: Reichserbhofgesetz und allgemeines Privatrecht 1933–1945, Zeitschrift für Neuere Rechtsgeschichte 1992, 55–79.

72 Schlegelberger, wie Fn. 9, 25.

73 Schlegelberger spielte auf das Reichserbhofgesetz an, wenn er von der „Erhaltung und Sicherung des Bauerntums als Blutquelle des deutschen Volkes" sprach (Schlegelberger, wie Fn. 9, 9). Dabei nahm er die Eingangsworte der Präambel des Reichserbhofgesetzes auf, welche die Zielsetzung folgendermaßen umschrieben: „Die Reichsregierung will unter Sicherung alter deutscher Erbsitte das Bauerntum als Blutquelle des deutschen Volkes erhalten".

74 In einem anderen Beitrag hob Schlegelberger die Besonderheiten der Konzeption des Reichserbhofgesetzes im Vergleich zum BGB ausdrücklich hervor: „Hier ist an die Stelle des frei veräußerlichen, der Zerstückelung im Erbgang ausgesetzten Eigentums das gebundene Eigentum getreten, das dauernd als Erbe in der Hand des freien Bauern erhalten wird, und das deshalb unveräußerlich geworden ist, unbelastbar und vor dem Vollstreckungszugriff der Gläubiger geschützt" (Franz Schlegelberger, Abkehr vom Individualismus. Ein Rückblick auf die Rechtsentwicklung im ersten Jahr der nationalen Erhebung, in: Deutsche Justiz 1934, 141–142, 142).

Legitimation mit dem Parteiprogramm

Entsprechend der Verbindung von Recht und Politik stützte Schlegelberger seine Vorstellungen zur Konzeption des Zivilrechts durch den Hinweis auf das Parteiprogramm der NSDAP ab. Ausdrücklich verwies er auf dessen Satz „Gemeinnutz geht vor Eigennutz"[75]. Dieser Satz diente Schlegelberger als Legitimation dafür, dem Gemeinschaftsgedanken im Zivilrecht die Bedeutung des zentralen Prinzips zuzuweisen.

Der Sache nach setzte Schlegelberger zudem noch eine andere Bestimmung des Parteiprogramms um, auch wenn er diese nicht ausdrücklich erwähnte. Art. 19 des Parteiprogramms lautete: „Wir fordern Ersatz für das der materialistischen Weltordnung dienende römische Recht durch ein deutsches Gemeinrecht." Die Begriffe „römisches Recht" bzw. „deutsches Recht" dienten seit dem 19. Jahrhundert als Schlagworte zur Kennzeichnung bestimmter Konzeptionen des Rechts, insbesondere des Zivilrechts. Das „römische Recht" galt als Recht, das vom Gedanken der Privatautonomie ausging; das „deutsche Recht" galt demgegenüber als Recht, das vom Gedanken der Gemeinschaft geprägt war[76]. Schlegelberger gab somit indirekt Art. 19 des Parteiprogramms wieder, wenn er für die Neugestaltung des Zivilrechts die Richtlinie formulierte „Abkehr vom Individualismus zum deutschen Gemeinschaftsgedanken"[77].

4.5.4.3 Systematik

Die Perspektive der Lebensnähe hatte auch Auswirkungen auf den Vorschlag, wie die neue Zivilrechtsgesetzgebung technisch zu gestalten sei. Eine Umarbeitung des BGB schloss Schlegelberger aus[78]. Stattdessen sprach er sich für Einzelgesetze aus[79], die jeweils einen Lebens- und damit Rechtsbereich umfassen sollten. Als Beispiele für derartige

---

75 Schlegelberger, wie Fn. 9, 5. Es handelt sich um einen Auszug aus Art. 24 des Programms der Nationalsozialistischen Deutschen Arbeiterpartei vom 24. 2. 1920. Dieser Satz wurde im Parteiprogramm optisch durch Einrückung und Fettdruck besonders hervorgehoben. *Weiterführender Literaturhinweis* zur Verwendung von Art. 24 in der juristischen Diskussion nach 1933: Michael Stolleis, Gemeinwohlformeln im nationalsozialistischen Recht, Berlin 1974, 76 ff.

76 Vgl. Hofer, wie Fn. 64, Rn. 320. *Weiterführender Literaturhinweis*: Peter Landau, Römisches Recht und deutsches Gemeinrecht. Zur rechtspolitischen Zielsetzung im nationalsozialistischen Parteiprogramm, in: Michael Stolleis/Dieter Simon (Hg.), Rechtsgeschichte im Nationalsozialismus. Beiträge zur Geschichte einer Disziplin, Tübingen 1989, 11–24.

77 Schlegelberger, wie Fn. 9, 17 f.
78 Schlegelberger, wie Fn. 9, 10, 24.
79 Schlegelberger, wie Fn. 9, 24.

Bereiche führte er an: Personenrecht, Recht der Gemeinschaften, Grundstücksrecht und Rechtsverkehr des täglichen Lebens[80]. Wegen der Verschiedenheit dieser Themen lehnte es Schlegelberger ausdrücklich ab, eine neue Kodifikation, d. h. eine umfassende Regelung des Zivilrechts in einem Gesetz, zu erlassen[81].

4.5.4.4 Zusammenfassung

Schlegelberger entwarf im Vortrag ein Konzept für die Gestaltung des Zivilrechts, das der nationalsozialistischen Ideologie entsprach. Grundlegend dafür war die Verbindung zwischen Lebensauffassung und Rechtsgestaltung. Dabei nutzte Schlegelberger den empirisch nicht messbaren Begriff der Lebensauffassung dazu, der Ideologie Eingang in das Recht zu verschaffen und eine entsprechende Rechtsetzung zu legitimieren. Im Hintergrund seiner Ausführungen standen Gesetze, die nach 1933 erlassen worden waren und an deren Ausgestaltung Schlegelberger als Staatssekretär im Reichsjustizministerium mitgewirkt hatte[82].

4.5.5 Ausblick

Am Ende seines Vortrags verkündete Schlegelberger: „Der Führer und Reichskanzler hat sich auf Vortrag des Herrn Ministers Dr. Gürtner damit einverstanden erklärt, daß das Reichsjustizministerium die Erneuerung des gegenwärtig im Bürgerlichen Gesetzbuch geregelten Rechts alsbald in Angriff nimmt und an Stelle eines neuen Gesetzbuchs einzelne, der Verschiedenheit der Lebensgüter entsprechende Gesetze vorbereitet"[83]. Eine Umsetzung der von ihm formulierten Forderungen schien somit unmittelbar bevorzustehen.

---

80 Schlegelberger, wie Fn. 9, 22 f.
   Weiterführender Hinweis: In eine ähnliche Richtung ging zu dieser Zeit auch die Gestaltung des juristischen Studiums. Eine 1935 vorgelegte Studienordnung sah vor, dass sich die Vorlesungen nicht an der Gliederung des BGB, sondern an Lebensbereichen orientieren sollten; vgl. dazu Karl Kroeschell, Rechtsgeschichte Deutschlands im 20. Jahrhundert, Göttingen 1992, 85 f.
81 Schlegelberger, wie Fn. 9, 18.
82 Zu Schlegelbergers Mitwirkung am Reichserbhofgesetz vgl. etwa Christian Böse, Die Entstehung und Fortbildung des Reichserbhofgesetzes, Frankfurt/Main u. a. 2008, 49, 51.
83 Schlegelberger, wie Fn. 9, 26. In der Zeitschrift Deutsche Justiz (wie Fn. 11), 168, wurde darauf hingewiesen, dass der Vortrag durch diese Ankündigung eine „besondere Bedeutung" erhalten habe.

Es kam jedoch anders. Zunächst erfolgten weitere punktuelle Veränderungen des BGB durch Einzelgesetze[84]. Diese betrafen beispielsweise letztwillige Verfügungen[85] und Ehen[86]. Gesetze, die ganze Lebensbereiche regelten, ergingen jedoch nicht. Stattdessen begannen – ganz entgegen Schlegelbergers Vorstellungen – Vorarbeiten für eine neue Kodifikation des Zivilrechts[87]. Vorgesehen war dafür der Titel „Volksgesetzbuch". Dessen Ausgestaltung diskutierten etliche Rechtswissenschaftler im Rahmen der Akademie für Deutsches Recht. Dabei handelte es sich um eine Institution, die 1934 mit dem Ziel gegründet worden war, „die Neugestaltung des deutschen Rechtslebens zu fördern und in enger Verbindung mit den für die Gesetzgebung zuständigen Stellen das nationalsozialistische Programm auf dem gesammten Gebiete des Rechts zu verwirklichen"[88]. Obwohl Schlegelberger als für das Zivilrecht zuständiger Staatssekretär im Reichsjustizministerium zu den „für die Gesetzgebung zuständigen Stellen" zu zählen war, wurde er nicht an den Beratungen des Volksgesetzbuchs beteiligt[89]. 1941 lag der Entwurf eines Teils der geplanten Kodifikation vor[90]. Danach stockten die Arbeiten und wurden nie abgeschlossen.

Letztlich kam es somit in keiner Weise zu dem vom Schlegelberger geforderten „Abschied vom BGB". Vielmehr blieb das BGB während der Herrschaft der Nationalsozialisten in Kraft. Dem „Wandel der Lebensauffassung"[91] wurde über die Gesetzesauslegung Rechnung getragen[92].

---

84 Vgl. Kroeschell, wie Fn. 80, 90 ff.
85 Gesetz über die Errichtung von Testamenten und Erbverträgen vom 31.7.1938 (RGBl 1938 I, 973).
86 Gesetz zur Vereinheitlichung des Rechts der Eheschließung und der Ehescheidung im Lande Österreich und im übrigen Reichsgebiet vom 6.7.1938 (RGBl 1938 I, 807).
87 Vgl. Kroeschell, wie Fn. 80, 92 f.
88 Gesetz über die Akademie für Deutsches Recht vom 11.7.1934 (RGBl 1934 I, 605).
89 Förster, wie Fn. 1, 45.
90 Vgl. dazu Werner Schubert (Hg.), Volksgesetzbuch. Teilentwürfe, Arbeitsberichte und sonstige Materialien, Berlin, New York 1988.
91 Schlegelberger, wie Fn. 9, 6.
92 Vgl. Kroeschell, wie Fn. 80, 88 ff. *Weiterführender Literaturhinweis*: Bernd Rüthers, Die unbegrenzte Auslegung, 8. Aufl., Tübingen 2017.

4.6 Exegese zu einem Auszug aus Karl Larenz' Aufsatz „Wandlung des Vertragsbegriffs" von 1935
Thorsten Keiser

Vorbemerkung: Bei der Quelle handelt es sich um einen Auszug aus einem Aufsatz von Karl Larenz, in dem sich die charakteristischen Merkmale seiner Haltung zum Vertragsrecht der ‚NS-Rechtserneuerung' finden. Die Quelle stammt aus dem Skript „Textbuch und Materialien zur Vorlesung Privatrechtsgeschichte in Deutschland" von Joachim Rückert, das an der Goethe-Universität Frankfurt und zuvor an der Universität Hannover verwendet wurde.[1] Als Klausurexegese würde sie sich eher für Fortgeschrittene eignen, da Kenntnisse zum Recht des Nationalsozialismus erforderlich sind. Bei einer Hausarbeit (wie sie hier in ausgearbeiteter Form vorliegt) wird man verlangen können, dass die Quelle in ihrem Kontext interpretiert wird, d. h. dass der Aufsatz, aus dem sie entstammt, zur Kenntnis genommen und in die Analyse einbezogen wird. Mit Hilfe der reichlich vorhandenen Sekundärliteratur dürfte eine Interpretation der Quelle nicht schwerfallen.

4.6.1 Quellentext

Der Vertrag ist in aller Regel nicht eine Beziehung zwischen zwei bis dahin unverbundenen Einzelnen, sondern ein **Verhältnis unter Gemeinschaftsgliedern**, das die bestehende Gemeinschaft voraussetzt und nur innerhalb der Gemeinschaftsordnung selbst Bestand haben kann.

Ein unter Mitwirkung des Anerbengerichts zustandegekommener Hofübernahme-Vertrag kann nur aus dem Zusammenwirken des Parteiwillens und des Gemeinschaftswillens verstanden werden. Der sogenannte diktierte Vertrag steht dem objektiven Recht näher als der gewöhnlichen Parteivereinbarung. Somit ist aber auch der normale Vertrag nichts anderes als das letzte Glied in einer Reihe von Formen der Rechtsge-

---

[1] Joachim Rückert, Textbuch und Materialien zur Vorlesung Privatrechtsgeschichte in Deutschland, 5. Aufl. 1993, 145.

staltung und Rechtsverwirklichung, bei denen lediglich der Anteil der Bestimmung durch den einzelnen Volksgenossen ein verschiedener ist. Damit verschwindet der Gegensatz zwischen dem objektiven Recht und der Parteivereinbarung und es zeigt sich, dass, so wie jeder Vertrag die völkische Ordnung voraussetzt und durch sie in seinem Inhalt mitbestimmt wird, so umgekehrt diese Ordnung selbst wiederum ihre Ergänzung und Ausführung im vertraglichen Zusammenwirken der Volksgenossen erfordert. Die Einschränkungen, die der Bestimmungsfreiheit der Parteien gezogen werden, dürfen also nicht als Ausnahmen vom Prinzip der Vertragsfreiheit, sondern müssen als Folgerungen der dem Vertrage unter Volksgenossen von vornherein innewohnenden Gemeinschaftsbezogenheit und der dadurch gegebenen R e l a t i v i t ä t d e r B e s t i m m u n g s f r e i h e i t verstanden werden.[2]

4.6.2 Exegese

4.6.2.1 Zentrale Aussage der Quelle

Der Text besteht aus zwei Absätzen. Der erste beginnt mit einer Definition, mit der bestimmt wird, was „der Vertrag" ist. Gemeint ist damit nicht ein bestimmter Vertrag, es wird vielmehr eine Regel aufgestellt, die für Verträge insgesamt gelten soll. Der Vertrag sei nicht mehr „Beziehung" zwischen zwei bis dahin „unverbundenen Einzelnen, sondern ein Verhältnis unter Gemeinschaftsgliedern". In diesem ersten Satz wird die Vorgehensweise des Autors deutlich. Um zu verdeutlichen, welche Eigenschaften der Vertrag seiner Ansicht nach haben muss, beschreibt er ein Gegenmodell, vor dessen Hintergrund sich seine Sichtweise eindeutig abhebt. Seine Definition besteht also zunächst in einer negativen Abgrenzung. Positiv gekennzeichnet wird sein Vertragsverständnis durch die Einordnung in eine „Gemeinschaft". Diese bildet einerseits die Voraussetzung, andererseits den normativen Rahmen für den Vertrag.

Im zweiten Absatz der Quelle findet sich eine exemplarische Erläuterung der abstrakt gefassten negativen Definition im ersten Teil. Es wird eine bestimmte Vertragskategorie („Hofübernahme-Vertrag") angesprochen, dann wird eine Einordnung bezüglich des „diktierten" Vertrages vorgenommen. Dieser unterscheide sich vom „normalen Vertrag" durch seine größere Nähe zum „objektiven Recht". Es kommt dem Autor aber auf die Feststellung an, dass trotz der Unterscheidbarkeit zwischen

---

2 Karl Larenz, Wandlung des Vertragsbegriffs, Deutsches Recht 1935, 490 f., 491.

diktierten und normalen Verträgen letztlich alle Verträge zu bestimmten „Formen der Rechtsgestaltung und Rechtsverwirklichung" gehörten. Bei dieser Rechtsgestaltung spielen sogenannte „Volksgenossen" eine Rolle, ihr Anteil an der Rechtsgestaltung wird jedoch quantitativ unterschiedlich beurteilt. Alle Verträge sollen sich aber in das Grundmodell einer gemeinschaftsorientierten Vertragsordnung einfügen lassen. Die folgende Passage nimmt dann die Grundgedanken der im ersten Absatz aufgeführten Definition wieder auf und formuliert sie vor dem Hintergrund des zuvor Gesagten neu. Wir erfahren, wie die „Gemeinschaft" konzipiert wird. Es sei eine „völkische Ordnung", welche den Vertragsinhalt mitbestimme. Die in der Definition bereits angelegte Behauptung einer Wechselwirkung zwischen Vertrag und Gemeinschaft wird hier in anderen Kategorien nochmals ausformuliert und damit präzisiert: Die „Gemeinschaft" ist nicht neutral gedacht, sondern mit bestimmten Attributen („völkisch" und „Ordnung") versehen. Dabei könnte es sich um Kategorien von normativer Tragweite handeln.

Im letzten Satz der Quelle wird die antagonistische Argumentationstechnik wieder angewendet und auf ein bekanntes, aus heutiger Sicht vertraut wirkendes juristisches Konstruktionsmodell bezogen. Vertragsrecht soll nicht mehr nach einem Regel-Ausnahmemodell gestaltet werden, bei dem Vertragsfreiheit als Regel im Mittelpunkt steht und dann nur von gewissen Ausnahmen begrenzt wird. Stattdessen folgen die Grenzen des „Vertrags unter Volksgenossen" einer diesem „von vornherein innewohnenden Gemeinschaftsbezogenheit". Es geht in der Quelle offenbar also um eine Verkehrung der Perspektive bekannter Privatrechtsvorstellungen. Statt prinzipieller Freiheit soll immanente Normativität den Vertrag prägen. Diese scheint eher ein Kollektivinteresse abzubilden, denn der Begriff „Gemeinschaftsbezogenheit" verweist auf die Anforderungen der Allgemeinheit, nicht auf das Interesse des Individuums. Wichtig ist aber, dass diese Regel nicht für alle Verträge formuliert wird, sondern nur für „Verträge unter Volksgenossen". Offenbar handelt es sich bei Volksgenossen um die „Gemeinschaftsglieder", die im ersten Teil der Quelle angesprochen sind. Nach der Aussage der Quelle bestimmt der Vertrag ihr Verhältnis untereinander, er ist also eine Art ‚volksgenössisches Rechtsverhältnis'. Die „Volksgenossen" unterscheiden sich gerade von den im ersten Satz angesprochenen „unverbundenen Einzelnen", da ihr Verhältnis untereinander nicht erst durch den Vertrag konstituiert wird.

Insgesamt wird deutlich, dass die Aussage der Quelle ihren Sinngehalt von einem Antagonismus erhält. Strukturell zentral ist die Gegenüberstellung zwischen verschiedenen Modellen des Vertragsdenkens und der Gestaltung von Vertragsrecht. Für die favorisierte Sichtweise lassen sich konkrete Eigenschaften benennen. „Der Vertrag" soll demnach mit einer geordneten „völkischen Gemeinschaft" notwendig in Wechselwirkung stehen. Vertragsparteien spielen in dieser Betrachtungsweise dennoch eine Rolle. „Bestimmungsfreiheit", also das rechtliche Vermögen zur Gestaltung des Vertragsinhalts, wird nicht etwa im Sinne von Kollektivinteressen abgeschafft. Jedoch kann sie nicht von „Einzelnen" ausgeübt werden, sondern nur von „Volksgenossen" in ihrer konkreten Rolle als Glieder der Gemeinschaft. Zum Verständnis des dogmatischen und politischen Gehalts der Aussage sind Kontext und normative Implikationen der jeweils gegensätzlichen Vertragsmodelle näher zu untersuchen.[3]

4.6.2.2 Der Autor: Karl Larenz

Der Autor des Texts, Karl Larenz, wurde 1903 als Sohn eines Richters geboren.[4] Nach Jurastudium in München und Göttingen wurde er 1926 mit einer rechtsphilosophischen Arbeit zum Dr. jur. promoviert.[5] Bereits zwei Jahre später erfolgte die Habilitation für die Fächer Bürgerliches Recht und Rechtsphilosophie.[6] Im Jahr 1933 wurde Larenz auf einen Lehrstuhl für diese Fächer in Kiel berufen. Er wurde damals der sog. „Kieler Schule" zugeordnet.[7] Der Text stammt also von einem jungen Zivilrechtswissenschaftler am Beginn seiner Karriere als Universitätsprofessor in der Anfangsphase der nationalsozialistischen Diktatur. Vor 1933 bildete das Vertragsrecht noch keinen Schwerpunkt in Larenz' Werk. Er hatte vor allem zu rechtsphilosophischen Themen publiziert, wobei die Auseinandersetzung mit Hegel eine große Rolle spielte.[8]

---

3   Siehe unten 5.
4   Eine eingehende Werkbiographie mit Schwerpunkt auf den schuldrechtlichen Schriften und der NS-Zeit bietet die von Joachim Rückert betreute Dissertation von Ralf Frassek, Von der völkischen Lebensordnung zum Recht. Die Umsetzung weltanschaulicher Programmatik in den schuldrechtlichen Schriften von Karl Larenz (1903–1993), Baden-Baden 1996, zur Biographie 23–45. Eine breit angelegte, vergleichende Gesamtbetrachtung von Larenz' Werk unternimmt Bernd Hüpers, Karl Larenz – Methodenlehre und Philosophie des Rechts in Geschichte und Gegenwart, Berlin 2010.
5   Biographisch auch Uwe Diederichsen, Karl Larenz, NJW 1993, 902.
6   Frassek, Lebensordnung, 23 ff.
7   Frassek, Lebensordnung, 26 ff. Monographisch jetzt Christina Wiener, Kieler Fakultät und „Kieler Schule", Baden-Baden 2013.
8   Schriftenverzeichnis von Larenz auch bei Bernd Hüpers, Karl Larenz – Methodenlehre und Philosophie des Rechts in Geschichte und Gegenwart, Berlin 2010, 539 ff. und Frassek, Lebensordnung, 189 ff.

Der Aufsatz, dem die vorliegende Quelle entnommen ist,[9] bildete den Auftakt einer umfassenden Beschäftigung mit dem Vertragsrecht. So erschien etwa 1936 der erste Teil seines Lehrbuchs „Vertrag und Unrecht".[10] Karl Larenz starb 1993 in München als hochgeachteter Rechtsgelehrter, dessen Schriften im In- und Ausland großen Einfluss hatten.[11]

4.6.2.3 Entstehungskontext, Quellencharakter, Intention des Autors

Entnommen ist die Quelle einem Aufsatz mit dem Titel „Die Wandlung des Vertragsbegriffs".[12] Der Aufsatz erstreckt sich über vier Seiten und ist mit relativ wenigen Belegen versehen. Die Quelle vereint zwei Ausschnitte aus dem Aufsatz, die in engem sachlichem Zusammenhang stehen, jedoch keine fortlaufende Textpassage darstellen.[13] Erschienen ist er im fünften Jahrgang der Zeitschrift „Deutsches Recht". Herausgebende Körperschaft ist der „Bund nationalsozialistischer Deutscher Juristen", dessen mit Hakenkreuz versehenes Emblem auf dem Titelblatt der Zeitschrift zu sehen ist.

Als Entstehungskontext des Aufsatzes lässt sich somit die sogenannte nationalsozialistische „Rechtserneuerung" erkennen.[14] Darunter verstand und versteht man die Versuche, den aus der Weimarer Republik und dem Kaiserreich überlieferten Normenbestand dem neuen Regime wissenschaftlich anzupassen.[15] Notwendig zur Errei-

---

9   Näher dazu unter 3.
10 Bd. 1, Hamburg 1935, Bd. 2, ebenda 1937.
11 Zu Übersetzungen Larenz' siehe das Werkverzeichnis bei Frassek. Zu Larenz' Schülerkreis informativ, der entsprechende Artikel in: Hyung-Bae Kim/Wolfgang Frhr. Marschall von Bieberstein (Hrsg.), Zivilrechtslehrer deutscher Sprache: Lehrer – Schüler – Werke, München 1988.
12 In: Deutsches Recht 1935, 488–491.
13 Siehe Larenz, Wandlungen, 490 (erster Absatz), 490, 491 (zweiter Absatz).
14 Dieter Grimm, „Die neue Rechtswissenschaft" – Über Funktion und Formation nationalsozialistischer Jurisprudenz, in: ders. Recht und Staat der bürgerlichen Gesellschaft, Frankfurt/M. 1987, 373 ff.
15 Genauer, stimmt das? Dieter Grimm, „Die neue Rechtswissenschaft" – Über Funktion und Formation nationalsozialistischer Jurisprudenz, in: ders. Recht und Staat der bürgerlichen Gesellschaft, Frankfurt/M. 1987, 373 ff. Larenz selbst hatte den Begriff „Rechtserneuerung" verwendet und mitgeprägt.

chung dieses Ziels war aus Sicht vieler – meist jüngerer[16] – Juristen die Etablierung einer nationalsozialistischen Rechtswissenschaft.[17]

Larenz, als einer dieser jüngeren Gelehrten, leistete mit dem Aufsatz einen Beitrag dazu. Er selbst hatte den Begriff „Rechtserneuerung" teilweise für sein Werk verwendet und dadurch mitgeprägt.[18] Der Titel des Aufsatzes, dem die Quelle entnommen ist, scheint jedoch nicht vollständig ins Bild zu passen: Mit „Wandlung des Vertrags" spricht Larenz einen reflexiven Vorgang an. Die Veränderung vollzieht sich scheinbar von selbst, verweist also auf einen Prozess mit einer Eigendynamik. Unter diesen Umständen bedürfte es aber keiner von Personen oder Institutionen getragenen Erneuerungsbewegung zur Veränderung des Rechts. Tatsächlich schildert Larenz nicht zuletzt historische Verlaufsmuster des Vertragsrechts, um sie dann bestimmten Wertungen zu unterziehen.[19] Bei genauer Betrachtung des Texts fällt jedoch auf, dass es sich durchaus um eine rechtspolitische Schrift handelt. Larenz möchte eine Veränderung des Vertragsrechts im nationalsozialistischen Sinne erreichen. Die Quelle ist also nicht Teil einer lediglich historisch-deskriptiven Darstellung eines sich von selbst verändernden Rechts, sondern politisch-präskriptiv, da sie beschreibt, wie Recht sein soll. Darum geht es Larenz bei seiner den Aufsatz prägenden Gegenüberstellung von neuem und altem Recht. Besonders klar ergibt sich das aus dem Gesamtkontext. So fordert Larenz am Ende des Aufsatzes bestimmte Maßnahmen vom Gesetzgeber.[20]

---

16 Zum Generationenkonflikt der Juristen in der NS-Zeit am Beispiel der Kreisauer Widerständler um Helmuth von Moltke und ihrer Gegenspieler Joachim Rückert, Die NS-Zeit und wir am Beispiel des Kreisauer Kreises, in: Eva Schumann (Hrsg.), Kontinuitäten und Zäsuren. Rechtswissenschaft und Justiz im „Dritten Reich" und in der Nachkriegszeit, Göttingen 2008, 11–44, hier 22 f.

17 Mit Akzent auf den Konsequenzen für die Juristenausbildung Ralf Frassek, Wege zur nationalsozialistischen Rechterneuerung – Wissenschaft zwischen „Gleichschaltung" und Konkurrenzkampf in: Hans-Georg Hermann u. a. (Hrsg.), Von den Leges Barbarorum bis zum ius barbarum des Nationalsozialismus, FS für Hermann Nehlsen zum 70. Geburtstag, Köln u. a. 2008, 351–378 (357).

18 Siehe etwa Karl Larenz, Deutsche Rechtserneuerung und Rechtsphilosophie, Tübingen 1934.

19 So schildert er etwa eine ‚Sinnentleerung der Vertragsfreiheit', die seit dem 19. Jahrhundert bereits in ihr Gegenteil verkehrt worden sei, Larenz, Wandlung, 488 f. Zu Larenz' Geschichtsbild in Bezug auf das Vertragsrecht vgl. auch Massimo La Torre, Nostalgia for the Homogeneous Community: Karl Larenz and the National Socialist Theory of Contract, EUI-Working-Paper-Law No. 97/7, San Domenico 1993, 4, mit der assoziativen Schlussfolgerung Larenz wolle das Vertragsrecht auf ein vorrevolutionäres Statusrecht zurückführen.

20 Larenz, Wandlung, 491.

Eine entscheidende Rolle für die Verwirklichung einer neuen Ordnung kommt indessen den Juristen zu, sowohl Rechtswissenschaftlern als auch Praktikern. Sie sind die zentralen Adressaten von Larenz' Aussagen, denn die aus seiner Sicht notwendige Veränderung soll durch ein neues Bewusstsein und neue Betrachtungsweisen erfolgen. Er geht aus von „Erscheinungen des Rechtslebens"[21], die vor und nach 1933 existierten. Diese „Erscheinungen" (zu denen nicht zuletzt der Vertrag gehört) sollen nun im Hinblick auf die zentrale Bedeutung einer völkisch definierten Gemeinschaftsordnung einer neuen Betrachtung und Wertung unterzogen werden. Ein durch wissenschaftliche Betrachtung zu bewirkender Bewusstseinswandel liegt also eventuellen gesetzlichen Neugestaltungen voraus. Die alte Rechtsordnung, ihre Begriffe, Konzepte und Institutionen, sollten in dieser Phase nicht vollständig beseitigt werden, sondern durch Einfügung in den normativ bestimmten Kontext der ‚völkischen Gemeinschaft' eine neue Basis erhalten.[22] In Bezug auf den Vertrag führt das zu einer neuen Funktionsbestimmung. Es kommt nach Larenz darauf an, zu klären, wozu der Vertrag dienen soll, welche Zwecke er in der neuen Ordnung zu erfüllen hat. Von diesen Zwecken her wird der normative Gehalt des Vertrags ermittelt. Vertieft und konkretisiert wird dieser Ansatz 1936 im ersten Band von „Vertrag und Unrecht".[23]

Die auch in der Quelle deutlich hervortretende Intention, vorhandenen Rechtsinstituten eine neue Wertungsgrundlage zu verschaffen, entspricht einer typischen Haltung während der NS-Diktatur und deren pragmatischem Zugriff: Will man Recht schnell an neue politische Gegebenheiten anpassen, wäre die Schaffung neuer Gesetze zu langwierig. Eine „Umdeutung" der vorhandenen Regeln und Institute durch weltanschaulich-neue normative Bezüge führt aus Sicht des Regimes schneller zum Erfolg, verspricht sie doch effiziente politische Zweckerreichung bei gleichzeitiger Wahrung der Stabilität durch Beibehaltung überlieferter, bewährter Rechtsformen.[24] Nicht zuletzt wollte man dazu eine neue Sprache erfinden und neue Rechtsbegriffe

---

21 Larenz, Wandlung, 490.
22 Mit analoger Zielsetzung Karl Larenz, Rechtsperson und subjektives Recht, Berlin 1935. Das Werk trägt den insofern signifikanten Untertitel: „Zur Wandlung der Rechts-Grundbegriffe". Larenz Ausführungen über den Vertrag gehören in diesen Kontext.
23 Karl Larenz, Vertrag und Unrecht, 1. Teil, Vertrag und Vertragsbruch, Hamburg 1936, 31 ff. Der Aufsatz, dem die Quelle entnommen ist, wirkt wie eine Vorstudie zu diesem Werk und enthält bereits viele der dort ausgearbeiteten Grundgedanken.
24 Diese Erkenntnisse gehen auf die Forschungen zum NS-Recht von Bernd Rüthers zurück. Siehe dazu zuletzt: Bernd Rüthers, Wir denken die Rechtsbegriffe um, Zürich 1987; Klassisch die Pionierstudie Bernd Rüthers, Die unbegrenzte Auslegung, 1. Aufl. Tübingen 1968, nunmehr 8. unveränderte Auflage, Tübingen 2017.

entwickeln.[25] So finden sich auch bei Larenz viele von ihm neu geprägte Begriffe und es ging ihm darum, seinen Lesern ihren Gehalt deutlich zu machen.

4.6.2.4 Normaler und diktierter Vertrag

Bei seinen Überlegungen differenziert Larenz in zwei Kategorien, den normalen und den diktierten Vertrag. Als Beispiel für diktierte Verträge wird der sog. „Hofübernahmevertrag" angeführt.[26] Dabei handelt es sich um ein Instrument des Reichserbhofgesetzes,[27] mit dem bereits 1933 eine umfassende Neuregelung des Agrarrechts nach ideologischen Vorstellungen des NS-Regimes unternommen wurde.[28] Verfügungen über „Erbhöfe" unter Lebenden sollten dabei von der Genehmigung eines sog. „Anerbengerichts" abhängig gemacht werden, welches zu kontrollieren hatte, dass der Übergabevertrag nicht zu Belastungen des Erbhofs führte und mit dem „nächstberechtigten Anerben" erfolgte.[29] Durch das Genehmigungserfordernis waren die Vertragsinhalte also „diktiert", denn bestimmt wurden sie letztlich vom objektiven Recht, hier in Form der Normen des Reichserbhofgesetzes.[30]

Larenz benutzte die Differenzierung zur Hervorhebung eines Merkmals seiner neuen Vertragsauffassung. Nach dieser sollte nämlich der Gegensatz zwischen dem normalen und dem diktierten Vertrag stark relativiert, wenn nicht sogar aufgehoben werden. Larenz beschreibt eine Vertragsordnung, in der Parteivereinbarung und objektives Recht stets übereinstimmen.[31] Somit entfällt die Unterscheidung von privatautonomer

---

25 Zu den sprachlichen Mitteln der NS-Rechts Michael Stolleis, Gemeinschaft und Volksgemeinschaft. Zur juristischen Terminologie im Nationalsozialismus, in: ders. Recht im Unrecht, Frankfurt/M. 1994, 94–125 (94f., 96ff., mit weiteren Beispielen für neue Begriffe); siehe auch Joachim Rückert, Unrecht durch Recht – zum Profil der Rechtsgeschichte der NS-Zeit, JZ 70 (2015) 793–804.
26 Larenz, Wandlung, 490.
27 RGBl. I 1933, 626.
28 Zum Reichserbhofrecht allgemein etwa Jürgen Weitzel, Reichserbhofrecht und allgemeines Privatrecht 1933–1945, in: ZNR 14 (1992) 55–79.
29 Ausführlich Birgit Fastenmayer, Hofübergabe als Altersversorgung. Generationenwechsel in der Landwirtschaft 1870 bis 1957, Frankfurt/M., 2009, 143ff.
30 Die Figur des „diktierten Vertrags" wurde 1920 in einer grundlegenden Studie von Hans-Carl Nipperdey beschrieben. M. w. N. und zum damit verbundenen Aspekt des Kontrahierungszwangs Thorsten Hollstein, Die Verfassung als „Allgemeiner Teil". Privatrechtsmethode und Privatrechtskonzeption bei Hans-Carl Nipperdey, Tübingen 2007, 230ff.
31 Larenz, Wandlung, 491.

oder gesetzlicher Bestimmung des Vertragsinhalts als Differenzierungsmerkmal. Auch „normale Verträge" sind nach der Quelle Verträge, die ihren Sinn und normativen Gehalt nur innerhalb einer bestimmten Ordnungsvorstellung entfalten können. Diese wird einer einheitlichen Vertragsvorstellung zugrunde gelegt, deren Eigenschaften im Folgenden zu analysieren sind.

4.6.2.5 Der Vertrag der völkischen Ordnung – Analyse der Schlüsselbegriffe und -konzepte

Wie bereits festgestellt, wird die Struktur des Texts vom (Rechts-)denken in Gegensätzen geprägt. Normativer Gehalt und Erneuerungsanspruch von Larenz' terminologischem Instrumentarium lassen sich also analytisch erfassen, indem man die neuen und alten Begriffe vergleichend gegenüberstellt, beginnend mit den rechtlichen Rahmenbedingungen des Vertragsrechts im Allgemeinen, um dann die Elemente des Vertrags im Besonderen zu untersuchen.

4.6.2.5.1 Die Ausgangsbedingung: Völkische Gemeinschaftsordnung statt Privatrechtsgesellschaft

Allgemein ordnet Larenz den Vertrag wie bereits festgestellt in den Kontext einer „Gemeinschaft" ein,[32] wobei er eine wechselseitige Prägung von Vertrag und Gemeinschaft beschreibt.[33] Es leuchtet ein, dass Verträge als normative Ordnungsmuster für Kooperation ein prägendes Element für menschliches Zusammenleben sind. Die Entscheidung zum Vertragsschluss setzt zunächst Bereitschaft zur Kooperation voraus;[34] andererseits können die so zustande gekommenen Vereinbarungen wieder die Struktur des Zusammenlebens prägen, etwa wenn Verhältnisse zwischen Mietern und Vermietern, Arbeitnehmern und Arbeitgebern usw. auf eine bestimmte Weise vertraglich geregelt werden. Manche Passagen des Aufsatzes, dem die Quelle entstammt,

---

32 Auch zu tieferen kulturellen Assoziationsschichten des für den Nationalsozialismus zentralen Gemeinschaftsdenkens sowie zu seiner Kontinuität nach 1945: Stolleis, Gemeinschaft, 94 ff.
33 Larenz, Wandlung, 490 und oben, Zusammenfassung der Aussage.
34 Manche Aussagen von Larenz lesen sich bei isolierter Betrachtung wie eine bloße Umschreibung dieser Beobachtung, etwa Larenz, Wandel, 490: „Demgegenüber ist es eine einfache Überlegung, dass der Vertrag ein gegenseitiges Vertrauen voraussetzt, das ursprünglich nur in einem bestehenden Gemeinschaftsverhältnis seine Wurzel finden kann."

könnten in dieser Hinsicht gedeutet werden.[35] Jedoch beschränkt sich Larenz' Vertragsbeschreibung nicht auf diese allgemeine Beobachtung.[36] „Gemeinschaft", die er als Voraussetzung des Vertrags bezeichnet,[37] verweist nicht wertneutral auf eine Vertrauen voraussetzende,[38] individuellen Willensbetätigungen beruhende Form menschlicher Kooperation.[39] Vielmehr geht es ihm um eine bestimmte, normativ qualifizierte Vorstellung menschlichen Zusammenlebens. Erkennbar wird das in der Zusammenschau des ersten und des zweiten Absatzes der Quelle. Zu Beginn wird gesagt, dass der Vertrag „die Gemeinschaft" voraussetze.[40] Im zweiten Absatz folgt dann die Konkretisierung des zuvor allgemein formulierten Gedankens. *Jeder* Vertrag setze „die völkische Ordnung" voraus.[41] Aus dem weiteren Zusammenhang erschließt sich, dass die in der Quelle angesprochene „Gemeinschaft" mit einer „Gemeinschaftsordnung" in Verbindung stehe, welche ihrerseits wiederum als „weitere Verwirklichung der völkischen Ordnung" aufzufassen sei.[42] Diese enthalte zwar nicht präzise Normen, sondern Richtlinien,[43] welche prägend für die Gemeinschaftsordnung und letztlich auch für den Vertrag seien. „Völkische Ordnung" ist dabei auch Voraussetzung für den Vertrag, denn jedem Vertrag, der sich nicht in sie einfügt, mangele es an Rechtsgültigkeit.[44] Die normativen Elemente der von Larenz gemeinten „Gemeinschaft" erschließen sich durch das Attribut des „Völkischen". Auch wenn der Autor es nicht klar zum Ausdruck bringt, war im politischen Kontext des Jahres 1935 eindeutig, dass hier ein ‚rassisches' Kriterium gemeint sein musste.[45]

Der zentrale Angriffspunkt von Larenz ist die Vertragsauffassung des Liberalismus.[46] Mit diesem politisch-normativen Bezugsrahmen verbindet er die (von ihm abgelehnte)

---

35 Larenz, Wandel, 490 linke Sp. 2. Absatz.
36 Siehe oben, Beschreibung der Aussage.
37 Siehe oben, Beschreibung der Aussage.
38 Vgl. Larenz, Wandel, 490 Mitte.
39 Siehe oben, Beschreibung der Aussage.
40 Larenz, Wandel, 490.
41 Larenz, Wandel, 491.
42 Umfangreiche Deutung dieser Ansichten, die Larenz in seinem Werk „Vertrag und Unrecht" wieder aufnahm, bei Frassek, Larenz, 85 ff.
43 Dazu wiederum Frassek, Larenz, 86 mit Verweis auf die Parallelstellen in „Vertrag und Unrecht".
44 So Larenz explizit, Wandel, 490.
45 Zu den ‚völkischen' Elementen in Larenz' Vertragslehre, allerdings mit Blick auf den Begriff des „Volksgenossen" Frassek, Larenz, 101. Siehe auch unten.
46 Klar wird dieser kritische Fokus schon zu Beginn Larenz, Wandel, 488.

Vorstellung des Vertrags als „Beziehung zwischen zwei bis dahin unverbundenen Einzelnen".[47] Für die zeitgenössischen Leser war klar, auf welches Modell sich die Kritik bezog: auf die liberale Idee des Privatrechts einer Gesellschaft (nicht Gemeinschaft), die aus prinzipiell freien Individuen bestehen soll.[48] Bei Larenz erscheint dieses Privatrechtsmodell allerdings als Zerrbild. Die Individuen der Privatrechtsgesellschaft sollten gerade nicht „unverbunden" nebeneinander stehen, denn zum Miteinander stellt ihnen die Privatrechtsordnung zahlreiche Formen zur Verfügung (Vereinsrecht, Familienrecht, Gesellschaftsrecht, etc.).[49] Im Unterschied zu Larenz' Vorstellung einer als völkische Ordnung definierten Gemeinschaft, ist eine privatrechtliche Organisation aber vor allem dem Individuum selbst überlassen und darf durch das Individuum selbst gestaltet werden. Recht schafft Rahmenbedingungen für individuelle Freiheitsausübung. Gerade das wird von Larenz abgelehnt. Die Normativität, auch des „normalen" Vertrags resultiert in seiner Konzeption letztlich aus der sich in der Gemeinschaftsordnung verwirklichenden Ordnung der Volksgemeinschaft. Der „Parteiwille" spielt dabei eine mitgestaltende Rolle, steht aber nicht an erster Stelle. Die völkische Ordnung ersetzt mithin auch das objektive Recht, welches im liberalen Modell die Basis für die Anerkennung subjektiver Rechte bildet.

Die Kritik von Larenz hat jedoch weiterreichende Implikationen. Durch sein wertendes Narrativ einer gegliederten, als Ordnung verstandenen Gemeinschaft, wendet er sich nicht nur gegen die ‚Vereinzelung' der Menschen, sondern auch gegen die strukturelle Trennung von Staat und Gesellschaft, wie sie seit dem 19. Jahrhundert im Zuge einer Liberalisierung des Rechts infolge der französischen Revolution konzeptionell verwirklicht wurde.[50] Im Gegensatz zu diesem Modell wünscht er sich eine Zusammenfügung der als Volksgenossen eingestuften Menschen und ihres Rechts zu einer organischen Einheit. „Privatrechtsgesellschaft", im Sinne des von Larenz kritisierten Liberalismus, bedeutete aber nie die Abschottung der Gesellschaft gegen den Staat als

---

47 Larenz, Wandlung, 490.
48 Zur Auffassung des Individuums und dessen konzeptioneller Ersetzung durch den „Volksgenossen" siehe unten.
49 Larenz erkennt das durchaus, sieht darin aber nur die Grundlage für Disharmonie und „Gruppenegoismus" der Verbände. Larenz, Wandlung, 488.
50 Als typische Rechtsauffassung der südwestdeutschen liberalen Bewegung um Rotteck und Welcker. Überblick bei Joachim Rückert, Liberalismus, in Handwörterbuch zur deutschen Rechtsgeschichte, 2. Aufl. Bd. 3, 2016, Sp. 957–967.

unverbundene Sphäre.[51] Sie sah konstruktive Verbindungen der beiden Sphären vor, aber nicht ihre Zusammenfügung zu einem organischen Ganzen.

4.6.2.5.2 Folgen für die Vertragskonzeption

Exklusives Vertragsrecht der Volksgenossen
(statt Vertragsrecht der Individuen) als Konsequenz
Klar ergeben sich aus der Quelle die Konsequenzen des gemeinschaftsbezogenen Vertragsbegriffs. Sie manifestieren sich auf verschiedenen Ebenen. Während das liberale Privatrecht die am Vertragsschluss beteiligten Subjekte als Individuen ansieht, erfasst Larenz die vertragsschließenden Akteure als Glieder einer Gemeinschaft. Im Jahr der Entstehung der Quelle äußerte sich Larenz zur Eingliederung des Einzelnen in die Volksgemeinschaft im Zuge einer Kritik am subjektiven Recht.[52] Letztere sei auf die abstrakt konzipierten Individuen bezogen gewesen, es komme aber darauf an, die Rechtsposition eines jeden aus seiner Stellung in der „Ordnung des Volkslebens" zu definieren.[53] Betrachtet man die vorliegende Quelle im Gesamtkontext seiner Schriften aus dieser Schaffensperiode, wird deutlich, dass sich aus dem konkreten Status des Vertragschließenden als „Volksgenosse" Pflichten ergeben sollten.[54] Die im letzten Satz der Quelle hervorgehobene Gemeinschaftsbezogenheit bezeichnet also Anforderungen, die sich aus der geordneten Gemeinschaft selbst ergeben sollten. „Volksgenosse" zu sein war aber gleichzeitig als Privileg zu verstehen, verbürgte der Status doch die Zugehörigkeit zu einer Rechtsgemeinschaft, aus der andere bewusst und mit für sie verheerenden Folgen ausgeschlossen wurden.[55] Anders als das für jedes rechtsfähige Subjekt zur Verfügung stehende Vertragsrecht des ‚Liberalismus' ist das Modell von Larenz also exklusiv, denn es knüpft seine Wirkung an die Zugehörigkeit zu einem Volk.

---

51 Grundlegend dazu Franz Böhm, Privatrechtsgesellschaft und Marktwirtschaft, in: Ordo 17 (1966), 75–151 (81), der gerade auch einer Sichtweise des Privatrechts als Kampfplatz verschiedener Egoismen (siehe Larenz, Wandlung, 488) entgegentrat.
52 Karl Larenz, Rechtsperson und subjektives Recht, in: Georg Dahm/Ernst Rudolf Huber u. a., (Hrsg.), Grundfragen der neuen Rechtswissenschaft, Berlin 1935, 225–260.
53 Karl Larenz, Rechtsperson und subjektives Recht, 240. Weiterführend Thorsten Keiser, Eigentumsrecht in Nationalsozialismus und Fascismo, Tübingen 2005, 97 ff.
54 So etwa in Bezug auf eine spätere Auflage von Vertrag und Unrecht: Frassek, Larenz, 100 f.
55 Aufschlussreich der Vergleich zwischen deutscher und italienischer Regelung bei André Depping, Rechts- und Handlungsfähigkeit der natürlichen Person im Entwurf eines Volksgesetzbuches und im italienischen Codice Civile von 1942. Ein historischer Rechtsvergleich, Milano 1997.

Obgleich der in die Gemeinschaft eingegliederte Volksgenosse ein Gegenbild des Individuums mit prinzipiellem, äußerlich begrenztem Freiheitsraum sein sollte, beabsichtigte Larenz keine vollständige Eliminierung individueller Entscheidungsspielräume. Rechtlich ist eine „Parteivereinbarung" der Volksgenossen noch von Bedeutung. Sie wird zwar nur bei Übereinstimmung mit den Anforderungen der Gemeinschaft anerkannt, dennoch wolle, wie Larenz im der Quelle nachfolgenden Absatz betont, der Nationalsozialismus „den Willen, die Initiative des einzelnen Volksgenossen" nicht „ausschalten".[56] Hier zeigt sich die politische Dimension der Rechtsgestaltung. Sie besteht in der doppelseitigen Abgrenzung, einerseits gegen den als überkommen angesehenen Liberalismus, andererseits gegen den radikal antiindividualistischen Weg des sog. „Bolschewismus".

Relative Bestimmungsfreiheit statt prinzipielle Vertragsfreiheit

Wo es im politischen Sinne um die grundlegende Neuausrichtung des überlieferten Vertragsrechts geht, kann auch die Vertragsfreiheit als dessen zentrales Prinzip nicht unangetastet bleiben. Larenz setzt an ihre Stelle ein neues Konzept, die „Bestimmungsfreiheit".[57] Gekennzeichnet ist sie durch „Relativität", d. h. durch ihre Verbindung zu den Anforderungen der Gemeinschaftsordnung, in welcher sich wiederum die Richtlinien der völkischen Ordnung konkretisierten.[58] Während in dem von Larenz abgelehnten Privatrechtsdenken jedes Rechtssubjekt Verträge prinzipiell frei abschließen kann, sofern nicht Ausnahmeregelungen (konkret im BGB etwa §§ 134, 138 BGB) entgegenstehen,[59] soll nach dem neuen Modell das Ausmaß der Bestimmungsfreiheit schon von vornherein feststehen. Plausibel fügt sich das in Larenz Gesamtkonstruktion, weil ihr zufolge der Vertrag schon in seinem Bestand vollständig von der Gemeinschaftsordnung abhängig ist. Somit müssen auch deren zentrale Wertungen den Vertrag vollständig prägen. Im Ergebnis bedeutet das Zweckgebundenheit, denn was als Zweck der Gemeinschaft identifizierbar ist, wird auf den Vertrag bezogen.[60] Das ergibt sich aus dem weiteren Kontext der Quelle, wo Larenz ausdrücklich bemerkt,

---

56 Larenz, Wandlung, 491.
57 Larenz, Wandlung, 491 mit Hervorhebung.
58 Ebenda, zu den normativen Eigenschaften der Gemeinschaft siehe oben.
59 Dieser Aspekt wird in Larenz Aufsatz an mehreren Stellen betont, siehe Larenz, Wandlungen, 491 2. Abs. mit Beispielen. Zum von Larenz favorisierten Alternativmodell der inneren Beschränkung siehe unten 4.6.2.8.
60 So im Ergebnis auch La Torre, Community, 48.

dass „je nach den Notwendigkeiten des Volkslebens" die Bestimmungsfreiheit enger oder weiter gefasst werden kann.[61]

Immanente Gemeinschaftsbezogenheit statt äußerlich begrenzte Freiheit
Das von Larenz entworfene Modell verweist auf einen weiteren signifikanten Baustein der Kritik liberalen Privatrechts, nämlich den Topos der Innenschranken.[62] Implizit kommt dieser im Quellentext zum Ausdruck, indem die „Einschränkungen" der vertraglichen „Bestimmungsfreiheit" aus der dem Vertrag „von vornherein innewohnenden Gemeinschaftsbezogenheit" abgeleitet werden.[63] Diese Rechtsfigur formt die Idee der Ablösung prinzipieller Freiheit durch „Bestimmungsfreiheit" nochmals aus, indem gesagt wird, die Schranken des Vertrags seien in diesem selbst enthalten. Demnach soll Freiheit nicht mehr die durch Ausnahmen begrenzte Regel sein.[64] In den Vordergrund tritt eine – bei Larenz über die völkische Ordnung definierte – Bindung des Vertrags.

Larenz knüpft hier an einen Gedanken an, der in der zweiten Hälfte des 19. Jahrhunderts von Otto von Gierke entwickelt wurde.[65] Ursprünglicher Kontext ist also nicht die NS-Rechtserneuerung, sondern die soziale Kritik an den Entwürfen des BGB aus Sicht der germanistischen Rechtswissenschaft. Gierke hatte es seinerzeit als „germanische Rechtsanschauung" bezeichnet, dass es „kein Recht ohne Pflicht" geben sollte und dass demzufolge „jedes Recht eine immanente Schranke" habe.[66] Für die NS-Ideologie waren Anknüpfungen an „germanische" Kulturerscheinungen, oder an das, was man dafür hielt oder halten wollte, wichtig. Bei Larenz spielen die germanistischen Bezüge dieser Ausformung von Pflichtdenken keine Rolle. Er verzichtet darauf, seine Entwürfe mit der Einordnung in eine angeblich deutsche Traditionslinie zu adeln. Im Gegensatz zu anderen Autoren seiner Zeit ist ihm historisches Pathos fremd, es geht ihm eher um dogmatische Klarheit. Auch transportiert die Figur der Innenschranken, anders als bei Gierke, hier nicht allgemeine Pflichtgedanken ins Vertragsrecht. Es geht Larenz nicht um eine bloße Sozialbindung des Vertrags, wie es Gierke zuvor für das Eigentum beabsichtigt hatte. Vielmehr bilden die Innenschranken eine Brücke für die immanent in der Gemeinschaft verortete Normativität. Erkennt man diese so an,

---

61 Larenz, Wandlung, 491.
62 Insgesamt dazu Keiser, Eigentumsrecht, 140 ff.
63 Ebenda.
64 Wie beschrieben gehört das zum zentralen Merkmal der „Bestimmungsfreiheit", siehe oben.
65 Otto von Gierke, Die soziale Aufgabe des Privatrechts, 15.
66 Ebenda. Bezogen war das jedoch vor allem auf das Eigentum. M.w.N. und zum Kontext Keiser, Eigentumsrecht, 140 ff.

muss der Vertrag, als mit dieser in Wechselwirkung stehendes Gestaltungselement der Gemeinschaft, ebenfalls immanent beschränkt sein. Larenz' Immanenzlehre ist also nicht nur sozial, sondern dezidiert völkisch.

4.6.2.6 Der Vertragsbegriff als Ausdruck hegelianischer Rechtsphilosophie und „konkreter Ordnung"

Karl Larenz galt als philosophischer Kopf der NS-Rechtserneuerung, insbesondere als Vertreter eines rechtsphilosophischen Neuhegelianismus.[67] In der ebenfalls 1935 erschienenen 2. Auflage seiner „Rechts- und Staatsphilosophie der Gegenwart"[68] stellt Larenz eine Entwicklung der deutschen Rechtsphilosophie zu einer „Metaphysik des konkreten Geistes"[69] dar, die letztlich auf Hegel zurückzuführen sei. Parallelen zu der beschriebenen Vertragslehre werden schnell deutlich. Es sei Hegel gewesen, der erkannt habe, dass „der Einzelne nur in der Gemeinschaft" möglich sei und die Gemeinschaft ihm „nicht als eine äußerliche Macht" gegenüberstehe, sondern den „Grund seines Wesens" bilde, wobei „die sittliche Gemeinschaft" das Volk sei.[70] Hier befindet sich die philosophische Matrix seiner in der Quelle dargelegten Lehrsätze. Die konstitutive Abhängigkeit des Vertrags von der Gemeinschaft, seine innere statt äußerer Beschränkung, aber auch die Verortung des normativen Gehalts des Vertrags im „Wesen" werden dort ausgeformt. Gerade letzterer Aspekt verweist auf eine weitere Dimension der hier zu analysierenden Passagen. Sie offenbaren eine bestimmte methodische Grundhaltung.[71] Wenn die normativen Elemente des Vertrags letztlich aus der „völkischen Ordnung" resultieren sollen, hat das Konsequenzen für die Rechtsanwendung. Werden objektives Recht und Parteivereinbarung in einer Vorstellung von Gemeinschaft aufgelöst, ist bei der Auslegung von Vertragsrecht nicht mehr das Gesetz maßgeblich, auch nicht, insofern es Normen für die Auslegung von Willens-

---

67 Monika Frommel, Die Rezeption der Hermeneutik bei Karl Larenz und Josef Esser, Ebelsbach 1981, 179. Ausführlich zuletzt Jakob Schirmer, Die Göttinger Hegel-Schule, Frankfurt/M. 2016, 49 ff., 153 ff.
68 Berlin 1935.
69 Larenz, Rechtsphilosophie, 124.
70 Larenz, Rechtsphilosophie, 125.
71 Näher: Joachim Rückert, Die Schlachtrufe im Methodenkampf – ein historischer Überblick, in: ders./Ralf Seinecke (Hrsg.), Methodik des Zivilrechts von Savigny bis Teubner, 2. Aufl. Baden-Baden 2012, 501–547 (522 f.) und speziell ders., Die NS-Jurisprudenz und ihre methodischen Kontinuitäten, in: ders., Unrecht durch Recht. Zur Rechtsgeschichte der NS-Zeit, Tübingen 2018, 271–286.

erklärungen enthält. Rechtsanwendung muss sich dann an der „völkischen Ordnung" orientieren und in der Lage sein, deren Normen zu erkennen.[72] Larenz' Ordnungsbegriff findet sich indessen nicht bei Hegel. Entwickelt wurde er in Anlehnung an das sog. „konkrete Ordnungs- und Gestaltungsdenken" Carl Schmitts.[73] Darin entfaltete Schmitt eine rechtswissenschaftliche Denkform, nach der die Betrachtung realer Ordnungen mit immanenter Normativität möglich sei.[74] Für Larenz bot sich diese Doktrin an, um eine Brücke zwischen dem philosophischen Immanenzdenken, juristischer Akzentuierung von Kollektivinteressen und der ideologisch orientierten NS-Rechterneuerung zu schlagen. Bei ihm geht es eben nicht nur um „Gemeinschaft", sondern um die Verknüpfung nach „völkischen" Kriterien definierte Gemeinschaft als Ordnung. Begriffe wie Auslegung von Gesetz oder Willenserklärung werden ersetzt vom Begriff der Gestaltung des Vertrags aus der Ordnung. Entscheidend wird dann die Frage, wie man sich diese vorstellt. Aus dem Kontext der Quelle erkennt man zumindest, dass sie mit den politisch-programmatischen Vorgaben des Nationalsozialismus übereinstimmen sollte.

4.6.2.7 Die Aussage Larenz' im Kontext zeitgenössischer Autoren

Betrachtet man das von Larenz verwendete begriffliche Instrumentarium sowie die dahinterliegenden Wertungen, werden zahlreiche Parallelen zu anderen Autoren aus dem Umkreis der ‚NS-Rechterneuerung' deutlich. Zum Vergleich bieten sich Schriften von Franz Wieacker an, der, aus Larenz Generationskohorte stammend, nach 1933 mit dogmatischen Schriften zum Eigentumsrecht hervorgetreten war und nach 1945 in der BRD als Rechtshistoriker Berühmtheit erlangte.[75] Auch Wieacker wendete sich, ebenfalls im Jahr 1935, unter dem Aspekt der „Rechtserneuerung" einem zentralen Grundpfeiler des bürgerlichen Rechts zu, nämlich dem liberalen Eigentumsbegriff und wie Larenz beschrieb er dessen „Wandlung".[76] Während Larenz den Vertrag in eine „völkische

---

72 Ebenda.
73 Maßgeblich wurde dieses entwickelt in: Carl Schmitt, Über die drei Arten des rechtswissenschaftlichen Denkens, Hamburg 1934, (Nachdruck: Berlin 1993).
74 Auch mit Blick auf Larenz: Rückert, Methodenkampf, 522, Rn. 1426, 523 Rn. 1427.
75 Biographisch Viktor Winkler, Der Kampf gegen die Rechtswissenschaft. Franz Wieackers „Privatrechtsgeschichte der Neuzeit" und die deutsche Rechtswissenschaft des 20. Jahrhunderts, Hamburg 2014.
76 Prägnanteste Schrift hierzu Franz Wieacker, Wandlungen der Eigentumsverfassung, Hamburg 1935. Auch enthalten in: Christian Wollschläger (Hrsg.), Franz Wieacker, Zivilistische

Ordnung" einfügen und diese als neue Ebene immanenter Wertungen für den Vertrag fruchtbar machen wollte, verfolgte Wieacker den gleichen Ansatz für das Eigentum. Dabei griffen beide teils auf identische Wertungsmuster und Argumentationsformen zur Aushebelung des liberalen Privatrechts zurück. So wurde etwa die Figur der Innenschranken[77] auch bei Wieacker auf das Eigentum angewendet.[78] Wieacker orientiert sich allerdings noch stärker als Larenz bei Gierke, indem er versuchte, den „abstrakten Sachbegriff" des liberalen Privatrechts in „konkrete Einheiten" aufzugliedern.[79] Aus den Sachen und ihrer Bestimmung innerhalb der „Volksgemeinschaft" sollten die Wertungen des Eigentumsbegriffs abgeleitet werden.[80] Das entspricht dem Ansatz bei Larenz, die Inhalte des Vertrags an die „völkische Ordnung" zu koppeln. In der Konsequenz bedeutete das bei beiden eine stärkere, an den Anforderungen des ideologisch konzipierten Kollektivs orientierte Pflichtbindung des Individuums,[81] wobei dieses und seine Privatinitiative nicht völlig aus der Rechtsordnung entfernt werden sollten. Mit diesen gemeinsamen Wertungskriterien und mit dem konkreten Ordnungsdenken als methodisch-theoretischer Matrix gelangen beide zu einer jeweils in sich konzisen Vertrags- bzw. Eigentumslehre mit fast identischer ideologischer Zielrichtung.

Der Rechtshistoriker Wieacker fokussiert jedoch stärker als Larenz konkrete wirtschaftliche Situationen in der sog. ‚Volksgemeinschaft', bei der die neuen Lehren Anwendung finden sollten. So hätte er sich etwa nicht damit begnügt, den Hofübernahmevertrag des Erbhofrechts abstrakt als Kulminationszone von Partei- und Gemeinschaftswillen zu bezeichnen.[82] Stattdessen entwarf er konkrete Rollenbilder des „Bauern" und schrieb ihm Eigenschaften und Pflichten bei der Nutzung des ‚volksgemeinschaftlichen Eigentums' zu.[83] Seine Argumentation war somit exemplarischer und plastischer. Aus heutiger Sicht wirkt sie bei allem rhetorischen Schwung und

---

Schriften (1934–1942), Frankfurt/M. 2000, 9–109. Bemerkenswert dazu Wieackers eigener Rückblick in: „Wandlungen der Eigentumsverfassung" revisited, in: Quaderni Fiorentini per la storia del pensiero giuridico moderno 5–6 (1976–1977) 841–859.

77 Siehe oben, 5 b) cc).
78 Ausführlich Keiser, Eigentumsrecht, 140 ff.
79 Franz Wieacker, Zum Wandel der Eigentumsverfassung, in: Deutsche Juristenzeitung 1934, Sp. 1446–1451 (1448).
80 Mit Beispielen aus Wieackers Schriften Keiser, Eigentumsrecht, 116 ff.
81 Zu den Pflichten des Eigentümers explizit Wieacker, Wandlungen der Eigentumsverfassung, 22 ff.
82 So Larenz, siehe oben.
83 Mit Nachweisen Keiser, Eigentumsrecht, 119 ff. 197 ff.

trotz ihrer Reflexionstiefe freilich teils naiv und trivial.[84] Larenz setzt sich intensiver mit dem bestehenden Normenbestand auseinander als Wieacker. Trotz der eindeutigen ideologischen Grundlinie möchte er nicht alle vorhandenen Lehren ad hoc als überwunden ansehen. Insgesamt ist seine Sprache nüchterner, seine Begriffsbildung nochmals schärfer und kreativer als bei Wieacker, der sich in zentralen Passagen seiner Erörterungen an Larenz orientiert haben mag, gerade wenn es um subjektive Rechte ging.[85] Im Rückblick scheint es nicht überraschend, dass Larenz später eine glänzende Karriere als Rechtsdogmatiker machte, während Wieacker nicht zuletzt wegen seiner breiten historischen Gelehrsamkeit und seines sprachlichen Darstellungsvermögens geschätzt wurde.

Deutlich wird insgesamt, dass die Quelle in einem um die Mitte der dreißiger Jahre lebendigen Diskurszusammenhang entstanden ist, bei dem vorwiegend junge Rechtswissenschaftler im gegenseitigen Austausch am Unterbau des Recht der NS-Diktatur arbeiteten, wobei ein völkisch orientierter Antiindividualismus und das von Carl Schmitt entwickelte konkrete Ordnungsdenken gemeinsame Prämissen bildeten.

4.6.2.8 Konsequenzen der neuen Vertragslehre für die zeitgenössische Praxis?

Um die zeitgenössische Tragweite der Quelle zu ermessen, kann man die Frage nach ihren Konsequenzen für die Praxis stellen. Hatte die neue Lehre überhaupt eine Bedeutung für die Rechtsanwendung oder war sie bloß Ausdruck einer bestimmten Hoffnung zur Änderung des Vertragsrechts, die womöglich ohne konkrete Folgen blieb?

1935, im Jahr der Entstehung der Quelle, galt nach wie vor das BGB und damit auch der von Larenz abgelehnte liberale Vertragsbegriff.[86] Auch unter der NS-Diktatur waren Richter grundsätzlich daran gebunden. Dennoch gab es Versuche, die politischen Vorstellungen des Regimes bei Anwendung des Vertragsrechts direkt umzusetzen. So konnte es etwa vorkommen, dass ein Kaufpreisanspruch eines jüdischen Klägers abgelehnt wurde, weil Verträge von „Volksgenossen" mit Juden als sittenwidrig angesehen wurden.[87] Ansatzpunkt für die ideologiekonforme Veränderung des Vertragsrechts ist

---

84 Vor allem, wenn Wieacker dafür plädiert, Eigentum in „Buch" „Milch" auseinanderzudividieren.
85 Parallelen werden aufgezeigt bei Keiser, Eigentumsrecht, 101.
86 Bernd Rüthers, Die unbegrenzte Auslegung, 6. Aufl. Tübingen 2005, 3. Zu Versuchen einer Abschaffung des BGB im NS-Staat siehe S. Hofer in diesem Band.
87 Ein Fall dazu ist dokumentiert bei Ilse Staff, Justiz im Dritten Reich, 2. Aufl. Frankfurt/M. 1978, 161 f.

hier aber eine Generalklausel.[88] Die Umgestaltung erfolgt also unter Verwendung von Formen des BGB. Etwas wie die von Larenz beschworene „völkische Ordnung" spielt eine Rolle, wird aber über die Klausel der „guten Sitten" als eine Art kollektive Wertvorstellung eingeführt und so auf das Vertragsrecht bezogen. Auf jeden Fall unterscheidet sich dieses Vorgehen von der objektiv idealistischen Herangehensweise Larenz', der direkt auf immanente „Richtlinien" der „völkischen Ordnung" rekurriert und deren Wertungen direkt in den Vertrag projiziert. Wer überhaupt § 138 BGB anwendet, befindet sich eher in der Logik der äußeren Beschränkung des Vertrags. Insofern blieb das eigentlich Neue an Larenz' Argumentation, nämlich ihre philosophisch-theoretisch grundierte Neuausrichtung von Methoden des Vertragsrechts, praktisch ohne Bedeutung. Gerade die Möglichkeit, zusätzliche Pflichtbindungen direkt an die Verträge anzuknüpfen, wurde wohl in der Gerichtspraxis nicht genutzt. Auch die im Kontext der Quelle von Larenz als notwendige Konsequenzen seiner Vertragslehre skizzierten rechtspolitischen Forderungen (etwa eine Einschränkung der Irrtumsanfechtung)[89] blieben weitgehend ohne Auswirkungen. Ein Grundsatz zum Vertragsrecht im nicht verwirklichten Projekt eines NS-Volksgesetzbuch von 1942 enthält eine Formel zur Anerkennung des Vertrags bei gleichzeitiger Notwendigkeit von Vertragstreue, gekoppelt mit einem Verbot zur „Ausbeutung" von „Volksgenossen".[90] Trotz einer auffälligen ideologischen Nähe war das mit Kategorien von Treue und Ehre operierende Volksgesetzbuch auf begrifflicher Ebene weit von Larenz entfernt.

4.6.2.9 Fazit und Ausblick

Insgesamt lässt sich feststellen, dass die vorliegende Quelle die Essenz einer neuen, im Zuge der NS-Rechtserneuerung erarbeiteten Vertragslehre abbildet. Sie verbindet eine Umsetzung politischer Vorstellungen des Nationalsozialismus mit einem philosophisch-theoretisch grundierten Methodenprogramm, das nicht nur bei der Gestaltung von Vertragsrecht Mitte der dreißiger Jahre eine Rolle gespielt hatte. Insofern ist sie ein charakteristisches Beispiel solcher Rechtsauffassungen. Politisch gibt sie sich in ideologisch-völkischem Sinne sozial, nicht sozialistisch. Wie andere Autoren knüpft auch Larenz an die zu seiner Zeit schon verbreitete Kritik am liberalen Rechtsdenken

---

88 Mit zahlreichen Beispielen zu dieser für das NS-Recht charakteristischen Vorgehensweise Rüthers, Auslegung, 216 ff.
89 Larenz, Wandlung, 491.
90 Justus-Wilhelm Hedemann u. a. (Hrsg.), Entwurf eines Volksgesetzbuchs, München 1942, Grundregeln Nr. 12, 14 und 15.

(oder dem, was man dafür hielt) an und entwickelte einen völkisch-statusbezogenen Vertragsbegriff mit Vorstellungen einer immanenten Normativität aus der konkreten Ordnung. Die Pflichtbindung des zum „Volksgenossen" umgedeuteten Individuums war dabei ein zentrales Thema. Larenz legte den Akzent jedoch auf „völkische Ordnung", nicht auf die „völkische Gemeinschaft". Somit klingt seine Argumentation etwas weniger kollektivistisch als die anderer NS-Juristen. Auch wenn Larenz als einer der innovativsten Autoren seiner Zeit galt, blieb seine Lehre ohne konkrete praktische Umsetzung im Recht der Diktatur.

Nach 1945 gelang Larenz eine erfolgreiche Fortsetzung seiner Karriere als Hochschullehrer und Rechtswissenschaftler. 1953 veröffentlichte er ein erfolgreiches Lehrbuch zum Schuldrecht,[91] das im Lauf des 20. Jahrhunderts viele weitere Auflagen erlebte und von seinen Schülern fortgesetzt wurde. Von seiner in der NS-Zeit entwickelten Vertragslehre wird darin nichts erwähnt. Ihre zentralen Begriffe kommen nicht mehr vor. Von ihren philosophischen Grundannahmen hat sich Larenz jedoch nicht völlig gelöst. Wo früher von „Ordnungen" die Rede war, wird nach 1945 noch immer eine Hinwendung zu faktischen Lebensvorgängen deutlich. So erklärt Larenz 1953: „Der Aufbau, der innere, sachlogische Zusammenhang des Schuldrechts und seine Funktion im Ganzen der Rechtsordnung werden in erster Linie durch den Begriff des Schuldverhältnisses und erst in zweiter Linie durch die besondere Natur jener Lebensvorgänge bestimmt, durch die jeweils ein Schuldverhältnis bestimmter Art begründet wird".[92] Dieser Begriff des Schuldrechts sollte im Sinne Hegels als „konkret-allgemeiner Begriff", also als „sich selbst entwickelnder Begriff einer Sache" verstanden werden.[93] Terminologisch hatte der „konkrete Begriff" für Larenz auch schon in den dreißiger Jahren eine Rolle gespielt.[94] Damals sollte über die Kategorie des „Konkreten" gegenüber dem „Abstrakten" das nationalsozialistische Denken der „völkischen Ordnung" verwirklicht werden. In seinem Lehrbuch von 1953 füllte Larenz den „konkreten Begriff" des Schuldverhältnisses jedoch mit den sich aus dem BGB ergebenden Leistungspflichten aus.[95] Das über die Terminologie des „konkreten Begriffs" vermittelte Immanenzden-

---

91 Karl Larenz, Lehrbuch des Schuldrechts, AT, Bd. 1, 1. Aufl. München 1953.
92 Larenz, Schuldrecht, AT, 3. Über die grundlegenden Unterschiede in der philosophischen und juristischen Denkweise teils von Kant her, teils von Hegel her siehe den Überblick bei Joachim Rückert, Das „gesunde Volksempfinden" – eine Erbschaft Savignys?, in: ZRG GA 103 (1986) 199–247, hier 224–235.
93 Ebenda, Fn. 2.
94 Josef Kokert, Der Begriff des Typus bei Karl Larenz, Berlin 1995, 115 ff.
95 Larenz, Schuldrecht, AT, 4 ff.

ken scheint also an der Oberfläche zu bleiben. Auf anderer Ebene erkennt man freilich, dass auch nach 1945 für Larenz der Vertrag nicht nur das Produkt einer Willensübereinstimmung der Parteien war. Kontinuitäten seiner methodischen Grundhaltungen zeigen sich in seiner Befürwortung faktischer Vertragsverhältnisse und der Figur des „sozialtypischen Verhaltens".[96] Von ihren ideologischen Bezügen gelöst, konnten also gewisse methodische Elemente als Antworten auf die nach wie vor konstatierten Phänomene der modernen Verkehrsgesellschaft präsentiert werden.

---

96 Eingehende Analyse bei Ralf Frassek, Methode und Zivilrecht bei Karl Larenz (1903–1993), in: Joachim Rückert/Ralf Seinecke (Hrsg.), Methodik des Zivilrechts von Savigny bis Teubner, 2. Aufl. Baden-Baden 2012, 213–234 (231 f.).

5 Klausuraufgabe

Die Verpflichtungskraft des Eides: drei Schlaglichter
Susanne Lepsius

Bearbeitervermerk:
1) Welche Rechtsfragen im Kontext von Eiden werfen die folgenden Quellen auf? Welche Arten von Eiden werden in den Quellen thematisiert? Inwieweit kommt es auf den Wortlaut und Inhalt des Eides an?
2) Welche Funktionen des Eides sind anhand der nachstehenden Quellen erkennbar? Welche anderen Arten des Eides gibt es zeitgenössisch noch?
3) Ordnen Sie die angesprochene Bedeutung des Eides in den zeitgenössischen Kontext ein und berücksichtigen Sie insbesondere Autor und Quellengattung.

QUELLE 1
Gulielmus Durantis, Speculum Iudiciale, Basel 1574, ND Aalen 1974, lib. I, partic. I, no. 23–25 (Ausz.), fol. 47a-48a, Übersetzungsvorschlag S. L.

Rdnr. 23 Quando dubitatur, utrum iuramentum sit licitum, uel seruandum, uel non seruandum, ad papam pertinet diffinire et decernere, ut liber extra [Allegationen]	1 3	23 Wenn bezweifelt wird, ob ein Eid erlaubt ist, bzw. ob er zu halten oder nicht zu halten sei, so kommt es dem Papst zu, darüber zu bestimmen und entscheiden, wie im Liber Extra steht […]
Uidetur quod potest illum absoluere, qui iurauit: quod uerum est secundum dominum meum inter clericos etiam in ecclesiasticis indistincte, ut patet liber extra [Allegationen]	6	Es scheint, dass er den lösen kann, der geschworen hat. Was nach Meinung meines Herrn (und Meisters) zwischen Klerikern und in kirchlichen Sachen ohne weitere Differenzierungen zutrifft, wie es sich klar ergibt aus Liber Extra […]
Item etiam inter laicos et in temporalibus: et si non absoluat omnino, relaxat tamen siue suspendit ad tempus ex causa: ut patet [Allegationen]	11 14	Und ebenso auch zwischen Laien und in weltlichen Angelegenheiten; und wenn er auch nicht zur Gänze löst, so kann er ihn lockern oder für einen bestimmten Zeitraum gestützt auf einen Grund suspendieren, wie es in […] heisst.

Quidam tamen hoc ultimum non reputant speciale secundum dominum meum.	17	Einige wollen letzteres nicht als Sonderfall anerkennen – so lehrt es mein Herr (und Meister).
Quidam autem dicunt quod papam dispensare potest et absoluere aliquem a iuramento propter grave scandalum, uel malum exemplum, praecedente tamen claue discretionis.	21	Andere aber behaupten, dass der Papst jemanden wegen der Schwere des Skandals oder wegen des schlechten Beispiels vom Eid dispensieren und lösen kann, jedoch gestützt auf die Schlüsselgewalt des Ermessens.
Sed hoc contra: nisi sit illicitum quod iuratur.	25	Dagegen spricht aber: Es sei denn, dass das, was beschworen wurde, unerlaubt ist.
Rdnr. 24 Quia iuramentum et uotum sunt de iure naturali, et iura naturalia sunt invariabilia et indispensabilia, ut [Allegationen]	28	24 Denn Eid und Gelübde gehören zum Naturrecht, und die natürlichen Rechte sind unveränderlich und nicht dispensfähig, wie [Belegstellen] sagt.
Vbi autem quis temere iurauit, quod de sui natura illicitum est, et quod seruatum uergit in detrimentum utriusque salutis, id est animae et corporis, potest episcopus dispensare, uel potius denunciare, non tenere, secundum Iohannem de Deo [Allegationen]	32 / 35	Wo einer aber unbesonnen schwört, was seiner Natur nach unerlaubt ist, und wenn das Einhalten [des Beschworenen, S. L.] beiden Aspekten des Heils, dem des Körpers und dem der Seele, Schaden zufügt, dann kann der Bischof davon befreien, oder besser öffentlich verkünden, dass er nicht hält, so nach Johannes de Deo […]
Rdnr. 25 […] Tutius autem uidetur, quod episcopus non absoluat a iuramento dolo, ui, uel metu extorto, nec etiam legatus de latere: et sic uidemus plures legatos seruare, argumentum [Allegationen]	40 / 43	25 Sicherer scheint aber, dass der Bischof nicht vom Eid, der durch Arglist, durch Gewalt oder Furcht erzwungen wurde, entbindet und auch nicht der Gesandte des Papstes (*legatus a latere*), und daran haben sich augenscheinlich auch mehrere Legaten selbst gehalten, wie sich aus folgenden Stellen ergibt [Allegationen]
Etiam in hoc videtur dominus meus et Iohannes de Deo dicentes solum papam dispensare posse, ubi utraque salus seruari possit.	48	Hierzu sagen mein Herr und Johannes de Deo, dass dabei scheinbar nur der Papst befreien kann, wo es gilt, die beiden Aspekte des Heils (sc. des Körpers und der Seele, S. L.) zu retten.
Quidam autem dicunt iuramentum per metum, qui cadere possit in constantem, extortum, non obligare, ut Liber Extra [Allegation]	52	Einige sagen aber, der durch solche Furcht erpresste Eid, die auch einen beständigen Mann zittern lässt, verpflichte nicht, wie im Liber Extra […]
Quod est uerum in iuramento de sui natura illicito praestito, et etiam in iuramento per coactionem extorto absolutam ut in capitulum verum, alias bene obligat.	56	Dies trifft auf jenen Eid zu, der seiner Natur nach unerlaubt ist, und auch auf denjenigen Eid, der unter absolutem Zwang geleistet wurde, wie in [X 2.24.15], andernfalls bindet er sehr wohl.

QUELLE 2
Glaubenssätze der Täufer aus Schleitheim, sog. Schleitheimer Artikel, hg. v. H. Fast, Quellen zur Geschichte der Täufer in der Schweiz, Bd. 2, Nr. 26, Art. 7, zitiert nach M. Luminati, Fall 13 [...], in: Fälle aus der Rechtsgeschichte, hgg. U. Falk u. a., München 2007, 197–205, hier 199 Fn. 7:

[...] Zum sibenden sind wir vereinigt worden von dem eid also. Der eid ist ein befestigung under denen, die do zancken oder verheissen, und im gesatz geheissen worden, das er solte geschechen by dem namen gottes allein warhaftig und nit falsch [3. Mos. 19,12]. Christus, der die volkumenheit des gesatz lert, der verbut den synen alles schweren, weder recht noch falsch, weder by dem himmel noch by dem erterich noch by Jerusalem noch by unserem houpt, und das um der ursach willen, wie er hernach spricht: Dan ir mögen nit ein har wiss oder schwartz machen [Matth. 5,32–36]. Sechend zuo, darum ist alles schweren verbotten. Dann wir mögen nut erstaten, das in dem schweren verheissen wirt, diewil wir das allerminst an uns nit mögen enderen [...]

QUELLE 3A
Gesetz über die Vereidigung der Beamten und der Soldaten der Wehrmacht v. 20. 08. 1934, in der Fassung des Änderungsgesetzes vom 20. Juli 1935

§ 2 Nr. 2:
„Ich schwöre bei Gott diesen heiligen Eid, dass ich dem Führer des Deutschen Reiches und Volkes, Adolf Hitler, dem obersten Befehlshaber der Wehrmacht, unbedingten Gehorsam leisten und als tapferer Soldat bereit sein will, jederzeit für diesen Eid mein Leben einzusetzen."

QUELLE 3B
H. W. Hagen*, Vortrag am 21. November 1950, vor ehemaligen Soldaten im Rahmen der Evangelischen Akademie in Bad Boll, entnommen aus: Hans W. Hagen, „Zwischen Eid und Befehl", München 1958, 73 ff.

„Ich schloß damals [im Schlusswort seiner Spruchkammerverhandlungen 1949 in München, S. L.] meinen Prozeß mit den Worten, mit denen ich auch heute meine Worte an Sie beenden möchte:
   Was wir nun taten, lief darauf hinaus, bei der unklaren Befehlsgebung den letzten Richtpfeiler zu suchen und zu finden: den Eid des Soldaten. In dem Augenblick, wo der Eid bestand, fiel der Putsch zusammen wie ein Kartenhaus [...] Es mag dies in

einer Zeit, wo mit der Diffamierung des deutschen Soldaten überhaupt auch sein Festhalten am Eid lange Zeit zumindest als suspekt oder, wenn er sich darauf berief, als Ausrede angesehen wurde, nicht ganz verständlich sein. Es werden aber wieder Zeiten kommen, wo man die Unabdingbarkeit der Eide begreifen wird als das Unterpfand jeglichen sozialen Zusammenlebens der Menschen […] Aber gerade der Umstand, daß ich an der Seite meines Kommandeurs näher an das Schicksal herangerückt worden war, wofür man mich auch ins Gefängnis warf und nun zur Rechenschaft zieht, gibt mir das Recht, in einem Schluß-Wort meine Meinung zu den Dingen vor diesem Forum und damit vor der Öffentlichkeit zu sagen[…]: Wir konnten damals nur das eine tun: handeln aus der Unbefangenheit der Situation, wie sie sich uns enthüllte, und aus der Treue zum Eid."

* *Hagen: 1907–1969, seit 1933 Mitglied in der SA, seit 1937 in der NSDAP, dort Kulturfunktionär. Er trug am 20.7.1944 als Angehöriger des Wachbataillons in Berlin durch die Nichtausführung des Walkürebefehls wesentlich zum Scheitern des Hitler-Attentats vom 20. Juli 1944 bei. Nach dem Krieg deswegen vor Gericht gestellt erfolgte jedoch keine Verurteilung.*

Exegese

Didaktische Vorbemerkung: Die nachfolgenden, exegetisch anhand der Bearbeitervermerke zu analysierenden Quellen entsprechen dem Aufgabentyp, wie er an der Universität München im Bereich des Schwerpunktes 1 („Grundlagen des Rechts") als historischer Teil im Rahmen der fünfstündigen Abschlussklausur gestellt werden könnte. Diese Abschlussklausur bildet nach der Prüfungs- und Studienordnung der Juristischen Fakultät der LMU München von 2012/2015 (§ 39 Abs. 1 PrStO) neben der Schwerpunktseminararbeit die studienabschließende Juristische Universitätsprüfung im Sinne von § 17 JAPO[1]. Da im Rahmen einer Klausur keine Recherchen vorgenommen werden können, beschränken sich auch nachfolgend die Belege auf ein Minimum und sind eher als weiterführende Lektürehinweise für fortgeschrittene Studierende zur Abrundung gedacht.

Die Zusammenstellung und Kontrastierung mehrerer Quellen zu einem Problemkreis soll den Studierenden die Möglichkeit geben, die Besonderheiten der jeweiligen Quellen besser herauszuarbeiten und übergeordnete Verlaufstendenz oder charakteristische Unterschiede auszumachen. Dabei kommt es in einer Klausur, in der keine Nachschlagewerke herangezogen werden können, mehr als in einer Hausarbeitsexegese darauf an, den Inhalt

---

1 Ausbildungs- und Prüfungsordnung für Juristen in Bayern vom 13.10.2003, i. F. v. 1.3.2018.

der Quelle nuanciert zu erfassen (erster Bearbeitervermerk sowie erster Teil des zweiten Bearbeitervermerks). Die Kontextkenntnisse voraussetzenden Aspekte der Fragestellung (zweiter Teil des zweiten, sowie dritter Bearbeitervermerk) ermöglichen es, mit Zusatzwissen zu punkten und bei der Bewertung in den Prädikatsbereich zu gelangen.

A   Einführende Überlegungen

Alle drei Quellen behandeln die Verpflichtungskraft und die Reichweite von Eiden. Durchweg geht es dabei um den Versprechenseid, den sog. promissorischen Eid, während der assertorische Wahrheitseid, wie er etwa vor Gericht zur Bekräftigung einer Aussage geleistet wird und bei dessen Verletzung sich etwa das Problem des Meineides stellt[2], soweit ersichtlich nicht gemeint ist.

Der besondere verpflichtende Charakter des promissorischen Eides wird in den drei Quellen trotz ihres zeitlichen Abstandes von rund 650 Jahren metaphysisch begründet. So verknüpft Quelle 1 die Bindungswirkung des Eides mit der körperlichen Unversehrtheit wie auch mit dem Seelenheil (Z. 34 f., 50). Der Gottesbezug mit der Vorstellung eines unmittelbar schon im Diesseits strafenden Gottes, soweit der Eid gebrochen wird (z. B. durch Verdorren der Schwurfinger, plötzliche Krankheit oder Tod), sowie eines jedenfalls im Fegefeuer und im Jüngsten Gericht mit der Verdammung der Seele zu sanktionierenden Eidbruchs wird von Quelle 1 zwar nicht unmittelbar thematisiert, ist aber aufgrund der geteilten christlichen wie volkstümlichen Wertvorstellungen im Mittelalter, der Entstehungszeit der Quelle, vorauszusetzen. In Quelle 2 wird die metaphysische Dimension des Eides durch die verschiedenen Wortlaute, auf wen geschworen werden soll, betont (Z. 3–6, dazu unten 538), und selbst noch für das 20. Jh. postuliert Quelle 3a, der Eid sei „heilig".

Die erste und dritte Quelle reflektieren die Verpflichtungskraft aus der *ex-post*-Perspektive, wobei den Autor von Quelle 1 vor allem beschäftigt, welche Eide von vornherein ungültig sind, weshalb deren Ungültigkeit lediglich deklaratorisch festgestellt werden müsse (Z. 36–37), alternativ, welche Instanz (Papst, Z. 3, 20; Bischof, Z. 36, 39; päpstlicher Gesandter, Z. 42) unter welchen Voraussetzungen in den Fällen eines wirksam geschworenen Eides von diesem ggfs. entbinden kann. Die Vorstellung, sich von einem einmal geschworenen Eid wieder lösen zu können, kommt dem Sprecher in Quelle 3b gar nicht in den Sinn. Dort wird die Verpflichtungswirkung weder im Zustandekommen hinterfragt, noch werden Möglichkeiten und Situationen differen-

---

2   D. Munzel-Everling, Art. Eid, in: HRG I², Sp. 1249–1261.

ziert, in denen von einem einmal geleisteten, im Prinzip wirksamen Eid abgesehen werden kann. Für Quelle 2 stellt sich dagegen *ex ante* die Frage, ob man überhaupt Eide schwören soll, weil die Verpflichtungskraft des Eides und die einmal eingegangene Bindung besonders ernst genommen werden.

B Art, Inhalt der Eide (= erster Bearbeitervermerk)

I. Quelle 1 trifft deutlich vielfältigere Differenzierungen als die weiteren Quellen. So wird nach der Art der eidlich bekräftigen Versprechen wie auch nach den Personen, die einen Eid leisten, differenziert. Der einfache verpflichtende Eid (*iuramentum*) kann sowohl von Klerikern in spirituellen, (Z. 8 f.) wie auch von Laien in weltlichen Angelegenheiten (Z. 11 f.) geschworen werden. Damit sind alle Personengruppen der mittelalterlichen Welt umfasst. Zur rechtlichen Beurteilung der Gültigkeit beider Formen von Eiden sind ausschließlich kirchliche Instanzen vom Bischof bis hinauf zum Papst zuständig. Neben dem Eid wird auch ein Gelübde (*votum*, Z. 27) genannt, dessen rechtliche Beurteilung jedenfalls ausweislich der abgedruckten Quellenauszüge weder von der Überprüfungszuständigkeit noch von den denkbaren Rechtsfolgen von derjenigen von Eiden abweicht. Bei derartigen Gelübden ist zeitgenössisch und kontextbezogen an das Gelübde, in einen Orden einzutreten, oder auch an das Gelübde, eine Pilgerfahrt abzuleisten, zu denken.

1. Die erste Quelle problematisiert trotz aller aufgeworfenen subtilen Unterscheidungen nicht den Wortlaut des jeweiligen Eides. Vielmehr stehen Art und Umstände des Zustandekommens wie auch potentielle persönliche Belastungen des Schwörenden im Zentrum der Überlegungen. Prinzipiell betreffen die Aussagen inhaltlich alle Arten von Eiden und Gelübden, und in personaler Hinsicht sowohl solche zwischen Laien wie zwischen Klerikern und zwischen beiden Personengruppen. Aufgrund der vorausgesetzten besonderen Bindungswirkung und des Gottesbezugs erörtert der Verfasser verschiedene Situationen und Fallgestaltungen und Rechtsfolgen, in denen neben der vollständigen Lösung vom einmal wirksam eingegangenen Eid (*absolvere* = lösen, *dispensare* = dispensieren, Z. 6, 21, 49) als Alternativen für den mit der Rechtsfrage befassten kirchlichen Amtsträger als mildere Mittel auch eine teilweise inhaltliche Erleichterung bzw. Beschränkung der zeitlichen Verpflichtungswirkung (*relaxare* = lockern, Z. 12 f., bzw. *suspendere* = entheben, Z. 13) in Betracht kommen. Ob die beiden letzteren Varianten als reine Ermessensentscheidung

(*discretionis clavis*, Z. 24[3]) nur dann in Betracht kamen, wenn das Festhalten am Eid zu einem bedenklichen Skandal oder zu einem schlechten Vorbild für andere führen würde, war dabei umstritten und wurde nur von einigen Autoren (*quidam*, Z. 20–23) für zulässig erachtet.

2. Davon grundsätzlich zu unterscheiden war der Fall, dass ein geleisteter Eid für den Schwörenden nicht bindend wurde, weil die Eidesleistung unerlaubt (*illicitum*, Z. 25 f.; Z. 56 f.) war. Dennoch stellte sich auch hier die Frage, ob vom Eid zu dispensieren oder lediglich deklaratorisch dessen Unwirksamkeit festzustellen war (*dispensare vel potius denunciare non tenere*, Z. 35 f.). Die Quelle setzt als selbstverständlich voraus, es gebe Fälle, in denen man einen inhaltlich von vornherein unzulässigen Eid schwört (Z. 25 f., 56 f.), ohne zu konkretisieren, an welche Fälle dabei zu denken ist. Ob dagegen bereits ein durch Arglist (Z. 40) oder schwerwiegende Angst abgepresster Eid (Z. 41, 52 f.) oder erst ein durch absolute Gewalt veranlasster Eid von vornherein keine Bindungswirkung entfalte, wurde erneut nur von manchen, nicht näher genannten Stimmen vertreten, wie die Quelle festhält (Z. 52–54). Bevor er einen Eid als unwirksam erklären konnte, musste ein Bischof noch das zusätzliche Erfordernis prüfen, ob das Befolgen des Eides für den Schwörenden Schaden an Leib und Seele mit sich bringe (Z. 32–35). Dagegen ging eine Mehrheitsmeinung bei einem Eid, der „nur" unter Furcht abgelegt worden war, davon aus, dieser sei durchaus im Prinzip bindend, könne aber – soweit der Inhalt im Prinzip zulässig war – ausschließlich vom Papst nach seinem Ermessen gelöst werden. Dafür könne sich dieser auf seine Schlüsselgewalt stützen, die auch schon zuvor (Z. 24) angesprochen worden war.

II. Bei der zweiten Quelle steht ebenfalls der promissorische, daneben aber auch der streitbeendende Charakter des Eides im Mittelpunkt (*befestigung unter denen, die zancken oder verheißen*, Z. 1 f.). Mit dem streitbeendenden Charakter des Eides könnte die Urfehde, die die unterlegene Partei nach einem Gerichtsurteil als Sicherungseid gegenüber dem Richter und der obsiegenden Partei zu schwören hatte[4], gemeint sein.

---

3   Zur Schlüsselgewalt als Vollmacht und Amtsgewalt des Bindens und Lösens, vgl. W. Beinert, Art. Schlüsselgewalt, in: Lexikon für Theologie und Kirche (LThK) 9, Sp. 167–169.

4   Mit dem Fachterminus wird dies als *Urfehde* bezeichnet. Inhaltlich verpflichtete man sich, keine Rache zu üben. Vgl. St. Chr. Saar, Art. Urfehde, in: HRG V, Sp. 562–570. *In der Klausur konnte die korrekte Verwendung dieser Spezialterminologie nicht erwartet werden.*

1. In der Quelle wird eine Unterscheidung zwischen Altem Testament (3. Buch Mose) und Neuem Testament (Matth. 5,32–36) markiert. Während das AT vor allem zur Legitimierung der Bindung an den einmal geschworenen, richtigen Eid herangezogen wird und der Inhalt der Eidesformel ausschließlich auf Gott selbst bezogen ist, dient das Zitat aus dem NT als Begründung für die Unzulässigkeit jeglichen Schwörens.
2. Die Autoren schieben als eigene Begründung nach, der Versprechenseid sei vor allem deswegen problematisch, weil die Menschen sich ohnehin nicht zu ändern vermögen und ihre Handlungsmöglichkeiten begrenzt sind (Z. 9). Dies dürfte aufgrund des ausgesprochen theologischen Gehalts der Stelle nicht als Bemerkung zur anthropologischen Grundkonstante der „schwachen" Menschennatur zu verstehen sein, sondern dem christlich fundamentalen Prädestinationsglauben der Autoren aus den Täuferkreisen entspringen, wonach alle Handlungen auch des einzelnen Menschen von Gott vorgezeichnet sind, so dass eine radikale, der Persönlichkeit widersprechende Verpflichtung, die durch eine eidliche Verpflichtung konstituiert wird, ohnehin nicht denkbar ist, weil sie eine maßlose Willensfreiheit des Schwörenden voraussetzt.
Die aufgezählten unterschiedlichen außerweltlichen Bezugspunkte der Eidesformel (*Christus, Himmel, Erdreich, Haupt Christi*, Z. 4 ff.) sind keine Ausmalungen besonders elaborierter und deshalb besonders kritikwürdiger frühneuzeitlicher Schwurformeln, die schon rituell die Verpflichtungskraft des Eides durch drastische bzw. umfassende metaphysische Bezüge besonders intensiv befestigen sollen, sondern finden sich bereits in der angeführten Stelle des Matthäus-Evangeliums.
3. Das einfache Versprechen einzelner Handlungen, ohne jegliche eidliche Absicherung, gilt den Schleitheimer Täufern in der Konsequenz dieser religiös motivierten Eidesablehnung als ausreichend. Damit stellte sich für sie die Frage nach der Reichweite eines einmal eingegangenen Eides nicht. Die rechtlichen Differenzierungen, die Quelle 1 umgetrieben haben, sind nicht mehr erforderlich, weil wesentlich radikaler jeglicher promissorischer Eid abgelehnt wird. Ebenso wenig erörtert die abgedruckte Quelle das Problem des Gelübdes, das vermutlich von den Autoren jedoch ebenfalls abgelehnt worden sein dürfte.

III. Der in Quelle 3a abgedruckte, neue Eid (s. Kopfregest, in dem auf die formale Natur als Änderungsgesetz hingewiesen wird) persönlich auf Adolf Hitler als obersten Befehlshaber ist ein Soldateneid, der in abgewandelter Form auch von Beamten im Nationalsozialismus zu leisten war.

1. Auf den ersten Blick ist somit ein enger begrenzter Personenkreis als in Quellen 1 und 2 durch diesen Eid verpflichtet worden. Solche Diensteide sind bei Amtsantritt bzw. bei Rekruten als Gelöbnis zu leisten und ähneln in der Auswirkung auf das schwörende Individuum dem in Quelle 1 genannten Gelübde, weil sie die gesamte Person verpflichtend erfassen und nicht nur einzelne, konkrete Handlungspflichten auferlegen. Anders als das in der dritten Quelle behandelte Soldatengelöbnis sind die in der ersten Quelle als Hintergrund zu vermutenden Statuswechsel (Ordenseintritt, langdauernde Pilgerfahrt) jedoch freiwillig, während sich dem vorliegenden Soldateneid in den Folgejahren der massiven Aufrüstung und Militarisierung des öffentlichen Lebens ab 1935 bis hin zum zweiten Weltkrieg kein männlicher Bürger im Deutschen Reich entziehen konnte.
2. Auch noch in Quelle 3a wie in Quelle 3b wird der Eid durch einen expliziten metaphysischen Bezugspunkt (*Gott, heilig*, Quelle 3a; *Schicksal*, Z. 12) besonders verpflichtend und vom Sprecher Hagen als unabdingbar (Z. 10) dargestellt und rückblickend auf seinen Einsatz im Juli 1944 wohl auch persönlich empfunden. Für ihn ist weder eine Institution oder Instanz denkbar, die vom einmal geleisteten Eid befreien könnte wie in der ersten Quelle thematisiert wird, noch stellt er sich die grundsätzlichere Frage, ob von vornherein das Eingehen eines derart unbedingten persönlichen Eides auf den „Führer" als Versprechenseid überhaupt zulässig war. Abgesehen von ihrer grundsätzlichen Ablehnung des Eides wäre auch ein so weitreichender, der weltlichen Obrigkeit geleisteter Eid den Autoren von Quelle 2 wohl gänzlich suspekt gewesen. Im Jahr 1950 argumentierte Hagen jedoch anscheinend bereits gegen nicht spezifizierte Stimmen in der Öffentlichkeit an, die Kritik am unbedingten Gehorsam und am Eid äußerten. Allerdings weist er diese von vornherein als *Diffamierung des deutschen Soldaten und seines Festhaltens am Eid* (Z. 7 f.) zurück und setzt dabei auf Verständnis seines spezifischen Zuhörerkreises, bestehend aus ehemaligen (Wehrmachts-) Soldaten (s. Einführungsbemerkung zu Quelle 3b).

C   Funktionen des Eides, andere Arten von Eiden (= 2. Bearbeitervermerk)

I. Bei Quelle 1 wird die Problematik der Versprechenseide ausschließlich aus der Perspektive der nachträglich berufenen Institutionen, die zur Entbindung vom Eid zuständig sein könnten, geschildert.

1. Der promissorische Eid wird damit für den Autor zum Testfall, anhand dessen Kompetenzen und Prüfungsumfang verschiedener Institutionen der mittelalterlichen Papstkirche erörtert werden. Viele Einzelfragen waren dabei anscheinend dogmatisch umstritten. Der Autor schließt sich seinem nicht namentlich genannten Lehrer und dem Kanonisten Johannes de Deo an (Z. 47–51), wonach vor allem bei der Entbindung vom eigentlich wirksamen Eid, von dem nur mit Blick auf die nachteiligen Folgen für Leib und Seele des Schwörenden im Einzelfall und unter ordnungsgemäßer Ermessensausübung (*discretionis clavis*, Z. 24) gelöst werden kann, ausschließlich der Papst als Letztinstanz der katholischen Kirche zuständig sein sollte. Begründet wird diese hierarchische Vorrangstellung des Papstes mit der naturrechtlichen Verankerung des Eides, wodurch ein einmal wirksam eingegangener Eid prinzipiell unauflöslich und auch nicht durch kirchliche Dispens[5] aufhebbar wurde (*invariabile et indispensabile*, Z. 27–29).
2. Für diese Quelle kommen gerichtliche Eide nicht für die Thematik der Dispensierung und Dispensierbarkeit vom Eid in den Blick. Weder der Wahrheitseid, den im gelehrten Prozessrecht Zeugen als rationale Beweismittel zu Beginn ihrer Aussage auf die Evangelien zu leisten hatten, würde einer Dispensierung zugänglich sein, noch die Eide der im ungelehrten Kontext im Mittelalter nach wie vor zentralen gerichtlichen Eideshelfer, die nicht über vergangene Tatsachen wahrheitsgemäß aussagen sollten, sondern allein als Leumund für die untadeligen Lebensführung eines Angeklagten von ihm bestellt wurden[6]. Durchaus ist jedoch zeitgenössisch daran zu denken, dass auch Lehenseide als wechselbezügliche Eide zwischen Lehensmann und Lehensherren, also ausschließlich zwischen zwei Laien, abgelegte Eide von Durantis gemeint sein konnten, von denen unter den geschilderten limitierenden Voraussetzungen jedenfalls der Papst entbinden konnte.

II. Für die strenggläubigen Autoren der zweiten Quelle, die als Angehörige des radikal-protestantischen Minderheitenflügels der Täufer (s. Kopfregest), ihre christlich begründeten Aussagen unmittelbar aus der Bibel ableiteten, sind nicht nur promissorische Eide (*verheissen* als Gegenstand des Eides) suspekt, sondern auch

---

5 Beachte zur Terminologie: Im weltlichen Bereich spricht man bis heute von *dem* Dispens (m.), während der kirchenrechtliche Fachterminus grammatikalisch ausschließlich in der femininen Form gebraucht wird. Inhaltlich zur kirchlichen Dispens s. M. Germann, Art. Dispens, in: HRG I², Sp. 1086 f.
6 J. Weitzel, Art. Eideshelfer, in: HRG I², Sp. 1261–163.

streitbeilegende (*befestigung unter denen, die zanken*, Z. 1 f.), möglicherweise daneben auch – obwohl nicht in der Quelle angesprochen – gerichtliche Wahrheitseide.

1. Die Eideskritik ist hier allumfassend und radikal. Guten Gewissens kann kein Christ ihrer Auffassung nach einen Eid leisten. Paradoxerweise bringt die gemeinsame Überzeugung von der Ablehnung des Eides die Autoren zu der siebten rechtspolitischen Forderung ihres Programms. Die übereinstimmende Ablehnung des Eides ist also eine gemeinschaftsstiftende Haltung (*zum siebenden sind wir vereinigt worden von dem eid also*, Z. 1)
2. Sie wenden sich damit gegen eine zeitgenössische Funktion des Eides, die in der Historiographie als „politisches Sakrament" bezeichnet wird[7]. In Form des Bürger- und Untertaneneides stabilisierten solche Eide die bestehende politische Ordnung. Sie dienten aber auch in der Form der *con-iuratio* (Ver-Schwörung) seit dem Hoch- und Spätmittelalter dazu, in einer politischen Umbruchsituation die am Umsturz beteiligten Personen auf eine angestrebte neue politische Ordnung wechselseitig zu verpflichten. Beide Formen politischer Eide waren daher allgegenwärtig und den Zeitgenossen vertraut. Anscheinend war für die politisch gleichgesinnten Schleitheimer Täufer auch das einfache Versprechen, ohne besondere eidliche Befestigung, ausreichend, um sich wechselseitig zu verpflichten und ihr aus mehreren Punkten bestehendes politisches Reformprogramm als politische Forderung einer ablehnenden Mehrheitsgesellschaft entgegen zu schleudern[8].

III. Die dritte Quelle greift für die besondere Bindungswirkung einerseits auf das traditionale Element der Anrufung Gottes als Zeuge und Garant des gegebenen Versprechens zurück. Auch für die erste und zweite Quelle war die Anrufung Gottes selbstverständlich und fügte dem Versprechen zweier natürlicher Personen im Diesseits den metaphysischen Bezugspunkt schlechthin hinzu, so dass durch die eidliche Verpflichtung eine besondere Dreieckskonfiguration entstand.

1. Andererseits ist die persönliche Verpflichtung auf Adolf Hitler als den „Führer" Quelle 3a) unüblich für einen neuzeitlichen Eid, bei dem man üblicherweise auf

---

7   P. Prodi, Der Eid in der europäischen Verfassungsgeschichte (= Schriften des Historischen Kollegs, 33), München 1992, 14–22, sowie Ders., Das Sakrament der Herrschaft. Der politische Eid in Verfassungsgeschichte des Okzidents, Berlin 1997, 162–171.

8   Zu den Hintergründen: U. Falk, Ihr sollt überhaupt nicht schwören, in: Falk/Luminati/Schmoeckel, Fälle aus der Rechtsgeschichte, München 2008, 199.

ein Abstraktum, etwa Staat, Nation, Verfassung, schwört⁹. Das starke personale Band, einschließlich der Treue, die Hagen in Quelle 3b anspricht (Z. 17), lassen an einen mittelalterlichen Lehenseid denken. Anders als bei jenem besteht jedoch keine Wechselbezüglichkeit. Hitler als Führer schuldet etwa keine Treue oder Schutz und Schirm gegenüber Hagen aufgrund eines komplementären, wechselbezüglichen Eides wie ihn ein mittelalterlicher Lehensherr übernommen hätte.

2. Auch der in Quelle 3a abverlangte bedingungslose Einsatz des Lebens erweist sich im Vergleich mit den beiden anderen Quellen als Maximalforderung. Er entspricht auch nicht dem gebräuchlichen Inhalt soldatischer Gelöbnisse. Angst um sein Leben haben zu müssen oder gar das Versprechen es bedingungslos für den Führer einzusetzen, wäre aus dem Blickwinkel von Quelle 1 eine derartige Furcht, dass sie auch einen beständigen Mann zum Schwanken¹⁰ bringen würde und daher die Frage der Verpflichtungswirkung eines aus derartiger Angst gegebenen Eides aufwerfen würde (Quelle 1, Z. 52–54). Aus Sicht der Täufer in Quelle 2 wäre ein Eid, mit dem man sich zur Hingabe des eigenen Lebens verpflichtet, vermutlich gotteslästerlich, weil die Entscheidung über das Leben und das Lebensende allein in Gottes Hand liegt und damit der menschlichen Verfügung entzogen ist, also auch nicht von einem anderen Menschen gefordert werden kann. Neuzeitliche Beamten- oder Soldateneide verlangten vor 1935 und damit vor Quelle 3a üblicherweise den Schwörenden lediglich Handlungspflichten (dienen, Befehle ausführen, taper kämpfen) bzw. Unterlassungspflichten ab (keinen Verrat begehen, keinen Schaden zufügen).

3. Aus der Sicht von Hagen in Quelle 3b spielen dagegen für die Verpflichtungswirkung seines geleisteten Soldateneides weder der personale Bezug zu Hitler noch der Gottesbezug eine hervorgehobene Rolle. In seinem Schlusswort wird die *Treue zum Eid* zum Wert an sich (Z. 17). Fragen der Art, ob aus dem Rückblick des Jahres 1950 eine unbegrenzte Treuebindung an den Führer, der mittlerweile Selbstmord begangen hatte, noch immer zu rechtfertigen war, und ob diese Treue angesichts der gerade seit der zweiten Jahreshälfte 1944 bis Kriegsende besonders intensiven Zerstörungen von Städten und Kriegstoten, sowie angesichts der zwischenzeitlich bekannt gewordenen Bilder aus den befreiten Konzentrationslagern

---

9   So lautet der Soldateneid nach § 9 Abs. 1 Gesetz über die Rechtsstellung der Soldaten (SG) vom 1.4.1956: „Ich schwöre, der Bundesrepublik Deutschland treu zu dienen und das Recht und die Freiheit des deutschen Volkes tapfer zu verteidigen, so wahr mir Gott helfe."

10 Der Gegenkonzept einer nicht hinreichenden Furcht wäre diejenige, die einen furchtsamen Menschen (*homo vanis*) befällt, vgl. bereits Dig. 4.2.1 und Dig. 4.2.5.

das Halten des Eides „wert" waren oder, in der Terminologie der ersten Quelle, eher das Seelenheil gefährdeten, konnten dadurch von ihm ausgeblendet werden. Für Quelle 1 wären derartig gravierende Folgen beim Einhalten des Eides möglicherweise ein Grund gewesen, eine Suspendierung oder zeitliche Limitierung des Eides in Erwägung zu ziehen. Schließlich erhofft Hagen für die Zukunft eine neue Wertschätzung der politischen Dimension des Eides (Z. 10 f.: Eid als *Unterpfand des sozialen Zusammenlebens*), die an die vormodernen Vorstellungen vom Eid als Sakrament der Herrschaft erinnern könnten. Ob er diese politische Dimension des Eides tatsächlich auf alle Bürger und Einwohner erstrecken oder doch eher auf den geschlossenen, elitären Kreis der Militärs und Soldaten beschränkt sehen wollte, lässt sich nicht eindeutig erkennen.

D   Autor, Quellengattung, zeitgenössischer Kontext (= Bearbeitervermerk 3)

I.   1. Guilelmus Durantis, der Verfasser der ersten Quelle, war seiner Ausbildung nach ein Mann des gelehrten Rechts, wie man an seinen Ausführungen erkennt, die gespickt sind mit Zitaten (Allegationen) aus beiden gelehrten Rechten, von denen in der vorliegenden Quelle lediglich zwei Zitate aus dem Liber Extra (1234) abgedruckt sind (Quelle 1, Z. 4 f., 10). Wie viele Kanonisten blieb er nicht zeitlebens als Rechtslehrer an einer Universität, sondern wurde Bischof und schließlich Richter an der päpstlichen Rota[11].
     2. Sein Hauptwerk, das *Speculum iudiciale*, aus dem die vorliegende Quelle entnommen wurde, war ein riesiges Kompendium (selbst gedruckt in zwei großformatigen Foliobänden vorliegend) des gerichtlichen Verfahrens aus dem späten 13. Jahrhundert. Durantis schöpfte darin aus seiner eigenen reichen praktischen Erfahrung als Richter am obersten Gericht des Papstes in Rom. Es gilt als Hauptwerk des gelehrten Prozessrechts und wurde über Jahrhunderte als maßgebliche Autorität zitiert. Sein Prozesshandbuch enthielt sowohl abstrakte dogmatische Ausführungen, wofür der abgedruckte Quellenauszug ein Beispiel ist, wie auch reiches Anschauungsmaterial für die einschlägigen Prozessformulare. Damit wurde es vor allem für die Rechtspraxis ein zentrales Werk.

---

11   S. Lepsius, Art. Guilelmus Durantis (um 1230–1296), in: HRG I², Sp. 1168–1171.

3. Die Frage nach dem zeitgenössischen Kontext kann in unterschiedlichen Perspektiven untersucht werden[12].

   a. In prozessualer Hinsicht: Der hier diskutierte Themenkreis betraf nicht den Zivilprozess vor kirchlichen Gerichten, sondern wäre praktisch als eine Art Verwaltungsverfahren vom zuständigen kirchlichen Amtsträger entschieden worden, beispielsweise auf Antrag einer Person, die von ihrem Eid losgesprochen werden sollte. Derartige Verfahren wären in späteren Jahrhunderten von dem ausdifferenzierten Gerichtszweig der päpstlichen Pönitentiarie entschieden worden. Da jeder Eidbruch aus kirchlicher Sicht eine Sünde war, konnten die thematisierten Fragen der Gültigkeit und Verpflichtungskraft von Eiden daneben sowohl vor dem *forum internum* der Kirche behandelt werden wie auch die Jurisdiktionszuständigkeit der streitigen kirchlichen Gerichtsbarkeit (*forum externum*) kraft des Kompetenztitels der Sünde (*ratione peccati*) begründen. Die universale Einsatzmöglichkeit des Eides in allen möglichen personalen Beziehungen und zur Bekräftigung unterschiedlicher Rechtsgeschäfte korrespondierte daher mit einer umfassenden Beurteilungskompetenz kirchlicher Instanzen für Fragen des Eides generell im christlichen Mittelalter.

   b. Im Aufbau lässt die abgedruckte Passage Merkmale des scholastischen universitären Diskussionsstils erkennen. So werden zunächst die im Ergebnis abgelehnten Positionen mit „es scheint" (*videtur*, Z. 6) eingeleitet und die Vertreter dieser Position lediglich mit „Einige" angesprochen. Deren Argumente werden jedoch ausführlich dargelegt, bis dann im zweiten Teil die eigene Meinung des Durantis, eingeleitet mit „Folgendes spricht dagegen" (Z. 25), folgt. Hier schließt sich Durantis der ihn überzeugenden, weil vorsichtiger argumentierenden (*tutius*, Z. 39 ff.) Position seines nicht genannten akademischen Lehrers und des Johannes de Deo[13] an.

   c. Institutioneller Kontext: Der nicht genannte Lehrer des Durantis war Hostiensis, ein Kanonist, der – anders als manche Zeitgenossen – kein Protagonist für einen allumfassenden Primat des Papstes in der kirchen-

---

12 Die nachstehend genannten Perspektiven sollten nicht alle im Rahmen der Klausurbearbeitung ausgeleuchtet werden. Die Bearbeitungen sollten einige Aspekte herausstellen und dabei ein grundsätzliches historisches Hintergrundwissen sinnvoll auf die Quellenprobleme beziehen.

13 Ein Kanonist, der um 1246–1253 in Bologna lehrte, vgl. J. F. Schulte, Die Geschichte der Quellen und Literatur des Canonischen Rechts, Bd. 2, Stuttgart 1877, 94–107.

internen Hierarchie war[14]. Die als *sicherer* bezeichnete Position stärkte also weniger die Stellung des Papstes, sondern legte lediglich einem Schwörenden, der sich aufgrund eigener Bedenken von seinem Eid vorsichtshalber entbinden lassen wollte, nahe, sich gleich von der kircheninternen höchsten Instanz, dem Papst, die Dispens erteilen zu lassen. Begründet wird die herausragende Stellung des Papstes bei der Dispenserteilung von Durantis mit der Binde- und Lösegewalt des Papstes, symbolisiert in der Schlüsselgewalt (*discretionis clavis*, Z. 24), die den Päpsten weites Ermessen eröffnete, soweit es um eine Frage des Seelenheils oder um Leib und Leben ging. Durantis zufolge sollte jedoch kein völlig freies Ermessen walten, sondern die Päpste bei der Dispenserteilung zumindest an die Begründungsaspekte der andernfalls drohenden Leibesgefahr und Sorge um das Seelenheil des Schwörenden gebunden bleiben (Z. 20–24, 48–51). Der Hintergrund dürfte in der naturrechtlichen Verankerung des Eides (Z. 27 f.) zu suchen sein. Auch insofern scheint er für eine Einhegung der päpstlichen Löse-Befugnisse auf eng limitierte Einzelfälle zu plädieren.

d. Politischer Hintergrund und Kontext: Die Päpste nutzten im Mittelalter die ihnen zugeschriebene Binde- und Lösegewalt von Eiden auch proaktiv in eigenen politischen Auseinandersetzungen mit weltlichen Herrschern. Beispielsweise löste Papst Innozenz IV. die Reichsfürsten vom Treueid und die sizilischen Untertanen von ihrem Lehenseid, den sie Kaiser Friedrich II. geleistet hatten. Zuvor hatte der Papst Friedrich II. als Endpunkt einer langwierigen politischen Auseinandersetzung exkommuniziert.

e. In dogmatischer Hinsicht bilden diese und ähnliche Überlegungen wichtige Bausteine für die Lehren von der Ungültigkeit von Verträgen, die durch Drohung oder Täuschung herbeigeführt wurden. Außerdem wurde von den meisten Juristen des Mittelalters gerade die zusätzliche eidliche Bekräftigung von vertraglichen Verpflichtungen als Instrument herangezogen, um atypische Verträge, die nicht zu den nach römischem Recht klagbaren Verträgen gehörten, doch gerichtlich durchsetzbar zu machen[15]. Die in der Quelle geschilderten Detailprobleme zeigen auch, dass die

---

14   J. Müller, Art. Hostiensis, in: M. Stolleis (Hg.), Juristen. Ein biographisches Lexikon, München 1995, 295 f.
15   Es handelt sich um das klassische Problem der Klagbarkeit der *pacta nuda*. Die zusätzliche eidliche Verpflichtung ersetzte dabei in der mittelalterlichen gelehrten Rechtswissenschaft funktional die *stipulatio* des antiken römischen Rechts.

Möglichkeiten zur Aufhebung eines eidlich gegebenen Versprechens sehr restriktiv gehandhabt werden sollten, dieses also grundsätzlich strikt einzuhalten war.

II. Die zweite Quelle stammt aus einem politischen Forderungskatalog der Schleitheimer Täufer in der Schweiz. Sie dürften, ähnlich wie die bekannteren Münsteraner Wiedertäufer, Anhänger der Erwachsenentaufe gewesen sein und somit auch in theologischer Hinsicht extreme protestantische Forderungen aufgestellt haben. Neben den kirchlichen Forderungen verlangten sie meist auch gesellschaftliche, rechtliche und wirtschaftliche Reformen und formulierten ähnliche Forderungen wie die Bauern im Bauernkrieg, auch personale Überschneidungen können dabei vermutet werden.

1. Charakteristisch ist in der vorliegenden Quelle die wörtliche Bezugnahme der Schleitheimer auf die mittlerweile ins Frühneuhochdeutsche übersetzte Bibel. Die Bibel wird hier Referenzquelle für sämtliche Forderungen, während juristische Argumente oder Autoritäten den Autoren nicht bekannt oder nicht relevant waren. Dies könnte auch damit zusammenhängen, dass häufig Theologen diesen frühneuzeitlichen Reformkräften ihre Feder liehen[16].

2. Mit ihrer Forderung nach radikaler Trennung von weltlicher und geistlicher Obrigkeit, aber auch mit ihrem kircheninternen Rigorismus stellten die Täufer generell die geltende Ordnung in Frage und wurden daher in Einzelverfahren verfolgt, in denen es häufig um den Hauptatvorwurf des Eidbruchs ging. Der vorliegende Quellenauszug greift nicht nur die Eidesleistung als solche an, sondern formuliert auch einen gewissen sprachlichen Purismus, wonach elaborierte Eideswortlaute, die über die bloße Anrufung Gottes hinausgingen, eigens angegriffen werden. Insofern kann man neben allen Unterschieden auch Parallelen zu den Bestrebungen christlicher Landesherren und Obrigkeiten der frühen Neuzeit sehen, sowohl Fluchen wie auch blasphemische und zu häufige und dadurch lästerliche Anrufungen Gottes und Christi in innerweltlichen Alltagsangelegenheiten zu unterbinden. Dies war stellenweise auch Inhalt der Verbotsnormen der Policey-Gesetzgebung[17]. Fraglich ist, ob den Schleitheimer Täufern bei ihrer radikalen Ablehnung der politischen Eide vor Augen stand, dass die politische Verbindung der Schweizer Urkantone durch den sog. Rütli-

---

16 Zum Hintergrund siehe M. Luminati, Ihr sollt überhaupt nicht schwören, in: U. Falk et al. (Hgg.), Fälle aus der Rechtsgeschichte. München 2007, 197–199.
17 K. Härter, Art. Policey, in: HRG IV², Sp. 645 f.;

Schwur[18], nähme man ihre Forderungen ernst, auch nicht hätte stattfinden sollen.

III. Der Beamten- und Soldateneid war dem NS-Regime offenbar hinreichend wichtig, um mindestens zweimal seit der Machtübergabe 1933 den Wortlaut in Gesetzesform vorzugeben (s. die Daten des Ausgangsgesetzes und des hier abgedruckten Änderungsgesetzes in Quelle 3a anhand des Kopffregestes). Er bildet den Hintergrund, um die Ausführungen in Quelle 3b zur Verpflichtungswirkung des geleisteten Eides einordnen zu können.

1. H. W. Hagen schildert in seiner Autobiographie aus dem Jahr 1958 seinen Vortrag aus dem Jahr 1950 bei einer Tagung der evangelischen Akademie Bad Boll. Dort hatte er eine frühere Äußerung anlässlich seines Spruchkammerverfahrens des Jahres 1949 zitiert. Die abgedruckte Quelle 3b schildert somit in mehrfach gebrochener bzw. durch Repetition womöglich vereinseitigter Perspektive, wie er im Jahr 1944 seine Verpflichtung aufgrund des Soldateneides wahrnahm. Nicht nur wegen der mittlerweile verstrichenen Zeit, sondern auch aufgrund der unterschiedlichen zeitlichen Kontexte und Adressatenkreise handelt es sich um ein interessantes, aber auch problematisches Ego-Dokument, aus dem man nicht ohne weiteres auf die subjektiven Vorstellungen Hagens im Juli 1944 schließen kann.

2. Damals war Hagen Mitglied des Wachbataillons und sollte die Sicherheit in seiner Kaserne in Berlin gewährleisten. Als die Attentäter des 20. Juli den Walküreplan mit einer Fülle von Befehlen zur Besetzung strategisch wichtiger Orte, insbesondere von Radiosendestationen in Gang setzten, obwohl Hitler bei dem Attentat in der Wolfsschanze nur verletzt, jedoch nicht getötet worden war, verweigerte sich Hagen (vgl. Sternchenfußnote zur Quelle) der Umsetzung der ihm erteilten Walküre-Befehle. Nicht klar dürfte sein, ob Hagen zu diesem Zeitpunkt bereits wusste, dass Hitler noch lebte, und dass ihn damit der auf Hitler persönlich abgelegt Eid weiterhin band. Bei dem strengen Eides-„Positivismus", den Hagen in der Quelle rückblickend rechtfertigt, hätte er sich an seinen Eid lediglich dann nicht mehr gebunden gesehen, wäre Hitler beim Attentat getötet worden. In Bayern, das nach 1945 in der amerikanischen Besatzungszone lag, musste er sich nach dem Zweiten Weltkrieg wegen der Nichtumsetzung zentraler Befehle der Walküreplänen vor einem Spruchkammergericht verteidigen. Diese Gerichte waren aufgrund des

---

18 Vgl. etwa G. Kreis, Schweiz. Nationalpädagogik in Wort und Bild, in: M. Flacke (Hg.), Mythen der Nationen. Ein europäisches Panorama, München 1998, 446–475, bes. 446–452.

Kontrollratsgesetzes Nr. 10 zur Entnazifizierung eingesetzt worden. Sie waren neben der ordentlichen deutschen Strafgerichtsbarkeit tätig. Hier sollte geklärt werden, wer Hauptbelasteter, Belasteter, Minderbelasteter bzw. Unbelasteter war. Hagen wurde in diesem Verfahren freigesprochen, ohne dass hier erörtert werden könnte, mit welcher Begründung dies geschah. Es muss daher an dieser Stelle offenbleiben, ob das Gericht von seiner Argumentation einer strikten Bindung an den einmal geleisteten Eid überzeugt wurde, oder ob andere Gründe für die Entscheidung maßgeblich waren.

3. In der Zusammenschau der Quellen 3a und 3b wird deutlich, wie sich das nationalsozialistische Regime der seit Jahrhunderten anerkannten strikten Eidesbindung bemächtigte und erfolgreich zu einem „Gefolgschaftseid" umbaute. Bezeichnenderweise wurde dabei an die Aura der Heiligkeit, nicht jedoch an die naturrechtliche Begründung des Verpflichtungseides angeknüpft. Für die Attentäter des 20. Juli 1944, die den gleichen Soldateneid geleistet hatten, war die Bindung an das Gelöbnis ebenfalls streng bindend, weshalb sie sich intensiv mit dem Problem auseinandersetzten, ob es eine höhere ethische Verpflichtung gab, sich nicht mehr an den Eid gebunden zu sehen, bevor sie zur Tat schritten.

4. In den 1950er Jahren flammte eine Debatte auf, ob der Positivismus maßgeblich verantwortlich für die Wehrlosigkeit der Juristen und des politischen Systems gegenüber dem Nationalsozialismus war, und ob eine Orientierung an naturrechtlichem Denken dies hätte verhindern können, die nicht zuletzt an Orten wie an der evangelische Akademie Bad Boll geführt wurden[19], wo auch Hagen seinen Vortrag hielt. Da unklar ist, ob sich Hagen in dieser ethisch-philosophischen Debatte verorten wollte, ist er jedenfalls im Lichte dieser zeitgenössischen Diskussionen als ein positivistischer Ausdeuter eines seiner metaphysischen Bezüge entleerten, rein formalen Eideskonzepts einzuordnen, der überdies stolz auf dieses strikte Eidesverständnis war und sogar als Grundlage einer neuen, besseren Gesellschaftsordnung seinen Zuhörern nahe bringen wollte.

---

19 L. Foljanty, Recht oder Gesetz: juristische Identität und Autorität in den Naturrechtsdebatten der Nachkriegszeit, Tübingen 2013, 177 Fn. 11 zu Vorträgen Coings auf Veranstaltungen evangelischer Akademien. In der heutigen rechtshistorischen und rechtstheoretischen Forschung wird dagegen die Rolle des rechtswissenschaftlichen Positivismus bei weitem nicht mehr so einseitig negativ gezeichnet, vgl. H.-P. Haferkamp, Art. Positivismus, in: HRG IV2, Sp. 688–693, bes. Sp. 692.

Literaturverzeichnis

Die hier aufgelisteten Lehrbücher und Überblicksdarstellungen versammeln nicht die in den Exegesen zitierten Werke. Sie bieten sich mit ihrem eher allgemeineren Zugriff aber oftmals für die grundlegende Information an und weisen den Weg zur Spezialliteratur.

Adomeit, K.	Rechts- und Staatsphilosophie,
	Bd. 1: Antike Denker über den Staat, 3. Aufl., Heidelberg 2001, C. F. Müller Verlag.
	Bd. 2: Rechtsdenker der Neuzeit, 2. Aufl., Heidelberg 2002, C. F. Müller Verlag.
Alpa, G./Andenæs, M. T.	Grundlagen des Europäischen Privatrechts, Berlin, Heidelberg 2010, Springer-Verlag.
Apathy, P./Klingenberg, G./Pennitz, M.	Einführung in das römische Recht, 6. Aufl., Köln, Weimar, Wien 2016, Böhlau Verlag.
Babusiaux, U.	Wege zur Rechtsgeschichte: Römisches Erbrecht, Köln, Weimar, Wien 2015, Böhlau Verlag.
Bader, K. S./Dilcher G.	Deutsche Rechtsgeschichte, Land und Stadt – Bürger und Bauer im Alten Europa, Berlin, Heidelberg 1999, Springer-Verlag.
Becker, P.	Dem Täter auf der Spur, Eine Geschichte der Kriminalistik, Darmstadt 2005, Primus Verlag.
Bellomo, M.	Europäische Rechtseinheit, Grundlagen und System des Ius Commune, München 2005, Verlag C. H. Beck.
Benke, N./Meissel, F.-S.	Übungsbuch Römisches Sachenrecht, 11. Aufl., Wien 2018, MANZ'sche Verlags- und Universitätsbuchhandlung.
Benke, N./Meissel, F.-S.	Übungsbuch Römisches Schuldrecht, 9. Aufl., Wien 2019, MANZ'sche Verlags- und Universitätsbuchhandlung.
Biener, F. A.	Geschichte der Novellen Justinian's, Berlin 1824, Ferdinand Dümmler.
Bleicken, J.	Verfassungs- und Sozialgeschichte des Römischen Kaiserreiches,
	Bd. 1: 3. Aufl., Paderborn (u. a.) 1989, Ferdinand Schöningh.
	Bd. 2: 3. Aufl., Paderborn (u. a.) 1994, Ferdinand Schöningh.
Bleicken, J.	Die Verfassung der Römischen Republik, Grundlagen und Entwicklung, 7. Aufl., Paderborn (u. a.) 1995, Ferdinand Schöningh.
Bleicken, J.	Geschichte der Römischen Republik, 6. Aufl., München 2004, R. Oldenbourg Verlag.

Boldt, H.	Deutsche Verfassungsgeschichte, Politische Strukturen und ihr Wandel, Bd. 1: Von den Anfängen bis zum Ende des älteren deutschen Reiches 1806, 2. Aufl., München 1990, Deutscher Taschenbuch Verlag. Bd. 2: Von 1806 bis zur Gegenwart, München 1990, Deutscher Taschenbuch Verlag.
Brauneder, W.	Europäische Privatrechtsgeschichte, Wien, Köln, Weimar 2014, Böhlau Verlag.
Bretone, M.	Geschichte des römischen Rechts, Von den Anfängen bis zu Justinian, 2. Aufl., München 1998, Verlag C. H. Beck.
Brunner, O./Koselleck, R.	Geschichtliche Grundbegriffe, Historisches Lexikon zur politisch-sozialen Sprache in Deutschland, 8 Bände, Stuttgart 1972–1997, Klett-Cotta Verlag.
Bürge, A.	Römisches Privatrecht, Rechtsdenken und gesellschaftliche Verankerung, Eine Einführung, Darmstadt 1999, Wissenschaftliche Buchgesellschaft.
Buschmann, A.	Textbuch zur Strafrechtsgeschichte der Neuzeit, Die klassischen Gesetze, München 1997, Verlag C. H. Beck.
Cancik, H./Schneider, H./ Landfester, M.	Der Neue Pauly, Enzyklopädie der Antike, 16 Bände, Stuttgart, Weimar seit 1996, Verlag J. B. Metzler.
Coing, H.	Handbuch der Quellen und Literatur der neueren europäischen Privatrechtsgeschichte, Veröffentlichung des Max-Planck-Instituts für Europäische Rechtsgeschichte, Bd. 1: Mittelalter (1100–1500), München 1973, Verlag C. H. Beck. Bd. 2: Neuere Zeit (1500–1800), Teilbd. 1: Wissenschaft, München 1977, Verlag C. H. Beck. Bd. 2: Neuere Zeit (1500–1800), Teilbd. 2: Gesetzgebung und Rechtsprechung, München 1976, Verlag C. H. Beck. Bd. 3: Das 19. Jahrhundert, Teilbd. 1: Gesetzgebung zum allgemeinen Privatrecht, Einführung, Süd- und Westeuropa (Abschnitte 1–7), München 1982, Verlag C. H. Beck. Bd. 3: Das 19. Jahrhundert, Teilbd. 2: Gesetzgebung zum allgemeinen Privatrecht und zum Verfahrensrecht, Mitteleuropa (Abschnitte 8–14), Länderberichte, England, Russland (Abschnitt 15, 16), Verfahrensrecht, München 1982, Verlag C. H. Beck. Bd. 3: Das 19. Jahrhundert, Teilbd. 3: Gesetzgebung zu den privatrechtlichen Sondergebieten, München 1986, Verlag C. H. Beck. Bd. 3: Das 19. Jahrhundert, Teilbd. 4: Die nordischen Länder, München 1987, Verlag C. H. Beck. Bd. 3: Das 19. Jahrhundert, Teilbd. 5: Südosteuropa, München 1988, Verlag C. H. Beck.

Literaturverzeichnis

Coing, H.	Europäisches Privatrecht,
	Bd. 1: Älteres gemeines Recht (1500–1800), München 1985, Verlag C. H. Beck.
	Bd. 2: 19. Jahrhundert, Überblick über die Entwicklung des Privatrechts in den ehemals gemeinrechtlichen Ländern, München 1989, Verlag C. H. Beck.
Coing, H.	Epochen der Rechtsgeschichte in Deutschland, 4. Aufl., München 1986, Verlag C. H. Beck.
Conrad, H.	Deutsche Rechtsgeschichte,
	Bd. 1: Frühzeit und Mittelalter, 2. Aufl., Karlsruhe 1962, C. F. Müller Verlag.
	Bd. 2: Neuzeit bis 1806, Karlsruhe 1966, C. F. Müller Verlag.
Dahm, G.	Das Strafrecht Italiens im ausgehenden Mittelalter, Untersuchungen über die Beziehungen zwischen Theorie und Praxis im Strafrecht des Spätmittelalters, namentlich im XIV. Jahrhundert, Berlin, Leipzig 1931, De Gruyter.
Dezza, E.	Geschichte des Strafprozessrechts in der Frühen Neuzeit, Eine Einführung, Berlin, Heidelberg 2017, Springer-Verlag.
Dilcher, G.	Der rechtsgeschichtliche Grundlagenschein, München 1979, Verlag C. H. Beck.
Döhring, E.	Geschichte der deutschen Rechtspflege seit 1500, Berlin 1953, Duncker & Humblot.
Eisenhardt, U.	Deutsche Rechtsgeschichte, 7. Aufl., München 2019, Verlag C. H. Beck.
Erler, A.	Handwörterbuch zur deutschen Rechtsgeschichte, 5 Bände, Berlin 1971–1998, Erich Schmidt Verlag.
Falk, U./Luminati, M./ Schmoeckel, M.	Fälle aus der Rechtsgeschichte, München 2008, Verlag C. H. Beck.
Fasel, U.	Repetitorium zur Rechtsgeschichte, Insbesondere zur Geschichte des Privatrechts, Bern, Stuttgart, Wien 2004, Haupt Verlag.
Floßmann, U./Kalb, H./ Neuwirth, K.	Österreichische Privatrechtsgeschichte, 8. Aufl., Wien 2019, Verlag Österreich.
Fögen, M. T.	Römische Rechtsgeschichten, Über Ursprung und Evolution des sozialen Systems, 2. Aufl., Göttingen 2002, Vandenhoeck & Ruprecht.
Frotscher, W./Pieroth, B.	Verfassungsgeschichte, 18. Aufl., München 2019, Verlag C. H. Beck.
Fuhrmann, M.	Europas fremd gewordene Fundamente, Aktuelles zu Themen aus der Antike, Zürich 1995, Artemis & Winkler Verlag.
Geus, E.	Mörder, Diebe, Räuber, Historische Betrachtung des deutschen Strafrechts von der Carolina bis zum Reichsstrafgesetzbuch, Berlin 2002, Scrîpvaz-Verlag Krauskopf.

Gmür, R./Roth A.	Grundriss der deutschen Rechtsgeschichte, 15. Aufl., München 2018, Verlag Franz Vahlen.
Grimm, D.	Deutsche Verfassungsgeschichte 1776–1866, Frankfurt am Main 1988, Suhrkamp Verlag.
Grossi, P.	Das Recht in der europäischen Geschichte, München 2010, Verlag C. H. Beck.
Grundmann, S./ Riesenhuber, K.	Deutschsprachige Zivilrechtslehrer des 20. Jahrhunderts in Berichten ihrer Schüler, Eine Ideengeschichte in Einzeldarstellungen, Bd. 1: Berlin 2007, De Gruyter Recht. Bd. 2: Berlin 2010, De Gruyter.
Haft, F.	Aus der Waagschale der Justitia, Ein Reise durch 4000 Jahre Rechtsgeschichte, 4. Aufl., München 2009, Deutscher Taschenbuch Verlag, Verlag C. H. Beck.
Hähnchen, S.	Rechtsgeschichte, Von der Römischen Antike bis zur Neuzeit, 5. Aufl., Heidelberg 2016, C. F. Müller Verlag.
Harke, J. D.	Römisches Recht, Von der der klassischen Zeit bis zu den modernen Kodifikationen, 2. Aufl., München 2016, Verlag C. H. Beck.
Härter, K.	Strafrechts- und Kriminalitätsgeschichte der Frühen Neuzeit, Berlin 2018, De Gruyter Oldenbourg.
Hartung, F.	Deutsche Verfassungsgeschichte vom 15. Jahrhundert bis zur Gegenwart, 9. Aufl., Stuttgart 1969, K. F. Koehler Verlag.
Hattenhauer, H.	Die geistesgeschichtlichen Grundlagen des deutschen Rechts, 4. Aufl., Heidelberg 1996, C. F. Müller Verlag.
Hattenhauer, H.	Grundbegriffe des Bürgerlichen Rechts, Historisch-dogmatische Einführung, 2. Aufl., München 2000, Verlag C. H. Beck.
Hattenhauer, H.	Europäische Rechtsgeschichte, 4. Aufl., Heidelberg 2004, C. F. Müller Verlag.
Hausmaninger, H./ Gamauf, R.	Casebook zum römischen Sachenrecht, 11. Aufl., Wien 2012, MANZ'sche Verlags- und Universitätsbuchhandlung.
Hausmaninger, H./ Gamauf, R.	Casebook zum römischen Vertragsrecht, 7. Aufl., Wien 2012, MANZ'sche Verlags- und Universitätsbuchhandlung.
Hausmaninger, H./ Selb, W.	Römisches Privatrecht, 9. Aufl., Wien, Köln, Weimar 2001, Böhlau Verlag.
Haverkamp, A./Reinhard, W./Kocka, J./Benz, W.	Gebhardt, Handbuch der deutschen Geschichte, 24 Bände, 10. Aufl., seit 2001, Stuttgart, Klett-Cotta Verlag.
Heinrichs, H.	Deutsche Juristen jüdischer Herkunft, München 1993, Verlag C. H. Beck.
Hellbling, E. C.	Grundlegende Strafrechtsquellen der österreichischen Erbländer vom Beginn der Neuzeit bis zur Theresiana, Ein Beitrag zur Geschichte des Strafrechts in Österreich, Wien, Köln, Weimar 1996, Böhlau Verlag.

Herzog, R.	Staaten der Frühzeit, Ursprünge und Herrschaftsformen, 2. Aufl., München 1998, Verlag C. H. Beck.
Heumann, H. G./ Seckel, E.	Handlexikon zu den Quellen des römischen Rechts, 9. Aufl., Jena 1907, Gustav Fischer Verlag.
Heusler, A.	Das Strafrecht der Isländersagas, Leipzig 1911, Duncker & Humblot.
Heydenreuter, R.	Kriminalgeschichte Bayerns, Von den Anfängen bis ins 20. Jahrhundert, Regensburg 2003, Verlag Friedrich Pustet.
His, R.	Das Strafrecht des deutschen Mittelalters,
	Bd. 1: Die Verbrechen und ihre Folgen im allgemeinen, Leipzig 1920, Theodor Weicher.
	Bd. 2: Die einzelnen Verbrechen, Weimar 1935, Hermann Böhlaus Nachf.
Hoeren, T.	Zivilrechtliche Entdecker, München 2001, Verlag C. H. Beck.
Hofer, S.	Leitfaden der Rechtsgeschichte, Quellen und Grundzüge der Rechtsordnung, Wien, Köln, Weimar 2019, Böhlau Verlag.
Honsell, H.	Römisches Recht, 8. Aufl., Berlin, Heidelberg 2015, Springer-Verlag.
Huber, E. R.	Deutsche Verfassungsgeschichte seit 1789–1830, 8 Bände, Stuttgart, Berlin, Köln 1970–1991, W. Kohlhammer Verlag.
Hübner, R.	Grundzüge des deutschen Privatrechts, 5. Aufl., Leipzig 1930, A. Deichert'sche Verlagsbuchhandlung.
Ignor, A.	Geschichte des Strafprozesses in Deutschland 1532–1846, Von der Carolina Karls V. bis zu den Reformen des Vormärz, Paderborn (u. a.) 2001, Ferdinand Schöningh.
Jäger, F.	Enzyklopädie der Neuzeit, 16 Bände, Stuttgart, Weimar 2005–2012, Verlag J. B. Metzler.
Jhering, R. v.	Geist des römischen Rechts auf den verschiedenen Stufen seiner Entwicklung,
	Bd. 1: 6. Aufl., Leipzig 1907, Breitkopf & Härtel.
	Bd. 2 Abschnitt 1: 5. Aufl., Leipzig 1894, Breitkopf & Härtel.
	Bd. 2 Abschnitt 2: 5. Aufl., Leipzig 1898, Breitkopf & Härtel.
	Bd. 3: 5. Aufl., Leipzig 1906, Breitkopf & Härtel.
Kaser, M.	Römische Rechtsgeschichte, 2. Aufl., Göttingen 1967, Vandenhoeck & Ruprecht.
Kaser, M.	Zur Methode der römischen Rechtsfindung, Göttingen 1969, Vandenhoeck & Ruprecht.
Kaser, M.	Das römische Privatrecht,
	Abschnitt 1: Das altrömische, das vorklassische und klassische Recht, 2. Aufl., München 1971, Verlag C. H. Beck.
	Abschnitt 2: Die nachklassischen Entwicklungen, 2. Aufl., München 1975, C. H. Beck Verlag.
Kaser, M.	Ius gentium, Köln, Weimar, Wien 1993, Böhlau Verlag.

Kaser, M./Hackl, K.	Das römische Zivilprozessrecht, 2. Aufl., München 1996, Verlag C. H. Beck.
Kaser, M./Knütel, R./Lohsse, S.	Römisches Privatrecht, 22. Aufl., München 2021, Verlag C. H. Beck.
Kaufmann, E.	Deutsches Recht, Die Grundlagen, Berlin 1984, Erich Schmidt Verlag.
Kern, E.	Geschichte des Gerichtsverfassungsrechts, München, Berlin 1954, Verlag C. H. Beck.
Kleinheyer, G./Schröder, J.	Deutsche und Europäische Juristen aus neun Jahrhunderten, Eine biographische Einführung in die Geschichte der Rechtswissenschaft, 6. Aufl., Tübingen 2017, Mohr Siebeck Verlag.
Köbler, G.	Bilder aus der deutschen Rechtsgeschichte, Von den Anfängen bis zur Gegenwart, München 1988, Verlag C. H. Beck.
Köbler, G.	Deutsche Rechtsgeschichte, Ein systematischer Grundriss der geschichtlichen Grundlagen des deutschen Rechts von den Indogermanen bis zur Gegenwart, 6. Aufl., München 2005, Verlag Franz Vahlen.
Köbler, G.	Zielwörterbuch europäischer Rechtsgeschichte, 5. Aufl., Gießen 2009, Arbeiten zur Rechts- und Sprachwissenschaft Verlag.
Koschaker, P.	Europa und das römische Recht, 4. Aufl., München, Berlin 1966, Verlag C. H. Beck.
Kotulla, M.	Deutsches Verfassungsrecht 1806–1918, Eine Dokumentensammlung nebst Einführungen, Bd. 1: Gesamtdeutschland, Anhaltische Staaten und Baden; Berlin, Heidelberg 2006, Springer-Verlag. Bd. 2: Bayern; Berlin, Heidelberg 2007, Springer-Verlag. Bd. 3: Berg und Braunschweig; Berlin, Heidelberg 2009, Springer-Verlag. Bd. 4: Bremen; Berlin, Heidelberg 2016, Springer-Verlag.
Kotulla, M.	Deutsche Verfassungsgeschichte, Vom Alten Reich bis zu Weimar (1495–1934), Berlin, Heidelberg 2008, Springer-Verlag.
Kreutz, P.	Recht im Mittelalter, Grundzüge der Älteren europäischen Rechtsgeschichte – Ein Studienbuch, 2. Aufl., Berlin, Münster 2013, LIT Verlag.
Kroeschell, K.	Rechtsgeschichte Deutschlands im 20. Jahrhundert, Göttingen 1992, Vandenhoeck & Ruprecht.
Kroeschell, K.	Deutsche Rechtsgeschichte, Bd. 1: Bis 1250, 13. Aufl., Köln, Weimar, Wien 2008, Böhlau Verlag. Bd. 2: 1250–1650, mit Cordes, A./Nehlsen-von Stryk, K., 9. Aufl., Köln, Weimar, Wien 2008, Böhlau Verlag, Bd. 3: Seit 1650, 5. Aufl., Köln, Weimar, Wien 2008, Böhlau Verlag.
Kröger, K.	Einführung in die jüngere deutsche Verfassungsgeschichte (1806–1933), Ein Grundriss ihrer Entwicklungslinien, München 1988, Verlag C. H. Beck.

Kunkel, W.	Die Römischen Juristen, Herkunft und soziale Stellung, 2. Aufl., Graz, Wien, Köln 1967, Hermann Böhlaus Nachf.
Kunkel, W./ Schermaier, M. J.	Römische Rechtsgeschichte, 14. Aufl., Köln, Weimar, Wien 2005, Böhlau Verlag.
Küpper, H.	Einführung in die Rechtsgeschichte Osteuropas, Frankfurt am Main (u. a.) 2005, Peter Lang.
Laufs, A.	Rechtsentwicklungen in Deutschland, 6. Aufl., Berlin 2006, De Gruyter Recht.
Lexer, M. v.	Mittelhochdeutsches Handwörterbuch, 3 Bände, Leipzig 1872–1878, S. Hirzel Verlag.
Liebs, D.	Römisches Recht, 6. Aufl., Stuttgart 2011, Vandenhoeck & Ruprecht.
Link, C.	Kirchliche Rechtsgeschichte, Kirche, Staat und Recht in der europäischen Geschichte von den Anfängen bis ins 21. Jahrhundert, Ein Studienbuch, 3. Aufl., München 2017, Verlag C. H. Beck.
Manthe, U.	Die Rechtskulturen der Antike, Vom Alten Orient bis zum Römischen Reich, München 2003, Verlag C. H. Beck.
Manthe, U.	Geschichte des römischen Rechts, 6. Aufl., München 2019, Verlag C. H. Beck.
Mayer-Maly, T.	Römisches Recht, 2. Aufl., Wien 1999, Springer-Verlag.
Mayer-Maly, T.	Rechtsgeschichtliche Bibelkunde, Wien, Köln, Weimar 2003, Böhlau Verlag.
Meier, M.	Sie schufen Europa, Historische Portraits von Konstantin bis Karl dem Großen, München 2007, Verlag C. H. Beck.
Menger, C.-F.	Deutsche Verfassungsgeschichte der Neuzeit, Eine Einführung in die Grundlagen, 8. Aufl., Heidelberg 1993, C. F. Müller Verlag.
Mitteis, H./Lieberich, H.	Deutsches Privatrecht, Ein Studienbuch, 9. Aufl., München 1981, Verlag C. H. Beck.
Mitteis, H./Lieberich, H.	Deutsche Rechtsgeschichte, Ein Studienbuch, 19. Aufl., München 1992, Verlag C. H. Beck.
Mommsen, T.	Römisches Strafrecht, Leipzig 1899, Duncker & Humblot.
Nörr, D.	Rechtskritik in der römischen Antike, München 1974, Verlag C. H. Beck.
Nörr, K. W.	Ein geschichtlicher Abriss des kontinentaleuropäischen Zivilprozesses in ausgewählten Kapiteln, Tübingen 2015, Mohr Siebeck Verlag.
Oestmann, P.	Wege zur Rechtsgeschichte: Gerichtsbarkeit und Verfahren, Köln, Weimar, Wien 2015, Böhlau Verlag.
Olechowski, T.	Rechtsgeschichte, Einführung in die historischen Grundlagen des Rechts, 5. Aufl., Wien 2019, Facultas.wuv.
Pahud de Mortanges, R.	Schweizerische Rechtsgeschichte, Ein Grundriss, Zürich 2017, Dike.
Pichler, A./Kossarz, E.	Casebook Römisches Recht, 80 Musterfälle, Wien 2014, Facultas.wuv.
Pieth, M.	Strafrechtsgeschichte, 2. Aufl., Basel 2020, Helbing Lichtenhahn Verlag.

Planck, J. J. W. v.	Das deutsche Gerichtsverfahren im Mittelalter, Nach dem Sachsenspiegel und den verwandten Rechtsquellen, Braunschweig, Bd. 1 Tl. 1, Braunschweig 1878, C. A. Schwetschke und Sohn. Bd. 1 Tl. 2, Braunschweig 1879, C. A. Schwetschke und Sohn. Bd. 2, Braunschweig 1879, C. A. Schwetschke und Sohn.
Prettenthaler-Ziegerhofer, A.	Verfassungsgeschichte Europas, Vom 18. Jahrhundert bis zum Zweiten Weltkrieg, Darmstadt 2013, Wissenschaftliche Buchgesellschaft.
Rainer, J. M.	Einführung in das römische Staatsrecht, Die Anfänge und die Republik, Darmstadt 1997, Wissenschaftliche Buchgesellschaft.
Rainer, J. M.	Das Römische Recht in Europa, 2. Aufl., Wien 2020, MANZ'sche Verlags- und Universitätsbuchhandlung.
Rainer, J. M./ Filip-Fröschl, J.	Texte zum Römischen Recht, Fallbeispiele für das Studium, Schwerpunkt Schuld- und Sachenrecht, Wien, New York 1998, Springer-Verlag.
Röwekamp, M.	Die ersten deutschen Juristinnen, Eine Geschichte ihrer Professionalisierung und Emanzipation (1900–1945), Köln, Weimar, Wien 2011, Böhlau Verlag.
Rüping, H./Jerouschek, G.	Grundriss der Strafrechtsgeschichte, 6. Aufl., München 2011, Verlag C. H. Beck.
Schlinker, S./Ludyga, H./ Bergmann, A.	Privatrechtsgeschichte, Ein Studienbuch, München 2019, Verlag C. H. Beck.
Schlosser, H.	Grundzüge der Neueren Privatrechtsgeschichte, Rechtsentwicklungen im europäischen Kontext, 10. Aufl., Heidelberg 2005, C. F. Müller Verlag.
Schlosser, H.	Europäische Rechtsgeschichte, Privat- und Strafrecht von der Spätantike bis zur Moderne, 4. Aufl., München 2021, Verlag C. H. Beck.
Schlosser, H./Sturm, F./ Weber, H.	Die rechtsgeschichtliche Exegese, 2. Aufl., München 1993, Verlag C. H. Beck.
Schmidt, E.	Einführung in die Geschichte der deutschen Strafrechtspflege, 3. Aufl., Göttingen 1965, Vandenhoeck & Ruprecht.
Schmoeckel, M.	Auf der Suche nach der verlorenen Ordnung, 2000 Jahre Recht in Europa, Ein Überblick, Köln, Weimar, Wien 2005, Böhlau Verlag.
Schmoeckel, M.	Rechtsgeschichte der Wirtschaft, Seit dem 19. Jahrhundert, Tübingen 2008, Mohr Siebeck Verlag.
Schmoeckel, M./Stolte, S.	Examinatorium Rechtsgeschichte, Köln, München 2008, Carl Heymanns Verlag.
Schmoeckel, M.	Kanonisches Recht. Geschichte und Inhalt des Corpus iuris canonici, München 2020, Verlag C. H. Beck.
Schönert, J.	Kriminalität erzählen, Studien zur Kriminalität in der deutschsprachigen Literatur (1570–1920), Berlin, Boston 2015, De Gruyter.
Schröder, J.	Rechtswissenschaft in der Neuzeit, Geschichte, Theorie, Methode, ausgewählte Aufsätze 1976–2009, Tübingen 2010, Mohr Siebeck Verlag.

Schröder, J.	Recht als Wissenschaft, Geschichte der juristischen Methodenlehre in der Neuzeit,
	Bd. 1: 1500–1933, 3. Aufl., München 2020, Verlag C. H. Beck.
	Bd. 2: 1933–1990, 3. Aufl., München 2020, Verlag C. H. Beck.
Schröder, K.-P.	Vom Sachsenspiegel zum Grundgesetz, Eine deutsche Rechtsgeschichte in Lebensbildern, 2. Aufl., München 2011, Verlag C. H. Beck.
Schröder, R./Thiessen, J.	Rechtsgeschichte Skript, 12. Aufl., Münster 2021, Alpmann und Schmidt.
Schulz, F.	Prinzipien des römischen Rechts, Vorlesungen, München, Leipzig 1934, Duncker & Humblot.
Schulz, F.	Geschichte der römischen Rechtswissenschaft, Weimar 1961, Böhlau Verlag.
Schuster, P.	Verbrecher, Opfer, Heilige, Eine Geschichte des Tötens 1200–1700, Stuttgart 2015, Klett-Cotta Verlag.
Schwerhoff, G.	Historische Kriminalitätsforschung, Frankfurt am Main, New York 2011, Campus Verlag.
Seidl, E.	Römische Rechtsgeschichte und römisches Zivilprozessrecht, 3. Aufl., Köln (u. a.) 1970, Carl Heymanns Verlag.
Selb, W.	Antike Rechte im Mittelmeerraum, Rom, Griechenland, Ägypten und der Orient, Wien, Köln, Weimar 1993, Böhlau Verlag.
Sellert, W./Rüping, H.	Studien- und Quellenbuch zur Geschichte der deutschen Strafrechtspflege,
	Bd. 1: Von den Anfängen bis zur Aufklärung, Aalen 1989, Scientia Verlag Aalen.
	Bd. 2: Von der Aufklärung bis zur doppelten Staatsgründung, Aalen 1994, Scientia Verlag Aalen.
Senn, M./Gschwend, L.	Rechtsgeschichte II – Juristische Zeitgeschichte, 3. Aufl., Zürich 2010, Schulthess.
Senn, M./Gschwend, L./ Pahud de Mortanges, R.	Rechtsgeschichte auf kulturgeschichtlicher Grundlage, 3. Aufl., Zürich, Basel, Genf 2012, Schulthess.
Simon, D.	Rechtsfindung am byzantinischen Reichsgericht, Frankfurt am Main 1973, Verlag Vittorio Klostermann.
Söllner, A.	Einführung in die römische Rechtsgeschichte, 5. Aufl., München 1996, Verlag C. H. Beck.
Stammler, W./Cordes, A.	Handwörterbuch zur deutschen Rechtsgeschichte, 2. Aufl., Berlin seit 2008, Erich Schmidt Verlag, online abrufbar unter: https://www.hrgdigital.de/.
Starck, C.	Rechtsgelehrte und wissenschaftliche Institutionen, Baden-Baden 2016, Nomos Verlagsgesellschaft.
Stein, P.	Römisches Recht und Europa, Die Geschichte einer Rechtskultur, 3. Aufl., Frankfurt am Main 1999, Fischer Taschenbuch Verlag.

Stolleis, M.	Staatsdenker in der frühen Neuzeit, 3. Aufl., München 1995, Verlag C. H. Beck.
Stolleis, M.	Juristen, Ein biographisches Lexikon, Von der Antike bis zum 20. Jahrhundert, München 2001, Verlag C. H. Beck.
Stolleis, M.	Geschichte des Sozialrechts in Deutschland, Ein Grundriss, Stuttgart 2003, Lucius & Lucius Verlagsgesellschaft.
Stolleis, M.	Geschichte des öffentlichen Rechts in Deutschland, Bd. 1: Reichspublizistik und Policeywissenschaft 1600–1800, 2. Aufl., München 2017, Verlag C. H. Beck. Bd. 2: Staatsrechtslehre und Verwaltungswissenschaft 1800–1914, 2. Aufl., München 2017, Verlag C. H. Beck. Bd. 3: Staats- und Verwaltungsrechtswissenschaft in Republik und Diktatur 1914–1945, 2. Aufl., München 2017, Verlag C. H. Beck. Bd. 4: Staats- und Verwaltungsrechtswissenschaft in West und Ost 1945–1990, 2. Aufl., München 2017, Verlag C. H. Beck.
Streitt, U./Kocher, G./ Schiller, E.	Schande, Folter, Hinrichtung, Forschungen zu Rechtsprechung und Strafvollzug in Oberösterreich, Weitra 2011, Verlag Bibliothek der Provinz.
Thür, G.	Antike Rechtsgeschichte, Einheit und Vielfalt, Wien 2005, Verlag der Österreichischen Akademie der Wissenschaft.
Vormbaum, T.	Texte zur Strafrechtstheorie der Neuzeit, Bd. 1: 17. und 18. Jahrhundert, (Text 1–21), Baden-Baden 1993, Nomos Verlagsgesellschaft. Bd. 2: 19. und 20. Jahrhundert, (Text 22–41), Baden-Baden 1993, Nomos Verlagsgesellschaft.
Vormbaum, T.	Moderne deutsche Strafrechtsdenker, Berlin, Heidelberg 2011, Springer-Verlag.
Vormbaum, T.	Einführung in die moderne Strafrechtsgeschichte, 4. Aufl., Berlin, Heidelberg 2019, Springer-Verlag.
Waldstein, W./Rainer, J. M./Dulckeit, G.	Römische Rechtsgeschichte, Ein Studienbuch, 11. Aufl., München 2014, Verlag C. H. Beck.
Wesel, U.	Frühformen des Rechts in vorstaatlichen Gesellschaften, Umrisse einer Frühgeschichte des Rechts bei Sammlern und Jägern und akephalen Ackerbauern und Hirten, Frankfurt am Main 1985, Suhrkamp Verlag.
Wesel, U.	Geschichte des Rechts in Europa, Von den Griechen bis zum Vertrag von Lissabon, München 2010, Verlag C. H. Beck.
Wesel, U.	Geschichte des Rechts, Von den Frühformen bis zur Gegenwart, 4. Aufl., München 2013, Verlag C. H. Beck.
Wesel, U.	Rechtsgeschichte der Bundesrepublik Deutschland, Von der Besatzungszeit bis zur Gegenwart, München 2019, Verlag C. H. Beck.

Wesenberg, G./ Wesener, G.	Neuere deutsche Privatrechtsgeschichte im Rahmen der europäischen Rechtsentwicklung, 4. Aufl., Wien, Köln, Graz 1985, Böhlau Verlag.
Wieacker, F.	Gründer und Bewahrer, Rechtslehrer der neueren deutschen Privatrechtsgeschichte, Göttingen 1959, Vandenhoeck & Ruprecht.
Wieacker, F.	Vom römischen Recht, 10 Versuche, 2. Aufl., Stuttgart 1961, Koehler.
Wieacker, F.	Handbuch der Altertumswissenschaft, Abt. 10. Rechtsgeschichte des Altertums, Tl. 3, Bd. 1. Römische Rechtsgeschichte, Quellenkunde, Rechtsbildung, Jurisprudenz und Rechtsliteratur, Abschnitt 1: Einleitung, Quellenkunde, Frühzeit und Republik, München 1988, Verlag C. H. Beck. Abschnitt 2: Die Jurisprudenz vom frühen Prinzipat bis zum Ausgang der Antike im weströmischen Reich und die oströmische Rechtswissenschaft bis zur justinianischen Gesetzgebung, Ein Fragment, aus dem Nachlass von Franz Wieacker, München 2006, Verlag C. H. Beck.
Wieacker, F.	Privatrechtsgeschichte der Neuzeit, Unter besonderer Berücksichtigung der deutschen Entwicklung, 3. Aufl., Göttingen 2016, Vandenhoeck & Ruprecht.
Wilda, W. E.	Das Strafrecht der Germanen, Halle 1842, C. A. Schwetschke und Sohn.
Wilinski, A.	Das römische Recht, Geschichte und Grundbegriffe des Privatrechts mit einem Anhang über Strafrecht und Strafprozeß, Leipzig 1996, B. G. Teubner Verlagsgesellschaft.
Willoweit, D./Seif, U.	Europäische Verfassungsgeschichte, München 2003, Verlag C. H. Beck.
Willoweit, D./Schlinker, S.	Deutsche Verfassungsgeschichte, Vom Frankenreich bis zur Wiedervereinigung Deutschlands, 8. Aufl., München 2019, Verlag C. H. Beck.
Wolf, E.	Große Rechtsdenker der deutschen Geistesgeschichte, 4. Aufl., Tübingen 1963, Mohr Siebeck Verlag.
Zippelius, R.	Geschichte der Staatsideen, 10. Aufl., München 2003, Verlag C. H. Beck.
Zippelius, R.	Kleine deutsche Verfassungsgeschichte, Vom frühen Mittelalter bis zur Gegenwart, 7. Aufl., München 2006, Verlag C. H. Beck.

Sachregister

A

actio furti 49, 55
actio mandati 49, 55, 292
Ägypten, hellenistisches/ptolemäisches
 → Hellenistisches Recht 268 ff.
Allgemeines Bürgerliches Gesetzbuch (ABGB)
 167 ff.
Allegation 107, 111, 145, 529
Amtsbuch 391
Auctoritas-Haftung → Römisches Recht

B

Babylonisches Recht
 – Beweisverfahren 257 ff.
 – Gerichtsurkunden 254, 259
 – Klageverzicht 259 f.
Bardewikscher Codex → Lübisches Recht
Begriffsjurisprudenz 454 ff.
Bestimmungsfreiheit → Vertrag
Billigkeit 52, 461 f.
Bürgerliches Gesetzbuch (BGB)
 – Entstehungsgeschichte 434 ff., 445
 – Königreich Sachsen → Sächsisches
   Bürgerliches Gesetzbuch
Bürgschaft (röm. Recht) → Formula Baetica

C

Cassianer (bedeutende Rechtsschule des röm.
 Prinzipats; auch: Sabinianer) 40
Code Civil 172, 443
Codex Euricianus 116
Codex Ḥammu-rapi 250, 257
Codex Maximilianeus Bavaricus Civilis 443

Confessio Augustana 427
contumacia → Kontumanzentscheidung
Corpus Iuris Canonici 39, 83, 169
 – Decretum Gratiani 74 f.
 – Liber extra 78, 93, 104, 107
 – Liber sextus 84, 111 f.
Corpus Iuris Civilis 38, 111, 145 f.
 – Codex Iustinianus 111
 – Digesten 38, 40, 65, 281
 – Novellen 38, 281
Custodia-Haftung → Römisches Recht

D

Dekretalistik 84, 87, 90 f.
Denunziationsverfahren 95 ff.
Deutschrechtliche Exegese 15 f., 28, 182
 – Sachsenspiegelexegese 18
Deutsches Recht (Begriffsverständnis im 19.
 Jahrhundert) 493
Digesten → Codex Iuris Civilis
Digestenexegese 16, 22, 29 f., 37
Dinggenossenschaft → Fränkische Zeit

E

Eid
 – Assertorischer Wahrheitseid 257, 521
 – Beamten- und Soldateneid 524 f., 528 f.,
   533 f.
 – Bischofseid 358, 366 f.
 – Bürger- und Untertaneneid 527
 – Einfacher verpflichtender Eid
   (*iuramentum*) 522
 – Gelübde 522, 525

- Lehenseid 526, 531
- Magischer Eid 334
- Meineid 521
- Promissorischer (versprechender) Eid 259, 521, 526 f.
- Streitbeilegender Eid 526 f.
- Urfehde 523

Erzählende Quelle 24, 390

Estland 204 ff.
- Estnisches Grundgesetz von 1920 209 ff.
- Landgesetz/Agrarreform 208 f., 219 f.
- Provisorische Regierungsordnung 206 ff.
- Sozialpolitik 219 ff.
- Unabhängigkeitsdeklaration 205 f.
- Verfassunggebende Versammlung 206 ff.

Eviktion 294 f., 300

Exegetische Schule (österr. Rechtsschule in erster Hälfte d. 19. Jhds., anknüpfend an ABGB) 172

F

Fehde 333 ff.

Formula Baetica 280 ff., 304 f.
- Bürgschaftsarten 292 f.
- Arten der Darlehensgewährung im römischen Recht 290 ff.
- Kautelarpraxis 289 ff.
- *leges dictae* (Nebenbestimmungen) 297
- *nuncupationes* (öffentliche Bekanntmachungen) 297
- Sicherungsabrede (*pactum fiduciae*) 289 f.
- Sicherungsübereignung (*fiducia*) 280 f., 290, 292, 303 f.
- Stellvertretung durch Sklaven 287
- *testatio* 283

Frankfurter Messe 369 f.
- Privilegien 368 ff.

Fränkische Zeit 116
- Dinggenossen (*Vollbort*) 123 ff., 131 f.
- Malberg 124 f., 132
- Merowinger 118, 120
- Gerichtsverfahren 123 ff.
- Rachinburgen 116 ff.
- Schollenbindung 100 ff., 109 ff.

Französische Anwaltschaft
- Avocats 472 f.
- Avoués 472 f.

Frauenbewegung 464 f,. 467 ff.

Frauenfriedenskonferenz 465

Freiheitskonzeption
- Mittelalter 112 ff.
- Römisches Recht 112 ff.

Frühkonstitutionalismus 191

furtum (röm. Rechtsbegriff, Diebstahl) 49 ff.

G

Gelehrtes Recht 146

Gelübde → Eid

Gemeines Recht → Ius Commune

Germanenrechte → Stammesrechte

Germanistik 15 f.

Germanistische Rechtswissenschaft 509

Gesellschaftsvertrag (staatsrechtlich) 366 f.

Glosse
- Buch'sche Glosse 145 ff.
- Glossa Ordinaria 65
- Malbergische Glossen 120, 129

Gottesfrieden 335, 344 ff.

Göttinger Sieben 451 f.

H

Habeas Corpus 194

Hellenistisches Recht
- Chrematisten 277 f.
- Hellenistisches Ägypten 268 ff.
- Kyria-Klausel 271
- Pachtvertrag 270 ff.
- Rechtsschutz 276 ff.
- Selbsthilfe 276 f.

Sachregister

– Syngraphophylaxurkunde 270 f.
– Urkundenhüter 270
Hermeneutik 13, 15 ff.
Herrschaftsvertrag 365 ff.
Histoire croisée 469
Historische Rechtsschule 15 f., 200 f., 405 f.
Humanismus
– Humanistische Jurisprudenz 14 f.

I

Ikonographie 423 ff.
Ikonologie 423, 429 f.
Islamischer Rechtskreis 306 ff.
– ʾAbbāsidisches Gericht 307 ff.
– Justizpersonal 313 ff.
– Kadi-Justiz 320 ff.
– Moschee als Ort der Rechtsprechung 310 ff.
– Richterchroniken (*Akhbār al-quḍāt*) 312
– Richterliches Archiv (*qimṭār*) 319
Institutionen (Gaius) 282, 297 f., 304
Iuris Civilis Libri III (Masurius Sabinus) 40
Ius Commune 112
Iustitia, Darstellung der 424 f.

J

Japanische Verfassung 228 ff.
– Entwurf MacArthur 231 ff.
– Justizverweigerungsverbot 240, 242
Jurisprudenz, humanistische → Humanismus
Juristenprozess (1947) 481
Justizverweigerungsverbot 240, 242

K

Kaiserrecht 150
Kanonisches Recht 104
– Kirchenstrafen (*disciplina ecclesiastica*) 76
– Kirchliche Immunität 106, 108 f.

Kanonistik 16, 71 ff., 111, 114 f.
– Kanonistische Exegese/ Kirchenrechtsexegese 16
Kirchenrecht → kanonisches Recht
Klassische Zeit
– Klassische Juristen 39 ff.
Kodifikation (Privatrechtskodifikation) 436 ff.
Kolberger Codex → Lübisches Recht
Kompositionensystem 120
Kontumanzentscheidung 85 f.
Konzil von Basel 103
Konzil von Charroux 347
Konzil von Karthago 88

L

Leges Barbarorum → Stammesrechte
Legistik 71, 81 ff., 96 f., 114 f.
Lemmatischer Kommentar 41
litis contestatio (Litiskontestation) 82 ff.
locatio conductio 109, 169, 172, 273
Lübisches Recht
– Bardewikscher Codex 153 ff.
– Bigamie 158 ff.
– Kolberger Codex 153 ff.

M

Mainzer Reichslandfrieden 380, 382
Manzipation 287 ff., 296 ff., 302 ff.
Markt 373, 376
– Geleitrecht 377, 380 f., 383 f.
– Marktgrenzen 378, 381 f.
– Marktherrschaft 379, 383
– Marktpreise 378, 382
– Marktprivileg 375 ff.
– Marktzugang 377, 380 f.
Menschenrechte 192, 201, 234, 365 f., 471
Menschenrechtserklärung, französische 188
Merowinger → Fränkische Zeit
Messeprivileg → Frankfurter Messe

Methode, exegetische 13 f., 33 ff.
- Geschichtswissenschaftliche 14 f.
- Praktisch-dogmatische 14 f.
- Scholastische 109 f., 530

Mittelniederdeutsch 148
Monumenta Germaniae Historica 119, 384

N

Nationalsozialismus
- Ideologie 490 f., 509
- Nationalsozialistische Rechtserneuerung 500 ff., 510 ff.
- NSDAP 414, 489, 493, 520
- Reichserbhofgesetz 492, 503
- Völkische Gemeinschaftsordnung 504 ff.
- Volksgesetzbuch 495, 514

Naturalerfüllung (*opere*) 71 ff.
Neuhegelianismus 510
Norddeutscher Bund 433 f., 453
Notverordnungen → Weimarer Republik
Nürnberger Prozesse → Juristenprozess

O

Orientalismus 320 ff.

P

pactum nudum 89, 91 ff., 363
Pandektenwissenschaft 171 f., 174, 442, 445
Paulskirchenverfassung 188 ff., 434
- Arbeit 202 f.
- Gleichheit 200 f.
- Grundrechte 188, 191 ff.
- Freiheitsrechte 193 ff.
- Verfassungsentwurf der Siebzehner 189 ff.

Pauperes 76 ff., 342
petere (Begriff des röm. Prozessrechts) 80
Plattdeutsch → Mittelalterliches Niederdeutsch
Pfandrecht → Römisches Recht

Prätor 64 ff., 82
- Prätorischer Zwang 67 ff.
- Prätorisches Edikt 58, 291

Preußisches Allgemeines Landrecht (ALR) 172, 443
Privatautonomie 484 f.
Privatrecht
- Freies Privatrecht 362 f.
- Gebundenes Privatrecht 362 f.
- Liberales Privatrecht 505 ff.

Privatrechtsgesellschaft 504 ff.
Privilegien 375
- Markt- und Messeprivilegien → Frankfurter Messe
- Privilegienarten 375 f.

promittere (Begriff des röm. Prozessrechts) 80 f.

Q

Quinque Compilationes antiquae 90
- Breviarum extravagantium (compilatio prima) 74 f., 88, 90

Quiritisches Recht → Römisches Recht

R

Rachinburgen → Fränkische Zeit
Rechtsbegriff
- Staatsvoluntaristischer 461

Rechtsbuch 144, 149
Rechtsinstitut 439
Rechtsvergleich, historischer 475
Reformation 426 ff.
Reichserbhofgesetz → Nationalsozialismus
Reichskammergerichtsordnung von 1495 147
Revolution
- Deutsche Revolution von 1848/49 189 f.

Richterchronik → Islamischer Rechtskreis
Rinnenlassen 397 ff.
Romanistik 15
Römisches Recht
- *Auctoritas*-Haftung 295

– Begriffsverständnis im 19. Jahrhundert 493
– Bürgschaft → Formula Baetica
– *Custodia*-Haftung 171
– Ius Civile 52
– Ius Honorarium 52
– Mult (Bußgeld) 67
– Pfandrecht (*pignus*/*hypotheca*) 303
– Quiritisches Recht 288
– Schenkung 53 f.

S

Sabinianer → Cassianer
Sabinuskommentar 40 f.
Sachsenspiegel 29, 113 f., 144 ff.
Sachsenspiegelexegese → Deutschrechtliche Exegese
Sächsisches Bürgerliches Gesetzbuch 164, 166 ff.
– Gefahrtragung im Werkvertragsrecht 165 f., 175 ff.
Schenkung → Römisches Recht
Schiedsvereinbarung (*compromissum*)/ schiedsgerichtliches Verfahren 58 ff.
– Arbiter 68 ff.
– Juge d'appui 67
– Kollegialentscheidung 60 ff.
Scholastische Methode → Methode
Schuldbefreiung (röm. Recht) 42 ff.
servitus 108
Speculum Iudiciale 83, 529
Sicherungsübereignung → Formula Baetica
Spruchkammergericht (nach 1945) 533 f.
Stadtrecht 153 ff., 375, 381
Stammesrechte, germanische 116 ff.
– Edictum Rothari 118
– Lex Alamannorum 118
– Lex Baiuvariorum 118
– Lex Salica 116, 118 ff., 148
– Pactus Alamannorum 118

Statutum in favorem principum 380
Stipulation 89, 291 f.
– Stipulationsversprechen 295
– Strafstipulation 58

T

Talionsprinzip 94
Theologie 15, 430

U

Unternehmen Walküre 533
Urfehde → Eid

V

Verfassung
– Estland 206 ff.
– Japan 228 f., 231 ff.
– Verfassung des dt. Reiches von 1849 → Paulskirchenverfassung
– Weimarer Republik 203, 210 f., 221
Vergütungsgefahr → Sächsisches Bürgerliches Gesetzbuch
Vertrag
– Bestimmungsfreiheit 499, 508 f.
– Normaler und diktierter 503 f.
– Vertragsfreiheit 362 f., 485, 498, 508
– Vertragsstrafe 85
Virginia Declaration of Rights 188
Vitztum
– Vitztumsamt 396 f.
– Vitztumhändel 396
Völkische Gemeinschaftsordnung → Nationalsozialismus
Volksgeist (Volksbewusstsein) 201, 405 f., 439 f.
Volksgesetzbuch → Nationalsozialismus
Volksrechte → Stammesrechte

W

Wahlkapitulation 354 ff.
– Bamberger Kapitularienstreit 361

- Rechtscharakter 363 ff.
- Wahlabsprachen 355, 362

Weimarer Republik 412 ff., 466
- Notverordnungen 412 f.
- Reichsverfassung → Verfassung
- Sondergerichte 408 ff., 414

Weltwirtschaftskrise ab 1929 220, 410, 413 ff.
Wergeld 148 ff.
Wissenschaftsgeschichte 20
- Werkbiographie 20

Z

Zenonarchiv 269
Zürcher Wurstessen 426 f.

Personenregister

Bloße Literaturverweise sind kursiv gesetzt.

A

Abdelkader, Engy 307
Abert, Joseph Friedrich 354, 356, 358 f., 366
Abū Dā'ūd al-Sijistānī 313
Abu Ja'far (Kalif) 315
Accursius 65
Achilles, Albert 441
Achter, Viktor 329, 334
Adam, Bernd 417 ff.
Adomeit, Klaus 535
Afiya Yazīd al Awdi (islamischer Richter) 319
Ahcin, Christian 166
Akamatsu, Hidetake 39
Albers, Gregor 40, 48
Albert von Soest 419
Albisetti, James C. 468 ff., 476
Albrecht I. (römisch-deutscher König) 375
Albrecht II. (römisch-deutscher König) 375
Albrecht, Stephan 417
Albrecht, Wilhelm Eduard 452
Alexander Severus (römischer Kaiser) 50
Algazi, Gadi 35
al-Khaṣṣāf (islamischer Rechtsgelehrter) 308 ff., 313 ff., 317, 319, 322
Al-Khatīb al-Baghdadi 319
al-Kindī (islamischer Rechtsgelehrter) 308, 310 f., 314, 316, 318 f.
al-Mahdi (Kalif) 319
al-Marāghī, Muṣṭafa 310
Alonso, José Luis 281
Alpa, Guido 535

al-Shāfi'ī (islamischer Rechtsgelehrter) 315–318
Althoff, Gerd 385
Al-Tirmidhī 313
al-Wakī' (islamischer Rechtsgelehrter) 308, 310, 312–319
Amira, Karl von 116
Ammī-ditānas von Babylon 249
Andenæs, Mads T. 535
Ando, Clifford 268
André, Heinrich Friedrich Wilhelm 66
Andrea de Barulo 102, 112
Andreae, Johannes 84 ff.
Anepaio, Toomas 225
Angelus, Oskar 204 f., 217, 224
Angermann, Norbert 224
Anschütz, Gerhard 213, 215 f., 223
Anso, Hans 217, 224
Apathy, Peter 535
Ascheri, Mario 75
Ashibe, Nobuyoshi 241 f.
Augspurg, Anita 463–467, 475 f.
Augustus → Oktavian
Avenarius, Martin 40 f., 67, 438

B

Baars, Karl August 212
Babusiaux, Ulrike 292, 294, 302, 535
Bachrach, Bernhard S. 342, 344, 346
Bader, Karl S. 535
Bader, Matthias 391
Badlishah, Nik 307
Baer, Susanne 306
Bagnall, Roger S 269, 271, 279

Bähr, Johannes 415
Balachowsky-Petit, Sonia Olga 467
Barnwell, Paul S 124
Barral i Altet, Xavier 343
Barthélemy, Dominique 383, 343, 345, 347
Bartolus de Saxoferato 65 f., 81 f., 102, 112, 114
Basse, Dieter 409
Battenberg, Friedrich 127, 286
Bearman, Peri 308, 310
Beck, Heinrich Christian 398
Becker, Christoph 16, 26, 29
Becker, Hans-Jürgen 127, 354 ff., 360 f., 364, 367
Becker, Josef 410
Becker, Peter 535
Behrends, Okko 52, 57, 355, 449. 451, 452 f., 456
Beinert, Wolfgang 523
Bellomo, Barbara 98
Bellomo, Manlio 15, 66, 112, 535
Bender, Reet 225
Benedict, Friedrich 344
Benke, Nikolaus 535
Benöhr, Hans-Peter 433
Benz, Wolfgang 415, 538
Berendts, Eduard 206, 219, 223
Berneike, Christiane 476
Bergmann, Andreas 165, 542
Berkey, Jonathan Porter 315
Bernardus de Botone Parmensis 89, 90 ff.
Bernardus de Pavia 74, 88, 90
Beseler, Gerhard von 66 f., 195, 199, 201
Bettermann, Karl August 451, 454
Betti, Emilio 13
Beuthien, Volker 180
Bieberstein, Wolfgang Freiherr Marschall von 500
Biener, Friedrich August 535
Bilcesco, Sarmisa 466
Birr, Christiane 165, 169, 171
Bismarck, Otto von 433 f., 449–462
Blasius, Wilhelm 451, 454
Blazek, Matthias 427

Bleicken, Jochen 535
Bligh-Abramski, Irit 307
Bloch, Marc 347
Blomeyer, Peter 412
Boehmer, Johann Friedrich 66, 384
Boehmer, Georg Ludwig 66
Böhm, Franz 507
Böhmer, Justus Henning 66
Boldt, Hans 536
Bolla, Sibylle von 273
Bönninger, Curt 171
Boockmann, Andrea 333
Booms, Hans 408, 410
Borchling, Conrad 158
Bormann, Claus von 15
Börner, Karl Heinrich 441
Böse, Christian 494
Brachmann, H. A. 174
Brägger, Rafael 295
Brand, Jürgen 338
Braun, Karl 437
Brauneder, Wilhelm 536
Bremm, Klaus-Jürgen 460
Bresslau, Harry 325
Bretone, Mario 536
Brinz, Alois 171
Brübach, Nils 372, 386
Brüggemann, Karsten 224
Brüning, Heinrich 409, 412 f.
Brunner, Heinrich 116 f., 126, 128, 131, 133
Brunner, Otto 95, 432, 536
Buchner, Hans 415
Buchwitz, Wolfram 58
Bund, Konrad 385
Burckhardt, Jacob 112, 152
Burgdorf, Wolfgang 361
Bürge, Alfons 536
Burkard, Tertulliana 404
Burrage, Michael 474
Busche, Jan 166, 180

Buschmann, Arno 166, 345, 380, 385, 387, 536

C

Cancik, Hubert 536
Cary, Earnest 407
Casavola, Franco 80
Cassius Dio (römischer Jurist) 39 – 49, 51, 55, 170
Chauvin, Jeanne 467 f.
Chevalier, Ulysse 341
Chevreau, Emmanuelle 291
Claude Estiennot de la Serrée
  → Dom Estiennot
Chlodwig I. (fränkischer König) 118
Cicero 302
Cinus (de pistorio) 81 f., 84
Clark, R. T. 226
Clarysse, Willy 271
Clauss, Manfred 283
Coing, Helmut 74, 79, 534, 536 f.
Conrad, Herrmann 125 ff., 131, 537
Conrat, Max 75
Cordes, Albrecht 104, 118, 127, 131, 162, 188 f., 198, 347, 366, 376, 386, 437 f., 543
Costas, Ilse…467, 471 – 474, 476
Cowdrey, Herbert Edward John 344
Cranach, Lucas (der Ältere) 428
Crawford, Dorothy J. 272
Csekey, István 218 ff.
Csekey, Stephan von 216, 223
Cubizolles, Pierre 343
Cuq, Édouard 249, 252
Czelk, Andrea 465, 476

D

Dahm, Georg 507, 537
Damm, Melanie 420
Daube, David 297, 468
Degenhart, Christoph 240
Depping, André 507

Dernburg, Heinrich 171
Derow, Peter 279
Devailly, Guy 331
Devic, Claude 324, 328
Dezza, Ettore 537
Dhondt, Jan 344, 349
Diederichsen, Uwe 499
Diepolder, Gertrud 390
Dieselhorst, Jürgen 398
Dietz, Alexander 380, 386
Dilcher, Gerhard 11, 16 ff., 27, 30, 127 f., 350, 535, 537
Dilcher, Hermann 71
Dingel, Joachim 61
Dirlmeier, Ulf 387
Döhring, Erich 537
Dom Estiennot (französischer Benediktinermönch) 326
Dombradi, Eva 248, 250, 252 ff., 256 - 260
Dorn, Franz 77
Dörrer, Anton 74 f.
Drecoll, Axel 415
Dreier, Horst 188, 191, 222, 412
Dreier, Ralf 42
Dubreucq, Alain 343
Duby, Georges 344
Duchhardt, Heinz 361
Dulckeit, Gerhard 544
Dülmen, Richard von 390, 396
Duncker, Arne 465, 476
Durantis, Guilelmus 72, 83–86, 95, 100, 112, 517, 526, 529 ff.
Dutripon, François Pascal 329
Duve, Thomas 469

E

Eck, Werner 371, 384
Eckardt, Bernd 51, 53
Eckert, Jörn 15
Eckertz-Höfer, Marion 312

Eckhardt, Karl August 118 – 122, 128 ff., 133, 141
Edwards, Mark U. 462
Egger, Josef 400
Eggers, Maureen Maisha 475
Ehlers, Joachim 385
Ehrenberg, Helene 446, 450, 453, 460
Eichhorn, Karl Friedrich 116
Eichler, Frank 157, 443
Eickels, Klaus von 386
Eike von Repgow 113, 145, 149
Eisenhardt, Ulrich 537
Ekbert Graf von Andechs-Meranien (Ekbert von Bamberg) 359
Endemann, Traute 328, 332
Engelke, Thomas 401
Erdmann, Karl Dietrich 408, 410
Erler, Adalbert 117, 327, 333, 537
Ernits, Madis 225
Ernst August I. von Hannover 447, 451
Ernst, Wolfgang 180
Ewald, Heinrich 452

F

Falk, Ulrich 53, 450, 461 f., 519, 527, 532, 537
Fasel, Urs 537
Fast, Heinold 519
Fastenmayer, Birgit 503
Fechter, Johannes 327, 330
Fehr, Hans 203
Felgenträger, Wilhelm 43
Fenner, Gerhard 208, 223
Filip-Fröschl, Johanna 542
Finkenauer, Thomas 58, 253, 294
Finley, Moses 269, 272
Fischer, Eugen Heinrich 74 f.
Flaherty, Darryl 474
Floßmann, Ursula 537
Fögen, Marie Theres 537
Foljanty, Lena 417, 534
Follak, Klaus Peter 396

Foltz, Max 381, 384
Föringer, Heinrich Konrad 390, 394, 405 f.
Förster, Michael 481 ff., 488, 495
Fouquet, Gerhard 387
Fournier, Gabriel 343
Frankfurter, Felix 321 f.
Franz II. (römisch-deutscher Kaiser) 361
Frassek, Ralf 499 ff., 505, 507, 516
Frassetto, Michael 344
Fray, Sébastien 342 f.
Frensdorff, Ferdinand 158 ff.
Frese, Daniel 417, 419, 421, 424 f., 429
Friedberg, Emil 74 f., 77, 88, 106
Friedrich I. Barbarossa 373
Friedrich II. (römisch-deutscher Kaiser) 357, 370, 372, 374 f., 377, 379, 383 f., 531
Friedrich III. (deutscher Kaiser) 375
Friedrich „der Schöne" von Habsburg (deutscher Gegenkönig) 374
Friedrich, Pierre 423
Friedrich Wilhelm I. von Hessen-Kassel 452
Fritz, Wolfgang D. 384
Frommel, Monika 510
Frotscher, Werner 537
Fruscione, Daniela 120
Fuhrmann, Bernd 387
Fuhrmann, Manfred 537
Fumichon, Bruno de Loynes de 58 f.

G

Gagarin, Michael 269
Gaius Cassius Longinus → Cassius
Gamauf, Richard 538
Ganina, Natalija 153 f.
Ganzer, Klaus 358
Ganzert, Joachim 418, 420
Garleff, Michael 224
Geiger, Karl August 401
Geiger, Willi 181
Geimer, Reinhold 59

Personenregister

Geiß, Ernest 388
Gellinek, Christian 412
Georg Ludwig von Braunschweig-Lüneburg (Georg I.) 418
Georg V. von Hannover 447
Gerber, Carl Friedrich von 453
Gercke, Friedrich 452
Gergen, Thomas 346 ff.
Gerhard, Ute 471, 476
Germann, Michael 526
Germanus von Auxerre (spätantiker Bischof) 324, 341, 343
Gervinus, Georg Gottfried 452
Geus, Elmar. 537
Gierke, Otto von 424, 443, 488, 509, 512
Giménez-Candela, Teresa 292
Glenn, Patrick H. 322
Glück, Christian Friedrich von 66, 69, 171
Gmür, Rudolf 117, 538
Godau-Schüttke, Klaus-Detlev 410
Goethe, Johann Wolfgang von 372
Goetz, Hans-Werner 345, 347, 349
Goldtschmidt, Levin 432 f., 439 f., 445
Gothofredus, Dionysius 38
Gottwald, Peter 242
Götze, Alfred 389
Goudstikker, Sophia…464
Gouguenheim, Sylvain 345
Graesse, Johann Georg Theodor 344
Gräf, Erwin 307
Graham, Malbone Watson 224
Gratian 109
Grawert, Rolf 432
Gregor I. (Papst) 74, 87, 106
Gregor IX. (Papst) 104, 357
Grigore, Mihai-D. 342
Grimm, Dieter 192, 412, 500, 538
Grimm, Jacob 124, 201, 452
Grimm, Wilhelm 452
Groener, Wilhelm 410

Groenewegen, Simon van 59
Gröschler, Peter 291
Gross, Friedrich 419
Grossi, Paolo 538
Großkopf, Hans 356
Grotefend, Hermann 394
Grotius, Hugo 61
Grotkamp, Nadine 274, 276 ff.
Gruchmann, Lothar 480
Grundmann, Stefan 538
Grützmann, Paul 174
Gschwend, Lukas 543
Guérard, Theodor von 410 f.
Guido von Anjou 324, 331, 333, 337, 343
Gursky, Karl-Heinz 44
Gürtner, Franz 480, 494
Gusy, Christoph 412

H

Hach, Johann Friedrich 153
Hackl, Karl 58, 80, 82 f., 85 f., 91, 540
Haeutle, Christian 405
Haferkamp, Hans-Peter 119, 189, 405, 438 ff., 442, 456 f., 462, 534
Haft, Fritjof 538
Hagen, Hans Wilhelm 519 f., 525, 528 f., 533 f.
Hähnchen, Susanne 538
Hayaert, Valéry 424
Hallaq, Wael B… 308, 312, 314–319
Halpérin, Jean-Louis 442, 473
Ḥammu-rapi von Babylon 249 f.
Handlechner, Herbert 399
Hänel, Friedrich 169
Harke, Jan Dirk 165, 538
Harris, Rivkah 254
Härter, Karl 532, 538
Hartung, Fritz 538
Hasenoehrl, Elisabeth Sayre 267 f., 278
Hasler, Eveline 476
Hassemer, Winfried 192, 194

Hässler, Manfred 271
Hattenhauer, Christian 167, 170, 172, 174
Hattenhauer, Hans 11, 15, 18, 28 f., 39, 182, 323, 327, 338 ff., 347 f., 385, 538
Hausmaninger, Herbert 538
Haverkamp, Alfred 538
Haymann, Franz 47
Headlam-Morley, Agnes 221, 223
Hecker, Hans-Joachim 386
Hedemann, Justus-Wilhelm 514
Hegel, Georg Wilhelm Friedrich 18, 499, 510 f., 515
Heil, Matthäus 385
Hein, Dieter 291
Heinrich VI. (römisch-deutscher Kaiser) 374
Heinrich VII. (römisch-deutscher Kaiser) 375
Heinrichs, Helmut 536
Heinrichs, Wolfhart 310
Held, Gustav Friedrich 168
Hellbling, Ernst Carl 538
Hendrix, Scott H. 427
Henke, Christiane 463, 467 ff., 476
Henkel, Arthur 423
Henneberg, Phillip von 361
Henneberg, Poppo VII. von 359
Henner, Theodor 356 f., 359 f.
Henricus de Segusio → Hostiensis
Hentig, Hans von 402
Herold, Johannes 119
Herrmann, Johannes 272
Herzog, Reinhart 40
Herzog, Roman 539
Hesse, Jan-Otmar 413
Heumann, Hermann Gottlieb 72, 75, 80, 82 f., 342, 539
Heun, Werner 182
Heusler, Andreas 539
Heydenreuter, Reinhard 539
Hiereth, Sebastian 369
Higuchi, Yōichi 229, 241 f.

Hildebrandt, Gunther 189
Hilgendorf, Eric 40, 170, 438
Hillenbrand, Robert 310
Hindenburg, Paul von 414
Hinschius, Paul 103
Hiramatsu, Yoshiro 244
Hirata, Alessandro 66
His, Rudolf 539
Hitler, Adolf 414, 480, 489, 490, 519, 524, 527 f., 533
Hochedlinger, Michael 391
Hoeren, Thomas 539
Hofer, Sibylle 490, 492, 513, 539
Hoffmann, Hartmut 328 f., 347
Hoffmann, Stephan 174
Hollstein, Thorsten 503
Holm, Editha 419
Homburg, Dietrich von 357
Hömig, Herbert 409
Honorius III. (Papst) 374
Honsell, Heinrich 287, 539
Horn, Norbert 105
Hostiensis 72, 76 f., 80, 84, 92, 95 f., 99, 101 f., 110, 112, 530 f.
Huber, Ernst Rudolf 188 – 194, 196 f., 200, 202, 216, 223, 507, 538
Hübner, Emil 282
Hübner, Rudolf 539
Hubrich, Ann-Kathrin 418
Hugo, Gustav 35
Huguccio (Bischof von Ferrara) 91–94
Hüpers, Bernd 499
Hürter, Johannes 410
Huß, Werner 278

I

Ibn Ḥajar al-ʿAsqalānī, Ahmad ibn Ali 308
Ibn Māja 313
Ibrāhīm ibn al-Jarrāḥ (hanafitischer Richter) 315

Ignor, Alexander 539
Innozenz IV. (Papst) 94 f., 357, 531
Innozenz XII. (Papst) 361
Irie, Toshio 240
Irsigler, Franz 387
Ishii, Ryōsuke 244

J

Jäger, Friedrich 539
Jäger, Kathleen 322
Jahnel, Rosemarie 445
Jäkel, Marcel 181
Jakobs, Horst Heinrich 65, 167, 179, 432
Jancke, Peter 153
Jansen, Nils 93 f., 438
Javolen (römischer Jurist) 45, 51 – 54, 171, 173
Jerouschek, Günter 542
Jhering, Rudolf von 47, 446, 449 – 462, 539
Joël, Curt 410 f.
Johann von Buch, der Jüngere 145 – 147, 149 ff.
Johann I. von Sachsen 167
Johannes XXII. (Papst) 374
Johannes de Deo 518, 526, 530
Johansen, Baber 313
Johow, Reinhold Heinrich Sigismund 54
Julian (römischer Jurist) 54, 57, 59–63
Julius Caesar 371
Jursa, Michael 250
Justinian I. (römischer Kaiser) 38, 40, 281, 371, 457

K

Kaden, Paul Eduard 174
Kaiser, Reinhold 328, 332, 334, 346
Kalb, Herbert 537
Kalla, Gábor 249
Kallfelz, Hatto 359
Kannowski, Bernd 114
Kantorowicz, Hermann Ulrich 107, 406
Karl IV. (römisch-deutscher Kaiser) 375

Karl der Große 149, 371, 373
Karraß, Fritz-Helmut 398
Kasekamp, Andres 225
Kaser, Max 38 – 50, 53 f., 58, 73, 80, 82 f., 85 f., 89, 91, 170, 274, 287, 290, 292, 294 f., 297, 299, 303 f.
Kastari, Paavo 181
Kästner, Alexander 396
Kaufmann, Ekkehard 117, 327, 333, 540
Kaufmann, Frank-Michael 114, 135
Kawamura, Matasuke 232
Keenan, James G. 268, 270
Keim, Karl Theodor 427
Keiser, Thorsten 507, 509, 512 f.
Kempin-Spyri, Emilie 466, 476
Kern, Eduard 124, 540
Khālid bin Ṭalīq (islamischer Richter) 319
Kiefner, Hans 456
Kiehnle, Arndt 20, 60
Kielmansegg, Peter Matthias Alexander Graf von 412
Kienast, Dietmar 371, 385
Kiirend-Pruuli, Katrin 225
Kim, Hyung-Bae 500
Kimble, Sara L. 467
Kissel, Otto Rudolf 21
Kiyomiya, Shirō 232, 241 f., 244
Kleinheyer, Gerd 540
Klengel, Horst 251, 254
Klingelhöfer, Erich 387
Klingenberg, Georg 535
Klippel, Diethelm 453
Klug, Nina-Maria 427
Knapp, Hermann 398, 401
Knütel, Rolf 38 f., 42, 44 f., 49 f., 53 f., 57, 170, 274, 287, 290, 292, 294 f., 297, 299, 540
Köbler, Gerhard 540
Koblitz, Katja 467
Koch, Rainer 384, 386
Kocher, Gernot 544

Kocka, Jürgen 202, 538
Kogu, Asutawa 212, 219, 223
Kohler, Berthold 414
Kohler, Josef 249, 252, 281
Kokert, Josef 515
Kolbeck, Thomas 474
Koller, Ingo 180
Kolonko, Petra 320
Konrad III. (römisch-deutscher König) 373, 381
Konrad IV. (König von Sizilien) 375
Konrád, György 202
Koops, Tilman 408, 410 f., 415
Kopp, Carl Christoph 173
Koppmann, Karl 160
Korlén, Gustav 157
Koschaker, Paul 38, 540
Koselleck, Reinhart 368, 536
Kossarz, Elisabeth 541
Köster, Roman 413
Kotulla, Michael 189 ff., 540
Kötz, Hein 470
Kränzlein, Arnold 262
Kraus, Karl 376
Krause, Karl Ernst Hermann 419
Kraushaar, Bernhard 181
Krauss, Karl-Peter 225
Krawietz, Wolfgang 432
Kreis, Georg 533
Kretzschmar, Robert 391
Kreutz, Peter 540
Krey, Alexander 163, 386
Krieg, Julius 360
Kroeschell, Karl 116 ff., 120 – 123, 126 f., 129 – 134, 347, 366, 417 f., 494 f., 540
Kröger, Klaus 181, 540
Kröger-Schrader, Cordelia 453
Kroppenberg, Inge 455
Kübel, Franz Philipp von 178, 432, 440, 445
Kühne, Jörg-Detlef 181, 192, 197 – 200, 203

Kuller, Christiane 415
Kunkel, Wolfgang 38 ff., 43, 50, 54, 308, 541
Künßberg, Eberhard Freiherr von 125 f.
Kuntze, Michael 452
Kupisch, Berthold 57
Küpper, Herbert 541
Küster, Otto 442

L

Laaman, Eduard 208, 214, 223
Lahtinen, Sara 254 f.
Lamprecht, Dietmar 427
Landau, Peter 75, 88, 90 ff., 95 f., 363, 493
Landes, Richard A. 338, 341, 343, 346
Landfester, Manfred 536
Lange, Hermann 71 ff., 83 ff., 92, 94 f.
Lange, Matthew 415
Langewiesche, Dieter 190 f., 196
Larenz, Karl 496 f., 499 - 516
Lasch, Agathe 158
La Torre, Massimo 501, 508
Lau, Friedrich 384
Laufs, Adolf 435, 540
Lauranson-Rosaz, Christian 338, 341 ff., 346 f.
Lautner, Julius Georg 260
Le Béguec, Gilles 473
Lederer, David 399–403
Legrand, Pierre 470
Lehmann, Heinrich 214, 217, 223
Leidig, Alexander 165
Lembke, Ulrike 466, 475
Lenel, Otto 40 f., 45, 51, 54, 58, 281
Leopold I. (römisch-deutscher Kaiser) 362
Leppik, Marelle 218, 223
Lepsius, Susanne 131, 445, 528
Lersner, Achilles August von 397
Lewis, Naphtali 268, 272
Lexer, Matthias von 541
Liebe, Friedrich von 440, 442 ff.
Lieberich, Heinz 541

Personenregister

Lieberwirth, Rolf 158
Liebmann, Maximilian 427
Liebrecht, Johannes 35
Liebs, Detlef 40, 54, 58, 541
Liermann, Hans 458
Linckelmann, Karl 281
Lindelof, Friedrich Levin Freiherr von 173
Lingelbach, Gerhard 386
Link, Christoph 192, 541
Lippert, Sandra 262, 270, 274
Lobdeburg, Hartmann von 356
Lobdeburg, Hermann von 356, f. 359 f., 363
Lobdeburg, Otto von (Otto I.) 354, 356
Locher, Gottfried W. 426
Loesch, Karl C. 208, 223
Lohsse, Sebastian 44, 46, 49 f., 53 f., 65, 170, 274, 287, 290, 292, 294 f., 297, 299, 540
Lokin, Johannes Henricus Antonius 67
Losano, Mario G. 450, 453
Lübben, August 158
Lübtow, Ulrich von 47
Lucius Servianus (römischer Senator) 407
Lück, Heiner 118 ff., 127, 130, 188 f., 198
Ludwig der Deutsche 373
Ludwig der Fromme 373
Ludwig IV. von Bayern 369 f., 372–384
Ludyga, Hannes 165, 542
Luhmann, Niklas 242, 371
Luig, Klaus 438, 443
Luminati, Michele 53, 519, 527, 532, 537
Luther, Martin 425 ff.
Luts-Sootak, Marju 218, 222 ff.

M

MacArthur, Douglas 231 ff.
Mackenroth, Anna 464
Maddison, Eugen 204 f., 217, 224
Magnou-Nortier, Elisabeth 343 ff.
Maier, Konstantin 358, 362
Maim, Nikolai 216 f., 224

Maine, Henry Sumner 114
Makdisi, John 322
Manning, Joseph Gilbert 268 ff.
Manthe, Ulrich 282, 291 ff., 302, 541
Marino, Salvatore 276
Marperger, Paul Jacob 371
Marrone, Matteo 67
Martin V. (Papst) 103
Martinus de Fano 102, 112
Masidi, Yasmin 307
Masrūq (ägyptischer Richter) 319
Masud, Muhammad Khalil 308, 310 f., 314, 317, 319 f.
Masurius Sabinus 40
Matthiass, Bernhard 66 f.
Maximilian I. (deutsch-römischer Kaiser) 375
Mayenburg, David von 102, 106
Mayer-Maly, Theo 51, 541
Mecke, Christoph-Eric 452, 459
Meder, Stephan 465, 476
Meier, Mischa 541
Meier, Ulrich 420
Meinhardt, Karl-Ernst 398
Meissel, Franz-Stefan 53, 535
Mejer, Otto 452
Melchert, Christopher 311
Mélèze-Modrzejewski, Joseph 271
Menger, Christian-Friedrich 541
Menke, Theodor 337
Mertelsmann, Marju 225
Mertelsmann, Olaf 225
Merz, Johannes 360
Minobe, Tatsukishi 241 f.
Militzer, Klaus 342
Milotić, Ivan 58
Miquel, Johannes 436 f., 440, 443
Mitteis, Heinrich 35, 333, 541
Mitteis, Ludwig 263
Miyazawa, Toshiyoshi 229, 232, 241 f.
Modzelewski, Karol 117, 122 f.

Moeller, Ernst von 424
Mohl, Robert von 202
Mohnhaupt, Heinz 306, 386 f.
Molinier, Auguste 326
Molt, Gerhard 165
Mommsen, Theodor 39, 282, 540
Mommsen, Wolfgang Justin 188, 191, 198
Montevecchi, Orsolina 269
Moosa, Najma 307
Mossmann, Mary Jane 476
Mugdan, Benno 178 ff.
Mühle, Eduard 117
Mühlenbruch, Christian Friedrich 452
Müller, Carsten Hanns 170
Müller, Jörg 531
Müller Wolfgang P. 92
Munier, Charles 88
Munir-du-Din Ahmed 310
Munzel-Everling, Dietlinde 521
Murano, Giovanna 105
Murray, Alexander 399
Muscheler, Karlheinz 40
Mußgnug, Dorothee 415

N

Napoleon I. Bonaparte 196, 454
Nehlsen-von-Stryk, Karin 125, 127, 131, 133
Nelson, Hein L. W. 291 ff.
Neumann, Hans 253
Neumayr, Ludwig Ritter von 432, 445
Neuwirth, Karin 537
Nicolas-Charles de Sainte-Marthe 327
Nicolaus de Tudeschi → Panormitanus
Nipperdey, Hans-Carl 214, 223, 503
Nipperdey, Thomas 433 f.
Nony, Daniel 283
Noordraven, Bert 282, 289 f., 295, 298, 300
Noriani, Nik 307
Nörr, Dieter 292, 541
Nörr, Knut Wolfgang 74, 77, 90, 92, 385, 541

O

Oberländer, Samuel 101
Oestmann, Peter 20, 22, 122, 124, 128, 162, 386, 541
Ogorek, Regina 322, 458
Ogris, Werner 327
Ohler, Norbert 347, 349
Oktavian 282, 371
Olberg, Gabriele von 125 f.
Olechowski, Thomas 541
Orth, Elsbet 380, 385
Ortloff, Friedrich 168
Osenbrüggen, Eduard 405
Otten, Giseltraud 281
Otto IV. (römisch-deutscher Kaiser) 374
Otto, Carl Eduard 39, 50, 94
Otto, Eckart 94
Otto, Martin 165

P

Pahud de Mortanges, René 541, 543
Pajur, Ago 205, 224
Panormitanus 77, 98, 101, 103–115
Panofsky, Erwin 18, 423, 429
Papiensis, Bernardus 75, 88
Paul, Jürgen 268
Paulus, Christoph 302
Pauly, Michel 387
Pauly, Walter 189
Pavone, Francisco 341, 347
Paxton, Frederick S. 341, 344
Peep, Viljar 220, 224
Pennington, Kenneth 103, 105
Pennitz, Martin 50 f., 535
Peschel-Gutzeit, Lore Maria 481
Pesek, Jan Henrik 165
Peter, Hans 52
Peters, Rudolph 308, 317
Petersen, Hans-Christian 415
Petersohn, Jürgen 400

Personenregister

Pettai, Aleksander 217, 224
Pfeifer, Guido 252, 255 ff., 259 f.
Pfeiffer, Wolfgang 419
Pfister, Christian 331 f.
Philipp II. von Frankreich 374
Pichler, Alexander 541
Pieroth, Bodo 537
Pierre, Abel 327
Pieth, Mark 541
Piip, Antonius 226
Pilch, Martin 128
Pilving, Ivo 225
Pistohlkors, Gert von 224 f.
Planck, Julius Wilhelm von 542
Plato 422
Plechl, Sophie Charlotte 344
Pleister, Wolfgang 21
Plumpe, Werner 413
Pöhlmann, Wolfger 426
Polley, Rainer 338
Pomponius 37 ff.
Pöschmann, Magnus 173, 176
Pound, Roscoe 321
Powell, Marvin A. 250
Powers, David S. 311, 317
Prettenthaler-Ziegerhofer, Anita 542
Prinzhorn, Carolin Sophie 420
Prodi, Paolo 354, 363, 367, 527
Ptolemaios II. 265, 269 f.
Puchta, Georg Friedrich 438, 457
Pyta, Wolfram 412

Q

Quintilian (römischer Rhetor) 51, 61

R

Rabel, Ernst 288
Radbruch, Gustav 466
Rainer, Johannes Michael 542, 544, 51
Rampazzo, Natale 58

Raspe, Heinrich 357
Rassow, Henning 432, 440, 444 f.
Raymund von Penafort 77, 104
Rebstock, Ulrich 313
Rehfeldt, Bernhard 134
Rei, August 209
Reichmann, Jaak 215
Reimer, Franz 13
Reinhard, Wolfgang 538
Reinhart, Kevin A. 311
Repgen, Tilman 71 f., 80 f., 83, 438, 442, 483, 488
Reuter, Matthias 426
Reynolds, Susan 345
Rhee, Cornelis Hendrik van 58
Rhegius, Urbanus 427 ff.
Riegger, Joseph Anton von 75
Ries, Gerhard 250, 252 f., 254, 256, 259 f.
Riesenhuber, Karl 538
Ripa, Cesare 424
Ritzke, Beate 417
Rochau, August Ludwig von 460
Richard von Cornwall (römisch-deutscher König) 375
Roebuck, Derek 58 f.
Roellecke, Gerd 407
Roesler, Hermann 229
Röhle, Robert 170
Rosenberg, Leo 242
Rosenberg, Tiit 225
Rösener, Werner 72
Roßmäßler, Emil Adolf 195
Roth, Andreas 117, 538
Rothmann, Michael 372, 376, 380 ff., 386 f.
Roux, Marcel 341, 347
Röwekamp, Marion 466 f., 476, 542
Rubinstein, Lene 275
Rückert, Joachim 13, 15, 35, 39, 72 f., 112, 165, 170, 182, 190 f., 192 ff., 198 ff., 202 f., 211 f., 221, 224, 228, 252, 323, 350, 362, 373, 405 f.,

417, 437 ff., 441, 456, 473, 485, 496, 499, 501, 503, 506, 510 f., 515 f.
Rudolf I. (römisch-deutscher König) 375
Rudolf I. von Burgund 332
Rudolph, Bernd 415
Rudorff, Adolf 300 f.
Rüping, Hinrich 542 f.
Rupprecht, Hans-Albert 262, 270 f., 237
Ruprecht (römisch-deutscher König) 375
Rutenberg, Gregor 226
Rüthers, Bernd 502, 513 f.

S

Saar, Stefan Christoph 523
Saarmann, Karl 226
Sagstetter, Maria 390, 395 ff.
Said, Edward 320
Sallaberger, Walther 260
Sallmann, Klaus 58
Samour, Nahed 318
San Nicolò, Mariano 256 ff., 261
Sandberger, Adolf 390
Sanial, Bernard 343
Sansón, Victoria 43
Sapiae, Sebastian 72
Sasaki, Sōichi 241 f., 244
Satō, Tatsuo 229, 234, 236 f., 242
Savigny, Friedrich Carl von 13, 15, 39, 42, 439 f., 449
Schäfer, Frank L. 166, 170, 173 f., 226
Scheele, Johann Georg 174
Scheibelreiter, Philipp 301
Scheller, Friedrich Ernst 194 f.
Schelling, Herrmann Ludwig von 432, 445
Schenk, Wolfgang 15
Schermaier, Martin J. 38 ff., 50 f., 57, 255, 541
Scherz, Johann Georg 389
Schieffer, Rudolf 118
Schiemann, Gottfried 57, 60, 64
Schild, Martin 165

Schild, Wolfgang 21
Schiller, Elisabeth 544
Schiller, Friedrich 28
Schiller, Karl 158
Schilling, Albert 399
Schilling, Bruno 39, 50
Schilling, Diebold der Jüngere 400
Schirmer, Jakob 510
Schlegelberger, Franz 24, 480–495
Schleiermacher, Friedrich 13
Schlinker, Steffen 87, 165, 542, 545
Schlosser, Hans 15 f., 18 f., 27 ff., 182, 340, 542
Schlüter, Anne 466
Schmeller, Johann Andreas 390
Schmid Blumer, Verena 425
Schmid, Katharina 172
Schmidt, Eberhard 542
Schmidt, Peter Lebrecht 40
Schmidt, Ulrich 354 ff.
Schmidt-Glintzer, Helwig 320
Schmidt-Recla, Adrian 133
Schmidt-Wiegand, Ruth 122
Schmitt, Carl 511, 513
Schmitt, Hatto H. 262
Schmoeckel, Mathias 542
Schneider, Helmuth 536
Schneider, Irene 310 f., 316 f.
Schneidmüller, Bernd 385 f.
Schoeps, Hans Joachim 458
Scholler, Heinrich 193 ff., 201 ff.
Scholz, Luca 387
Schöne, Albrecht 423
Schönert, Jörg 543
Schorr, Moses 249, 252
Schott, Clausdieter 113
Schrader, Franz 337
Schröder, Jan 13, 16, 60, 338, 461, 540, 542 f.
Schröder, Klaus-Peter 543
Schröder, Rainer 543
Schröder, Richard 125 f.

Personenregister

Schubart, Wilhelm 278
Schubert, Ernst 387
Schubert, Werner 54, 166, 171, 179, 432, 442, 481, 495
Schüler, Erika 380
Schulte, Johann Friedrich von 75 ff., 83 f., 90, 92, 530
Schulte-Nölke, Hans 435
Schultz, Ulrike 466
Schulz, Fritz 39 f., 70
Schulze-Fielitz, Helmuth 43, 170, 438
Schulze-Delitzsch, Hermann 437
Schumann, Eva 120, 501
Schuster, Peter 543
Schwab Karl-Heinz 242
Schwarze, Friedrich Oskar 440, 443
Schwerhoff, Gerd 543
Schwerin, Claudius Freiherr von 126, 128, 131
Seckel, Emil 72, 75, 80, 82 f., 342, 539
Sedman, Marin 226
See, Klaus von 134
Seidl, Erwin 543
Seif, Ulrike 545
Seiler, Hans Hermann 57
Seinecke, Ralf 13, 15, 20, 25, 27 ff., 510, 516
Seitz, Otto 428 f.
Selb, Walter 538, 543
Sellert, Wolfgang 42, 131, 198, 543
Senn, Marcel 16, 20, 26, 30, 33
Shimizu, Shin 243
Siebenhaar, Eduard 168, 172 ff., 176
Siemann, Wolfram 200 f.
Siems, Harald 118
Sigismund von Luxemburg (römisch-deutscher Kaiser) 375
Signori, Gabriela 396, 400, 406
Siimets-Gross, Hesi 211, 222, 224 f.
Simon, Dieter 306, 493, 543
Simon, Thomas 396

Sintenis, Karl Friedrich Ferdinand 39, 50, 174, 176
Sirks, Boudewijn 51, 57, 253, 255
Skeat, Theodore C. 270
Soden, Wolfram von 252, 254, 257 f.
Sohm, Rudolph 124, 179
Solanke, Iyiola 475
Söllner, Alfred 543
Spatz, Carl Alexander 194, 196
Spruner, Karl von 337
Staff, Ilse 513
Stahleder, Helmuth 403
Stammler, Wolfgang 543
Starck, Christian 355, 543
Stein, Peter G. 69, 543
Steinbrecher, Aline 396, 400
Stilt, Kirsten 307
Stolleis, Michael 16, 229, 356, 424, 442, 453, 503 f., 531, 544
Stolte, Stefan 542
Straube, Manfred 387
Strauch, Dieter 126
Streitt, Ute 544
Strenge, Irene 414
Struckmann, Hermann 178, 441
Stryk-Helmet, Erik von 226
Sturm, Fritz 11, 16, 18 f., 28 f., 31, 182, 340, 542
Surty, Muhammad Ibrahim Hafiz Ismail 314, 317

T

Takahashi, Hiroshi 240
Talamanca, Mario 67
Thier, Andreas 16, 20, 27, 30, 33, 103 f.
Thierack, Otto Georg 481
Thiessen, Jan... 25, 543
Thöl, Johann Heinrich 452
Thoma, Gertrud 390
Thomas von Aquin 94, 432
Thompson, Dorothy J. 271

Thür, Gerhard 269, 276
Thureau-Dangin, François 248f., 251f., 254
Tillier, Mathieu 307, 311ff., 318f.
Timbal, Pierre-Clément 327f.
Töpfer, Bernhard 335
Trinks, Erich 353
Tröscher, Georg 424
Trusen, Winfried 79
Tsafrir, Nurit 314

U
Ubl, Karl 117, 119
Ulpian 43, 53ff., 58ff., 67ff., 80f.,85, 102, 171, 291
Ungericht, Hansmartin 399
Ungnad, Arthur 249, 252
Unruh, Peter 193, 203
Uppenkamp, Barbara 418, 420
Urach, Konrad von 357
Uzelac, Alan 58

V
Vaissète, Joseph 324
Vallikivi, Hannes 215, 224
Vandorpe, Katelijn 269, 272
Verhagen, H. L. E. 298, 200
Viehweg, Theodor 42
Visnapuu, Karin 225
Vogel, Frank E. 308, 310
Voit, Wolfgang 165
Vormbaum, Thomas 544

W
Wach, Gertrud 390
Wacke, Andreas 43, 45f., 396
Wadle, Elmar 127, 345, 347, 349
Wagemann, Julius August 427
Waldstein, Wolfgang 544
Wani, Akira 229, 232
Weber, Anton von 432, 445

Weber, Hermann 542
Weber Max 457
Weber, Wilhelm Eduard 452
Wegmann, Susanne 425, 429
Weiland, Ludwig 384
Weinfurter, Stefan 385
Weitzel, Jürgen 123, 127, 131, 233, 492, 503, 526
Welker, Karl H. L. 406
Welti, Friedrich Emil 398
Wendehorst, Alfred 356f., 359f.
Wengler, Friedrich Albert 174
Wenzel (römisch-deutscher König) 375
Werner, Karl-Ferdinand 345
Werner, Michael 469
Wesel, Uwe 14, 29, 31, 544
Wesenberg, Gerhard 545
Wesener, Gunter 545
Westbrook, Raymond 255
Westermann, William Linn 267ff.
Wettengel, Michael 196
Widmann, Ulrich 399
Wieacker, Franz 15, 42, 511f., 545
Wiedemann, Andreas Wolfgang 473
Wiegand, Wolfgang 280f.
Wiener, Christina 499
Wigard, Franz Jacob 194f., 199, 201
Wild, Joachim 391
Wilda, Wilhelm Eduard 545
Wilhelm I. (deutscher Kaiser) 447, 449, 453, 456
Wilhelm II. (deutscher Kaiser) 449
Wilhelm IV. (britischer und hannoverscher König) 452
Wilhelm, Ulrich 415
Wilhelm von Holland 357
Wilinski, Adam 545
Willoweit, Dietmar 349, 364, 545
Winiwarter, Joseph Max von 172
Winkel, Laurens C. 51
Winkler, Viktor 511

Personenregister

Winter, Georg 419
Wirsching, Andreas 415
Wittgenstein, Ludwig 371
Wojciechowski, Rafał 63
Wolf, Erik 545
Wolff, Hans Julius 262, 268, 270, 276 ff.
Wollentin, Ulrich 273
Wollschläger, Christian 511
Wulff, Arne 480 f.
Wunner, Sven Erik 43, 46 f.
Wycisk, Tonia 61

Y

Yiftach-Firanko, Uri 268, 270

Z

Zahn, Bastian 38 ff., 50
Zeiller, Franz von 169
Ziadeh, Farhat J. 322
Ziegler, Karl-Heinz 67, 69
Zimmermann, Bénédicte 469
Zimmermann, Michel 338
Zimmermann, Reinhard 38, 165, 297, 436, 485
Zingerle, Ignaz von 400
Zippelius, Reinhold 545
Zöller, Richard 59
Zschoch, Hellmut 427 f.
Zweigert, Konrad 470
Zwingli, Ulrich 426 ff.

Ortsregister

A
Aachen 374
Athen 276 f.
Augsburg 400, 427

B
Baden 189, 191, 398, 406, 465
Bamberg 357, 361
Basel 103, 400
Berlin 463 f., 480, 533
Bologna 38, 103, 147, 364, 438
Brandenburg 147
Brioude 324 ff.
Brives-Charensac 344
Burghausen 394 ff.
Byzanz 38

C
Cadiz 280, 302
Catania 103
Cremona 357

D
Den Haag 465
Dresden 174

E
Estland 204 ff.

F
Frankfurt am Main 181 f., 188 ff., 368 ff., 400, 434
Friedberg 374, 381

G
Gelnhausen 374, 381
Gévaudan 332
Gießen 169, 447, 451, 453
Göttingen 446 f., 451, 457, 499

H
Hannover 191, 427, 447, 451
Heidelberg 452, 482

J
Jena 168

K
Karlsbad 196, 446
Kiel 339, 499
Kolberg (heute: Kołobrzeg/Polen) 153 ff.
Königsberg 480
Konstantinopel 39
Krokodilopolis/al-Fayyūn 277 f.

L
Le Puy-en-Velay 323 ff., 332 f.
Lübeck 157 f., 163
Lüneburg 417 ff., 425 ff.

M
Magdeburg 457
Mainz 375, 380 ff.
Meiningen 351, 353, 359
Mellrichstadt 353, 359
Messina 103
München 390, 400 ff., 452, 464, 499 f., 519

Münster 532

N
Nürnberg 380, 382, 397 f., 481

O
Offenburg 189, 196
Oppenheim 381

P
Padua 103
Palermo 103 f.
Paris 248, 326, 463, 466 f.
Parma 103

R
Regensburg 380
Rom 38, 75, 146, 276 f., 290, 361 f., 374, 529

S
Sachsen 118
Saint-Germain-Laprade 343 f.
Santiago de Compostela 332
Sardinien 74, 78, 106
Schnaitsee 396
Schleitheim 519 ff.
Schweinfurt 398
Seebruck am Chiemsee 390, 391 ff., 403
Siena 103 f.
Sippar (heute: Abū Ḥabbah/Irak) 248 f., 254, 257
Speyer 381

T
Tokio 227 f.
Trostberg 394, 396

V
Verden an der Aller 464

W
Wasserburg am Inn 394, 396
Weißenburg 453
Wetzlar 374
Wien 449
Wittenberg 426, 429
Wolfratshausen 402
Worms 381
Würzburg 353 ff., 380, 398

Z
Zürich 426 f., 429, 464 ff.

Über die Freude an der Rechtsgeschichte

Peter Oestmann (Hg.)
Ich betreibe Rechtsgeschichte
119 Liebeserklärungen
2022. 156 Seiten mit 119 farbigen Abbildungen, Paperback
ca. € 30,- D
ISBN 978-3-412-52551-4
Auch als e-Book erhältlich.

Die in diesem Band versammelten Rechtsgeschichtsfreunde erzählen in sehr persönlichen Texten, was sie an ihrem Fach fasziniert und warum sie es betreiben. Studierende, Doktoranden, Archivare, Historiker:innen und Professor:innen, Rechtsanwälte und Richter berichten begeistert von ihrem Werdegang und ihren Interessen. Sie kommen aus Deutschland, der Schweiz und Österreich, aber auch aus Japan, Finnland, den USA, Israel, Estland oder Brasilien.

Preisstand: 20.6.2022

Zusätzliche Einblicke über unseren Blog

Auf unserem Blog bieten wir unseren Autor:innen und Herausgeber:innen eine zusätzliche Bühne für Ihre Themen.

Sie nehmen Bezug auf aktuelle Ereignisse, heben besondere Details hervor oder übertragen die gewonnenen Erkenntnisse auf eine allgemeine Situation.

Schauen Sie selbst:

https://vdn.hk/blog

Mit unserem Newsletter auf dem Laufenden

Abonnieren Sie unseren Newsletter und wir informieren Sie regelmäßig per Mail über unsere Neuerscheinungen und Programmhighlights.

Sie können die für Sie passenden Interessensgebiete auswählen und bei Bedarf jederzeit aktualisieren. So sind Sie immer bestens informiert.

Melden Sie sich jetzt an:

https://vdn.hk/newsletter